一位诗人 文学家 思想家 文化巨人之思想精粹

苏子语典

禅修篇

谈祖应 编著

苏轼翰墨推阐理势 东坡诗文天地奇观

儒释道禅熔铸成典 千载微言万世垂教

武汉大学出版社
WUHAN UNIVERSITY PRESS

图书在版编目(CIP)数据

苏子语典. 禅修篇/谈祖应编著. —武汉:武汉大学出版社,2016.8
ISBN 978-7-307-18313-1

Ⅰ.苏…　Ⅱ.谈…　Ⅲ.苏轼(1036－1101)—语录　Ⅳ.K825.6

中国版本图书馆 CIP 数据核字(2016)第 165758 号

责任编辑:白绍华　　责任校对:李孟潇　　版式设计:韩闻锦

出版发行:**武汉大学出版社**　(430072　武昌　珞珈山)
(电子邮件:cbs22@whu.edu.cn 网址:www.wdp.com.cn)
印刷:武汉精一佳印刷有限公司
开本:787×1092　1/16　印张:23.75　字数:681 千字
版次:2016 年 8 月第 1 版　　2016 年 8 月第 1 次印刷
ISBN 978-7-307-18313-1　　定价:85.00 元

作者简介

谈祖应，湖北黄州人，1940年出生。文化学者，教授。中国苏轼研究学会会员，湖北省作家协会会员，黄冈市东坡文化研究会副会长，《文峰黄州》杂志主编。

先后在《中国文化报》、《中国科技人才》、《苏轼研究》、《人文科学》、《华中师范大学学报》、《黄冈师范学院学报》《乐山师范学院学报》、《黄冈职业学院学报》等发表论文20余篇。出版《苏东坡传奇》等著作多部，有的专著被选定为高等院校教材。近年来曾先后在北京、天津、广东、海南、云南、贵州、新疆等20多个省市和自治区进行专题为国学、管理、美育、苏学等内容的讲学。

鸣谢

黄冈师范学院鄂东教育与文化研究中心

黄冈市东坡赤壁管理处

黄冈市黄州区文化局

目录

禅　修

楼台明灭山有无，名寻道人实自娱。

导 读

生活在西方的人民……

他们正经历着西方文化的一个危机。

这个危机可以被描述为“不安”、“倦怠”、“时代病”。……

西方人民现在处于一种精神分裂的无能——无能于体验情感。因此，他们感到焦虑、躁郁和绝望。……

禅，能帮助人为他的生存问题寻得答案。

禅的答案与现代最珍贵的成就并不相冲突，即它不违背理性、真实主义和独立。

东方思想比西方思想更合西方的理性思想，对今日西方具有了如此的重要性。……可以说，这是一件耐人寻味的事。

（择自［日］铃木大拙、［美］弗洛姆等著，孟祥森译《禅与心理分析》，第119~122页》）

上面择录的这段发人深省的文字，是美籍德国犹太人、著名的人本主义哲学家和精神分析心理学家埃里希·弗洛姆，同日本著名禅学大师和思想家铃木大拙，于1957年8月在墨西哥库埃纳瓦卡一次题为“禅与心理分析”国际学术座谈会上，两位大师展开的精辟对话。弗洛姆对“禅与心理分析”进行比较后，认为两者在拯救心灵创伤，寻求人生诸多答案，充分把握世界，超越自我，迈向身心健康之路等方面，都具有异曲同工之妙。

历史与现实真实地证明，中国禅宗文化，通过两千多年的中外文化交流及与本土文化的融合与积淀，逐步形成了具有鲜明中国文化特色的一种社会文化形态。它与西方以“神”为本体的宗教文化有着本质不同。中国的禅宗文化别开生面，它以“人”为本体，在其发展过程中，与社会生活越来越多地融合。如同弗洛姆所言，近现代社会，科技与物质文明高度发展，由此带来人类人文精神缺失，主体价值追求失范，心灵世界空虚。他们置身于物欲横流、心灵枯竭的时代里，希望在物质享受的同时，能让迷惘的心灵得到抚慰（参见《禅与心理分析》）。著名瑞士心理分析学家荣格，将这一危机概括为“现代灵魂的烦恼”。然而，西方心理学家和思想家们，面对现代灵魂之拯救，都表现出束手无策。于是当中的大部分睿智者，把注意力投注到东方文化中，希冀寻找到拯救人类文明的“安心药”。就这样中国的太极拳、气功、武术、茶文化、禅文化等，顺时应势，分别先后走进西方社会大众的审美视野和精神生活之中。尤其是被视为“东方智慧”的禅，以其自身无可替代的价值与无法言传的魅力，越来越受到西方大众的喜爱。西方不少国家已经成立了许多禅学研究与修炼的机构。如美国各地建立起习禅中心、禅传道会、禅学研究所，禅修的人日益增多。日本禅学大师铃木大拙的《禅的初心》这本当代禅宗经典，深深地影响了美国苹果公司创办人乔布斯和许多美国人。

禅的含义是什么呢？

禅，是“禅那”的简称，梵语 DHYANA。西域龟兹国(今新疆库车)东晋时后秦高僧，被梁启超称为“译界第一流宗匠”的鸠摩罗什，将禅译为“思维修”，即运用思维活动进行修持。玄奘大师意译为“静思”，即让心灵宁静安详地深思。通俗地讲，禅就是让人安住一心，静心思考的修心活动。有人还从汉字的结构分析，认为禅字左边是示，右边是单，字义是单一、单纯。由此认为人的本心就是单纯且具有佛性的，故人人心中皆有禅。

中国禅宗六祖慧能对“坐禅”是怎样解释的呢？他在《坛经》中说：“心念不起，名为坐；内见自性不动，名为禅。”(《六祖坛经·坐禅品第五》)，湖北美术出版社，第 78 页)其意是说，对外物不起心，不动念，不被外界物欲所为，名为坐；对内而言，认识自己的内心本性原本不动，原本能净，名为禅。

禅学研究者们对禅在现代生活中的积极意义作出如下评价：

禅是一种领悟生命真谛，教会人们珍惜生命、善待生活的人生智慧。禅的主旨，是引导人们省察内心，体验生命价值和生活妙趣。指导人们不断自修自省，自悟自解，从而超越自我，培养健全人格品质和乐观适意的人生态度。禅本质上是洞察人生命本性的艺术。而禅正是明心见性的方法，在于远离分别之心，除却一切二元对立，运用“不二法门”，挣脱“分别”枷锁。能帮助人们唤醒隐藏在自身沉睡的“本性”。禅的智慧是通达生命本性，即找回失落的灵魂，找回精神上的真实自己。使人们对生命有更深的体会，更加接近生命的本质，获得一种觉悟的生命和审美的人生。

禅的立宗，其使命是寻求解脱人生困境的答案；禅是现代人解脱人生苦闷的良方，是治疗现代人“灵魂烦恼”通病的“安心药”。现代人在如此激烈的市场竞争中，有太多的贪求，太多的压力，太多的苦恼，太多的失望。这种难以名状的压力感造就了现代人茫然不知所措的失落感和痛苦感。诚如弗洛伊德所言：“人唯有自己救自己。”(《禅与心理分析》第 121 页)禅指导人们将自己的生存基础建立在人间现实生活之上，生活在禅中，在禅中生活，让人打开心结。以一种充实而安祥的平常心，感受禅趣，体验人生。从而让人们抛弃躁动不安，消除痛苦迷惘，回归人的本原，建构自己充实的精神家园。总之，对现代人而言，禅并不是宗教，禅是一种文化，更多的是一种哲学思考。中国佛教协会前任会长赵朴初先生曾指出：禅文化是佛教文化和中国传统文化的重要组成部分。它对于净化人心、和谐社会，有着极强的现实意义。

何谓禅修？禅修有什么作用？

禅修，按照古印度佛陀时代摩揭陀国一带的大众语言的意思是：“心灵的培育。”其含义是洞见，就是内观，观察自己的内心，做到停止所有杂乱的念想，把心专注在呼吸上。如此这般，就能摆脱外在物欲的牵缠，把内在心灵中良好的状态培育出来。应该讲，大多数宗教都有自己的修持方法，如冥想、静虑、祈祷、念诵、炼气、心斋等。禅修的要求是“专注”二字，让心神平静得如同一汪秋水。因此，禅修是我们心灵终身的伙伴，它引导我们走向安祥、宁静、自在的解脱之路。让我们脚步从容，自信沉着地面对生活中的种种烦扰，为现代社会人提供生命的安顿方式。故而它在中国传统文化中有着不可替代的地位，在现代生活中起着不可忽视的作用。毫不讳言，禅毕竟不能完全代替人的全面发展，它也不可能成为现代人的根本精神支柱。正确的态度是，吸取禅文化之正能量，消除其消极因素，让禅文化在现实生活中发挥其应有的作用。21世纪，将是中国禅文化发展的世纪。

禅宗从哪里来？中国禅文化是怎样形成的？

说到禅宗的问世，不得不说说在中外佛教史上一个神秘的美丽传说。当年如来佛祖，即古印度著名思想家，佛教创始人，被后世尊称为佛陀（意为大彻大悟之人）、世尊等，被中土尊称为佛祖，被世人尊为神明的释迦牟尼。他出生于今尼泊尔南部，大约与我国孔子同时代。他是古印度北部迦毗罗卫国的王子。“释迦牟尼”是梵语，“释迦”是佛的姓，是“能仁”的意思，即以仁爱之心教化众生。“牟尼”是佛的名字。在他19岁时，有感于人世生、老、病、死等诸多苦恼，毅然放弃王族生活出家修行。至35岁时，他在菩提树下沉思默想，据说经过七天七夜终于大彻大悟，洞达到人生痛苦的本源。这标志着他觉悟成道、成佛（意为觉悟者），从此开始他的传教活动，古印度佛教就此拉开序幕。

禅宗是如何开启的呢？为了要回答这个问题，这里特别要提到禅宗以心传心的第一宗典：拈花一笑。世尊于灵山大会上，面对百万人众，顺手拿走大梵天王献上的金色婆罗花，瞬目扬眉，示诸大众，不说一字。一时在场百万人众默然无措，均不知佛的真义。唯独世尊大弟子摩诃迦叶破颜为笑。世尊会意地点头，曰：“吾有正法眼藏，涅盘妙心，实相无相，微法妙门，不立文字，教外别传，即付嘱于汝。汝能护持，相续不断。”这就是古印度禅学的源头，禅，便以这种拈花微笑的诗意方式诞生了。印度禅学在迦叶之后传了二十七代，传到二十八代即为达摩祖师。

菩提达摩，意译为觉法。他生于南天竺（印度）婆罗门族。传说他是香至王的第三子。于南北朝时间梁武帝七年（526年），他自印度航海东渡中土。用了三年多时间，历尽艰难曲折来到广州。广州刺史得知此事，急忙禀报金陵，笃信佛教的梁武帝萧衍立即派使臣把达摩迎到京都，以宾客相待。后因与梁武帝佛禅理念不合，于是“一苇渡江”，北上至嵩山少林寺。他在嵩山西麓五乳峰的中峰山洞里，面壁九年坐禅修道。以后达摩衣钵一代传一代，首先传给二祖慧可，接着依次付与三祖僧璨、四祖道信、五祖弘忍、六祖慧能，这期间大约用了一个世纪的时间。六祖慧能首创顿悟南宗，终成中国禅宗一代风云人物。从此，禅宗在中华大地薪火相传，生生不息。

北宋时期，禅的发展是何等局面呢？

有宋以降，士大夫和文人广泛介入禅宗，将居士佛禅文化打造得格外绚丽耀眼。这一文化现象得益于北宋朝廷，对佛教采取了比较宽松的政策。先来看看北宋历朝的皇帝，他们对待佛禅的态度。开国之君宋太祖重视佛教，他组织人力，刊刻宋版《佛藏》，大有垂范子孙嗣君而制立“家法”的意义。宋太宗不但促成东西方佛教交流，完成大批佛典的翻译，而且将北宋汴梁建成为新的佛教中心，进一步奠定北宋皇室崇佛的“祖宗之制”。宋真宗时期大兴佛事，据《宋会要·道释》载，全国设有戒坛七十二所，寺院近四万所，佛僧达四十五万之众。至宋仁宗时代，特别注重本土禅宗发展，于皇祐元年（1049年）在京都设立了禅宗寺院，开辟传教基地。据《中国居士佛教史》载，北宋宰辅多为虔诚的喜佛者，如吕蒙正、丁谓、夏竦、王随、范仲淹、富弼、杜衍、文彦博、王安石、章惇、张商英等，均为崇信佛教的巨卿重臣。在《居士分灯录》中，北宋许多著名的士大夫文人均在其列。如杨亿、李遵勖、晁迥、张方平、杨杰、苏轼、苏辙、黄庭坚等。

士大夫走近佛教，大多处"时运不济，命途多舛"之际。他们由儒入佛，往往成为自己的人生价值选择，这就为他们走向佛禅，使禅宗士大夫化，士大夫禅宗化，创造了前提条件。以至于有人提出禅宗是士大夫宗教的观点。归心佛禅，已成为士大夫调整心态，保持心理平衡的主要手段；成为士大夫们安身立命的家园。更为重要的是，禅所表现出清闲自由的禅门风尚，契合了士大夫们狂放豁达、任运自然的儒雅个性。参禅悟道已成为他们一种闲适有趣的生活艺术行为，并能在诗词书画等审美活动中，借助禅的心灵能动性，在赢得绝对思想自由的前提下，充分发挥自己的想象力和创造力，提高自己的审美人生境界。在这一士大夫居士群体中，苏东坡先生在探索禅学佛理，促进儒释道三家融合等方面，无疑是其中最有代表性且最有成就的禅门居士。

禅门才子苏东坡，有着怎样的禅学人生呢？

大乘空宗有哲言："一切有为法，皆待缘而起。"其意是指，世间任何事物的存在都有各自特定的相互依存的内外机缘。这些内外机缘，就是该事物因缘生起的特定条件。

东坡先生与佛禅接缘，历来被学者众说纷纭。大致认为：东坡先生出生于天府佛国，这是他近佛习禅的客观条件；父母兄弟笃信佛教，是先生好佛喜禅的家学渊源，有道是"有僧皆佛印；无客不东坡"。先生一生与道外诗僧禅师亲密交往，是先生寻求禅机禅悦的机缘；三次遭贬以佛经遣日，是先生归诚佛僧，自我解脱之法门；先生以诗文为道场，以丹青为佛事，是先生陶写伊郁之"清净业"；先生晚年研习《般若心经》、《楞伽经》、《维摩诘经》、《楞严经》、《金刚经》、《华严经》、《四十二章经》、《阿弥陀经》、《圆觉经》、《金光明经》、《六祖坛经》等佛教经典，使其禅学修养达到较高境界。仅从他后期所撰与佛禅有关的记、序、传、碑、铭、颂、赞、表状、奏议、尺牍、青词、疏文、杂著、题跋、杂记等散文大约有325篇（首）之多，与佛禅寺观有关的诗词180多首。从这些诗文中我们可以粗略地得出一个结论，东坡先生尤其自"乌台诗案"以后的贬居日子，不仅"以佛经遣日"，而且深谙佛禅三味，堪称集北宋士大夫佛道禅理之大成，在禅观和禅修（即理论和实践）两个方面，基本形成了独具自身特色的东坡禅学特征。先生的禅学实践，不仅为自身应对挫折、自我解脱寻找到不二法门，而且对中国禅宗文化的发展提供了充实的滋养。

东坡禅学缘起何时何地？

答案仅只一个：东坡禅学缘起元丰初年"乌台诗案"后的贬所黄州。先生于元丰三年二月一日，被御史台狱吏押解至长江北岸的小郡黄州，初来黄州，先生和他的长子苏迈住在城东南环境清幽的小庙定惠院里。在此期间他写了一首《卜算子·黄州定惠院寓居作》。从这首小词里的字里行间，可以看到先生初来黄州的日子，借月夜孤鸿这一形象托物寓怀，既表达了词人孤高自许、蔑视流俗的心境，同时也流露出作者那种忧惧、寂寞、孤独、痛苦的心绪。这种压抑的心绪，一直延续到来黄州后的第二年，即元丰四年二月，"得城东故营地，躬耕其中"，且有"种稻清明前，乐事我能数"（《东坡八首》其四）时才稍有缓解。正是在这样一种惊猿脱兔，黯然伤神的情境之下，唤起了先生对佛禅的向往神驰。于是先生“间一二日辄往”，“在城南精舍安国寺”，“焚香默坐”，“收召魂魄”(《安国寺记》)；在幽静的定惠院小庙的后山竹林间，先生在该寺颙师(云门宗云盖志顺禅师，《五灯会元》)为他搭建的“啸轩”里，借着夜色，仿自然界各种禽鸟“皆缘不平鸣，恸哭等嬉笑”的习性，宣泄满腹愤懑，发出“冲风振河海”(《定惠院颙师为余竹下开啸轩》)的仰天长啸。在黄州天庆观里，先生借得“道堂三间，燕坐其中，谢客四十九日”，“阖户反视”，“惟能静心闭目”，“寻常静夜，以脉候得百二三十至，乃是百二三十息尔”，“使真气云行体中”，如此这般禅定内观，灭除痛苦，体证涅盘，顿解忧悬。

就在先生“慎静以处忧患”，“惟佛经以遣日”的日子里，第一位向他伸出援手，给他以“安心药”的是安国寺住持继莲高僧。按先生所撰《黄州安国寺记》载，安国寺始建于公元944年(伪唐保大二年。但据明弘治《黄州府志》载，寺始建于公元658年，即唐高宗显庆三年)，“始名护国”。“嘉祐八年”，宋仁宗赐今名，并赐“敕赐唐代祖庭安国禅林之宝”玉印，自此安国寺名盛江淮。每年“岁正月，男女万人会庭中，饮食作乐，且祠瘟神”。由于继莲大师佛法造诣高深，皇帝赐法号、袈裟。在继莲法师住持下，安国寺“堂宇斋阁，连皆易新之”。因为这里“茂林修竹，陂池亭榭”，“严丽深稳，悦可人意”，故先生把这禅林宝寺当作“归诚佛僧，求一洗之”的禅门福地。先生在谪居黄州的五个年头里，几乎有一半的时光是在安国寺度过的。要问继莲法师给先生开的“安心法”是什么？是在继莲“欲谢去”当初皇帝封号时说的“知足不辱，知止不殆”(《老子》第四十四章)两句真言。知道满足，就不会自取其辱；知道适可而止，就不会遇到危险。“知足”与“知止”，是老子思想的重要内容，这里并非教人安于现状，不思进取。而是凡事要有度，要站高看远，参透这些，就会接近老子曰“知足之足，常足矣”的真理。如果说“知足”是一种心态，那么“知止”则是对“度”恰如其分把握的智慧，“止”之奥妙，存乎一心。人常言，“大智知止，小智惟谋；过犹不及，知止不败”。继莲法师的两句真言，让先生彻悟了“知止不殆”的进取之道。面对继莲的高风大德，先生感叹道：“余是以愧其人!”

让先生感到“私窃乐之”的还有安国寺“沐浴”。所谓“沐浴”在《礼记·大学》中作了这样的解释，曰：“汤之盘铭曰：‘苟日新，日日新，又日新’。”所谓“盘”，沐浴之盘，商汤的盘铭是：“如果能每天更新，就天天更新，每天不间断地更新。”商汤“以人之洗濯其心以去恶，如沐浴其身以去垢。诚能一日有以涤其旧染之污而自新，则当因其已新者而日日新之，又日新之，不可略有间断也”(《礼记·大学》第808页)。先生借洗浴之机而礼拜佛祖，参禅悟道，故他在《安国寺浴》诗中吟诵道：“心困万缘空，身空一床足，岂惟忘净秽，兼以洗荣辱。”让先生“私窃乐之”的还有每岁之春，与郡守徐君猷“游于安国寺，饮酒于竹间亭，撷亭下之茶，烹而饮之”(《遗爱亭记》)。这些畅心的游兴，给了先生很大的精神抚慰，因此他在给王定国的信中说：“以道自遣，无丝发蒂芥”，感到“得此甚幸，未尝戚戚”，还自觉“体气清强，且能自适”。

需要指出的是，自号“东坡居士”的先生真的是一介佛教徒，希图借此走出生死轮回，超脱三界，随即成佛吗？请看他的自我解释。他在给友人毕仲举的书信中说：“佛书旧亦尝看，但暗塞不能通其妙，独时取其粗浅假说以自洗濯。”这表明他读佛书，只不过是取中粗浅浮泛的言说洗涤自己的灵魂，但并未沉溺于玄奥的佛禅教理。他指出，如果认为所谓“无一毫思念”地“与土木同”便算入“佛”，那么“猫儿狗子”不也可以成佛？他坦诚自己习佛的体悟，说：“吾非学佛者，不知其所自人。"他只相信孔子的"思无邪"。直至老年"托于佛僧之宇，尽发其书，以无所思心会如来意，庶几于无所得故而得者"。原来，先生习佛就是为达到一种"明目直视而无所见，摄心正念而无所觉"，"若有思而无所思"，"无所得故而得"这种入禅的境界。先生贬谪岭海，"以诗句为佛事，以丹青为道场"，虽然颇好炼丹，但宣称自己的金丹是："思无邪"。目的仅是"有意于却老"，其次是"亦欲玩物之变，以自娱也"。

有人说东坡先生对儒释道的态度，应以"乌台诗案"(贬谪黄州)为分水岭。前期为辟佛道，后期为归诚佛道。笔者赞同曾枣庄的观点："实则苏轼一生政治上都在辟佛老，而其他方面都在融合佛老，尤其是晚年受佛老影响越来越深，以至于成为他应对逆境，自我解脱的精神支柱之一。"曾枣庄认为"苏轼一生政治上都在辟佛老"这是符合事实的，因为他即使在被放逐的晚年还倾心于儒学，用极大的心力完成了《易传》、《书传》、《论语说》等儒家经典的释义。总之，他在"融其所认为可以融，辟其所认为不可不辟"(以上参见《三苏全书》(第一册)，第32页)。其实先生所辟乃"诋为蛮夷下俚之说"的俗僧，而尊崇将佛说之妙与"儒释不谋而同"的诗道儒僧。简而言之，先生对待儒释道的态度是：参乎佛道，归宗于儒。

如同他在《跋陶诗》中说："晚寓黄州二年，适值艰岁，往往乏食，无田可耕，盖欲为彭泽而不可得者。"先生在这里表明，尽管"乏食"，但没想到"欲为彭泽"，即像陶渊明那样挂冠辞官归隐。绍圣元年(1094年)十月二十二日作于惠州的《事不能两立》文中所说："仆有此志久矣，而终无成者，亦以世间事未败故也。"(败：此为解除；消散)我久有出世的志向，可最终也没有实现，也是因为对于我来说，人世间事务的心结还没有解除的原因。就这样，他一生以一个正直的文人士大夫的社会角色，永不放弃自己的历史使命感和社会责任感。故，他既不同于屈原"无力回天，以死明志"的"亡隐"，又不同于司马迁"忍辱负重，戴枷修史"的"囚隐"；既不同于东方朔"避世于朝，弄臣讽谏"的"朝隐"，也不像白居易"保官守禄，安闲泰适"的"中隐"；既不像李白"纵酒狂歌，寻仙学道"的"酒隐"，也不像陶渊明"挂冠辞官，皈依自然"的"山隐"。同时，他也不完全同于庄子的"齐物逍遥，狂放虚妄"的"梦隐"，却最终服膺于孔子"有道则见，无道则隐"的"道隐"。先生在《王氏生日致语口号》中云："万里乘桴，已慕仲尼而航海"，这里先生正是以孔子自喻。这说明先生尽管晚年喜读佛书，焚香参禅、自号东坡居士，但他终未越过"出世"这道门槛。诚如他在《雪堂记》中云："吾非逃世之事，而逃世之机。"他并不是逃避人世间的事务，而是逃避人世间机巧与机诈。因为在他的心目中，他永远是一位心怀"致君尧舜"，致力"经国济民"的仁人儒士。

先生的禅修境界，不妨通过他所撰的《海月辨公真赞》，得窥一斑。赞曰：

> 人皆趋世，出世者谁？人皆遗世，世谁为之？爰有大士，处此两间。非浊非清，非律非禅。惟是海月，都师之式。

先生在该赞中提出一个问题："人皆趋世"，谁出世？"人皆遗世"，谁为世？而海月大师"非浊非清，非律非禅"，在"趋世"与"遗世"两者之间寻求平衡，游刃于两端，做到"清通端雅，外涉世而中遗物"(《海月辨公真赞并引》)。即清净通达，温文儒雅，对外不逃避世事，内心虚静空明，遗绝物欲。善哉！好一个"外涉世而中遗物"，这就是号称外儒内禅的东坡居士之禅修观。

语典

天欲雪，云满湖，楼台明灭山有无①。
水清石出鱼可数，林深无人鸟相呼。
腊日不归对妻孥，名寻道人实自娱②。
道人之居在何许，宝云山前路盘纡③。
孤山孤绝谁肯庐，道人有道山不孤。
纸窗竹屋深自暖，拥褐坐睡依团蒲④。(略)

——《腊日游孤山访惠勤惠思⑤二僧》
(《苏轼诗集》(第二册)卷七，第316页)

注释

①“楼台”句：明灭，若隐若现。有无：若有若无。

②“腊日”二句：妻孥，指妻子儿女。道人，此指和尚。“晋宋间，佛家初行，其徒犹未有僧称，通曰道人。”

③“宝云山”句：宝云山，指西湖而东为宝云山。盘纡：曲折盘旋。

④“拥褐”句：褐(hè)，指粗布衣服。团蒲，蒲团，僧人坐禅所用之圆形坐垫，以蒲草编成，故名。

⑤“腊日”句：腊日，十二月八日为腊日，为岁终祭祀祖先及百神之日。孤山，离钱塘旧治四里，湖中独立一峰。惠勤、惠思，钱塘诗僧。

今译

天欲下雪，云映满湖，楼台若隐若现若有若无。
水清见石出，游鱼实可数，林深无人影，飞鸟竟相呼。
岁终腊日不归家，未能相对贤妻和儿女，
我名为寻访山中僧，实则尽享自欢娱。
僧人居所在何地，宝云山前路盘曲。
孤山无人谁肯住，僧人有道山不孤。
纸窗竹屋深且暖，披着粗衣坐睡，身子靠着团蒲。

解析

该诗题目所指惠勤、惠思二僧，均是浙江钱塘著名诗僧。熙宁四年(1071年)十一月二十八日，东坡先生到杭州任通判，经过汝阳(今安徽阜阳)拜见他的老师欧阳修。二诗僧与欧阳修交游二十多年，故老师嘱他到任后一定去看望二位高僧。东坡先生上任不到一个月，就到孤山寺作了专访，并作诗以赠。

年终腊日，本应在家“对妻孥”，然而“名寻道人实自娱”的东坡居士，却在“盘纡”的山道上游禅访僧，寻找着至美的“禅院之味”；寻找着“不以物喜，不以己悲，万法皆空”的佛禅境界。先生在公事之余，从“笙歌丛里抽身出”，径向“孤山孤绝”寻禅悦。如其说西湖的良辰美景给先生的生活增添了许多诗情画意，倒不如说在杭州“三百六十寺”里，与诗僧大德清谈佛理禅心，让他的心灵得到抚慰，获得了物我两忘的无穷禅悦。这就是他“名寻道人实自娱”的真正原因，是苏东坡禅修观最好的注释。

语典

斋罢何须更临水①，胸中自有洗心经②。

——《赠治易僧智周》

（《苏轼文集》卷十一，第522页）

注释

①临水：《晋书·佛图澄传》："佛图澄，尝斋时至流水侧，从腹傍孔中引出五脏六腑洗之，洗后，还内腹中。"

②洗心经：指《易经》。

今译

吃罢斋饭后不必再到水边洗脏腑，胸中已经装有除去恶念的《易经》。

解析

这首诗是熙宁六年（1073年）十月，东坡先生赠给研究《易经》的高僧智周的。他以《晋书》佛陀澄斋后临水洗脏腑的传说，夸奖智周刻苦研修，恭勤不倦研究《易》学，为后人提供修身养性的经典。

语典

人皆趋世[①]，出世[②]者谁？人皆遗世[③]，世谁为之？爰有大士[④]，处此两间。非浊非清，非律非禅[⑤]。惟是海月，都师[⑥]之式。

——《海月辩公真赞并引》

(《苏轼文集》卷二十二，第638页)

注释

①趋世：奔走于世俗之事。

②出世：超脱人世束缚。

③遗世：遗弃人世之事。

④爰有大士：爰(yuán)：于是。大士、菩萨。此指称海月大师。

⑤非律非禅。以讲说作佛事为禅；以善讲戒律之人为律师。非律非禅：即亦律亦禅。

⑥都师：即都僧正。僧正为管理众僧之官。宋每州置僧正一员，都僧正则总领其事，因杭州佛者众多，故设置此僧官。

今译

人人都奔走于世俗之事，那么谁又是超脱人世束缚的人呢？人人都遗弃人世之俗事，人世间的事由谁来做呢？于是有一位禅师，处于这两者之间。既不卑微也不清逸，既不是律师也不是禅师，单单只有海月大师，担任总领管理众僧之职务。

解析

熙宁五年(1072年)四月，东坡先生通判杭州。因杭州“佛者之盛，盖甲天下”，故补设管理僧人之职位：“都僧正”。然而，“绝俗之士”不屑为之，惟有“清通端雅，外涉世而中遗物者”，方能堪当此任。此时，海月大师正好担当此职，先生与大师交往甚密。一日，海月病倒不起，托人请先生入山。此时先生正忙于政务，四天后方往，谁知大师已火化，海月大师弥留之际遗言，必须等先生到寺方可阖棺。先生谪居黄州期间，曾梦西湖大殿之下有辩才、海月二师。海月大师去世二十一年后，先生谪居惠州，参寥禅师去信询问：曾许下为海月作真赞的诺言，为何久不偿还。于是，先生矍然而起，撰写了这篇赞词。先生在赞词中提出一个问题：“人皆趋世”，谁出世？“人皆遗世”，谁为世？这确实是一个两难之选择。不过，先生找到了“非浊非清，非律非禅”，能善于“处此两间”的海月大师这个典型。这位在“趋世”与“遗世”两者之间获得平衡的大师，之所以游刃于两端，是因为他“清通端雅，外涉世而中遗物”，即清净通达，温文儒雅，对外不躲避世事，内心虚静空明，遗绝物欲。呜呼！好一个“清通端雅，外涉世而中遗物”，此不正是东坡先生文化人格之谓也！

语典

其为己也，如月行空，无迹可践；其为人也，如金入范[1]，随注皆圆。

——《杭州请圆照禅师[2]疏》

（《苏轼文集》卷六十二，第1907页）

注释

①如金入范：范，模子。如熔化了的金属倒入模具。

②圆照禅师：即释宗本。哲宗曾召见，赐号圆照禅师。

今译

要求自己，如明月行空，不留痕迹；为人处世，如金属倒入模具，随方就圆。

解析

此疏文是熙宁五年（1072年），东坡先生通判杭州时，为请圆照禅师主持净慈古刹而作。该章句是赞美圆照禅师之修持大德，实际上也是为人处世之法则。即修身做人做到，“如月行空，无迹可践”，不为追逐名利而留下污浊印痕。待人接物，“如金入范”，随注皆圆。即“随缘自适、随物赋形”。修到如此境界，虽然不能成佛，倒也有几分佛性禅心。

语典

湖上青山翠作堆，葱葱郁郁气佳哉。
笙歌丛里抽身出，云水光中洗眼来[1]。
白足赤髭迎我笑，拒霜黄菊为谁开[2]。
明年桑苧[3]煎茶处，忆著衰翁首重回。

——《九日·寻臻闍黎·泛小舟至勤师[4]院·二首》其二
（《苏轼诗集》卷十（第二册），第507页）

注释

①“云水”句：云水，指自然风景。洗眼，此指置身自然山水中，令人眼目清明。

②“白足”二句：白足赤髭，指高僧。拒霜，此指芙蓉花。

③桑苧（zhù）：陆羽，字鸿渐，唐复州竟陵（今湖北天门市西北）人。自称桑苧翁，嗜茶，著《茶经》三篇。

④臻闍（dū）黎：即梦臻，天台宗僧人。闍黎，梵语，意为僧徒之师。勤师，即惠勤。

今译

湖上青山翠绿成堆，葱葱郁郁气象万千。
从歌舞堆里抽出身子，到自然风景里洗我眼目。
白足赤髭高僧迎我微笑，芙蓉黄菊为谁而开。
明年在陆羽煎茶之处，忆念衰翁首次重回。

解析

该诗，东坡先生于熙宁六年（1073年）九月九日作于杭州。这是一首著名的禅茶诗。“茶”与“禅”结缘，是“当年陆羽与皎然共同谱写的僧人与文人‘茶禅一味’的高义真情”。“饮茶之所以能够上升到一种文化的高度，就在于其行为本身所具有的优雅特质”（参见李勃洋《东坡禅话》，第71页）。东坡先生晚年追求“禅悦之味”，故能从“笙歌丛里抽身出”，到“湖上青山”、“云水光中”，让“葱葱郁郁”的自然美景，洗刷眼里的污垢，从而得到至佳、至美的禅悦之味。

语典

吾游四方，见辄反覆折困之①，度其所从遁②，而逆闭③其途，往往面颊发赤，然业已④为是道，势不得以恶声相反，则笑曰："是外道魔人⑤也。"吾之于僧，慢侮⑥不信如此。

——《中和胜相院记》

（《苏轼文集》卷十二，第384页）

注释

①"见辄"句：辄，总是，就。折困，挫折困辱。

②"度其"句：度，推测。遁，逃避，躲闪。

③逆闭：堵住。

④业已：已经。

⑤外道魔人：不守正道的魔头。

⑥慢侮：轻慢羞辱。

今译

我周游四方，见到这样的僧人，总要反复诘难他们，我推测他们如何回避话题，而后堵住他们的退路，往往弄得他们面红耳赤。然而这些人已经入了佛门，又审势不便于恶言恶语回击我，却笑道说："你真是不守正道的魔头。"我对于佛僧，轻慢无礼到了这种地步。

解析

治平四年(1067年)，东坡先生在家居父丧期间，受宝月大师惟简(俗性苏，眉山人，东坡之宗兄)的邀请，为中和胜相院作记文。先生在记文中直言不讳地表达了对佛教的排斥。南宋诗人汪应辰说："东坡初年力辟禅学，其后读释氏书，见其汗漫而无极(略)始悔其少作。"刘乃昌《论佛老思想对苏轼文学的影响》也说："苏轼由辟佛老到融合佛老大抵经历了一个发展过程。"是的，自"乌台诗案"后，为了寻求精神的解脱，先生开始深入研读佛经，借助佛道无物无我心性明静的人生观，认真思考人生的意义。

语典

法师住焦山[1]，而实未尝住。我来辄问法，法师了无语。
法师非无语，不知所答故。君看头与足，本自安冠履[2]。
譬如长髭人，不以长为苦。一旦或人问，每睡安所措?
归来被上下，一夜无着处。辗转遂达晨，意欲尽镊去[3]。
此言虽鄙浅，故自有深趣[4]。持此问法师，法师一笑许。

——《书焦山纶长老[5]壁》
(《苏轼诗集》卷十一，第552页)

注释

①焦山：系“镇江三山”之一(另两山是金山和北固山)。法师，指焦山长老，中江人氏。
②冠履：帽与鞋。
③“譬如”八句：髭，指嘴边的胡须。所措，措，安置，如何安置。镊(niè)，用镊子拔除。
④“此言”二句：鄙浅，指鄙陋浅薄。深趣，深刻趣味。
⑤纶长老：指焦山长老。

今译

法师住在焦山，心灵超出尘世。我来就问佛法，法师竟然无语。
法师并非没答，不知所答何故。君看这头与足，冠履各安其处。
譬如长髭之人，不以髭长为苦。一当有人说起，每睡不知何处。
被上被下颠倒，一夜无从处置。辗转直到早晨，打算将髭拔除。
此话虽然浅薄，话里却有深趣。将此请问法师，法师一笑无语。

解析

该诗，东坡先生于熙宁七年(1074年)二月作于杭州。这是一首典型的以诗话禅的诗作。所谓“法师住焦山，而实未尝住”，其含义是：虽然身在焦山，而心灵早超出于尘世之外。所谓“我来辄问法，法师了无语”，其含义是：虽然法师默默不语，但不言之教却渗透着佛理禅趣。在焦山纶长的点化下，先生终于领悟到人生一切烦恼，均在于人没有摆脱对万事万物的执着。《金刚经》中说：“不应住色生心，不应住声、香、味、触、法生心，应生无所住心！若心有住，即为非住。(略)说一切众生，即非众生。”先生所讲的“长髭人”为自己的长髭“一夜无着处”，而弄得每睡无所措手足的故事，生动而具体地阐释了“无住”与“有住”的区别。本来“长髭人”并“不以髭长为苦”(这就是“无住”)，一经“或人问”，使他彻夜“辗转遂达晨”(这就是“有住”)。“有住”与“无住”是佛教的基本理论，先生竟用二十句五言诗说得如此富有理趣。由此说明，先生对佛学禅理的修养已见功夫，为这日后的岭海放逐，储备足了精神营养。

语典

指衣冠[1]以命儒，盖儒之衰[2]；认禅律[3]以为佛，皆佛之粗[4]。本来清净，何教为律；一切解脱，宁复有禅。而世之惑者，禅律相殊[5]，儒佛相笑[6]。不有正觉[7]，谁开众迷。（略）

自儒为佛，而未始业[8]儒；由律入禅，而居常恃[9]律。

——《苏州请通长老疏[10]》

（《苏轼文集》卷六十二，第1907页）

注释

①衣冠：本指衣服和礼帽。古代士以上戴冠，故用以指士以上的服饰。

②衰：衰微。

③禅律：佛教语。指禅定和戒律。

④粗：疏忽，不周密。

⑤相殊：相异。

⑥相笑：相互讥笑。

⑦正觉：意指真正之觉悟。

⑧业：业障。意指诋毁、扬弃。

⑨恃：倚仗。

⑩“通长老”句：通长老，即法通师。疏：疏文、在各种法会、法事之上，凡人祈求于神仙的文函。

今译

指着衣冠楚楚的人就认定他是儒者，这是儒学衰微之表现；认为禅定和戒律就是佛法，这也是佛学之粗疏。本来就是清净之心，哪里需要戒律的训诲；一切烦恼都已解脱，哪里还需要禅定。而世之迷惑的人，认为禅修与戒律相互矛盾，儒者与佛者相互讥笑。没有真正的觉悟者，谁来开示引导迷惑的众生。（略）

自儒者而成为佛者，而从未扬弃儒学；由守律进入禅意，而仍应守常道倚傍戒律。

解析

熙宁七年（1074年）东坡先生通判杭州时，赴常州、润州、苏州赈饥。二月间，在京口遇法通师并赠诗。为此，先生在赴苏州途中，作了这篇疏文。先生对当时“禅律相殊，儒佛相笑”的文化现象进行释疑解惑。并认定儒释道禅相互融合，相互补充，这是既成的历史事实，又是现实的可能与可行。而融儒释道禅于一炉，集儒释道禅之大成者，正是游刃于儒释道禅之间的东坡先生。

语典

梦里青春可得追，欲将诗句绊余晖[①]。
酒阑病客惟思睡，蜜熟黄蜂亦懒飞。
芍药樱桃俱扫地，鬓丝禅榻两忘机[②]。
凭君借取法界观[③]，一洗人间万事非。

——《和子由四首之一·送春》
（《苏轼诗集》卷十三（第二册），第628页）

注释

①“欲将”句：绊，谓系。又有挽留之意。余晖：此指春日余光，即残春之意。

②“芍药”二句：扫地，指扫地空无之意，即凋落无余。鬓丝，鬓边白发。禅榻，坐禅之床。忘机，忘却机巧权变之心。

③法界观：《华严法界观》，唐杜顺著。为佛教华严宗重要著作之一。

今译

梦里逝去的青春年华何以得追，但将诗句系住夕阳余晖。酒筵将尽我只想昏睡，如见沉醉蜜熟的黄蜂也懒得飞。芍药樱桃全都凋落无余，两鬓白丝闲卧禅床忘却机心与牵累。借取子由《法界观》一读，一洗人间万般烦恼与心灰。

解析

此诗，东坡先生于熙宁八年（1075年）初夏作于密州，是先生《和子由四首》中的一首。时先生胞弟苏辙任齐州（今山东济南市）掌书记。苏辙原诗题为《次韵刘敏殿丞送春》，先生读后依韵和《送春》一首。前诗首联是惜春，和诗首联却语意双关，既可以称之为惜春，亦可以谓之伤时。首句一个“可”字，表示“青春”一去不可返。先生当年刚入不惑之年，本欲“奋厉有当世志”，但两上皇帝书如石沉大海。他因新法与王安石分道扬镳被迫离开朝廷寻求外任，无法施展抱负，只好“欲将诗句”消磨时光。“酒阑”句直赋心灰意懒之情，“忘机”句言说自己淡泊宁静，泯灭机心之愿。最后两句含义深刻，希望借助佛学《法界观》，洗尽人间的万般烦恼。这既是先生对时局的无奈，亦是对自己不得志的伤感。

语典

借禅以为诙[①]。何所闻而去，何所见而回[②]（略）
昔年本不住，今者亦无来[③]。

——《闻辩才法师[④]复归上天竺·以诗戏问》
（《苏轼诗集》卷十六，第824页）

注释

①“借禅”句；禅：是印度梵语“禅那”的音译，意译就是“静虑”，也就是冥想的意思。通过禅坐训练，将意念集中在一处，思考人生。中国禅宗六祖慧能大师说：“外离相曰禅”（《坛经》）。不为外物所动就是“禅”。禅也是当代人缓解压力，增强定力，开启智慧有效的方法之一。诙，诙谐，谈话富于风趣。

②“何所闻”二句：三国归晋后，握重兵的钟会权倾一时，嵇康却公然表示瞧不起他。钟会来访也不理他，钟会觉得无趣只好走了。嵇康故意问：“何所闻而来，何所见而去？”（你听说了什么，又见到了什么？）钟会不怀好意地答道：“闻所闻而来，见所见而去。”（听到了所听到的才来，看到了所看到的才走）不久后，钟会向司马氏进谗言，找了个借口把嵇康杀了。

③“昔年”二句：不住，佛教指内心空静，无执着。无来，语出《金刚经》：“如来者，无所从来，亦无所去。”两句意谓“本真是无缚无脱”（转引清代雍正年间学者汪师韩《苏诗选评笺释》。参见张志烈等主编《苏轼全集校注》（诗集三），第1720页）。

④辩才法师：辩才，俗姓徐，名无象，法名元净，号辩才，於潜县（今临安於潜镇）人。以佛法化人，心具定慧，学具禅律，人无贤不肖，见之者知尊其道，奉其教。

今译

利用禅悦以作诙谐幽默之异趣。在山寺里我听到我所听到的，见到我所见到的而回去。（略）
我从前本无缚无脱，今天我无所从来，亦无所而去。

解析

该诗于元丰元年（1078年）作于徐州。元祐四年（1089年）苏东坡二次莅杭，以龙图阁学士知杭州，多与辩才游。据说辩才曾为苏轼的儿子苏迨治好了腿病，使之能行走。先生闻辩才法师复归上天竺，以诗戏问，法师问：“何所闻而去，何所见而回？”先生自己回答：“昔年本不住，今者亦无来。”此乃触机领悟，不可明说的禅机隐语，确实是“借禅以为诙”的趣事。

语典

余以为庄子盖助孔子者，(略)庄子之言，皆实予[1]，而文不予，阳挤[2]而阴助之，其正言盖无几，至于诋訾[3]孔子，未尝不微见其意。(略)其尊之也至矣。

——《庄子祠堂记》

(《苏轼文集》卷十一，第347页)

注释

①予：给与。

②挤：排挤。

③诋訾(dǐ zī)：毁谤非议。

今译

我以为庄子是尊重孔子的，(略)庄子的言论，实际都是赞同儒家观点，而只是在文字上不明说而已，这是表面上排挤而暗地里帮助。他正面交锋的文章没几篇，至于诋毁非议孔子的语言，没有一处不是暗暗流露出对儒家的赞同。(略)其尊孔也达到了极致。

解析

元丰元年(1078年)，蒙县县令、秘书丞王竞，打算为一千多年前本县出现的哲学家庄子建造祠堂。于是，向时为徐州太守的东坡先生求助，请为庄子祠堂写篇记文。同年十一月十九日，先生撰成了这篇文章。先生在这篇记叙文中表达的主导思想是：庄子"本归于老子之言"，但实际情况是"庄子盖助孔子者"。这说明儒道两家学说本属同源，互为补充。先生一生的学术思想，正是沿着这一理念建构自己的哲学体系。

语典

逢人欲觅安心法，到处先为问道庵①。

——《次韵子由寄题孔平仲草庵》

（《苏轼诗集》卷二十一，第1108页）

注释

①道庵：寺庙。

今译

逢人就想寻找安心之法，每到一处就问哪里有寺庙。

解析

此诗，东坡先生于元丰五年(1082年)二月作于黄州贬所。说起先生的方外僧友，可以开列出长长的一串名单。他们之间谈玄论道，诗偈应答，心照神交，情谊笃厚。这种儒僧交游的文化现象，古代其他文人、士大夫难出其右。这其中尤以黄州安国寺住持继莲、诗僧参寥子和禅僧佛印，对于先生应对人生挫折，自我解脱，有着极大的帮助。

在来黄州最初的两年时间里，先生似乎掉入无底深渊，如同惊猿脱兔，感到莫名的惊恐和焦灼。第一位向他伸出援手，给他以“安心法”的是黄州安国寺住持继莲高僧。北宋元丰年间该寺住持继莲大师，由于佛法造诣高深，皇帝特赐法号、袈裟。在继莲法师住持下，安国寺“堂宇斋阁，连皆易新之”。因为这里“茂林修竹，陂池亭榭”，“严丽深稳，悦可人意”。故先生把这禅林宝寺当作他“闭门却扫，收召魂魄”，“归诚佛僧，求一洗之”的福地。先生“间一二日辄往”，在继莲大师的开示下，他“焚香默坐，深自省察，则物我相忘，身心皆空”，“一念清净，染污自落，表里翛然，无所附丽”。如此这般，先生“旦往而暮还者，五年于此”。这说明先生谪居黄州五年间，几乎有一半的时间是在安国寺度过的。要问继莲法师给先生开的“安心法”是什么呢？是继莲“欲谢去”当初皇帝赐号时说的一句话：“知足不辱，知止不殆”。面对继莲的高风大德，先生感叹：“余是以愧其人！”

东坡与参寥子的交往，自是一段情同手足的佳话。元丰三年(1080年)二月，先生因“乌台诗案”被贬至黄州。八月，参寥子遣人书信慰问。元丰六年(1083年)三月，他又不远千里从杭州来黄州，与先生作伴近一年。先生在《与参寥子三首》之一中说：“仆罪大责轻，谪居以来，杜门念咎而已。平生亲识，亦断往还，理故宜尔。而释老数公，乃复千里致问，情义之厚，有加于平日，以此知道德高风，果在世外也。”先生再贬儋州之后，参寥子放心不下，决意要带着徒弟颖沙弥自杭州飘海赴儋州探望先生。经先生回信谢绝，他才无奈地没有成行。但不久，他又因受先生牵连，被迫还俗，编管兖州。先生去世后，参寥子以极其沉痛心情写下《东坡先生挽词》，其辞曰：“博学无前古，雄文冠两京，笔头千字落，词力九河倾……”这就是先生与参寥子的一段可歌可泣的情缘。

对东坡先生审美人生产生重大影响的另一位高僧，是宋代云门宗僧，德化广被，世人称颂，宋神宗赐号“佛印禅师”的佛印。佛印在庐山期间，与谪居黄州的东坡先生过从甚密，两人经常在一起参禅悟道，饮酒吟诗，游山玩水，留下了许多为后人津津乐道的禅林机锋佳话。表现出二人聪慧机敏的学识和亲密无间的关系。最为令人感动的是，先生谪居惠州时，佛印委托苏州定惠院和尚契顺，捎去了一封以禅宗临济宗的佛理开示东坡先生的书信：

> 子瞻中大科，登金门，上玉堂，远放寂寞之滨，权臣忌子瞻为宰相耳。人生一世间，如白驹之过隙，三二十年功名富贵，转盼成空。何不一笔勾断，寻求自家本来面目，(略)子瞻胸中有万卷书，笔下无一点尘，到这地位，不知性命所在，一生聪明要做什么？三世诸佛，则是一个有血性的汉子，子瞻若能脚上承当，把一二十年富贵功名，贱如泥土，努力向前，珍重珍重。

善哉！精通儒典佛学的高僧大德佛印，于绍圣二年三月二日给东坡先生的这封书信，堪称是一封格物致知，即事穷理的佛理禅经；是一则以心传心，金针度人的心腹哲语；是一则醍醐灌顶，促人猛醒的人生箴言。可以推想，当先生读罢老友的书信后，他一定会激动得老泪纵横，随之顿会觉得水明山秀，心情圆融。应该说，东坡与佛僧结缘，既是佛家之幸，亦是东坡之福。

语典

心困万缘[1]空，身安一床足。
岂惟忘净秽[2]，兼似洗荣辱。

——《安国寺浴》
(《苏轼诗集》卷二十，第 1034 页)

注释

①万缘：众多因缘。
②净秽：清净秽浊。

今译

心里烦恼万般因缘扫尽，身体安闲一床即可满足。难道只是忘却清净与秽浊，同时还应洗去荣耀和耻辱。

解析

东坡先生于元丰三年(1080 年)二月一日抵黄州贬所。先生于这年二月，写下《安国寺寻春》诗，三月又写下《安国寺浴》诗。这说明先生一到黄州虽暂寄住城东定惠院小庙，但在未迁移到临皋亭之前的日子里，城南号称唐宋祖庭的安国寺成为他寄身安心的福地。“乌台诗案”使先生一夜之间从“天堂”打入“地狱”，从朝中重臣沦为“夜来饥肠如转雷”的“楚囚”。如何安顿受伤的心灵，他向佛僧寻求智慧。故到黄州后不久，间一二日辄往安国寺焚香默坐，收召魂魄，每月还到安国寺洗浴身体。如此这般坚持了五个年头。同时还在继莲长老指点下，开始学习静坐禅修。终于达到“物我相忘，身心皆空”的境界。

语典

学佛老者，本期于静而达[1]，静似赖，达似放，学者或未至其所期[2]，而先得其所似，不为无害。仆常以此自疑，故亦以为献。

——《与华仲举一首》之一

（《苏轼文集》卷五十六，第1671页）

注释

①静而达：宁静而达观。

②至其所期：达到所期望的境界。

今译

学习佛学道学的人，本来期望于宁静中而以求达观，但是“静”看上去似乎是懒散，“达”则看来似放诞。学的人或者还没有达到那种境界，而先只做到了外表的相似，这种情况不是没有害处的。我常对此自我怀疑，所以也把这些想法告诉给您。

解析

该书信，东坡先生于元丰三年(1080年)闰九月十九日作于黄州贬所。该章句为先生给毕仲举书信的第三部分。先生在这里讲明了学习佛老的根本目的：“静而达。”他在安国寺的五年洗浴和禅修中，以至于在“天庆观道堂”的四十九日里，追求的是通过静心禅修，而达到“物我相忘，身心皆空”。这正是先生期望“达”的境界。而有的“学佛老”只“得其所似”，从而流为“赖”而“放”，其结果“不为无害”。

语典

佛书旧亦尝看，但暗塞不能通其妙，独时取其粗浅假说以自洗濯[1]。若农夫之去草，旋去旋生，虽若无益，然终愈于不去也。若世之君子，所谓超然玄悟[2]者，仆[3]不识也。

——《答毕仲举[4]二首》之一

（《苏轼文集》卷五十六，第1671页）

注释

①洗濯：洗涤，除去。

②玄悟：一种超脱了生死及一切限制的境界。

③仆：旧谦称"我"。

④毕仲举：真宗时宰相毕士安之曾孙。

今译

佛书以前也曾经常爱看，但是我愚拙而不能通晓其中的奥妙，仅常取其中粗浅浮泛的言说洗涤自己的灵魂。像农夫除草一样，刚刚除去不久又长，即使没有什么益处，然而终究比不除好得多。像当今的君子，所谓超然物外超脱生死的人，我不能辨识。

解析

此书信，东坡先生于元丰三年（1080年）闰九月十九日作于黄州贬所。先生在《黄州安国寺记》曾说自己"归诚佛僧"，同时在谪居黄州的五个年头里，于安国寺里"焚香默坐"。并"借得天庆观道堂三间"、"谢客四十九日"、"当速用道书方士之言，厚自养炼"。元丰五年（1082年）先生"得废圃于东坡之胁，筑垣葺室五间"，榜曰"东坡雪堂"，始自号"东坡居士"。先生真的看破红尘，"归诚佛僧"了吗？读了该章句"但暗塞不能通其妙"、"若农夫之去草"，对"所谓超然去悟者，仆不识"，就能够明白，先生并非真的想成为和尚、道士。他是想通过"闭门却扫"、"收召魂魄"，从而达到"物我相忘"、"身心皆空"的老庄人生境界。

语典

公之所谈（“陈述古好论禅”），譬之饮食龙肉也，而仆之所学，猪肉也。猪之与龙，则有间[①]矣，然公终日说龙肉，不如仆之食猪肉实美而真饱也。不知君所得于佛书者果何耶？为出生死，超三乘[②]，遂作佛乎？抑尚与仆辈俯仰[③]也？

——《答毕仲举二首》之一

（《苏轼文集》卷五十六，第1621页）

注释

①有间：空隙之处，有距离。

②三乘：即“声闻乘”、“缘觉乘”、“菩萨乘”，三者均为浅深不同的解脱之道。声闻使自己从苦痛的世界中解脱出来，实现烦恼的熄灭；缘觉乘是契入事物互即互入之本质转入内心的精神修炼；菩萨乘，你要帮助所有的人开悟，是修炼达到的最高境界。

③俯仰：此指随宜应付。

今译

您所谈的关于“禅修”，好像是谈吃龙肉，而我所学的，譬如是吃猪肉。猪与龙之间相差太远，但是您整天谈龙肉，不如我吃猪肉甜美又饱肚子。不知您从佛书里得到什么真谛？是为了走出生死轮回，超脱三界，随即成佛呢？或者还与我辈一起随宜应付呢？

解析

此书信，东坡先生于元丰三年（1080年）闰九月十九日作于黄州。该信的第一部分，表达先生对佛书“暗塞不能通其妙”，甚至对所谓“超然玄悟者”产生质疑。第二部分（即该章句），进一步对毕仲举学佛进行质疑，您是想“出生死”、“超三乘”，还是想立地成佛呢？总之，是否可以这样说，黄州期间的先生，走进寺观是为了“求一洗之”，以利“身心皆空”。在先生那里不是不知“龙肉”高贵，但是他选择了“实美而真饱”的“猪肉”。讲求实际，追求实效，这是先生一贯的人生哲学。由此可以判断，黄州期间的东坡先生，对于“佛书”内心里存在着一个“实”字，即实理、实用、实效。

语典

今士大夫至以佛老[1]为圣人，鬻[2]书于市者，非庄老[3]之书不售也，读其文，浩然无当而不可穷；观其貌，超然无著而不可挹，岂此真能然哉[4]！盖中人之性，安于放而乐于诞耳[5]。使天下之士，能如庄周齐死生，一毁誉，轻富贵，安贫贱[6]，则人主之名器爵禄，所以砺世摩钝者，废矣[7]。

——《论语说·公冶长篇》

（《三苏全书·经部》第三册·卷上，第188页）

注释

①佛老：佛家与道家的并称。

②鬻（yù）：卖。

③庄老：庄子与老子并称。

④“读其文”五句：浩然，盛大的样子。无当，不合乎。超然，高超出众的样子。无著，不显明。不可挹（yì），不可捉摸。

⑤“盖中人”二句：中人，指中等人，一般人。放，此指自由。诞，放荡。

⑥“使天下之士”五句：庄周，指庄子，姓庄，名周。齐，等同。一，一致。

⑦“则人主”三句：人主，专指一国之主，即帝王。名器，名，指爵号，器，车服。爵禄，官爵与俸禄。以上用以区别尊贵卑贱的等级。砺世摩（磨）钝，激励世俗，磨炼愚鲁。

今译

如今士大夫甚至于以佛老为圣人，在市场售卖图书的，不是庄子、老子的书不售。阅读这类书的文章，大而无当而不可穷尽；观察这些人的神态超然无著而不可捉摸，难道真的能达到这样的境界吗？大概常人的性情，安于自由乐于游逸。假使天下的士人都能像庄周一样，把生与死等同，把诋毁与赞誉混一，轻视富贵，安于贫贱，那么帝王的名号车服、官爵俸禄，这些用来激励世人向上、磨炼人志向的东西，不是全部废弃无用吗？

解析

《论语说》，东坡先生于元丰三年（1080年）至元丰五年（1082年）作于黄州贬所。该文是先生对《论语·公冶长篇》：“夫子之文章，可得而闻也；夫子之言性与天道，不可得而闻也”，即子贡关于孔子平日很少谈及人性及天命问题言论的解说。补录于《论语说》的这段文字，与《议学校贡举状》内容一样。大概是先生在注释《公冶长篇》子贡的言说时，将《议学校贡举状》的文字移入到这里。不过从这段文字的观点看，估计谪居黄州时期的先生，不会将十二年前，即熙宁二年（1069年），先生时年三十四岁，以殿中丞直史馆判官告院的名义，向神宗皇帝上《议学校贡举状》的文章择录于《论语说》中。是年五月，王安石准备改革科举法，取消诗赋明经诸科，以经义论策考试进士。他还计划兴办学校，逐步以学校代科举，先生对此立即上书表示反对。除此以外，对当时士大夫中热捧佛老的风气表示质疑。此时的苏轼正处在“奋厉有当世志”的壮年时期，如同他所仰慕的前贤韩愈、欧阳修早年那样，对佛老采取排斥态度。对庄子的“齐死生，一毁誉，轻富贵，安贫贱”等“齐物”、“逍遥”思想不以为然。应该指出的是，先生当年的这些观念，是先生正主张“涤荡振刷”，立志“卓然有所立”的人生进取阶段。这一时期的先生具有疑佛老，斥佛老的思想是可以理解的。而从密州任起，先生重读《庄子》，“心中时时涌起豁然开朗，如获至宝的快慰”、“密州时期正是他超然旷达性格形成的初始阶段”（参见王水照、崔铭著《苏轼传》，第101页）。尤其是“乌台诗案”后先生被贬黄州，“进入他政治上的失意时期”、“不愿沉浸在这种悲观颓丧的思想中，而又找不到出路，于是只好搬出老庄的处世哲学来自我安慰”（参见曾枣庄《苏轼评传》，第142页）。为了“收召魂魄”，他在黄州安国寺“归诚佛僧”、“焚香默坐，深自省察”，“旦往而暮还者，五年于此矣”（《安国寺记》）。试想，黄州时期的东坡居士，还会像十二年前那样对佛老采取诋毁的态度吗？所以，笔者认为刻意将《议学校贡举状》言论，录至《论语说·公冶长篇》，似为不妥。

语典

去岁冬至，斋居[①]四十九日，息命归根[②]，似有所得。（略）

妄想既绝，颓然如葛天氏之民[③]，道家所谓延年却老者，殆[④]谓此者？若终日汲汲[⑤]随物上下者，虽享耄期[⑥]之寿，忽然如白驹过隙[⑦]尔。

——《与陈大夫[⑧]八首》之七

（《苏轼文集》卷五十六，第1699页）

注释

①斋居：斋戒别居。

②息命归根：语出《老子·十六章》：“夫物芸芸，各复归其根。归根曰静，静曰复命。”（陈鼓应注译《老子今注今译》，第134页）“归根复命，即回归生命本原，还复生命本性。”

③“颓然如葛天氏”句：颓然，寂静的样子。葛天氏，传说远古部落号。“其治不言而自信，不化而自行，古人以为理想中自然、淳朴之世”（参见张志烈等主编《苏轼全集校注》文集八，第6255页）。

④殆：大概。

⑤汲汲：形容急切的样子。

⑥耄期：耄（mào）：年老，八九十岁的年纪。

⑦白驹之过隙：谓时光迅疾。白驹，骏马，亦指日。

⑧陈大夫：陈轼，字君式，临川（今江西抚州市辖区）人，为东坡先生谪居黄州（即元丰三年）第一任太守。先生二月一日抵贬所，四月份，陈君式与之订交，“日必造门”。以朝奉大夫致仕，故称陈大夫。

今译

去年冬至，斋戒居住在天庆观道堂四十九日，还复本性，回归本原，似乎有所体悟。（略）

非分之想已经断绝，寂静的样子像葛天氏的属民，道家所说的延年益寿却离衰老，大概说的就是这样？如果整天上下匆匆地追逐物欲的人，虽然享有八九十岁的长寿，然而不过如白驹过隙短短一瞬。

解析

此书信，东坡先生于元丰四年（1081年）五月作于黄州贬所。此时，陈君式已离职退休在家养老。先生向长辈介绍了自己的养生之秘。这就是他源于道家的修身法：“息命归根。”其本意是还复本性，回归本原。只有找回“本性”，回归到“本原”，才有可能成为古人向往的“葛天氏之民”。

语典

若言琴上有琴声，放在匣[①]中何不鸣？
若言声在指头上，何不于君指上听？

——《题沈君琴》(《琴诗》)
(《苏轼诗集》卷四十七，第 2535 页)

注释

①匣(xiá)：匣子。

今译

如果说琴上面有琴声，为什么把琴放在匣子里却不发出声音呢？如果说声音在指头上，为什么不直接听从你手指头上发出的声音呢？

解析

此诗是元丰四年(1081 年)六月(一说元丰五年六月)，东坡先生作于黄州。这是一首哲理诗，先生曾在致彦正判官的尺牍中称为"偈"。偈，即梵语"颂"，佛经中的唱词。先生深谙佛理，受《楞严经》佛理启示作诗传道。该经云："譬如琴瑟、箜篌、琵琶，虽有妙音，若无妙指，终不能发。"唐朝诗人韦应物《听嘉陵江水声寄深上人》也有类似禅悟体验的诗："水性自云静、石中本无声，如何两相激，雷转空山惊？"《琴诗》正是依据佛教哲理演绎成偈。佛理认为，任何事物皆因因缘和合而生，缘聚则生，缘散则灭。所谓"缘"实际上就是事物之间的普遍联系，即任何事物都是在与其他事物的普遍联系中才能确定自己的存在。一旦切断这种联系，这一事物就不存在。《琴诗》告诉我们的哲理是：若无琴，则无琴声；若无手指拨弄，亦无琴声。若无听者耳朵听力器官，也没有琴声。总之，只有特定的主客观因素相互发生作用，才能有琴声的客观存在。这就是东坡先生用四句小诗，传递给我们深邃的禅机佛理。

语典

吾侪[①]何尝不禅，而今乃始疑子由之禅而鬼为佛，何耶？丹砂若可致，为便寄示。吾药奇甚，聊以为闲中诡异[②]之观，决不敢服也。

——《与王定国[③]四十一首》之十二

（《苏轼文集》卷五十二，第1518页）

注释

①侪(chái)：等辈。

②诡异：怪异、奇特，令人惊讶、奇怪，感到迷惑。

③王定国：王巩，字定国，莘县(今属山东)人。北宋著名诗人、画家，跌荡傲世，好议时政。因受东坡先生"乌台诗案"牵连，被贬至广西宾州监酒务。后为宗正寺丞，屡次更迭外任。《宋史》有传。

今译

我辈文人何尝不静默禅修，而今才开始怀疑子由的禅修是鬼还是佛，是哪一种呢？丹砂若能买到，顺便寄一点。我用的药比较奇特，姑且作为闲暇时奇异之观赏，但决不敢服用。

解析

此信约于元丰四年十月左右作于黄州。先生在信中仍然谈禅，并对胞弟子由"为鬼为佛"的禅修表示质疑。对"丹砂"仍秉持一贯理念，仅作为"闲中诡异之观"，这意思是，权作为奇异的游戏观赏。同时他重申："丹砂"为药，"决不敢服也"。

语典

至和无攫醳，至平无按抑[①]，不知微妙声，究竟从何出？
散我不平气，洗我不和心。此心[②]知有在，尚复此微吟。

——《听僧昭素[③]琴》

（《苏轼诗集》·（第二册）卷十二，第576页）

注释

①“至和”二句：至和，指非常和顺。攫（jué），弹琴时手指绷紧琴弦。醳（yì），通“释”，释放。攫醳：指弦的张弛。按抑：向下压弦。

②此心：指上述“不平气”、“不和心”。

③昭素：不详。

今译

最和顺的音乐应无张弛，最平和的声音应无高低，然而这微妙的声音，究竟从哪里产生的呢？这琴声分散我心中不平之气，洗刷我不平静的心。正因有“不平气”与“不平心”在，这才反复低沉地吟诵这首诗。

解析

该诗作年不详。元丰五年（1082年）闰六月，东坡先生在黄州贬所写下了一首《琴诗》。四句诗两个问句，询问琴声究竟来自“琴上”还是在“指上”，构成了颇具特色的哲理诗，从而启迪着古今读者的心智。《听僧昭素琴》诗，乃有异曲同工之妙。先生在诗的开头写道：既“无攫醳”，又“无按抑”，这微妙的琴声又是从何而来呢？在佛家看来，真正的“微妙声”来自人的本心，是由心灵体悟到而不是由耳朵听到的。因为听者有了“不平气”和“不和心”，才对这“微妙声”有如此的感应。“陶渊明总有自己的解释：‘但识琴中趣，何劳弦上声！’”“无弦而弹，无声而妙，这充分反映出佛家不弹之弹，至琴无弦的思想，与苏轼‘至和无攫醳，至平无按抑’实际上殊途同归。”（参见李勃洋著《东坡禅话》，第56-57页）先生与陶渊明有同样的心境，亦有同样的“但识琴中趣”的审美情趣，故而才有“尚复此微吟”的诗作。

语典

世人初不离世间，而欲学出世间法[1]。举足动念皆尘垢[2]，而以俄顷作禅律[3]。禅律若可以作得，所不作处安得禅。

——《小篆般若心经赞》

（《苏轼文集》卷二十一，第618页）

注释

①“世人初不离”二句：世间，人世间。出世间，超脱世间为出世间。“一切生死之法为世间，不生不灭之涅槃为出世间。”

②尘垢：尘埃和污垢，比喻世俗尘世，佛教谓烦恼。

③“而以俄顷”句：俄顷，片刻，一会儿。禅律，佛教语，禅宗和律宗的并称。又指禅定与戒律。

今译

世上的人从出生就没有离开过这个世界，却想学习超脱这个世间的方法。本来众生的一举手一投足都在尘世污垢之中，但却想在一刹那间就能悟得禅法。禅法假若可以一悟即得，那么不去悟时又从何处得到禅法呢?

解析

元丰五年(1082年)十二月间，东坡先生谪居黄州，偶然得见李康年用小篆所篆的《心经》。《心经》乃《摩诃般若波罗蜜多心经》的简称，汉传佛教通行版为玄奘译。内容主要表现“般若皆空”精神，“色即是空，空即是色”一语，即是出自本经。佛教认为，此经乃定心之径路。先生在黄州以读佛经度日，《心经》当是研习之一。不过，从该赞内容可以看出，先生在这一阶段的禅修多少还存些疑虑。他在问自己，世人本在“世间”，却欲学“出世间”之法。每时每刻混迹于尘世的污垢之中，却希图“俄顷作禅律”。这种矛盾心理，一直伴随着先生禅修的全过程。

语典

而世之味[①]者，便将颓然[②]无知，认作佛地[③]。若如此是佛，猫儿狗子，得饱熟睡，腹摇鼻息，与土木同，当恁么时[④]，可谓无一毫思念，岂可谓猫儿狗子已入佛地？

故凡学者，但当观心除爱[⑤]，自粗及细，念念不忘，会作一日，得无所除[⑥]，弟以教我者是如此否？

——《与子由[⑦]第十首》之三

（《苏轼文集》卷六十，第1834页）

注释

①昧：昏，糊涂，不明白。

②颓然：此指消沉颓废，糊涂无知的样子。

③佛地：超脱生死、灭绝烦恼的佛禅境界。

④当恁么时：恁(nèn)如此，这样。是唐宋时的流行口语。意为“就在当下”。

⑤观心除爱：观心，道家哲学。观察自己的起心动念。除爱，除去杂念。

⑥无所除：除，赵刻《志林》作“住”。无所除，即无所住，佛教语，即不被任何意念、事物所拘执。

⑦子由：苏辙，字子由。苏轼胞弟。

今译

世间蒙昧之人，便把消沉颓废，全然无觉当作是佛禅境界。如果这即是佛禅境界，那么猫狗之类，饱食之后的酣然大睡，只见腹部起伏、鼻孔出气息，与土木草石一样，如此这样，它们此时可以说没有一丝一毫的杂念，难道可以说猫狗已进入佛禅境界了吗？

因此学佛习禅之人，应当静观心性，摒除杂念，自粗俗至细致都在列。只有牢记于心，时刻不忘，就会有一天，做到不被任何心念和事物所拘执。老弟，你教我的是这个意思吗？

解析

此书信是元丰六年（1083年）三月十五，东坡先生在黄州贬所，就习佛禅修事给子由弟的复信。先生三年前在《与毕仲举二首》（之一）中，对“学佛老者”、“常以此自疑”。三年以后给子由的信，同样对于“将颓然无知，认为佛地”产生“自疑”。这表明先生对待佛禅的理性思考。先生谪居黄州后，于安国寺“归诚佛僧”，并不意味着他真的想遁入佛门，做一个“三世”转生，“六道”轮回的虔诚僧人。而是在那静谧的庙堂中，寻找精神的自由放达，获得心理上的平衡，使他从政治的陷阱中得以解脱。从而达到天趣洋溢，超然无累的审美人生境界。纵观先生一生习佛练禅，讲求的是“实用”。他把佛禅作为远离党争、逃避权斗的抵御武器，作为抚慰逆境人生的护身符。这就是东坡先生的佛禅观。

语典

乃知法界[1]性，一切惟心造。若人了此言，地狱自破碎。

——《地狱变相偈》

（《苏轼文集》卷二十二，第645页）

注释

①法界：佛教道教术语。泛指一切事物各自的特性，各守不同的界限。

今译

于是知晓各自法界的特性，一切只是心中产生出的。如果众生悟出这句话的含义，地狱岂不自然破碎。

解析

元丰六年(1083年)七月十日左右，东坡先生谪居黄州临皋亭，看到了唐代著名画家吴道子绘制的《地狱变相》图。当时感叹："悲哉！悲哉！能于此间一念清净，岂无脱理?"于是，写下这篇偈词。此偈语出自《华严经·夜摩天宫品》《宗镜录》卷九。据《纂灵记》记载：京兆之地有一王姓俗人，未有戒行，患病致死，被二人引至地狱。地狱门口的地藏菩萨嘱他口念偈云："若人欲了知，三世一切佛。应观法界性，一切惟心造。"此人照此而行果能破地狱之苦。阎王问他有何功德，此人答，惟受一四句偈言。偈声响起，受苦之人皆得解脱。先生曾在《水陆法像赞·下八位·一切地狱众》中，同样写道："知惟心造，是破地狱。"先生真乃参透法界性，因为他深知吴道子的《地狱变相》图，实乃"此画无实相，笔墨假合成"而已。

语典

惟有宿昔心[①]，依然守故处。(略)

失途[②]既难追，学道[③]恨不早。

——《初秋寄子由》

(《苏轼诗集》卷二十二，第1170页)

注释

①宿昔心：往常、向来的意思。

②失途：失路。

③学道：学习道艺，即学习儒家学说。另指学习道行，即学习仙道。

今译

只有往日那颗报国之心，依然守候在老地方。(如今)错走一步已经难以追悔，只恨自己学习道行太迟。

解析

此诗于元丰六年(1083年)作于黄州。前两句表述苏轼兄弟俩的心思，后两句体现他俩对失途一步的反省。子曰："内省不疚，夫何忧何惧?"(《公冶长篇》)黄州五年间的慎独思过，先生从诗案的阴影中走了出来。

语典

情爱著人如黐[1]胶油腻。急手解雪[2]，尚为沾染，若又反覆寻绎[3]，便缠绕人矣。(略)一付维摩、庄周[4]令处置为佳也。

——《与蔡景繁[5]十四首》之十二

(《苏轼文集》卷五十五，第1665页)

注释

①黐(chī)：木胶，用苦木皮捣取胶液制成，可以黏羽物。

②解雪：清洗。

③寻绎：此指追思。

④维摩、庄周：维摩，早期印度佛教著名居士，在家菩萨。此指佛家。庄周，庄子，名周，道家学派的主要代表人物之一。此指道家。

⑤蔡景繁：蔡承禧，字景繁，抚州临川(今属江西)人。嘉祐二年(1057年)与苏轼同榜进士及第。终淮南转运使。

今译

情爱对于人就像木胶油腻般黏(nián)人，快速清洗，尚且沾连污染，如果又反复追思，便把人缠绕上难以解脱了。(略)只有本着佛家、道家的精神对待此事为好。

解析

该书大约元丰六年(1083年)东坡先生作于黄州贬所。先生所言“情爱”，是指亲情之眷爱。当人生遇到亲友丧事的，他都以“事已则心返”的态度处置。按照他的解释，事已至此，不必“反覆寻绎”。维摩的“放下”，庄周的“齐一”，则是人生解脱的应验药方。

语典

予[①]始未知佛法，君为言大略，皆推见至隐以自证耳，使人不疑。予之喜佛书，盖自君发之。

——《王大年[②]哀词》

（《苏轼文集》卷六十三，第1965页）

注释

①予：同“余”，即“我”。

②王大年：王彭，字大年，时为凤翔监军。其他无考。

今译

我开始不了解佛法的真谛，王君给我讲述了其中的大概，大多是选择那些提纲挈领的要点，与自己的实践加以印证，使人听后不会生疑。我之后喜欢读佛书，是受了王彭君的启发。

解析

该文约作于元丰八年(1085年)三月后，东坡先生先居常州，后迁登州，仅五日后召还开封。正是这段时间王大年去世，先生为之作文表示哀悼。王大年是先生嘉祐七年(1062年)至治平元年(1064年)，任凤翔签判时的同僚，时王大年为监军(监督军队的官员)，此后还担任过将军一职，既勇武威壮又不乏仁爱。王大年笃信佛教，对佛教经典颇有研究。他应该是先生喜读佛书、探究佛理的启蒙者，对先生人生产生过重要影响的人。

语典

去年腊日[①]访孤山，曾借僧窗半日闲。不为思归对妻子，道人有约经须还。

——《赠孙莘老七绝》其七

（《苏轼诗集》卷八，第410页）

注释

①腊日：农历十二月初八，民间称腊八节，俗称“腊八”。

今译

去年十二月初八我拜访了孤山，曾经借得诗僧的小窗换得了半日的清闲。思归不是思念妻儿，而是因为与道人有约定，我必须直接回到那儿去。

解析

东坡先生在通判杭州的近三年时间里，即熙宁四年至熙宁六年（1071—1073年），如同他所言：“独念吴、越多名僧，与予善者常十九。”与许多著名的诗僧建立了深厚的友谊。当然他遍访禅寺是“名寻道人实自娱”，这不仅反映了北宋士大夫们尊佛习禅的风尚，而且“曾借僧窗半日闲”，使他求得了精神的自我救赎与心灵的慰藉。

语典

何须魏帝一丸药[1]，且尽卢仝七碗茶[2]。

——《游诸佛舍，一日饮酽茶[3]》

(《苏轼诗集》卷十，第508页)

注释

①“魏帝”句：魏帝指魏文帝曹丕。其诗《折杨柳行》：“西山一何高，高高殊无极。上有两仙童，不饮亦不食。赐我一丸药，光耀有五色。服药四五日，身体生羽翼。”所谓“魏帝一丸药”，即两仙童所赐之药。

②“卢仝”句：卢仝(tóng)，唐代诗人，被尊称为“茶仙”。卢仝好茶成癖，《七碗茶诗》与陆羽茶经齐名：“一碗喉吻润，二碗破孤闷，三碗搜枯肠，惟有文字五千卷。四碗发轻汗，平生不成事，尽向无孔散。五碗肌骨清，六碗通仙灵。七碗吃不得也，唯觉两腋习习清风生。(略)”

③酽茶：浓茶。

今译

何必寻找魏文帝服的一丸仙药，不如痛饮卢仝喝的七碗茶。

解析

东坡先生与茶结缘，他不仅善品茶、烹茶、种茶，而且对茶史颇有研究。他十分嗜茶，写下了许多咏茶诗词。熙宁六年(1073年)他在杭州任通判，一日，以病告假独游湖上诸寺，痛饮酽茶七盏并写下此诗，赞美饮茶的乐趣和功能。

语典

夫人之动，以静为主。神以静舍[1]，心以静充，志以静宁，虑以静明。其静有道，得己[2]则静，逐物[3]则动。

——《江子静[4]字序》

（《苏轼文集》卷十，第332页）

注释

①舍：此指住宅，"神归其舍"（《鬼谷子·本经阴符》）。

②得己："穷不失义，故士得己焉"（《孟子·尽心上》），谓知足为得己。

③逐物：追逐外物。

④江子静：事迹不详。

今译

人的行动，以虚静为主。在虚静中让精神守舍；在虚静中让心感到充实；在虚静中让志向恬淡；在虚静中使思虑明智。虚静是有规律可循的，知足得己就能闲适宁静，追逐外物就会心浮躁动。

解析

此文作年不详。东坡先生"以静为主"的理念，源于道家的"虚静"思想。道家从悟道的角度出发，要求排除主观爱憎、是非成见，保持空灵的审美情趣与虚静心理。先生从"神"、"心"、"志"、"虑"四个方面要求以"静"调节。他对"静之道"说得更明白，能"静"者，皆"得己"；易"动"者，皆"逐物"。管住了"得己"与"逐物"，才能享有虚静的境界。

语典

学以辨道[1]，道以求性[2]，正[3]则静，静则定[4]，定则虚[5]，虚则明[6]。

——《江子静字序》

（《苏轼文集》卷十，第333页）

注释

①道：道字最初意义是道路，后来引申为做事的途径、方法、规律、原则等。

②性：此指人或事物本身的性质。

③正：不偏斜，合于道理、法则。

④定：镇静，安定。

⑤虚：道教语，指恬淡寡欲的思想境界。

⑥明：自省。“内视之谓”(《史记·商君列传》)。意为明智，清明。

今译

学习是用来分辨道的含义，用道的哲思来求取自身本性，合于正道就能够进入虚静境界，进入虚静心灵就能安定，心灵安定就清虚寡欲，清虚寡欲内心就能清明。

解析

此文作年不详。东坡先生在这里阐释了人生从“学”至“明”的“静道”全过程基本规律。这个全过程是：“学”—“道”—“性”—“正”—“静”—“定”—“虚”—“明”。在这八个环节中，“静”是关键一环。按照老子《道德经》的哲学，“归根曰静”，只有回归本原，才能达到“静”。达到“虚静”的境界，此谓“复命”，即回复到生命的本源。归为本源称为“常”，即常有的现象(一定的法则、规律)。只有进入“常道”，才能进入“知常曰明”的境界。东坡先生正是遵循道家“致虚极，守静笃”，进而“复命”、“知常”，而致“明”的修道过程，构建他的人生“静道”。

语典

我观世间，诸得道者，多因苦恼。
苦恼之极，无所告诉，则呼父母。
父母不闻，仰而呼天。天不能救，
则当归命，于佛世尊①。佛以大悲②，方便开示③。

——《朱寿昌梁武忏赞偈(并叙)》
(《苏轼文集》卷二十二，第643页)

注释

①世尊：佛之尊号，以佛具万世大德，于世独尊。
②大悲：救他人苦之心谓之悲，佛菩萨之悲心广大，故曰大悲。
③开示：佛门中，高僧大德为弟子及信众说法，称为开示。

今译

我观察世间那些得道的人，大多是因为自身有痛苦烦恼。苦恼到了极点，就呼喊父母。父母听不到，就仰望上苍高呼上天。上天不能为他解除苦恼，就归结于命运，以至于佛祖世尊。佛会以大慈大悲之怀，为众生开启说法的方便之门。

解析

元丰三年(1080年)二月一日，东坡先生贬谪黄州。长江对岸的鄂州太守朱寿昌与先生交谊深厚。朱寿昌生及二岁，母亲舍去，母子别离五十余年。熙宁初年，朱寿昌弃官寻母，并刺血手写《金刚经》，四处寻母，终于在同州(今陕西省大荔县)寻到老母亲，由此朱寿昌以孝闻天下。为念报佛恩，欲度众生，朱寿昌将梁武帝《慈悲道场忏法》，乃以韵语，歌咏赞叹，传于民间。先生“见闻随喜”，为此撰写偈言。

语典

我观此幻身[1]，已作露电观[2]。而况身外物，露电亦无者。

佛子慈闵故[3]，愿受我此冠。若见冠非冠，即知我非我[4]。

五浊[5]烦恼中，清净常欢喜。

——《鱼枕冠[6]颂》

（《苏轼文集》卷二十，第593页）

注释

①幻身：佛教语。肉身，形骸。谓身躯由地、水、火、风假合而成，无实如幻，故曰幻身。

②露电观：朝露易晞（xī），闪电疾逝，以喻生命之无常。

③"佛子"句：佛子，受戒之佛教徒。慈闵（mǐn），仁慈怜悯。

④即知我非我：佛教以为我非实有，执着于我有者，故生烦恼，谓之"我见"。

⑤五浊：佛教称人世为"五浊"恶世，所谓五浊，《法华经·方便品》："所谓劫浊、烦恼浊、众生浊、见浊、命浊。"

⑥鱼枕冠：鱼枕，鱼头骨中形似篆书丁字骨。鱼枕冠，用以饰冠，曰鱼枕冠。

今译

依我看，这身躯乃是无实如幻的形骸，我畅快对此看作似露水、闪电般的无常。更何况身外之物，那就连露水闪电都不是了。佛徒慈悲怜悯，愿意接受我施舍的鱼枕冠。如果他认为这冠不是冠，就知道我也不是我。处在"五浊"烦恼的人世间，只有内心清明洁净，才能无烦无恼，终日欢喜。

解析

该颂于元丰四年（1081年）作于黄州。据北宋大臣晁说之在《题东坡鱼枕冠颂》云：元祐七年（1092年）九月间，东坡先生为兵部尚书时，曾对他说：大约在元丰四年（1081年），先生在黄州时，陈慥对先生戏言，曰："你不能作佛经，因为佛经是由三昧（意指止息杂念，使心神平静）状态之人才能写出，先生未免思虑过多。"先生答道："何不以一物试之？"陈慥乃指头上的鱼冠枕曰："请以此颂之。"于是先生便以佛经语言，迅笔写下此颂。南宋学者王柏在其《鲁斋集》评曰："坡公八窻（同'窗'）玲珑，天机飞跃，矢口成章，视佛语何有哉？（略）若此《鱼枕冠颂》，杂入《大藏》中，佛亦不能辨也。"这说明，先生谪居黄州期间，熟读佛经，烂熟于心。王柏又云：此颂"逢场作戏耳。后世以公为好佛，是不得其情者"（参见张志烈等主编《苏轼全集校注》（文集三），第2276页）。是的，先生读佛经是将其作为哲学研习，从中淘洗精华，以助解脱之用。

语典

不视而见，不听而闻，根在尘空[①]，湛然虚明[②]，遍照十方[③]，地狱天宫。

——《大别方丈铭》

（《苏轼文集》卷十九，第579页）

注释

①根在尘空：佛教以眼、耳、鼻、舌、身、意为六根。以色、声、香、味、触、法为六尘。六尘与六根相接，而生出种种烦恼。

②湛然虚明：湛然，清澈的样子。虚明：空明，清澈明亮。指内心清虚纯洁之心境。

③遍照十方：十方，指东、南、西、北、东南、西南、西北、东北、上、下等十方。

今译

眼不视而能见道，耳不听而能闻道，六根虽在但六尘已空，内心清澈空明，能观照到十方世界和地狱天宫。

解析

东坡先生于元丰七年(1084年)三月，即自黄州诏移汝州前的一个月，应太平兴国寺大别才老之请，为其方丈作铭。在铭文中有这样的文字："我观大别，方丈之内，一灯常红，门闭不开，光出于隙，晔如长虹。"足见大别才老是一位高德大僧。故有"不视而见，不听而闻"的赞语。

语典

人言眼睛上，一物不可住[①]。我谓如虚空[②]，何物住不得。

——《送圣寿聪长老偈[③]并叙》

（《苏轼文集》卷二十二，第643页）

注释

①住：停留。

②虚空：虚无空有。

③偈(jì)：梵语“颂”，佛经中的唱词。

今译

人人都说眼睛里面，一点尘埃都不能停留。我说既然万事万物都虚无空有，又有何物不能停留下来。

解析

大约在元丰七年(1054年)三月，圣寿聪长老自筠(今江西省高安市)来黄州，东坡先生为他说偈言。先生在偈言中又提出一悖论；“人言眼睛上，一物不可住”，但是，佛既然说一切均为虚空，“那么何物住不得?”“不可住”与“住不得”，谁是谁非？先生在偈后机智作答：“然则两皆然，否则无然者。”大意是说：如果是对，两者皆对；如果不对，也就没有对的。

语典

百滚油铛里[①]，恣[②]把心肝炸。遮个[③]在其中，不寒亦不热。似则是似，是则未是。不唯遮个不寒热，那个也不寒热，咄[④]！甚叫做遮个那个。

——《十二时中偈并叙》

（《苏轼文集》卷二十二，第645页）

注释

①油铛：盛有沸油之锅。

②恣：随意。

③遮个：这个。此处代指自性、佛性、本心之类精神性概念。

④咄(duō)：嗟叹之词，表示惊异和呵叱。

今译

滚沸的油锅里，随意把心肝煎炸。“这个”在油锅中，不冷也不热。似乎是“这个”，说是“这个”又不是“这个”。不仅“这个”不知寒热，“那个”也不知寒热。喝！什么叫做“这个”“那个”。

解析

元丰七年(1084年)十二月二十日，东坡先生由黄州至常州，途经泗州(今江苏省盱眙县境内)，偶作词云：“何人无事，燕坐空山。望长桥上，灯火闹，使君还。”泗州太守刘士彦看到这首词，急切地见到东坡先生，说十分担忧此词写在泗州，他身为太守恐牵扯要判二年徒刑。先生笑道：“轼一生罪过，开口常是，不在徒二年以下。”正是在这种背景下，先生写下了《十二时中偈》，该偈比喻人生在十二个时辰中受到了种种痛苦煎熬。这种煎熬就像把心肝连同“这个”(佛性、本心)，一起放在“百滚油铛里”煎炸。故而末尾先生冷漠不屑地戏言：“咄！甚叫做遮个那个。”

语典

孔、老为一①。

佛、老不为二②。

——(《仇池笔记·老子解》卷上，第 208 页)

注释

①"孔、老"句：孔，指孔子，儒学开创者。老，老子。道家开创者。

②"佛、老"句：佛，指佛教。老，老子。

今译

儒道实为一家。

佛老并非两门。

解析

东坡先生《仇池笔记》，与《东坡志林》手稿一样，均为先生生前手录笔记。后世文人于先生逝后，争相搜录其文以刊行，与《东坡志林》一样卷数不一。其中《仇池笔记》一百三十八条，与《东坡志林》重复了三十六条，故所录文作年难以查考。先生所撰《老子解》，是跋于其弟子由《老子解》后。该文开头曰："昨日子由寄老子新解，读之不尽卷，废卷而叹。"并曰："不意老年见此奇特。"儒释道三家经过长期演变融合，已经相互渗透，相互同化。少林寺有一对联曰："百家争理，万法一统；三教一体，九流同源。"少室山还有一联："才分天地人总属一理；教有儒释道终归一途。"总之，儒释道三家对世界的研究尽管各有差异，但都提倡从研究自身开始，最终的目的都是使自众生成为一个高尚的人、智慧的人。苏辙的《老子解》，大旨主于佛老同源。先生说："使战国时有此书，则无商鞅、韩非。使汉初有此书，则孔、老为一。晋宋间有此书，则佛老不为二"(参见《东坡志林·仇池笔记》，第 207-208 页)。

语典

众生堕八难[①]，身心俱丧失。惟有一念在，能呼观世音。
火坑与刀山[②]，猛兽诸毒药。众苦萃[③]一身，呼者常不痛。
呼者若自痛，则必不能呼。若其了不痛，何用呼菩萨。
当自救痛者，不烦观音力。众生以二故[④]，一身受众苦。
若能真不二[⑤]，则是观世音。八万四千人[⑥]，同时俱赴救。

——《观音赞并引》

（《苏轼文集》卷二十一，第621页）

注释

①八难：指不得遇佛、不闻正法之八种障难。即地狱、饿鬼、畜生、长寿天、郁单越、盲聋喑哑、世智辩聪、佛前佛后等。

②火坑与刀山：火坑，六道轮回中，以地狱、饿鬼、畜生三恶道受苦最烈，佛典多譬为火坑。刀山，佛教指地狱酷刑之一。

③萃：聚集。

④众生以二故：谓众生未悟佛一实之理，故有彼此分别之心。

⑤不二：佛教有不二法门，指平等无差异。

⑥“八万四千人”二句：八万四千人，佛教表示事物众多之数。同时俱赴救，指同时从八难之苦中得到拯救。

今译

众生堕入八难之中，身体与灵魂消失了。只有一个念想还在，就是呼唤观世音菩萨。尽管身在火坑与刀山，还有猛兽与各种毒药。众多苦难聚集于一身，呼唤观音菩萨的人并不感到疼痛。呼唤菩萨的人若自己还感到疼痛，那就不能呼唤了。如果他没有感到疼痛，那又何必呼唤菩萨呢？当自己能解救痛苦的人，就不需要观音菩萨的法力了。众生由于不能一心归佛，所以一身备受众多苦难。如果真能一心向佛，那他们自己也成了观音菩萨。八万四千人，同时都能得到解救。

解析

元祐三年（1088年），东坡先生为家藏庆州人孟显画师所画观世音菩萨像作赞，“为亡者追福灭罪”。先生在赞诗中对“众生堕八难”，唯有“能呼观世音”展开议论。先生对“众苦萃一身，呼者常不痛”提出质疑：质疑一，如果呼者“自痛”，痛就“不能呼”。质疑二，如果并不痛，那就不用呼。质疑三，凡是自己能解救苦难的人，何需去麻烦观音之法力。最后，先生得出结论：众生如果不能一心归佛，一身当受尽众苦；众生如果真的一心归佛，他自己也成了观音菩萨。总之，从元丰到元祐，先生对礼佛作法事，仍然存在不少的“疑佛与信佛”情结。

语典

孔老异门，儒释分宫[1]。又于其间，禅律相攻[2]。我见大海，有北南东，江河虽殊，其至则同。

——《祭龙井辩才[3]文》

（《苏轼文集》卷六十三，第1961页）

注释

①“孔老”二句：孔，指孔子，儒家学派创始者。老，指老子，道家学派创始者。异门，不同的门派。分宫，宫，谓室也(《说文》)。意为分为两家。

②禅律相攻：禅，指禅宗，又名心宗。以印度菩提达摩为初祖。传至五祖门下分为北宗以神秀渐悟之说，南宗以慧能顿悟之说并行。律宗，以持戒为主，谓戒律为佛教之根本，解脱之要道。

③龙井辩才：俗姓徐，名无象，法名元净，於潜县(今临安於潜镇)人。十六岁时落发受戒，十八岁来杭州上天竺寺，师从慈云法师。二十五岁时，宋神宗闻其德行，特恩赐紫衣袈裟，并赐法号“辩才”。

今译

孔子与老子分门别派，儒学与佛学分为两家。而佛门中间，禅宗与律宗相互攻讦。我看到茫茫大海，有北海、南海、东海。大江大河虽然各流相异，但最终都同归于大海。

解析

元祐六年(1091年)九月，东坡从杭州智果寺参寥获悉：西湖南山龙井寿圣院辩才化去。时先生知守颍州，于是十一月撰文拜祭。相传先生通判杭州时，在上天竺寺初谒辩才。后来先生次子迨出生后体弱多病，以致四岁还不能走路。辩才亲为摩顶治病，结果立竿见影，行走如奔鹿，一时传为美谈，为此，先生作诗称谢。辩才退居龙井寿圣院后，东坡先生正出知杭州，二人诗文往来，留下许多佳话。先生在该祭文中对儒释道禅互融互补之文化现象，提出著名立论：“孔老异门，儒释分宫”、“江河虽殊，其至则同”。关于儒释道三教文化，自古都有“殊途同归”的说法。如南北朝文论家刘勰在《灭惑论》中曰：“孔释教殊而道契。”东晋孙绰在《喻道论》中认为：“周孔即佛，佛即周孔，盖外内名之耳。”先生不仅为儒释道禅合流立论，而且在他的哲学思想体系和文学写作中，体现了先生乃集儒释道禅之大成，形成了独有的特色。在他的人生中，更是以儒为宗，以佛道为用，演绎出穷不忘道，豁达洒脱的审美人生。

语典

道家者流，本出于黄帝、老子。其道以清净无为为宗，以虚明应物[①]为用，以慈俭不争[②]为行，合于《周易》“何思何虑”[③]、《论语》“仁者静寿”[④]之说，如是而已。

——《上清储祥宫碑》

（《苏轼文集》卷十七，第503页）

注释

①虚明应物：虚明，谓空明，清澈明亮。应物，顺应万物。

②慈俭不争：慈俭，慈爱俭约。不争，是道家修养自我，处世生活之道。

③“何思何虑”：语出《周易·系辞》：“天下何思何虑，天下同归而殊途。”虑，忧，指没什么可以忧虑。

④“仁者静寿”：语出《论语·雍也》：“知者乐水，仁者乐山。知者动，仁者静。知者乐，仁者寿。”

今译

道家这一学派，原本出自于黄帝和老子。他们的道以清净无为为根本，以虚静洞达应对万物为修养方法，以慈爱俭约与物无争为行为准则，符合《周易》中的“无思无虑”和《论语》中“仁者静寿”的说法，大致就是这样。

解析

元祐六年（1091年）六月一日，东坡先生离杭州任，再入学士院。时正值上清储祥宫落成，太皇太后命苏轼为其撰写碑文。先生于是年七月作碑文于京城。所引章句不仅对道家学派的性质与宗旨给予明晰定位，而且认为道学与《周易》、《论语》之精义基本相通。先生曾在《宸奎阁碑》中亦称，佛学“其妙与孔、老合者”。这说明先生关于儒释道互为渗透，交融为一的理念论说透辟，切中事理。

语典

清夜无尘，月色如银。酒斟时，须满十分[①]。浮名浮利，虚苦[②]劳神。叹隙中驹，石中火，梦中身[③]。

虽抱文章，开口谁亲[④]。且陶陶[⑤]，乐尽天真。几时归去，作个闲人。对一张琴、一壶酒、一溪云。

——《竹香子·述怀》

（《苏东坡全集》（第三册）卷四十七，第1163页）

注释

①“清夜”四句：尘，指尘滓，细小的灰尘渣滓。十分，古代盛酒器。形如船，内藏风帆十幅。酒满一分则一帆举，十分为全满。

②虚苦：徒劳，无意义的劳苦。

③“叹隙中驹”三句：隙中驹，语出《庄子·知北游》：“人生天地之间，若白驹之过隙，忽然而已”（参见陈鼓应注译《庄子今注今译·知北游》，第657页）。如快马驰过隙缝。石中火，梦中身，比喻生命短促，像击石迸出一闪即灭的火花，像梦境中短暂的经历。

④“虽抱”二句：开口谁亲，有话对谁说，谁是知音呢？言不被知遇，大器小用的感慨。

⑤陶陶：无忧无虑，单纯快乐的样子。

今译

清静的夜晚没有渣尘。月色如水皎洁如银。值此良辰美景，须把酒斟满十分。名和利都如浮云，何须徒劳枉费神。叹人生如快马驰过缝隙，像击石迸出一闪即灭的火花，像在梦境中短暂虚幻的梦身。

虽抱有满腹文章，开口有谁亲近。姑且无忧无虑，快乐极尽天真。何时归隐田园，做个闲散之人。弹一张琴、饮一壶酒，遥看一溪白云。

解析

该词作年说法不一。有的认为作于元祐五、六年间（1090—1091年）知杭州时。有的认为这是绍圣初，先生贬儋州时所作。从词的内容与情绪看，似乎拟为知杭州时作为妥。先生于元祐四年七月三日抵达杭州任上。十五年后，他重回杭州，让他内心产生浮生如梦、捉摸不定的偶然感。随着年华老去，世事无常，人生如寄，昔日的朋友相继仙逝，心中充满对仕宦生涯的厌倦。回想元祐元年（1086年），先生被召还朝，任翰林学士、知制诰的重任。但是政敌朱光庭、黄庆基等人，欲再让“乌台诗案”故事重演。虽有高太后的保护，但他感到“心形俱悴”，于是求外任再回杭州。在“清夜无尘，月色如银”的夜晚，他油然想起当年谪居黄州时，与好友张怀民携手夜游承天寺的情景。甚至渴望再一次回到黄州，尽享那“闲人”的幽微闲适。知守杭州，只不过是“虚苦劳神”，心里仍不平静是“虽抱文章，开口谁亲”。如今他深切地感叹人生如“隙中驹、石中火、梦中身”。人生的虚无，使先生渴望的是“对一张琴，一壶酒，一溪云”的诗化审美人生。人生苦短，怀才不遇，建功无望，在无奈之下产生退隐之心，这是古代士大夫们普遍的矛盾心理。因此，此词在宋代文人中甚为流传。

语典

一念[①]差失，万劫堕坏[②]。（略）

人能摄心[③]，一念专静，便有无量感应[④]。

——《书孙元忠所书华严经[⑤]后》

（《苏轼文集》卷六十九，第2208页）

注释

①一念：一动念间，一个念头。

②万劫堕坏：劫，古印度传说世界经历若干万年毁灭一次，重新开始，这个周期为“一劫”，后人借指天灾人祸。堕坏，堕落毁坏。

③摄心：收敛心神。

④感应：谓神明对人事的反响。

⑤孙元忠所书华严经：孙元忠，系孙朴，字元忠，管城（今河南郑州）人。吕公著荐于馆职。华严经：佛经名。全名为《大方广佛华严经》。

今译

一念失误，万劫不复。（略）

人能收敛心神，一念专静，便有无止境的神通感应。

解析

该文，东坡先生于元祐八年（1093年）十一月作于定州。“一念”，佛书谓“六十刹那名为一念”，“二十念为一瞬，二十瞬名为一弹指。此乃瞬间，片刻之意”。佛经云：“心能地狱，心能天堂，心能凡夫，心能贤圣。”大意是说，人的行为在于一心，从而有相应的果报。从这个意义讲，善念天堂，恶念地狱，“天堂”、“地狱”一念之间，而且“万劫不复”。佛书讲，要达到开悟的境界，就要进入“一念专静”的境界。最新的显像技术说明，静坐的确可以“重新调整”脑部，可以疏通脑部血液循环。静坐可以训练我们的心灵，把精神集中于当下这一刻，忘却过去与未来，使自己回到生命的原点。这便是先生所说的：“一念专静，便有无量感应。”

语典

已熟之肉，无复活理。投在东坡无碍羹釜中[1]，有何不可？问天下禅和子[2]，且道是肉是素，吃得是吃不得是？大奇大奇，一碗羹，勘破[3]天下禅和子。

——《禅戏颂》

（《苏轼文集》卷二十，第595页）

注释

①“投在东坡”句：无碍，佛教谓通达自在，无有障碍。羹：用蒸煮等方法做成的糊状食物。釜（fǔ），古代的一种锅。

②禅和子：参禅之人，和尚。

③勘破：勘，核定。意为参破、看破、参透。

今译

已经煮熟的肉，没有复活的道理。投放在东坡居士无所不容的汤锅中，有什么不可以呢？请问天下的参禅和尚们，你们说这里面是肉还是素，是能够吃还是不能够吃？真怪真怪，这一碗汤，参破了天下和尚。

解析

该篇颂写作年代和地点不详。所谓“禅戏”，禅宗有游戏三昧之说，“戏”，乃自在无碍之意，多指悟道随心，不拘一格。这篇颂词，亦可看作是东坡先生悟道之得。全颂54个字，写得幽默风趣。从中可以看出，先生参禅悟道与饮酒吃肉两者无碍。他以古印度早期著名的居士，被称为在家菩萨的维摩诘居士为楷模，维摩诘身为富翁，家财万贯，奴婢成群，妻子貌美，有一双儿女，平日以法自娱。他往来于各阶层，经商讲信用，甚至出入各种声色场所，随缘度众，提供修行人治病的妙药良方。《维摩诘经》，成为在家居士奉为圭臬的修行宝典。维摩诘过着世俗生活，却能无垢相称，自得解脱。看了维摩诘居士的例子，再来回答“是肉是素，吃得是吃不得是”问题，不一下子就“堪破”了吗？

语典

我观众生，念念[1]为人。昼不见心，夜不见身。佛言如梦，非想非因[2]。（略）

我观众生，终日疑怖[3]。土偶[4]不然，无挂碍故。佛言如幻，永离爱恶。（略）

我观众生，起灭不停[5]。以是为故，乃有死生。佛言如泡，泡本无成。（略）

我观众生，颠倒[6]已久。以光为无，以影为有。佛言光影，我亦举手[7]。（略）

我观众生，同游露中[8]，对面不见，衣沾眼蒙。佛言如露，一照而通。（略）

我观众生，神通[9]自在。于电光中[10]，建立世界[11]。佛言如电，言发意会。（略）

——《六观堂赞》

（《苏轼文集》卷二十一，第607页）

注释

①念念：一个心念接一个心念。
②"佛言如梦"两句：谓梦本虚幻无凭，既非想，亦非因，一切总归于空。
③疑怖：因疑惑而生恐怖之情。
④土偶：指泥塑人像。
⑤起灭不停：佛教称因缘和合而产生为起，因缘离散而消失为灭。
⑥颠倒：倾覆，谓思想错乱。颠倒是烦恼的根本。
⑦举手：指敬礼，以此供养像。
⑧同游露中：在露珠中行，喻生命之无常。
⑨神通：佛教称不可测而又无碍之力，亦作"神通力"。
⑩于电光中：谓众生所建世界之短暂无常。
⑪世界：佛教以东南西北上下为界，以过去现在未来为世。

（以上参照《苏轼全集校注》（文集四），第2353-2354页）

今译

我看大众生民，一念接一念地思念着人生。白天见不到自己的心，夜晚见不到自己的身。佛说人生如梦，既不是所想也不是所因。（略）

我看大众生民，一天到晚猜疑惊恐。泥偶却不是这样，他心里没有牵挂的缘故。佛说人生如幻，要永远抛离爱怜和憎恶。（略）

我看大众生民，因缘和合消失不停竭。正因为如此，人才有了生与死。佛说人生如泡，水泡根本就难以永存。（略）

我看大众生民，思想混乱已经很久，把光亮当成没有，把影子说成是有。佛说人生如影，我也举手表示赞同。

我看大众生民，共同在雾露中行走，对面之物看不见，衣服沾湿两眼朦胧。佛说人生如露，阳光一照就通明敞亮。（略）

我看大众生民，相信神勇仍然存在。幻想在闪电之中，建立神仙世界。佛说人生如闪电，话语一出别人就能明白。

解析

该赞于元祐五年（1090年）二月作于杭州。"六观堂"之"六观"，取《金刚经》梦、幻、泡、影、露、电等六物之义。"六观堂"，在杭州千顷广化院，后梁开平元年（907年）吴越王钱氏所建。"六观堂"匾额为僧了性所题。东坡先生认为僧了性善草书，下笔有远韵，而人莫知贵。通过《六观堂赞》文字，说明先生在知杭州军州事任上，对《金刚经》经义钻研很深。而《金刚经》偈曰："一切有为法，如梦、幻、泡、影、如露亦如电。应作如是观。"这六观之义不仅先生已经参透，而且他的侍妾朝云也熟记于心。绍圣三年（1096年）七月五日，朝云病亡于惠州。在弥留间就是念着这一《金刚经》偈。

语典

琏独指其妙与孔、老合者[①]，其言文而真[②]，其行峻而通[③]，故一时士大夫[④]喜从之游。

——《宸奎阁碑》

（《苏轼文集》卷十七，第501页）

注释

①"琏独指"二句：琏，怀琏，字器之。漳州龙溪（今福建省漳州市）人，俗姓陈。皇祐中召对称旨，赐号大觉禅师。指其妙与孔、老合者，指出佛理与儒学、道学合于一理。

②文而真：既有文采又很真诚。

③峻而通：严峻而通达。

④士大夫：具有地位、声望的为官知识分子。

今译

怀琏独特地指出佛理中的精彩处与儒学、道学相通合一。他的语言既有文采又很真诚。他的道行既严峻又通达，所以一时间士大夫喜欢与他交往。

解析

庐山高僧怀琏被召进京城，在化成殿与仁宗皇帝对话。仁宗甚喜便赐给他大觉禅师的法号，并前后赐诗有十七首。直至至和年中英宗才下诏准其回寺。后来他回到明州的阿育王山广利寺中养老。明州士民共同出力建了一座楼阁，把仁宗赐给的诗收藏在阁奎中，并为此阁题额为"宸奎阁"。东坡先生出任杭州知州，怀琏的弟子求为"宸奎阁"撰写铭文。元祐五年（1090年）十二月，先生作《宸奎阁碑》于杭州。先生一贯认为儒释道三家为一，而怀琏高僧在化成殿与仁宗说法，"独指其妙与孔、老合者"，足以证明在佛界亦认同这一说法。

语典

谓此为佛，是事理障[1]。谓此非佛，是断灭相[2]，事理既融，断灭亦空。佛自现前，如日之中。

——《水陆法像赞·一切常住佛陀耶众》

(《苏轼文集》卷二十二，第632页)

注释

①事理障：事障，贪、嗔、痴疑等烦恼，能使生死相续而障涅槃，谓之事障。理障，指根本无明、邪见等理惑，能障碍正知见。

②断灭相：认为佛法的空间是空的，把空当作真正空得一无所有，那不是空见，那就叫断灭相。相，佛学称表现于外而能想像于心的各种事物的相状。

今译

说他是佛，于情于理难讲通。说他不是佛，他确能断绝尘缘之相，情与理圆融为一，断绝尘缘也就是空。这时佛自然会显现在你的面前，就像太阳挂在当空。

解析

元祐六年(1091年)东坡先生罢杭州任，授吏部尚书，翰林学士承指召还。在京都期间，法云寺法涌禅师请先生为水陆道场所供奉的菩萨作赞。水陆法会，以供奉饮食为主，是为超度水陆一切亡灵而设。明代学者陈天定在其《古今小品》中评曰："长公佛事赞颂甚多，独此十六赞说真实义，明白剀(kai)见(符合事实)，不比影光"(参见张志烈等主编《苏轼全集校注》(文集四)，第2490页)。先生在上八位之一切常住之佛的赞词中认为，要想使"佛自现前"，必须断灭一切事惑(贪、嗔、痴、疑等)、理惑(邪见。观念上的困惑)，达到"事理既融"，断绝一切尘缘污垢，佛光就会"如日之中"，就会普照在众生面前。

语典

以意为根，是谓法尘[①]。以佛为体，是谓法身[②]。

——《水陆法像赞·一切常住达摩耶众》

（《苏轼文集》卷二十二，第632页）

注释

①“以意为根”二句：意，谓之意识。为佛教六根的第六根。法尘，是意识所缘的境界，能分辨好丑，而起善恶，故为法尘。

②法身：佛教称证得清净自性，成就一切功德之身的法身。

今译

以意念为根由，这就叫能生好丑善恶之心的“法尘”。以佛为主体，这就叫清净自性的法身。

解析

东坡先生于元祐六年（1091年）七月，在汴京开封为京师法云寺水陆道场“一切常住达摩耶众”菩萨所作的赞词，同“一切常住佛陀耶众”的佛理一样，后者认为只有断灭“事理”二障，佛使“自观前”。本赞词提出：不忘“意根”，难灭众多烦恼之“法尘”。只有“以佛为体”，才能修得清净自性的“法身”。

语典

佛既强名，法亦非真。神而明之，存乎其人[①]。惟佛法僧，非三非一[②]。如云出雨，如水现日。

——《水陆法像赞·一切常住僧伽耶众》

（《苏轼文集》卷二十二，第632页）

注释

①"神而明之"二句：语见《周易·击辞上》，王弼注："体神而明之，不依于卦象，而存乎其人。"

②"惟佛法僧"二句：佛教所谓三宝：佛、法、僧。既不是三，也不是一。

今译

如果佛的名称是人强加的，佛法也就不是真的。体现神明不在卦象，而在于人本身。惟有佛、法、僧既不是三，也不是一。如同云彩能生成雨水，如同水中能映出太阳。

解析

东坡先生于元祐六年(1091年)七月，在汴京开封为京师法云寺水陆道场"一切常住僧伽耶众"所作的赞词。先生在本赞词的引子中讲得明白："若知法界，本造于心"。诚"佛"之名，信"法"之真，全在"愿心"。所谓愿心，即佛愿救众生之心，众生愿成佛之心。"法"由"心"造，这个"心"就是佛和众生两者的愿心。

语典

苦极则修，乐极则流[①]。祸福无穷，纠缠相求。遂超欲色[②]，至非非想[③]。不如一念，真发无上[④]。

——《水陆法像赞并引·一切天众》

（《苏轼文集》卷二十二，第633页）

注释

①流：流转。诸种因果相续不断，即谓流转。

②欲色：指欲界与色界。欲界，指财欲、色欲、香欲、味欲、触欲等。色界，指有形之精美物质。

③非非想：喻不切实际的幻想。另佛教解释为"非想非非想处天"的略称，属三界中之无色界。

④无上：无上菩提，即佛果之觉智。常化诸众生，心不生疲倦。意为发心作佛，发心生净土。

今译

痛苦至极就要修行，欢乐至极就会因果流转相续。祸患与福分无穷无尽，交替互换纠缠不休。于是跨过欲界与色界，直到想入非非。但是不如只生一个念头，发心作佛，求无上菩提心。

解析

此赞是东坡先生于元祐六年(1091年)七月，在汴京开封为京师法云寺水陆道场，为"一切天众"之神所作的赞词。赞词中除了阐释众生轮回于"六趣"(地狱趣、饿鬼趣、畜生趣、阿修罗趣、人趣、天趣等)之外，主张遵循佛法，除去欲念，端正"一念"。发愿心向佛，发愿力作佛，追求无上菩提心。

语典

以诗句为佛事①，以丹青为道场②。名高身隐，寓西蜀以杜门③；道契神交④，梦天台之飞锡⑤。故留真迹，以镇净方。

——《装背罗汉荐欧阳妇疏》

(《苏轼文集》卷六十二，第1909页)

注释

①佛事：凡发扬佛德之事。

②道场：指供祭祀或举行佛事的场所。

③杜门：闭门。

④道契神交：契，指投合。道契，谓与佛、道有缘分。神交，指精神上的交往。

⑤天台之飞锡：天台山，在浙江天台县北，为佛教圣地。飞锡，佛家语，僧侣外行好持锡杖，故谓游僧为飞锡。

今译

以写诗作为礼佛之事，以绘画作为佛事活动的场所。名声甚高而引身退隐，居住西蜀闭门入静；与佛道意气投合而精神交往，梦遇天台之高僧。因此留下诗画手迹，以镇定四方净土。

解析

此疏文，东坡先生于元祐八年(1093年)，作于京师开封。这一年苏迨之妻欧阳氏卒于京师。八月一日，先生继室王闰之亦卒于开封。先生“装背罗汉”画像，以祭欧阳氏而作疏文。而这幅罗汉画像或是“以诗句为佛事，以丹青为道场”的禅月大师所绘。说到以诗画礼佛，先生亦是以佛道禅心，创作出许多禅意玄思的禅诗禅画，体现出独特的儒释道禅融合的文艺美学思想。

语典

在家出家[1]，古有成言，有发无发，俱是佛子。公能均施几陋[2]，如斋[3]佛僧，只此功德[4]，已无边际。

——《与俞奉议[5]一首》

（《苏轼文集》卷五十八，第1758页）

注释

①出家：指离家到道观或寺庙做道士或和尚。

②凡陋：此指平凡众生。

③斋：此为动词，舍饭给僧人吃。

④功德：指功业与德行。

⑤俞奉议：指俞括。“奉议”或为“承议”之误。

今译

在家里可以出家，自古就有这现在的说法，蓄发或不蓄发，都是佛家弟子。先生您能广施善缘惠及众生，如同舍饭给佛僧一样，仅此功业与德行，便已大德无边无际。

解析

此书信约绍圣元年(1094年)年末至次年初，东坡先生作于惠州贬所。据张志烈等主编的《苏轼全集校注》(文集八，第6406页)载：先生于绍圣元年八月南迁途经虔州(今赣州市)，与俞括交游。此后俞括多次给先生投书，欲弃官相从学道。后来他自虔州罢官回家，病卒于庐陵(今江西吉安市)。先生自黄州自号“东坡居士”后，就是“在家出家”的居士。不过，事实证明，他从来都没有真正“出家”。

语典

罪莫大于杀命，福无过于诵经。某以业缘[①]，未忘肉味；加之老病，困此蒿藜[②]。每煎血毛，以资口福。惧罪修善，施财解冤。爰[③]念世无不杀之鸡，均为一死；法有往生之路，可济三途[④]。是用每月之中，斋五戒道者庄悟空[⑤]，两日转经若干卷，救援当月所杀鸡若干只。伏望佛慈，下悯微命。令所杀鸡，永离汤火，得生人天。

——《荐鸡疏[⑥]》

（《苏轼文集》卷六十二，第1910页）

注释

①业缘：佛教语。谓苦乐皆为业力而起。业，佛教指善行、恶行的报应。缘，是一种造业的缘故。

②蒿藜：泛指野草。

③爰(yuán)：何处，哪里。

④三途：指地狱、畜生、饿鬼。

⑤斋五戒道者庄悟空：五戒，指戒杀生、偷盗、淫邪、妄语、饮酒。庄悟空，未详。

⑥荐鸡疏：荐，指诸和尚道士念经拜忏以超度亡灵。疏，疏文，祈求神灵的文函。

今译

罪过没有比杀生更大，积福没有比诵经更好。我因造孽的缘故，不能忘记食肉；加上老而多病，又苦于久住蒿藜之困境。每屡煎迫家鸡，以满足口福之欲。因惧怕罪过而多修善为，广施财货以解冤孽。考虑世上没有不杀之鸡，都得一死；而佛法有来生之路，可以济助冤死亡灵。因此每到一月之中，像庄悟空那样斋供五戒，两日内唱诵佛经若干卷，解救当月所杀的若干鸡。祈诸佛祖大发慈悲，怜悯微小的生灵。允许当月所杀的鸡，永远地脱离汤火，得以转世到人间。

解析

该疏约是绍圣年间，东坡先生作于惠州贬所。先生为被杀之鸡戏作疏文，今天看来似乎是一件儿戏的事情，其实不然，读后让人哀思如潮，肚里泪下。从先生为“世无不杀之鸡”作疏这件事的严肃认真过程，透视出这是一位多么心慈好善的蔼然仁者。一只“均为一死”的鸡被杀，先生发自内心地祈恳佛祖“伏望佛慈，下悯微命”。然而，与哲宗朝兴起赶尽杀绝的元祐党祸，将一个忠信之心，天日所照的老迈旧臣，“困此蒿藜”之地，置于死地而后快相比，岂不是人命悲于鸡命？先生祈求佛祖让被杀之鸡，“永离汤火，得生人天”，其实亦是在为自己危于累卵的命运祷告。最后，通篇疏文行文流畅，寓庄于谐，言近旨远，耐人寻味。透示着先生晚年的小品，嬉笑怒骂皆成妙笔的审美特征。其立意富于哲理，值得玩味，让人读后心潮腾涌，震颤心弦。

语典

万古仇池穴[1]，归心负雪堂[2]。

殷勤行里梦，犹自数山王[3]。

——《过杞赠马梦得》

（《苏轼诗集》卷三十七，2028页）

注释

①仇池穴：仇池，山名，在今甘肃成县西。穴，山中有池百顷，水可煮盐。仇池是华夏古史上的胜地。据《路史》载："伏羲出生于仇池。"东坡先生对仇池史迹熟悉，加上杜甫对仇池的吟咏，故对仇池怀有无比向往。

②负雪堂：负，辜负。雪堂，东坡先生贬黄州，于东坡筑雪堂。址在今湖北黄冈市黄州区。

③山王：指"竹林七贤"之山涛、王戎。

今译

万世"仇池"本是我的归宿，归去难留，辜负了你帮我修筑雪堂的美意。情意深厚孕育"竹林七贤"之梦，如同自比山涛、王戎（"竹林七贤"人物）。

解析

绍圣元年（1094年）闰四月下旬，东坡先生南迁英州途中过雍丘县（今河南杞县），县令米芾带病出城拜见。马正卿（字梦得）本为杞人，与先生同岁，当年在京城太学任职，因性耿直，同事忌恨，故不甚忧馋畏讥。一日先生去其住地拜访不见，于是在书斋壁上留题杜甫《秋雨叹》诗。正卿回后观诗为之仰慕，毅然弃官追随先生而去。从凤翔开始至苍颜白首过杞，已是风雨三十四年。先生南迁生死未卜，故极其不舍，劝正卿留下。恳请米芾代为照顾，这才与老友黯然分手，并题诗以赠。

语典

轼龆龀[1]好道，本不欲婚宦[2]，为父兄所强，一落世网[3]，不能自逭[4]。然未尝一念忘此心也。

——《与刘宜翁使君[5]书》

（《苏轼文集》卷四十九，第1415页）

注释

①龆龀(tiáo chèn)：垂髫换齿之时，指童年。

②婚宦：结婚与做官。

③世网：喻社会上法律礼教、伦理道德对人之束缚。

④自逭：逭(huàn)，谓逃避。自我逃避。

⑤刘宜翁使君：刘宜翁，即刘谊，字宜父，长兴(今属浙江)人。治平四年(1067年)进士，曾任江西提举。使君，对人之尊称。

今译

我从小就喜好道术，本不打算结婚做官，被父兄所勉强，一旦落入世俗的尘网之中，便不能逃避。然而却未曾有过忘掉这种心愿的念头。

解析

绍圣元年(1094年)四月，遭御史虞策等人的弹劾，落端明殿学士兼翰林侍读学士，依前左朝奉郎责知英州军州事。六月，责授宁远节度副使，惠州安置。十月二日，独与少子苏过、妾朝云赴贬所惠州。此书信，是先生从定州赴惠州途中所撰。该章句表明，先生从黄州贬谪的五年间，直至绍圣年初贬至岭南的七年间，为何能归诚佛道，以道自谴，这种“好道”源自于“龆龀”儿时。无论先生后来“历典八州”、“两忝侍读”，终身“未尝一念忘此心也”。

语典

其惟有思而无所思乎？(略)

明目直视，而无所见。摄心正念[①]，而无所觉[②]。于是得道。(略)

——《思无邪斋铭》

(《苏轼文集》卷十九，第573页)

注释

①摄心正念：摄心，收敛心神。正念，端正意念。

②觉：悟也。感受，辨别。

今译

只有好像在思考又好像没有思考，(略)睁大眼睛看，而没有看见什么。收敛心神端正意念，而没有什么感受。达到这种自然而然的状态，就算进入道的境界。

解析

该铭乃东坡先生贬谪惠州的次年，即绍圣二年三月十九日从嘉祐寺迁居合江楼后所作。该年五月二十七日，先生又作《虔州崇庆禅院新经藏记》。一铭一记，均有得于孔子之言："《诗》三百首，一言以蔽之，曰，思无邪。"从先生谪居惠州起，岭海七个年头的流放生活，佛禅理念占据了他的思想主导地位。铭文叙言中对"思无邪"的诠释："有思而无所思"；"直视"而"无所见"；"摄心"而"无所觉"。实际上"无所思"、"无所见"、"无所觉"，正是一种纯粹的禅修境界。这种境界是进入"大道"的必由之路。

语典

轼少时本欲逃窜山林，父兄不许，迫以婚宦[①]，故汩没[②]至今。南迁以来，便自处置生事[③]，萧然[④]无一物，大略似行脚僧[⑤]也。

——《与王庠[⑥]五首》之一

（《苏轼文集》卷六十，第1820页）

注释

①婚宦：结婚与做官。

②汩没：汩（gǔ），此为沉没。汩没，此指沉沦。

③生事：生计。

④萧然：萧条，冷落的样子。

⑤行脚僧：指步行参禅的云游僧。

⑥王庠（xiáng），字周彦，荣州（今四川自贡市西十里贡井）人。庠卒，孝宗谥曰贤节。《宋史》有传。

今译

我年轻时本想归隐山林之中，父亲兄长们不允许，迫使我结婚、出仕，所以沉沦至今。贬到岭南以来，就自己处理生计，萧条空漠而了无一物，大致如苦行僧一样。

解析

此书信，东坡先生于绍圣二年（1095年）七月作于惠州贬所。元祐年间，先生有幸从黄州贬谪后进京为官，并荣宠为皇帝的近侍宠臣。但是，先生数次上书请求外任，并但愿能“自藩镇乞小郡，自小郡乞宫观”。在亲友们的书信里，屡次祈愿致仕归田，与乡贤“陪侍杖履”，寄情于山水之间。究其原因客观上，自“乌台诗案”后，他厌倦了无休无止的党争，长期遭到政敌们的诬陷围攻，大有“处世穷困辄值墙谷”之叹，因而对钩心斗角的官场，避之不及。从他自身找原因，他自幼的启蒙先生就是天庆观道士张易简。后来他读诸子百家，“初好贾谊、陆贽书，既而读《庄子》”，并说“今见《庄子》得吾心矣”（苏辙《东坡先生墓志铭》）。这说明先生从小就将老庄“处其实，不居其华”（《老子·三十八章》），以及“逍遥游”、“而游乎四海之外”（陈鼓应注译《庄子今注今译》，第28页）的思想，融合到自己的人生当中。以儒为宗，兼容佛道，铸就了他“大略似行脚僧”的命运。

语典

世传桃花源事，多过其实。考渊明所记，止言先世避秦乱来此。(略)予在颍州，梦至一官府，人物与俗间无异，而山川清远，有足乐者。顾视堂上，榜曰仇池。(略)可以避世，如桃花源也。

凡圣[①]无异居，清浊[②]共此世。

心闲偶自见[③]，念起[④]忽已逝。

——《和陶桃花源并引》

(《苏轼诗集》卷四十，第2196页)

注释

①凡圣：佛教语，谓凡夫与圣哲。

②清浊：人事的善恶、高下等。

③自见：自知。

④念起：念头起来。

今译

凡夫与圣哲没有不同的住处，是善是恶都在这个人世。心中闲适可以自知，一念陡起忽又陡然消逝。

解析

此诗，东坡先生于绍圣三年(1096年)春作于惠州。在先生看来，“凡圣”无异，“清浊”共世，陶渊明所谓的“桃花源”，他在颍州夜梦的“仇池”，都是虚幻之境。任何仙境、俗世，均在念起念落之间。只有“心”境“闲”适，方能“知止而后有定，定而后能静，静而后安，安而后能虑，虑而后有得”(《大学》)。正如佛经所说“不怕念起，就怕觉迟”。只有与心念保持距离，让心从欲念中解脱出来，并以一颗超然物外之心对待万物，就能在心中培育出闲适愉悦的审美境界。

语典

不足则取，有余则供[1]。取予[2]无心，唯道之公[3]。各忘其身，与道俱融[3]。

——《采日月华赞》

（《苏轼文集》卷二十一，第617页）

注释

①供：通"恭"，恭谨。

②取予：获取和给予。

③公：无私。

③融：调和，融会贯通。

今译

不足就获取，有余就处之恭谨。获取和给予不凭私念，唯有以大道之公平。人们各自忘掉自我，就能与大道圆通和融。

解析

该赞，东坡先生于绍圣元年(1094年)冬作于惠州。从该文题目"采日月华"可以判定，先生在惠州期间重视道教养身之法。所谓"采日月华"，即采撷日月之精华，习练此法可除疾、消炎、延年。不过在采撷日华时，要做到"取予无心、"各忘其身"。强调静养时应排除物欲杂念，只有在"无心"、"忘身"的意境下，才能达到"与道俱融"的境界。

语典

云何见祖师？要识本来面。亭亭塔中人[①]，问我何所见。
可怜明上座，万法了一电[②]。饮水既自知，指月无复眩[③]。
我本修行人，三世积精炼[④]。中间一念失，受此百年谴。
抠衣礼真相，感动泪雨霰[⑤]。借助锡端泉，洗我绮语砚[⑥]。

——《南华寺[⑦]》

（《苏轼诗集》卷三十八，第 2060 页）

注释

①“云何”三句：《传灯录》(一)载：六祖刚得法南行时，被师兄惠明追上。惠明出家前已做到四品将军，出家后又跟五祖好多年，年龄比六祖长二十四岁。六祖为惠明指示了两句话：“不思善，不思恶，正恁么时，那个是明上座本来面目。”惠明大悟，后改名道明，做了六祖的徒弟。祖师：指六祖。“俗姓卢氏，其先范阳人。三岁丧父，及长，樵采养母。因闻人读《金刚经》，遂为法寻师。师事五祖弘忍禅师。承受衣钵。弘忍死后，慧能住持韶州曹溪广果寺，倡顿悟成佛之说，成禅宗之南宗”(参见张志烈等主编《苏轼全集校注》卷三十八·(诗集七)，第 4402 页)。”

②“可怜”二句：可怜谓可贵。明上座，指道明禅师。万法，佛教谓一切事物和道理。了，明了。一电，电闪一次。

③“饮水”二句：饮水，指如人饮水，冷暖自知。指月，佛教以指喻教，以月喻法。眩，迷惑。

④“我本”二句：修行，指出家学佛，修持戒、定、慧三学，以断除烦恼，超脱生死轮回，达到涅槃。三世，佛教指过去、现在、未来为三世。

⑤“抠衣”二句：抠(kōu)衣，谓提衣。真相，佛教指实相、本相。此指六祖慧能之塑像。霰(xiàn)，雪呈小珠状。

⑥“借师”二句：锡端泉，指卓锡泉，在今广东韶关市东南曹溪。相传为六祖慧能浣衣卓锡之地。卓锡，卓，植立，锡，锡杖，又名智杖，即是德杖。即立锡杖于某此之意。绮(qǐ)语，藻饰或不实之语。

⑦南华寺：坐落于广东韶关市曲江区马坝镇东南七公里的曹溪之畔，建于南北朝梁武帝天监元年(502 年)。是禅宗六祖慧能弘扬“南宗禅法”的发源地，岭外禅林之冠。

今译

为什么要来参拜禅宗祖师？是因为要认识我的本来面目。端坐在塔中的六祖漆储真身，似乎在询问我这一生的修道心得。我真羡慕道明和尚，能得到六祖点化，如同“万法一电”，从而悟得佛学大道。如人饮水冷暖自知，指月为教再不迷惑。我本来是修行之人，三世积累精心修炼之德。只可惜半途一念之差，落入尘世招来这一生的忧患。今天，我在祖师面前顶礼膜拜，感动得我老泪纵横。我要用曹溪祖庭的泉水，洗尽我笔砚中的罪孽。

解析

该诗是绍圣元年(1094 年)九月，五十九岁的东坡先生再次遭贬，南迁惠州途经南华寺拜谒六祖时的诗作，全诗表达了对六祖的崇敬和个人身世的无奈。先生此时白发萧疏，瘦骨嶙峋，立于六祖塔前，泪如雨注，虔诚叩拜。大半生的际遇，虽然他一世文才冠天下，致君尧舜竟成空。落得“中间一念失，受此百世谴”。如今流放岭海瘴毒之地，是死是活前途未卜。诗中“借师锡端泉，洗我绮语砚”句，是他追悔过往人生的真实表达。南宋末年著名爱国词人刘辰翁，在其批《苏东坡诗集》中云：“忏悔的实，非有意于为诗。”清代乾隆年间官员、文学家，曾任《四库全书》总纂修官的纪晓岚，在其《纪评苏诗》中亦云：“触景寄慨，不同泛作禅语”(参见张志烈等主编《苏轼全集校注》·诗集七·卷三十八，第 4404 页)。

语典

大患缘有身，无身则无病。廓然自圜明，镜镜非我镜[①]。如以水洗水[②]，二水同一净。浩然天地间，惟我独也正。

——《思无邪斋铭并叙》

（《苏轼文集》（第二册）·卷十九，第574页）

注释

①"廓然"二句：廓然，指远大的样子。圜（yuán），同"圆"。指圆镜明亮光洁，亦指无邪之心境。镜镜，第一"镜"为动词。镜镜，照见我的镜子。

②以水洗水：宋·释道原《景德传灯录》卷二十六云："如鹦鹉学人语，话自语不得，为无智慧故，譬如将水洗水，将火烧火，都无义趣。"

今译

人有大的祸患是因为有这个躯体，没有这个躯体就不会有病。心胸远大自觉空明圆融，照见镜子里的我并不是我。如同用水洗水，二水同样的干净。浩然苍茫的天地之间，只有我才得到正道。

解析

该文，东坡先生于绍圣二年（1095年）春作于惠州贬所。"以水洗水"，语出灌溪和尚《祖堂集》卷二十："金打金，水洗水。""水洗水"的说法"能够表达两种不同的观点，即：当以水为净时，意在表达万物本净；（略）而当以水为染时，水的存在本身就是妄念，是'有'而非'空'。这澄清了一种错误的认识，即希图以妄念去消除妄念，那么妄念是永远不可能被消除的"（参见李勃洋著《东坡禅话》，第5页）。该文中"镜镜非我镜"、"如以水洗水"，均表达前者的意思。即"吾何自得道，其惟有思而无所思乎？"于是"幅巾危坐，终日不言。明目直视，而无所见。摄心正念，而无所觉。于是得道，乃名其曰思无邪"。也就是说惟有"无身"，方能"无思"、"无见"、"无觉"，就如同"以水洗水"达到"无邪"，"惟我独也正"的境界。

语典

真即是佛，不妄即是天[①]。

——《东坡志林·记梦》

（《三苏全书》（第五册），第100页）

注释

①"真即是佛"二句：真，本原，本性。即一心，不生不灭，故名为真，也是佛的本性。不妄，去掉人们正常认识的"迷妄"，"妄见"，认为一切皆非实有，肯定存在都是妄见。不妄，就是进入佛的境界。

今译

真性就是佛性，不犯迷妄就是天真。

解析

该文择自东坡先生《东坡志林·记梦》之一，作年不详。此篇连续记四梦，均不在一时一地。先生所梦，多是他日间所思所虑之事不得释怀，恰巧在梦中找到了答案。用现代思维诠释本章句，所谓"真"，与客观事实相符合，与"伪"相对。有真诚、真谛、真实、真理、纯真之含义。"佛"，即佛陀的简称，亦是佛教徒对修行圆满的人的称呼。所谓"真即是佛"，意谓具有纯真本性的人就是佛。清代陈昌治刻本《说文解字》："天者，至高无上，从一大，是其大无有二也。""不妄即是天"，可释义为：没有妄见，就可以进入天的境界，即"大无有二"的境界。由此看来，人具有纯真的本性，且消除了妄见，就是修行圆满的人，就进入了自然天真的境界。

语典

子野出家之议，前年在都下始闻其言。私心亦疑之，屡劝不须如此，在家出家足矣，而子野意坚决不回。仆犹恐其难遂，再三要审，而子野确然自誓，欲仆与发言，求一度牒[①]，难违其意，故为求之。子野口得度牒，当携来就仆，求作剃度[②]斋，乃落发[③]也。

——《与友人一首》

（《苏轼全集校注》(佚文汇编卷四)，第8640页）

注释

①度牒：旧时官府发给僧尼的证明身份的文件。

②剃度：佛教出家僧侣剃发受戒的一种仪式。

③落发：指剃发为僧或为尼。

今译

子野要出家的议论，前年在京都就听他说过。我私下也怀疑他的话，多次规劝他不须如此，在家"出家"也就可以，但子野执意坚决不回心转意。我还担心他的决心难以兑现，再三询问，而子野明确地发誓，希望我替他说话，讨求一个出家的度牒证明。我难违背他的意愿，因此为他申请到了一份度牒。子野如果拿到度牒，该带着度牒到我这里来，请我为他作剃度的斋礼，才正式落发出家。

解析

该文于绍圣二年(1095年)作于惠州。透过对子野落发为僧的态度进一步表明了东坡先生的佛教观。先生此时在京都任翰林学士、知制诰兼侍读，他为何对子野出家"屡劝不须如此"？因为先生一向认为在家修炼与出家修行其实都是一样，只要做到"凡百随缘"、"绝欲息念"，均可作为佛地。

语典

吾非学佛者，不知其所自入，独闻之孔子曰："《诗》三百，一言以蔽之①，曰，思无邪②。"夫有思皆邪也，善恶同而无思，则土木③也，云何④能使有思而无邪，无思非土木乎！

呜呼，吾老矣，安得数年之暇⑤、托于佛僧之宇⑥，尽发其书，以无所思心会如来⑦意，庶几于无所得故而得者⑧。

——《虔州崇庆禅院新经藏记》

(《苏轼文集》卷十二，第390页)

注释

①一言以蔽之：语出《论语·为政》。蔽，遮，引申为概括。即用一句话来概括。

②思无邪：语出《论语·为政》。"思"的本意是无意的语音词，孔子在此借用为思想纯正，没有邪恶的东西，这个标准就是"仁"。

③土木：指土偶人和木偶人。

④云何：为何，为什么。

⑤"安得"句：其意为怎么才能求得。暇，空闲。

⑥宇：屋檐，泛指房屋。

⑦如来：佛陀十大称号之一，如来佛专指佛教创始者释迦牟尼佛。

⑧"庶几"句：庶几，谓或许可以。无所得故而得：大意是，《金刚经》讲空第一，即你如果不执著于得不得，没有了得不得的念想，那其实你得到的空性(世间万事万物都有生有灭，是不可留住、永恒的)，是真如(真如无我，无我一切皆真如)妙法。如果你觉得自己得到什么，那么说明你还是着了相——外迷着相(执著于外相，虚相或个体意识而偏离了本质)，内迷着空，那么其实你没有真正知心见性。

今译

我不是学佛的人，不知道如何得其真谛，只是听孔子讲过："《诗》三百篇，用一句话来概括，就是思想纯正，没有邪念。"有了思想就都有杂念，如果对于善美丑恶没有区别态度，就成了土偶和木偶。如何能让人有思想而没有邪念，没有想法又不成为土偶和木偶呢?

唉！我如今已老了啊！怎能求得再有几年的闲暇，寄身于佛门之中大量阅读佛学经典，用那没有杂念的心去冥合如来佛的心，或许不执著于得但却有所获得。

解析

东坡先生被贬南迁，经过虔州(今江西赣州市)结识了该州通守俞括。俞括陪同先生游崇庆禅院，发现号称江南第一大法轮。该法轮是崇庆禅院三位大和尚相继花了十七年时间，"铢积寸累"而建成。俞括请先生撰文记下这件善事。于是，绍圣二年(1095年)五月二十七日，先生在惠州写成。先生从如来佛"无所得故而得"，联想到孔子的"思无邪"。进而祈求自己在晚年"托于佛僧之宇"、"以无所思心会如来意"，使自己在禅修中"无所得而得"。他为了偿还夙愿，把自己的住室取名为"思无邪斋"。遗憾的是，虽然自己有学佛之志，但惠州寺院却没有经藏。由此可知，先生的岭海贬谪生活，是以佛禅哲思为精神支柱度过的。故而方有"日啖荔枝三百颗，不辞长作岭南人"的超然与旷达。

语典

自有生人[①]以来，人之所为见于世者，何可胜道。其鼓舞天下，经纬[②]万世，有伟于造物者[③]矣。考其所从生，实出于一念[④]，巍乎大哉，是念也。

——《广州东莞县资福寺舍利塔铭》
(《苏轼文集》)卷十九，第581页)

注释

①生人：生民。
②经纬：经，织布机上的纵线。纬，织布时用梭穿织的横纱。经纬，指治理。
③造物者：指创造万物的神。
④念：心中的打算，意念，信念。

今译

自从有了生民以来，有的人以其所为能让世人瞩目，这样的人怎能说得完。他们鼓动天下，治理万世的功业，有的比造物者还要伟大。

考察这些伟人的一生，其实出自于他们的信念。大功德大功业啊！是其信念使然。

解析

该文于绍圣年间(1094—1097年)作于惠州。东坡先生谪居惠州时，有人拿出古代佛祖的舍利给他看。先生看后向这人建议，希望他把此物施舍给僧院，与众人共同拥用它，藏在家里不太妥当。恰逢此时东莞资福寺的祖堂长老来到惠州，见到这些舍利，便请求得到它。最后通过协商，祖堂长老用一条犀带作为交换得到了它。祖堂长老非常高兴，决定把舍利供奉在东莞资福寺罗汉阁上。他请求先生为此作铭文。于是绍圣年间(1094—1097年)先生作该铭于惠州。先生在铭文中提出了这样一个理念：人之所以能创造出"鼓舞天下，经纬万世"的功业，源于"巍乎大哉"之信念。王安石亦在《游褒禅山记》中云："不患人之不能，而患意之不勉。"18世纪法国伟大的启蒙思想家、哲学家卢梭在《忏悔录》一书中说："信念是一种伟大的情感，一种创造力量。"总之，如果一个人有坚定的信念，他就能创造出经天纬地的伟大奇迹。

语典

莫从老君[①]言，亦莫用佛语。
仙山与佛国，终恐无是处。
甚欲随陶翁[②]，移家酒中住。（略）

——《和陶诗·神释》
（《苏轼诗集》卷四十二，第2307页）

注释

①老君：中国道教对老子的神化称呼，又称“太上老君”。
②“甚欲”句：甚欲，特别想要。陶翁，指陶渊明。

今译

不要听从老子的言论，也不要使用佛家的语言。道家的仙山与佛家的佛国，终究恐怕不是去的地方。特别想要追随陶渊明，把家移到酒乡中居住。

解析

此诗，东坡先生于绍圣五年（1098年）二月二十三日作于儋州。他在儋州的诗作以和陶诗为其主要内容。先生写这首诗时已是六十三岁的高龄，是他用大起大落，至尊至辱的坎坷经历和生命的体验，对他一生的世界观、人生观进行的最终总结。他明确地宣示：“莫从老君言，亦莫用佛语。”他为什么对道、释二教提出质疑？因为他终于弄明了“仙山与佛国，终恐无是处”。即他既不相信道教的长生，也不相信佛教的生死轮回。他只效仿一个人，那就是“陶翁”渊明。

陶渊明（352或365—427年），东晋伟大的诗人，曾任彭泽县令等职，被称为“古今隐逸诗人之宗”。这位比苏东坡年长约684岁的先贤，成为他晚年的人生范式。他崇拜陶渊明“草庐寄穷巷，甘以辞华轩”（《戊申岁六月中遇火》），“忘怀得失，以此自终”（《五柳先生传》）的固穷守节风骨；“有生必有死，早终非命促”（《挽歌诗》）通达的生死哲学观；以及他临终时叮嘱家属“轻哀薄敛”（《陶征士诔》），返本归原的生命本真价值观。而这一切，正是与东坡先生晚年的人生哲学极其契合。苏东坡儒耶，道耶，佛耶？先生在该诗中作了准确的回答。

语典

不向南华[1]结香火，此生何处是真依[2]。

——《昔在九江，与苏伯固唱和(略)》

(《苏轼诗集》卷四十四，第2409页)

注释

①南华：即南华寺，建于南北朝梁武帝天监元年(502年)，坐落于广东省韶关市，是禅宗六祖惠能宏扬“南宗禅法”的发源地，亦称六祖道场。

②依：依傍栖息。

今译

不面对南华寺敬献香火，这辈子哪里是真正的依傍栖息之地。

解析

此诗是元符三年(1100年)十二月，东坡先生将与友人苏伯固相聚于南华寺有感而作。先生绍圣初谪往惠州，曾路经南华并赋诗。时南华住持辩长老还请他题写《卓锡泉铭》。先生游览卓锡泉后，被六祖善举德行所感，挥毫题写并作序。虽仅用一百二十八个字，但铭文寓意深刻，朗朗上口，足见先生与南华寺之佛缘。如今六年之后他北归又经过这里，仍然表达了他对南华六祖佛学之顶礼膜拜。

语典

万法[①]灭无余，方寸[②]久可居。
将扫道上尘，先拔庭中芜[③]。
一净[④]百亦净，物我皆如如[⑤]。

——《和陶拟古九首》其三
(《苏轼诗集》卷五十，第2771页)

注释

①万法：佛教语。指一切事物和现象。

②方寸：一寸见方的心部，指人的内心，心绪。

③芜：杂乱丛生的野草。

④净：空无所有，同“静”，宁静，不烦扰，使心神安静，即净神。

⑤“物我”句：物我，外物与己身。物，客观之境；我，即主观之人。如如，佛教语。谓永恒存在的道理。

今译

一切事物和现象终究寂灭归一，寸心安静方可长久安居。(你)打算扫除大路上的尘埃，先应该拔除掉厅堂院子里的杂草。己心清净万法也即清净，物我为一这是永恒的法理。

解析

此诗为补遗，作年不详。这首诗告诉我们的佛理禅机是：法因心起，还由心灭。一切法皆由心生，是故心生万法。如何达到“净”，当应“物我为一”，即做到物我没有区别。从而达到“我与天地并生，万物与我为一”(《庄子·齐物论》)的人生境界。

语典

众生以爱[①]，故入生死。由于爱境[②]，有逆有顺。而生喜怒，造种种业[③]。展转六趣至千万劫[④]。本所从来，唯有一爱，更余无病。

佛大医王[⑤]，对病为药。唯有一舍[⑥]，更无余药。常以此药，而治此病。如水救火，应手当灭。

——《广州东莞县资福禅寺罗汉阁记》

（《苏轼文集》卷十二，第396页）

注释

①爱：此为佛教术语，谓贪物之意，染着之意。

②爱境：爱(贪)欲之境界。

③业：引申为罪孽，包括身业(行动)、口业(语言)、意业(思想意识)。

④"展转"句：六趣，由业因之差别而趣向之处。指地狱趣、饿鬼趣、畜生趣、阿修罗趣、人趣、天趣。劫，佛经言天地之形成至毁灭谓之一劫。此指注定的灾难。

⑤佛大医王：诸佛是大医王，普治众生身心等病。

⑥舍：指割舍。

今译

由于众生心存爱(贪)欲，所以进入生死之地。由于爱(贪)欲之境界，有时顺畅有时不顺畅，所以会产生喜悦和愤怒，造成种种业障。展转"六趣"之处，直至千万劫难。追溯从来的缘起，只有一个爱(贪)字，没有其他的病因。

普治众生身心的大医王，对症下药。然而他的药只有一种：割舍，再没有其他的药物。他常用这种药物，治疗贪爱之病症。如同泼水救火，水到火灭。

解析

东坡先生被贬至惠州，经打听东莞离此不远，那里有资福寺比丘祖堂。先生到资福寺，瞻仰了五百罗汉塑像，回到惠州，于元符三年(1100年)十月撰写了该记文。同时还将佛印赠给他的佛舍利交给祖堂。祖堂将佛舍利藏于塔中，又将塔供奉在罗汉阁内。苏东坡之记文，让资福寺名声大噪，从此列入"广东四大名刹之一"。为纪念东坡先生东莞之行，1896年清末莞人进士邓蓉镜在资福寺捐建东坡阁，嵌苏氏《罗汉阁碑》(残石)于壁，直到1953年左右因故被毁。先生在上述文中运用两个"唯一"，阐述"造种种业"的病由和救治此病的药物。"业"之病由："唯有一爱(贪)"；"对病为药"、"唯有一舍"。"一爱(贪)"、"一舍"，说清了人生何故"有逆有顺"。

语典

则礼佛也，其心实重。有德者至，是礼也，愿一拜一起，无过父母。乘此愿力[1]，不堕三途[2]。

——《法云寺礼拜石记》

（《苏轼文集》卷十二，第401页）

注释

①愿力：佛教指誓愿之力。

②三途：一火途，地狱趣猛火所烧之处；二血途，畜生趣互相食之处；三刀途，饿鬼趣以刀剑杖逼迫之处。此谓依恶业可往来之三去处。

今译

就礼敬佛祖而言，心所虔诚最为重要。有道德之人到这里，就是按照虔诚心礼敬佛祖，对待佛祖的一拜一起，不亚于对父亲的敬重。趁着这誓愿的力量，使自己永不堕入恶业者归去的地狱苦海。

解析

元祐八年七月中旬，先生以兵部尚书兼差充南郊卤簿从扬州召还，九月到任，兼侍读。这时内殿崇班马惟宽向佛祖敬献一块“横展如席”的石头，以供佛祖作为坐具。先生就此“礼拜石”为记，既表达了马惟宽“晨夕礼佛，以此皈依”的心愿；也体现了先生虽身在朝阙，心仍“对佛宣白”，祈祷佛祖，愿他借这誓愿的力量，使自己永远“不堕三途”。

语典

佛子若读维摩经[1]，当作是念为正念[2]。

——《石恪画维摩颂》

（《苏轼文集》卷二十，第584页）

注释

①“佛子若读”句：佛子，指信佛之人。维摩，全称维摩诘。梵文里“维”是“没有”之意，“摩”是“脏”，“诘”是“匀称”，即为无垢。意思是以洁净、没有污染而著称的人。是与释迦牟尼同期的著名居士，在家的菩萨。

②正念：正道而无邪念。

今译

佛徒们如果念诵《维摩诘经》，应当把他的理念作为正道。

解析

该颂，东坡先生于元祐年间（1086—1092年）作于汴京开封。维摩诘，原是古印度毗舍离地方的一个富翁，家有万贯，奴婢成群。但是他虔心修行，被称为诸大菩萨的代表，受到城市居民的爱戴。两万五千言的《维摩诘经》，成为在家居士奉为圭臬的修行宝典。东坡先生与维摩诘的佛缘颇深。早在他初任凤翔签判时，就有《维摩像唐杨惠之塑在天柱寺》诗。表现了先生对维摩居士的敬佩与向往。自此，先生一生便与《维摩经》结下了不解之缘。常借维摩诘之杯酒，洗自己胸中的块垒。即便是先生走向老年，仍然点化《维摩经》义理入诗。显然，此乃是东坡“居士”对维摩诘“居士”的惺惺相惜。

语典

我从颠倒想[①]，出没生死中。云何以一念，得往生净土[②]。

我造无始业[③]，本从一念生。既从一念生，还从一念灭。生灭灭尽处[④]，则我与佛同。

——《阿弥陀佛颂并叙》

（《苏轼文集》卷二十，第 585 页）

注释

①颠倒想：神魂颠倒地想入非非。

②“得往生”句：往生，在佛教中，指人死后，精神前往极乐世界达到另外一层生的境界的说法，实指已经故去的人。净土，指清净国土。

③无始业：佛教指一切世间众生皆无有始，众生之无始不可得故云无始业。“业”决定生死轮回。

④生灭灭尽处：指进入不生不灭之涅槃境界。

今译

我以神魂颠倒的妄想，出没于一生一死之中。如何用一个念想，就能前往极乐世界的净土乐园呢?

我造无有起始的业孽，本来是从一念之中产生。既然是一念产生，还应在一念之中把它灭掉。生了灭，灭而尽时，我就和佛一样了。

解析

元祐五年（1090 年）四月，东坡先生向杭州净慈寺善解戒律的圆照高僧大师求解，将亡母遗留下来的簪子和耳环，命画工采画佛像等物，用来追荐父母在阴间得到福佑，并献上一首颂祠。先生自“乌台诗案”谪居黄州，用他的话说“归诚佛僧”、“以佛经度日”。先生这篇颂词是献给“阿弥陀佛”的。阿弥陀佛，译作“无量清净佛”、“无量寿佛”、“无量光佛”。“阿弥陀佛”，梵语译音，意为无量。佛教净土宗以他为西方极乐世界之教主。凡愿往生彼土者，一心不乱，常念其名号，临终时佛即出现，前来接引，往生阿弥陀佛极乐国土。不过，先生对此似乎略存疑虑。他心中暗想：“云何以一念，得往生净土”呢？果真一念之间，就能前往极乐世界吗？是问自己？还是问佛？反正这个问号一直到先生弥留之际仍未解开。

语典

我愿世尊[1]，足指按地[2]。三千大千[3]，净琉璃色[4]。其中众生，靡[5]不解脱。如日出时，眠者皆作。如雷震时，蛰[6]者皆动。同证无上[7]，永不退转[8]。

——《释迦文佛颂并引》

（《苏轼文集》卷二十，第586页）

注释

①世尊：佛陀十种德号之一。世间最尊贵的圣者。

②足指按地：形容佛之神通，言其足触处尽为黄金珍宝。

③三千大千："三千大世界"，即大千世界，此为佛教世界观。

④净琉璃：佛经指药师琉璃光如来所居之处为净琉璃净土。

⑤靡：无，没有。

⑥蛰(zhé)：动物冬眠，藏起来不吃不动，谓蛰伏。

⑦无上：犹言无上菩提，佛教指最高觉悟境界。

⑧退转：退回转生。

今译

我祈愿最尊贵的佛祖，把佛足能及大地。让三千大千世界，都变成光辉灿烂的净土。让尘世的芸芸众生，就如同太阳一出之时，睡醒的人们群起劳作。又像雷霆震动之时，冬眠的动物都复苏出动。一切生灵都得到无上菩提的最高觉悟境界，永远不再转生为尘世间的凡俗之物。

解析

元祐八年(1093年)十一月十一日，东坡先生请奉议郎，擅长书画，号称北宋之冠的画师李公麟，敬画释迦文佛及十大弟子像，为亡妻王闰之设水陆道场供养。先生叩头再拜，作此颂词于定州。先生借此祈求佛尊，施展神通佛法，让"三千大千"，都成净土；芸芸众生，"同证无上"。这篇颂词既表达先生对亡妻闰之的追思，又进一步窥见先生对佛事禅理唯力是视，遇事不苟的思想特点。

语典

以难为易，以忧为乐。乐兼万人，祸倍众恶[①]。

——《水陆法像赞·一切官僚吏从众》

（《苏轼文集》卷二十二，第633页）

注释

①“乐兼”二句：兼，谓合并。即与一切众生乐。倍，伴随。指同众信徒一起受苦。

今译

把艰难当作容易，以忧愁为快乐。把欢乐施给众生，当祸患降临，同众生一起受苦。

解析

该赞于元祐六年(1091年)作于开封。在水陆道场设有“一切官僚吏从众”画像。佛教有现身之说，谓佛、菩萨显示种种身形。为救众生，佛、菩萨现官僚吏从之身以说法。劝诫官僚吏从，“以难为易，以忧为乐”。要发大慈之心“乐兼万人”，施大悲之心，“祸倍众恶”。全赞推演大慈大悲之佛理佛义。

语典

平日学道[1]，熟观真妄[2]，正为今日。但当审察本心[3]，无为客尘幻垢[4]所污。

——《与滕达道[5]六十八首》之六十三

（《苏轼文集》卷五十一，第1495页）

注释

①学道：学习立身之道理。

②真妄：真理与虚妄。

③本心：人最初最纯真的心愿。

④客尘幻垢：客尘，指尘世的种种烦恼。幻垢，佛教语，幻身污秽。

⑤滕达道：滕元发，字达道。东阳（今浙江东阳）人。皇祐（1053年）进士。《宋史》有传。

今译

平日学习立身之道，见多了真理与虚妄，正是为了今日之应用。但当反省检查自己最初的心愿，无不被尘世间的幻身污秽所蒙蔽。

解析

此书信，东坡先生写于元祐元年（1086年）至元祐三年（1088年）间。此时，正值滕达道妻去世，先生试图以“至理宽譬”之。希望滕达道前辈“切须自爱”，如果缠绵留恋已去世的，这就是“世俗常态”。

语典

老拙[1]慕道，空能诵《楞严》[2]言语，而实无所得。见贤者得之，便能发明如此。

——《与程全父[3]十二首》之五

（《苏轼文集》卷五十五，第1624页）

注释

①老拙：旧时老年人自称的谦词。

②《楞严》：指《楞严经》，是一部佛教修行大全，中国历代皆视此经为佛教主要经典之一。经中阐述心性本体，属大乘密教部。佛说，若能常诵楞严咒，可以消除宿世业障。

③程全父：程天侔（móu），字全父，常州人，推官。

今译

老朽我年老仰慕佛理，只是空会背《楞严经》的词句，而实际并不了解其意，故难有收获。看到贤德之人一旦明晓其佛理，便能有如此的发现创造。

解析

此书信，东坡先生于绍圣年间作于惠州贬所。从该章句可以得知，先生岭南贬谪的时光，除了学习道教烧炼丹砂以自娱外，还背诵佛经，同爱妾朝云携手修建放生池等佛事活动，烧炼丹砂，先生畏不可服；“默作小乘定”，先生认为“虽非正道，亦且休息”；诵读《愣严经》，先生感到“实无所得”。这一切真正的目的是静心养性、自我愉悦。而在惠州唯有“务从民便”的“收葬暴骨，助修两桥”和“起造营房”等官家事，让他这“不得签署公事”的“谪居之人”，竟敢“僭管官事”。因为他抱定“自不能废”的信条，尽心尽力为之。这就是先生“老拙慕道”的真正内涵。

语典

抱朴子小神丹方[1]，极感真意。此不难修制，当即服饵[2]，然此终是外物，惟更加功静观[3]也。

——《与何德顺[4]二首》之一

(《苏轼文集》卷六十，第1855页)

注释

①“抱朴子小神丹方”句：《抱朴子》，书名。晋葛洪著，以其自号名书。七十卷，其中内篇二十卷，论神仙吐纳，符箓克治之术，纯为道教之言。外篇五十卷，论时政得失，人事臧否。神丹，亦曰神符。道教所炼的灵药，谓服之能成仙。

②饵：药饵，以药饵治病。

③静观：冷静观察，静观默察，凝神结思。指练习“入静”内功。

④何德顺：广州天庆观道士。

今译

您寄来抱朴子小神丹的制方，非常感谢您的真诚厚意。此方不难炼制，应当即时服食此药饵，只是这终究还是外物，惟应更加勤于用功入静。

解析

此书信，东坡先生于绍圣二年(1095年)作于惠州贬所。先生谪居惠州期间，与广州、惠州周围的高道接触较多。抱朴子神丹方，就是广州天庆观道士何德顺寄给先生的。抱朴子，乃东晋道教著名学者葛洪(字稚川)的自号。葛洪亦是东晋著名的医学家，他所著《肘后备急方》记载了天花、恙虫病症候及诊治。“天行发斑疮”，是全世界最早关于天花的记载。2015年10月，荣获诺贝尔生理学或医学奖的中国中医科学院首席科学家、青蒿素研究开发中心主任屠呦呦以及她的团体，发现有效降低疟疾患者死亡率的青蒿素。正是她从东晋葛洪《肘后备急方》中，获取了用乙醚提取青蒿素的灵感。这说明我国古代优秀的传统典籍，对于现代科学的新发展有着极大的推动作用。不过，无论抱朴子小神丹如何灵验，在东坡先生那里，他只是权当作“自娱”之用。因为他认为这毕竟“终是外物”，真正能养生健身，他仍笃信“守之以一，养之以和”的“静观”内心修炼之法。

语典

浴为净因，佛所深赞。以一念顷破尘垢缘[①]，于三际中获妙湛乐[②]。永惟悉达[③]，尝感此以受生；爰逮跋陀[④]，亦因之而悟法。

——《修法云寺浴室疏》

（《苏轼文集》卷六十二，第1906页）

注释

①一念顷破尘垢缘：一念，佛教语。极短促之时间。佛书曰："九十刹那为一念"。尘垢，佛教语，烦恼之通称。缘，发生联系的机会、机缘。

②三际中获妙湛乐：三际，佛教语，即三世。一前世，即过去。二后世，即未来。中世，即现在。妙湛(zhàn)乐，指听到佛经之快乐。

③永惟悉达：永惟，指深思、常念。悉达，即悉达多，释迦佛为净饭王太子时之名，佛教的创立者。他出身富豪之家，娶妻生子后，大概二十九岁时出家。后经六年严苦修炼，形容消瘦，最后浴于尼连禅河，以去身垢，坐正觉山菩提树下立志，"不得等正觉，不起此坐"。思维七七日，观四谛十二因缘之法，于是成觉者世尊，为人天之师。(参见张志烈等主编《苏轼全集校注》(文集九)，第6848页)。

④爰(yuán)逮跋陀：即触尘圆通跋陀婆罗。一次，跋陀婆罗与十六个同伴在和尚们洗澡时进入浴堂。他接触到水后，忽有感触："既不洗尘，亦不洗体"，人们身上所沾染的污垢并未因洗几次澡而清净。六根未净，何以为净。从此从佛出家，故为"触尘圆通"。

今译

沐浴是为了净心，佛祖对此深加赞赏。以一念之间顿时勘破尘垢的机缘，于三世中获得了吟诵佛经的快乐。常思当年释迦牟尼，曾于沐浴中有感而获得新生；触尘圆通，也是因沐浴而彻悟佛法。

解析

此疏文是元祐年间，东坡先生在京师，为京城"南薰门外，云骥桥西"的法云寺修建浴室而作。释迦牟尼、爰逮跋陀，都是经沐浴而悟道：水不洗尘，亦不洗体，六根未净，此身何净？东坡先生在黄州谪居期间作《安国寺浴》，对此有明晰悟解："岂惟忘净秽，兼以洗荣辱。"后来他临离开黄州时，应继莲法师之请作《黄州安国寺记》。记中曰："归诚佛僧，求一洗之。"这个"洗"字，亦是从佛陀因水悟道而来。正是这"一洗"，而得"一念清净，染垢自落"。

语典

悟万善之同归，岂一法之敢舍。遍参重译，尽发秘函[1]。全见摩尼珠[2]，悉证贝多叶[3]。作此大事，示诸有情。稽首双林之轮[4]，不负三圣[5]之偈。

——《忏经疏》

（《苏轼文集》卷六十二，第 1908 页）

注释

①秘函：指秘籍。

②摩尼珠：又作如意宝。此宝珠尚有除病、去苦等功德。一般用以譬喻法与佛德，及表征经典之功德。

③贝多叶：多罗树叶子，以此抄写佛经。此指佛经。

④双林之轮：指释迦牟尼涅槃处。轮，法轮。

⑤三圣：佛教里“三圣”之称有很多说法。东方三圣为药师佛、日光菩萨和月光菩萨。

今译

我悟出万种善行同归一念，不敢舍弃其中一法。广泛地参阅多种释注，尽力发掘出佛典的秘籍。全面了解佛典之功德，悉力求证佛经之义理。举行指证经文的大会，把佛理真谛传给世人。面对法轮顶礼膜拜，不负三圣菩萨偈颂真言。

解析

该疏文写作时间不详，大约在岭南贬逐期间。该章句乃先生悉心研究佛经悟出的“本原”。从中可以看出，先生重视佛家经典义理的探究，并为此“遍参重译”，力求做到“尽发秘函”。此乃一为“自娱”，二为参透儒释道禅互补相融之真谛。

语典

无所厌离[①]，何从出世[②]？无所欣慕，何从入道[③]？欣慕[④]之至，亡子[⑤]见父。厌离之极，爓鸡出汤[⑥]。不极不至，心地不净。

——《书黄鲁直李氏[⑦]传后》

（《苏轼文集》卷六十六，第2051页）

注释

①厌离：厌恶离弃。

②出世：佛教徒以人世间为俗世，脱离人世束缚，称为出世。

③入道：出家得佛法。

④欣慕：喜悦爱慕。

⑤亡子：逃亡之人。

⑥爓鸡出汤：爓（xún）鸡，用开水去毛，如被脱毛之鸡，出汤而逃。

⑦黄鲁直李氏：黄鲁直，即黄庭坚，“苏门四学士”之一。李氏，黄庭坚之表妹。

今译

假如没有厌恶离弃，你为什么要脱离尘世？假如没有喜悦羡慕，你为何要出家寻求佛法？对佛法钦慕到了极致，如同流亡之子见到父亲。对尘世厌倦离弃到极端，如同脱毛之鸡逃出滚汤。如果不是钦慕到了极致，厌世到了极端，心里就不会清净。

解析

该文作年不详。黄庭坚的表妹李氏，正当成年时发病，梦见前世冤家日夜用鞭子抽打她。于是“遂归诚佛法”。黄庭坚为此作记，先生题跋其后。该章句指出，凡“厌离”、“欣慕”未达“不极不至”的境地，即心地“不净”、“何从出世？”“何从入道？”有趣的是，先生对佛教从未达“极”与“至”。他只是在儒释道禅之间，寻求“自适”、“自娱”而已。

语典

惟一念[1]归向之善，历劫[2]不坏，在在处处常为善友。

——《跋勾信道郎中集朝贤书夹颂金刚经[3]》

（《苏轼文集》卷六十九，第2199页）

注释

①一念：一动念间；一个念头。

②劫：古印度传说世界经历若干万年毁灭一次，重新再开始，这样一个周期叫做“一劫”。后来借指天灾人祸。

③“跋勾信道”句：勾信道，生平不详。金刚经，佛经名。《金刚般若波罗蜜经》之略称。

今译

只要一念向善，即使历尽劫难不会遇险，故应每时每地永远做善念之人。

解析

该文，东坡先生于元祐七年(1092年)正月二十二日作于颍州(今安徽阜阳市)。佛祖说：人之善恶，皆由心生。一念而从善，一念而从恶，一念而成佛，一念而成魔。明代大儒王阳明在《传习录》中曰：“天地虽大，但有一念向善，心存良知，虽凡夫俗子，皆可为圣贤。”(秦泉主编《王阳明大全集》，第327页)先生读《金刚经》有感：“一念归善”、“常为善友”。

语典

某近颇好丹药[1]，不惟有意于却老，亦欲玩物之变，以自娱也。

——《与程正辅[2]七十一首》之五十五
（《苏轼文集》卷五十四，第1615页）

注释

①丹药：起源于道教的炼丹术，在古代丹药所代表意有两种，一为仙丹，二为普通药剂，此指前者。即用炉鼎烧炼丹砂，配制成药饵，做成所谓长生不老的金丹。

②程正辅：程之才，字正辅，眉山人，东坡先生的表兄及姐夫。嘉祐年间进士，官至广东路提点刑狱公事。

今译

我近来比较喜好烧炼丹药，不光是为了服丹防老，也是想玩赏一下物质的变幻，以此来自我娱悦。

解析

该书信，东坡先生于绍圣二年（1095年）作于惠州贬所。先生初到惠州便开始学习烧炼丹药，还托表兄程正辅帮忙续寄丹砂。先生认为烧炼丹药，药物火候都难掌握。纵使烧成，又畏火毒不敢服用。他起炉炼丹，还是想玩赏药石烧炼过程中的神奇变化，并借此得以自娱罢了。当然，他虽言“不惟有意于却老”，但他还是奢望服丹能抵御瘴毒而去病。此情此景，完全可以理解先生的用苦良心。

语典

自数年来，颇知内外丹[①]要处。冒昧厚禄，免荷重寄[②]，决无成理。自失官后，便觉三山跬步[③]。云汉咫尺[④]，此未易遽言[⑤]也。

——《与陈季常[⑥]十六首》之十六

（《苏轼文集》卷五十三，第 1570 页）

注释

①内外丹：内丹，是以天人合一的思想为指导，以人体为鼎炉，精气神为药物，而在体内凝练结丹的修行方式。据《通幽诀》："气能存生，内丹也。"外丹，原称炼丹术。炉鼎烧炼矿物类药物，制取"长生不死"仙丹的一种实验方术。开始称作金丹，后来为了与内丹相区别，而称为外丹。

②负荷重寄：位居高官。

③三山跬步：三山，传说中的海上三座神山，即方丈、蓬莱、瀛壶等。跬（kuǐ），半步，跨一脚。

④云汉咫尺：云汉，银河。咫尺，周制八寸为咫，十寸为尺。形容距离近。

⑤遽言：遽（jù），仓猝，匆忙之意。遽言，仓猝说清。

⑥陈季常：陈慥，字季常，眉州青神（今属四川）人，陈希亮第四子。嘉祐八年（1063 年），陈希亮时为凤翔太守，苏轼时任凤翔签判，遂结识陈慥。陈慥后隐居黄州府麻城县岐亭镇。苏轼贬黄州，二人多有来往。

今译

自从近几年来，我比较多地知道修炼内外丹的要领。如果自不量力食取丰厚的俸禄，肩负重荷位居高位，决没有修炼成功的道理。自从丢掉官职以后，便觉得三山仙界只有半步之近，天上银河不过咫迟之遥，这些体会仓猝难以说清。

解析

此书信，东坡先生于绍圣二年（1095 年）三至四月间作于惠州。先生书中告诉好友陈慥："自当涂闻命，便遣骨肉还阳羡，独与幼子过（苏过）及老云（朝云）并二老婢共吾过岭（大庾岭）。"而且还说："到惠将半年，风土食物不恶，吏民相待甚厚。"到惠州后，先生潜心内外丹的修炼。他认为修炼养气的内丹非得心闲神定，只有达到物我两忘，觉"三山跬步，云汉咫尺"的闲逸之士，方能得其"要处"，像胞弟子由那样，修炼得"老躯极健"、"颜状如四十岁人"。

语典

饮食之精，草木之华。集我丹田[①]，我丹所家[②]。我丹伊何[③]？铅汞丹砂[④]。客主相守[⑤]，如巢养鸦。(略)

金丹自成，曰思无邪。

——《思无邪丹赞》

(《苏轼文集》卷二十一，第606页)

注释

①丹田：道教认为人体有三丹田：在两眉间者为上丹田，在心下者为中丹田，在脐下者为下丹田，此指下丹田。

②我丹所家："我丹"，特指内丹。所谓"内丹"，是以天人合一思想为指导，以人体为鼎炉，精气神为药物，而在体内凝练结丹的修行方式。谓丹田乃我炼内丹之宅。

③伊何：伊，助词，意为"如何"。

④铅汞丹砂：道教炼丹之原料。从内丹角度讲，道教认为所谓"丹砂者，心液也。汞者，心液之中、正阳之气，积气液为胎胞，传送在黄庭之内，进火无差，胎仙自化，乃比铅银合汞，锻炼成宝者也"(参见《钟吕傳道记·论铅汞》)。

⑤客主相守：指外丹内神相互作用。

今译

用物之精，取物之华。汇入我的丹田，是我炼内丹的家。我的内丹如何？肾水为铅，肾气为银，心液为朱砂，外丹和内神相互作用，如同鸟巢养育雀鸦。(略)

我的金丹自然炼成，取名叫"思无邪"。

解析

绍圣元年(1094年)十月二十日，东坡先生作于惠州。先生在赞中表明："我丹伊何?"乃以肾水为铅，肾气为银，心液为朱砂，所炼成的"思无邪丹"。道教认为："天得一以清，地得一以宁，谷得一以盈，人得一以长生。"所谓修炼内丹的理论思想与中医思想不谋而合，通过炼丹能在经络里达到"经络全通，百骸俱暖"的状态，其实质就是积聚能量，疏通自身经络，从而使内气充盈，病气无存，达到神清气爽的精神状态。先生将此内丹定名为"思无邪"，很自然将道家的修炼与儒家的修身结合在一起。其意为：只有进入"思无邪"状态，才可炼成"内丹"。

语典

无事此静坐，一日似[1]两日。
若活七十年，便是百四十。（略）

——《司命宫杨道士息轩》
（《苏轼诗集》卷四十三，第 2352 页）

注释

①似：外集作“是”。

今译

无事此间静坐，一天胜似两天。若活七十年岁，便是一百四十。

解析

依据东坡先生《天庆观乳泉赋》云：“吾谪居儋耳，卜筑城南，邻于司命之宫”，故推算此诗作于谪居儋州期间。先生在十多年的贬谪艰苦日子，从道教那里学习静坐调息法以健身养生。如同在黄州那样，“间一二日辄往”安国寺，“焚香默坐”，“身心皆空”，“一念清净”，“物我想忘”，离先生家居不远的“司命宫杨道士息轩”，亦是静坐调息的好去处。有了这种“无听之以耳而听之以心，无听之以心而呵之以气”（《庄子・人间世》）的静坐“心斋”功夫，就能做到“一日是两日”，“若活七十年，便是百四十”，这就是东坡先生的生命价值观。

语典

方其迷乱颠倒流浪苦海[1]之中，一念正真[2]，万法皆具，及其勤苦功用，为山九仞[3]之后，毫厘差失，千劫[4]不复。呜呼，道因如是也，岂独佛乎？

——《南华长老题名记》

（《苏轼文集》卷十二，第393页）

注释

①“方其”句：方其，意为“当他”。苦海：比喻无穷的苦境。佛教指尘世间的烦恼和苦难。
②正真：正，不偏斜；真，与客观事实相符合。
③九仞：一说七尺曰仞，一说八尺曰仞。常以形容极高极深。
④千劫：劫，指灾难，千劫，佛教语，指旷远的时间与无数的生灭成坏。现多指无数灾难。

今译

当一个人迷失本性流浪在苦海之中，只要一个念想正确真实，万种佛法顷刻都具备。等他勤苦用功，有了九仞山高般的积累，稍有毫厘的差错，千劫难以恢复。唉！世间的道理都是这样，岂止是佛家如此。

解析

建中靖国元年（1101年）正月一日，东坡先生大赦北归，途经韶州（今广东省韶关市）。南华寺（韶州曲江县东南曹溪旁，原名宝林寺）长老明公，请先生为其题写名记。先生将明公的佛学思想记于该文，主要论述“儒释不谋而同者”。明公这一观念与先生对儒释道三家兼容并蓄的思想是一致的。所引章句揭示一条佛理：“一念正真，万法皆具”，“毫厘差失，千劫不复”。真乃有道是“一念可上天堂，一念可下地狱”。

语典

斫得龙光竹两竿，持归岭北万人看[①]。

竹中一谪曹溪水，涨起西江十八滩[②]。

——《东坡居士过龙光，求大竹作肩舆[③]（略）》

（《苏轼诗集》（第七册）·卷四十五，第2423页）

注释

①“斫得”二句：斫（zhuó），大锄；引申为用刀、斧等砍。龙光，即龙光寺，在南安军岭下。岭北：大庾岭以北。

②“竹中”二句：曹溪，水名，在今广东曲江县东南双峰山下。六祖慧能曾在曹溪宝林寺演法。“竹中一滴曹溪水”，以“竹”寓“禅”。西江，虔州西江有十八滩。

③肩舆：一种以人力抬扛交通工具。在二长竿中，设软椅坐人。

今译

砍得龙光寺两竿长竹，用它作杠抬我回归岭北招来万人观看。且用竹中一滴曹溪法水，让它变成“西江十八滩”涨水之源。

解析

此诗是建中靖国元年（1101年）正月四日，东坡先生作于大庾岭南龙光寺。先生遇赦北归，至大庾岭下肩舆杠折断，于是求竹龙光寺。当时龙光寺无住持，州郡派人去南华寺延请，先生写下该诗留在寺中。因住持自南华至此开堂，故句用曹溪，意在述其渊源。“竹中一滴曹溪水，涨起西江十八滩”诗句，是暗示着先生期待对禅法的推广与普及。由此可知，先生对南宗六祖情有独钟。并说明岭海七年放逐，先生对禅学濡染颇深，佛道已成为他度过逆境的重要精神支柱。明代文学家谭元春，在其《东坡诗选》卷十评曰：“全是禅语，不必作诗看。”（参见张志烈等主编《苏轼全集校注》（诗集八）卷四十五，第5237页）

语典

南华长老明公，其始盖学于子思[1]、孟子者，其后弃家为浮屠[2]氏。不知者以为逃儒归佛，不知其犹[3]儒也。

——《南华长老题名记》

(《苏轼文集》卷十二，第394页)

注释

①“其始”句：盖，副词，表示推测，相当于“大概”。子思，名子伋，字子思，孔子的嫡孙，孔鲤的儿子。受教于孔子高足曾参，孔子的思想学说由曾参传子思，子思的门人再传孟子。

②浮屠：佛陀之异译，古人称佛教为浮屠。

③犹：意为相似、如同、仍然等。

今译

南华寺长老明公，他刚开始时大概是学习子思、孟子学说的，后来离家当了佛教徒。不了解他的人认为他是逃离儒学皈依佛门，殊不知他仍然是位儒者。

解析

该文是建中靖国元年(1101年)正月一日，东坡先生被赦南归途经韶州(今广东韶关市)应南华长老明公所请为其题名所撰。经他了解，明公并非是“逃儒归佛”，而实质上他是一位儒者。事实证明，与先生交往的许多佛禅大师，均是融儒佛为一身的得道者。通过南华长老明公的事例，更进一步证明“儒释不谋而同者”。儒释道三家“江河虽殊，其至则同(《祭龙井辩才文》)，殊途同归，归结为一”。

语典

室空惟法喜①，心定有天游②。(略)
用舍③俱无碍，飘然不系舟④。

——《次韵阳行先》
(《苏轼诗集》卷四十五，第 2431 页)

注释

①法喜：佛教语，参悟佛法而产生的喜悦，是从本心生出来的喜悦和精神享受。

②天游：语出《庄子·外物》"胞有重阆，心有天游"(参见陈鼓应注译《庄子今注今译》(下)第 827 页)。意为与自然共游。

③用舍：使用与舍弃。

④不系舟：语出《庄子·列御寇》："饱食而遨游，泛若不系之舟，虚而遨游者也。"(参见陈鼓应注译《庄子今注今译》(下)第 954 页)意指不拴揽绳之船，逍遥自在，令人神往。

今译

在空静的室内禅修惟有佛法的喜悦，(这种法喜)必定是天人合一的与之共游。使用与隐藏全都没有障碍，飘摇自在如同不系之舟。

解析

此诗是建中靖国元年(1101 年)正月，东坡先生次韵阳行先隐士诗而作。阳行先名孝本，虔州赣人。此人崇宁中举八行(立八行取士科)，授为国子录，再转博士，直至秘图归隐于通天岩，凡二十年。先生自海南北归至虔州，与阳行先交游，知其学博行高，取号曰"玉岩居士"。先生用"法喜"、"天游"，咏叹阳居士禅修之最高境界。所谓"法喜"，是从本心生出来的喜悦和精神享受，是一种与自然共融的"天游"之喜，而不是受外物诱惑，流露出对物欲奢望的满足感。先生还称颂阳居士二十年之归隐"用舍俱无碍"，像"不系舟"般自由逍遥、活得潇洒。先生对阳行先隐士的美誉，正是他自己多年来的企望。然而，他终未能真正地隐去。这就是"东坡居士"与"玉岩居士"的不同所在。

语典

慈近乎仁，悲近乎义。忍近乎勇，忧近乎智。四者似之，而卒[①]非之。有大圆觉[②]，平等无二[③]。无冤故仁，无亲故义。无人故勇，无我故智[④]。彼四虽近，有作有止。此四本无，有取无匮[⑤]。

——《观世音菩萨颂并引》

(《苏轼文集》卷二十，第586页)

注释

①卒：终了。

②大圆觉：佛教称广大圆满之觉，即佛智。此指观世音之智。

③平等无二：指佛教所谓平等心、平等觉。于一切众生之上，不起怨亲等差别之见。

④“无冤故仁”四句：以佛教之平等观，通于儒家之伦理观。

⑤“此四本无”二句：指无冤、无亲、无人、无我四者本于无心，故仁义勇智取之下竭。匮，缺乏，匮竭。

今译

佛的慈爱接近于仁，佛的悲悯接近于义。佛的坚忍接近于勇，佛的忧思接近于智。这四者都与儒家的道德伦理相似，而终了又有不相同。佛有广大圆满之彻悟，平等看待一切众生。他没有冤故谓仁，没有亲疏故谓义，没有凡俗故谓勇，没有我执故谓智。这四者虽然也与儒家的伦理道德相近，但有时而作，有时而止。如果说这四者本来就是虚幻，但有求时从不匮竭。

解析

金陵(南京)崇因禅院长老宗袭，用自己募化的衣食之资建造了一尊观世音菩萨像。东坡先生受贬南迁经过崇因院，在观音菩萨像前祈祷说：“我若北归必当经过这里，要为菩萨写一篇颂词。”建中靖国元年(1101年)五月一日，先生自海南经过金陵，还愿写了这篇颂词。先生在颂词中虔诚地赞颂大慈大悲观世音菩萨为“净圣大士”。他的功德“遍满空界，挈(qiè)携天地”。另外，先生还在颂词中阐述了“儒释为一”的观点。他认为佛家之“慈悲忍忧”近乎儒家“仁义勇智”。并进一步释义，指出佛家的“无冤”即儒家之“仁”，佛家的“无亲”即儒家之“义”，佛家的“无人”即儒家之“勇”，佛家的“无我”即儒家之“智”。先生就是这般以开放兼容的态度，援佛释儒，以儒解佛，通儒释道三家之变，以儒为体，以释老为用，成一家之言。

心 性

苟性而有善恶，则夫所谓情者，乃吾所谓性也。

导读

所谓“心性”，是指性情、性格。中国古典哲学范畴，指“心”和“性”。佛教各宗盛谈心性，禅宗认为心即是性。儒家继孔子之后的思孟学派建立了“尽心知性知天”的心性哲学。孟子认为人异于动物的根本，在于人先天地具有恻隐、羞恶、辞让、是非之心。这才是人之所以为人者，即所谓的人性。

东坡先生在《扬雄论》中指出：“昔之为性论者多矣，而不能于一。始孟子以为善，而荀子以为恶，扬子以为善恶混。而韩愈者又取夫三子之说，而折之以孔子之论，离性以为三品，曰：‘中人可以上下，而上智与下愚不移。’”

“在苏轼看来，善恶等社会性是在具体的历史阶段和历史环境中形成的，对人来讲并不具有普遍性和长久性，因此不是人性。人性不同于受政治意识形态左右的社会性，只有人本真的生命情感才具有普遍性和长久性，那些无时无处不在，随遇而发而又来自生命深处的喜怒哀乐等情感才是人性”（参见冷成金著《苏轼的哲学观与文学观》，第 154-155 页），那么，先生对于人性是如何界定的呢？他“读《易》而后知其非也”，并在《扬雄论》中作了明确回答，他说：

> 人生而莫不有饥寒之患，牝牡之欲，今告人曰：饥而食，渴而饮，男女之欲，不出于人性也，可否？是天下知其不可也。（略）由此观之，则夫善恶者，性之所能之，而非性之所能有也。且夫言性者，安以其善恶为哉！

先生指出“渴必饮，饥必食，食必五谷，饮必水”等自然之性能，这是人性的本源。这种“不待学而能者”，且永恒不变的自然欲求和本真情趣便是人的本性，即是人性，这种人性，冷成金谓之为“情本人性论”。

语典

苟[1]性而有善恶，则夫所谓情者，乃吾所谓性也。人生莫不有饥寒之患，牝牡[2]之欲，今告乎人曰：饥而食，渴而饮，男女之欲，不出于人之性也，可乎？是天下知其不可也。

圣人无是，无由以为圣[3]；而小人无是，无由以为恶。圣人以其喜怒哀惧爱恶欲七者御[4]之，而之乎善；小人以是七者御之，而之乎恶。由此观之，则夫善恶者，性之所能之，而非性之所能有也。且夫[5]言性者，安[6]以其善恶为哉！

——《扬雄[7]论》

（《苏轼文集》·第一册·卷四，第110页）

注释

①苟：如果。

②牝牡(pìn mǔ)：指阴阳，泛指与阴阳有关的雌雄、男性与女性。

③“圣人无是”二句：是，指“此”、“这”。无由，没有门径或机会。

④御：控制。

⑤且夫：连词。表示进一层。况且，再说。

⑥安：此指“岂”、“怎么”。

⑦扬雄(前53—18年)：字子云，西汉著名文学家，长于辞赋，博通经学。

今译

如果人的本性有善恶，那么所谓情感，就是我们所说的性。人生没有谁没有饥寒的忧虑，男女之欲，现在告诉人说：饿了就想吃食，渴了就想喝水，两性的情欲，不是人的本性，可以吗？这是天下人都知道不可以的事情。

圣人没有情感，没有途径成为圣人；而小人没有情感，没有途径成为恶人。圣人用那喜怒哀惧爱恶欲七种情感控制自己，而走向善；小人用这七种情感控制自己，而走向恶。由此来看，那么善和恶，是本性能表现出的，而不是本性所能具有的。再说，谈论人性的人，怎么能用善和恶来立论呢？

解析

该文系嘉祐五年(1060年)，东坡先生应制科试前所上进卷之一。先生在这里开宗明义地阐释自己关于“性”的界定：“情者”，乃人之“性”也。正是这种“不学而能”的“喜怒哀惧爱恶欲”七种情感，圣人从正的方面控制它而表现为“善”；小人从反的方面放纵它而表现为“恶”。“可见性可以为善，也可以为恶，善恶都是‘性’能之境，那么就不能说‘性’是本善的或本恶的，而是非善非恶的，‘性’本身不涉善恶。”(参见王水照、朱刚著《苏轼评传》(上)，第200页)为此，先生得出结论，所谓善和恶，是本性在“七情”方面的呈现，而不是本性内在所具有的。故“言性者”，不能“以其善恶”而论。

语典

人之好恶，莫如好色而恶臭[1]，是人之性也。好善如好色，恶恶[2]如恶臭，是圣人之诚也。故曰“诚明谓之性”。

——《〈中庸〉论上》
（《苏轼文集》卷二，第60页）

注释

①“人之”二句：好恶，喜好和厌恶，指兴趣。好色，色，古代指容貌。好色，指喜好动人美色的爱好和向往。恶臭：厌恶难闻的气味。

②恶恶（wù è）：憎恶丑恶。

今译

人对于喜好和厌恶，不正好像喜好美色与厌恶臭味一样，这是人的本性。爱好美善如同爱好美色，憎恶丑恶如同厌恶臭味，这是圣人的真诚。所以说“真诚而明察就叫人性”。

解析

该文作于嘉祐五年（1060年），为应“贤良方正能直言极谏”制科考试前循例呈进的文论，供录取时作参考。所谓“诚明谓之性”，这个“性”显然是指人作为自然生物的性情，而不是程朱理学所谓先天设立的“仁义礼智信”等天理性命。先生认为“好善如好色，恶恶如恶臭”的“诚”，是一种本然的天性，具有本体的性质。

语典

人性为善，而善非性也。使性而可以谓之善，则孔子言之矣。苟[1]可以谓之善，亦可以谓之恶，故荀卿之所谓性恶者，盖生于孟子；而扬雄所谓善恶混者，盖生于二子也[2]。性其不可以善恶命之，故孔子之言曰“性相近也，习相远也”而已。夫苟相近，则上智下愚曷为不可移也[3]？曰：有可移之理，无可移之资[4]也。

——《论语说·阳货篇》

（《三苏全书·经部》卷下，第三册，第 255 页）

注释

①苟：如果。

②“故荀卿”四句：荀卿，指荀子，名况，字子卿，战国末期赵国人。著名思想家、文学家、政治家。孟子：名轲，字子舆，是孔子之孙孔伋的再传弟子。战国时期伟大的思想家、政治家，儒家学派的代表人物。与孔子并称“孔孟”。扬雄：字子云，西汉官吏、学者，长于辞赋，是继司马相如之后西汉最著名的辞赋家。子：古代尊称男性。

③上智下愚曷为不可移：上智下愚，指最聪明的人和最愚笨的人。曷(hé)，何，什么。孔子认为人的性情大多是可以改变的，只有上等的聪明人与下等的愚笨的人才是不可以改变的。

④资：条件。

今译

人性之善，而善并不是性。如果将性称之为善，那么孔子关于性的言论何以解释。如果可以说是善，也可以说是恶。因此荀子之所以说人性是恶的，是出于孟子；而扬雄所说人性是善恶相混，是出于孟子和荀子。人性其实不可以用善恶来命名，所以孔子有言，曰：“人的本性是相近的，由于后天的教育和环境的影响不同，使他们的差距拉远了”而已。如果人性本相近，那么最聪明的人与最愚笨的人为何不可以改变？说：有可以改变的理由，没有改变的条件。

解析

《论语说》，东坡先生于元丰三年(1080 年)至元丰五年(1082 年)之间作于黄州贬所。该文是先生对《论语·阳货篇》“子曰：‘性相近也，习相远也。’子曰：‘唯上知与下愚不移’”对话的阐释。荀子在人性问题上提倡性恶论，主张人性有恶，否认天赋的道德观念，强调后天的环境和教育对人的影响。其实荀子的性恶论是对孟子性善论的辩驳。孟子的性善论，是在与告子(关于告子有不同的说法。说法一：告子是东周战国时思想家，曾受教于墨子；说法二：告子是孟子的学生；说法三：纯属杜撰人物)辩论中完善起来的。在他认为，人生下来就有一种最基本的共同天赋本性，这就是基本道德品质的萌芽。人性之所以不同于兽性的地方，就在于人有自觉道德观念，即天赋的“良知”、“良能”。因此孟子得出结论：“仁义礼智，非由外铄(shuò)我也，我固有之也，弗思而已。”扬子曰：“夫始善而进恶，与始恶而进善，与始也混而今也善恶。”扬雄认为人之性善恶混。东坡先生以孔子“性相近也，习相远也”的教言批驳三子的说话，明确认为上述三子关于人性的理论都是偏颇的。“苏轼人性论的意义就在于与上述的人性理论均不相同。苏轼在秉承庄子自然人性论的基础上超迈前人，创立了情本人性，不仅在北宋，就是在整个中国历史上也有着突出的意义。”(参见冷成金《苏轼的哲学观与文艺观》第 145 页)王水照、朱刚注意到了苏轼对“性善”的反驳。他们认为：“把人所受命于天道者称为‘性’，只是一步纯抽象的演绎。人的身上不可能有这样的‘性’孤独地存在，存在的是各种具体的生命表现：理智、情感、欲望等，即所谓‘情’。”“在他看来，‘性’是全部‘情’的概括总名，离开了‘情’是无从见‘性’的，故不是弃绝了‘情’而得到了‘性’，而是认识了‘情’的全部，才能得到‘性’。(略)所以，从关于‘性’的哲学命题上说，苏轼的‘性非善恶’论比‘性善’论更能代表北宋中后期哲学的主导见解。(略)阳明学对‘性’概念的理解，终于采用了苏轼的‘不可以善恶论’之说。”(王水照、朱刚著《苏轼评传·上》第 192-204 页)中国古代关于人性善恶的辩论持续了两千多年，但在哲学上人性问题的争论恐怕难有最终结论，相信这种论辩还会继续下去。

语典

昔者孟子以善为性，以为至[①]矣，读《易》而后知其非也。孟子之于性，盖[②]见其继者而已。

夫善，性之效[③]也，孟子不及见性而见夫性之效，因此所见为性。性之于善，犹火之能熟物[④]也，吾未尝见火，而指天下之熟物以为火，可乎？夫熟物则火之效也。

——(《东坡易传・系辞传[⑤]上》卷七，第125页)

注释

①至：极，最，此为真谛。

②盖：副词，表示推测，相当于"大约"。

③效：效果，功效。

④熟物：煮熟或烤熟的食物。

⑤系辞：总论《周易》大义，解释卦爻辞的意义及卦象爻位。

今译

从前孟子将善当成人性，认为这是人性的真谛。读《易》之后才知道这种说法是不对的。孟子对于人性，大约只是看到了"性"之接继者的东西罢了。

善，是人性产生的功效，孟子没有看到人性，而只是看到了人性的功效，因此将所看见的当成人性了。性与善的关系，如同火能烤熟食物。如果我没有见到火，而把天下烤熟的食物都当成火，这样可以吗？能够烤熟食物这只是火的功效。

解析

《东坡易传》，先生于元丰三年(1080年)至元丰五年(1082年)之间初成于黄州贬所。该文是对《系辞传上》："一阴一阳谓道，继之者善也，成之者性也"释义的解说，是针对"孟子以善为性"的立论，展开具有"独化"思辨的驳辩。

在中国哲学史上，对于"人性论"是不同流派学者展开讨论的重点命题。而孟子的"人性善"立论，最具影响力。孟子认为："口之于味也，目之于色也，耳之于声也，鼻之于臭也，四肢之于安佚也，性也。有命焉，君子不谓性也"(李双译注《孟子白话今译・尽心・下》，第338页)。孟子认为人之于"味"、"色"、"臭"、"安佚"等是人的天性所决定的，但能不能满足，却只有靠命运来安排了，所以君子不认为这些欲望是人性。东坡先生对此提出异议，认为"孟子不及见性而见夫性之效"，故把他所看见的定义为"性"。对此，先生以"火之能熟物"的譬喻予以形象的说明。孟子是"未尝见火"，而把"熟物以为火"。即未曾见到"性"，却把"仁义"说成是"性"。

冷成金对此有着更明晰的说明："孟子在此正是通过人的感官享受的不能实现和仁义天道的应该实现而将社会性的仁义天道规定为人的天性，于是，自然性的感官享受就成了外在于人的命运，而社会性的仁义道德就成了内在于人的本性"(冷成金著《苏轼的哲学观与文艺观》，第93页)。孟子将"社会性的仁义"规定为人的"天性"，设定了人存在与发展的价值依据，在现实中"往往还发挥着压制人的个性与合理的欲望的作用"(冷成金著《苏轼的哲学观与文艺观》，第94页)。东坡先生敢于向前贤权威挑战，明白无误地反对孟子的人性论。他对人性论颠覆性的深刻阐释，对后世思想史产生了一定的影响。

语典

荀卿者[①]，喜为异说而不让，敢为高论而不顾者也[②]。(略)

荀卿独曰："人性恶。桀、纣[③]，性也。尧、舜[④]，伪也。"由是观之，意其为人必也刚愎不逊，而自许太过[⑤]。

——《荀卿论》

(《苏轼文集》卷四，第101页)

注释

①荀卿：(前313—前238年)，名况，字卿。战国末期著名思想家、文学家、政治家，时人尊称"荀卿"。荀子对儒家思想有所发展，在人性问题上提倡性恶论，强调后天环境和教育对人的影响。

②"敢为"句：异说，不同的主张或学说。高论，高谈阔论。

③"桀、纣"句：桀，夏桀，夏朝最后一位君主，是历史上有名的暴君。纣，商代最后的君主，相传亦是暴君。

④尧、舜：中国上古时期部落联盟的两位首领，被后世儒家奉为圣明君主的典型，并尊为"帝"。

⑤"意其"二句：刚愎(bì)：倔强执拗，固执己见。不逊，逊，谦逊。不逊，没有礼貌，骄傲，蛮横。自许，自夸，自己称许自己。

今译

荀卿这个人，喜欢发表不同见解而不谦让，敢于高谈阔论而不顾及效果。(略)

荀卿独自说："人的本性丑恶。夏桀、商纣的行为，是出于本性。尧和舜的作法，是出于伪饰。"由此看来，猜想他的为人一定刚愎自用傲慢不逊，并且推许自己太过分了。

解析

该文是东坡先生于嘉祐五年(1060年)应制科试前所上进卷之一。荀卿的思想既不属于正统的孔孟为主体的儒家，也不属于地道的法家。正如东坡先生所言"喜为异说"、"敢为高论"，糅百家之说而融为自己独特之论。荀卿政治思想的理论依据是他的"人性恶"，而"隆礼"、"重法"是荀卿政治思想的核心概念。因此荀卿主张"治之经，礼与刑"。至宋明时代，理学家们对荀卿进行了空前的攻击和批判，认为他的思想有悖于圣人。东坡先生在《荀卿论》中，前面言荀卿之非，后面却赞荀卿"明王道，述礼乐"。最后仍维护儒家正统，反复阐述："孔、孟之论，未尝异也，而天下卒无有及者。苟天下果无有及者，则尚安以求异为哉。"天下果真最终没有超过他们的人，那么还有什么必要来追求标新立异呢？

语典

昔之为性论者多矣，而不能于一。始孟子以为善，而荀子以为恶，扬子以为善恶混。而韩愈[1]者又取夫三子之说，而折之以孔子之论，离性以为三品，曰："中人可以上下，而上智与下愚不移。"(略)

嗟夫[2]，是未知乎所谓性者，而以夫才者言之。

——《扬雄论》

(《苏轼文集》卷四，第110页)

注释

①韩愈：唐代杰出的文学家、思想家、哲学家。唐代古文运动的倡导者，有"百代文宗"之称。

②嗟夫：表示感叹的语气词。

今译

从前论述人本性的人很多，但始终不能有一个统一的定论。开始孟子认为人性善，荀子认为人性恶，扬子认为人性善和恶混合在一起。而韩愈采用这三个人的说法，用孔子论述加以折中，认为人的本性有三等，说："中等人可以成为上等人或下等人，而上等的智者与下等愚者不可能改变的。"(略)

唉！这是不知道什么是人的本性，而把才能当成人的本性来议论的。

解析

该论系嘉祐五年(1060年)，东坡先生应制科试前所上的进卷之一。纵观古代传统社会探讨人性问题，主要集中围绕善与恶问题。因为西汉扬雄在这争鸣中代表一家，有别于非善非恶，而是采取兼而收之的办法，提出善恶混合论，所以对扬雄的评论就突出他的人性观。另外，当时北宋儒者对人性的争论也非常激烈，其中对心性问题最为关注的是理学，理学代表人物程颐的观点，似乎甚为高调。他认为"性即是理"，理即仁义礼智信。先生不赞成这种推论，他认为程颐的说法不够客观，只是说明了道德之可能和必然，用今天伦理学的观点分析，道德是属于伦理学范围，将道德升华为天道人性，这显然有失偏颇。而韩愈的所谓人性"三品"说，更是将"才"与"性"混为一团。先生对人性的论述集中在《东坡易传》中，在此不必赘述。

语典

韩愈者又取夫三子[①]之说，而抵以孔子之论，离性以为三品[②]。(略)

嗟夫[③]，是未知乎所谓性者，而以夫才者言之。夫性与才相近而不同，其别不啻[④]若白黑之异也。圣人之所以与小人共之，而皆不能逃焉，是所真所谓性也。而其才固将有所不同。(略)天下之言性者，皆杂乎才而言之，是以纷纷而不能一[⑤]也。

——《扬雄论》

(《苏轼文集》卷四，第一册，第110页)

注释

①三子：指孟子、荀子、扬子(扬雄)。

②三品：关于人性的分类："上焉者，善焉而已矣，中焉者，可导而上下也；下焉，恶焉而已矣。"(参见张志军等主编《苏轼全集校注》(文集一)卷四，第376页)

③嗟夫：表示感叹的语气词，同"嗟乎"，相当于"唉"。

④不啻(bù chì)：此指不亚于。

⑤一：统一。

今译

韩愈采取三个人的说法，用孔子的论述加以折中，分析出人的本性有三个等级。(略)

唉！这是不懂得什么是人的本性，而把才能当成人的本性来说。人的本性和人的才能有相似而又有不相同，它们之间的差别不亚于白与黑不同一样。圣人和小人共同具有，谁都不能避开它，是真正所说的性。而他们各自的才能本来就有所不同。(略)天下谈论人的本性的，都掺杂着才能来说，因此众说纷纭，说法不能统一。

解析

该文系嘉祐五年(1060年)，东坡先生应制科试前所上的进卷之一。韩愈对人性界定为"三品"，其依据是"三子之说"，即借鉴孟子、荀子、扬子(扬雄)三人关于人性的说法。其理论依据是"孔子之论"。孔子真的谈论过人性的上中下"三品吗"？没有。是韩愈错误地理解了孔子的说法。孔子曰："中人以上，可以语上也；中人以下，不可以语上也"(参见《论语·注释·译文·赏析》，第126页)。大意是：中等水平以上的人，可以告诉他高深的学问；中等以下的人，就不可能向他讲高深的学问了。孔子还在《阳货》中说："唯上知与下愚不移。"(参见《论语·注释·译文·赏析》，第368页)只有最上等智慧的人和最下等愚笨的人是不可改变的。先生认为孔子上述言论，"是论其才也。至于言性，则未尝断其善恶，而孔子只是说：'性相近也，习相远也'而已"。先生正是通过说理的方式批驳了韩愈歪曲了孔子的人性学说，以才为性的主张。"韩愈的错误在于：'先将性与情分离开，再用才来代替性'，('离性以为情，而合才以为性')'是故其论终莫能过'，犯了偷换概念的错误。"(参见冷成金著《苏轼的哲学观与文艺观》，第153页)。

语典

昔三子之争，起于孟子。孟子曰："人之性善。"是以[①]荀子曰："人之性恶。"而扬子又曰："人之性，善恶混。"（略）

为论不求其精[②]，而务以为异于人，则纷纷[③]之说，未可以知其所止。

——《子思论》

（《苏轼文集》卷三，第 95 页）

注释

①是以：所以，因此。

②精：此指思想周密。

③纷纷：杂乱。

今译

从前三位儒者之间发生争议，发起者是孟子。孟子说："人的本性善良。"因此荀子说："人的本性丑恶。"而扬子又说："人的本性，善和恶混在一起。"（略）

立论不求精审周密，而务必标新立异于人，那么杂乱的观点，不知道什么时候能停止。

解析

该文系嘉祐五年（1060 年），东坡先生应制科试前所上的进卷之一。子思（前 483—前 402 年），姓孔，名伋，字子思，孔鲤的儿子，孔子的孙子，鲁缪公的老师，后代尊为"述圣"。子思在《中庸》里言天命性道，说理至精，论道至微，直接承继并系统阐述发挥孔子之道。

在北宋，心性之学（人性问题）是哲学的核心问题，众多儒者对其进行了解读。北宋著名思想家、哲学家张载认为："仁义礼智，人之道也，亦可谓性。"北宋理学奠基者程颐指出："性无不善，'才'有善有恶。"同为理学奠基者的程颢则认为：人性由气禀（人生来对气的禀受，即天生禀赋的气力）决定，气禀有善有恶。王安石认为"性"既包含善又包含恶，性可为正性和不正之性等。其实，以上论述只是描述了道德的理想状态，属于伦理学范畴，还未涉及人性的本质。先生认为关于"人性"的争辩，是"不求其精"，只追求"为异于人"的"纷纷之说"。

语典

君子日修其善，以消其不善，不善者日消，有不可得而消者焉[①]；小人日修其不善，以消其善，善者日消，亦有不可得而消者焉。夫不可得而消者，尧舜不能加焉，桀纣不能亡焉[②]，是岂非性也哉！君子之至于是，用是为道，则去圣不远矣。

——(《东坡易传·乾卦》卷一，第4页)

注释

①焉：文言助词，用在句尾表示陈述或肯定，相当于“矣”、“呢”。

②“尧舜”二句：尧舜，是指上古唐尧和虞舜的并称，远古部落联盟的首领，传说中的古代圣王。桀纣，桀，是夏朝最后一个暴君。纣，是商朝最后一名暴君。

今译

君子每天修养自己美好的品德，以消除不好的品质，不好的品质每天减少，最后留下不需要消除的品性；小人每天修养自己不好的品质，以消除较好的品质，好的品质每天减少，最后就有无法消除的品性存在。这些无法消除的东西，在尧舜的身上不能增多，在桀纣的身上也不能消除，这难道不就是“性”吗？君子如果明白了这个道理，并运用这作为修身之道，就离圣贤不远了。

解析

该文是东坡先生于元丰三年(1080年)至元丰五年(1082年)间，作于黄州贬所。该章句是对《东坡易传·乾卦·彖传》“保合太和，乃‘利’贞”爻辞的解说，先生在这里阐明的观点是：那种“不可得而消者”的品性，是包括尧舜圣王和桀纣暴君无法消除的自然品质，这才是人类普遍具有的“性”。这种人性是不需要后天学习而具备的人的本性。我们在修身养性中，懂得了这个道理，就会自觉地“修”什么，“养”什么，“消”什么了。

语典

性至于是[1]则谓之命，命，令也，君之令曰命，天之令曰命，性之至者亦曰命。性之至者非命也，无以名之，而寄[2]之命也。

——(《东坡易传·乾卦》卷一，第5页)

注释

①至于是：至于，表示事物达到某种程度。是，此作代词，意为“此”、“这”。

②寄：托。

今译

“性”达到这一极端状况就称之为“命”，命，就是命令，君王的命令称为命，上天的命令称为命，“性”发展到极端也称为命。发展到极端的“性”本应不是“命”，因为无法为它命名，而暂假托之为“命”。

解析

该文，先生于元丰三年(1080年)至元丰五年(1082年)间作于黄州贬所。该章句是对《东坡易传·乾卦·彖传》中“保合太和，乃‘利’贞”文辞的解说。先生对于“命”的含义解释就是“命令”，但“性之至者非命”，即发展到极端的“性”本不是“命”，因为无法言说，故假称为“命”。孔子曰：“不知命，无以为君子也”(《论语·注释·译文·赏析》(尧曰篇)，第417页)。孔子所说的“知命”，包含有一些积极意义。他提倡人应该面对现实，识时务，明确人生道义，遵循自然规律。孟子曰：“莫之为而为者，天也；莫之致而至者，命也”(李双译注《孟子白话今译·万章上》，第218页)。大意是没有谁叫他们这么做，却这么做了，这是天意；没有谁招致他来，却这么来了，这是命数。“苏门四学士”之一的秦观说：“苏氏之道，最深于性命自得之际。”所谓“‘性命自得’的实际内涵是顺‘性’而行”，即“穷理尽性到了完全自由的境界”(王水照、朱刚著《苏轼评传》(上)，第205页)。只有穷究天下万物的根本原理，彻底洞明人类的心体自性，就能改变人的命运，与客观规律和谐平衡，从而达到生生不息的崇高目标。

语典

情者，性之动也，溯而上至于命，沿而下至于情，无非性者。性与情，非有善恶之别也，方其[1]散而有为，则谓之情耳；命之与性，非有天人之辨[2]也，至其一[3]而无我，则谓之命耳。

——(《东坡易传·乾卦》卷一，第5页)

注释

①方其：意谓“当它”。
②天人之辨：自然和人的分辨。
③至其一：达到合一。

今译

“情”，是“性”的表露，由“性”向上追溯就可以达到“命”，沿着“性”向下发展就可以达到“情”，这一切无非是“性”。“性”与“情”，并非有善与恶的区别，当它散发出来而有一定的行为时，就称之为“情”罢了；“命”与“性”，也不存在自然与人为的区别，使两者达到合一的状态，从而实现无我，就称之为“命”罢了。

解析

东坡先生于元丰三年(1080年)至元丰五年(1082年)之间，在黄州贬所初成《东坡易传》。该文是先生为《乾卦》其中“用九”：“保合太和，乃‘利’贞”爻辞所作的解说。先生在本文中的立论是：情性合一，并无善恶之别。他认为：“情是性在现实生活中的具体展现。在现实生活中，性和情是不可能分开的。”其实王安石在他的《杂著·性情论》中，也有同样的论述。他说：“喜怒哀乐好恶欲未发于外而存于心，性也；喜怒哀乐好恶欲发于外而见于行，情也。性者情之本，情者性之用，故吾曰性、情一也。”(转引自刘燕飞著《苏轼哲学思想研究》，第85页)先生所谓“溯而上至于命，沿而下至于情，无非性者”，指出“性”与“情”是不可分割的，两者是隐与显、内与外的关系。“过去我们一般认为苏轼的人性论是性无善恶论，恐怕仅仅看到了表面的东西，其实，苏轼的人性论超越了一般的所谓性善论、性恶论和性无善恶论，而是以人的自然欲求为本，所以，苏轼的人性论又可称为情本人性论”(参见冷成金《苏轼的哲学观与文艺观》，第166页)。

语典

儒者之患[1]，患在于论性，以为喜怒哀乐皆出于情，而非性之所有。夫有喜有怒，而后有仁义；有哀有乐，而后有礼乐。以为仁义礼乐皆出于情而非性，则是相率而叛[2]圣人之教也。

——《韩愈论》

(《苏轼文集》(第一册)，第113页)

注释

①患：过失。

②相率而叛：相率，相继。叛，违背。

今译

儒家学者的过失，在于论述人的本性，以为喜怒哀乐全部出于感情，而不是人的本性所有的。人有喜怒，然后有仁义；有哀乐，然后有礼乐。认为仁义礼乐都是出于情感而不是本性，这相继违背了圣人的教导。

解析

该文系嘉祐五年(1060年)，东坡先生应制科试前所上进卷之一。韩愈为了抵制佛教思想的渗透，抵抗佛教的心性学说，重建儒家仁义之道，人性论就成为他与佛道斗争的武器。但是，东坡先生在《韩愈论》中批评说："韩愈之于圣人之道，盖亦只好其名矣，而未能乐其实。"故而在人性问题上"相率而叛圣人之教"。先生特别对韩愈"以为喜怒哀乐皆出于情，而非性之所有"的思想，"用以子之矛，攻子之盾的方法，首先指出正统的儒学认为仁义礼乐出于性，而不是出于情，接着从人们的自然感受出发指出'有喜有怒，而后有仁义，有哀有乐，而后有礼乐'，使喜怒哀乐之情变成了联系性与仁义礼乐的中间环节，最终迫使正统儒学承认喜怒哀乐源于性"，从而"使所谓的圣人之徒不敢轻易否定情出于性"(参见冷成金著《苏轼的哲学观与文艺观》，第150页)。从这里也可看出，先生的"情本论"人性观，正是在与扬雄、韩愈等人的辩论中建构起来的。

语典

夫所以食者，为饥也，所以饮者，为渴也，岂自外入哉。人之于饮食，不待学而能者，其所以然者明也，盍[①]徐而察之，饥渴之所从出，岂不有未尝饥渴者存乎，于是性可得而见也。

——(《东坡易传·说卦传[②]》卷九，第146-147页)

注释

①盍(hé)：何不，表示反问或疑问。

②说卦传：阐述六十四卦卦序排列原理和各卦的属性意义。是阐述八卦取象大例的专论，也是探讨《易》象产生于推展的重要依据，从而以辅助占断吉凶的，故名“说卦”。

今译

人之所以要吃饭，因为饥饿，之所以要喝水，是因为干渴，这哪里是外在的要求呢。人对于饮食，不需要学习就自然会，其所以如此的原因是非常清楚明白的，何不慢慢对此加以考察呢。饥渴之所以发生，难道不是存在有未曾饥渴的事物吗？于是我们就发现了“性”的存在。

解析

《东坡易传》，东坡先生于元丰三年(1080年)至元丰五年(1082年)之间初成于黄州贬所。该文是《说卦传》第三章“数往者顺，知来者逆，是故易，逆数也”文辞的解说。先生指出：“人之于饮食，不待学而能者”，是一种人自自然然的内在本性，而不是“自外入”的，后天习得的技能。承认了并尊重了人的自然本性，也就承认并尊重了人性。也就是说，“不待而学”的自然本性，就是人之“性”。庄子借一会潜水男子的口说：“吾生于陵而安于陵，故也；长于水而安于水，性也，不知吾所以然而然，命也”(李双译注《庄子白话今译·达生》，第255-256页)。又曰：“吾所谓无情者，言人之不以好恶内伤其身，常因自然而不益生也”(李双译注《庄子白话今译·德充符》，第74页)。庄子指出顺应自然，而不用人为地增加什么，即为“性”。东坡先生的人性观，与《庄子》自然本性观是一致的，即“人之性命不是仁义，也不是自然情欲，而是常然的本性”。当然这并不是自然人性论，“而是将这种欲求的自然而然的特点提到了超越性的高度，进而将其规定为人性的本质，亦即人的自然而然的情感需求(包括生理需求)是合理的，也就是人性的本质”(以上参见冷成金著《苏轼的哲学观与文艺观》，第96页)。由此可以看出，人性的本质就是“自然而然的情感需求，”即非“自外入”，人“不待学而能”的情感需求，这就是人之“性”。

语典

世之论性命[①]者多矣，因是请试言其粗。

曰：古之言性者，如告瞽者[②]以其所不识也。瞽者未尝有见也，欲告之以是物[③]，患[④]其不识也，则又以一物状之，夫以一物状之，则又一物也，非是物矣。彼惟无见[⑤]，故告之以一物而不识，又可以多物眩[⑥]之乎！

——(《东坡易传·乾卦》卷一，第4页)

注释

①性命：据孔颖达疏："性者，天生之质；命者，人所禀受。"朱熹本义："物所受为性，天所赋为命。"

②瞽者：失明的人，欲称盲人。

③是物：是，谓此，这。是物就是这物。

④患：忧虑。

⑤彼惟无见：彼，指"那"、"哪个"。惟，单，只。无见，谓不能认清。

⑥眩：眼睛昏花看不清楚，迷惑，或迷乱。

今译

世上论述"性"与"命"的学者很多了，因此让我粗略地谈一谈这个命题。

说：古时候谈"性"的学者，就如同向盲人讲述他所不认识的东西。盲人从未能看见什么，想告诉他是这物，忧虑他不理解，就用另一物来形容它，以另一物形容它，就变成另一物了，而不是先前说的那物了。正是因他看不见，所以向他解释一物而不理解，又怎么可以用多物形容使他更加迷惑呢！

解析

《东坡易传》，东坡先生于元丰三年(1080年)至元丰五年(1082年)间，作于黄州贬所。该文是先生对"保合太和，乃'利'贞"爻辞的解说。是先生在论述"性"、"命"含义之前，对"世之论性命者"的弊端，进行颇具形象的批驳。他认为"古之言性者"，如同告诉盲人所不认识的东西，采用以"是物"比喻的方式予以解释。又恐盲人对作为比喻的"是物"不熟悉，于是又以另一物去形容先前的"是物"。这样做显然是弄巧成拙，其结果传达给盲人的信息，不是原先解释的"是物"，而是进一步形容的另"一物"。这样以"多物眩之"，无疑造成听者越来越迷惑。先生用"告瞽者"的比喻说明"古之言性者"对"性"、"命"的界定，含混晦涩，模糊不清。故先生"请试言其粗"，阐述自己独到的心性哲学。

语典

夫圣人之道，自本而观之，则皆出于人情[①]。不循其本，而逆观之于其末，则以为圣人有所勉强力行，而非人情之所乐者[②]。夫如是，则虽欲诚之，其道无由[③]。故“莫若以明”，使吾心晓然[④]，知其当然，而求其乐。

——《中庸论中》

（《苏轼文集》卷二，第61页）

注释

①人情：《礼记·礼运》“喜怒哀惧爱恶欲七者”等人的情感。是人与人之间相互联系的本能感觉和生活方式。亦指人心，人的欲望。

②“不循”四句：循，遵守。本，事物的根源。逆，方向相反。末，尖端，跟“本”相对，指不是根本的、重要的事物。乐，喜欢。

③由：原因，原由。

④“使吾心”句：晓然，明白的样子。当然，表示确认与肯定，应当这样。

今译

圣人之道，从根本上来观察它，是全部出自人的情感。不遵循这一根本，而从相反的方面观察它的枝节，那就会以为圣人有些勉力强迫人去做自己不喜欢的事情，而不是出于人的本能情感做所喜欢的事情。所以说“没有什么比得上先让其贤明”，使自己心里明白事理，知道应当这样做，并在做的过程中寻求内心的快乐。

解析

该论是嘉祐五年（1060年），东坡先生在应制科考试之前循例呈进的论文之一，供录取时作参考。在北宋时期，就性与命展开了激烈的学术争鸣，其中以程颢、程颐为代表的洛学与以苏轼为代表的蜀学的争论，可谓针锋相对。而这场争论主要围绕《中庸》的释义展开。简而言之，前者认为“性，理也”，人的本性是先天存在的“天理”，即天理性命说；后者则认为性，乃是不待学而能者的内在自然本性，人情即人性的本质，即人性的情本说。荀子在《正名》中指出：“情者，性之质也。”《吕氏春秋·上德》亦称：“情，性也。”东坡先生着眼于现实可感的“人情”，具有唯物色彩，表明他坚持的是唯物史观。先生对程朱理学所谓“中庸”是天命、天理赋予人的唯心观，给予了有力的驳辩与否定。

语典

夫诚者，何也？乐之之谓[1]也。乐之则自信，故曰诚。(略)

人之好恶，莫如好色而恶[2]臭，是人之性也。好善如好色，恶恶[3]如恶臭，是圣人诚也。故曰“自诚明[4]谓之性”。

——《中庸论上》

(《苏轼文集》卷二，第一册，第60-61页)

注释

①谓：称谓。

②恶(wù)：厌恶。

③恶(wù)恶(è)：憎恨丑恶。

④自诚明：由于至诚而达到至明。

今译

诚，是什么意思呢？把修养道德当成快乐的事。因为感到快乐，所以就充满自信，故而称之为“诚”。(略)

人的喜好与厌恶的情感，没有什么比得上喜好美色而厌恶臭味了，这是人的本性。爱好善如同爱好美色，憎恶丑恶如同憎恶臭味，这就是圣人的诚。因此说“由于至诚而达到贤明称之为人的本性”。

解析

该文是东坡先生于嘉祐五年(1060年)应“贤良方正能直言极谏”制科考试之前，循例呈进之二十五篇论文之一，供录取时作为参考。北宋年间，《大学》、《中庸》之学十分兴盛，学者众说纷纭，学派各持一端，尤其是《中庸》的释义更是五花八门。而当时被学界推崇的“二程”(程颢、程颐)的文章，认为《中庸》：主旨是以“五常(仁义礼智信)之德，为所谓性”，把《中庸》的要义纳入“天命”“性理”之中。就在这一片热烈的讨论声中，年仅二十六岁的苏轼，向主宰北宋学术的“二程”发起了挑战。年轻的苏轼认为：“圣人之道，自本而观之，则皆出入人情。”“仁义礼智信”这些东西，并非是上天强加给人的，而是由人情好恶演进而来。《中庸》论的要旨不是谈什么天理性命而是着眼人的情志品性。故他对“诚”的解释称之为“乐”，因为“乐”，故而“自信”，进而表现为“诚”。此论虽然在逻辑上有点说不清，不过可以看出他的解释是受“情性不分”观念的支配。刘燕飞对此有一段较为中肯的分析：“苏轼认为性情不分，人自然之性无善恶，人除了自然之情还有仁义的社会之性，社会之情是通过乐之情感来体现的。(略)诚是人的本性，‘尧、舜之所不能加，桀、纣之所不能亡，是谓诚’”(参见刘燕飞著《苏轼哲学思想研究》，第92页)。东坡先生指出“人之好恶，莫如好色而恶臭，是人之情也。”这里所指的“性”，显然是作为自然生物的性情，而不是二程所谓先天设定的“仁义理智信”天理性命。由此，我们可以了解，先生不仅认为“喜怒哀惧爱恶欲”之七情，是人的自然之性，且是人性之根本。而先生又特别强调用“情”，即情感上的愉悦、快乐、自信，来解释“诚”。从而得出结论：“好善如好色，恶恶如恶臭”之“诚”，是一种本然的天性，具有本体的性质，所以叫做情。显然，这一结论从“情”的角度将人的社会本性归纳为“诚”，是遵循他的“性情合一”论演绎而来的。

语典

此生太山重，忽作鸿毛遗[①]。三子[②]死一言，所死良已微。（略）

杀身固有道，大节[③]要不亏。

——《和陶咏三良》

（《苏轼诗集》卷四十，第 2184 页）

注释

①“此生”二句：太，通“泰”，在古代“太”、“泰”、“大”三字常通用。司马迁《报任少卿书》：“人固有一死，死有重于泰山，或轻于鸿毛。”

②三子：指为秦穆公殉葬的奄息、仲行、鍼虎三贤臣。死一言，秦穆公死时，曾遗嘱杀 17 人为自己殉葬。

③大节：高尚节操，关系存亡安危的大事，高远宏大的志节。

今译

人的生命重于泰山，（怎么能）突然像鸿毛般遗弃。（奄息等）三人死于秦穆公一句话，这样死去的确太卑微。舍身固然符合大道，（但）高尚节操不应丢失。

解析

东坡先生这首和陶诗，于绍圣三年（1096 年）正月作于惠州贬所，时年已六十一岁。读《和陶咏三良》诗，如果和嘉祐八年（1063 年）先生年仅二十八岁时，在凤翔任上所写的《秦穆公墓》诗对照比较，不难发现他对人的生命价值的思考有着重大的差别。刚刚步入政坛的苏轼，怀着“奋厉有当世志”的信念，认为“三良”殉葬乃是出于感恩尽忠而已。经过“乌台诗案”磨难后的苏东坡，对生命价值的思考发生了根本性的转变，对“三良”的愚忠予以了否定。他认为人的生命如“泰山重”，岂能为“一言”而作“鸿毛遗”。“杀身固有道，大节要不亏”，他把尊重生命价值视为“大节”，这是先生生命观转变的一次重大跨越。当然，先生毕竟是大儒，他还很难彻底跨过“君为社稷死，我则同其归”这道忠君的门槛。同时也不难发现，他那“仕宦岂不荣，有时缠忧悲”的矛盾心理。

语典

知性以为存[①]，不寿非其怨也。知义[②]以为荣，不贵非其羡也[③]。

——《王子立墓志铭》

（《苏轼文集》卷十五，第467页）

注释

①“知性”句：语出《孟子·尽心上》：“尽其心者，知其性也。”意为知道人的本性。存，保全。

②义：公正合宜的道理或举动。此指道义。

③“不贵”句：贵，指地位高。羡，因喜爱而希望得到，羡慕，艳羡。

今译

认识自己的真性予以保全，不能长寿不用对此抱怨。以知行道义为荣耀，不能显贵不用对此艳羡。

解析

该文于元祐七年（1092年）十一月作于汴京。王子立，曾是东坡先生知徐州时州学的学生。先生见他“喜怒不见，得丧若一”，所以介绍给弟子由作女婿。先生在湖州获罪，王子立到子由岳父家筠州居住，陪先生的六个表弟读书五年之久。元祐四年（1089年）十月二十五日，不幸在奉高县的客舍病逝，终年三十五岁。上述铭文，是先生为王子立一生所作的评赞。从铭文足以知王子立是一位温柔敦厚、达人知命的儒生。

语典

天下固知有父子也，父子不相贼[1]，而足以为孝矣。天下固知有兄弟也，兄弟不相夺，而足以为悌矣[2]。孝悌足而王道[3]备，此固非有深远而难见，勤苦而难行者也。

——《孟子论》

（《苏轼文集》卷三，第96页）

注释

①“天下”二句：固，本来，原来。贼：此处为“害”。

②“兄弟”二句：夺，抢，强取。悌，敬爱兄长，泛指敬重长上。

③王道：以仁、德治天下。

今译

天下本来都知道有父和子的，父子不相残害，就完全可以称为孝道。天下本来都知道有兄和弟的，兄弟不相抢夺，就完全可以称为悌道。孝悌之道盛行，王道就具备，这本来不是深远而难以看到，勤苦而难以实行的事情。

解析

该论系嘉祐六年（1061年），东坡先生应制科试呈上的进卷之一。制，天子之命曰制，是皇帝为发现特别人才，由皇帝亲自命题，亲自面试所进行的特别考试。

该章句的孝悌思想源于《孟子·万章》（上）。孟子曰：“大孝终身慕父母”，所谓“慕”，就是“敬”与“思”。又曰：“仁人之弟，不藏怒焉，不宿怨焉，亲爱之而已矣。”仁人对待弟弟，生气就说出来，不把这种怨气藏在心中，只是亲而爱自己的弟弟而已。孟子在《离娄章句》（上）中还说：“人亲其亲，长其长，而天下平。”人爱自己双亲，尊敬自己的长辈，天下就太平了。又说：“事，孰为大？事亲为大。”做事，什么最重要？侍奉自己的父母最为重要。甚至说：“不得乎亲，不可以为人；不顺乎亲，不可以为子。”不能得到父母的认可，不可以做人；不能孝顺父母，就不能做儿子。东坡先生鉴于生活现实，把孟子对父母的“慕”，对兄弟的“亲爱”，提出更现实、更具体的标准，即“不相贼”和“不相夺”。如果孝悌之道能在全社会推广，这就是王道之治（以仁义治天下）。实行王道之治，就能天下太平。

文 艺

所谓文者，能达是而已。诗须要有为而后作。
以诗句为佛事，以丹青为道场。

导读

东坡先生在北宋文学史上，是继其恩师欧阳修之后当之无愧的文坛共主；是宋代诗文革新运动的推动者和出类拔萃的领军人物；其辉煌的文学艺术作品代表着北宋时期的最高成就，使诗、文、词创作出现了高峰。东坡先生的文学价值，不仅表现为他是历史上罕见的全才型作家，而且在文艺美学思想的创建上独树一帜，自成体系。无须讳言，先生在文学艺术上的建树，可以说是前无古人后无来者。

先生对于文艺美学思想的贡献，最重要在于他对文学艺术价值的认定。他旗帜鲜明地指出，为文要“有意于济世之用”。“诗须要有为而后作，用事当以故为新，以俗为雅。好奇务新，乃诗之病。”又说：“有为而作，精悍确苦，言必中当世之过，凿凿乎如五谷可以疗饥，断断乎如药石可以伐病。”他表明“诗从肺腑出，出则愁肺腑”。前者言诗要从内心发出真情，后者言只有真情才能感人肺腑。先生推重陶诗，其原因在于“渊明独清真”，“饥寒见真情”。他强调为文应“有意于济世之实用，而不志于耳目之观美”。先生所说的“有为而作”，就是文艺应有利于“济世之实用”。为此，他提出“文章以华采为末，而以体用为本”的主张，反对为文造情，无病呻吟。这就要求为文者崇尚自然，反对雕琢，反对艰涩，提倡平易，突出个性化，反对千人一面。

文艺如何做到“有为‘而’实用”？先生简言之：“能达是而已。”所谓，“是”，与“否”相对。从价值角度讲，“是”，指对的，正确的，真实的，符合规律的现实生活。“达是”，就是文艺是以表达正确、真实的思想为目的。先生尊崇孔子关于“辞达而已”的思想，充分肯定“辞至于能达，则文不可胜用矣”。

先生同样强调生活是创作的源泉。要求为文者“要无私循理，与万物同化”。做到“其神与万物变，其智与百工通”。他颇有感触地吟唱：“游遍钱塘湖上山，归来文字带芳鲜。”“不是溪山成独往，何人解作挂猿枝。”意在说明只有走进大自然，亲近大自然，感受大自然，作品才会带有大自然清新的气息。他还说：“秀语出寒饿，身穷诗乃亨。”作家只有经过生活的磨砺，才能写出真实感人的作品。

他提出文艺创作应该遵循“出新意于法度之中，寄妙理于豪放之外”的基本规律。他在《石苍舒醉墨亭》诗中说：“自言其中有至乐，适意无异逍遥游。我书造意本无法，点画信手烦推求。”即在自由的挥洒中，抒发精神的自由，视为人生之“至乐”。同时，他还倡导文艺创作“清旷简远，平淡自然”的风格，追求“发纤浓于简古，寄至味于淡泊”的境界，这样，就可达到“无意于佳，乃佳尔”，“本不求工，所以能工此”的艺术造诣。他在评论唐代画家韩幹画马时指出：“画贵神似”。文艺创作不仅要真实地反映客观事物的外貌，更应深刻揭示客观事物的本质(“常理”)。故他认为“常形之失，不能病其全，若常理之不当，则举废之矣”。先生深受其父苏洵关于文艺创作过程的影响，提出文艺创作的基本环节大致是：“神与物交”—“得之于心”—“胸有成竹”—“有触于中”—“身与竹化”—“营度经岁”—“了然于口与手”—“须臾而成”。在谈到自己为文时，他说：“大略如行云流水，初无定质，但常行于所当行，常止于不可不止，文理自然，姿态横生。”这说明文艺创作，是一种“与造物者游”的自然过程。只不过“造化”，假托于人描绘出“姿态横生”的“真”与“美”。先生还提出“以诗句为佛事，以丹青为道场”，把翰墨丹青文艺活动，当作修身养性的禅修功夫。

先生“作文不惮屡改”，他主张“作诗当日锻月炼，非欲夸奇斗异，要当淘汰出合用事(留下适合的诗情诗韵)”。他声称自己“咬嚼三十年，转更无交涉(文章转寰没有痕迹)”。他告诫后学者，“心手不相应，不学之过也”。也就是“得心”不能“应手”的过错，就在于“不学”。因此先生特别强调为文者，应该具备“有道有艺”的修养。所谓“道”者，就是“洞达造化的原理并了解其全过程”(王水照、朱刚语)。所谓“艺”，就是从事文艺创作的技艺。“有道而不艺，则物虽形于心，不形于手。(略)技进而道不进，则不可”，务必兼顾两者，力图达到“技道两进”。

语典

孔子曰："辞达而已矣[①]。"物固有是理，患[②]不知之，知之患不能达之于口与手。所谓文者，能达是[③]而已。（略）

有意于济世之实用，而不志于耳目之观美，此正平生所望于朋友与凡学道之君子也。

——《答虔倅俞括[④]一首》

（《苏轼文集》卷五十九，第1793页）

注释

①"辞达而已矣"：语出《论语·卫灵公》（《论语·注释·译文·赏析》，第351页），意为言辞足以表达思想罢了。

②患：忧虑。

③达是：是，指正确、真实的。符合规律的现实生活。

④虔倅俞括：虔，虔州（今江西赣州市）。倅，副职。俞括，延平人，绍圣中以承议郎通判虔州。

今译

孔子说："辞达而已矣。"事物本有一般规律，忧虑人们不了解它，虽能了解但又忧虑不能够通过口与手表达出来。我们所说的"文"，就是准确表达正确而真实的现实罢了。（略）

致力于济世的实际作用，而不追求文辞之华美，这正是我平生对于朋友与凡是学习文道君子们的热切期望。

解析

此书信，东坡先生于绍圣元年（1094年）八月作于虔州。先生曾一生两次路经虔州，一为绍圣元年由定州谪英州，途经虔州；一为建中靖国元年遇赦北归又经虔州。在南迁经虔州时，与虔州通判俞括交游。先生称赞俞通判博学能文，敏于从政而淡于进取。俞括尝与先生去信，打算弃官从学。后来他虔州罢归，道经庐陵（今江西省吉安市）不幸病逝。先生在该信中与俞括交流为文之道，他用两个字概括了为"文"之含义："达是。"即"理"是"物"所"固有"的。"知"是对客观事物之"理"的主观反映，"达"就是准确地表现主观的"知"，而归根结蒂要准确地表达客观事物固有之"理"（参见《三苏全书》第一册，第60页）。然而，先生所忧虑的是，时至今日，大多数为文者，知其"理"，却难"达之于口与手"。达于口与手，却难于"达是"，即表达的是正确、真实的现实生活。究其症结在于为文者，只追求"耳目之观美"，而忽视了"济世之实用"。

语典

孔子曰："言之不文，行而不远。"又曰："辞达而已矣①。"夫言止于达意，即疑若不文，是大不然。求物之妙，如系风捕影②，能使是物了然于心者，盖千万而不一遇也。而况能使了然于口与手者乎？是之谓辞达。辞至于能达，则文不可胜用矣。

——《与谢民师推官③书》

（《苏轼文集》卷四十九，第1418页）

注释

①"辞达而已矣"：语出《论语·卫灵公篇》："子曰：'辞达而已矣'（《论语·注释·译文·赏析》，第351页），言辞足以表达思想就行了。"

②系风捕影：语出《汉书·郊祀志下》："听其言，洋洋满耳，若将可遇；求之，荡荡如系风捕影，终不可得"（陈焕良标点《汉书·郊祀志下》，第564页）。拴住风，捉住影子，比喻无法办到的事。

③谢民师推官：谢民师，名举廉，新淦人，博学工词章。先生自岭南归，民师袖旧作谒见。先生览之，大见称赏。推官，古代文职官名。属于九品级，和县府里的幕僚差不多。

今译

孔子说："言语没有文采，传播不远。"又说："言辞足以表达思想就行了。"言辞做到达意为好，而被怀疑不讲究文采，这种论调大不以为然。寻求事物之微妙，如同系住风，捉住影子，能对该事物心里非常明了的人，大概千万人中也难遇到一个。而既能了然于心，又能应之于手并将其表现出来，这就叫辞达。言辞做到能够达意，则文采用之不尽。

解析

《与谢民师推官书》，东坡先生于元符三年（1100年）十一月，作于北归舟行途中。该章句的核心观点是"辞达"。东坡先生继承孔子为文必讲"辞达"的主张，并同时强调要讲文采，否则"行而不远"，当然不刻意追求辞藻的华丽。"所谓'辞达'应该从内容和语言两方面来谈。在内容方面可以理解为从'了然于心'到'了然于口与手'，这就是说，作家首先必须有敏锐的眼光，深入细致的观察和高度的艺术修养，对事物特征具有深刻的理解和全面认识，然后充分发挥文字的性能加以准确而形象的表现"（郑孟彤等《苏东坡诗词文译释》，第255页）。应该说，这是文学创作的审美标准，先生的许多诗文，都进入了这一审美境界。

语典

夫学以明礼[①]，文以述志[②]，思以通其学，气[③]以达其文。

——《送人序》

(《苏轼文集》卷十，第325页)

注释

①明礼：讲文明，懂礼仪，知书然后达礼。

②述志：抒发志向。

③气：此指浩然之气。

今译

学习是为了深明礼义，作文是为了抒发志向，思考是为了贯通学理，浩然之气通过文章可以表达。

解析

该序东坡先生作于元丰八年(1085年)下半年。是时神宗驾崩，哲宗初立，高太后执政。司马光入相，先生得诏起用登州。元祐元年司马光等奏请今后科举废王安石著《三经新义·字说》，士子应试从此不得引用。先生在序言中批评"王氏之学"为"俗学"，其弊端在于"枉人之材，窒人之耳目"。依"王氏之学"、"案其形模而出之"，是用王安石一己之学的模子复制人才。故而先生提出"文以述志"、"思以通其学"的主张，对元丰年间沉闷的文坛投射了一抹清新的阳光。

语典

文章之变，与时盛衰。譬如八音[1]，可以观政[2]。

——《林希中书舍人[3]》

（《苏轼文集》卷三十九，第 1129 页）

注释

①八音：我国古代八种制造乐器的材料，通常为金、石、丝、竹、匏（páo，俗称“瓢葫芦”，如笙、竽等）、土、革、木八种不同材质所制。泛指音乐。

②观政：察知政情。

③林希中书舍人：林希，字子中，神州福清人。嘉祐二年（1057 年）进士。绍圣之初，参与贬黜元祐群臣的密谋。徽宗时卒，年六十七岁，《宋史》有传。中书舍人：掌起草诏令，如事有失当及所授非其人，可奏请皇帝重新考虑。

今译

文章风气的变化，是与时代的盛衰紧密相关的。这也如同可透过八音之乐，看出政治的明暗。

解析

该敕令是东坡先生于元祐元年（1086 年），在中书舍人任上代皇帝起草的诏令。《礼记·乐记》载：“凡音者，生人心者也。情动于中，故形于声。声相应，故生变，变成方，谓之音。（略）是故治世之音安以乐，其政和；乱世之音怨以怒，其政乖；亡国之音哀以思，其民困。声音之道，与政通矣。”这段话的大意是：声音的发出，都是由人的内心活动产生的。人的内心活动是由于受到外物的刺激而发生。对外物的刺激产生感应而动，就表现为声音。而盛世、乱世、亡国的音乐，各有不同。音乐之道是和政治相通的。（以上参见西汉戴德 戴圣著《礼记·乐记》（第三册），第 504-506 页）。西晋著名谱学家挚虞在《文章流别论》中指出：“文章者，所以宣上下之象，明人伦之叙，穷理尽性，以究万物之宣者也”（转引自张声怡、刘九州编《中国古代写作理论》，第 3 页）。文章彰显天上地下之征象，穷尽人伦深妙之理，探究万物适宜之事。用东坡先生之言综之：“文章”可知“盛衰”；“八音”可以“观政”。

语典

诗须要有为而后作，用事当以故为新[①]，以俗为雅[②]。好奇务新，乃诗之病。

——《论作诗二首》之二

（《苏轼文集》，佚文汇编拾遗卷下，第2268页）

注释

①以故为新：就是通过模仿前人诗歌意象的组合方式加以改变而改旧为新的创作手法。
②以俗为雅：即以民间俗语、正史、小说、禅宗语录记载的口语或平常不用的素材入诗。

今译

诗歌必须要有为而后作，用典应当以故为新，以俗为雅。好奇务新，这是诗歌的毛病。

解析

该文作年不详。东坡先生十分重视文学的社会功能，主张"要有为而后作"，就是"有意于济世之用"，有补于世，不能为文而文。诚如他在熙宁七年（1074年）十二月作于密州的《凫绎先生诗集叙》中指出："先生之诗文，皆有为而作，精悍确苦，言必中当世之过，凿凿乎如五谷必可疗饥，断断乎如药石必可以伐病"（张志烈等主编《苏轼全集校注》（文集二），第968页）。先生运用比喻的方法，将文章比做"五谷"、"药石"，应有益于社会，重视文章的实用价值。宋代诗人喜欢另辟蹊径与唐人抗衡，其创新尝试之一，就是以故为新，以俗为雅。后世诗人以此作为诗歌创作的基本主张。

语典

有为而作，精悍确苦[1]，言必中当世之过，凿凿乎如五谷必可以疗饥[2]，断断乎如药石必可以伐病[3]。

——《凫绎先生诗集叙》

(《苏轼文集》卷十，第313页)

注释

①“精悍”句：精悍，指文笔精练锋利。确苦，竭力坚持。

②“凿凿”句：凿凿，确实。疗饥，解饿，充饥。

③“断断”句：断断，绝对，决然无疑。药石，药剂和砭石，泛指药物。伐病，攻伐病症。

今译

文章应有感而发，要竭力坚持文笔精练锋利，言论一定能切中时弊，确实如粮食能够充饥，绝对像药物能够治病。

解析

该文为东坡先生在熙宁七年(1074年)十二月作于密州。是为凫绎先生(颜太初，据称为颜回四十七世孙)诗集作的序言。先生一向提倡“诗须要有为而作”，文能“有意于济世之用”。他重视文学的社会功能，应像五谷、药石那样有裨于社会，反对“贵、华”、“贱实”，为文而文的浮巧轻媚之风。这对于破除宋初以来文坛上的形式主义文风，具有一定的意义。

语典

言发于心而冲于口，吐之则逆人，茹之则逆予[①]，以谓宁逆人也，故卒[②]吐之。与渊明诗意不谋而合，故并录之。

——《录陶渊明诗》

（《苏轼文集》卷六十七，第2111页）

注释

①“茹之则逆予”：茹，吃，引申为咽。逆，不顺从。违背人愿。予，同“余”，我。

②卒：终于。

今译

话语由内心生发而由口里说出，吐出来可能冒犯他人，咽下就违背我的意愿。我宁愿冒犯他人，所以最终还是吐出来好。这与陶渊明的诗意不谋而合，故而一并书录了下来。

解析

该文，东坡先生于元祐六年（1091年）八月至元祐七年（1092年）二月间作于颍州（今安徽阜阳市）。先生的这一段话，曾在元丰元年（1078年）所撰的《思堂记》中讲过。先生所书录陶渊明的诗，是他的《饮酒》组诗第九首：《饮酒·清晨闻叩门》。这是一篇假设问答以表示诗人坚持隐居避世，决心拒绝仕宦的诗作。农夫提着酒壶远道来探望他，并劝他姑且与世人一同浮视，不要独清。诗人感谢老人善意的劝告，但回答说自己的禀性如此，不能与世俗同流合污，“吾驾不可回”，表达了陶渊明坚定的誓言。东坡先生认为“与渊明诗意不谋而合”在于：其一，其诗风趋于“外枯中膏”，丰腴有味，纯朴动人。其二，陶渊明高洁傲岸的道德情操和安贫乐道的人生境界。先生喜和陶诗，其内在原因就在如此。

语典

诗从肺腑[1]出，出则愁肺腑。

——《读孟郊诗二首》其二

（《苏轼诗集》卷十六，第797页）

注释

①肺腑：比喻内心。

今译

诗歌应从内心发出，这样的作品就能感染打动人心。

解析

该诗于元丰元年(1078年)作于徐州。文学作品要有真情实感，反对搜索枯肠，向壁虚构，矫揉造作，无病呻吟。只有做到胸中富有兴会灵感，不吐不快时才可秉笔，这样才会写出感动肺腑的好作品。

语典

吾文如万斛泉源[①]，不择地皆可出，在平地滔滔汩汩[②]，虽一日千里无难。及其与山石曲折，随物赋形[③]，而不可知也。所可知者，常行于所当行，常止于不可不止，如是而已矣。其他虽吾不能知也。

——《自评文》

（《苏轼文集》卷六十六，第2069页）

注释

①万斛泉源：斛(hú)十斗为一斛。本指泉源丰富，后比喻文思敏捷。
②滔滔汩汩：汩(gǔ)，水流的样子。比喻文思源源不断，滔滔不绝。
③随物赋形：指针对客观事物本身的不同形态给予形象生动的描绘。

今译

我写文章就像万斛源泉，不论任何地形都可以自由流淌。在平坦的大地上滔滔不绝，即使一日千里也不算难。当他流经曲折的山石之地时，就随着地形的变化而变化，而难以知道它的变化程度。我所知道的，就是它常在应当行进的时候行进，常在该止住的时候就停止，如此而已。至于其他，虽然是我也说不清楚。

解析

该文作年不详。该章句是东坡先生关于文学创作的审美主张，即以行云流水为喻，提倡崇尚自然，反对雕琢，随物赋形，“神与物游”。从而“思接千里”、“常行于所当行”；“视通万里”、“常止于不可不止”。于是，“神思方运，万涂竟萌”、“登山则情满于山，观海则意溢于海”（周振甫译注《文心雕龙选译》，第130-132页）。诚如南宋学者李涂在其《文章精义》中说：“韩如海，柳如泉，欧如澜，苏如潮”（刘乃昌《苏轼文学论集》，第161页）。《四库总目》概括称：“韩文如潮，苏文如海。”妙哉斯言！表达了东坡先生其文浩瀚无涯，波澜层出，一泻千里，纯以气胜的文艺风格和审美追求。

语典

要将百篇诗，一吐千丈气。[1]

——《与顿起·孙勉泛舟，探韵得未字》

（《苏轼诗集》卷十七，第865页）

注释

①千丈气：指豪气。

今译

要用百篇诗歌，吐我千丈豪气。

解析

该诗于元丰元年（1078年）九月作于徐州。曹丕《典论·论文》提出："文以气为主，气之清浊有体。"唐白居易在《故京兆元少尹文集序》中说："盖是气，凝为性，发为志，散为文。"元代戏剧家关汉卿还指出文人要有"为人之气"与"为文之气"。东坡先生所指"诗"中之"气"，即是刘勰对诗的定义"在心为志，发言为诗"，"慷慨任气"之义。气，大而言之包括气质、气势、气韵，而人之气质决定文章之风格与品格。东坡先生《江城子·密州出猎》、《念奴娇·赤壁怀古》等词，乃千丈豪气之范作。

语典

有道有艺[1]。有道而不艺，则物虽形[1]于心，不形于手。

——《书李伯时[3]山庄图后》

（《三苏全书》第十四册，文集卷九三，第68页）

技进而道不进，则不可，少游[4]技道两进也。

《跋秦少游书》

（《三苏全书》第十四册，文集卷九二，第49页）

注释

① 有道有艺：所谓“道”，指的是文艺创作的基本原理和规律。所谓“技”，指的是文艺创作的艺术手法及技巧。

②形：表现。

③李伯时：李公麟（1049—1106年），字伯时。宋代画家，尤工人物。《宋史》有传。

④少游：秦观，字少游。“苏门四学士”之一。

今译

文艺作品应该做到既有精神性又有技巧性。有理论而没有技艺，那么绘画对象虽然表现在内心，但还不能通过手把它表现出来。

如果技艺有提升，而理论没有跟进，那么也不行。秦少游做到了技道同时进步。

解析

《书李伯时山庄图后》，东坡先生于元祐四年（1089年）作于京城开封。《跋秦少游书》作年不详。所谓“技进而道不进”，是先生化用《庄子·养生主》：“臣之所好者道也，进乎技矣”（参见陈鼓应注译《庄子今注今译》（上册），第116页）。所谓“道”，指的是文艺创作的基本原理和规律。所谓“技”，指的是文艺创作的艺术手法及技巧，是把创作构思传达到纸上的一种能力。先生认为：“既心识其所以然，而不能然，内外不一，心手相应，不学之过也”（参见《书李伯时山庄图后》）。这就是说，心里虽然懂得创作的原理（识其所以然），然而手上的功夫却达不到（不能然），也就是常说的“眼高手低”的弊病。故先生提出“技道两进”的主张，强调“道”与“技”同样重要。

语典

人不可使闲，遂兼百技矣。技进而道不进[1]，则不可。

——《跋秦少游[2]书》

（《苏轼文集》卷六十九，第2194页）

注释

①"技进而道不进"：语典出自《庄子·养生主》："臣之所好者道也，进乎技矣"（陈鼓应注译《庄子今注今译》（养生主），第116页）。

②秦少游：秦观（1049—1100年），字少游。北宋高邮（今江苏高游市）人。北宋著名文学家，被尊为婉约派一代词宗。"苏门四学士"之一。

今译

人不能自己太闲散，利用闲暇可以使自己兼通百技。但技法进步而道德修养不进步，那就不行。

解析

该文作年不详。在"闲"中"遂兼百技"，这是东坡先生的人生感悟。不然，先生何能成为诗词书画集于一身的全才，何能兴趣广泛地让自己成为美食家、医药家、水利专家、建筑专家等。庄子云："来世不可待，往世不可追"（《庄子·人世间》）。晋·葛洪云："不饱食终日，不弃功于寸阴。"梁实秋先生在《养成好习惯》中说："我们若能养成利用闲暇的习惯，一遇空闲，无论其为多么短暂，都利用之一点有益身心之事，则积少成多终必有成"（以上参见岩溶主编《人生格言》，第337-341页）。但是在"闲"中"遂兼百技"的过程中，勿亡"技进而道不进"。因为"道"与"技"的关系："道"统领"技"，"技"服务服从于"道"，两者相辅相成，最终实现"技道两进"。

语典

道子画人物，如以灯取影，逆来顺往，旁见侧出，横斜平直，各相乘除①，得自然之数②，不差毫末，出新意于法度之中，寄妙理于豪放之外③，所谓游刃余地④，运斤成风⑤，盖古今一人而已。

——《书吴道子⑥画后》

（《苏轼文集》卷七十，第2210-2211页）

注释

①“逆来顺往，旁见侧出”四句：指吴道子各种绘画技法，如顺逆、旁侧、斜直的合理运用，使之互相补充，从而获得平衡。

②自然之数：指符合自然情理。

③“出新意”二句：出新意，指不因循守旧，创造新的意境。法度，规矩，法则。豪放，气魄大而无所拘束。大意为，创造新意但又遵循法则，在无拘无束的随意挥洒中又寄寓着精微的道理。

④游刃余地：语出《庄子·养生地》：“以无厚入有间，恢恢乎其于游刃必有余地矣”（陈鼓应注译《庄子今注今译·养生主》，第116页）。游刃有余，比喻做事熟练，驾轻就熟。

⑤运斤成风：语出《庄子·徐无鬼》：“匠石运斤成风，听而斫(zhuó)之”（陈鼓应注译《庄子今注今译·徐无鬼》，第740页）。斤，斧头，成风，名词作状语，像风一样。比喻技术极为熟练高超。

⑥吴道子(约680—759年)：又名道玄。唐代著名画家，画史尊称为“画圣”。被民间画工尊为祖师。

今译

吴道子绘画人物，就像用灯光描绘影子，用笔勾勒或顺或逆，或旁或侧，或斜或直，合理增减运用，互相补充，符合自然的规律，不差分毫，于法度之中尽出新意，于豪放之外能寄妙理。正像《庄子》所说的，可以称得上是“游刃有余”、“运斤成风”，古今惟此他一人罢了。

解析

该文，东坡先生于元丰八年(1085年)十一月七日作于登州(今山东蓬莱市)。先生在该文开头指出：“智者创物，能者述焉，非一人而成也。”他认为创造万物，记述人事等艺术经验，是不断积累的结果，决非一人能独立完成。接着他又指出：“故诗至于杜子美，文至于韩退之，书至于颜鲁公，画至于吴道子，而古今之变，天下之能事毕矣。”他认为“自三代历汉至唐”，诗以杜甫为最，文以韩愈为最，书法以颜真卿为最，画以吴道子为最，他们均在前人基础上集其大成，达到前所未有的高度。不过，在文中他独推吴道子的绘画，认为他的“画”，有着深厚的功底，堪称“得自然之数，不差毫末”。尤其是先生从吴道子的创作经验中，推演出文艺创造的基本规律为：“出新意于法度之中，寄妙理于豪放之外。”这说明先生在文艺创作的风格上，“崇尚自然，反对雕琢，主张奔放，反对束缚；提倡个性化，反对强求一律”（参见刘乃鼎《苏轼文学论集》，第179页）。他指出，要想做到“得自然之数，不差毫末”，就应具有“游刃余地，运斤成风”纯熟的艺术技巧。清代诗人沈德潜在其《唐宋八家文读本》卷二四中评曰；“‘出新意于法度之中，寄妙理于豪放之外’，千古行文之妙，不出此二语。举一画而他可类推，道子之画，子瞻之评，唯圣神于此艺者能之”（曾枣庄主编《苏文汇评》，第128页）。吴道子之画，“天下之能事毕矣”；先生之妙评，亦“盖古今一人而已”。

语典

文非经国武非英[①](略)
始知清论误苍生[②]。

——《读〈王衍传〉》
(《苏轼诗集》卷四十七，第2601页)

注释

①“文非”句：经国，治理，管理国家。英，杰出的人。

②“始知”句：清论，即清谈，本意指魏晋时期士大夫崇尚老庄，空谈玄理的清雅之谈。后泛指不求真务实的空谈。苍生，指百姓、一切生灵。

今译

文不能治理国家武不是杰出的将才(略)
如今知道不求真务实的空谈贻误百姓。

解析

此为东坡先生读《王衍传》有感而作的补编，作年不详。王衍，西晋时期著名清谈家，官居司空、司徒等职，虽位高权重，却崇尚浮华放诞，不思为国，遭时人鄙夷。先生对这种“终日虚谈取盛名”的清议空谈的危害看得十分清楚，那就是“误苍生”。

语典

空肠出秀句①，吟嚼五味②足。

——《叶教授③和溽字韵诗，复次韵为戏，记龙井之游》

（《苏轼诗集》卷三十二，第1705页）

注释

①秀句：优美的诗句。

②五味：酸、苦、甘、辛、咸。

③叶教授：不详。

今译

饿肠能写出优美的诗句，吟咏咀嚼五味俱全。

解析

该诗于元祐五年（1090年）秋作于杭州。此诗句与“诗人例穷蹇，秀句出寒饿”意境相同，均言诗人身处饥寒贫困之境，经受生活磨砺，才有“五味足”真实的生活感受，从而“应物斯感，感物吟志”，吐纳而成秀句。

语典

至于文人，其穷也固宜，劳心以耗神[①]，盛气以忤物[②]，未老而衰病，无恶而得罪，鲜[③]不以文者。

——《邵茂诚诗集叙》
（《苏轼文集》卷九，第 320 页）

注释

①“劳心”句：劳心，谓忧心。耗神，消耗精力。
②“盛气”句：盛气，谓意志旺盛。忤物，指触犯人，与人不合。
③鲜（xiǎn）：少。

今译

甚至那些文人，他们穷途末路固然是一定的，忧心操劳而消耗精力，高傲气盛而得罪他人，未老而先衰弱多病，没做什么坏事却得罪上司，很少不是以文惹祸的缘故。

解析

该文是熙宁七年（1074 年）十月，东坡先生自杭州赴密州途中过高邮（今江苏省高邮市）时作。先生从邵茂诚才高运蹇，守约居穷的处境，想到天下文人的共同命运。从陶渊明到柳宗元，从贾谊到刘禹锡，当然还包括东坡先生自己，哪一个不是“穷也固宜”，最终“无恶而得罪”，落得被朝廷贬逐的下场。先生给文人画像，为天下文人代言。

语典

欲令诗语妙，无厌空[①]且静。静故了群动[②]，空故纳万境[③]。阅世走人间，观身卧云岭。咸酸杂众好[④]，中有至味永。

——《送参寥师[⑤]》

(《苏轼诗集》卷十七，第905页)

注释

① 空：佛教教义，用来表达“非有”、“非存在”的一个基本概念，此处指摒弃外物，不为外物所诱惑。

②“静故了群动”句：静：与“动”相对，平静、安静、闲静、恬静，身静如水，方可心无旁骛，让心灵进入空灵。了群动：虚静观动，则万物之情毕陈于前(参见张志烈等《苏轼全集校注》诗集三)。

③“空故纳万镜”句：“人若虚怀应物，则万物各就其自由呈现。”(参见张志烈等主编《苏轼全集校注》诗集三)。

④“咸酸杂众好”句：以饮食调味比喻文学作品应该包含多种元素。

⑤参寥师：宋僧道潜的别号。道潜，于潜(今浙江省临安县) 人，善诗，与苏轼、秦观为诗友。

今译

要想让诗歌的语言清丽美好，就不要忘记做到空灵与恬静。因为恬静，所以才能了解世事的动态；因为空灵，所以才能收纳大自然的景象。既要有阅尽人世万象的阅历，又要能于“卧云岭”中自我静观省察，内容要反映人生百态，其中蕴含着深长的意味。

解析

该诗，东坡先生于元丰元年(1078年)十二月作于徐州。先生用佛老归真返璞的“静”、“空”观来阐释文艺创作的规律，并非提倡凭空幻想。他强调“空”和“静”，是要求作家排除物欲杂念，调整心理状态。只有做到静观，才能观照万物；只有达到虚怀，方能接纳万象。行万里路，读万卷书，最终还须能静下心来自我省悟，写出全面深刻地反映世态万象，打动人心的好作品来。

语典

游遍钱塘湖上山，归来文字带芳鲜。[①]

——《送郑户曹》

（《苏轼诗集》卷十六，第 791 页）

注释

①芳鲜：指大自然清新鲜活的韵味。

今译

游览遍钱塘湖上的山水，回来创作的诗词带着大自然清新鲜活的韵味。

解析

该诗，东坡先生于熙宁五年(1072 年)作于杭州。走进大自然，融入大自然，感受大自然，其作品就能带着大自然清新的自然气息。生活是创作的源泉，这是文艺创作的必由之路与基本规律。

语典

夫昔之为文者，非能为之为工，乃不能不为之为工也。(略)

家君[①]之论文，以为古之圣人有所不能自已而作者。(略)

而山川之秀美，风俗之朴陋[②]，贤人君子之遗迹，与凡耳目之所接者，杂然有触于中，而发于咏叹[③]。

——《南行前集叙》

(《苏轼文集》卷十，第323页)

注释

①家君：对他人称呼自己的父亲。

②朴陋：指质朴无华，质朴鄙陋。

③咏叹：用诗词来描述，抒发感情。

今译

古代那些写文章的人，并非能写出文章为好文章，而是以不能不写的文章为好文章。(略)

家父评论文章，认为古代的圣人是在有不能克制自己感情的情况下才写出好文章的。(略)

山川秀美的景色，质朴无华的风俗，贤人君子的遗迹，耳闻目睹，所接所遇，各种情景都汇聚于胸中而百感交集，于是将这些情感用诗文的方式抒发出来。

解析

嘉祐四年(1059年)九月，东坡先生同弟苏辙为母守孝除服，十月在父苏洵的率领下走水路，出三峡。船行两个月，经十一个州二十六个县，于十二月八日到江陵(今湖北江陵)。为了纪念这次舟行，父子三人把途中所作诗文一百多首，编为《南行集》(又叫《江河唱行集》)。东坡先生在客居江陵驿站时为是集作此序。在序言中，先生遵父教诲，认为好的文章并不是"能为之"造成的，而是"有触于中"，"不能不为之"从而"发于咏叹"的产物。也就是说文学作品来源于生活，"为文要有兴会灵感，做到胸中富有积蓄，不吐不快时，才可秉笔"(刘乃昌《苏轼文学论集》)。如同他在《送郑户曹》诗中吟诵的那样："游遍钱塘湖上山，归来文字带芳鲜。"

语典

大抵作诗当日锻月炼①，非欲夸奇斗异，要当淘汰②出合用事。

——《书赠徐信③》

（《苏轼文集》佚文汇编卷五，第 2562 页）

注释

①“大抵作诗”句：大抵，指大概；大多。日锻月炼，指长期下苦功磨炼，以求达到精熟的地步。

②淘汰：洗去杂质；去除杂质。

③徐信：保昌县进士。

今译

大多作诗应当长期地细心磨炼推敲，不要夸奇斗异，要适当去除杂质，留下适合的诗情诗韵。

解析

该文作年不详。东坡先生在给保昌进士徐信的书信中说，他曾读过王安石之弟王安国（字平甫）的《甘露寺》诗。据说王平甫在东坡先生面前自负地说，他对于诗中“平地风烟飞白鸟，半山云水卷苍藤”两句极满意。东坡先生回答道：“这两句诗的神采全在‘卷’字上，但遗憾的是‘飞’字不太称心。”王平甫沉吟良久，请先生改一改。先生便将“飞”字换成“横”字，王平甫听后大加叹服。其实王平甫之兄王安石诗《泊船瓜洲》名句，尤其以“绿”字为世人所称道。据《宋人轶事汇编》载：王荆公绝句云：“京口瓜洲一水间，钟山只隔数重山。春风又绿江南岸，明月何时照我还。”吴中士人家藏其草，初云“又到江南岸”，圈去“到”字，注曰不好，改为“过”，复圈去而改为“入”，旋改“满”，凡如是十许字，始定为“绿”（周勋初主编《宋人轶事汇编》第三册，第 1230-1231 页）。王安石一个“绿”字经过十余次圈去删改的“淘汰”才敲定一字，真是“语不惊人死不休”。足见先生关于“作诗当日锻月炼”的立论，实为吟诗作词之妙道。

语典

字字觅奇险，节节累枝叶。咬嚼[1]三十年，转更无交涉[2]。

冲口出常言，法度法前轨[3]。人言非妙处，妙处在于是。

——《与明上人[3]二颂》其一、其二

（《苏轼全集校注》（文集十一），第8503页）

注释

①咬嚼：咀嚼，比喻精心琢磨反复玩味。

②交涉：意为关联，关涉。

③法度法前轨：法度，指法则。第二个“法”字，动词，指效法，前轨，榜样。

③明上人：宋朝诗僧释祖钦。

今译

字字力求新奇险峻，节节都要枝繁叶茂。精心咀嚼三十年，文章转寰没有痕迹。

解析

该诗作年不详。东坡先生所指的“明上人”，拟为宋朝诗僧释祖钦。释祖钦有一著名诗篇《了明上人》：

了明明了，孤光皎皎。夜永月寒，云端天晓。（略）

大明当空，无幽不照。如是行脚，行脚事了。百炼精金，由指而绕。

先生对明上人的诗评价很高。认为他的诗积三十年之“咬嚼”，使诗歌语言“字字觅奇险”，让诗歌承继“法度法前轨”。这说明诗人既继承了唐诗以来的“法度”，但又自己“妙处在于是”的创新与突破。

语典

自先以往，文章其日工，而道将散矣[1]。士慕远而忽近，贵华而贱实[2]。

——《凫(fú)绎先生诗集叙》

(《苏轼文集》卷十，第313页)

注释

①“文章”二句：工，此指精密，工巧。道，此指思想内容。散，分离，散失。

②“士慕”二句：慕，向往，追慕。华，此指华丽。贱，轻视。实，朴实。

今译

从今以后，文章越来越走向精致工巧，而思想内容却散失了。文人追慕远古而忽视现实，以华丽为高贵，以朴实为低贱。

解析

该文，东坡先生在熙宁七年(1074年)十二月作于密州。凫绎先生，乃颜太初，据称为颜回四十七世孙。所居在凫、绎两山之间，故号凫绎处士。先生借为凫绎先生文集作序，以先父苏洵生前的教言，“讥讽朝廷更改法度，使学者皆空言”(宋·朋九万语)。先生遵循父教，对当时文坛流行的“慕远而忽近，贵华而贱实”的文风陋习予以批判，而不遗余力倡导“有为而作”。

语典

本不求工①，所以能工此，如没人之操舟②，无意于济③否，是以覆却④万变，而举止自若⑤，甚于有道者邪？

——《跋王巩所收藏真[6]书》

（《苏轼文集》卷六十九，第2177页）

注释

①工：技精工善。

②没人之操舟：没人，指隐在水中会潜水的人。操舟，驾船。

③济：渡。

④覆却：翻来覆去。

⑤自若：镇静自如，毫不拘束。

⑥王巩：字定国，苏轼挚友。藏真，唐僧怀素字藏真，俗姓钱，长沙人，徙家京北。善书，评者谓张旭为颠，怀素为狂。

今译

本来不刻意追求精巧，因而却能达到精巧。这就像善潜水的人在操弄小舟，能够做到翻来覆去地变化万端，而镇静自如，毫不拘束，超过有道之人呢？

解析

该文作年不详。东坡先生在该文中用“没人之操舟”的比喻，阐释自己的书艺美学观。他提倡“尚意”的书法观，提倡“无意于佳乃佳”。这里的“无意”，把书法的创作归于自由意志，不受成法所缚，不受心法所拘。推崇“无心之心乃为真心，无法之法乃为至法”，即“无意”于“意”的“意造”，才是其本意，而“无意”所造的书，便是发自纯然天性，即本心的创作。从而信乎自然，动有姿态(《题鲁公书草》)，达到“本不求工，所以能工此”。这就是先生一贯追求“崇尚自然”，不饰雕琢，秉自然之气，自然天成的书画美学观。

语典

（诗赋杂文）大略如行云流水[①]，初无定质[②]，但常行于所当行，常止于所不可止，文理自然，姿态横生。

——《与谢民师推官[③]书》

（《苏轼文集》卷四十九，第1418页）

注释

①行云流水：形容文章自然无拘无束，挥洒自如，就像漂浮着的云和流动着的水一样。

②初无定质：开始写作时没有一定的框框。

③谢民师推官：谢民师，名举廉，新淦人。博学工辞章。元丰八年（1085年）考中进士，元符三年（1100年）为广州推官。推官，位次于判官，掌推勾狱讼之事。

今译

（诗赋杂文）大体来说，作文像行云流水一样舒卷自如，原本没有一定之规，只是在该行笔处落笔，在不可不止笔处止笔，做到文采和道理自然而然，姿态万千，富于变化。

解析

元符三年（1100年）十月底，东坡先生获赦北归至广州，与子孙重聚于羊城。据南宋学者曾敏行《独醒杂志》载："东坡自岭南归，民师袖书及旧作进谒，东坡览之，大见称赏。"该文是一篇书信体文论，作者用生动舒展自如的笔墨，称赞谢民师的诗文，并借此总结自己的创作经验。其中他提出文章要如"行云流水"、"常行于所当行，常止于不可不止，文理自然，姿态横生"。这一论述，是先生作文的一个根本法则，为文学创作理论体系建构增经添纬。

语典

所贵乎枯澹[1]者，谓其外枯中膏[2]，似澹而实美，渊明、子厚之流是也。若中边皆枯澹，亦何足道。佛云："如人食蜜，中边[3]皆甜。"人食五味，知其甘苦者皆是，能分别其中边者，百无一二也。

——《评韩柳[4]诗》

（《苏轼文集》卷六十七，第 2109-2110 页）

注释

①枯澹：枯，指平淡。澹(dàn)，通"淡"。枯澹，平实恬淡。

②外枯中膏：枯，指平实。膏，油脂，指丰润深厚，平淡在外，绚烂在骨。

③中边：语出《四十二章经》："佛所言说，皆应信顺，譬如食蜜，中边皆甜，吾经亦尔。""中边"，指中观与边见。即内外、表里。

④韩柳：即韩愈、柳宗元。

今译

所谓诗最讲究风格平实恬淡，是说诗外表平实而骨子里丰满。看似平淡而实质丰厚绚烂，陶渊明、柳宗元的诗正是这种风格，如果诗的内外都平庸浅淡，这又有什么值得称道的。佛祖说："就像人吃蜜一样，内外都甜。"人食五味，能知它是甜是苦的比比皆是，但能分辨出内外滋味不同的，百人之中没有一两个。

解析

该文作年不详。东坡先生十分推崇陶渊明、柳宗元的诗歌。评价他们的风格是"外枯中膏，似澹而实美"，做到了"发纤浓于简古，寄至味于淡泊"(书《黄子思诗集》后)。先生的"外枯中膏"说，是指诗表面看似平淡无奇，而内容丰盈充实。所谓"似澹而实美"，是指外形显得平淡朴实，而实质超以象外，耐人寻味。同时，先生还特强调诗歌风格"内外"、"中边"的"浓"与"淡"，"虚"与"实"的辩证关系。遗憾的是，他认为能够达到这种境界的，只不过"百无一二也"。

语典

口不能忘声，则语言难于属文①；手不能忘笔，则字画难于刻雕②。及其相忘之至③也，则形容心术，酬酢④万物之变，忽然而不自知也。

——《虔州崇庆禅院新经藏记》

（《苏轼文集》卷十二，第 390 页）

注释

①属(zhǔ)文：属：连缀，连续。指连缀字句成文。

②刻雕：指描摹，藻饰。

③之至：达到极点的意思。

④酬酢(chóu zuò)：酬，向客人敬酒，酢，向人主敬酒，泛指交流应酬。此指斟酌，应对。

今译

如果口不能忘记声音，那么他说出的语言难以连成句子；如果手不能忘记有笔，那么字的笔画就无法描摹成文字。等到把声音和笔两者忘记得干干净净，那么用文字来形容内心情感，斟酌应对万物的变化，就会突然感到是自然而然地流露而并不会在意声音和笔了。

解析

东坡先生于绍圣元年(1094 年)四月遭御史虞策等人的弹劾，落端明殿学士兼翰林侍读学士，罢定州任，依前左朝奉郎责知英州军州事。同年六月，责授建昌军司马，惠州安置，不得签书公事。就在这南行路过虔州(今江西省赣州市)时，曾和州通判承议郎俞括君交游。他们一起访求崇庆禅院，被院中先后三位和尚前后十六年积攒资金，共建堪称江南第一大法轮的事迹所感动。俞通判请先生写篇记文记下这一善事。先生在这段文字中用“忘声”、“忘笔”，而能“酬酢万物之变”的事例，阐明“以无所得故而得”的“无为法”哲理。如果从文艺学的角度理解这段文字，说明文艺创作“贵在虚静”。所谓“虚”，就是无我、无欲。所谓“静”，就是回归本原。也就是先生所说的，进入“忽然而不自知”的“相忘之至”境界。

语典

人才以智术[①]为后，而以识度[②]为先；文章以华采[③]为末，而以体用[④]为本。国之将兴也，责其本而贱其末；道之将废[⑤]也，取其后而弃其先。

——《答乔舍人启[⑥]》

（《苏轼文集》卷四十七，第1363页）

注释

①智术：指才智与计谋；智慧的权术。

②识度：见识与器度。

③华采：华丽的色彩。

④体用：休，指事物本身，用，指体之作用。

⑤道之将废：语出《论语·宪问篇》："道之将废也与，命也"（《论语·注释·译文·赏析》第317页）。意指正确的政治主张遭到废弃。

⑥乔舍人：指乔执中。字布圣，高邮（今属江苏省）人。元祐年间，迁起居舍人、中书舍人，后迁给事中、刑部侍郎。绍圣初，以宝文阁待制出知郓州（今山东东平县）。《宋史》有传。

今译

作为人才应以智谋和权术为后，以见识与器度为先；文章应以华丽色彩为末，而应以实用为本。国家将要走向兴盛时，重视其根本而轻视其末节；正道将要衰败时，往往选择其后而放弃其先。

解析

元祐七年（1092年）十月，东坡先生在京任兵部尚书兼侍读。该启是先生给乔舍人的回信。以人才而言，以"智术"为"末"为"后"；以"识度"为"本"为"先"。"贵本贱末"，是国运昌盛的体现；"取后弃先"，则是大道衰微的遗患。《周易·贲（bēn）卦》："观乎天文，以察时变；观乎人文，以化成天下"（李择非整理《周易》，第123页）。上观天之文饰，可察四时交替变化；下观人类文明，可推天下昌明。以文章而言，应以"体用为本"，而以"华采为末"。同时"文章"之饰，亦是国运盛衰，大道兴废的世象。

语典

凡人为文，至老，多有所悔。仆尝悔其少作矣，若著成一家之言，则不容有所悔。当且博观约取[①]，如富人之筑大第[②]，储其材用，既足而后成之，然后为得也。

——《与张嘉父[③]七首》之七

（《苏轼文集》卷五十三，第1564页）

注释

①博观约取：广泛地阅览，扼要地选择吸收。

②大第：大宅子。

③张嘉父：张大亨，字嘉父，湖州(今浙江湖州)人。元丰八年进士。官至直秘阁。

今译

大凡写作诗文的人，到老时，多有所后悔。我曾经后悔自己创见太少，如果著书能成为一家独有的言论，就决不会再有什么可后悔的。写文章应当广泛阅读，扼要吸收，就像富人造大宅子，储备其材料，已经充足了后再动工，然后就能得到成功。

解析

该书东坡先生大约于绍圣年间作于惠州贬所。先生曾在《稼说》中对“务学”强调：“博观而约取，厚积而薄发。”这是“为文”者之必修功课，更是“成一家之言”者之必由之路。只有“博观”，方能“储其材用”，只有“约取”才可“然后为得”。

语典

凡文字，少小时须令气象峥嵘[①]，采色绚烂[②]。渐老渐熟乃造平淡[③]，其实不是平淡，绚烂之极也。

——《与二郎侄一首》

（《苏东坡全集》第6集，第2907页）

注释

①峥嵘：本义指高峻的山峰。引申义为卓越，不平凡。

②绚烂：光彩耀眼炫目，谓文辞华丽富赡。

③平淡：指质朴，不加修饰，不事雕琢，显得真切深刻，又平易近人。

今译

大凡作文，年轻时须令文字气象不凡，色彩华丽耀眼。年龄渐老笔法渐成熟就追求平淡，其实不是平庸般的淡而无味，是绚烂夺目到了极点。

解析

该文作年不详。这是东坡先生与晚辈侄儿们，交流作文的审美追求体会。他指出作文之至境："乃造平淡。"西晋著名文学家左思在《三都赋序》中曰："美物者贵依其本，赞事者宜本其实"（陈宏天等主编《昭明文选译注》，第202页）。美化一事物不能脱离其根本，赞美一事物应该符合真实。这是"乃造平淡"的前提。北宋学者、理学先驱石介在《上赵先生书》中指出，在写作中"雕馊篆刻伤其本、浮华缘饰丧其真"。东坡先生在《于潜僧录筠轩诗》中说得更形象："无肉令人瘦，无竹令人俗。人瘦尚可肥，士俗不可医。"总之，良玉不雕，美言不文。"乃造平淡"，是作者"渐老渐熟"的体现，是文人脱俗的一种检验。

语典

世间唯名实不可欺，文章如金玉，各有定价，先后进相汲引，因其言以信于世，则有之矣。至其品目[1]高下，盖付之众口，决非一夫所能抑扬[2]。

——《答毛泽民[3]七首》之一

（《苏轼文集》卷五十三，第1571页）

注释

①品目：品位。

②抑扬：本指音调有节奏地或高或低。此指浮现、进退、褒贬。

③毛泽民：毛滂，字泽民，衢州江山（今属浙江）人。元祐年间东坡先生知杭州，毛滂为杭州法曹，官至知秀州（除海宁外的今嘉兴地区）。

今译

世上只有名和实不能够造假骗人。文章好比金玉，各有一定的价值，先后成名的人互相提携，借助别人的赞誉而让世人信服，这种事是有的。至于他的文章品位的高下，要众人说了算，决不是一个人所能随便抬高贬低的。

解析

该文是东坡先生于元祐二年（1087年）五月为了回复毛泽民《上苏内翰书》，于京师开封所作的回信。先生在信中表明两点看法，其一，“名实不可欺”。这是先生一贯的理念，强调要名符其实。其二，文章“品目高下”，非一人“所能抑扬”，而应“付之众口”，由群众来品评。当然，先生也肯定伯乐的作用，前贤对后进的提携，达到“因其言以信于世”。就像当年恩师欧阳修以其“快哉、快哉！老夫当避路，放他出一头地”之一言，而让年轻的苏轼名动京师。也像他对“苏门四学士”的褒奖，而使其诸学士名震北宋一朝。“先后进相汲引”，这是文化传承、人才辈出的一种健全的社会机制。

语典

念有生之归尽，虽百年其必至。惟有文为不朽，与有子为不死。虽富贵寿考[①]之人，未必皆有此二者也。

——《祭文与可文[②]》

（《苏轼文集》卷六十三，第1943页）

注释

①寿考：年高，长寿。

②文与可（1018—1079年）：文同，字与可，号笑笑居士。北宋梓州潼郡永泰县（今四川绵阳市盐亭县）人。著名画家、书法家、诗人。他与苏轼是表兄弟。"胸有成竹"这个成语，就是来自于他画竹的思想。

今译

想人生最后终会归尽于黄泉，虽然活到百年他的这一天也必定会到来。只有文章是不朽的盛事，加上有子孙就可代代相传。那些富贵长寿的人，未必都能达到这两者。

解析

东坡先生与文与可既是表兄弟关系，又有"招之不来，麾之不去"的君子之谊。元丰二年（1079年）正月，东坡先生在徐州任上获悉文与可不幸病逝，顿时"气噎悒而填胸，泪疾下而淋衣"，于是撰文以祭。文与可曾对先生说："是身如浮云，无去无来，无亡无存，则夫所谓不朽与不死者，亦何足云乎？"大意是我们身体像天上的浮云，无所谓去也无所来，无所谓死也无所谓生，还讲什么"不朽与死者？"先生在祭文中回答：文与可以学名世，操韵高洁，擅诗文书画，有《丹渊集》四十卷行于世，为其曾孙编辑。故先生赞曰："惟有文为不朽"。春秋时鲁国大夫叔孙豹称"立德"、"立功"、"立言"为"三不朽"。此三者"虽久不废，流芳百世"（杨伯峻、徐提译《白话左传》，第260页）。

语典

吾于诗人，无所甚好，独好渊明之诗。渊明作诗不多，然其诗质而实绮，癯而实腴[①]，自曹、刘、鲍、谢、李、杜诸人[②]，皆莫及也。

吾前后和其诗，凡一百有九篇，至其得意，自谓不甚愧渊明。（略）然吾于渊明，岂独好其诗也，如其为人，实有感焉。（略）平生出仕以犯世患[③]，此所以愧渊明，欲以晚节师范[④]其万一也。

——《与子由六首》之五

（《苏东坡全集》第六集，第2902页）

注释

①质而实绮，癯而实腴：绮（qǐ），本义有花纹的丝织品。引申义华丽、精美。癯（qú），清瘦。腴（yú），此指丰富。两句意为看起来简洁质朴，但实际很美丽而丰满。

②自曹、刘、鲍、谢、李、杜诸人：指曹植、刘昆（西晋诗人，字越石。他年轻时就有"隽朗"之誉，以雄豪著名）、鲍照、谢灵运、李白、杜甫。

③世患：世间的祸患。

④晚节师范：晚节，指晚年的节操。师范，此指师法的模范。

今译

我对于古代诗人，没有特别喜爱的，唯独喜好陶渊明的诗。陶渊明作诗不多，然而他的诗看起来简洁质朴，但实际却很美丽而且丰满。自曹植、刘昆、鲍照、谢灵运、李白、杜甫等人算起，都赶不上他。

我前后追和他的诗，总共一百零九首，非常自我得意，自己认为不怎么比他差。（略）然而我对陶渊明，难道唯独只喜好他的诗？对于他的为人，实在有感慨。（略）我平生做官触犯世间疑忌，这就是我所以愧对陶渊明的地方，想在晚年以陶渊明为师，照他那样做人处世。

解析

从该书的内容可以判断，该信约作于东坡先生谪居儋州期间。按照先生自称，和陶诗自"始于东坡"，他自称总共有一百零九首。但据清代王文诰统计，先生以步韵、次韵、从韵等形式共追和陶诗有一百二十四首。由此在中国古代的诗歌史上，产生了一种独特的文化现象：和陶诗成为文人、士大夫的一种文化偏好和精神追求。东坡先生为何"独好渊明之诗"，并于岭南贬谪期间追和不已？其一，北宋熙丰时期党同伐异无休无止的党争，使东坡先生强烈地产生了"抽身避祸"、"求闲散以避其锋"的"避世"情绪。而通过追和陶诗对"陶渊明欲仕则仕，不以求之为嫌；欲隐则隐，不以去之为高"（《书李简夫诗集后》），从而摆脱世网的禁锢，对保持清真人格表达出一种敬慕和追求。其二，先生和陶诗大部分是在岭南，尤其在儋州期间创作为多。元符元年（1098年）八月，东坡先生在《与程全父十二首》之十说："仆焚笔砚已五年，尚寄味此学。随行有《陶渊明集》，陶写伊郁，正赖此尔。"先生所言"陶写伊郁"，就是淘洗忧愤郁结。这说明他和陶诗的主旨，乃是以此消解"流转海外，如逃空谷"的孤独寂寞和坐愁行叹的哀痛。先生通过和陶诗，表达对清高人格的向往，对君子节操的坚守，以及保持人之自然性情和真率生活的愿望。力求营造归隐"斜川"的闲适情景，清除个人眼前的不幸，以此抚慰孤苦凄冷的心灵，构建起贬谪困境中的精神支柱，获得文化意义上的归属与认同。其三，陶诗淡泊宁静，清丽自然，相互真淳的风格，吻合了东坡先生清逸、超绝，旷达闲适，清美葆真的生命情趣与艺术意趣。令先生"甚愧渊明"的不是诗歌而是处世。他在《和陶怨诗示庞邓》诗中表露得非常清楚："我不如陶生，世事缠绵之。"其结果是"某仕不知止，临老窜逐，罪垢增积"（《与王庠一首》）。正因为如此，他才立下了这样的志向："欲以晚节师范其万一也。"

东坡先生晚年倾心于和咏陶诗，按照现代心理学解释是一种"投射心理"反映。事实证明先生尽和陶诗的自遣活动，确实从陶诗中求得了弥足珍贵的"安心药"，获得了难以言表的精神慰藉。先生以桑榆之末景，自托于渊明，借渊明之诗意，浇心中之块垒，为自己构建起应对人生挫折，消解心灵痛楚的精神家园。通过和陶，有缘触发，借助投射，获得顿悟，使自身融入一种静虑去欲，圆融无碍的审美人生境界。

语典

味摩诘[1]之诗，诗中有画。观摩诘之画，画中有诗。

——《书摩诘蓝田烟雨图[2]》

（《苏轼文集》卷七十，第2209页）

注释

①摩诘：王维（701—761年，一说699—761年），字摩诘，号摩诘居士，唐代著名书画家、诗人。早年信道，后期参禅悟理，学庄信道，精通诗、书、画、音乐等。

②蓝田烟雨图：蓝田：县名，属陕西省，以出产美玉故名。王维晚年得宋之问辋川山庄蓝田别墅，自绘其景物为“蓝田烟雨图”。

今译

品味王维的诗，诗中有画意。观赏王维的画，画中有诗情。

解析

该文作年不详。东坡先生对王维诗、画的评价，已成为中国诗歌艺术评价标准的法度。王维不仅被称为“诗佛”，而且也是文人画的南山之宗（钱锺书称他为“盛唐画坛第一把交椅”）。王维的诗歌语言清新明快，表现他闲逸萧散的情趣和恬淡自适的心境。王维多才多艺，他把绘画的精髓带进诗歌的天地，为我们描绘出一幅幅空灵淡远的传神之作。说他的诗中有画，是因为他的诗妙在传神，不仅具有构图美、色彩美，而且还有音乐美、动态美。使诗歌所绘之景惟妙惟肖，让人不禁如坠画中之感。从他的画中总能读出画外之意，感受到诗歌与绘画的完美结合。因此，他在盛唐诗坛独树一帜，成为山水田园诗派的代表人物。

语典

江山风月，本无常主，闲者[1]便是主人。

——《与范子丰[2]八首》之八

（《苏轼文集》卷五十，第1453页）

注释

①闲者：具有闲情逸致的人。

②范子丰：即范百嘉，字子丰，华阳(今四川成都)人。范镇第三子，苏轼之亲家翁(苏轼之三子苏过娶范百嘉之女)，进士及第。

今译

江山风光月色，本来没有永久的主人，具有闲情逸致的人才算是主人。

解析

元丰三年(1080年)二月一日，东坡先生到黄州贬所，初寓住定惠院。同年五月二十九日，东坡先生至距黄州四十里的巴河口，迎接由胞弟子由护送全家老少及家僮共二十多人的到来。根据郡首的安排，让他把家安在黄州朝宗门外长江边的临皋亭。先生在《迁居临皋亭》诗中曰："全家占江驿，绝境天为破。"是上天对他的宽厚，为他全家开设如此绝胜之境。他在给友人的回信中写道："所居江上，俯仰断岸，几席之下，风涛掀天。"而坐在堂中，但见"白云左绕、清江右洄，重门洞开，林峦岔入"(《书临皋亭》)，先生"风晨月夕，杖履野步"，真正一介"闲者"。所谓"闲"，决非只是贪得"闲暇"，即所谓"偷闲"，"偷"得之"闲"，决非真闲。只有把身子放松下来，把心静下来，忘掉一切贪欲，让自己真正养护成具有"闲心"，富有"闲情逸致"者，并能有"美恶在我，何与于物"的精神境界，方可称"闲者"。著名德国古典哲学创始人康德有句名言："每个人都是自己的主人。"但是，如果不能主宰自己，而是被物所役，"人"就成为"物"之奴仆。"闲者"，道德纯粹之化身；"闲者"，心灵恬静闲雅之审美人生。

语典

诗人例穷蹇[1]，秀句出寒饿。

——《病中，大雪数日，未尝起观，（略）》
（《苏轼诗集》卷四，第158页）

注释

①蹇(jiǎn)：跛，行走迟缓困难。

今译

自古诗人的境况都是贫穷困难的，真情实感的美好诗句，都产生于贫寒饥饿的困厄时期。

解析

该诗于嘉祐六年(1061年)作于凤翔任上。先生戏用虢(guó)县县令赵荐其韵应答诗中的两名句。他指出作者本人的生活环境及个人遭遇，对文学创作产生决定性的影响。先生本人的文学生涯即是这一规律的明证，如，他在十二年谪居“三州”时所写的作品，堪称为达到艺术巅峰的佳作。

语典

然观其文以求其为人。

——《答黄鲁直[①]五首》之一

（《苏轼文集》卷五十二，第1532页）

注释

①黄鲁直：黄庭坚（1045—1105年），字鲁直，晚号涪翁，洪州分宁（今江西修水县）人。北宋著名文学家、书法家，为盛极一时的江西诗派开山之祖，与张耒、晁补之、秦观等游学于苏轼门下，合称为"苏门四学士"。《宋史》有传。

今译

然而观看此人的诗文，就可以推断此人的人品。

解析

东坡先生给弟子黄庭坚的这封书信，于元丰元年七月作于徐州任上。先生通过阅读黄庭坚"诗文愈多，而得其为人益详"，感到黄庭坚具有"意其超逸绝尘，独立万物之表，驭风骑气，以与造物者游"的精神风貌。先生在《答张文潜书》中曾提出"其文如其为人"的立论。该章句又一次提出"观其文以求其为人"的理念。自此，先生"文如其人"的主张在中国古代文学评论史上独树一帜。然而元代著名文学家元好问，依据晋人潘岳（安仁）虽写出高远情操《闲居赋》，但其人品轻躁，趋于世利，为了求官，看到朝中重臣贾谧出门，竟然遥望路尘屈膝跪拜的低俗之态，不禁感叹道："心画心声总失真。"这意思是说"文"不一定"如其人"。譬如北宋权相蔡京，窃弄国柄、专权怙宠、凶狠狡诈、贪婪自用、毫无廉耻，以致酿成靖康之祸。但此人不仅散文写得有文采，且书法博采众长，自成一体。元代陶家仪在其《书史会要》中对蔡京书法评价说："正书如冠剑大人，议于庙堂之上；行书如贵胄公子，意气赫奕，光彩照人；大字冠绝古今，鲜有俦匹。"但是因蔡京人品奸恶，将他从"苏黄米蔡"北宋四大书法家中撤了下来，让蔡襄取而代之。当然，上述两种立论并非矛盾，只是从不同的角度论述书艺与人品的关系，但最终都是倡导文人应保持高洁的品行和人格。

语典

秀语[①]出寒饿，身穷诗乃亨[②]。

——《次韵仲殊雪中游西湖二首》

（《苏轼诗集》卷三十三，第3666页）

注释

①秀语：秀美的语句。

②亨：通达。

今译

秀美的语句总是出于贫寒饥饿之时，身世穷困诗歌才通达坦荡。

解析

嘉祐年间，东坡先生在凤翔任上早有“诗人例穷蹇，秀句出寒饿”的感悟。元祐五年，他知杭州军州事，也发出“空肠出秀句，吟嚼五味足”的感叹。写于元祐六年二月杭州任上的这首诗，仍然念念不忘“秀语出寒饿”的古训，而且递进一层曰：“身穷诗乃亨。”说它是古训，是因为自先秦以降，著名诗人之命运都如此。欧阳修在《梅圣俞诗集序》中说：“世谓诗人少达而多穷”、“盖世所传诗者，多出于古穷人之辞也”。因为“盖愈穷则愈工。然而非诗人能穷人，殆穷者而后工也”，为什么当今之世少有传世之诗作，答案已说得明白无误了。

语典

清诗健笔何足数，逍遥齐物追庄周[①]。

——《送文与可出守陵州》

（《苏轼文集》全八册，卷六，第250页）

注释

①"逍遥齐物"句：逍遥齐物，谓《庄子·内篇》有《逍遥游》、《齐物论》两篇。庄周，庄子，名周，战国中期著名的思想家、哲学家和文学家。形成了独具特色的庄学，为道家学派的主要代表人物之一。

今译

清美的诗词雄健的文章不足为数，（重要的是）追随庄子齐物超然逍遥不拘。

解析

该诗，东坡先生于熙宁四年（1071年）春作于汴京。先生从青年时期起就悉心钻研道家学说。读过《庄子》后叹曰："吾昔有见，口未能言，今见是书，得吾心矣。"（《宋史·苏轼传》）充分反映了先生对庄学的服膺。在他的文学作品中，尤其是后期被贬三州的诗词中，庄子的《齐物论》、《逍遥游》哲学观浸染很深，以至成为他的生活方式，故曰"追庄周"。

语典

近却颇作小词，虽无柳七郎[1]风味，亦自是一家。呵呵[2]。数日前，猎于郊外，所获颇多。作得一阙[3]，令东州[4]壮士抵掌顿足而歌之，吹笛击鼓以为节，颇壮观也。

——《与鲜于子骏[5]三首》之二

（《苏轼文集》卷五十三，第1561页）

注释

①柳七郎：即柳永。初名三度，后改为永，字耆卿，崇安(福建崇安)人。排行第七，世称柳七。景祐年间进士，官至屯田员外郎，工于词，为北宋著名词人。

②呵呵："呵呵"最早见于《晋书·石季龙载记》。"呵呵"本是胡人之间流行的一种笑声。入唐后，《全唐诗》中的"呵呵"一词凡三见。如韦庄的《菩萨蛮》："遇酒且呵呵，人生能几何。"最早用于书信的人是苏东坡的恩师欧阳修。早在苏东坡出生前三年，欧阳修于景祐元年(1034年)，在《与王几道一通》中最后用"呵呵"结尾。此后，欧阳修书信结尾处亦多用"呵呵"。宋代，"呵呵"一词已经非常流行，尤其是名人书信中常常使用。"呵呵"的意义颇耐人寻味，让人自我揣摩。

③阙：量词，此指一首为一阙。

④东州：指密州。

⑤鲜于子骏：鲜于侁，字子骏，阆中(今四川阆中)人。景祐五年进士。历官至集贤殿修撰、知陈州。《宋史》有传。

今译

近年我作了几首小词，虽然没有柳七郎的风味，也算是自成一家，哈哈！几天前，到郊外打猎，收获不少，作了一首《江城子·密州出猎》。让一帮密州壮士拍掌顿脚地歌唱，吹笛击鼓作为节奏，情景颇为壮观。

解析

此信，东坡先生于熙宁八年(1075年)十月作于密州。先生言自己的小词"自是一家"，而且在此话后边轻松地、自信地"呵呵"了两声。先生的"呵呵"是有底气的，因为至密州任，迎来了写词的丰收期。尤以《江城子·密州出猎》，表达了作者渴望得到重用，以便为国建立功业的豪迈激情和振兴国势的雄心壮志。先生确实独立不倚，有别于柳永婉约派纤丽艳冶的词风而自创一格。作者"以起伏跌宕的语势，写闲逸感喟之情"，"使苏词以'清壮顿挫'、'激昂排宕'见长，较之婉约词的柔弱纤巧则是一副'风流标格'"，为"慷慨悲壮的爱国词派奠定了基础，开南宋一代风气"(以上参见刘乃昌《苏轼文学论集》，第102-103页)。此后，先生在黄州创作的《念奴娇·赤壁怀古》，使他的豪放词成就达到了顶峰。

语典

酒酣胸胆尚开张[①]，鬓微霜[②]，又何妨。持节云中[③]，何日遣冯唐[④]。会挽雕弓如满月，西北望，射天狼[⑤]。

——《江城子·密州出猎》

（《苏轼全集校注（词集）》卷一，第136页）

注释

①“酒酣”句：酒酣，饮酒尽兴而痛快。胸胆，胸怀胆识。开张，指开始显露。

②鬓微霜：两鬓微有白发。

③持节云中：持节，古代使臣奉命出行，必执符节以为凭证。云中，秦代郡治在今内蒙古托克托东北。唐代郡治在今山西大同市。

④冯唐：西汉时赵国中丘（今邢台内邱）人。文帝时为中郎署长，年已老迈，后为车骑都尉。

⑤“会挽”三句；雕弓，刻绘花纹精美的弓。天狼，喻此侵扰北宋西北疆界的辽和西夏。

今译

饮酒尽兴胸襟开阔，胆气益壮豪放，两鬓尽管微有白发，这又有何妨。何时我也能像魏尚那样，手持符节，拉满雕弓，眼望西北，射杀侵扰边疆的豺狼。

解析

此词，东坡先生于熙宁八年（1075年）十月作于密州（今山东诸城）。先生主政密州，正逢这年蝗灾和旱灾交并。为了抗旱灭蝗，他听取老农的建议到常山祈雨。或许是诚心感动了山神，果然下了一场大雨。为了答谢山神的恩赐，他倡议重修常山庙，还在落成之时亲往祭祀。归来途中与同僚们举行了场面恢宏壮观的会猎。并由此想起了这年七月，北宋与辽国连续发生的军事冲突。于是诗人依“左牵黄，右擎苍，锦帽貂裘，千骑卷平冈”之威武气势，在“酒酣胸胆尚开张”之时，不禁导演了一幕激情豪迈，“老夫聊发少年狂”的沙场演兵。词的上片，作者以吴主孙权自比，下片以云中太守魏尚自况。其意在于宣示自己希望被朝廷重用，赴边疆战场杀敌建功，报国安民。也正是这样一曲笔力奇健、直抒胸臆、激昂排岩、清雄纵放的《江城子》，开拓了词的境界，开南宋爱国词派的先河。为此，将先生拥上了豪放词派开创者的宝座。

语典

大江东去，浪淘尽，千古风流人物[①]。(略)故国神游，多情应笑我，早生华发[②]。人间如梦，一樽还酹江月[③]。

——《念奴娇·赤壁怀古》

(《苏轼全集校注》(词集)卷一，第391页)

注释

①“大江”三句：长江东流不息，自古英俊杰出的人物，犹如大浪淘洗而成为历史记忆。

②“故国”二句：故国，指赤壁古战场。神游，谓心神向往，如亲游其境。多情句，言神游中若遇见周瑜，他定会笑我对江山人物太多情，以致白发过早满头。

③“人间”二句：人间，指人世间。亦作“人生”。“如梦”，黄鲁直书作“如寄”。酹，以酒浇地表示祭奠。

今译

长江浩浩荡荡地向东流去，滔滔巨浪淘洗那千古英雄人物。(略)神游当年古战场，可笑我如此多情善感，致使过早地生出满头白发。人世间犹如一场大梦，且将一杯清酒祭奠江上明月。

解析

此词是东坡先生于元丰五年七月，继《赤壁赋》之后，续“此非孟德之困于周郎者乎”之意境，而写的堪称豪放词的代表作。全词“激昂奔纵，气势豪雄”，其写景、怀古、言志，有序交融，浑然一体，形象鲜明，堪称千古绝唱。从《苏轼全集校注》(词集)之集评“可知，自北宋著名文学家、词评家丰仔”所著《苕溪渔隐丛话》开始，至清光绪年间词人张德瀛的《词徵·赤壁讹传》为止，近千年来，有名有书可查的就有二十二位著名文学家、词评家，对这首词进行了热评。而未被载入的清代词论家徐轨，在其《词苑丛谈》卷三中称东坡词“自有横槊气概，固是英雄本色”。尤其是东坡先生仅在百来字的词中，第一次以空前的气魄和艺术手法，塑造了一个英气勃发的周郎形象，表达了作者经世济国，但壮志难酬的人生感慨。南宋嘉熙末年(约1240年)词评家喻文豹(曾任湖北蕲春教谕)，在其《吹剑续录》中评说：东坡在玉堂，有幕士善讴(歌)，因问：“我词比柳词何如?”对曰：“柳郎中词，只好十七八女孩儿，执红牙拍板，唱‘杨柳岸，晓风残月’。学士词，须关东大汉，执铁板，唱‘大江东去’。”公为之绝倒。

总之，历代词评家都认为，“东坡以龙骥不羁之才，树松桧特立之操，故其词清刚隽上，囊括群英”(参见清·邓廷桢《双砚斋词话》)。其《念奴娇·赤壁怀古》词，“语意高妙，真古今绝唱”。

语典

为文不在多，一颂了伯伦[①]。
清诗要锻炼[②]，乃得铅中银[③]。

——《崔文学甲携文见过，萧然有出尘之姿(略)》
(《苏轼诗集》卷四十五，第2441页)

注释

①“一颂”句：刘伶，字伯伦，魏晋时期文学家，诗人，“竹林七贤”之一。一颂，刘伶作骈文《酒德颂》而名世。

②锻炼：此处指锤炼。

③铅中银：《海药》云：“铅银(略)难得，今时烧炼家，每一斤生铅只煎得一二铢。”意指提炼生活。

今译

写文章不在于多少，凭一篇《酒德颂》就大致了解刘伯伦的文才。清纯静美的诗歌需要精心构思运笔，(只有这样)就可以如铅中淘银写出好诗篇。

解析

此诗是建中靖国元年(1101年)二月，东坡先生北归于虔州(赣州)途中所作。在虔州，有一文学青年崔甲，字次之，拜见先生。于是先生依前韵和诗，交谈自己为文的体会。其中，他认为写作应有独特风格，自成一家。譬如刘伯伦为文不多，仅一篇《酒德颂》让历史记住了他。诗歌要精心构思，注重“锻炼”。如清代诗人沈德潜《说诗晬(zuì)语》(卷下)所言：“苏子瞻胸有洪炉，金、银、铅、锡，皆归熔铸，其笔力超旷，等于天马脱羁，飞仙游戏，穷极变化，而适如意中所欲出。”先生推崇“天工与清新”的美学思想。诗人要陶铸清静无为，淡泊名利的人品，以清纯的情感，清丽的语言，清雅的风格，写出“外枯中膏”的清诗。

语典

心闲诗自放[①]，笔老语翻疏[②]。

——《广倅[③]萧大夫借前韵见赠，复和答之，二首》其二

（《苏轼诗集》卷四十四，第2394页）

注释

①放：扩展，开放。

②疏：《国语·周语》："疏为川谷，以导其气。"注二"通也"。

③倅(cuì)：副。

今译

心里闲适诗歌自然放达不拘，笔力老到语言翻新疏旷。

解析

此诗，东坡先生于元符三年(1100年)十月，借广州通判萧世范前韵作于广州。这首诗夸奖萧世范"得异书"，"皆强韵"，故诗作放达，笔力疏旷。同时，先生提出了写出好诗的两个前提条件，一是"心闲"。心闲则无功利束缚。禅门有语："闲到心闲始是闲"，这意思是说，心闲才是真闲，假闲则是百无聊赖之闲。心闲乃是一种气度，更是一种境界。只有心闲作诗才能"自放"。"放"，意谓开放、扩展。在构思运笔中能做到放松心情，极目放眼，从而使诗意放达浪漫。二是"笔老"，此是讲笔力老到，有浓厚的文字功底。"笔老"语言方能"翻疏"。"疏"者，此处取"疏阔"、"疏旷"、"疏异"(新鲜别致)之义。清代诗人龚自珍在《病梅馆记》中说："以疏为美，密则无态。"东坡先生博学高才，在短短的五律诗中，提出诗歌创作"放"、"疏"两个美学原则，实在是耐人寻味。

语典

不是溪山成独往，何人解作挂猿枝[①]。

——《书李世南所画秋景二首》

（《苏轼诗集》卷二十九，第1525页）

注释

①挂猿枝：指猿猴攀援于树。

今译

没有做到独往溪山观察，有谁能理解并画出猿猴攀援于树枝的图画。

解析

该诗，东坡先生于元祐二年（1087年）秋作于汴京。先生这首题画诗，说明生活是创作的源泉，创作源于实践。没有“独往”于“溪山”，就不会有真实生动的“挂猿枝”画作。这种相互的因果关系，进一步验证了刘勰所言：“圆照之象，务先博观”（《文心雕龙·知音》，第300页）。完整地观照物象，必须先要多观察。

语典

竹外桃花三两枝，春江水暖鸭先知。

——《惠崇①春江晚景二首》其一

（《苏轼诗集》卷二十六，第1401页）

注释

①惠崇：建阳(今福建建阳市)人，能诗善画。

今译

三两枝桃花在竹林外初放，鸭子最先感知春天江水的回暖。

解析

这是东坡先生元丰八年(1085年)十二月，在京城汴梁为惠崇画僧春江晚景图所作的著名题画诗。"春江水暖鸭先知"诗句，被历代文人评赞传颂。不仅作者仅用桃花初放、江暖鸭嬉等寥寥几笔，就勾勒出早春江景的优美画卷。同时还蕴含着深刻的哲理，即从辩证法角度看，体现了事物联系具有客观性。从认识论的角度看，说明一切真知来源于实践，实践是认识的唯一来源。

语典

天下几人学杜甫，谁得其皮与其骨？[①]

——《次韵孔毅父集古人句见赠五首》其三
（《苏轼诗集》卷二十二，第 1157 页）

注释

①皮与其骨：意指皮毛和精髓。

今译

天下有很多人学习杜甫，谁能学其皮毛谁能得其骨髓。

解析

该诗，东坡先生于元丰六年(1083 年)正月作于黄州。先生读了大量经史百子，对待学习先贤的态度，决不“食古不化”，而是既能钻进去，取其精粹，又能跳出来，去其芜杂，不能只学其皮毛，而要学其骨髓。唐代韩愈在《师说》中曰：“弟子不必不如师，师不必贤于弟子，闻道有先后，术业有专攻，如是而已。”

语典

诗之指①虽微，然其美恶高下，犹②有可以言传而指见③者。(略)

君之诗清厚静深④，如其为人。而每篇辄⑤出新意奇语，宜为人所共爱。

——《晁君成诗集引》

(《苏轼文集》卷十，第319页)

注释

①指：古同“旨”，意义，目的。

②犹：此指仍然，还。

③指见：指，指明。见，古同“现”，出现，显露，看到。

④清厚静深：清厚，谓清醇厚重。静深，沉静深邃。

⑤辄(zhé)：总是，就。

今译

诗歌的思想意义虽然不大，然而它的美恶高下的审美境界，仍然可以通过诵读而得到显现。(略)

先生的诗清醇厚重，沉静深邃，真是文如其人。而每篇总是能写出新的意境，奇妙的语言，都能为众人所喜爱。

解析

该序，作者在熙宁十年(1077年)春，改知徐州前作于开封。晁君成，是东坡先生“四学士”之一晁补之的先君，仕至著作佐郎(掌编撰国史)，尤长于诗，但不求人知。晁补之录父诗三百六十篇，求先生为序。先生在序中不仅对晁君成的诗作给予甚高的评价，而且还在接受前人诗歌“尚清远浊”、“尚清鄙俗”审美观念的基础上，极为推重诗歌庄重清雅的审美格调和清美精神。有人统计，先生在自己的诗文中有四百余处用“清”字描写自然之清景。先生所谓“清美精神”，是一种倾向于自由的生命情趣，是一种尚雅避俗的艺术意趣。他推崇晁君成的诗歌“清厚静深”；他标举王定国的岭外诗歌“清平丰融”，他用自己的创作实践，为北宋诗歌构建“清雄绝俗”之审美境界提供了典范。

语典

岛边天外[①]，未老身先退。珠泪溅，丹衷[②]碎。声摇苍玉珮[③]，色重黄金带[④]。一万里，斜阳正与长安[⑤]对。

道远谁云会，罪大天[⑥]能盖。君命重，臣节在[⑦]。新恩犹可觊[⑧]，旧学终难改[⑨]。吾已矣，乘桴且恁浮于海[⑩]。

——《千秋岁·次韵少游[⑪]》

（《苏轼全集校注》(词集)卷二，第740页）

注释

①岛边天外：儋州在海南岛上，故云"天外"。

②丹衷：丹心，赤心。

③声摇苍玉珮：苍玉珮，指士大夫佩戴的水苍玉而纯组绶带。声摇，听到苍玉珮的震动声，遥忆起当年作为近臣任职京师时的情景。

④黄金带：大臣佩饰的金腰带。

⑤长安：此借指宋都汴京(开封)。

⑥天：喻指君王。

⑦君命重，臣节在：君命重，指君王诏命重大。臣节在，谓大臣的节操永远存在。

⑧新恩犹可觊：意指希冀得到皇帝的新恩。觊(jì)：希冀，希图。希望得到。

⑨旧学终难改：指坚守平生学术宗旨，决不改变。旧学，对王安石"新学"而言的学术操守。

⑩"乘桴且恁"句：乘桴，语出《论语·公冶长》："子曰：'道不行，乘桴浮于海，从我者，其由与？'"(《论语·注释·译文·赏析》，第91页)指乘坐竹木小筏。恁，任凭。

⑪少游：秦观，字少游，一字太虚。北宋文学家、词人，被尊为婉约一派词宗。苏门"四学士"之一。

今译

我寄住在天涯之外的海岛边，人未老身已退出政治舞台。眼泪如珠溅落，赤心几犹破碎。苍玉珮的摇动声，黄金带的金色腰带，虽相隔一万里，斜阳下遥忆京城岁月不再。

道路遥远谁能言说相会，我的罪大感念君王庇盖。君王诏命千斤重，臣子节操长久在。新的恩命希冀得到，平生学术终究难改。我已参破世相，就这样乘着竹筏任凭飘浮在大海。

解析

该词，东坡先生于元符二年(1099年)，作于儋州贬所。元祐年间，先生在京师任翰林学士、知制诰兼侍读。这时"苏门四学士"都在汴京。元祐七年(1092年)三月，苏门成员在京城西郊的金明池举行了一次雅集。秦少游为了记载这件文人盛事，写下了《千秋岁》词。后来这首词由先生的侄孙带到儋州。先生读后心潮澎湃，信笔写下《千秋岁·次韵少游》词。王水照先生认为："这首词应该是苏东坡晚年最后一首豪放词"，是他"对自己的政治观、人生观的总结"(参见《王水照说苏东坡》，第100页)。这首词表明了两方面信息：其一，"君命重"、"新恩犹可觊"。虽然身在万里天涯，仍然不忘君王的"新恩"(传闻朝廷有重新启用先生的可能)。其二，"臣节在"、"旧学终难改"。为臣的节操尚在，平生的理想难改。王水照先生将此评说为："这是苏东坡晚年的一个觉醒，就是对于政治、对于人生一个非常大的了悟"(参见《王水照说苏东坡》，第101页)。此言信然，年已六十四岁的先生，在遭受七年岭海放逐之后，虽"珠泪溅，丹衷碎"，一颗"经世济民"的入世之心，在"岛边天外"勃勃跳动。

语典

笔墨之迹，托于有形，有形则有弊。苟不至于，而自乐于一时，聊寓其心，忘忧晚岁，则犹贤于博弈[①]。虽然，不假[②]外物而有守于内者，圣贤之高致[③]也。惟颜子[④]得之。

——《题笔阵图[⑤]》

（《苏轼文集》卷六十九，第 2171 页）

注释

①博弈：下棋。

②不假：不借用。

③高致：崇高的人品或情趣。

④颜子：颜回，字子渊，十四岁拜孔子为师，是孔子最得意的门生。自汉高帝以颜回配享孔子。

⑤笔阵图：笔阵，将书法比喻为作战行阵。《笔阵图》，是论述写字笔画的著作，阐述执笔、用笔的方法，并列举七种基本笔画的写法。

今译

笔势墨迹之效果，依托于具体的点线之形，有了点线之形又会出现弊端。如果不是追求笔势墨迹，而只是使自己得一时的快乐，姑且使精神有所寄托，忘忧于晚年，那么它就优于弈棋。即使这样，不借外物而使内心有所安定，则是圣贤所能达到的最高境界。这种境界，惟有颜回才能做到。

解析

该文作年不详。中国书法从本体意义上升华为美学价值，始于魏晋南北朝。而卫夫人的《笔阵图》是继蔡邕《九势》之后，又一阐释书法技法理论的重要成果。她以比喻论笔势，以赋体语言演绎书法的美学特征。她说："每为一字，各像其形，斯造妙矣，书道毕矣。"譬如她诠释书法笔势墨迹之神似："横"如千里之阵云，"点"似山岳之坠石，"撇"如陆断犀象之角，"竖"如万岁枯藤，"捺"如崩浪奔雷，"折"如百钧弩发，"钩"如劲弩筋节（参见张志烈主编《苏轼全集校注》文集十，第 7764 页）。她用描绘的语言，阐释抽象的原理和书法线条"力"与"势"的法度。东坡先生在这里并未否定《笔阵图》对于书法艺术发展的审美价值。他只是认为，书法"有意于学，此弊之极"（《萧子云书》），即不在于"笔墨之迹"，而在于"聊寓一心"，以达"自乐于一时"的审美需求。要能达到这种境界，就应像庄子《逍遥游》中指出的那样，忘却物我的"无所待"界线，达到"无己、无功、无名"（陈鼓应注译《庄子今注今译·逍遥游》，第 20 页）的自由境界。具有孔子的得意弟子颜回那样，"人不堪其忧，回也不改其乐"（《论语·注释·译文·赏析·雍也篇》，第 118 页），清贫乐道的君子情怀。

语典

余尝论画，以为人禽宫室器用皆有常形[1]。至于山石竹木，水波烟云，虽无常形，而有常理[2]。常形之失，人皆知之。常理之不当，虽晓画者有不知。

——《净因院画记》

（《苏轼文集》卷十一，第 367 页）

注释

①常形：固定的形态或形状。

②常理：一般规律，通常的道理。

今译

我曾经对绘画发表过议论，认为人物鸟兽宫室器皿都有固定的形状。至于山石竹木，水波烟云，虽然没有固定的形状，却有一定的规律。固定的形状画得不像，人们都能看得出来。若不符合自身规律，那就连会绘画的人有时也难以知晓。

解析

该记文，东坡先生于熙宁三年（1070 年）作于汴京净因院。先生在这篇记文中指出，世间的画匠，他们能把形状画得逼真，但对于事物的规律却没有把握住。他赞赏文与可先生的"竹石枯木，真可谓得其理者矣"。故"千变万化，未始相袭，而各当其处。合于天造，厌于人意"（"厌"，指满足）。文与可的竹子，因为"得其理"，所以既符合自然造化，又能满足人们的审美需求。

语典

论画以形似，见与儿童邻[①]。赋诗必此诗[②]，定非知诗人。

诗画本一律[③]，天工[④]与清新。

——《书鄢陵王主簿所画折枝二首》

（《苏轼诗集》卷二十九，第1525页）

注释

①“见与”句：见识与儿童一样。因儿童生活阅历少知识范围小，观察物体只注重局部和似与不似。

②”赋诗”句：写诗就写题目本身，如作月诗便诵“明”，作雪诗便咏“白”之弊端。

③“诗画”句：诗歌绘画的规律是相同的。

④天工：天然工巧。

今译

鉴赏绘画以形似为标准，其见识与儿童观照事物一样。作诗刻板地仅写诗的本身，一定不懂得诗人作诗的规律。诗歌与绘画本质是一样的，提倡天然与清新的意境。

解析

该诗，东坡先生于元祐二年(1087年)作于汴京。这首题画诗是先生著名的诗画理论名句。他强调“诗画本一”，提倡“天工与清新”。他不主张评价绘画以“形似”为法则，追求借物咏志，情景交融的“神似”。有人以此批评东坡先生的“文人画”理论有失偏颇，即抬高了“文人画”的审美地位，主张意境美，讲究创作冲动，强调神似，忽略形似。其实通观东坡先生诗画理论，并非重意轻形。他提出“不是溪山成独往，何人解作挂猿枝”的见解，不正是强调深入生活，直面生活，主张神形兼备吗？当然，东坡先生关于“文人画”的某些理论，代表着古代士大夫们的美学思想和审判趣味。对此按照“吸取精华，去其糟粕”的原则予以借鉴，才是正确的传承态度。

语典

观士人画[①]，如阅天下马，取其意气[②]所到。乃若画工，往往只取鞭策皮毛槽枥刍秣[③]，无一点俊发[④]，看数尺许便卷。

——《又跋汉杰[⑤]画山二首》之二

（《苏轼文集》卷七十，第2215页）

注释

①士人画：在魏晋南北朝时期称为"士夫画"，即士大夫们的绘画，有别于宫廷画院和民间画工的一种画种。

②意气：谓志向与气概，也指精神志气等。

③槽枥刍秣：枥，指马棚。槽枥，养马之所，即马厩。刍秣（chú mò），牛马饲料。

④俊发：英发。

⑤汉杰：宋子房，字汉杰，郑州荥阳（今河南荥阳）人。善画山水，官至正郎。

今译

观赏士人的画作，如同检阅天下的马匹，看其精神气概是否表现出来了。如果是画工，往往只注重鞭策、毛色、马厩、饲料等细节，没有一点英发的神态，看几尺长画卷便卷起不看了。

解析

该文，东坡先生于元祐三年（1088年）四月作于开封。先生提出的"士人画"概念，至元初赵孟頫等人广泛运用这一概念。至晚明董其昌提出了"文人画"概念，从此二者统称"文人画"。有人称"文人画之要素，第一人品，第二学问，第三才情，第四思想"。这种说法只注重了画家的人文修养。从绘画本身讲，主要崇尚文人的笔墨情趣，强调神似，突出文人的萧散、放达、闲逸、韵味的审美趣味。另外，文人画更重视不受陈法所束缚，以"无法之法乃至法"的理念，突破程式，率性而为，力图创新，浑然天成，故极具文人气质和个性特征。用先生的话简而言之，应真正做到"意气所到"。

语典

传神与相[①]一道，欲得其人之天[②]，法当于众中阴察其举止[③]。今乃使具衣冠坐注视一物，彼敛容自持[④]，岂复见其天乎？

——《书陈怀立传神》

（《苏轼文集》卷七十，第2215页）

注释

①传神与相：传神，此指画人的肖像。相，指人的容貌，样子。

② 天：此谓人固有的品质或性情之天性。

③“法当”句：法，指方法。阴察。暗地观察。

④彼敛容自持：彼，指对方，他。敛容，收敛面部的笑容，现出严肃的神色。自持，自我克制。

今译

人物肖像和其人的容貌应该相似，要想知道他的天性，其方法是暗地里窥察其举止行动。现在的画法是让他衣冠楚楚地坐着注视某一个物体。他板着脸克制着感情，这样哪里还能看到他的天性呢？

解析

该文，东坡先生于元丰八年(1085年)十一月作于应天府(今河南商丘)。先生在这里主要强调画像与绘画对象的容貌应该相似，而这个“似”，又应该是生动逼真地刻画出人物的“神似”。这个“神似”，不是“乃使具衣冠坐注视一物，彼敛容自持”而故作姿态装出来的，而是绘画对象固有的品质与性情的自然流露。先生把这种自然流露的情态称之为“天”，即人与生俱有的秉赋、天性，从而达到形神兼备。如何能“得其人之天”？先生指出一种观察方法：“当于众中阴察其举止。”“阴察”的方法之所以有效，是因为“其人”之举止是“其人之天”无意识的自然流露。这里其人近乎摘下了“面具”，少了装“萌”，少了做作，少了虚伪，基本能窥察到其人的天性。当今记者们采访人物，先选择背景，如文人多在书柜前，企业家多在老板台后，少女多在花丛里，老年人多在小区露天简易的健身器械边。这样的镜头使得对象们不得不“敛容自持”，哪里能够“见其天乎？”

语典

传神[1]之难在目。顾虎头[2]云："传形写影[3]，都在阿睹[4]中。"其次在颧颊[5]。

——《传神记》

(《苏轼文集》卷十二，第401页)

注释

①传神：指生动逼真地刻画出人或物的神情态度，多用于形容艺术手段。
②顾虎头：东晋画家顾恺之(348—409年)，字长康，小字虎头。
③传形：依原形仿制。写影，作画。
④阿睹：这，这个。在文学中通常含义为眼睛。
⑤颧颊(quán jiá)：颧骨与颊骨，借指人的面部轮廓容颜。

今译

画人最难之处在眼睛。东晋画家顾恺之曾说："画人物肖像，尽在眼睛这个部位如何。"其次在人的面部轮廓。

解析

东坡先生于元丰七年(1084年)四月一日，自黄州移汝阳。元丰八年(1085年)二月，至南都(今河南商丘)拜谒张方平。在此等待朝廷下诏准其常州居住期间，北宋名画家程怀立为其写真，该文即是就此展开议论留下的记文。明代散文家茅坤就此评曰："得此解并可入文章矣"(参见张志烈等主编《苏轼全集校注》(文集二)，第1279页)。了解了这个道理，可以应用于写文章之中。

语典

传神[①]之难在于目。顾虎头[②]云："传神写照[③]，都在阿睹[④]，其次在颧颊[⑤]。"吾尝于灯下顾见颊影，使人就壁画之，不作眉目，见者皆失笑，知其为吾也。目与颧颊似，余无不似者，眉与鼻口，盖可增减取似也。

——《书陈怀立[⑥]传神》

（《苏轼文集》卷七十，第2215页）

注释

①传神：此指画人像。中国肖像画的传统称谓。

②顾虎头：顾恺之，字长康，小字虎头，东晋大画家。

③传神写照：语出《世说新语·巧艺》：顾长康画人，或数年不点目睛。人问其故，顾曰："四体妍蚩（yón chī），本无关于妙处；传神写照，正在阿睹中"（柳士镇等译注《世说新语全译·巧艺，第二十一》，第596页）。

④阿睹：这，这个。

⑤颧颊：颧骨与颊骨，借指此人的面部轮廓容颜。

⑥陈怀立："陈"当作"程"。程怀立，南都人。（参见张志烈等主编《苏轼全集校注》（文集十），第7923页）。

今译

画人物肖像难在眼睛。顾恺之说："画人物肖像，关键都在这两只眼睛，其次在颧颊轮廓。"我曾在灯下扭头看见脸的影子，让人就着墙壁画下来，不画眉毛和眼睛，看见的人都忍不住发笑，知道画的是我。只要眼睛和脸之形基本像了，其他没有不像的，至于眉毛与鼻子嘴巴，都可调整修改。

解析

该文，东坡先生于元丰八年（1085年）十一月作于应天府（今河南商丘）。东晋大画家顾恺之在他的画论中，提出了"传神写照，都在阿睹中"的作画技巧与方法。概括讲"传神阿睹"，即要想把人像画得传神，就要把眼睛画得有神采，颧颊画得有个性特点。从而人物肖像就会有逼真的效果，其立足点就是强调画作的主体性。这是富有中国民族特色的典型论，是古代传统画论的宝贵财富。先生戏剧性地利用自身在"灯下顾见颊影"，请人依影在壁上画下来，虽然"不作眉目"，但看见的人都认出画的头像是东坡先生。于是先生更坚信顾恺之的"传神写照"理论，只要把握好"目与颧颊似"，所写照的人像"余无不似者"。

语典

神与万物交，其智与百工通。虽然，有道有艺[1]。有道而不艺，则物虽形于心，不形于手。

——《书李伯时[2]山庄图后》

（《苏轼文集》卷七十，第2211页）

注释

①有道有艺：道，“形而上者谓之道，形而下者谓之器”（李择非整理《周易·系辞上》，第363页）。道与艺，即理论与技术。

②李伯时：李公麟（1049—1106年），字伯时，自号龙眠居士。宋代著名画家，尤工人物。《宋史》有传。

今译

精神与万物交接，智慧与百工相通。尽管如此，有一定的理论还应有一定的绘画技艺。只有理论而没有技艺，那么心中虽然有某物的形象，但手却画不出来。

解析

该文，东坡先生于元祐四年（1089年）作于开封。《易·系辞》：“形而上者谓之道，形而下者谓之器。”这里所讲的“道”与“器”，中国文化称之为无形的“道”和有形的“艺”。这两者的关系统一而不可分，并且前者为“本”，后者为“末”，而且特别强调要“以道统艺，由艺致道”。“道”只能心领神会，此即为“上达”，但又必通“艺”而“下学”。故先生指出“有道而不艺”，其结果是“虽形于心，不形于手”。如果有道无艺，就会走上极端变成无源之水，无根之本。但“有艺”必须“有道”，因为“道乃天地之始，万物之母”。故不能忽视自然万物的规律，应该做到寓道于艺中。总之，遵循“有道有艺”，两者相辅相成，就能如先生盛赞吴道子那样，“得自然之数”，成就为“盖古今一人而已”的艺术家。

语典

凡物之可喜，足以悦人而不足以移人者[1]，莫若书与画。然至其留意[2]而不释，则其祸有不可胜言[3]者。

——《宝绘堂记》

（《苏轼文集》卷十一，第356页）

注释

①“足以悦人”句：悦人，愉悦人心。移人，变易人的情志。

②留意：此指对事物过分迷恋，以至被物所牵累。

③不可胜言：指说不尽。形容非常多或达到极点。

今译

所有事物让人喜爱，但足以愉悦人心而不足以变易污染人的情志，没有比书法和绘画最好。然而使人过分迷恋以致沉溺而不可自拔时，它所产生的祸害真是难以言尽。

解析

该记文于熙宁十年（1077年）七月二十二日作于徐州。东坡先生在这段文字里，不仅赞誉书法和绘画艺术的审美功能，特别对沉溺于书画的祸害，用“不可胜言”予以形容。他在这段话后，引用了一系列例子举证说明。譬如，三国时期魏国著名书法家钟繇（yáo），在书法家韦诞的家里，偶尔见到东汉著名书法家蔡邕（字伯喈）的书法，顿时吃惊，特别喜爱以至迷狂。回家后他自捶其胸三日，以致胸部青紫而呕血。直至韦诞死后，他竟令人盗掘其墓才终于得蔡邕书法而临摹。南朝宋孝武帝和书法家王僧虔因书艺争胜，发展到相互猜忌的地步。东晋谯国人醒玄，打仗时把书画装在船上带在身边。唐文宗朝的宰相王涯，家有书画数万卷，统统秘藏于夹墙内，甘露之变，他被宦官所杀。金元时期著名的数学家、诗人李治观此评曰：“人之逐欲而丧躯者，抑有甚于此。此深可以为士君子之戒也。”

语典

古今画水，多作平远细皱，其善者不过能为波头起伏。(略)唐广明中，处士孙位始出新意，画奔湍[①]巨浪，与山石曲折，随物赋形[②]，画水之变，号称神逸[③]。

——《画水记》

(《苏轼文集》卷十二，第408页)

注释

①湍(tuān)：急流，急流的水。
②随物赋形：指针对客观事物本身的不同形态给予生动的描绘。
③神逸：神奇超逸。

今译

古往今来画水，大多画些平远细小波纹，技艺高的也只不过能画出起伏的浪头。(略)唐僖宗广明年间，处士孙位最早独出创新之意，画出奔腾狂急的巨浪，和那高山巨石曲折相融，浪头随山石形态流转，画水的风格为之一变，真可号称神奇超逸。

解析

该文，东坡先生于元丰三年十二月作于黄州。据北宋著名书画鉴赏家和画史评论家郭若虚，在他的《图画见闻志》卷四中说，东坡先生曾经得到成都人蒲永升画作二十四幅。"每观之，则阴风袭人，毛发为立。"元丰三年十二月十八日，先生在黄州临皋亭西斋，就画水乘兴作数百言寄成都大慈寺胜相院惟简大和尚，具述其妙。明代学者王圣俞评曰："东坡善画，故知画；知画，故言人底里。"清代诗人沈德潜曰："活水死水，可悟行文之法。(略)盖古今妙文，无有不成于神来者。天机忽动，得之自然，人力不与也"(以上参见张志烈等主编《苏轼全集校注》(文集二)，第1305-1306页)。唐代画家孙位之所以能画出"号称神逸"的"奔腾巨浪"，先生文中作了两点说明：一则"始出新意"，画家有创新意识；二则遵循了南朝齐、梁间著名画家、绘画理论家谢赫倡导的"应物象形"、"随类赋彩"的绘画理念。正因为先生是绘画的行家里手，故论画了然心口，言近旨远。

语典

与可[①]论画竹木，于形既不失，而理更当知，生死、新老、烟云、风雨必曲尽[②]真态，合于天造[③]，厌于人意[④]，而形理两全，然后可言晓画，非达才明理，不能辩论也。

——《自跋所画竹赠方竹逸》

（《苏轼文集》佚文汇编拾遗卷下，第2675页）

注释

①与可：文同，字与可，号笑笑居士、笑笑先生，北宋著名画家。他与苏轼是表兄弟。

②曲尽：迂曲而详尽。

③天造：天之创造，自自然然地创造。

④人意：人的主观判断与情绪。

今译

文与可论画竹子与树木，提出既不失外形，而绘画的寓意更应体现。其竹木的生死、新老、烟云、风雨等意象，必定迂曲详尽地显现真实神态。做到合乎自然创造之理，厌弃主观臆断，从而达到形理两全，只有这样才可以说真正懂得绘画。不是通达之才，明晓绘画之理的人，是不能辩证地论画竹木之道的。

解析

该文作年不详。东坡先生对文与可论画竹木的理论，进行了简明概括：其一，“形理两全”，即做到求物知妙、达物之理、以理传神、形理结合。其二，“合于天造，厌于人意”，即做到与自然结合、相通、相融，反对雕琢，崇尚自然浑成，主张“其身与竹化，无穷出清新”，塑造“天造”、“神妙”，有“至味”的化境。

语典

昔时，与可墨竹，见精缣[①]良纸，辄[②]愤笔挥洒，不能自己，坐客争夺持去，与可亦不甚惜。后来见人设置笔砚，即逡巡[③]避去。人就求索，至终岁不可得。或问其故，与可曰："吾乃者学道未至，意有所不适，而无所遣之，故一发于墨竹，是病也。今吾病良也，可若何?"

然以余观之，与可之病，亦未得为已也，独不容有不发乎？余将伺其发而掩[④]取之，彼方以为病，而吾又利其病，是吾亦病也。

——《跋文与可墨竹》

（《苏轼文集》卷七十，第2209页）

注释

①缣（jiān）：双丝的细绢。

②辄（zhé）：总是，就。

③逡巡（qūn xún）：因为有所顾虑而徘徊不前或退却。

④"余将"句：伺，伺机，窥伺。掩，乘人不备、出其不意而夺取。

今译

从前，文与可画墨竹，凡见到精致的细绢和良好的纸，总是奋然提笔挥洒自如，不能控制自己。座中宾客便争抢着拿去收藏，与可也并不珍惜。后来见有人设置笔砚，就徘徊然后离去。有人找他求画，甚至一年也得不到。有人问他的原因，与可说："我从前学道还未到家，凡有所不适意时，就无所遣兴，就用墨竹来发泄，这是我的病。现在我的病好了，还能要我怎么样呢?"

然而依我来看，与可的病尚未全好，怎么可能还不发呢？我将伺机他发病的时候而出其不意以取其画。他把作画看成是发了病，而我又利用他的病，这样看来我也是有病呢！

解析

该文，东坡先生于熙宁三年（1070年）七月二十一日作于开封。文与可以善画竹著称。他注重体验，主张"胸有成竹"而后动笔。因他画竹，以浓墨为面，淡墨为背之法，学者多效之，故形成墨竹一派，有"墨竹大师"之称。又因他曾任湖州太守，人称之为"文湖州竹派"。"胸有成竹"这个成语就是源于他画竹的思想。先生注意到文与可创作时的规律，凡见到"精缣良纸"就情不自禁地"奋笔挥洒"。凡有人"设置笔砚"强其所难，硬性要他作画，他就"逡巡避去"。这表明"心非郁陶，苟驰夸饰"，其意为心里没有激情，怎么能夸张虚构感情。只有"志思蓄愤"，方能"吟咏情性"（以上参见周振甫译注《文心雕龙选评》，第169-170页）。大意是说，只有积蓄了忧愤，才会吟咏心中的情性。由此，我们明白文与可见别人"设置笔砚"而"逡巡避去"的原因，是因为这样强迫他作画，他没有激情。至于后文所谓"余将伺其发而掩取之"，纯属调侃戏言，表明他们表兄弟间充满着深厚的真挚情感。

语典

故画竹必先得成竹[1]在胸中，执笔熟视[2]，乃见其所欲画者，急起从之，振笔直遂[3]。(略)

——《文与可画筼筜谷偃[4]竹记》

(《苏轼文集》卷十一，第365页)

注释

①成竹：现成完整的竹子。

②熟视：注目细看。

③遂：成功。

④筼筜谷偃：筼筜谷，(今陕西洋县)，其地多竹，文同知洋州日常往观赏。筼筜，大竹名。一种皮薄、节长而竿高的生长在水边的大竹子。

今译

所以画竹子必须在胸中先有完整竹子的构思，然后拿着画笔注目细看，于是仿佛看到所想要画的竹子的意象，这时迅疾作画，挥笔一气画成。

解析

元丰二年(1079年)正月二十日，东坡先生的表兄文与可病逝于陈州(今河南省淮阳县)。这年七月七日，先生在湖州居所晾晒书画，看到文与可画的竹子，于是放下画卷失声痛哭。该篇所引章句，是文与可教先生画竹的方法。从此“成竹在胸”作为成语家喻户晓。后以喻处理事情之前，心里早有通盘的考虑和打算。

语典

其身与竹化[①]，无穷出清新[②]。

——《书晁补之[③]所藏与可画竹三首》

（《苏轼诗集》卷二十九，第1522页）

注释

①“其身”句：身与竹，人与物合而为一。

②清新：清美而新鲜。

③晁补之(1053—1110年)：字无咎，号归来子，济州巨野(今属山东巨野县)人，为“苏门四学士”之一，北宋时期著名文学家。

今译

人与物化为一体，(就能)无穷尽地创作出清美而新鲜的佳作。

解析

该诗，东坡先生于元祐二年(1087年)秋作于汴京。这首近于口语化的绘画理论，提出“身与竹化”的诗性美学命题。其美学旨趣在于强调物我一体，身心冥合的创作状态，此乃正是“寓意于物”的齐物观，在绘画领域的活用。东坡先生“身与竹化”的美学思想，对于中国绘画艺术的发展产生了巨大的影响。

语典

黄筌画飞鸟，颈足皆展。或曰[①]："飞鸟缩颈则展足，缩足则展颈，无两展者。"验之信然。乃知观物不审[②]者，虽画师且不能，况其大者乎？君子是以务学而好问也。

——《书黄筌[③]画雀》

（《苏轼文集》卷七十，第2213页）

注释

①或曰：有人说。

②不审：不察，未审察。

③黄筌（约903—965年）：五代时西蜀画院的宫廷画家，字要叔，成都人。官至检校户部尚书兼御史大夫。

今译

黄筌画的飞鸟，颈和脚都伸展开来。有人说："飞行的鸟只有缩颈时才能伸展脚，缩脚时才能伸展颈。"通过观察检验果然如此。可见观察事物不仔细，即使是画师也不行，何况更大的事物呢？因此，君子致力于学习一定要好问。

解析

该文，东坡先生于熙宁元年（1068年）作于眉州。黄筌本是西蜀画院著名宫廷画师，然而就是这位大师在画飞鸟时，竟出现"颈足皆展"的大失误。因此先生颇有感慨地说："虽画师且不能，况其大者乎？"无独有偶，先生在《书戴嵩画牛》的题跋中，讲了同样一个故事：四川有一位杜处士，收藏了唐代画家戴嵩《牛》一轴。有一天他晒书画时，有一个牧童见了，拍手大笑，说："这是画的斗牛吗？牛斗的时候尾巴缩于两股之间，这头斗牛却伸开尾巴斗，错了。"古语说："耕当问奴，织当问婢。"黄筌画飞鸟给我们以深刻启示：其一，作为从事艺术的工作者，要认真深入生活，注意仔细观察事物，不能走马观花，更不能坐在几案前想当然。其二，从事任何事情，都应养成"务学而好问"，甚至是"不耻下问"的好习惯。假使黄筌弄不清楚飞鸟的颈和足的姿态，能够放下画师的架子，走出宫廷，亲自去看一看，或者是向能者问一问，就不会留下历史遗憾了。"观物不审者"，戒！"务学而好问"者，赞！

语典

(画的)难易在工拙[①]，不在所画。工拙之中，又有格[②]焉。画虽工而格卑，不害为庸[③]品。

——《跋内教博士[④]水墨《天龙八部》图卷》

(《苏东坡全集》第六集，第3241页)

注释

①工拙：工，指细致，精妙。拙，笨，指拙劣。工拙，犹言优劣。

②格：此指品格、格调。

③庸：平常，平庸。

④内教博士：掌教习宫人读书习艺。

今译

画的难易在于画的精妙与拙劣，不在画的对象。精妙与拙劣之中，又有格调的差别。画虽精妙而格调卑下，乃不免为平庸之作品。

解析

该文，东坡先生于熙宁三年(1070年)正月二十二日，作于开封。先生认为绘画的难易不在于笔墨是否工拙，而在于画作的艺术风格是否高雅。具体内容应包括辞达、意境、尚质、形神等。清代文学家刘熙载在《艺概·文概》中曰："古人意在笔先，故得举止闲暇。后人意在笔后，故至于手脚忙乱。"这里强调的是意境。唐代绘画理论家张彦远在其《历代名画记》中称："古之画或能移其形似而尚其骨气，以形似之外求其画，此难可与俗人道也"(以上参见张声怡等编《中国古代写作理论》，第115页、第434页)。这里强调的是"形似之外"而"尚其骨气"，所谓骨气，指的就是内容的骨力、气质。当然，若谓品评画之格调，还是东坡先生评价唐代诗人兼画家王维的画作时说得好："诗中有画，画中有诗。"

语典

画山何必山中人，田歌[1]自古非知田。

——《王晋卿作〈烟江叠嶂图〉，仆赋诗（略）》

（《苏轼诗集》卷三十，第1610页）

注释

①田歌：民歌。

今译

画山的为什么一定是山里之人，写田园民歌的自古并不熟知农事。

解析

该诗，东坡先生于元祐三年（1088年）闰十二月作于汴京。先生这两句诗，是关于文学艺术创作的理论。他提出画山不必是山里人，写田园诗不必谙熟农事的主张。不过，先生并非忽视生活的真实，不然他何以又强调："游遍钱塘湖上山，归来文字带芳鲜"，"不是溪山成独往，何人解作挂猿枝"的重要性。按照艺术心理学理论来分析，先生此议实质是关于艺术心理动力的范畴。非山中人画山，非农人而歌农，这是艺术创造，是人的本质力量的升华，是一种艺术意象活动的物态化。只有"登山则情满于山，观海则意溢于海"者；只有长于"应物斯感，感物吟志"（刘勰语）情感丰富的人，才有可能进入文学艺术创作活动。

语典

几共查梨到雪霜，一经题品[①]便生光。(略)
含滋嚼句齿牙香[②]。

——《浣溪沙》
(《苏轼全集校注》(词集)卷二，第484页)

注释

①题品：品评，即评价、评论。

②"含滋"句：含滋，亲口尝其滋味。嚼句，以诗词吟咏其风采。尝与吟，二者皆得其美，故觉齿牙留香。

今译

柑橘与查梨同经霜雪，但橘经名人点题品评宣传便顿生光辉。(略)品尝滋味和诗词吟咏，便齿牙共留清香。

解析

此词作于元丰七年(1084年)冬。该词中"几共"句，乃用《庄子·天运》句："故譬三皇五帝之礼义法度，其犹柤(zhā)梨橘柚邪！其味相反而皆可于口。"及《世说新语·品藻》："柤梨橘柚，各有其美。"该词给现代人两点启示：其一，"题品"与"生光"的关系。即任何人或事物，一经名人或媒体予以品评推介，便声名大噪。难怪市场经济中的广告，如此受商家青睐，原来源于东坡先生在千年前的指点迷津。其二，"含滋"与"齿牙香"的关系，即只有亲口品尝才知道其滋味。也就是"要想知道梨子的滋味，就得亲口尝尝"的实践论观点。常言说："涉浅水者得鱼虾，入深水者见蛟龙。"故"含滋"蕴含着深邃的人生哲理。

语典

予尝论书，以谓钟、王之迹，萧散简远[①]，妙在笔画之外。至唐颜、柳[②]，始集古今笔法而尽发之，极书之变，天下翕然[③]以为宗师，而钟、王之法益微。

至于诗亦然。苏、李[④]之天成，曹、刘[⑤]，之自得，陶、谢[⑥]，之超然，盖亦至矣。而李太白、杜子美以英玮绝世之姿，凌跨百代，古今诗人尽废，然魏、晋以来高风绝尘，亦少衰矣。李、杜之后，诗人继作，虽间有远韵，而才不逮意[⑦]，独韦应物、柳宗元发纤浓于简古，寄至味于澹泊[⑧]，非余子所及也。

——《书黄子思[⑨]诗集后》

（《苏轼文集》卷六十七，第2124页）

注释

①“予尝论书”四句：钟，即三国时期曹魏著名书法家、政治家钟繇。王，东晋时期著名书法家，有“书圣”之称的王羲之。萧散简远，萧散，指闲散舒适，自然无拘。简远，简古深远，简奥悠远。

②颜、柳：唐代著名书法家颜真卿和柳公权的并称。

③翕(xī)然：安宁、和顺的样子。

④苏、李：西汉时期的苏武、李陵二人。后世认为他二人的赠答诗是五言诗创始之作，被称为“苏李体”。

⑤曹、刘：曹，曹植，三国时期曹魏著名文学家，具有两晋南北朝时期文章典范的地位。刘桢，东汉著名文学家。

⑥陶、谢：东晋末至南朝宋初期著名诗人陶渊明、南北朝时期杰出的诗人、文学家谢灵运。

⑦逮意：语出晋陆机《文赋》：“意不称物，文不逮意”(陈宏天等主编《昭明文选译注》第二卷，第128页)。逮，达。意，指对外物的感受和体验。逮意，不能表达对事物的认识。

⑧澹泊：清静寡欲，不追求功名利禄。

⑨黄子思：黄孝先，字子思。浦城人，天圣二年进士，为黄州尉，以善治狱迁宿州司理，后迁大理寺丞。历太常博士，通判石州卒。有诗二十卷。

今译

我对书法曾经有过论述，认为钟繇、王羲之的墨迹，简古悠远，其妙处在笔画之外。到了唐代颜正卿、柳公权，才集古今笔法之大成而尽发其神奇，极尽笔意之变化，天下之善书者一致以为宗师，而钟繇、王羲之的笔法逐渐衰微了。

至于诗也是这样。苏武和李陵的五言诗，浑然天成，不事雕琢。曹植和刘桢之诗，自发于己，自理其趣。陶渊明和谢灵运之诗，萧散超逸，自然朴厚，几乎达到了诗的极致。而李白、杜甫之诗，以英华奇玮、冠绝当世，超越百代，古今诗人都赶不上他俩。但魏晋以来诗歌超脱尘俗，也稍有衰微。李白、杜甫之后，诗人继起，虽间或有高远的韵致，而往往才不达意。只有韦应物、柳宗元于古朴中见细微深厚，在质朴平淡之中却见意趣盎然，这种境界不是其余的诗人所能企及的。

解析

该文作年未详。东坡先生继承老庄的“虚静”与“物化”的理论，主张艺术形象要“随物赋形”，符合自然法度，故他以书法为喻，对自魏晋以来的诗作和诗人风格，进行了全面深邃的独到评论。先生一向推崇“外枯中膏，似澹而实美”的创作风格，有鉴于此，他在该文中对苏、李之“天成”，曹、刘之“自得”，陶、谢之“超然”，李、杜之“才情”，以及韦应物、柳宗元之“发纤秾(nóng)于简古，寄至味于澹泊”的艺术特色，分别给予了高度评价。晚明时期的诗论家许学夷，在其《诗源辨体》卷三五中评曰：“东坡论诗，散见其中，而独得之见为多。”其评论“简而尽，曲而当”，“有斟酌，有权变，而后世论李、杜皆弗及也。宋、元朝人多类次旧说，然皆浅稚卑鄙，东坡诸公之论，不少概见，惜哉！”(曾枣庄主编《苏文汇评》，第124-125页)。该文比较系统地、集中地阐发了东坡先生的文艺观和审美追求，在中国文学评论史上，具有重要的历史地位及现实意义。

语典

吾虽不善书，晓书莫如我。苟[1]能通其意，常谓不可学。

——《次韵子由论书》

（《苏轼诗集》卷五，第209页）

注释

①苟(gǒu)：如果，假使。

今译

我虽然不善于写字，但没有像我这样明白书法规律的。如果能做到通晓书外之真意，一般讲是不容易做得到的。

解析

此诗作于嘉祐八年(1063年)。东坡先生之“晓书”，在于他倡导“尚意”且“通其意”。所谓“尚意”大致有这样几层意思，其一，崇尚书法的基本规律，通晓书法的审美意味及其点画用笔，字体结构，章法布白等。其二，以“神”统“形”，神意兼备，有趣不俗。其三，崇尚书法率真自然的“适意”、“不囿成法”、“自成一家”，在个性的自由抒发中，享受“至乐”的审美愉悦。由此开一代书风，形成了自己的书学观。

语典

自言其中有至乐，适意无异逍遥游[①]。(略)
我书意造[②]本无法，点画信手烦推求。

——《石苍舒[③]醉墨堂》
(《苏轼诗集》卷六，第235页)

注释

① 逍遥游：语出《庄子·逍遥游》篇。逍遥游，无所依凭。
② 意造：凭借想象、意象创作，精神世界的绝对自由。
③石苍舒：子才美，长安人。善行草书法，曾为高陵县主簿。

今译

我自己感受书写过程中非常快乐，乘兴快意无异于自由快乐地游乐。(略)写字任借想象力创作不囿于成法，一点一画信手拈来无须刻意而为。

解析

此诗是东坡先生于熙宁二年(1069年)作于汴京。诗中所指的苍舒乃京兆人，字才美，善草书，人谓得草圣三昧。时年33岁的苏轼居父丧满，十月续娶王闰之(系王弗堂妹)，十二月与子由还朝，携家经由成都自阆中至凤翔过长安。在长安至石苍舒醉墨堂做客，有感"醉墨"之意，乃回京中寄题，于是留下了这首畅言"适意无异逍遥游"之书学观诗篇。所谓"意造本无法"，决不是随意不讲法则。借用乐真居士所言："吾心本无法，无法无不法"，"有法是路，无法归本"，做到"无法"是习得功底深厚，赢得自由的表现。所谓"逍遥游"，是《庄子》一书的首篇，其主题是追求一种绝对自由的人生观。东坡先生尝醉后大草，醉中之笔竟达到天然浑成的艺术境界，享受着游心悦神之逍遥至乐。

语典

书初无意于佳[1]，乃佳尔。草书虽是积学[2]而成，然要是出于欲速。(略)

吾书虽不甚佳，然自出新意，不践古人，是一快也[3]。

——《评草书》

(《苏轼文集》卷六十九，第2183页)

注释

①佳：善，好。

②积学：积累学识。

③“不践古人”二句：践，指踩、踏。不踩着古人的脚印，不死守陈法。快，快意，快乐。

今译

书法最初无意求好，才能够好。草书虽然是积累了长时间的学习才能有所成就，然而主要还是想写得快一点。(略)

我的书法不算太好，然而颇能独出新意，不循古人旧迹，这是一件令人快意的事情。

解析

该文作年不详。东坡先生所谓“无意于佳”的书法理论，是遵循书法艺术强调书写过程的情感性而阐发的一种主张。所以他提出：“我书意造本无法，点画信手烦推求”(《石苍舒醉墨堂》)，“天真烂漫是吾师”。譬如王羲之的《兰亭序》、颜真卿的《祭侄稿》、王羲之之侄王珣的《伯远帖》等，均是情之所至，不得不为的作品。名列三希的《伯远帖》，全帖不过43字，但通篇运笔酣畅，潇洒自如。再如《祭侄文稿》，是颜真卿追祭从侄颜季明的草稿。此文稿追述了常山太守颜杲(gǎo)卿父子一门在安禄山叛乱时，挺身而出坚决抵抗，取义成仁，英烈彪炳之事。本帖恣肆之笔，气势如虹，纵笔放浪，一泻千里，其悲愤激昂的心情流泄于字里行间。真乃有“兴来一挥百纸尽，骏马倏忽踏九州”(《石苍舒醉墨堂》)的磅礴气概，被元人鲜于枢誉为“天下行书第二”。试想，颜真卿此书乃是一时信笔挥就的“草稿”，哪容“有意于佳”？当然应该承认，“无意于佳”是在“积学而成”，日积月累之下，从“量”到“质”的飞跃。先生所言“不践古人”，是强调不死守旧法，做到笔到法随，不蹈古人痕迹，张扬书法的精神气度。黄庭坚对此也有同样见解，他主张学习古人要“离迹师神”。由此可知，惟有学古而不拘泥于古，才能达到“自出新意”的审美境界。

语典

书必有神、气、骨、肉、血，五者阙[①]一，不为成书[②]也。

——《论书》

（《苏轼文集》卷六十九，第2183页）

注释

①阙：古代用作“缺”字。

②成书：完整的书法。

今译

书法必须应具备精神、气韵、骨骼、肌肉、血脉，五者缺一，不能算是完整的书法。

解析

该文作年不详。东坡先生论书，把“神”、“气”两个体现书法神采、意气主体意识的审美标准列为书艺之首，而把表现书法外形的“骨、肉、血”审美要求罗列其后，充分表现先生重精神，重气质，以“神”统“形”的书学观。他所说的“神”指的是精神，神寄于心，心神合一，构成人的精神意识。“气”是指人的气概、气节、气魄、才气、志气等精神状态，用孟子的话说是“寓于寻常之中，而塞乎天地之间”的“浩然之气”。先生论书之“神、气、骨、肉、血”，把“书”视为生气勃勃的生命体。其意在于书家通过抽象的点、线笔画，要从情感和想象里体会到书体里的骨、筋、肉、血的生命意味。这说明书法乃是一种反映生命意象的艺术，决不可只见“形”而不见“神”。

语典

古人得笔法有所自，张以剑器，容有是理①。雷太简乃云闻江声而笔法进②，文与可亦言见蛇斗而草书长③，此殆谬④矣。

——《书张少公⑤判状》

（《苏轼文集》卷六十九，第2179页）

注释

①“张以剑大器”二句：张旭“姑见公主担夫争道，又闻鼓吹，而得笔法意，观倡公孙舞《剑舞》，得其神”（参见张志烈等主编《苏轼全集校注》（文集十），第7796页）。

②“雷太简”句：雷太简，雷简夫，字太简，同州郃阳（今陕西合阳）洼雷村人。擅长书法，《宋史》有传。“因闻平羌江瀑涨声，想其波涛番番，迅駃（jué）掀搕（kē），高下蹷（jué）逐奔去之状，无物可寄其情，起作书，则心中之想，尽出笔下矣”（参见张志烈等主编《苏轼全集校注》（文集十），第7797页）。

③“文与可亦言”句：文与可，文同，字与可，北宋著名画家、诗人。他与苏轼是表兄弟。“因见道上斗蛇，遂得其妙，乃知颠、素之各有所悟，然后至于如此耳”（参见张志烈等主编《苏轼全集校注》（文集十），第7797页）。

④殆谬：殆，此为副词，表推测，相当于“大概”、“几乎”。谬，错误，不合情理的。

⑤张少公：张旭，字伯高，唐吴人。曾任左率府长史，故又称张长史。精楷书，尤善草书。嗜酒，每大醉，呼叫狂走，乃下笔，时称张颠，又号草圣。少公，县尉之别称。

今译

古人得笔法之启示各有各的来历，张旭得之公孙大娘之舞剑，或许有他的道理。而雷太简闻江涛暴涨声而笔法有进步；文与可也说他看见二蛇相斗而草书长进，这恐怕有些荒谬了。

解析

该文作年不详。应该说“尚自然”是东坡先生文艺创作一贯的审美追求，亦是他书法美学思想的核心。所谓“自然”是世界万物运行的基本法则，“非由人之所为者”。先生强调“技道双进”，“技”是外在的技艺，“道”是内在思想、品性等。应该做到“技”、“艺”合一，“有道有艺”。他认为“学问文章之气，郁郁芊芊（qiān）发于笔墨之间”，所以书法的风格是由人的文化品位学识素养所决定。他十分重视学识素养思想情性对作品的影响，重视艺术家内在情感的真实表达和自然流露。正因为“笔性墨情”，皆以人之品性为本，所以他认为过分渲染“闻江声而笔法进”、“见蛇斗而草书长”，多有“牵物引类，牵强附会”之嫌。走“技道双进”之路，才是提高书法艺术品位的必由之路。

语典

献之少时学书，逸少从后取其笔而不可，知其长大必能名世[①]。仆[②]以为不然。知书不在于笔牢，浩然听笔之所之而不失法度[③]，乃为得之。然逸少所以重其不可取者，独以其小儿用意精至[④]，猝然掩之[⑤]，而意未始不在笔，不然，则是天下有力者莫不能书也。

——《书所作字后》

（《苏轼文集》卷六十九，第2180页）

注释

①“献之少时学书”三句：献之，系王羲之第七子。逸少，王羲之，字逸少。名世，名显于世。

②仆：旧时自谦称“我”。

③“浩然听笔之”句：浩然，谓自然适意的样子。法度，法则。

④精至：即精致，精心细致。

⑤猝然掩之：猝然，谓突然地，出乎意料地。掩，掩取，乘其不意而夺取。

今译

王献之小时候学习书法，他的父亲王羲之从后面抽取他的笔却抽不动，便知道他长大后必能以书法名显于世。我却以为不然。懂得书法不在于握笔牢固，自然适意地听任笔毫的挥洒而又不失其法则，才是得到书法真谛的途径。然而王羲之其所看重献之笔管抽不动，主要认为他的小儿子能专心致志，突然抽取他的笔，发现他的注意力从始至终在笔毫上，如果不是这样，那么天下凡有力气的人就没有不善于书法了。

解析

该文，东坡先生于治平元年(1064年)十月二十七日作于长安。这一年先生凤翔签判任满，途中拜访石才翁，应约写下这段话。该章句讲述王献之少时学书的轶事，世人以为其父以抽不动小儿笔管，便知他日后“必能名世”。先生认为此为戏言。真正使书家成就大业者，乃是“浩然听笔之所之而不失法度”。这句话给我们两点启示：其一，崇尚意态；其二，守其法度。只有正确处理好“意”与“法”的辩证关系，做到通其意，破其法，从而达到“变法出新意”，才是为书的最高境界。

语典

杜陵[1]评书贵瘦硬，此论未公吾不凭[2]。

短长肥瘦各有态，玉环飞燕谁敢憎[3]。

——《孙莘老求墨妙亭诗》

(《苏轼诗集》卷八，第371页)

注释

①杜陵：杜甫，自号少陵野老，唐代伟大的现实主义诗人。

②凭：证据，凭信。

③“玉环”句：玉环，唐玄宗贵妃杨玉环，史称其为“姿质丰艳”。飞燕，汉成帝后赵飞燕，史称“腰骨尤纤细”。憎，厌恶。

今译

杜甫评论书法以瘦硬笔法为贵，这种观点不算公允，我不敢赞同。书体中短与长、肥与瘦各有优长神态，就像杨玉环和赵飞燕谁都认为美丽。

解析

该诗，东坡先生于熙宁五年(1072年)作于杭州。先生应吴兴太守莘老之求，为他府第中的墨妙亭题诗。他在墨妙亭诗中表达了自己的书艺观点。他坦诚地对先贤杜甫“贵瘦硬”的主张表示不敢苟同。认为“短长肥瘦各有态”，提倡尚意有法，不拘成法，自然天成，自成一家，从而冲破晋唐禁锢，开创一代书风。

语典

荆公书[①]得无法之法，然不可学，学之则无法。故仆书尽意作之似蔡君谟[②]，稍得意似杨风子[③]，更放似言法华[④]。

——《跋王荆公书》

（《苏轼文集》卷六十九，第2179页）

注释

①荆公书：荆公，指王安石(1021—1086年)，字介甫，号半山。“凡作字多淡墨疾书，初未尝略经意，惟达其辞而已。美而不妖饶，瘦而不枯瘁”(张志烈等主编《苏轼全集校注》(文集十)，第7799页)。

②蔡君谟：蔡襄(1012—1067年)，字君谟，兴化军仙游县(今枫亭镇青泽亭)人。北宋著名书法家。宋仁宗天圣八年(1030年)进士，治平四年(1067年)逝世，赠吏部侍郎，后加赠少师。

③杨风子：杨凝式，字景度，号虚白，陕西华阴人，人谓“杨风子”。官至太子太保。楷法精绝，尤工颠草，笔迹遒(qiú)放。其书法历史地位，被视为承唐启宋的重要人物。“宋四家”(即苏轼、黄庭坚、米芾、蔡襄)都深受影响。

④言法华：宋僧志言，自言寿春许氏子。落发东京景德寺七俱胝(zhī)院。世传诵《法华经》，因以名之。

今译

王荆公的书法以无法为法，然而不能学，学之就无法可循。所以我的书法自然尽意像蔡襄，略得意趣像杨风子，更狂放像言法华。

解析

该文作年不详。东坡先生评价王安石的书法为“无法之法”，这是对王安石书法最高评价。因为“无法之法乃为至法”，他没有一定之成法，而是集众多法度之长，“外师造化，中得心源”(唐张璪语)，形成个人的独特风格。而先生自己则更是“无法之法乃为至法”的典范。东坡先生的大弟子黄庭坚说：“苏书最得徐浩气韵。”先生的第三子苏过说：“乃父幼学二王，及长则致力颜真卿。”苏辙在为兄撰墓志铭云：“东坡晚年坦承‘不及晋人，至唐褚、薛、颜、柳仿佛近之’。”在该章句中，先生又言自己“尽意”而“似蔡君谟”；“得意”而“似杨风子”，“更放”而“似言法华”。综上所述，先生的书法“自出新意，不践古人”，以其深厚的人文修养，集晋唐书艺之大成，自成一家，具有丰腴厚重、平和中正、自然率真、尊崇尚意，极具“书卷气”的审美意境。在中国书坛独标高格，独步天下。

语典

真[1]生行，行生草，真如立，行如行，草如走，未有未能行立而能走者也。

——《书唐氏[2]六家书后》

（《苏轼文集》卷六十九，第2206页）

注释

①真：即“真书”，又称“楷书”、“正书”。产生于汉末，至魏钟繇、晋王羲之改变体势，创制法制，隶、楷完全分流，别为两体。

②唐氏：即唐坰（jiōng），字林夫，钱塘人。

今译

真书衍生出行书，行书衍生出草书，真书如立，行书如走，草书如跑，没有还不会站立行走就会奔跑的人。

解析

该文，东坡先生于元丰四年（1081年）五月十一日作于黄州贬所。唐代著名书法家张旭，书法与怀素齐名。先生认为他的草书自然天成，略有点画的地方，神态便自足，号称神逸。然而有人说善于写草书的人有的不会写真书、行书，先生认为这种说法十分荒谬。他指出现在长安仍保存有张旭的真书《郎官石柱记》，字体疏朗清远，就像晋、宋时人写的一样。为此，他提出“真生行、行生草”的习字学书规律。进一步强调了楷书是行、草书艺的奠基石，想走捷径，是没有出路的。

语典

书法备于正书[1]，溢[2]而行、草，未能正书而能行、草，犹未尝庄语而辄放言[3]，无是道也。

——《跋陈隐居[4]书》

(《苏轼文集》卷六十九，第2184页)

注释

①正书：即楷书，又称“真书”。相传正书始于东汉王次仲，完备于三国魏钟繇。

②溢：放开，超出。

③“犹未尝”句：庄语，谓严肃，庄重的说话。放言，放达其言，不受拘束地滔滔不绝。

④陈隐居：曲江令陈公密的祖父。

今译

书法的基础是正书，再放开而为行书、草书，未能写好正书就想写行、草，就像还没有严肃认真地把话说清楚，就想滔滔放言，哪有这样的道理。

解析

该文，东坡先生于元符三年(1100年)十二月作于韶州。先生北归经过韶州(今广东韶关西南)时，陈公密将其祖父隐居先生的书法给东坡先生看，于是先生写下该文。该章句与《跋君谟书赋》“书法当自小楷出，岂有正未能而以行、草称”的主张是一样。先生一再强调书法练习由楷而行，由行而草。如果“未能正书而能行、草”，就像俗话说“还没学会走路就想跑”，就像严肃认真的话还未说好，就想口若悬河，滔滔放言地雄辩宏论，世上哪有这种事情呢？

语典

书法当自小楷出，岂有正未能以行、草称[1]也？

——《跋君谟[2]书赋》

（《苏轼文集》卷六十九，第2182页）

注释

①“正未能而以行、草称也”：正，即楷书、真书。相传正书始于东汉王次仲，完备于三国魏钟繇。正书由隶书发展演变而成。因笔画平整，形体方正，故名。行，即行书。行书亦是在隶书基础上发展起源的，介于楷书、草书之间的一种字体，为了弥补楷书的书写速度太慢和草书难于辨认而产生的。实际上它是楷书的草化或草书的楷化。楷法多于草法的叫“行楷”，草法多于楷法的叫“行草”。草书，形成于汉代，是为了书写简便在隶书基础上演变出来的。其特点结构简省，笔画连绵，因草创之，谓之草书。草书有章草、今草、狂草之分。

②君谟：蔡襄，字君谟，兴化军仙游县（今福建惠安县枫亭镇青泽亭）人。北宋著名书法家。

今译

书法应该从小楷练起，哪有正书尚未掌握就以行书、草书著称的？

解析

该文作年不详。该章句表明先生学书的主张。他认为正书是基础，这就是本，如果舍弃正书，而欲图走捷径习行、草，这就是舍本逐末。他还形象地比喻：“真生行，行生草。真如立，行如行，草如走，未有未能行立而能走者也。”一切学书者，记住先生的教诲：“未能行立而能走者。”还是沉下心来打好基础，因为先生告诫：“书法当自小楷出。”

语典

洗墨无池笔无冢[①]，聊尔作戏悦我神[②]。

——《戏书》

（《苏轼诗集》卷四十七，第2552页）

注释

①“洗墨”句：洗墨池，古代书法家洗笔砚的地方。笔冢（zhǒng），古代书法家埋废笔的处所。晋代大书法家王羲之的第七世孙智永和尚，每天练习书法不辍集三十余年。写秃了笔头埋在土里，砌成坟堆，称为笔冢。

②“聊尔“句：聊尔，谓姑且。神，《大戴礼记·曾子天圆》：“阳之精气曰神。”这里指心神，即人意识的中心，精神状态。

今译

既没有洗墨的池塘也没有掩埋笔的土坟，姑且把它当作游戏使我精神愉悦。

解析

这是东坡先生的诗作补编，写作年代不详。所谓洗墨池、笔冢，这是古代书家勤奋于书艺的体现。如东晋时期的王羲之、陶渊明、陶侃，北宋时期的范仲淹、苏东坡等名人，都有留下洗墨池、笔冢的传说。东坡先生从黄州去汝州的途中，经过阳新临江边的半壁山，因触景生情，让同行者取山脚下竹林新脱的笋衣为巨笔，以江水研墨半桶，然后登岩挥笔，书成“长江锁阳”四个大字，于是在这里便留下了洗墨池的故事。先生不求刻意而为，他宣称自己“洗墨无池笔无冢”，因为他作诗写字，没有功利追求，故不主张把艺术当作苦役，如同他在《戏书》所言：“五言七言正儿戏，三行两行亦偶尔。”他把填词赋诗当作自娱自悦的游戏。当代美学家李泽厚先生，将审美愉悦分为三个层次：悦耳悦目、悦心悦意、悦志悦神。这说明东坡先生所享受的审美感受，是一种高层次的审美心理体验。

语典

笔成冢，墨成池[1]，不及羲之即献之[2]。笔秃千管，墨磨万铤[3]，不作张芝作索靖[4]。

——《题二王[5]书》

（《苏轼文集》卷六十九，第2170页）

注释

①墨成池：东汉大书法家张芝，年轻时学习书法十分刻苦。每天写完字后就到后院池塘洗笔洗砚，久而久之池水竟变黑了，称为墨池（参见张志烈等主编（《苏轼全集校注》（文集十），第7765页）。

②羲之、献之：王羲之，东晋大书法家。王献之，王羲之第七子，东晋著名书法家。

③铤（dìng）：古同“锭”，量词，用于金银及墨。

④张芝、索靖：张芝，东汉书法家，与钟繇、王羲之和王献之，并称“书中四贤”。索靖，西晋著名书法家，善章草，传张芝之法，著有《草书状》。

⑤二王：王羲之、王献之父子并称“二王”。

今译

秃笔堆成冢，墨水积成池，赶不上王羲之也能赶上王献之。笔用秃千枝，墨磨光万锭，不成为张芝也可以成为索靖。

解析

该文作年不详。东坡先生在推崇“自然”的同时，又十分重视书法的“功夫”修养。所谓“笔成冢，墨成池”之论，意在指出，要想使书法艺术达到游刃有余、运斤成风的自然效果，学养和功夫都很重要，这就是他强调的“道”与“技”并重的关系，即没有“进乎技”，就不可能“达乎道”。所以先生十分重视对书法基本功“技”的训练。他在《记与君谟书》中云：“做字要手熟，则神气完实而有余韵。”只要“笔秃千管，磨墨万铤”，这样积学深至，心手相应，才有可能像羲之、献之、张芝、索靖那样，成为书法领域里的行家里手。世称东坡先生为“中华第一大才子”，第一大才子也讲究要下“笔成冢”的苦功。看来要想学有所成，确实没有捷径可走。

语典

作字要手熟，则神气完实而有余韵，于静中自是一乐事。然常患少暇，岂于其所乐常不足耶？（略）

予尝戏谓君谟言，学书如溯急流，用尽气力，船不离旧处。君谟颇诺[①]，以谓能取譬[②]。

——《记与君谟论书》

（《苏轼文集》卷六十九，第 2193 页）

注释

①诺：允许，答应。

②取譬：寻取比喻。

今译

写字要手熟，这样就神完气足而有韵味，于宁静中本是一件乐事。然而常愁闲暇时间太少，岂不是所乐之事感到不足吗？（略）

我曾开玩笑对君谟说，学习书法如逆水行舟，用尽气力，船还在原地方。君谟很同意，认为这个比喻很好。

解析

该文约作于元符三年（1100 年），东坡先生作于儋州贬所。先生谓学书“如溯急流，用尽气力，船不离旧处”。清·梁启超在《莅山西票商欢迎会学说词》云：“学如逆水行舟，不进则退，心似平原放马，易放难收。”老子有言：“不敢进寸，而退尺”（陈鼓应注译《老子今注今译》第六十九章，第 315 页）。此意谓寸进尺退，甚至进锐退速。这些取譬，都说明一个道理：不努力就要退步。

语典

吾醉后能作大草[1]，醒后自以为不及。然醉中亦能作小楷[2]，此乃为奇耳。

——《题醉草》

（《苏轼文集》卷六十九，第 2184 页）

注释

①大草：脱胎于小草，增强了用笔的连绵纵逸，偏于豪放、恣肆。加大了上下字之间的牵连以及整篇的呼应、变化，又称狂草。

②小楷：即是楷体小字，始创于三国魏时的钟繇。

今译

我酒醉之后能作狂草，酒醒之后所作的草书自以为比不上它。然酒醉时我还能写小楷，这才是奇特的事。

解析

该文作年不详。东坡先生指出，他“醉后”之书胜过“醒后”之书。这是为什么呢？东坡先生在《醉白堂记》作了解答。他说：“方其寓于一醉也，齐得丧，忘祸福，混贵贱，等贤愚，同乎万物，而与造物者游。”也就是说，只有进入“坐忘”的境界，才能消解意识的作用，让心持守虚静，保养天性，进入心灵自由的恬淡之中，从而做到无心、无为、无待、无己。由于做到物我相忘，超然功利之外，才能赢得主体的精神自由，抵达人生最高境界的至美至乐。

语典

醉笔得天全[1]，宛宛天投蜺[2]。

多谢中书君[3]，伴我此幽栖[4]。

——《试笔》

（《苏轼诗集》卷三十八，第 2072 页）

注释

①天全：《庄子·达生》："夫若是者，其天守全，其神无隙，物奚自入焉"(陈鼓应注译《庄子今注今释》(下册)，第 546 页)。天全，不假雕饰之自然状态。

②宛宛天投蜺：宛宛，《史记·司马相如列传》："宛宛黄龙，兴德而升"(李翰文主编《史记全本》(四)，第 2100 页)。宛宛，回旋屈曲之貌。天投蜺，《后汉书·司马相如列傅》："上问蔡邕，对曰'所谓天投蜺者也'"(《后汉书》，第四卷，第 1722 页)。蜺，古人以虹有雄雌之别，色鲜为雄，曰虹；色暗为雌，曰蜺。

③中书君：指毛笔。

④幽栖：幽独栖居。

今译

酒酣用笔显现天然之态、回屈之貌像天空出现彩虹。多多感谢手中这支健笔，它伴随我度过这幽独的栖居人生。

解析

据清代学者王文诰注本，此诗被编入惠州诗中。"醉笔得天全"句，表达了东坡先生以"醉"求"意"的书艺观。先生喜书艺，既是他天纵多能，奔逸绝尘才华的自然流露，又是在贬谪岭海七个年头里，独有健笔一枝，"伴我此幽栖"，度过了那"食无肉、病无药、居无室、出无友、冬无炭、夏无寒泉、洗澡无浴室，更无书籍和笔墨纸张"等"举所无有"的艰难岁月。为此，先生真诚地说道："多谢中书君。"

语典

仆醉后，乘兴辄[1]作草书十数行，觉酒气拂拂[2]，从十指间出也。

——《跋草书后》

（《苏轼文集》卷六十九，第2191页）

注释

①辄(zhé)：总是，就。

②拂拂：风吹动的样子。

今译

我酒醉后，乘着酒兴总是书写草书十几行，只觉得酒气勃勃，从十指间涌出。

解析

该文作年不详。黄庭坚为东坡先生《竹石》题跋："东坡老人翰林公，醉时吐出胸中墨。"而先生自己亦说："醉笔得天全，宛宛天投霓。多谢中书君，伴我此幽栖。"(《试笔》)醉中之笔能达到天然浑成的境界，就像一弯虹霓无斧凿雕饰之痕迹。先生酣然一醉，享受着"聊尔作戏悦我神"的审美愉悦。明代学者王圣俞在其《苏长公小品》中评曰："张颠醉后，以发醮(jiào)墨，兴致颇同，神奇语"(曾枣庄主编《苏文汇评》，第521页)。先生乘兴作书，且"觉酒气拂拂"，岂不神奇乎！

语典

观其书，有以得其为人，则君子小人必见于书。是殆[①]不然，以貌取人，且犹不可，而况书乎？然人之字画工拙之外，盖皆有趣，亦有以见其为人邪正之粗[②]云。

——《题鲁公帖》

（《苏轼文集》卷六十九，第2177页）

注释

①殆：此为副词，表推测，相当于“大概”、“几乎”。

②粗：此指粗略，粗知一二。

今译

观察一个人的书法，有可能从中了解到他的人品，那么君子和小人都一定能从书法上显现出来。这大概是不可能的，以貌取人尚且不可，又何况书法呢？

然而人们写字的笔画除了工拙之外，还都透视出各自不同的审美趣味，也可以从中大致粗知他的为人邪正来。

解析

该文作年不详。东坡先生从通过观赏颜真卿书法，“未尝不想见其风采”的体悟，从而提出对书法的审美评价。他认为既不能“观其书”以辨“君子小人”。又赞成从“人之字画工拙”的趣味，还可以对其“为人邪正”略知一二。由此可知，先生对书艺的审美判断，反对“以貌取人”，只不过从其审美趣味中，对书者的性格作出粗略的考量。

语典

凡书象其为人。(略)

古之论书者，兼论其平生①，苟非其人②，虽工不贵也。

——《书唐氏六家书后》

(《苏轼文集》卷六十九，第2206页)

注释

①平生：终身，一生。

②苟非其人：如果不是圣贤之人。

今译

凡书法都像人的外貌和为人。(略)

古代评论书法，兼论人的生平事迹，如果不是正人君子，即使字写得精巧工整也不足为贵。

解析

该文，东坡先生于元丰四年(1081年)五月十一日作于黄州贬所。“书象其为人”的议论，早在南北朝时期的南朝梁代刘勰《文心雕龙》中就有评说，他说：“各师成心，其异各面”(周振甫译注《文心雕龙选译》体性第二十七，第138页)。东汉蔡邕在《笔论》中云：“书者，散也。欲书先散怀抱，任情恣性，然后书之。”这说明书法是一种具有抒情功能的艺术。故使书写者不自觉地将个人风格与书写方式融合起来，展现出个人书写的独特风格，因而具有一定的辨识度与标识性。因此，当人们在欣赏书法时，往往很自然地想到某人和他的情性。明代书法家项穆在《书法雅言》中说：“故论书如论相，观书如观人，人品既殊，识见亦异。有耳鉴，有心鉴。若遇卷初展，邪正得失，何手何带，明如亲睹，不俟终阅，此谓识书之神，心鉴也”(《历代书法论文选》，第537页)。“心鉴”者，乃“识书之神”。说它“神”，就在于观其人之笔势墨迹，就可辨其审美趣味，确乎颇有“论书如论相，观书如观人”之“心鉴”矣！

语典

人貌有好丑，而君子小人之态不可掩也。言有辩讷[①]，而君子小人之气不可欺也。书有工拙[②]，而君子小人之心不可乱也。

——《跋钱君倚[③]书遗教经》

（《苏轼文集》卷六十九，第 2186 页）

注释

①辩讷：辩，指善于巧言论争。讷，出言迟钝，口齿笨拙。

②工拙：优劣。

③钱君倚：钱公辅，字君倚。常州武进人。为集贤校理，进知制诰。神宗立，拜天章阁待制。

今译

人的外貌有美丑之分，而君子与小人的样子不可掩饰。人的口才有善辩讷言之差，而君子与小人之气质瞒不过人的眼睛。书法有优有劣，而君子与小人的审美趣味不会相混淆。

解析

该文，东坡先生约于元丰六年（1083 年）作于黄州贬所。先生认为，君子与小人的“态”、“气”不可掩盖，不可欺瞒。故反映在书法上，君子与小人之“心”，同样不会混淆。先生在《书唐氏六家书后》说：“古之论书者，兼论其生平，苟非其人，虽工不贵也。”故他认为“凡书象其人”。正因为如此，“书有工拙”，而“心正则笔正”。王羲之说：“把笔抵锋，肇乎本性。”强调提笔写字，其基础发端人的禀性与气度。清人刘熙载说得更明白：“书，如也。”“如其学，如其才，如其志，总之曰如其人而已”（参见清·刘熙载《艺概》，第 98 页）。东坡先生还说：“世之小人，书字虽工，而其神情终有睢盱侧媚之态，不知人情随想而见（略），然至使人见其书而犹憎之，则其人可知矣”（《书唐氏六家书后》）。可见先生“书有工拙，而君子小人之心不可乱也”之语，信哉！善哉！

语典

心正则笔正者[①]，非独讽谏，理固然也。世之小人，书字虽工，而其神情终有睢盱侧媚[②]之态，不知人情随想而见，如韩子所谓窃斧者[③]乎，抑[④]真尔也？然至使人见其书而犹憎[⑤]之，则其人可知矣。

——《书唐氏六家书后》

（《苏轼文集》卷六十九，第2206-2207页）

注释

①心正则笔正者：《新唐书·柳公权传》："公权字诚悬。帝问公权用笔法，对曰：'心正则笔正，笔正乃可法矣'"（转引自张志烈等主编《苏轼全集校注》文集十，第7895页）。

②睢盱侧媚：睢盱（suī xū）：睁眼仰视的样子。侧媚，谄媚。用不正当的手段讨好别人。

③韩子所谓窃斧者：《列子·说符》："人有亡𫓧者，意其邻之子，视其行步，窃𫓧也；颜色，窃𫓧也；言语，窃𫓧也，（略）俄而扣（juě）谷而得𫓧，他日复见其邻人之子，动作态度，无似窃𫓧者"（王强模译注《列子全译》，第269页）。

④抑（yì）：文言连词相当于"或是"、"还是"。

⑤憎：厌恶。

今译

心正则笔势端正，这不仅是劝谏，道理本应如此。世上的小人，字虽然写得工巧，而字的神态总带有谄媚之态，不知是人有这样的固定看法而这样想，就像列子所说窃斧的故事，还是果真如此？然而导致人见其字就厌恶，那么书写者的人品就可想而知了。

解析

该文，东坡先生于元丰四年（1081年）五月十一日作于黄州贬所。所谓"心正则笔正"，是唐代著名书法家，时任谏议大夫兼知制诰的柳公权所言。一次，唐文宗问他的用笔之法，柳公权说："心正则笔正，笔正乃可法矣。"《新唐书·柳公权传》讲，这句话是因为文宗皇帝荒纵，柳公权有意以笔法讽谏。这说明"心正则笔正"这句话并非是对笔法的精准概括。同时，先生曾在《题鲁公帖》中说过："观其书，有以得其为人"，这种判断"是殆不然，以貌取人"。不过，先生主张"书必有神、气、骨、肉、血，五者阙一"不成为书（《论书》）。故指出"书有工拙，而君子小人之心不可乱也"（《跋钱君倚书遗教经》）。这说明，他虽不太赞成"心正则笔正"的武断，但仍认为书者审美趣味，或在笔势墨迹中多有所流露。

语典

石出西山之西，北山之北。戎①以发剑，予②以试墨。剑止③一夫敌，墨以万世则。

——《王定国砚铭二首》其一

（《苏轼文集》卷十九，第555页）

注释

①戎(róng)：古代兵器的总称，军队，此指将士。

②予：我。

③止：仅，只。

今译

此石出自于西山的西边，北山的北边。将士用它来磨剑，我用它来磨墨。利剑只能对付一个人，墨却能写出万世的规则。

解析

此铭，东坡先生于元祐六年(1091年)作于颍州(今安徽省阜阳市)。王定国，名巩，东坡先生挚友。东坡先生因“乌台诗案”遭贬，王巩亦受牵连贬至广西宾州(今宾阳县)。王巩是北宋著名诗人、画家。以其正直的品格和豪气真情，活跃在北宋中后期的政坛上，为时人所敬重。该砚铭赞颂“砚”的作用胜过“磨剑石”。以此磨剑，只敌“一夫”；用此磨墨，文传“万世”。文人“弃矛剑，参笔墨”，足可以“纳诸圣贤之域。”

语典

钟鼓[1]以导和，羽籥[2]以饰喜。譬之饮食，适于口体[3]之宜。

——《赐文武百寮[4]太师文彦博（略）》

（《苏轼文集》卷四十三，第1243页）

注释

①钟鼓：钟与鼓，指古代的一种乐器。

②羽籥：古代祭祀或宴飨（xiǎng）时，舞者所持的导具和乐器，出自《史记·乐书》。羽，指雉（zhì）羽。籥（yuè），是中国上古时期的一件关乎音律音阶起源的神秘吹管乐器。其形如笛似笛，是中国笛类乐器的先祖。

③口体：口和腹。

④百寮：寮，古同"僚"，百官。

今译

钟和鼓以引导号令协和统一，雉羽和竹笛增饰宴乐的喜悦。这也如同饮食一样，以适合口味为最好。

解析

该敕令是东坡先生于元祐二年（1087年），在翰林学士兼侍读任上代皇帝草拟的诏书。据《礼记·乐记》载："钟鼓干戚，所以和安乐也。"所谓"干戚"，是古代传说中的武器。"干"，盾牌；"戚"，大斧。这说明在古代钟和鼓常用于战阵或武舞，以钟和鼓的敲击声统一号令节奏，故谓之"导和"。又据《礼记·文王世子》："春夏学干戈，秋冬学羽籥"（以上分别参见西汉·戴德、戴圣著《礼记》（第二册）第317页，（第三册），第508页）。这就是与武舞区别的文舞，即宫廷雅乐舞蹈，郊庙宴飨所奏，故谓之"饰喜"。无论是"导和"还是"饰喜"，都应以"适于口体之宜"作为准绳，最终目标达到一个"适"字。

语典

断竹为钥，窍而吹之，唱和往来之变，清浊缓急之节，师旷不能尽也[①]。反而求之，有五音十二律[②]而已；五音十二律之初，有哮然[③]者而已；哮然者之初，有寂然[④]者而已。古之作乐者，其必立于寂然者之中乎！

——(《东坡易传·说卦传[⑤]》卷九，第147页)

注释

①"断竹为钥"五句：钥(yuè)，喻重要关键。窍，窟窿，孔洞。师旷：春秋时期著名乐师，尤精音乐，善弹琴，辨音力极强。

②五音十二律：五音，按五度的相生顺序，依次为宫、商、角、徵、羽，即现在称之为五声音阶。十二律，古代汉族乐律学名词，是古代的定音方法。依次为：黄钟、大吕、太簇、夹钟、姑洗、中吕、蕤宾、林钟、夷则、南吕、无射、应钟(参见《史记·律书》)。

③哮然：吼叫的样子。

④寂然：沉静的样子。

⑤说卦传：记述八经卦所象征的事物，以及阐述六十四卦序排列原理和各卦的属性意义。

今译

砍断竹取其关键部分，钻成孔洞吹奏，用以唱和古往今来的变化，富有清浊缓急的节奏，就是师旷也不能穷尽其理。反过来对此加以推究发现，只有五音十二律而已；而在五音十二律出现以前，只有吼叫的声音而已；在吼叫声出现之前，只有沉寂而已。古代制作乐律的人，他一定是处于沉寂中的吧！

解析

《东坡易传》，东坡先生于元丰三年(1080年)至元丰五年(1082年)之间初成于黄州贬所。该文是先生对《说卦传》"分阴分阳，迭用柔刚，故《易》六位而成章"文辞的解说。人所共知东坡先生是伟大的诗人、文学家、书法家，但关于他对古代音乐的鉴赏才能知者不多。实际上先生也堪称音乐行家。譬如他曾创作了琴歌歌词，如为古琴曲《阳关三叠》填写了三种不同类型的歌词。陆游在《老学庵笔记》中，记载了先生与他的弟子晁补之饮别时，亲自演唱《阳关三叠》一事。他还于元祐元年(1086年)应崔闲之邀，为琴曲《醉翁操》填词。他酷爱古琴，收藏古琴，在谪居黄州期间，曾与几位善弄琴者闲话琴事。该文的价值在于先生对音乐的起源有着独到而深刻的阐释。他认为"古之作乐者"，最初必处于"寂然"之中。虽然"乐者"表面表现出沉寂的样子，但他的内心一定有所感而心潮澎湃，于是乎入声而"哮然"。因为受内心情感所激，故而其"哮"声必有一定的律动，于是乎出现旋律，人者听之曰"歌"。这正如《毛诗序》曰："情动于中而形于言，言不足，故嗟叹之，嗟叹之不足，故咏歌之，咏歌之不足，不知手之舞之，足之蹈之也。"这里所说的"情动于中"，大概就是先生所说的"寂然"。这里所说的"嗟叹之"，大概就是先生所说的"哮然"。而到"咏歌之"，则有"五音十二律"了。除此以外，先生还对音乐的功能提出了见解。他指出音乐有着"唱和往来之变"的作用。他的这种音乐观与他的"有为而作"、"济世之用"的文学观是一致的。

语典

一受其成，而不可更。或主于德，或全于形。均是二者，顾予安取[①]。仰唇俯足[②]，世固多有。

——《天石砚铭》

（《苏东坡文集》卷十九，第556页）

注释

①“顾予”句：顾，此为文言连词，但看。予，我。安，此为疑问句，哪里。

②仰唇俯足：指仰人鼻息，跪人脚下。

今译

一旦接受了上天本成之性，就很难更化改变。或潜心于内在道德修养为主，或追求外部形体的保全。如果两者兼有，但看我如何选取。仰人鼻息跪人脚下，世上这种人其实很多。

解析

东坡先生年十二岁时，在他家的宅地和小朋友玩游戏，得到一块像浅碧色鱼形的异石。这块异石扣之铿然，东坡的父亲观后说：“是天砚也。有砚之德，而不足于形耳。”先生亦认为此砚“是文字之祥”，于是，视为珍宝，作铭以纪。元丰二年七月，先生因“乌台诗案”下狱。贬至黄州后，先生找不到这块砚的下落。元丰七年四月一日，先生乘船离开黄州，七月当船至当涂(今安徽当涂县)，先生打开书箱，忽然又见到了这块宝砚。后来，先生将天石砚交给儿子苏迨和苏过。砚台是文人收藏的清雅之物，砚台也象征独特身份，更是他们的精神伴侣，如同宝剑承载着英雄的梦想，砚台是读书人独特的文化象征。苏氏之“天石砚”及砚铭，是东坡先生文化性格和真实情感的载体；是传承苏氏翰墨家风的文房大宝。

语典

顺其所爱则谓之吉，犯其所恶则谓之凶[1]。夫我之所爱，彼有所甚恶，则我之所谓吉者，彼或以为凶矣。故曰吉凶以情迁。

——(《东坡易传·系辞传[2]》卷八，第145页)

注释

①“犯其所恶”句：犯，触犯。恶(wù)，讨厌，憎恶。凶，此指不吉祥。

②系辞传：总论《易经》大义，解释卦义辞的意义及卦象爻位。

今译

顺应其所喜爱的就称之为吉利，触犯其所厌恶的称之为不吉利。我所喜爱的，可能正是他人所厌恶的，我所感到吉利的，他人或以为是不吉利的。因此说吉利和不吉利是根据人的情况而变化的。

解析

《东坡易传》，东坡先生于元丰三年(1080年)至元丰五年(1082年)初成于黄州贬所。该文是先生对《系辞传》“吉凶以情迁”文辞的解说。该文揭示一个社会文化现象，人的“爱”、“恶”、“吉”、“凶”，彼此是有所不同的，而其原因是多方面的。但主要原因，其一，审美心理的差异。有人偏重理性，有人偏重感性。其二，审美理想的差异。有的侧重审美主体的心理属性，有的侧重审美主体的物理属性。其三，审美方式的差异。有的侧重体验性，有的侧重思辨性。当然最终导致人各有别的根本原因，是各人的文化背景，所受教育的程度、家庭环境，以及民族、职业等的不同，从而“所爱”、“所恶”是“吉”，是“凶”，皆“以情迁”。

膳　食

味无味之味，五味备兮。

导读

林语堂在其《苏东坡传》中说道：“在元丰三年(1081年)，苏东坡真正务农了。(略)他过去原想弃官为农，没料到在这种情形之下被迫而成了农夫。”作者这里用了一个“被迫”二字，意为不是因为“乌台诗案”，先生被贬黄州，不是因为家大口阔，生活难以为继，就不会有求得东坡故营地，躬耕其中，以解“绝粒无策，敢期一饱”之举。有人夸先生善土功水利，先生每自笑说：“某岂晓土功水利者乎，职事所迫，不得不尔。”这里，又是一个“所迫”。有人赞美先生是一个美食家，然而，殊不知这也是先生谪居黄州后，受生活“所迫”，“不得不尔”。如同林语堂所言，先生“具有一个多才多艺的天才的深厚、广博、诙谐、有高度的智力”，具有“天真淳朴”，“顺乎天性”，“自得其乐”的广泛兴趣，故而又演绎出化腐朽为神奇，化平淡为甘美的东坡美食传奇。

先生的膳食观，既受道家思想的浸染，又受谪居环境的影响。其观念总体前提是：“人间无正味，美好出艰难。”故而他指出：“尝食刍豢者难食菜，尝衣锦者难于衣布，尝为其大者不屑为其小。”又说：“菜羹菽黍，差饮而食，其味与八珍等；而既饱之余，刍豢满前，惟恐其不持去也。”故他感慨地说道：“美恶在我，何与于物？”

先生还认为：“口体之欲，何穷之有，每加节俭，亦是惜福延寿之道。”这俨然是出自一位“识字农夫”之口的感受。他告诉朋友，“莫将南海金齑(jī)脍，轻比东坡玉糁羹”。其原因在于：“天然之珍，虽不甘于五味，而有味外之美。”这“味外之美”，就是他认定的“味无味之味，五味备兮”。为此，才有了“一饭在家僧，至乐甘不坏”的人生享受。

在中国美食文化中，以人名命名的菜肴和水酒，要数苏东坡先生为最。据称以东坡命名的菜肴凡六十六种，其中三十五种在黄州研制。以东坡肉、东坡饼、东坡羹、东坡鱼、东坡豆腐最为著名。

“引壶觞以自娱，期隐身于一醉，暂托物以排意，岂胸中而洞然。”先生在谪居无事时，对亲自下庖厨情有独钟。其意在于“托物排意”而“自娱”，从而获得“隐身于一醉”，“胸中而洞然”的精神愉悦。

语典

人间无正味①，美好出艰难。

——《和陶西田获早稻》并引
（《苏轼诗集》卷四十二，第 2315 页）

注释

①正味：统一纯正的滋味。

今译

人世间没有统一纯正的味道，一切美好事物都出自艰辛困苦的劳动。

解析

此诗是元符元年(1098 年)八月，东坡先生作于儋州。从该诗小引可知，先生在新居的“小圃栽植又成”。望着园圃里“早韭欲争春，晚菘(秋末冬秋之白菜)先破寒”，先生发出“早知农圃乐”、“尚恨不持锄”的感叹。从而得出“人间无正味，美好出艰难”的感悟。何谓“正味”，《庄子·齐物论》中虚构了古代两个贤人的对话。其中有这样一段话，大意是问：人吃肉类，麋鹿吃草，蜈蚣喜欢吃小蛇，猫头鹰和乌鸦则爱吃田鼠。人、麋鹿、蜈蚣和猫头鹰与乌鸦这几种动物，到底哪一个的口味是纯正的标准呢？这说明一切动物对于食物的获取各有所求，他们对于“正味”的鉴定没有统一标准。但是要获得属于自己“美好”“正味”的食物，只有一个途径：艰苦的劳动。东坡先生用诗的语言道出了“美好”与“艰难”的逻辑关系，也道出了人生朴素的生活之道。

语典

尝食刍豢者难食菜[①]，尝衣锦者难于衣布[②]，尝为其大者屑[③]为其小，此天下之通患[④]也。

——《凤鸣驿记》

（《苏轼文集》卷十一，第376页）

注释

①“尝食”句：尝，经历。刍豢（chú huàn），朱熹注曰：“草食曰刍，牛羊是也；谷食曰豢，犬豕是也。”指牛羊猪肉等牲畜，泛指肉类食品。

②“尝衣”句：衣锦，穿锦绣衣裳，谓显贵。衣布，穿粗布衣裳，谓贫穷。

③屑：琐屑（细微小的事情）。

④通患：谓通病。

今译

曾经吃惯了美味佳肴的人很难咽下糠菜，曾经穿惯了丝绸锦缎的人很难再穿粗布衣裳，曾经做过大官的人就不屑于做小事，这是天下的通病。

解析

该文是嘉祐七年（1062年），东坡先生签判凤翔所作。所引章句是先生赞美凤翔太守宋公，不以修缮驿站为“不屑”小事，而尽心“乐而喜从事”，使其焕然一新的善举所发的议论。先生认为当今之“通患”在于：喜食美味厌弃菜蔬；喜攀显贵厌恶贫穷；喜“为其大”，“屑为其小”。此真乃天下通患，人之共病，古者有之，今者为甚。

语典

菜羹菽黍[1]，差饥而食，其味与八珍[2]等；而既饱之余，刍豢满前，惟恐其不持去也。美恶在我，何与于物？

——《答毕仲举[3]二首》之一

（《苏轼文集》卷五十六，第1671页）

注释

①菽黍：菽，豆的总称。黍：亦称“稷”，今北方谓之黄米。

②八珍：指八种珍贵的食物，后将“八珍”概指为珍贵烹饪原料。

③毕仲举：真宗时宰相毕士安之曾孙。

今译

野菜汤粗粮饭，等到饿时再吃，其味道与八珍一样甜美；而等吃饱了以后，即使是佳肴美味摆在面前，惟恐不快点将它们拿走。喜欢或厌恶什么全在于我自己，何必受外物所左右？

解析

此书于元丰三年(1080年)闰九月十九日，东坡先生作于黄州贬所。先生认为，无论是何食物，在“饥而食”、“饱之余”的不同场合下，对于食物的感受却绝然不同。先生用道家的思想对此作了注解，曰：“美恶在我，何与于物。”这意思是说，物的美恶不在物的本身，而在于“我”在此时的处境与心情。先生这种人生感受，只有在黄州贬谪艰难的日子里，才能有如此透彻的解悟。

语典

水陆之味[①]，贫不能致，(略)自然之味，盖[②]易具而可常享。(略)先生心平而气和，故虽老而体胖。计余食之几何[③]，固无患于长贫。

——《菜羹赋》

(《苏轼文集》卷一，第17页)

注释

①水陆之味：山珍海味。

②盖：发语词。

③几何：多少。

今译

山珍海味，家贫不能买到，(略)大自然的蔬食，容易找到而可以经常享用。(略)先生我心平气和，所以虽然年纪大了但身体发福了。有了容易找到的自然蔬食，其余食物或多或少就不成问题，再也不忧虑长期贫穷。

解析

盖因序有“东坡先生卜居南山之下”，故此赋元符元年(1098年)十月，作于儋州。当年这里是一个“食物人烟、萧条之甚”(《与张逢书》)的荒蛮之地。这里食无肉、病无药、居无室、出无友、冬无炭、夏无寒泉，同时语言不通，习俗迥异。秉性超然乐观的东坡先生，无论身在何方，无论是否一无所有，他都能化“地狱”为“天堂”。如同他在该赋序中所言，“水陆之味，贫不能致”，但“煮蔓菁、芦服、苦荠而食之”，他感到“信净美而甘分”。先生为何食“菜羹”而能品出“净美而甘分”的美味，且有“葛天氏遗民”(传说中国古代淳朴自在、快乐无忧之部落民众)之安适感，原因就在于“先生心平而气和”，非有“已将地狱等天宫”的胸襟，是难以企及“葛天氏遗民”之境界的。

语典

黄州好猪肉，价贱如泥土。贵人[①]不肯吃，贫人[②]不解煮，早晨起来打两碗，饱得自家君莫管。

——《猪肉颂》

（《苏轼文集》卷三十，第597页）

注释

①贵人：富贵之人。
②贫人：贫穷之人。

今译

黄州上好的猪肉，价格便宜如同泥土。富贵人家不愿吃，贫穷人家不会煮。早晨起来吃上两碗，我们全家吃得饱饱的别人管不着。

解析

此颂为先生于元丰五、六年（1082—1083年）之间作于黄州。东坡先生在《黄州上文潞公书》中说："黄州食物贱，风土稍可安。"他还在《菜羹赋》序中说："水陆之味，贫不能致"、"自然之味，易具而可常享"。为了解决温饱，他想出了三条对策：一是自耕自食，二是向大自然找食，三是买便宜东西吃。当年的黄州什么东西最便宜？那就是"贱如泥土"的猪肉。然而黄州猪肉，一经天下奇才的东坡先生之手，就变成了传承千古、名播神州的著名美食"东坡肉"。

语典

子瞻在黄州，好自煮鱼。其法，以鲜鲫鱼或鲤治斫[①]冷水下入盐如常法，以菘菜心芼之[②]，仍入浑葱白数茎，不得搅。半熟，入生姜萝卜汁及酒各少许，三物相等，调匀乃下。临熟入橘皮线，乃食之。其珍食者自知，不尽谈也。

——《煮鱼法》

（《苏轼文集》（第六册）卷七十三，第2371页）

注释

①治斫：斫，用刀剖开。把鱼剖开洗干净。

②以菘菜芼之：菘，蔬菜名。大白菜，别称黄芽菜。芼（máo），把生菜放进煮沸的水里，使之熟，是方言的说法。

今译

我在黄州时，喜欢自己煮鱼。方法是，把鲜鲫鱼或者鲤鱼剖开洗净加盐，用平常方法处理，将菜心"芼"过后，加入若干葱白，不能搅动。半熟后，加入少量生姜萝卜汁和酒，三样佐料相等，调匀加入。快熟时，加入橘皮线。这样食用，其味道只有我最了解，不详细叙说了。

解析

该文是元丰六年（1083年），东坡先生作于黄州贬所。黄州，地处长江中游北岸，是有着江、河、湖广大水域的古城，尤其是周围湖泊众多，盛产鱼米菱藕。先生常去河汉垂钓，这对于既需鲜鱼进荤，又善烹饪的东坡先生来说，是一种求之不得的事情。故而黄州猪肉经先生一煮，如今成了名满神州的"东坡肉"。黄州的鲜鱼，经先生一煮，亦成了饭店酒楼名菜"东坡鱼"。东坡先生的魅力不可思议，肉还是那个肉，鱼还是那个鱼，但当它与"东坡"连在一起，就别有一番滋味。

语典

今年东坡收大麦二十余石，卖之价甚贱，而粳米适尽，乃课奴婢舂以为饭，嚼之啧啧有声。小儿女相调，云是嚼虱子。日中饥，用浆水淘食之，自然甘酸浮滑，有西北村落气味。今日复令庖人[①]，杂小豆作饭，尤有味。老妻[②]大笑曰："此新样二红饭也。"

——《二红饭》

（《苏轼文集》卷七十三，第2380页）

注释

①庖人：厨师。
②老妻：苏轼的第二任妻子王闰之。

今译

今年东坡收获了大麦二十余石，想卖掉，售价太低，而粳米又吃完，于是规定仆人舂捣用来做饭，吃起来啧啧有声。小孩子们相互调笑，说是像嚼虱子。日至中午肚子饿，用浆水淘洗食用，当然甘酸浮滑，有西北农村风味。今天又令厨师，用大麦掺杂小红豆做饭，尤其有滋味。老妻大笑说："这是新式的二红饭。"

解析

该文，东坡先生约于元丰五年(1082年)初夏作于黄州贬所。元丰四年(1081年)二月，马梦得为先生向州府申请故营地数十亩，号曰东坡。由于种稻来不及，只好先种麦子。这一年，大麦丰收合计二十余石。家里大米正好吃完，只有每日捣麦做饭。尽管吃起来"啧啧有声"，尽管嚼起来"甘酸浮滑"，但王闰之却"大笑"，并取了一个好听的名字"二红饭"。甚至于连懂事的小儿女们，俏皮地戏称"嚼虱子"，并开心地相互嬉戏。这就是"乌台诗案"后，一个曾是朝中封疆大吏，而今却成罪臣迁客家庭日常生活的真实镜头。一家老少吃起"二红饭"来，没有愁眉苦脸，一边"嚼虱子"，一边"大笑"。真乃以苦为乐，不改其乐，这就是堂堂东坡之家风。

语典

东坡羹，盖东坡居士所煮菜羹。不用鱼肉五味，有自然之甘。其法以菘若蔓菁、若芦菔、若荠[①]，揉洗数过，去辛苦汁。先以生油少许涂釜[②]，缘及一瓷碗，下菜沸汤中。入生米为糁[③]，及少生姜，以油碗覆之，不得触，触则生油气，至熟不除。其上置甑[④]，炊饭如常法，既不可遽[⑤]覆，须生菜气出尽乃覆之。羹每沸涌。遇油辄[⑥]下，又为碗所压，故终不得上。不尔，羹上薄饭，则气不得达而饭不熟矣。饭熟羹亦烂可食。若无菜，用瓜、茄，皆切破，不揉洗，入罨[⑦]，熟赤豆与粳米半为糁。余如煮菜法。应纯道人将适庐山，求其法以遗山中好事者，以颂问之：

甘苦尝从极处回，咸酸未必是盐梅[⑧]，问师此个天真味，根上来么尘上来[⑨]？

——《东坡羹颂并引》

（《苏轼文集》卷二十，第595页）

注释

①"其法以"三句：菘，蔬菜名。柄厚而色青者为青菜，柄薄而色薄者为白菜，别称黄芽菜。蔓青，菜名，又名芜青。芦菔，即萝卜。荠，古名护生草、鸡生菜，广东称菱角菜，四川又称烟盒草，上海俗称枕头草（参见丁永淮等编注《苏东坡黄州作品全编》，第289页）。

②釜：古代的一种锅。

③糁（shēn）：谷类磨成的碎粒。

④甑（zèng）：古代蒸饭的一种瓦器。

⑤遽（jù）：急，仓猝。

⑥辄（zhé）：就。

⑦罨（yǎn）：能覆盖的容器。

⑧咸酸未必是盐梅：唐司空图论诗曰："梅止于酸，盐止于咸。饮食不可无盐梅，而其美常在咸酸之外"（参见《司空图文集》·《与李生论诗书》）。

⑨根上来么尘上来："根"，佛教以眼、耳、鼻、舌、身、意为六根。此指舌。"尘"，佛教以色、声、香、味、触、法为六尘。此指味。

今译

东坡羹，乃是东坡居士所煮的菜羹汤。它不用鱼、肉和五味调料，有自然的甘美。其制作方法是：用大白菜或蔓菁，或萝卜，或芥菜，揉搓清洗几遍，把它们的辛辣苦涩去掉。先用生油少许把锅擦抹一遍，抹一瓷碗那么高，把菜下到煮沸的汤里，把生米磨成糁放入锅中并加上少许生姜，用油碗覆盖住，油碗和锅不得接触，接触了就会有生油的气味，直到煮熟这生油味也去不掉。碗上边放一个瓦盆，像平常煮饭一样煮。碗不可覆盖太早，须等到生菜的气味消失后才能覆盖。每当菜羹沸涌时，遇碗里油就下去，又被碗压住，所以始终都沸不上来。不然，羹上的米饭，就得不到蒸气，饭也就煮不熟了。等饭煮熟后菜羹也软烂可以吃了。如果没有上述各菜，将瓜、茄子，都切碎，不用揉洗，放入瓦器，用煮熟的红豆与粳米各半磨成糁。其余和煮菜法相同。应纯道人准备去庐山，向我求取此法给山里那些想尝试新鲜的人品尝。我用颂词问他们说：

甘和苦何尝不是从它的极限走向相反，咸味和酸味未必是来自盐和梅子。请问大师"东坡羹"纯美清香的天然滋味，是从根（舌）上来的呢，还是从尘（味）上来的呢？

解析

该颂，东坡先生于元丰四年（1082年）十二月作于黄州贬所。东坡羹，正是这一时期由先生所创制的美食菜羹。它不用鱼、肉和五味调料，却有自然的甘美。在这篇颂词的引子里，先生详尽地叙述了其制作工艺。庐山应纯道人极为赞赏，打算将此法带回庐山试煮，让山中的同修共尝新鲜。一个没有鱼、肉和五味调料的菜汤，真的有如先生夸奖的这般甘美吗？笔者思忖，东坡羹的美味来自于：其一，"水陆之味，贫不能致（略），自然之味，盖易具而可常享"。因为穷没有钱买鱼肉，只有大自然的白菜、萝卜可以无偿享用。更何况如今现代人们，吃厌了鱼肉大味，却同样把"山野菜"、"农家饭"当作美食。其二，"菜羹菽忝，差饥而食，其味与八珍等"。在谪居黄州的日子里，全家人经常饿肚子，这难得一尝的菜羹汤就显得格外甘美了。该颂的结尾颇有佛理禅味，先生在颂词中询问应纯道人："问师此个天真味，根上来么尘上来？"这意思是问：你说这天真味是从"根"（舌）上来，这不是佛家要斩断的"六根"吗？你说这天真味是从"尘"上来，这不是佛要除掉的"六尘"吗？依于"六根"，接于"六尘"，就生出无穷的烦恼。呜呼！一碗东坡羹，"同样堪破天下禅和子"。

语典

芡[①]无五味，腴而不腻[②]，足以致玉池[③]之水。故食芡者，能使人华液通流，转相挹注[④]，积其力，虽过乳石[⑤]可也。以此，知人能淡食而徐饱者，当有大益。吾在黄冈山中见牧羊者，必驱之瘠土[⑥]，云："草短而有味，羊得细嚼，则肥而无疾。"羊犹尔，况人乎？

——《食芡法》

（《苏轼文集》卷七十三，第2337页）

注释

①芡：水生植物，又名鸡头包。种子名芡实，供食用或入药。

②腴而不腻：腴，肥壮。腻，油腻。

③玉池：道家称口为玉池。

④挹注：把液体盛出来再注入。

⑤乳石：石钟乳、白石英、紫石英等之统称，古以之入药。

⑥瘠土：不肥沃的土地。

今译

芡没有五味，肥而不腻，足以使口腔生津液。所以吃食芡实，能使人津液通流，转相注入丹田，积其效力，能超过乳石之药材。照此，知道人能淡食而且慢慢吃饱，定有大的益处。我在黄冈山中见放羊的人，必定将羊赶到土地不肥沃的地方。他说："草短而有味道，羊必须细细咀嚼，使羊肥壮而无疾病。"羊既然这样，何况人呢？

解析

该文约于元丰年间，东坡先生作于黄州贬所。先生将自己的养生三法："食芡法"、"胎息法"、"藏丹砂法"告诉胞弟子由。先生在该文中特别强调，食芡必"细嚼之"，而且要能做到"舌颊唇齿，终日嗫嚅"。为了证实食芡须细嚼方有效，他引黄冈山中牧羊人的话，"羊得细嚼，则肥而无疾"。先生强调"细嚼"，主要是"致玉池之水"、"华液通流"，仍然是取"闭息"、"咽津"养生之法。

语典

惠州市井寥落[①]，然犹日杀一羊。不敢与仕者争，买时，嘱屠者买其脊骨[②]耳，骨间亦有微肉，熟煮热漉[③]出(不乘热出，则抱水不干)。渍[④]酒中，点薄盐炙微焦食之。终日抉剔[⑤]，得铢两于肯綮之间[⑥]，意甚喜之。如食蟹螯[⑦]，率数日辄一食[⑧]，甚觉有补。

——《与子由[⑨]第十首》之七

(《苏轼文集》卷六十，第1837页)

注释

①市井寥落：市井，指街市，古代城邑中集中买卖货物的场所。寥落，指稀疏，冷落。

②脊骨：脊椎中间的骨头。

③漉(lù)：液体慢慢地渗下。

④渍(zì)：浸。

⑤抉剔(jué tī)：搜求挑取。

⑥"得铢两于肯綮之间"句：铢两，指一铢一两，古代重量单位，二十四铢等于旧制一两。引申为极轻的分量。肯綮(kěn qǐng)，筋骨结合的地方。

⑦蟹螯：螃蟹变形的第一对脚。

⑧率数日辄一食：率，大概。辄(zhé)，就。

⑨子由：苏辙，字子由。苏轼胞弟。

今译

惠州的集市萧条冷落，但每天仍杀一只羊，我不敢和当官的相争，买时，嘱咐屠户只买羊的脊骨，因骨之间有一点肉，煮熟之后趁热捞出(若不趁热捞出，它就会含水不干)。在酒中浸泡后，撒上一层薄盐，用文火熏烤后食用。整日搜求挑取，在骨头缝里挑出一点点肉，心里觉得很高兴。好像吃蟹螯，大概几天就吃一次，觉得很有滋补作用。

解析

此书信大约是东坡先生于绍圣三年(1095年)，作于惠州贬所。先生谪居黄州，为了解馋，只有吃"价贱如泥土"，且"贵人不肯吃，贫人不解煮"的"黄州好猪肉"。先生再谪惠州，此地没有"便宜"的猪肉，而且一天只杀一只羊，随缘自适的东坡先生，因地制宜，不敢与"仕者争"，口袋也无钱能去争，无奈，他在羊脊骨上打主意。令人惊讶的是，惠州人不屑食的羊脊骨，经先生别具匠心的美食料理，竟然于"肯綮之间"，觅得了美如"蟹螯"的佳肴。如今惠州人不知是否将"东坡羊脊"作为美食列入菜谱，但先生的"肯綮"之美食，蕴含着令人启沃的义理，会让我们品出人生的"味外之味"。

语典

《本草》谓芋[1]，土芝，云："益气充饥。"惠州富此物，然人食者不免瘴[2]。吴远游[3]曰："此非芋之罪也。芋当去皮，湿纸包，煨之火，过热，乃热噉[4]之，则松而腻，乃能益气充饥。今惠人皆和皮水煮冷啖[5]，坚顽少味，其发瘴固宜。"丙子除夕前两日，夜饥甚，远游煨芋两枚见啖，美甚，乃为书此帖。"

——《记惠州土芋》

（《苏轼文集》卷七十三，第2365页）

注释

①芋：又名芋头，（宋·林洪《山家清洪·土芝丹》："芋之大者名土芝。"多年生草本植物，块茎均富含淀粉，可作羹菜，也可以代粮或制淀粉。

②瘴：本义指瘴气，此指腹胀。

③吴远游：吴复古，字子野，号远游。

④噉(dàn)：吃。

⑤啖(dàn)：吃。

今译

《本草》称芋，芋头的别名，载："益气充饥。"惠州盛产此物，然而人们吃后不免腹胀。吴远游说："这不是芋头的问题。芋头应该去皮，用湿纸包裹，放在火里煨烘，熟后，就趁热吃，这样松软而细腻，并能益气充饥。如今惠州人都和皮用水煮冷后吃，坚硬少味，吃后一定会腹胀。"绍圣三年(1096年)十二月二十七日，夜晚我感到很饿，吴远游煨了两枚芋头给我吃，味道很美，于是就写下这帖。

解析

该文，东坡先生于绍圣三年(1096年)十二月二十七日作于惠州贬所。芋头原产印度，由东南亚等地引进。芋头营养丰富，含有大量的淀粉、矿物质及维生素。芋头有着很好的食疗作用，具有益胃、宽肠、通便、解毒、补中益肝肾、消肿止痛、益胃健脾、散结、调节中气、化痰、添精益髓等功效。先生从吴复古那里不经意学到了"芋当去皮，湿纸包，煨之火"的食用方法，解决了惠州人食芋腹胀的问题。如同他热衷于收集古老民间偏方一样，先生特别用心记下了许多关于膳食、烹饪食材、方法的所见所闻。这使人不禁想起先生幼时写的一副对联："发奋识遍天下字，立志读尽人间书"。先生就是这样一位对天下所有知识渴求"识遍"、"读尽"的有志者和有心人。

语典

羊豕以为羞[①]，五味以为和，秫[②]稻以为酒，曲蘖[③]以作之，天下之所同也。其材同，其水火之齐均，其寒暖燥湿之候一也[④]，而二人为之，则美恶不齐。(略)

能者即数[⑤]以得妙，不能者循数以得其略。其出一也，有能有不能，而精粗[⑥]见焉。

——《盐官大悲阁记》

(《苏轼文集》卷十二，第386页)

注释

①“羊豕”句：豕(shǐ)：猪。羞：同“馐”，美味佳肴。

②秫(shú)：黏高粱，可以做烧酒，有的地方泛指高粱。

③曲蘖(qǔ niè)：发霉发芽的谷物，即酒曲。

④其寒暖燥湿之候一也：指气候条件相同。

⑤数：此指技术。

⑥精粗：指酒的质量高低。

今译

羊肉、猪肉做成美味佳肴，以五味调料来烹制；高粱、稻米制成酒，用酒曲来发酵，天下人都是用相同的方法。所用的材料相同，运用水和火候都一样，它们的气候条件也相同，但是两个人分别烹制和酿造，其味道有好有坏绝然不一样。(略)

能者凭技术制成美妙的味道，不能干的即使按照步骤去作也只能制成平淡无奇的酒肴。制作的路数是一样的，然而有的人精明有的不精明，酒肴质量的高低就显而易见了。

解析

该文是熙宁八年(1075年)，东坡先生应杭州盐官县安国寺大和尚居则所请，为该县大悲阁所作的记文。先生为寺庙作记，为何一开篇就写美味佳肴的烹制和酿造呢？原来该阁大和尚居则，用“缩衣节口三十余年，铢积寸累”的积蓄，塑造成了高九仞的千手千眼观世音菩萨，并又建成四重高阁供奉此像。居则大和尚“笃志守节，老而不衰”的敬业精神，与那些“饱食而嬉”的事佛者，他们同是信奉佛教，住在同样的寺庙里，诵着同样的佛经，然而他们的修行如此天壤之别。这如同从事制作美食和酿造美酒的“能者”和“不能者”一样，两相比较其“美恶不齐”、“精粗见焉”。善于运用比喻作为论据以证其论点，这是先生为文最富吸引力、说服力的高明之处。

语典

取笋簟菘心与鳜相对[①]，清水煮熟，用姜芦服自然汁及酒三物等，入少盐，渐渐点洒之，过熟可食。

——《与钱穆父[②]二十八首》之十四

（《苏轼文集》卷五十一，第1506页）

注释

①"取笋簟菘心"句：簟(diàn)，指簟竹。菘心：青菜心。鳜(guì)：鳜鱼，体侧扁，性凶猛，生活在淡水中，味鲜美。

②钱穆夫：钱勰，字穆父，钱塘(今浙江杭州)人，官至户部尚书。《宋史》有传。

今译

取竹笋、簟竹、青菜心与鳜鱼相和一起，用清水煮熟，再用姜、萝卜的自然汁和酒，加少量的盐，漫漫点洒在上面，过熟就可以食用。

解析

此信函，东坡先生大约于元祐四年至六年(1089—1091年)作于杭州。早在贬谪黄州时，即元丰六年(1083年)，先生曾作《浣溪沙》词："西塞山边白鹭飞，散花洲外片帆微。桃花流水鳜鱼肥。自庇一身青箬笠，相随到处绿蓑衣，斜风细雨不须归。"先生在词中描绘了一位超脱名利的渔父，在风景如画的青山绿水间，自得其乐，无复风波之患。值得注意的是，先生把鳜鱼与白鹭、片帆联系在一起，融入大自然中，可见先生对鳜鱼之喜爱。他不仅是享受"过熟可食"的鳜鱼美味，在"可食"的同时，沉浸在"桃花流水"的审美情景中，这就是先生的美食观。

语典

今日斋素①，食麦饭笋脯②有余味，意谓不减刍豢③。念非吾亨之，莫识此味，故饷④一合，并建茶⑤两片，食已，可与道媪对啜⑤也。

——《与孟亨之⑦一首》

（《苏轼文集》卷五十八，第1750页）

注释

①斋素：持斋吃素。

②麦饭笋脯：麦饭，是磨碎的麦煮成的饭。笋脯，笋干。

③刍豢：本指家畜之类，此引申为荤食。

④饷：馈赠。

⑤建茶：因产于福建溪流而得名。

⑥道媪对啜：道媪，指孟亨之的夫人。啜(chuò)，饮。

⑦孟亨之：孟震，字亨之，东平(今属山东泰安)人。登进士第，为承议郎。元丰三年至元丰六年为黄州通判。

今译

我今天斋戒，吃大麦皮伴笋干饭觉得特别有风味，自以为其鲜美程度不在肉食之下。想来除了我和亨之，再也没有人能识此味，故也赠一盒给您，并附上建茶两片。您吃罢以后，可以和夫人相对畅饮了。

解析

此书信，东坡先生大约于元丰五年(1082年)作于黄州。这一年，先生在东坡收获了大麦二十石，因“卖之价甚贱，而粳米适尽，故日夜课奴婢舂以为饭”。先生的夫人王闰之笑曰：“此新样二红饭也。”先生这次斋素的饭食，是大麦片伴笋干煮成的面饭。如同先生《答毕仲举书》所言：菜羹菽黍，差饥而食，其味与八珍等。此麦饭，先生同样认为味道“不减刍豢”。先生对麦饭很得意，心想应该与孟亨之分享。孟亨之，名震，时任黄州府通判。其居室庭院有泉一眼，泉水清澈，大旱不竭，大雨不溢。有感于孟震的为人，苏东坡将其名之为君子泉。先生弟苏辙“得兄来信，于欣喜中为孟震作《君子泉铭》，其叙说：‘孟君亨之，笃学而力行，克有常德，信于朋友，一时皆称之，曰：此君子也’”。作为有君子之德的孟亨之，同先生有着一样的道眼禅心，对于“麦饭”当然会心有灵犀一点通，并会点头赞许：“嗯！真不减刍豢哉！”

语典

莫将南海金齑脍[1]，轻比东坡玉糁羹[2]。

——《过子忽出新意，以山芋作玉糁羹，(略)》
(《苏轼诗集》卷四十二，第2316页)

注释

①“莫将”句：齑(jī)，捣碎的姜、蒜或韭菜碎末儿。脍(kuài)，切细的肉、鱼。金齑玉脍，原名鲈鱼脍，凡是银白色的生鱼片，搭配金黄色的调料，都可称为金齑玉脍。

②玉糁羹：糁(shēn)，谷类磨成的碎粒。羹，用蒸煮等方法做成的糊状食物。此处指用清泉水、焖锅大火，熟至软烂的山芋糊糊(粥)。

今译

不要把南海的金齑玉脍，轻易地比作东坡玉糁羹(粥)。

解析

此诗，东坡先生于元符元年(1096年)作于儋州。从该诗的标题可知，所谓“东坡玉糁羹”，是先生的小儿子苏过出于一片孝心，为“齿根日浮动”(《和陶下潠(xùn)田舍获》)的老父亲，别出新意创制的，以山芋焖煮的软烂糊粥。先生大概是出于表彰过儿的孝心，抑或是“已饥而食，蔬食有过于八珍”的缘故，他为这山芋糊糊取了个好听的名字“东坡玉糁羹”。而且还说它胜过了当年隋炀帝巡幸江南时品尝过的“金齑玉脍”美食。此乃先生“万物可观”、“美恶在我”之人生态度的生动体现。

语典

口体[1]之欲，何穷之有！每加节俭，亦是惜福[2]延寿之道。

——《与李公择[3]十七首》之十

（《苏轼文集》卷五十一，第1499页）

注释

①口体：指口和腹。

②惜福：珍惜眼前的幸福。

③李公择：李常，字公择，建昌县（今江西永修）人。皇祐元年（1049年）进士，官至御史中丞。《宋史》有传。

今译

人的口与腹的欲望，哪有穷尽！每加节约俭省，也是惜福延寿的根本。

解析

该书信是东坡先生于元丰六年（1083年）撰于黄州。先生在本章句中提出"惜福延寿"养生之道：节俭。俗谚云："人在福中不知福"。其所以不知福？原因就在"口体之欲，何穷之有"？人生贪欲永远难以满足，故而生出抱怨与牢骚。只有做到"知足"，方能得到"长乐"；只有感到"长乐"，方能感到幸福。以"惜福"达到"延寿"，这是一种最为理智和科学的养生之道。

语典

天然之珍[1]，虽不甘于五味[2]，而有味外之美[3]。

——《与徐十二[4]一首》

（《苏轼文集》卷五十七，第1733页）

注释

①天然之珍：天然，道家哲学。生来就有的，自然生成的。珍，此指精美的食物。

②不甘于五味：甘，指美好。五味，指酸、甘、苦、辛、咸五种味道。这里泛指各种味道或调和众味而成的美味食品。

③味外之美：指味道之外的味道。

④徐十二：元丰年间黄州太守徐君猷之子。

今译

自然生成的珍奇食品，虽然没有美味佳肴那样好，却有味道之外的味道。

解析

此书信，东坡先生于元丰年间作于黄州贬所。所谓“味外之美”，出自晚唐诗人司空图的“诗味”论。司空图提出品诗的“味外之旨”，东坡先生谓之味外之美(味)。其特点是“触类是道”，譬若诗论的“象外之象，景外之景，韵外之致，味外之旨”。意思是形象之外的形象，景观之外的景观，韵意之外的韵意，味道之外的味道。这个味道之外的味道参入了美学、哲学、禅学、人生、情感等，是一种进入更高更多的意境与情趣。对于东坡先生来说，这种“味外之美”，正是他诗化人生的一种感悟。

语典

事无事之事[①]，百事治兮。味无味之味[②]，五味备兮。

——《药诵》

（《苏轼文集》卷六十四，第 1985 页）

注释

①事无事之事：语出《老子·六十三章》："事无事"（陈鼓应注译《老子今注今译》，第 298 页）。意为把无事当作事。第一个"事"为动词，第二、三个"事"为名词。

②味无味之味：语出《老子·六十三章》："味无味"（陈鼓应注译《老子今注今译》，第 298 页）。意为把无味当作味。第一个"味"为动词，第二、三个"味"为名词。

今译

能把事情做到稳妥无事，任何事都可以做好。把恬淡无味当作味，所有的滋味都在里面。

解析

该文，东坡先生于绍圣二年（1095 年）七月作于惠州贬所。该章句阐释的是道家"无为"思想。语出《老子·六十三章》指出："为无为，事无事，味无味"（陈鼓应注译《老子今注今译》，第 298 页）。所谓"为无为"，老子强调立身处事应依据客观情况而为，而不应凭主观臆断地妄为。所谓"事无事"，老子所强调的"无事"，不是不做事，而是"以不搅扰的方式作事"（陈鼓应语）。所谓"味无味"，老子强调的"无味"，不是指滋味的全无，而是以清淡、恬淡为味。管子曰："素也者，五色之质也。淡也者，五味之中也"（赵守正译注《白话管子》，第 531 页）。大意是，淡（雅味或无味）是五味的中心。素、淡，在中国古代诗文中具有丰富的美学意蕴。"事无事"、"味无味"，以"为无为"为统领，先生正是以这种"无为"的道家观念处世，故才能"忘逾年之忧，百日之苦"。

语典

然绝欲[1]，天下之难事也，殆[2]似断肉。今使人一生食菜，必不肯。且断肉百日，似易听也，百日之后，复展[3]百日，以及期年[4]，几忘肉矣。但且立期展限，决有成也。

——《答张文潜[5]四首》之一

（《苏轼文集》卷五十二，第1538页）

注释

①绝欲：断绝一切欲念。

②殆：此相当于“大概”、“几乎”。

③展：展延。

④期年：指规定的一段时间。

⑤张文潜：张耒，北宋文学家，为“苏门四学士”之一。宋神宗熙宁进士。官至起居舍人，数遭贬谪。

今译

然而断绝欲念，是天下最难的事，大概类似于禁食肉。而今要让一个人一生只吃素菜，他一定不愿意。不过只说禁肉一百天，他似乎容易做到。百日之后，再延展一百天，直到规定的一段时间，他就几乎忘掉肉了。看来规定期限并且逐渐延展期限，决然会有成效。

解析

该书信，东坡先生于绍圣二年（1095年）作于惠州。先生给弟子张文潜回信，告诉他来惠州“清净独居，一年有半”的养生感悟。先生一向认为养生之诀在于绝欲养心。然而“绝欲”一事，乃“天下之难事”。不过，尽管是天下之难事，但只要“行之有常”，“守之弥坚”、“决有成也”。先生讲了一个“断肉”的故事，只有遵循“复展百日”循序渐进的原则，采取“立期展限”的方法，就会达到“几忘肉”的境地。“天下之难事”，岂不化“难”为“易”乎！

语典

予[①]饮酒终日，不过五合[②]，天下之不能饮，无在予下者。然喜人饮酒，见客举杯徐引，则予胸中为之浩浩焉，落落焉[③]，酣适[④]之味，乃过于客。闲居未尝一日无客，客至，未尝不置酒。天下之好饮，亦无在予上者。

——《书东皋子[⑤]传后》

（《苏轼文集》卷六十六，第2049页）

注释

①予：同“余”，我。

②五合：合，量词。十合为一升。

③浩浩焉，落落焉：旷远貌的样子，坦率开朗的样子。焉，文言助词，相当于“样子”。

④酣适：畅快、舒适。

⑤东皋子：唐诗人王绩的号。

今译

我整天饮酒，酒量不超过五合，天下不能饮酒的，没有在我之下的人。然而喜欢别人饮酒，看见别人举起酒杯徐徐品味时，那么我心中感到十分开阔爽朗，畅快舒适的感受，甚至超过了客人。我闲居时不曾一天没有客人，客人来了，未曾不为客人置酒。天下喜欢饮酒的，也没有在我之上的。

解析

该文，东坡先生于绍圣二年(1095年)正月十三日作于贬所惠州。先生爱酒，但酒量“不过五合”。先生喜欢酒，“然喜人饮酒”。尤其是他看到“客举杯徐引”，他“酒酣之味”为之“浩浩焉，落落焉”。先生饮酒全然不在酒，而在于胸中那个“酣适”感觉。这种感觉是一种意味，一种意境，一种自得其乐的文化。他与历史上能豪饮的诗人如李白、贺知章、刘伶、阮籍相比，独具一种既“酣”且“适”的特色，堪称酒德之典范。先生饮酒全然不在酒，而在于闲居时之客人。酒中寓人情，酒中蕴诗意，与客人在诗化的审美境界中，而陶然自娱。东坡之意不在酒，在于心胸“浩浩焉，落落焉”！

语典

今夫明月之珠，不可襦。夜光之璧，不可以餔[1]。刍豢饱我而不我觉。布帛燠我而不我娱[2]。惟此君独游万物之表，盖天下之不可一日而无。在醉常醒，孰是狂人之药；得意忘味，始知至道之腴[3]。

——《浊醪有妙理赋·神圣功用无捷于酒》

（《苏轼文集》卷一，第 21 页）

注释

①“今夫”四句：今夫，发语词。襦(rú)：短袄。餔(bù)：婴儿吃的糊状食物。

②“刍豢”二句：刍豢，朱熹注曰：“草食曰刍，牛羊是也；谷食曰豢，犬豕是也”，指牛羊猪狗牲畜，泛指肉类食品。燠(yù)，暖，热。

③“孰是”三句：孰，什么。腴，丰裕。

今译

明月一样光亮的大珍珠，不能当棉袄；能在夜里发光的玉璧，不能当饭吃。牛羊饱我口腹，而我并不因之便有灵感；布帛暖我身躯，而我并不因之得到欢娱。惟有浊醪让我能游于万物之外，所以天下不能一日没有此君。在醉常醒，浊酒岂是狂人之药；得意忘味，可以领略道的丰腴。

解析

此赋，东坡先生约于绍圣四年(1097 年)至元符三年(1100 年)间作于海南儋州。先生为浊酒“神圣功用”而作赋，说明酒注入了人的感情，不仅成为口舌之享受，而且成为精神之寄托。使人陶陶然忘却世俗之累，挣脱了人生的羁绊，达到物我两忘的境界。陶渊明有“酒中有深味”之咏；李白有“但得酒中趣”之乐，欧阳修“醉翁之意不在酒，在乎山水之间也。”东坡先生不但好酒，而且亲自酿酒，更对浊酒倾注着满腔热情。在他的眼里，从物质层面看，浊酒之神圣功用赛过“明月之珠”、“夜光之璧”、饱我之“刍豢”，暖我之“布帛”。从精神层面看，浊酒能让人“独游万物之表”，“得意忘味”时，“始知至道”之丰腴。故，先生直呼“盖天下不可一日而无”，“浊醪有妙理”，被渲染得淋漓尽致，深信不疑。

语典

酒勿嫌浊，人当取醇[1]。失忧心于昨梦，信妙理之凝神。浑盎盎以无声，始从味入，杳冥冥其似道，径得天真[2]。伊人之生，以酒为命。常因既醉之适[3]，方识此心之正。

——《浊醪有妙理赋·神圣功用无捷于酒》

（《苏轼文集》卷一，第21页）

注释

①“酒勿”二句：浊，未滤的酒，较混浊。醇，纯粹。

②“浑盎盎”四句：盎盎（àng），浑身舒坦酣畅貌。冥冥，指潜意识里，不知不觉中。径，直截了当。天真，心地单纯，性情直率，没有任何做作和虚伪。

③“伊人”三句：伊人，指此人。适，相合，适意舒适。

今译

酒不嫌混浊，人当应纯粹。饮后醉卧无忧无虑，果信浊醪神功之妙理。在无声无息中浑身兴味盎然，开始感觉到酒味入内，不知不觉中其情景像是得道，径直表现得心地率真。这种人的一生，以酒为命。常常因为在酣醉中感受适意，正是这样才能识别此心之纯正。

解析

此赋，东坡先生约于绍圣四年（1097年）至元符三年（1100年）作于海南儋州。东坡先生不善饮酒，说自己“吾少时望见酒杯而醉”。至黄州后酒量略增，其饮酒观是：“我饮不尽器，半酣味尤长”（《湖上夜归》），“偶得酒中趣，空杯亦常持”（和陶《饮酒》二十首其一）。该赋仍然标举“半酣”、“酒中趣”的主旨，坚守“酒勿嫌浊”、“径得天真”的饮酒观，最终追求的是“醉之适”。“适”，正是先生文化性格中的基因，无论登山临水、吟诗咏词、书法绘画、亲手烹调等，无不在适性、适情、适意中活得从容潇洒，直率天真。

语典

吾饮酒至少，常以把盏[①]为乐。往往颓然[②]坐睡，人见其醉，而吾中了然[③]，盖莫能名其为醉为醒也。在扬州时，饮酒过午，辄[④]罢。客去，解衣槃礴[⑤]，终日欢不足而适[⑥]有余。因和渊明《饮酒》二十首，庶以[⑦]仿佛其不可名者，和舍弟子由、晁无咎学士[⑧]。其一：

我不如陶生[⑨]，世事缠绵[⑩]之。云何[⑪]得一适，亦有如生[⑫]时。

寸田无荆棘[⑬]，佳处正在兹[⑭]。纵心[⑮]与事往，所遇无复疑。

偶得酒中趣，空杯亦当持。

——《和陶饮酒二十首并叙》

（《苏轼诗集》卷三十五，第1883页）

注释

①把盏：持盏。

②颓然：精神不振的样子。

③吾中了然：中，指心中。了然，明白清楚。

④辄：立即，就。

⑤槃礴：语出《庄子·田子方》："公使人视之，则解衣槃礴臝（luǒ）"（陈鼓应注译《庄子今注今译·田方子》，第630页。《释文》引司马彪曰："槃礴，谓箕坐也。"箕坐即伸开两腿坐）。

⑥适：闲适，适应。

⑦庶以：又称"庶几"。或许可以。

⑧"和舍弟"二句：子由，苏轼胞弟。晁无咎，晁补之，"苏门四学士"之一。

⑨陶生：陶渊明。

⑩缠绵：纠缠。

⑪云何：如何。

⑫生：指陶生，渊明。

⑬"寸田"句：寸田，道家称心为心田，心位于胸中方寸之地，故称寸田。荆棘，喻心中杂念。

⑭兹：此。

⑮纵心：放纵心意。

今译

我饮酒很少，常常以持杯为乐。经常累了就坐睡一会儿，别人看见以为我是醉了，而我心中明白清楚，说不清楚是醉是醒。在扬州时，过午就不饮酒。客人走了，我解衣伸开两腿坐睡，整天快乐虽说不上，但闲适有余。因和陶渊明《饮酒》二十首，或许仿佛有说不完的惬意，我把这种感受写成的诗寄给舍弟子由、晁无咎学士看看。其一：

我比不上陶渊明，仕途琐事纠缠着我。如何寻得一适意，也能有像渊明之时。心中无有杂念，安适之处就在于此。放纵心意与忘掉往事，眼下所遇再也没有猜疑。我偶尔获得饮酒之乐趣，故常持空杯领略其酒趣。

解析

该诗，东坡先生于元祐七年（1092年）七月作于扬州。先生对于陶诗的喜爱，是因为陶诗无意于诗之工巧，自然朴素的表现形式，直写襟怀，反映情意深邃的人生体悟。形成了"外枯而中膏，似淡而实美"的平淡自然风格。这种诗歌风格与先生的诗歌风格千年相应，两相契合。黄庭坚在《跋子瞻和陶诗》云："彭泽千载人，东坡百世士。出处虽不同，风味乃相似。"黄庭坚真不愧为先生的弟子，对此评价极为深刻。因为二人的生活道路、性格气质不尽相同，在"出"与"处"的选择上，殊为差别。正因为"出处虽不同"，所以先生道出了"世事缠绕之"的隐痛。说他两人"风味乃相似"，是说两人诗的风格相近，语言简净朴拙相似。先生自己也说："与渊明诗意不谋而合。"最相似者乃是两人最懂"莫能名其为醉为醒"的"酒中趣"。先生和陶诗，是借题发挥，用陶渊明之诗意来释解自己的心结。透过一百多首和陶诗，可以窥探出先生于岭海寂寞孤独时，自我解救的心路历程。

语典

予[①]虽饮酒不多，然而日欲把盏为乐，殆[②]不可一日无此君。州酿既少，官酤[③]又恶而贵，遂不免闭户自酝[④]。麹[⑤]既不佳，手诀亦疏谬[⑥]，不甜而败，则苦硬不可向口。慨然而叹，知穷人之所为无一成者。然甜酸甘苦，忽然过口，何足追计，取能醉人，则吾酒何以佳为，但客不喜尔，然客之喜怒，亦何与吾事哉！

——《饮酒说》

（《苏轼文集》卷七十三，第2369页）

注释

①予：同“余”，我。
②殆：此指“几乎”。
③官酤：官家酿酒。
④自酝：自己酿酒。
④麹(qū)同“曲”。
⑥“手诀”句：手诀，手法诀窍。疏谬，粗率谬误。

今译

我虽然饮酒不多，然而每日以举杯为乐事，几乎一日不可没有酒。州里酿的既少，官卖的酒质差价贵，于是不得不关闭门户自己酿酒。但因酒曲不好，手法诀窍生疏谬误，酒味不甜而失败，便苦涩难以进口。不禁感慨而叹，才知道穷人所为无一样能成功。不过甜酸甘苦，忽然过口，哪里值得去计较过往的滋味。只要能醉人，那我的酒不在乎何以为佳，但客人不喜，然而客人喜怒，又与我有什么关系呢！

解析

该文，东坡先生于元丰四年(1081年)十二月二十一日作于黄州贬所。读罢先生《饮酒说》，方知“把盏为乐”是先生饮酒的终极追求。他不在意自酿“不甜而败”，也不在乎“麹既不佳”而致使酒的“甜酸甘苦”。他只在意日欲把盏“取能醉人”。试问，先生“把盏为乐”，乐在何处？套用欧阳修《醉翁亭记》语：东坡之意不在酒，在乎醉后之乐哉！取“醉”在于“忘”，忘世、忘我、忘忧。为“乐”，在于“闲”，闲散、闲逸、闲雅。有了这种境界，“甜酸甘苦”、“何足追计”？“客之喜怒”、“何与吾事”？快哉！难怪世人都说，苏东坡堪称千古一酒仙矣！

语典

岭南不禁酒，近得一酿法，乃是神授。只用白面、糯米、清水三物，谓之真一[①]法酒。酿之成五色，有自然香味，绝似王太驸马家碧玉香[②]也。奇绝！奇绝！

——《真一酒法》

（《苏轼文集》卷七十三，第 2372 页）

注释

①真一：道教名词。语出《抱朴子·地真》："抱朴子曰：玄一之道，亦要法也。无所不辟，与真一同功"（晋·葛洪著，顾久译注《抱朴子内篇全译》，第 467 页）。本指保持本性，自然无为。后多用以指养生的方法。

②王太驸马家碧玉香：指驸马都尉王诜（shēn）家酿之酒，名碧玉香。

今译

岭南不禁酒，最近获得了一种酿酒的方法，为神仙所传授。只用白面、糯米、清水三样物品，称之为真一法酒。酿成的酒像玉一样的颜色，有自然的香味，特别像驸马王诜家碧玉香酒。奇妙到了极点！奇妙到了极点！

解析

该文，东坡先生于绍圣二年（1095 年）六月，作于惠州贬所。所谓"一"，其哲学本义指专、纯，人能一则心纯正。葛洪《抱朴子·地真》认为："人能守一，一亦守人。""守一"不仅能够长生，而且"白刃无所措其锐，百害无所容其凶，居败能成，在危独安"。守一之法又分为守"真一"，守"玄一"两种。《道枢·真一篇》称，真一者，"在乎气液"，"一"又指内丹。"或在脐下二寸四分下丹田中，或在心下绛宫金阙中丹田也，或在人双眉之间，却行一寸为明堂，二寸为洞房，三寸为上丹田也。"若知守一之道，则"守一存真，乃能通神"（以上均参见于顾久译注《抱朴子内篇全译·地真》，第 460-461 页）。由此可知，先生以"白面、糯米、清水三物"所酿之酒，号称为"真一酒"，显然是受道教"守一存真"理念所启示而命名的，与酒的"五色"、"有自然香味"无关。真的是否那等"奇绝"不敢妄论，但他喝下的不仅是颇有"王太驸马家碧玉香"之"味"，更是"人得一以生，神得一以灵"（参见于顾久译注《抱朴子内篇全译·地真》，第 460 页）之"道"矣！

语典

桂君独立冬鲜荣。无所慑畏时靡争[1]，酿为我醪[2]淳而清。
甘终不坏醉不酲[3]，辅安五神伐三彭[4]。肌肤渥丹[5]身毛轻，
泠然风飞罔水行[6]。谁其传者疑方平[7]，教我常作醉中醒。

——《桂酒颂并叙》

（《苏轼文集》卷二十，第594页）

注释

①“无所”句：慑，恐惧，害怕。靡，无，没有。

②醪：浊酒。

③酲（chéng）：喝醉了神志不清。

④“辅安”句：“五神”，五藏之神。“三彭”，即三尸神。道家谓人身中有上中下三个丹田，各有作祟之神。也称为三虫、三彭、三毒。上尸好华饰，中尸好滋味，下尸好淫欲。

⑤渥丹：润泽之朱砂，喻肤色如厚泽之丹，言赤而泽。

⑥“泠然”句：泠（líng），清凉，清澈。罔，此指变化无常。

⑦方平：王方平，名远，东汉时人。官至中散大夫，后弃官入山得道。方平曾精于酿酒。

今译

桂花堪称君子，在深秋严冬独立不败光鲜荣茂。它无所畏惧与时不争，酿成美酒淳厚清香。味道甘甜经久不坏，令人醉而不昏迷，且能辅助安心宁神去除“三虫”。使肌肤润泽身体矫健，轻妙激越飘然而起，变化无常地在水面飞行。我猜疑是神仙王方平传授的酿酒法，他教我常在醉时保持清醒。

解析

从该文叙言“其法，盖刻石置之罗浮铁桥之下”句判断，此颂于绍圣元年作于惠州。据《本草经》记载：菌桂、牡桂主要功效为：“主温中，利肝腑气，刹三虫，轻身坚骨，养神发色，使常如童子，疗心腹冷疾，为百药先，无所畏。”东坡先生认为：“酒，天禄（语出《汉书·食货志下》，后世以‘天禄’为酒之代称）也。其成坏美恶，世以兆主人之吉凶，吾得此，岂非天哉！”故，先生是以为颂。

语典

恶酒如恶人，相攻剧[①]刀箭。颓然[②]一榻上，胜之以不战。

——《金峙与柳子玉饮，大醉(略)》
(《苏轼诗集》卷十一，第545页)

注释

①剧：甚；厉害，严重。
②颓然：颓，倒塌，委靡。颓然，倒下貌。

今译

劣酒如同恶毒之人，它对人的伤害像快刀利箭样厉害。大醉后不醒昏倒在床上，“不战”而使人俯首臣服。

解析

该诗作于熙宁七年(1074年)二月。东坡先生喜欢饮酒，尤喜见客举杯，其酒量不大，着意于玩味酒的意趣。尤其是他决不狂饮沉溺于酒色之中，在他诗词中很少有借酒浇愁的内容。他从酒那里取胆识与灵气，写下许多流传千古的名篇和书作。他堪称千古酒德一典范。

语典

眇万事一瞬，孰能兼忘而独游？爰有达人，泛观天地①。不择山林，而能避世。引壶觞以自娱，期隐身于一醉②。(略)暂托物以排意，岂胸中而洞然③。

——《酒隐赋并叙》

(《苏轼文集》卷一，第20页)

注释

①“眇万事”四句：眇，古同“渺”，远、高。爰(yuán)，于是。泛观，广泛地观察。

②“引壶觞”二句：壶觞(shāng)，古代酒器。期，盼望。

③“暂托物”二句：排，此处指排遣。洞然，贯通，明了。

今译

辽远的时空里万事万物变化于一瞬，谁能够把自身与尘世统统忘掉而独自神游物外？于是，有事理通达之人，纵观天地万象。不选择深山老林，便能避开纷乱的人世。用壶觞饮酒以自我娱乐，盼望把自己隐匿在醉酒之中。(略)暂时借酒以排遣心绪，但哪里能够使胸中真正看透世象而明了大道。

解析

此赋作年不详，但该赋序言中指出的酒隐者“隐于凤山之阳”，即黄州之毗邻的罗田县凤山。据《罗田县志》载，曾任宋朝礼部尚书的王世观，年老退休后回罗田大河岸老家养老。东坡先生谪居黄州期间曾专程探访。至今在罗田凤山镇还留有“东坡井”和“东坡钓鱼台”的纪念性遗址。故此赋或当作于元丰三年(1080年)至元丰七年(1084年)贬居黄州期间。先生对“不择山林，而能避世”，壶觞自娱，隐身一醉之闲情逸致的凤山“酒隐者”，誉之为“达人”。据说此人患其名显，后来仍去合肥郡之舒城为官。故先生对他的评价，只是“暂托物以排意”，还未能达到“胸中而洞然”，明了大道的最高境界。先生自己亦是壶觞自娱，隐身一醉，但他没有像李白那样走向“酒隐”，只是托“醉”而“排意”，寻求醉后之愉悦罢了。

养　生

善养生者，慎起居，节饮食，导引关节，吐故纳新。不得已而用药，(略)则五脏和平而寿命长。

导读

东坡先生不仅是一位伟大的诗人、文学家、经学家、思想家，而且还是一位融儒释道养生智慧，兼收民间中草药验方，以及自己独创养生疗法的养生专家。

先生的养生之道内容丰富，方法多样，但其核心的养生观十分简明。他指出："善养生者，慎起居，节饮食，导引关节，吐故纳新，不得已而用药，则择其品之上，性之良，可以久服而无害者。则五脏和平而寿命长。"从这段文字可以看出，先生从日常生活中悟出的养生之法并不神秘，就是要养成有利于"吐故纳新"的良好生活习惯。这种说法，他在不同的杂记中时时提到。如："养生亦无他术，独寝无念，神气自复。""养生之法，大约安心调气，节食少欲。"为此，他提出十二字的"四戒"："出舆入辇"、"洞房清宫"、"皓齿蛾眉"、"甘脆肥浓"。"四适"(其药四味)："无事"、"早寝"、"安步"、"晚食"。

他访问长寿贤者吴复古，得其秘言二字：曰"和"、曰"安"。"安则物之惑我者轻，和则我之应物者顺，外轻内顺，而生理备矣。"他还强调践行长寿"二言"，就应该借鉴三国曹魏时期著名的思想家，"竹林七贤"的精神领袖嵇康："守之以一，养之以和，和理日济，同乎大顺"的养生之诀。如此这般，"处世得安稳无病，粗衣饭食，不造冤业，乃为至足"。

他总结道家的养生之术，认识到"道术多方，难得其要。然以某观之，惟能静心闭目"为最。他提出："安心是药更无方"，"唯尽绝欲念，为万金良药"。在日常养炼中使自己做到"无视"、"无听"、"无思"，"三者具而形神一，形神一而长生矣"。他还指出"惟老生常谈，便是秘诀"，即"咽津纳息"，"华池之真液"，乃"古之仙者以是为金丹之祖，长生不死之药也"。

他在贬谪"三州"的艰苦日子里，为自己设计了一组强身健体的练习功夫。如叩齿，握固，闭息，咽津，摩脚心，双手摩热后用来烫眼、面、耳、项，捏鼻梁，梳头，以茶漱口等养生方法。这些方法被后代许多文人借鉴，实足起到了延年益寿的养生功效。

语典

善养生者，慎起居，节饮食，导引[①]关节，吐故纳新[②]。不得已而用药，则择其品之上、性之良，可以久服而无害者，则五脏和平而寿命长。

不善养生者，薄节慎之功，迟吐纳之效，厌上药而用下品，伐真气而助强阳[③]，根本已空，僵仆[④]无日。

——《上神宗皇帝书》

（《苏轼文集》卷二十五，第737页）

注释

①导引：意为“导气令和，引体令柔”之意，使“气”更平和，使“体”更柔软。如今属于医学气功，即通过意识的运用，使身心健康优化的锻炼方法。

②吐故纳新：指人呼吸时，吐出浊气，吸进新鲜空气。

③“伐真气”句：真气，指真元之气，道教谓为“性命双修”所得之气，其相辅相成可修炼成气功。强阳，指刚暴之气。

④僵仆：僵硬而倒下。

今译

善于养生的人，慎重对待日常生活作息，节制饮食，导气引体活动关节，吐故纳新。如果不得已而要服药，就要选择品质上等、药性温良、可以长期服用而无害处的药物，这样体内五脏就会平和协调使寿命延长。

不善于养生的人，轻视节制慎重的功夫，延迟吐纳之效用，厌恶上等好药而用下等劣品药物，伤害元气，助长刚暴之气，这样身体之根本已经衰竭，离死亡也就时日不多了。

解析

该文是东坡先生，劝谏神宗皇帝“结人心，厚风俗，存纪纲”并反对王安石变法，于熙宁四年（1071年）二月所撰七千余字的《上神宗皇帝书》。先生认为“国之长短，如人之寿夭，人之寿夭在元气，国之长短在风俗”。故以人之“养生”，论北宋之“国运”。文中所言“不善养生者”，正好是主张变法的那批人，他们给北宋朝廷开出的药方，就好比“代真气而助强阳”的下品药物。先生在这里预言：“根本已空，僵仆无日。”果然，五十六年后的“靖康”之乱，使这个貌似强大的北宋王朝，“僵仆”在金人的铁蹄之下。

语典

（养生之法）大约安心调气，节食少欲，思过半[1]矣，余不足言。

——《与李公择[2]十七首》之九

（《苏轼文集》卷五十一，第1499页）

注释

①思过半：已领悟大半。

②李公择：李常，字公择，建昌县（今江西省永修西北）人。皇祐元年（1049年）进士，官至御史中丞。《宋史》有传。

今译

（我所主张的养生方法）大约为安心无杂念调整气息，饮食有节制，寡淡少欲，这样就算领悟过半了，其余就不必说了。

解析

该书大致作于东坡先生谪居黄州雪堂落成之后，即元丰五年（1080年）左右。李常为苏轼至交、诗友。少年时，李常读书于庐山五老峰的石庵僧舍。为官以后，将藏书万卷捐献给僧院，以供大家阅读，世人称"李氏山房"，成为第一家私人图书馆。东坡先生三十五年后为其撰写《李氏山房藏书记》。现代学者袁同礼称其"不啻当时之公共图书馆"。该章句所言"安心调气"养生法，乃先生一贯倡导的养生理念。而且他在岭南的贬谪日子，正是按这一方法与瘴毒作斗争，保证了先生能全身北归。

语典

养生亦无他术，独寝无念，神气①自复。

——《与曹子方②五首》之二

（《苏轼文集》卷五十八，第 1774 页）

注释

①神气：谓精神，气色。

②曹子方：曹辅，字子方，号静常，海陵（今江苏泰州）人。嘉祐八年（1063 年）进士及第。官至朝奉郎，守司勋郎中。

今译

养生并没其他的方法，独自安居摒除杂念，精神气色自然会恢复。

解析

本书信是绍圣二年（1095 年）九月，东坡先生作于惠州贬所。先生的养生方法很多，但其精髓在于“节慎在未病之前”。他认为预防疾病最重要的是，“慎起居饮食，节声色”，故，本章句他特别强调“独寝”。先生还认为养生要做到“正心”、“养心”。而“正心”、“养心”之要，就是心中“无念”，即没有贪欲杂念。如果能坚持做到这几点，必能“神气自复”。

语典

孔子曰："思无邪。"[①]凡有思皆邪也，而无思则土木也。孰能使有思而非邪、无思非木乎？盖必有无思之思[②]焉。夫无思之思，端正庄栗[③]，如临君师[④]，未尝一念放逸[⑤]。然卒无所思，如龟毛兔角[⑥]，非作故无本性，无故是之谓戒。戒生定，定则出入息自住，出入息住则心火不复炎上[⑦]。

——《续养生论》

（《苏轼文集》卷六十四，第1984页）

注释

①孔子曰："思无邪"（语出《论语·为政》："《诗》三百，一言以蔽之曰：思无邪。"（《论语·注释·译文·赏析》，第22页））。

②无思之思：没有思念的思念。即无思无虑，清心寡欲。

③庄栗：庄重严肃。

④君师：古代君、师皆尊；故常以君师称天子。

⑤放逸：放纵逸乐。

⑥龟毛兔角：比喻不可能存在或有名无实的东西。

⑦炎上：火焰向上。

今译

孔子说："思无邪。"凡是有思虑就会有邪念，而不思虑就如同土石木头。谁能使有思虑而没有邪念，不思虑而不成为土石木头呢？那就必须做到不思虑的思虑，端方正直庄重严肃，如面对君王和老师，不敢有一点放纵逸乐，以至无有思虑。像龟长毛兔生角，既不可能亦不符合本性，既然没有思虑因此摄心为戒，摄心而生安定，安定就能使呼吸出入都静止，呼吸出入静止就心火不再向上升。

解析

此文约作于东坡先生谪居儋州期间。此篇应是熙宁十年（1077年）于济南拜见吴子野后所作《问养生》的续篇。吴子野告诉先生，养生的要义谓两个字，即"和"与"安"。先生很赞同这种说法，并在《续养生论》篇中指出，如何能达到"安"与"和"呢？那就是孔子所言："思无邪"，即"无思之思"。达到"无思之思"的境界，就能做到"端正庄栗"，而无"一念放纵"；达到"无思之思"的境界，就能摄心为戒，由戒生定，这样就会进入无思无虑，清心寡欲的禅心养生状态。

语典

贤[①]者必贵，仁[②]者必寿。

——《邵茂诚诗集叙》

（《苏轼文集》卷十，第320页）

注释

①贤：贤明有才能的人。

②仁：本指人与人之间相互亲爱，即有博爱心、包容心的人。孝、悌是仁的基础。仁者是具有大智慧，有人格魅力，充满慈爱之心的人。

今译

贤能之人必定尊贵，仁德之人必定高寿。

解析

熙宁七年（1074年）十月，东坡先生自杭州赴密州途中过高邮（今江苏省高邮市）时作。邵茂诚高邮人，与东坡先生同登嘉祐二年（1057年）进士第。邵茂诚平生命运不济，官止州县，穷死无嗣，其妻苦于饥寒。《新唐书·柳宗元传》："贤者不得志于今，必取贵于后。"邵茂诚既"不得志于今"，又不"贵于后"。《礼记·中庸》引孔子："故大德（略）必得其寿。"德者寿的观点，是儒家养生思想的集中体现，主张突出个人养德的主动性，来达到道德自我完善的境界，认为这是长寿的基本要素。先生在序文中用这两句开篇，足见对这位命途多舛同年的追思与惋惜。

语 典

出舆入辇[1]，命曰"蹶痿之机"[2]；洞房清宫[3]，命曰"寒热之媒"；皓齿蛾眉[4]，命曰"伐性之斧"[5]；甘脆肥浓[6]，命曰："腐肠之药。"此三十二字，吾当书之门窗、几席[7]、缙绅[8]、盘盂[9]，使坐起见之，寝食念之。

——《书四戒》

（《苏轼文集》卷六十六，第2063页）

注 释

①"出舆入辇"：语出《昭明文选·译注》·枚乘·《七发八首》第四卷，第90页。舆(yú)、辇(niǎn)，都是宫廷中的车。

②"命曰"句：蹶痿(juě wěi)，即身体瘫痪。

③洞房清宫：深邃的房屋，清凉的宫殿。

④皓齿蛾眉：指美女。蛾眉，即"娥眉"。

⑤伐性之斧：伐，指砍。性，性命。

⑥甘脆肥浓：甘脆，指香甜、松脆的食品。肥浓，肥的肉，浓的酒。

⑦几席：古人凭依、坐卧的器具。

⑧缙绅：束腰大带。

⑨盘盂：圆盘与方盂的并称，用于盛物。

今 译

出入坐车，这就叫瘫痪的征兆；起居深宫，这就会引发寒热病痛；娇艳美女，这可是伤害性命的斧钺；美味酒肉，肥肉浓酒，这就叫腐烂肠子的毒药。这三十二个字，我应当写在门窗、几案、腰带及圆盘方盂上，让自己在坐起寝食时能够随时看到。

解 析

该文，东坡先生于元丰三年(1080年)十一月作于贬所黄州。先生所看重的这三十二字的"四戒"，源自西汉辞赋家枚乘的《七发八首》。该文"是一篇颇有启发意义的醒心之作。它的主旨应在于指出荒淫奢侈的生活乃是'贵人之子'的病源，而要救治其病，必须以健康的思想充实精神"。从而"使人们领悟到：过分地追求物质享受，就是戕害自己"(陈宏天等主编《昭明文选译注》第四卷，第91页)。先生撰写此篇文章，是来黄州近一年的时间。此时，全家二十多口人寓住在长江边的临皋亭。先生俸薪微薄，家大口阔，生计维艰，常以野菜充饥。显然，先生将这三十二字抄录在门窗、几席、缙绅、盘盂之上，并非为的是欣赏它的文采，而是将其冠以"四戒"，意在警示全家人不要向往富贵奢侈的日子，那些都是"伐性之斧"、"腐肠之药"。直到元丰四年(1081年)二月，先生的友人马梦得为他申请到黄州东门外数十亩故营地，先生号为"东坡"。从此，先生开始了自耕自食、苦中有乐的躬耕生活。

语典

处世得安稳无病[1]，粗衣饱饭，不造冤业[2]，乃为至足。
取非所有，然后为冤业也。

——《与毕仲举[3]二首》之一
（《苏轼文集》卷五十六，第1672页）

注释

①无病：病，此指祸害。
②冤业：佛教用语，亦为“冤孽”，等于“罪过”。
③毕仲举：真宗朝宰相毕士安之曾孙。

今译

为人处世平安无祸，粗衣淡饭，不造冤孽就足够了。
占取不是自己所应有的东西，这样就造成了罪过。

解析

此书是元丰三年(1080年)闰九月十九日，东坡先生作于黄州贬所。先生曾在《前赤壁赋》中豪迈地吟诵：“苟非吾之所有，虽一毫而莫取。”在这里他同样告诉朋友：“取非所有”，必造成“冤业”。唯愿当今腐败分子认真领悟先生的规劝，“不造冤业”，若胆敢贪取“非吾之所有”，你就滑到了“冤业”(罪过)的深渊。

语典

日见可欲[1]而不动心，大是难事。又寻常人失意无聊中，多以声色[2]自遣。

——《与王定国[3]四十一首》之六

（《苏轼文集》卷五十二，第1516页）

注释

①可欲：指足以引起欲念的事物。

②声色：指歌舞和女色。

③王定国：王巩，字定国，莘县（今属山东）人。北宋著名诗人、画家。《宋史》有传。

今译

每日看见诱惑人心的事物而不动心，这是特别难的事情。何况一般人于失意无聊时，多半以艳歌美女自我排遣。

解析

此书信，东坡先生于元丰三年（1080年）作于贬所黄州。此时，王定国因受先生牵连，被贬至广西宾州不久。先生在前信叮嘱定国“爱身啬色”。这次仍再次提醒他应将此话“书于座铭”。他告诉友人，你是“美材多文，忠孝天禀”之人，许以时日将来“必用于时”。先生这样要求友人，对自己也是这样自律。这种惇信明义，“改往修来”的不息精神，令人肃然起敬。

语典

谁道人生无再少，门前流水尚能西。休将白发唱黄鸡[①]。

——《浣溪沙·游蕲水[②]清泉寺，寺临兰溪，溪水西流》

（《苏轼全集校注(词集)》卷一，第361页）

注释

①白发唱黄鸡：白居易《醉歌示妓人商玲珑》诗："听唱黄鸡白日，黄鸡催晓丑时鸣，白日催年酉前没"，此处反用其意。意指"黄鸡催晓"、"白日催年"，岁月如梭，年华易逝。

②蕲水：今湖北省浠水县。

今译

谁说人老了不可能再年少？门前流水还能向西边流。不要唱衰黄鸡催晓，白发满头。

解析

元丰五年三月上旬，东坡先生去沙湖相田，途中遇雨偶感风寒不慎得臂疾。友人指说麻桥宠安时虽耳聋但善医，于是遂往求治。果然妙手回春疾愈，并偕同与之游清泉寺。寺临兰溪，水极甘，溪水西流。先生即景抒怀有感而作该词。词的上片写暮春三月兰溪雨后景色。下片因"门前流水尚能西"，而抒发"谁道人生无再少"，壮心不已之情怀。白居易在《醉歌》里哀叹"黄鸡催晓"、"白日催年"，朱颜易逝，情绪低昂。东坡先生早怀"奋厉有当世志"，独发"休将白发唱黄鸡"之豪迈感慨，表达了先生处逆境而不悲观，受挫折而不气馁的旷达乐观，坚韧顽强的人生态度。

语典

养生之方，以胎息[①]为本。(略)

和神养气之道，当得密室，闭户，安床暖席。枕高二寸半，正身偃仰，瞑目闭气于胸隔间，以鸿毛着鼻上而不动。经三百息，耳无所闻，目无所见，心无无思。如此，则寒暑不能侵，蜂虿[②]不能毒，寿三百六十岁。此邻于真人[③]也。(略)

亦时时小试，觉其理不谬。

——《胎息法》

(《苏轼文集》卷七十三，第2337-2338页)

注释

①胎息：道家的一种修炼方法。是以下丹田为中心高深层次的内呼吸。有人认为，它是先天呼吸，如同胎儿在母腹中的呼吸一样。使生命进入原始状态，它孕育着宇宙生命本质的根本奥秘。

②蜂虿：指蜂尾有毒的刺。虿(chài)，蝎子一类的毒虫。

③真人：道教称修养本性或修行得道的人。亦泛称"成仙"之人。

今译

养生的方法，以胎息为根本。(略)

平和心神的养气之道，必得在封闭的房间，关上门户，安床暖席。枕头高二寸半，正身仰卧，闭上双眼闭气于胸隔之间，以鸿毛放在鼻上而不动。经三百息，让耳无所闻，目无所见，心无所思。能做到这样，就是严寒酷暑不能伤身，蜂虿毒虫不能毒人，能活三百六十岁，可以与仙人做近邻。

我时常试一试，觉得此理不错。

解析

该文，东坡先生于绍圣二年(1095年)八月二十七日作于惠州贬所。这是先生写给子由弟养生三法之二："胎息法"，是先生读唐代"药王"孙思邈《养生门》之《调气》第五篇后，通过"反复寻究"，整理出的养生法。他希望子由不可把它当作"出意杜撰"而予以轻视。胎息法是道家中非常重要的修行方法，它的发明早于内丹术。据说老子就是通过胎息的方式，达到"复归于婴儿"、"复归于无极"的长生之道。从古至今流传的胎息近百种，但都出自晋代葛洪《抱朴子·释滞》。也有人指出所谓胎息，实曰内丹。东坡先生在《苏沈良方》中指出"一息自往，不出不入"。由此可见，所谓胎息，只不过是人体在高度入静状态下所表现出来的一种自然本能，是通过气功锻炼而使人体的内外呼吸和谐一致，充分发挥其功能的一种生理状态。不能将它神秘化，只要持之以恒，方法正确，任何人都可以达到这种境界，从而达到降低人体能耗，增强体质，延年益寿，并可促进人体潜能的开发。

语典

无视无听，抱神[①]以静，则无为[②]也。心无所知，则无思也。必静必清，无劳汝形，无摇汝精，则无欲也[③]。三者具而形神一[④]，形神一而长生矣。

——《广成子[⑤]解》

（《苏轼文集》卷六，第178页）

注释

①抱神：持守精神。

②无为：中国道家文化核心思想。其内涵：其一，遵守事物的自然趋势而为，不争，顺其自然。其二，无为就是有所不为。其三，无为是顺应万物，以顺其和，遵循客观规律。

③“必静必清”四句：静，安详，闲雅。清，清纯不杂。汝，你。形，形体。欲，欲望。

④形神一：形体与精神一体。

⑤广成子：古代传说的成仙者。

今译

不看不听，以静默持守精神，这样就会不人为做作。心里不存智巧，这样就无所思虑。一定要静虑精神，让形体不受劳损，精神不玷（diàn）污这样就无所欲念。三者（无为、无思、无欲）具备就可形神一体，形神一体就可长生不老了。

解析

该文写作年代不详。东坡先生所解之文字，选自《庄子·在宥》。广成子回答黄帝“闻吾子达于志道，敢问，治身奈何而可以长久？”广成子回答说：应该做到“必静必清，无劳汝形”，即“视听不外用，抱持精神的宁静，不劳累自己的形体，弃绝外在的纷扰，严守内心的虚静，从而达到最充沛的阳气的本原，做到形神合一，就可长生不老”（参见陈鼓应注译《庄子今注今译》（上），第329页）。

语典

因病得闲殊不恶，安心[1]是药更无方。

——《病中游祖塔院》

（《苏轼诗集》卷十，第475页）

注释

①安心：据《传灯录》，据传二祖慧可立雪断臂乞达摩初祖授法，曾请达摩为其安心。达摩便答，将心拿来。慧可良久回答，弟子找不到心。达摩淡淡地说，我已将你的心安好了。达摩被慧可的虔诚举动所感动，于是传衣钵、法器并取法名慧可。此处指除却欲念，使心境空明虚静，即现今所说的调整心态。

今译

因病而得以清闲真是不错的事情，心理治疗没有更好的方法，安定心境确是良药。

解析

熙宁六年(1073年)七月，东坡先生在病中游杭州西湖南面十里地的祖塔院。他从喧闹繁杂的政务中，借病身来到寂寥清静的寺院，悟出了医治心病的妙方良药：安心。即常言所说的，心病还须心药治。

语典

无钱种菜为家业①，有病安心②是药方。

——《次韵韶守狄大夫见赠二首》其一
（《苏轼诗集》卷四十四，第2407页）

注释

①家业：家庭生计。
②安心：心情安定，无杂念。

今译

经济困难以种菜作为家庭生计，安定心态才是最好的治病药方。

解析

此诗，元符三年(1100年)十二月，东坡先生步其韶州太守狄咸韵作于韶州(今广东韶关)。这两句诗道出了两则人生之道：一则是要靠双手劳动作为家庭生计。如同欧阳修所言："多获由于耘"(《送唐生》)，指明"获"与"耘"的因果关系。二则安心是良方。《黄帝内经》"调之于本，医之于心"，讲的调理要抓根本，医治在于心理。"既来之则安之"，本是《论语·季氏》中语句，原意为"安顿"之义。用在治病上则为强调先把心安顿好，重视心态的作用。

语典

淡于嗜好[①]，行之有常[②]，此其所得也。吾侪[③]于此事，不患不得其诀[④]及得而不晓，但患守[⑤]之不坚。

——《与刘贡父[⑥]七首》之三

（《苏轼文集》卷五十，第1465页）

注释

①嗜好：嗜，嗜欲，喜之也（《说文》）。指特别喜好。

②有常：有恒心。

③吾侪：我辈。

④诀：高明的方法、诀窍。

⑤守：保持。

⑥刘贡父：刘攽，字贡父，号公非，新喻（今江西新余）人。庆历六年（1046年）进士，官至中书舍人，助司马光修《资治通鉴》。《宋史》有传。

今译

淡泊各种嗜欲喜好，持之以恒地行动，这样就会有所收获。我辈对于这类事情，不担心不能掌握其中的诀窍和得到诀窍而不明白原理，担心的是不能持之以恒。

解析

此信，东坡先生于熙宁十年（1077年）八月作于徐州。据先生《赠王仲素寺丞》及苏辙《赠致仕王景纯寺丞》（王仲素名景纯）两诗，熙宁十年王景纯自曹州（今山东菏泽）刘攽处至徐州，向苏轼兄弟俩传授养生之术。先生对于养生之术的体会是：淡泊一切贪欲嗜好，试行养生之方务必“行之有常”，不怕“不晓”，就怕“守之不坚”。

语典

近颇觉养生事决不用求新奇，惟老生常谈，便是秘诀。咽津纳息[1]，真是丹头[2]，仍须用寻常所闻般运溯流法，令积久透彻乃效也。

——《与王敏仲[3]十八首》之五

（《苏轼文集》卷五十六，第1690页）

注释

①咽津纳息：咽津，气功术语，又作咽液，咽口中津液。纳息，就是采天地万物之精华灵气而收纳于自身体内。

②丹头：在外丹而言，是指烧炼之时用作点化神丹的药物，如同点豆腐之卤水一般。

③王敏仲：王古，字敏仲，莘县(今属山东)人，第进士。绍圣三年(1096年)十月至四年四月知广州。徽宗朝仕至户部尚书，改刑部。后入元祐党籍，谪衡州别驾，温州安置。

今译

近来我发觉养生之事决不能去求新奇，只有那些老生常谈，才是秘诀。咽津纳息，才是真正的养生基础。并且仍须用经常所听说的运溯流法，让气长时间地集结并透遍全身才会产生效果。

解析

此书信，东坡先生于绍圣四年(1097年)三月作于惠州贬所。该章句，先生与王敏仲探讨养生之道。东坡先生认为养生决不能“求新奇”。最基本而又最有效的秘诀：咽津纳息。这是先生谪居黄州时悟出的养生方法。此后至儋州，先生仍坚持此法不辍。

语典

乃知寿夭无定，习而安之，则冰蚕火鼠[1]，皆可以生。吾尝湛然[2]无思，寓此觉于物表[3]，使折胶[4]之寒，无所施其冽，流金[5]之暑，无所措[6]其毒，百余岁岂足道矣！

——《书海南风土》

（《苏轼文集》卷七十一，第2275页）

注释

①冰蚕火鼠：冰蚕，传说中的一种蚕。长七寸，黑色，有角，有鳞。以霜雪覆之，然后作茧，长一尺，其色五彩，然遇火即化。火鼠，又名火光兽。传说在南海尽头的火山里的一种奇鼠，在火中生存，它的毛皮火烧不毁（参见张志烈等主编《苏轼文集》（文集十），第8126页）。据现代考证，所谓火鼠皮也许是石棉。

②湛然：安然的样子。

③物表：世俗之外。

④折胶：形容严寒。

⑤流金：比喻天气极热能使金石熔化。

⑥措：置。此为施展。

今译

（儋耳颇有长寿老人），于是方知人的长寿与夭折并无一定之数，习惯了环境就能安之，即使是冰中的蚕火中的鼠，都可以生存。我曾让心中安定没有杂念，将这种理念启发世俗之外的事物，使得冻折皮胶般的严寒，无法施展它凛冽的威风；能熔化金属般的炎热，无法施展其热毒。那么，活到一百多岁哪里值得一提。

解析

该文，东坡先生于元符元年（1098年）九月二十七日，作于儋州贬所。在一千多年前的北宋，人们提起岭南瘴毒之地，就意味着死亡。然而先生先是贬到惠州，后又流放至天涯海角的儋州。当时他认为自己“垂老投荒，无复生还之望”，决定到海南之后，“首当作棺，次便作墓”，并立下遗嘱，死后葬在海南。但通过一年多的“习而安之”后，他发现“儋耳颇有老人，年百余岁者，往往而是，八九十者不论也”。于是，他的精神状态大为变化。他那种“原本是”自譬自喻，自悟自解的超越人生苦难的“归根”人生方程式，让他如同黄州、惠州那样，终于从沮丧、悚惧中缓过神来。仍以一种超然的“齐物”、“逍遥”的法门，获得了“孔门之乐”；从“冰蚕火鼠”的传说中，获得了把“地狱”变成“天堂”“皆可以生”的自信与淡定。于是，他俨然变成了一位巨人，面对“折胶之寒”、“流金之暑”，他都能毫不畏惧，竟化作为“兹游奇绝冠平生”（《六月二十日夜渡海》）的一次逍遥游。

语典

吾闻《战国策》中有一方，吾尝服之，有效，故以奉传。其药四味而已，一曰“无事[1]以当贵”，二曰“早寝以当富”，三曰“安步[3]以当车”，四曰“晚食以当肉[3]”。

——《书四适赠张鹗[4]》

（《苏轼文集》卷六十六，第2080页）

注释

①无事：原诗为“无罪”。此指“闲适”。

②安步：安安稳稳地步行。

③晚食以当肉：晚一点吃饭，等饿了再吃，即使再粗劣的饮食也会像肉那样吃得津津有味。（以上“四适”参见夏侯忠编译《战国策·齐策四》，第202页）。

④张鹗：待考。

今译

我记得《战国策》中有一种养生秘方，我曾用过，很有效，因此奉传给你。一是“心闲最为难得”，二是早点睡我当体力富足充裕，三是安稳地步行，就好比坐车一样的舒服，四是推迟吃饭时间，等饿了再吃就好比吃肉一样香。

解析

该文，东坡先生大约作于“乌台诗案”被贬黄州之后。张鹗持纸向先生求字，并请求他开个秘方。于是先生凭记忆将《战国策》中颜斶（chù）与齐宣王的对话抄录于他。所谓“四适”之方典出《战国策·齐策四》。齐宣王召见齐国高士颜斶，颜斶直言明谏，拒绝了宣王的邀请。“四适”的后两句即出自二人的对话（第一条“无事”引文中为“无罪”）。与其说《四适》是长寿秘方，不如说是得道之君子，以老庄“齐物”与“逍遥游”思想，抵御俗世外物诱惑侵蚀的精神疗法。由此说明，具有了“万物齐一”的境界，方能以“四适”而养生。

语典

余问养生于吴子[①]，得二言焉。曰和。曰安。（略）

论八珍者必咽，言粪秽者必唾[②]。二者未尝与我接也，唾与咽何从生哉。果生于物乎？果生于我乎？知其生于我也，则虽与之接而不变，安之至也。安则物之感我者轻，和则我之应物[③]者顺。外轻内顺，而生理备矣。

——《问养生》

（《苏轼文集》卷六十四，第 1982 页）

注释

①吴子：吴复古，字子野。潮阳人（今属汕头市）。云游四方，广交学人，尤与苏轼兄弟最为知交，常在一起研讨庄子和老子的学说。闻东坡先生遇赦北归，寻欲会晤，到清远峡时因病去世，享年九十六岁。

②"论八珍者"二句：八珍，原指八种珍贵的食物，后来指八种稀有而珍贵的烹饪原料。粪秽，粪土。咽（yàn），吞入。唾，啐，用力从嘴里吐出来。

③应物：顺应事物。

今译

我向吴复古请教养生之道，他告诉我两个字：一个字是和，一个字是安。（略）。

提起山珍海味一定会咽口水，提起粪土脏物一定会吐唾沫。这两种东西都不曾和我们接触，唾沫和口水从何而生呢？果然产生那两种外物呢？还是果然产生于我们自己呢？如果知道那完全产生于我们自己，那么虽然真的和那些外物相接触，也不会改变自己，这是因为心里安定的原因。能安定那么外物对我们的影响就会轻，能平和，那么我们顺应事物就和顺。外物影响轻，内心顺应事物和顺，养生之道就完备了。

解析

东坡先生于熙宁九年（1076 年）十二月，由密州移知河中府（今山西永济县蒲州镇），熙宁十年正月过济南，因友人李常为齐州（山东济南市）太守，故留住月余，并拜见吴子野。吴子野与先生交流养生，先生喜诵其方，曾作《养生论》一篇。南宋经学家黄震在其《黄氏日钞》中评曰："《问养生》曰和曰安，察物之情，自得之趣也。"明代学者王圣俞在其《苏长公小品》中评曰："安和两字，从老氏专气致柔来，使人正襟敛手而读之者"（曾枣庄主编《苏文汇评》，第 410 页）。为什么养生之要在"和"与"安"呢？先生说："安则物之感我者轻，和则我之应物者顺。"即心能安，则对于外物的诱惑与侵扰而不为之心动。和顺者，则能与外部环境及人事和谐相处，达到"天人合一"。故虽"声色外诱"而不会"邪淫内发"，喜怒哀乐而不会躁动不安。先生在该文中指出："喜怒哀乐皆出于心者也。喜则攫挐（jué ná）随之，怒则殴击随之，哀则擗踊（pǐ yǒng）随之，乐则抃（biàn）舞之。心动于内，而气应于外，（略）故曰皆死之道也。"大意是喜怒哀乐是内心产生的。喜就会有抓取按捺的举动，怒就会有攘臂挥拳的举动，哀就会有捶胸顿足的举动，乐就会有手舞足蹈的举动。心动于内，而气应于外，（略）所以说这些都是使人走向死亡的原因。能做到"安"与"和"，全在于自己的修持与把握，即先生所言："知其生于我也"，即主导权在自己。唯有达到"外轻内顺"的境界，才能为养生打下坚实的基础。

语典

嵇中散[①]云："守之以一[②]，养之以和[③]，和理日济[④]，同乎大顺[⑤]，然后蒸以灵芝[⑥]，润以醴泉[⑦]，晞[⑧]以朝阳，绥[⑨]以五弦。"仆今除五弦不用外，其他举以中散为师矣。

——《与陆子厚[⑩]一首》

（《苏轼文集》卷六十，第1853页）

注释

①嵇中散：嵇康，字叔夜。谯国铚县（今安徽省睢溪县）人。三国曹魏时著名思想家、音乐家、文学家，为"竹林七贤"的精神领袖。因曾任中散大夫，后人称其为嵇中散。

②守之以一：语出《老子·十章》："载营魄抱一"（任继愈译著《老子新译》，第80页）。意谓精神与身体合一。

③养之以和：语出《庄子·缮性》："知与恬交相养，而和理出其性"（陈鼓应注译《庄子今注今译》，第466页）。意谓智慧与恬淡的性情相互保养，而和顺相容的仁德就会在心性中养成。养和的关键是坚持中和之道。

④和理日济：嵇康养生论中的和理日济，"修性以保神，安心以全身，爱憎不栖于情，忧喜不留于意，泊然无感，而体气和平"。强调对个体生命精神方面的维护。

⑤大顺：自然，天然。

⑥灵芝：传说中的仙草。

⑦醴泉：甘泉。

⑧晞：晒。

⑨绥：抚。

⑩陆子厚：陆惟忠，字子厚。眉山道士，苏轼谪惠，交往甚密。

今译

嵇中散说："精神和身体合一，养成中和之性，修身修心日以兼济，与自然合一，然后服用灵芝，涵养精神，用甘泉滋润脏腑，早晨沐浴朝阳，抚弄五弦琴怡悦心神。"我如今除了不会弄五弦琴以外，其他都以嵇中散为师。

解析

该书信，东坡先生于绍圣二年（1095年）二月作于惠州贬所。信的主要内容是先生与同乡道士陆子厚探讨养生之道。先生十分赞赏嵇康的《养生论》，他对该论的养生理论尤为服膺，他直言"以中散为师"。先生在信中所引嵇康《养生论》的八句话，集中表达了嵇康养生的要义。其一，提出形神兼养，重在养神。因此应力修"潜虚静泰，少私寡欲"，注重精神修养，使心智安定下来，保持平和之性。其二，提倡"同乎大顺"，与自然和谐共处，以音乐、山水之美怡养性情。其三，适当服食药饵，进行必要的精神和形体锻炼。其四，养生之道，贵在坚持。做到"重一功之益，慎一过之害"。即"勿以益小而不为，勿以过小而为之"。应该说，东坡先生尤其在岭南贬谪的七年时间里，正是以嵇康为师，而且还自创许多符合自身的养生方法，使得先生以六十六岁的高龄全身北归，这其中既有嵇康《养生论》的教益，又有先生自己所著《养生论》的补益。

语典

道术[①]多方，难得其要。然以某观之，惟能静心闭目，以渐习之，但闭得百十息，为益甚大。寻常静夜，以脉候得百二三十至，乃是百二三十息尔[②]。数为之，似觉有功。幸信此语，使真气云行体中，瘴冷安能近人也?

——《与王定国四十一首》之八

(《苏轼文集》卷五十二，第1518页)

注释

①道术：道士的自身修行称为道术，包括内丹、外丹、服食等内容。

②“以脉候得百二三十至”二句：“脉候，谓脉搏变化的情况”。至，表示脉搏次数的量词。息，鼻息。

今译

道士自身修炼的方法很多，难以掌握它的要领。然而以我观察，惟有能静心闭目养神，以逐渐练习它。但能闭得百十气息，受益最大。平常深夜按着脉搏能得百二三十跳动，就是百二三十气息。数次这样做，似乎觉得有好处。幸而你相信这话，使真气如云运行在身体内流动，瘴冷之气怎么能够伤害人呢?

解析

东坡先生谪居黄州以后，为了调整心态，打发时光，他研究道家的养生术。譬如，他学习炼丹。不过，他对“丹”的认识较为理性。就在同一封信中他对友人说：“近有人惠丹砂少许，光彩甚奇，固不敢服。”这说明出于好奇心，他想得到它。但一个“固”字(本义：坚)，表明他一定不敢吃。另外，有人“教以养火，观其变化，聊以怡神遣日”。从这里可以看出，先生所谓炼丹，一是为了“怡神”，二是为了“遣日”。先生学习道术是有选择的，他选择“静心闭目”禅修。在他看来，“寻常静夜”，能够闭得“百二三十至”、“为益甚大”。先生对此深信不疑，而且他那远在广西瘴乡的友人王定国也乐此不疲。人道“儒学治世，道家治身，佛家治心”，此言不假!

语典

每夜以子[①]后披衣起，面东或南，盘足，叩齿三十六通，握固[②]，闭息[③]，内观五藏、肺白、肝青、脾黄、心赤、肾黑。次想为炎火[④]，光明洞彻，入下丹田[⑤]中。待腹满气极，即徐出气。候出入息匀调，即以舌接唇齿，内外漱炼津液，未得咽下，复前法。闭息内观，纳心丹田，调息漱津，皆依前法。如此者三，津液满口，即低头咽下，以气送入丹田。须用意精猛，令津与气谷谷[⑥]然有声，径入丹田。又依前法为之。凡九闭息，三咽津而止。然后以左右手热摩两脚心，及脐下腰脊间，皆令热彻。次以两手摩烫眼、面、耳、项，皆令极热。仍按捏鼻梁左右五七下，梳头百余梳而卧，熟寝至明。

——《养生诀》

（《苏轼文集》卷七十三，第 2335-2336 页）

注释

①子：古代汉族劳动人民，把一昼夜划分为十二个时段，每时段叫一个时辰。正子时为凌晨零点。

②握固：道教养生修炼中常用的一种手势，出自晋朝著名道士葛洪。将左右手的大拇指掐在其他三个手指的掌指横纹上，或置于手心，用其余四个手指握牢，然后可以将左右手按在腰腹部和背部。此法有助于安魂定神，收摄精气。

③闭息："是道家养生要妙。先须闭目净虑，扫灭妄想，使心源湛然，诸念不起，自觉出入息调匀，即闭定目鼻"，犹屏息。有意地屏住气，暂时抑制呼吸。

④炎火：烈火。

⑤下丹田：在脐下三寸，藏神之府。古人看作是"性命之根本"。

⑥谷谷：象声词。禽鸟叫声。

今译

每天以夜半子时后披衣而起，面向东方或南方，盘足而坐，叩齿三十六下，接着做完握固、闭息，在做的过程中，内观五藏。想象心为烈火，明亮透彻，直入下丹田中。等待腹部憋满更多的气后，再徐徐呼出。等出入气息均匀后，就以舌尖顶住唇齿，内外吮吸漱腆津液，不得咽下，这样反复前法多次。调整气息，内视观察，默心丹田，调整气息漱吮津液，都依前面方法。如此这样三遍，津液储得满口，就低头咽下，要以气送至丹田。必须运用意念精悍猛烈，让津液与气息发出谷谷的声响，直入丹田。又依前法做一次。总共九次闭息，三次吞咽津液而止。然后以左右手热摩两脚心，及脐下腰部脊椎之间，使其发热。再以两手摩烫眼部、面部、两耳、颈项，都让其发热。又按捏鼻梁左右五七下，两手梳头百余梳，然后睡下，睡熟到天明。

解析

该文，东坡先生于元丰年间作于黄州贬所。先生自"乌台诗案"后被贬黄州。初来黄州先生"畏人默坐成痴钝，问旧惊呼半死生"（《侄安节远来夜坐三首》），心灵受到极大的摧残，为了"收召魂魄"，他于安国寺"焚香默坐，深自省察"，"一念清净，染污自落"。并"借得天庆观道堂三间，燕坐其中，谢客四十九日，（略）阖户反视"，凡此五年不辍。本《养生诀》，就是先生归诚佛道，从日常修炼中总结出的养生经验。此诀明晰，功法简便易行，对后世特别是文人产生了深刻的影响。

语典

近颇知养生，亦自觉薄有所得，见者皆言道貌[1]与往日殊别，更相阔数年，索我阆风[2]之上矣。(略)

冬至，已借得天庆观道堂三间，燕坐[3]其中，谢客四十九日。虽不能如张公[4]之不语，然亦常阖[5]户反视，想当有深益也。

——《与王定国四十一首》之八

(《苏轼文集》卷五十二，第1517页)

注释

①道貌：外貌神态。

②阆(làng)风：即阆风巅。传说中神仙居住之处。王逸注："阆风，山名，在昆仑之上。"

③燕坐：安坐，闲坐。

④张公：张方平。

⑤阖(hé)：关闭。

今译

我近来颇懂得养生之道，也自觉稍有收获。见到我的人都说，外貌神态与过去大不相同，要是再阔别数年，只有到神仙居住的昆仑山巅去找我。(略)

冬至时节，我已借到天庆观道堂三间，安坐其中，四十九日不见客。虽然不能像张方平那样不语，然而也常关闭起门自我反思，想会大有益处。

解析

该书，东坡先生大约作于元丰三年冬至之前不久，即十月间的事。现存先生与王定国书简四十一首，该首是先生给他最长的一封信。此时，王定国已到官好几个月了。全信主要交流养生之道。冬至，先生"借得天庆观道堂三间"，在这里他闭关禅修四十九天。由于先生"颇知养生"，所以尽管到黄州仅一年，但他的养炼"自觉薄有所得"。可喜的是，禅修初见成效，"道貌与往日殊别"。不仅外貌神态爽朗，书画作品亦有长进。"寒林墨竹，已入神品，行草尤工。"由此可知，先生已度过了"收召魂魄"的惶恐不安阶段。

语典

闲邪存诚[①]，炼气养精[②]，一存一明，一炼一清。
清明[③]乃极，丹元[④]乃生。(略)
闲之廓然[⑤]，存之卓然[⑥]，养之郁然[⑦]，炼之赫然[⑧]。
守之以一[⑨]，成之以久，功在一日，何迟之有。

——《养生偈》

(《苏轼文集》卷二十二，第648页)

注释

①闲邪存诚：语出《周易·乾》云："闲邪存其诚。"闲，防止，制止。存，保留。
②炼气养精：此为道家吐纳导引，保养精气之术。
③清明：清朗明净。
④丹元：心神的代名词。
⑤廓然：空旷寂静的样子。
⑥卓然：卓越的样子。
⑦郁然：兴盛的样子。
⑧赫然：鲜明的样子。
⑨守之以一：道家修养之术，专一精思以守神，谓之守一。

今译

防闲邪恶，自存其诚，调息行气，保养精神。存其诚明，明其道法，炼其精气，清其心脾。神志清明至极，心神安隐养生。(略)

闲之空旷寂静，存之卓越绝世，养之精气充盛，炼之面貌红润。守一通神，积久乃成，功效就在未来一日，何需讲什么迟与不迟。

解析

此偈颂作年不详。东坡先生在该偈中，对养生之要提出"四字"："闲"、"存"、"养"、"炼"。前两字谓养心，后两字谓养身。先生认为所谓养生，须从两处着力，即以德养心，以气养身。只有"闲邪存诚"，才能"守之以一"；只有"炼气养精"，才可"丹元乃生"。"一存一明"，必待"成之以久"；"一炼一清"，但等"功在一日"。

语典

扬州有侍其太保[①]者，官于瘴地[②]十余年。北归面色红润，无一点瘴气，只是用摩脚心法耳。(略)

每日饮少酒，调节饮食，常令胃气壮健。安道软朱砂膏[③]，某在湖州服数两，甚觉有益，到彼可久服。(略)

粉白黛绿者[④]，俱是火宅中狐狸、射干[⑤]之流，愿深以道眼[⑥]看破。

——《与王定国[⑦]四十一首》之三

(《苏轼文集》卷五十二，第1514页)

注释

①太保：古代辅导太子或监护与辅弼国君之官。

②瘴地：指南方有瘴气之地。

③"安道软朱砂膏"：安道，指张方平。朱砂，又称丹砂，是硫化汞的天然矿石，古时称作"丹"。东汉之后，为寻求长生不老药而兴起的炼丹术，开始运用化学方法炼丹。道家认为朱砂能够开运、镇煞、祈福。

④"粉白黛绿者"：以粉敷面、以黛(青黑色颜料)画眉的女子。

⑤"俱是火宅中狐狸"句：火宅，佛教语，比喻充满众苦之尘世。射干，兽名，似狐狸，能缘木。

⑥道眼：佛教语。指能洞察一切，辨别真妄的眼力。

⑦王定国：王巩，字定国，莘县(今属山东)人，北宋著名诗人、画家。此人豪放傲世，好议时政，因受东坡先生牵连，元丰年间贬谪广西宾州监酒务，后为宗正寺丞。《宋史》有传。

今译

扬州有曾经侍从太保的人，在南方瘴地做了十多年官。回到北方却面色红润，没有一点瘴毒之气色，他只是坚持用摩揉脚心的方法。(略)

每天饮少量酒，注意调节饮食，经常让胃肠保持消化功能。张安道的软朱砂膏，我在湖州服了数两，觉得很有益。你到宾州后可以长期服用。(略)

那些搽着脂粉，面如白玉，画着黑眉，穿着绿衣的美女，都是滚滚红尘中狐狸精和类似狐狸的野兽，愿你以道眼识破她们的招数。

解析

东坡先生的挚友王定国，因受先生"乌台诗案"的牵连，元丰三年，被朝廷贬到最偏僻的广西宾州。这让先生"觉心肺间便有汤火芒刺"的痛心。因此，先生在贬所黄州，经常去信表示歉意，同时希望他"深自爱重"。先生还将自己的养生之法传授给他。希望他能坚持"摩脚心"，"饮少酒，调节饮食"，尝试服用"朱砂膏"。特别以"道眼看破""粉白黛绿者"的狐狸伎俩，以保自己"心体泰健"。

语典

扬州有武官侍其者，(略)年八十九岁乃死，初不服药，唯用一法，每日五更起坐，两足相向，热摩涌泉穴①无数，以汗出为度。

——《侍其公气术②》

(《苏轼文集》卷七十三，第2334页)

注释

①涌泉穴：位于足底部，蜷足时足前部凹陷处，约当足底第2、3趾趾缝纹头端与足跟连线的前1/3与后2/3交点上。主治肺系症症，便秘、小便不利等，操作方法为直刺0.5~1寸。

②气术：气功。

今译

扬州有一武官侍其公，(略)活到八十九岁才死，他一直不服药物，唯用一种方法。每天五更打坐，两足相向，用搓热的手掌摩搓涌泉穴无数次，直至出汗为止。

解析

该文作年不详。"热摩涌泉穴"，此为东坡先生养生的一种有效方法。这虽说是道家的一种养生气功术，但有着中国传统医学的理论。经常按摩涌泉穴，有增精益髓、补贤壮阳、强筋壮骨、益寿延年之功效。涌泉穴养生法由来已久，至宋代广为盛行。东坡先生有一佛门诗友，法名佛印。一次，二人交谈至半夜，其时先生索性脱去衣服鞋袜，在禅床上闭目盘足而坐，并且双手擦摩左右脚心。佛印见后逗趣念了一首打油诗："学士打禅坐，默念阿弥陀，想随观音去，家中有老婆，奈何!"东坡会心一笑，回敬一首打油诗："东坡擦脚心，并非随观音，只为明双目，世事看分明。"此虽是趣闻轶事，但搓摩涌泉穴的养生功效确实是有医学道理的。

语典

某谪居瘴乡[①]，惟尽绝欲念[②]，为万金之良药。（略）
暗室瞑坐数息[③]，药功何缘及此？

——《答范纯夫[④]十一首》之十惠州
（《苏轼文集》卷五十，第1456页）

注释

①瘴乡：指南方有瘴气的地方。

②欲念：心里的一种贪欲念头。

③数息：道家静修方法之一。数鼻息之出入，使心恬静宁一。

④范纯夫：范祖禹（1041—1098年），字淳甫，华阳（今四川成都）人。嘉祐八年（1063年）进士及第，从司马光修撰《资治通鉴》。官至翰林学士。《宋史》有传。

今译

我贬官到南方有瘴气的地方，只有彻底消除一切贪欲念头，才是价值万金的良药。
在不透光亮的室内闭目静坐，数鼻息的出入，药物的功效怎么赶得上这种功法。

解析

绍圣四年（1097年）闰二月十四日，东坡先生在惠州白鹤峰的新居落成。自从先生携小儿苏过和侍妾朝云来到岭南，便坚持参禅学道。他和朝云常守着炼丹的药炉，期盼炼丹成功。但是正如他给范纯夫的回信所言，他认为在南方有瘴气的地方，能助人养心健身的“万全之良药”是“尽绝欲念”。《黄帝内经·上古天真论》中云：“养生莫若养性”，即“去世离俗”、“独立守神”、“形体不敝，精神不散”。明代万全的《养生四要》指出：“养心莫善于寡欲，欲不可纵，欲纵成灾；乐不可极，乐极生哀。”清代梁章钜在《退庵随笔》中亦称：“纵欲戕（qiāng）生，古今同慨。”是的，古今共同的养生理念是：禁绝纵欲。

语典

理发千梳净，风晞[①]胜汤沐。闭息万窍通，雾散名干浴[②]。
颓然语默丧，静见天地复[③]。(略)老鸡卧粪土，振羽又瞑目[④]。
倦马辗风沙，奋鬣一喷玉[⑤]。垢净各殊性，快惬聊自沃[⑥]。(略)
《楞经》在床头，妙偈时仰读[⑦]。返流归照性，独立遗所瞩[⑧]。(略)

——《次韵子由浴罢》

(《苏轼诗集》(第七册)卷四十二，第2302页)

注释

①风晞：晞(xī)，本义：晒干。借风吹干头发。

②"闭息"二句：闭息，道家养生要妙，先须闭目净虑，扫灭妄想，使心源湛然，诸念不起，自觉出入息调匀，即闭定口鼻(参见张志烈等主编《苏轼全集校注》(诗集八)，第4960页)。万窍，此指人全身毛孔。干浴，将手摩热，摩擦全身，名曰干浴。

③"颓然"二句：颓然，指寂静的样子。复，返回本原。

④"老鸡"二句：振羽，指摇动翅膀。瞑目，闭目。描写老鸡以泥土浴身之状。

⑤"倦马"二句：辗(zhǎn)马卧地上打滚。马土浴。鬣(liè)：指兽、畜颈上长毛。喷玉：马喷气时喷散雪白的唾沫。

⑥"垢净"二句：垢净，指污垢干净。快惬(qiè)，称心如意。聊，姑且。沃，浇水而洗。

⑦"《楞经》"二句：《楞经》，佛经名，属大乘秘密部。偈，佛经中的颂词。仰读，为双关语。既状睡于床上阅读，又暗含对佛经敬慕之情。

⑧"返流"二句：返流归照性，意谓从尘世生死荣辱之迁流中摆脱出来，返本归根，照见自性，归于清净。遗所瞩，丢掉尘世诸物的色彩相貌。

今译

千梳理净头发，风干胜过汤沐。闭息毛孔疏通，摩身名为干浴。
寂静非语非默，静见天地复初。(略)老鸡卧于粪土，振翅双双闭目。
倦马卧沙打滚，扬起颈毛喷沫。垢净实相不同，姑且惬意自沃。(略)
《楞经》放置床头，妙偈时时仰读。归根照见自性，摒除色相尘垢。

解析

该诗，东坡先生于绍圣五年(1098年)正月作于儋州贬所。先生胞弟子由在《浴罢》诗中吟道："逐客例幽忧，多年不洗沐。予发栉无垢，身垢要须浴。(略)"先生针对子由："身垢要须浴"原意，次韵其诗，翻空出奇，以庄子齐物精理，新意迭出，写出"老鸡卧粪土"与"倦马辗风沙"的借喻名句。不仅使语言文采斐然，同时富有很强的感染力，使人读后不禁心中隐隐作痛。清代乾隆年间文学家纪晓岚，在《纪评苏诗》卷四十一中曰："'老鸡卧粪土'六句，此境东坡独辟，前无古人。"张道在其《苏亭诗话》中亦译曰："东坡诗，体物有极细处。(略)故妙出不穷"(参见《三苏全书》(第九册)《苏轼诗集》四十一卷，第312页)。同时也让读者更清晰地体悟到先生物我两忘，超然自适的审美人生观。

语典

人之生也，以气为主，食为辅。今子[①]终日药不释口，臭味乱于外，而百毒战于内，劳其主，隔其辅，是以病也。子退而休之，谢医却药而进所嗜[②]，气完而食美矣，则夫药之良者，可以一饮而效[③]。

——《盖公堂》

（《苏轼文集》卷十一，第 346 页）

注释

①子：古代对人的尊称。

②“谢医”句：谢，谓推辞，谢绝。却，去掉。嗜，喜欢，爱好。

③效：成效，效用。

今译

人之降生以来，是以精神为主，饮食为辅。如今你终日药不离口，药味错乱于外，毒气攻伐于内，耗损精神，隔绝食物，所以才生病。你回家休息，谢绝医生，去掉药物，吃自己想吃的东西，等到精神恢复食欲良好时，再找对症的好药，可以一饮而见效果。

解析

该文，东坡先生于熙宁九年(1076 年)初作于密州。“盖公堂”，是先生将黄堂之北的一处新处所重新修整后，为纪念齐国名儒盖公而命名。明代散文家茅坤在《苏文忠公文钞》中评曰：“以医为喻，起尽议论。”南宋著名文学家洪迈云：“是时熙宁中，公在密州，为此说者，以讽王安石新法也”(以上参见张志烈等主编《苏轼全集校注》(文集二)，第 1084 页)。先生以“医之罪，药之过”，喻“为国者亦然”，批评熙宁新法“立法更制”，与民争利，陷民于水火。先生所引的医喻，是他当初在乡下所闻，说有个得了寒病而咳嗽的人，“三易医而疾愈甚”。后来乡里父老劝他“谢医却药”，待“气完而食美”，再以良药，即可“一饮而效”。此养生之道，人皆深明其道，谨守规范。

语典

有道人教予[①]曰："欲延年，清小便，欲轻举[②]，止小府[③]。心如婴，小便清，心如水，小便止。小便一清，万法自成，未免溲膏[④]，一生徒劳[⑤]。"

——《记道人养生语》

（《苏轼文集》佚文汇编拾遗，第2679页）

注释

①予：同"余"，我。
②轻举：谓飞升，登仙。
③小府：府，同"腑"。小腑，指下腹的中部。
④溲膏：溲(sōu)特指小便。排泄膏状小便。今称乳糜尿。
⑤徒劳：空自劳苦，自费心力。

今译

有位道人教我养生，说："想要延年益寿，就应让小便清亮，想要飞升登仙，就让小腹经常处于止息状态。心如幼婴，小便即清，心如止水，小便辄止。小便一清，万法自成，如果小便难免乳糜，此生徒劳无益。"

解析

该文，东坡先生于绍圣四年(1097年)二月十三日，作于惠州贬所。小便，是检测人体健康状况的"晴雨表"。根据医学理论，判断小便正常有三个指标：即排尿不费力、有尿憋得住、尿液淡黄透亮。如果尿液像牛奶白色，说明尿中有乳糜，源自丝虫病或肾、淋巴管堵塞。道人的养生语，如"小便清"、"小便止"，没有"溲膏"现象等，基本符合现代医学原理，道人的养生语，值得借鉴。

语典

孙真人著《大风恶疾论》[1]曰：《神仙传》[2]有数十人，皆因恶疾而得仙道。何者？割弃尘累[3]，怀颍阳之风[4]，所以因祸而取福也。

——《药诵》

（《苏轼文集》卷六十四，第1985页）

注释

①"孙真人著《大风恶疾论》"句：孙真人，孙思邈（581—682年），唐代医学家，被后人称为"药王"。大风恶疾，指麻风病。真人，指道家。道教把修真得道（成仙），洞悉宇宙和人生本原，真正觉悟的人称为真人。

②《神仙传》：是东晋道教学者葛洪所著的一部古代汉族志怪小说集，收录了九十二位仙人的事迹。虽事多怪诞，但其中不少常为后世养生文献所引用，有些内容对研究中国古代养生学术有一定参考价值。

③尘累：佛教语。指烦恼、恶业的种种束缚，世俗事务的牵累。

④颍阳之风：语出《后汉书·逸民列传序》："是以尧称则天，不屈颍阳之高；武尽美矣，终全孤竹之洁"（《后汉书》卷八十三，第1495页）。所以尽管尧称得上效法上天而行事，仍无法使颍阳隐士巢父、许由的高尚情操屈从；周武王的人品是尽善尽美的，最终还得成全孤竹伯夷、叔齐饿死首阳山的清白名声。颍阳之风，因巢父、许由隐居于颍水之北，后以颍阳代指巢、由。

今译

孙思邈著《大风恶疾论》说：《神仙传》记载了数十个人，都是因为患了严重疾病后而得道成仙的。是什么原因呢？因为患了严重疾病后，他们反倒能割断和抛弃尘世的烦恼，怀着巢父、许由那样清心寡欲的颍阳风操，所以因祸得福。

解析

该文，东坡先生于绍圣二年（1095年）七月作于惠州贬所。先生在该章句中阐述了这样一个养生思想：只要能像巢父、许由那样"割弃尘累"，即使患上"恶疾"，也能"因祸而得取福"，而能得道成仙，长生不老。不过先生在这里为"因恶疾而得仙道"，设置了一个前提："割弃尘累。"即他在《问养生》中介绍吴复古的养生二言：曰和、曰安。《续养生论》中提出的"端正庄栗"、"未尝一念放逸"的"无思之思"（"思无邪"）。难怪明代学者王圣俞在其《苏长公小品》中，引明代学者茅坤评语对《药诵》评曰："多旷达之旨，从徙南海得之"（曾枣庄主编《苏文汇评》，第533页）。是的，先生被贬到被中原人士视为荒蛮之地的儋州，"斋心炼神，坐禅养性"、"不信长生不死的神话，深通六祖惠能的禅学"，建立起"不离世间的大彻大悟的心灵境界"。这个心灵境界，他称之为如同"颍阳之风"的"仇池"。他在《和陶桃花源》诗中唱和道："凡圣无异居，清浊共此世。""不如我仇池，高举复几步"（以上参见王水照、崔铭《苏轼传》，第352页）。这意思是说，在"仇池"这个理想的精神世界中，他"敛收平生心，耿耿聊自温"（《入寺》）。从而消除了"凡圣和清浊"的界线，泯灭了生死与痴慧的区别。正因为先生有了"颍阳之风"的坚贞信念，他把"地狱"变成了"天堂"。岂非是"因祸得福"，"因恶疾而得仙道"乎！

语典

冬有祁寒[1]，知民言可畏；阳居大夏[2]，识天道[3]之至仁。

——《谢赐历日表二首》其一

（《苏轼文集》卷三十四，第694页）

注释

①祁寒：语出《书·君牙》："冬祁寒，小民亦惟曰怨咨。"
②阳居大夏：语出《汉书·董仲舒传》："是故阳常居大夏，而以生育养长为事。"
③天道：天的运动变化规律。万物的规则，万物的道理。

今译

冬天有大寒，方知民言可畏；乾阳居于暑夏，才觉天道是最大的仁德。

解析

元祐六年（1091年）十二月，朝廷于岁末颁赐新年日历。东坡先生在颍州任上给太皇太后、哲宗皇帝上表称谢。西汉著名经学家、司马迁的古文经学老师孔安国在《尚书·君牙》中曰："冬大寒，亦天之常道，民犹怨咎。""天不可怨，民犹怨嗟，治民其惟难哉！当思虑其难，以谋其易，民乃宁。"大意是冬天寒冷，这本是天之规律，百姓对此竟有怨言，何况百姓对朝廷执政岂能没有怨言呢？董仲舒对策曰："阳为德，阴为刑，刑主杀而德主生。是故阳常居大夏，而以生育养长为事，（略）以此见天之任德不任刑也。"大意是，大寒为阴，大夏为阳，阴主刑，阳主德。阳以生育与养长为任，故治世当循天之大道，以仁德为要。

语典

意钓忘鱼，乐此竿线[①]。优哉悠哉[②]，玩物之变[③]。

——《江郊并引》

（《苏轼诗集》卷三十八，第2083页）

注释

①“意钓”两句：垂钓意不在鱼，快乐之处在于竿线鱼标的浮动之间。

②“优哉”句：哉：语气词，形容悠闲舒适的样子。

③玩物：以游戏的态度对待事物。

今译

垂钓之目的不在鱼，而乐在钓竿鱼线之间。享受优游闲适的乐趣，实现这种转变在于以游戏的态度对待万物。

解析

东坡先生谪居惠州期间，常去故居之东的盘石小潭垂钓。如同唐代诗人张志和所言：“每垂钓不设饵，志在不得鱼也。”韩愈云：“举竿引线勿有得。”先生所谓“意钓”亦不在鱼，而在“举竿引线”之趣。诚哉“意钓”！此乃垂钓之至高境界。“意钓”者，不在“物”而在“趣”，这是庄周“物我齐一”思想之所然。

养生

语典

吾平生无嗜好，独好佳笔墨。既得罪谪海南，凡养生具十无八九，佳纸墨行且尽，至用此等，将何以自娱[①]，为之慨然。

——《付过[②]二首》之二

（《苏轼文集》卷六十，第1841页）

注释

①自娱：意思是自寻乐趣，自以为乐。

②过：苏过，苏轼第三子。自绍圣三年（1094年）六月起，苏过代两位兄长行大孝，陪伴父亲在惠州、儋州度过了七个年头极为艰难的流放生活。

今译

我平生没有什么嗜好，唯独喜欢好笔好墨。现在我获罪贬谪海南，凡是用来养生的方法已用去了十之八九，好纸好墨即将用尽，用完这些，我将以什么寄情笔墨、自寻乐趣呢？想到此，不禁为之感慨。

解析

此书是元符二年（1099年）八月，东坡先生将自己寄情笔墨、自寻乐趣的感慨，用书信的方式付存苏过手里。如同他在侄孙元老的信中所言，他与苏过七年相对，"如两苦行僧尔"。他以什么方式度过寂寞、穷困的岁月呢？用养生、书画等方式，换得精神生活的"逍遥"。由此还可以说明，先生在谪居期间的闭关坐禅、诵读经书、烧炼丹砂、钓鱼挖药、烹调美食，乃至泼墨书画等，都是为了"自娱"。上述种种儒释道禅"嗜好"，只能是他为达到自寻乐趣的"手段"，而绝非"目的"。也就是说，先生炼丹不是想成仙升天，诵经坐禅不是想出家为道为僧。乘醉信笔书写的枯木竹石图，后人赞之为"文人画之先河"，实质是先生以画达意的一种情感符号，只不过是聊以自娱罢了。"自娱"是古代文人的一种精神生活方式。东晋诗人陶渊明"常著文章以自娱"；明代廉吏袁可立"但以诗酒自娱"；清代诗人王士禛"暇日展玩以自娱"。这种"自娱"，既是一种文士雅趣，更是文人君子的一种风骨。

语典

养生者，不过慎起居饮食、节声色[1]而已。节慎在未病之前，而服药在已病之后。

——《论管仲[2]》

（《苏轼文集》卷五，第148页）

注释

①“不过”二句：慎，谓谨慎。节，节制，管束。声色，指淫声与女色。

②管仲（约前723—前645年）：春秋时期法家代表人物。齐国相国，辅佐齐桓公称霸诸侯。

今译

养生，不过是对自己的起居饮食谨慎，节制声色娱乐罢了。节制谨慎在未发病之前，而服药在已经生病之后。

解析

东坡先生在《论管仲》文末提出“吾以谓为天下如养生，忧国备乱如服药”的论断。所谓养生，他认为重在谨慎日常生活调理，节制有碍健康的声色淫乐。最后强调节制在病前，服药在病后，以生活小事论国家大事，这是先生行文立论、自出胸臆的妙绝之笔。

语典

有病宜须药石[①]攻，寒时火烛热时风。病根既是无容处，药石还同四大空[②]。

——《代黄檗(bò)答子由颂》

(《苏轼文集》卷二十，第592页)

注释

①药石：药剂和砭石，泛指药物。

②四大空：四大，佛教以地、水、火、风为四大。认为人的身体既由四大构成，而四大由空而生，故曰四大皆空。

今译

有了疾病就必须用药物来攻破它，如同寒冷时需要生火，炎热时需要扇风。病魔之根既然没有藏身之处，那么药物也同四大皆空一样，也属无有之物。

解析

该文，东坡先生于元丰六年(1083年)六月二十日作于黄州。东坡先生舍弟子由曾询问筠州(今江西窝安市)道全禅师黄檗，大意是：五蕴(即五种聚合，分别是色蕴、受蕴、想蕴、竹蕴、识蕴等。是佛教关于人体和身心现象都是由五蕴和合而成)既然都不存在，人的身心和河流山岳都处圆融之中，生病的魔根究竟在何处，为什么日日夜夜还要用药物去攻伐它呢？先生在这篇颂词里代黄檗长老作答。他的答案首先是唯物的，生了病就要吃药，就像寒冷生火，炎热扇风一样的道理。但若按佛教四大皆空佛理回答，病根无容之处，药物也属四大空的无有之物。这种回答亦切儒释一体之理，又蕴含着两者之间的相逆之处。

语典

吾平生求医，盖于平时默其工拙，有疾求疗，必尽告其所患，使医了然，知患之所以然，然后诊之，虚实冷暖，先定于中，脉①之疑似不能也惑。故虽中医②，治吾疾尝愈。吾求疾愈而已。岂以困医③为事哉！

——（《仇池笔记·论医》，第228页）

注释

①脉：指脉象。

②中医：中，实指中等。即中等医术的医生。

③困医：为难医生。

今译

我平生求医治病，在于平时了解医生的特点。有疾病寻求治疗之方，必定尽量告诉所患病的情况，使医生明白所患病的原因，然后予以诊断，虚实冷暖，全在他掌握之中，即使脉象难以捉摸透，但基本判断不会困惑。因此虽然是中等医术的医生，为我治病也容易治愈。我的目的只是求把病治好而已，怎么能把为难医生当作主要的事情呢？

解析

该文作年不详。先生在该文开篇即说：“医之难明，古今所病也，（略）疑似之间，便有死生之异。”中国古代以中医治病为主，中医以观脉象为治疗方法。《中医二十八脉象歌诀》曰：“人脉难，需勤理，察形辨象非容易。”脉象难辨，而“望闻问切”亦难。但是，“士大夫多秘所患以求痊”，让医生“使索病于冥漠之中，辨虚实冷暖于疑似之间”。有的士大夫们故意闭口不讲，考考医生医术的“工拙”，结果“不幸而夭”。而先生求医，“必尽告其所患”，使医了其“所以然，然后诊之”。先生在此讲的是“论医”，实际上是在“论人”。为人应明月入怀，心胸坦荡，不能欺罔视听，自欺欺人。

语典

自古论病，惟伤寒最为危急。

而用《圣散子》者，一切不问。(略)若时疫流行，平旦于大釜[1]中煮之，不问老少良贱，各服一大盏，即时气不入其门。平居[2]无疾，能空腹一服，则饮食倍常[3]，百疾不生。真济世之具，卫家之宝也[4]。

——《圣散子叙》

(《苏轼文集》卷十，第331页)

注释

①釜：古代的一种锅。

②平居：平日，平常。

③倍常：大不同于一般。

④“真济世”二句：济世，救济，济助世人。卫家，保卫家人。

今译

自古以来谈论疾病，惟有伤寒病最为危险。

如果用《圣散子》药方，任何病情都可以服用。(略)假如瘟疫流行，天明时在大锅中煎煮此药，不问男女老少，每人各服一大碗，当时就能阻止瘟气不入家门。即使平时居住没有疾病时，能够空着肚子服饮一剂，饮食就会比平时增加一倍，百病不生。真是济世之良方，保护家人之宝贝。

解析

此序，东坡先生于元丰七年(1084年)三月作于黄州。提到《圣散子》不能不说到巢谷。巢谷，字元修，曾举进士不第，后又学骑射。东坡先生谪居黄州，元丰六年(1083年)春节刚过，巢谷来黄相从，客住雪堂，成为苏迨、苏过的家庭教师。这一年春，黄州一带流行时疫，巢谷将“圣散子”药方密传给先生，并“指江水为盟”，“约不传人”。但是为了救世救民之需，先生传蕲水良医庞安时。当时急用此药方，“所活不可胜数”。此方有人认为“不过二十八味”药，但“惜其方世罕之见”。

语典

齿痛，风热在骨耳。轼近苦此，服地黄丸，似有效，地黄、地骨皮、枳壳、菊花，试服一帖；又将天麻煎必味五两者一丸，啮[1]定在痛齿上，亦颇能已甚痛。皆非十分捷效之药。漫持去，或能有解耳。

——《治齿痛方》

（《苏轼文集》·佚文汇编拾遗卷下，第2681页）

注释

①啮（niè）：侵蚀。

今译

牙齿痛，风热在骨。我近日牙齿痛得厉害，服用地黄丸，似觉有效。用地黄、地骨皮、枳壳、菊花，试服一帖；另将天麻煎必味五两者一丸，啮定在痛齿点上，也颇能治愈疼痛，是十分快捷有效的药。如都能用这药方，或许能够有效。

解析

该文作年不详。从药理研究，地黄丸有消炎的作用。按照先生此方治牙痛，不妨一试，“或能有解耳”。

语典

唯华池[1]之真液，下涌于舌底，而上流于牙颊[2]，甘而不坏，白而不浊，宜古之仙者以是为金丹之祖[3]，长生不死之药也。

——《天庆观乳泉赋》

（《苏轼文集》卷一，第15页）

注释

①华池：道家称人之口，亦称“玉池”。《黄庭内景经》注：“口为玉池，亦曰华池。”

②颊：脸的两侧。牙颊，牙齿和颊辅。亦指嘴巴。

③金丹之祖：金丹（长生不老之药）的鼻祖。

今译

只有人口内之唾液，下从舌底涌出，上从牙颊流出，甜而无害，清而不浑，自古以来的神仙把它当作神丹之鼻祖，长生不死之药。

解析

此赋作于元符元年（1098年）东坡先生被贬儋州时。自黄州以来，先生勤于养生气功，其中对“咽津功”颇有体会。中国古代《黄庭内景经》载：“三十六咽玉池里，开通百脉血液始。”《老子节解》云：“唾者溢为醴泉，聚为玉浆，流为华池，散为津液，降为甘露。嗽以咽之，既藏润身，以流百脉，化养万神。坚固毛发，坚固长春。”在该赋中先生还特别提到天庆观（儋州城南之道观）乳泉之养生功效。先生对于“咽津”、“乳泉”养生确信不疑，这一切其最终目的是“却五味以谢六尘，悟一真而失百非”。抛却“五味”，不追求物质享受，谢却“六尘”（佛家以色、声、音、味、触、法为六尘），悟一真（指道）而失百非（种种错误）。至于是否真的有赤松子和王子乔这样长生不死的仙人，他最后用“犹想像于庶几”作了真切的回答。

语典

故取中散真人[①]之言，对病为药，使人诵之日三。曰：东坡居士，汝忘逾年之忧，百日之苦乎？使汝不幸而有中散之祸[②]，伯牛之疾[③]，虽欲采薇散发[④]，岂可得哉！今食麻、麦、茯苓多矣。

——《药诵》

（《苏轼文集》卷六十四，第1985页）

注释

①中散真人：中散，指三国曹魏时著名思想家、音乐家、文学家“竹林七贤”的精神领袖嵇康，字叔夜，官至中散大夫，世称嵇中散。真人，指唐代医学家孙思邈，世称“药王”。

②中散之祸：嵇康因得罪钟会，为其诬陷，而被司马昭处死，年仅三十九岁。

③伯牛之疾：指冉耕，字伯牛，世称“冉伯牛”或“冉子”。孔子的门徒，以德行与颜渊闵子骞并称，因恶疾早逝。伯牛之疾，指不治的恶疾。

④采薇散发：孤竹居二子伯夷、叔齐，反对武王伐纣，曾叩马而谏。周代殷而有天下后，二人“义不食周粟，隐于首阳山，采薇而食，及饿且死”（参见李翰文主编《史记全本》，第1189页）。

今译

运用嵇中散、孙真人的话，当作治病的药，让人每天对我念诵三遍说：东坡居士，您忘记了整整一年等着被杀的忧惧，将近百天的痔疮苦痛，使您不幸而假如有嵇中散那样的灾祸，伯牛那样不治之疾病，即使想采摘薇菜为食，散发野居，怎么可以做得到！现今您每天能吃胡麻、麦子、茯苓，不是比采薇散发要强得多吗？

解析

该文，东坡先生于绍圣二年（1095年）七月作于惠州贬所。先生在此仍然运用“譬如元是”的哲学思想，释解“逾年之忧”和消除痔疮“百日之苦”的痛楚。他连续运用“中散之祸”、“伯牛之疾”、“伯夷与叔齐”、“采薇散发”三个典故以自譬自喻，获得“岂知俯仰之间，有方轨八达之路乎”（《试笔自书》）的自解自救，从而得以超越忧惧与痛苦，保持化苦为乐的达观精神。

语典

《续养生论》乃有遇而作，论即是方，非如中散[①]泛论也。白术[②]一味，细捣为末，余筋滓难捣者弃之，或留作香。其细末曝日中，时以井花水[③]洒润之，则膏液自上，谨视其和合，即入木臼杵[④]数千下，便丸，如梧桐子大，此必是仙方。日以井花水咽百丸，渐加至三百丸，益多尤佳。此非有仙骨者不传。《续养生论》尤为异书，然要以口授其详也。

——《与章致平[⑤]二首》之二

（《苏轼文集》卷五十五，第1645页）

注释

①中散：嵇(jī)康，字叔夜，谯国铚县(今安徽省濉(suī)溪县)人。三国曹魏著名思想家、音乐家、文学家。“竹林七贤”的精神领袖。官至曹魏中散大夫，世称嵇中散。

②白术：属于菊科，以根茎入药，具有健脾益气，燥湿利水，止汗等功能。

③井花水：清晨初汲的水。

④“木臼”句：木臼(jiù)，木制的臼。臼，舂米的器具。杵(chǔ)，舂米的木棒。

⑤章致平：章援，字致平。章惇之子。元祐三年(1088年)，苏轼知贡举，章援取状元，曾为校书郎。

今译

《续养生论》是有所际遇而写成的。“论”就是具体的药方，不是像嵇康那样泛泛而谈。将白术一味药，细细地捣碎成末，剩下难捣碎的筋渣扔掉，或者留着做香。捣碎的细末在太阳下晒，并经常用清晨打的井水洒上滋润它，这样自然就会出膏汁。留心什么时候调和粘合了，就放在木臼中捣数千下，搓成丸，像梧桐子那么大，这绝对是仙方。每天用清晨打的井水吞下一百丸，逐渐增加到三百丸，多吃点效果更好。这个方子没有仙骨的人不要传给他。《续养生论》尤其是部奇书，然而主要还得靠口头传授其详细方法。

解析

建中靖国元年(1101年)六月，被贬至雷州的原宰相章惇，其儿子章援，闻讯东坡先生北归并有可能主持朝政，于是给先生去信，代父亲向先生表示歉意。先生接信后速回信，告诉章援他与他父亲“交情固无所增损”，过去的事已经过去，“惟论其未然者而已”。先生对章惇年事已高流放到海边表示同情，并在第二封信中，介绍了“续养生”的制作流程与方法。先生不咎既往，宽宏大度的胸襟，一直被后人铭感传颂。

语典

欧阳文忠公常得暴下[①]，国医不能愈。(略)夫人使以国医药杂进之，一服而愈。公召卖者厚遗之，求其方，乃肯传。但用车前子[②]一味为末，米饮下二钱匕[③]，云："此药利水道而不动气，水道利则清浊分，谷藏[④]自止矣。"

——《治暴下法》

(《苏轼文集》卷七十三，第2360页)

注释

①欧阳文忠公常暴下：欧阳文忠公，指欧阳修。常，尝，即曾经。暴下，突然腹泻。

②车前子：多年生草木，以种子入药。

③钱匕：即小匙。

④谷藏：即谷道，直肠、肛门。《良方》藏作"脏"。

今译

欧阳修曾经腹泻，国医也治不好。(略)他的夫人以国医药掺杂为方，一服即愈。欧阳修召见持方人，以重金相赠，向他求药方，他答应相传。原来是车前子一味药捣成末，用米汤饮服小匙。据传："此药利水道而不耗精气，水道利就清浊分，肠道自能止泻。"

解析

该文作年不详。历史考证，车前子以种子入药，始载于《本经》、《别录》，并用叶及根。其药理有利尿、缓泻作用。主治利水、清热、明目、祛痰。止暑湿泻痢。《本草新编》指出：车前子功专利水，通尿管最神，止淋沥泄泻等。用现代医学理论看，车前子不仅利尿止泻，且有一定的抗菌效能和消炎、止血作用。

语典

熟地黄、玄参、当归、羌活，各等分。右捣为末，蜜和丸，梧桐子大，空心酒服，丸数随宜。(略)

顷余以问名臣康师孟，大异之，云："医家用此多矣，然未有专用此四物如此方者。"师孟遂名之曰四神丹。洛下公卿士庶争饵之[①]，百疾皆愈，药性中和，可常服。大略补虚益血，治风气，亦可名草还丹。

——《四神丹说》

(《苏轼文集》卷七十三，第2360页)

注释

①洛下公卿士庶争饵之：洛下，指洛阳城。公卿，"三公九卿"的简称，"公"即是周代封爵之首。"卿"是古时高级长官或爵位的称谓。泛指高官。士庶，士人和普通百姓。泛指人民、百姓。饵，此指吞食。

今译

熟地黄、玄参、当归、羌活，取各样同等分。捣细为末，用蜂蜜调和成丸，像梧桐子一般大，用酒空腹服下，丸数随各人所宜。(略)

少顷，我问名医康师道，他听后感到意外，说："医家用这四味药的很多，然而没有专用这四味成方子的。"康师孟取名曰"四神丹"。洛阳的高官和普通百姓争着服用这个药，什么病都治好了。该丸药性中正平和，可以常服。它的功效大致为补虚益血，治疗风气病，也有的叫它"草还丹"。

解析

该文，东坡先生于元符二年(1099年)十一月八日，作于儋州贬所。据刘向《列仙传·山图》载："山图，陇西人也。少好乘马，马踏之折脚，山中道人教服地黄、当归、独活、苦参，服一岁后不嗜食，病愈身轻"(参见张志烈等主编《苏轼全集校注》(文集十一)，第8414页)。这里所说的"独活"与"四神丹"的"羌活"本为一味药。"苦参"即玄参。这说明先生所指的四味药与《列仙传·山图》所载的四味药是一个药方。足见"四神丹"在西汉就已成为所谓神仙的用药。

语典

松脂以真定者为良[1]，细布袋盛清水为沸汤煮，浮水面者，以新罩篱掠取置新水中。久煮不出者，皆弃不用。入生白茯苓末，不制，但削去皮，捣箩拌匀，每日早取三钱匕[2]着口中，用少熟[3]水搅漱，仍以脂(指)如常法揩齿。毕，更啜[4]少熟水咽之，仍漱吐如法。能坚牢齿、驻颜、乌髭[5]。

——《服松脂法》

(《苏轼文集》卷七十三，第2353页)

注释

①"松脂"句：松脂，松树分泌之膠汁。亦称松膏、松膠、松香，可药用。真定，真定府，今河北正定。

②匕(bǐ)：古代指勺、匙之类的取食用具。

③熟：《良方》作"热"。

④啜(chuò)：饮，吃。

⑤髭：《仇池笔法》作"鬚"。

今译

松脂以正定的为最好。装入细袋盛清水煮沸汤，浮到水面的，以新笊篱捞起倒进新水中。久煮不出的，都舍弃不用。再加入白茯苓末，不须炮制，但要削去皮，捣细箩筛拌匀。每日早晨取三钱匙放入口中，用温开水搅动漱入，仍用手指如老办法揩拭牙齿。揩拭完后，再加喝少量开水咽下，仍然注意用前法在口腔漱口。这样，能够使牙齿坚韧牢固，还可以养颜、黑发。

解析

该文作年不详。松脂，主要是松树或松类树干分泌出的树脂，含松香和松节油。松脂的服食传统悠久，李时珍在《本草纲目》中就引述了葛洪《抱朴子》中所记的传说。相传上党有个叫赵瞿的人得了癞病，过了一年多就快要死了，他的家人无奈就把他搬到山里。后来被一个神仙看到了，便送他一袋药。赵瞿连续吃了一百多天，身上的疮都好了，并且脸色红润，肌肤白皙。再后来仙人又到这山里看他，赵瞿谢过救命之恩后，问此药是什么。仙人说这是松脂。赵瞿回家后长期服用，活了一百多岁，牙也不掉，头发也不白。这虽是一个传说，但其意在说明松脂有祛风燥湿、排脓拔毒、生肌止痛之功能。总之，松脂一直都是长寿的象征，是古代养生之要药。

语典

治痢[①]腹痛，用生姜，切如粟米大，杂茶相对烹[②]，并滓[③]食之，实有奇效。

——《治痢腹痛法》

（《苏轼文集》卷七十三，第2352页）

注释

①痢：中医学病名，古称"滞下"。即"痢疾"。

②烹：煮。

③滓（zǐ）：渣子。

今译

治疗痢疾腹痛，用生姜，切成粟米般大小，同茶混合烹煮，同时将渣子吃掉，实在有奇效。

解析

该文作年不详。东坡先生推荐的治痢腹痛法，着实有效。今人在此基础上稍加调整为：姜汁十五克，萝卜汁六十克，蜜糖三十克，浓茶一杯，和匀，蒸熟一次服。治疗痢疾，腹痛，里急后重，量少，大便有红白黏液效果更佳。

语典

茯苓[①]自是神仙上药，但其中有赤筋脉，若不能去，服久不利人眼，或使人眼小。当削去皮，斫[②]为方寸块银石器中，清水煮，以酥软解散为度，入细布袋中，以冷水揉搜[③]，如作葛粉状，澄[④]取粉，而筋脉留袋中，弃去不用。用其粉，以蜜和，如湿香状，蒸过，食之尤佳。胡麻但取纯黑，脂麻九蒸九暴[⑤]，入水烂研，滤取白汁银石器中熬。如作杏酪汤，更入，去皮核，烂研枣肉与茯苓一处搜和，食之尤有奇效。

——《服茯苓法》

（《苏轼文集》卷七十三，第2348页）

注释

①茯苓：中药名，为多孔菌科真菌茯苓的干燥菌核。

②斫（zhuó）：大锄，引申为用刀、斧等砍。

③搜：《良方》作"摆"。搜，音少，搅乱（转引张志烈等主编《苏轼全集校注》（文集十一），第8380页）。

④澄：让液体里的杂质沉下去。

⑤"胡麻但取纯黑"二句：胡麻，又名油麻、脂麻、芝麻。九蒸九暴，九蒸九晒。所谓"九"，其实是古人表示大和多的数字，不一定就指准确的九次。

今译

茯苓本是神仙常用的药。但其中有筋脉如果不去掉，长期服用不利于人的眼睛，或者使人的眼睛变小。应当削去皮，砍成方寸块放入银石器具中，用清水煮，至酥软解散为限度，装入细布袋中，用冷水揉搓搅乱，像作葛粉的样子，澄清取其粉，将筋脉留袋中，丢掉不用。用茯苓粉，以蜂蜜拌和，像湿香状，蒸后，食之特别好。胡麻最好用黑麻、脂麻九蒸九晒，入水研烂，过滤将白汁装入银石器中煮熬。像作杏酪汤，里外搅动，去掉皮和核，同研烂的枣肉与茯苓粉一处搅和，食之尤有奇效。

解析

该文作年不详。茯苓，主治水肿尿少，痰饮眩悸，脾虚食少，便溏泄泻，心神不安，惊悸失眠等。现代医学研究，茯苓多糖体在动物试验中，呈现了强烈的抗肿瘤作用。同时，茯苓多糖体对免疫功能产生影响。鉴于茯苓的食疗保健功效，茯苓还可作茯苓饼、茯苓酥和茯苓酒等。相传，有一次慈禧太后得了病，不思饮食，厨师们绞尽脑汁，于是选用云贵一带的茯苓，加松仁、桃仁、桂花、蜜糖，再加上等淀粉摊烙成外皮，精工细作制成夹心薄饼。慈禧吃后很满意，并常以此饼赏赐宫中大臣。后来传入民间，成为京华风味小吃。

语典

服葳灵仙[①]有二法。其一，净洗阴干，捣罗[②]为末，酒浸牛膝末，或蜜丸，或为散酒。调牛膝[③]之多少，视脏腑[④]之虚实而增减之。此眉山一亲知，患脚气至重，依此，服半年，遂永除。

其一法，取此药麄[⑤]细中者，寸截之七十，予作一帖。每岁作三百六十帖，置床头。五更初，面东，细嚼一帖，候津液满口，咽下。此牢山一僧，年百岁余，上下山如飞，云得此药力。

——《服葳灵仙法》

（《苏轼文集》卷七十三，第2347页）

注释

①葳灵仙：属于木质藤本药用植物。其根及茎入药。

②罗：筛细粉末用的罗筛。

③牛膝：属多年生草本。其根入药，生用，活血通经。治疗产后腹痛，月经不调，虚火牙痛，脚气水肿。补肝肾，强腰膝，治腰膝酸痛，肝肾亏虚，跌打瘀痛等。

④脏腑：中医总称人体内部器官。

⑤麄（cū）：粗壮。

今译

服用葳灵仙有两种服法：其一，将药洗净阴干，捣细罗筛成末，用酒浸泡的牛膝末，或做成蜜丸，或一起浸泡酒中。调牛膝多少，视其服者脏腑器官之虚实而增减分量。这是眉山老家一位亲戚朋友，他患脚气非常严重，按照这种方法调药，服用近半年，便永远根除。

其二法，取葳灵仙药粗细适中的，截其寸长六十根，予之作为一帖。每年三百六十帖，置于床头。五更初时，面向东方，细嚼一帖，等津液满口，漫漫咽下。这是崂山一位僧人，年已一百余岁，上下山如飞，他说这是服用此药的效果。

解析

该文作年不详。在中国古代《开宝本草》、《本草图经》、《数荒本草》、《中华本草》等，对葳灵仙的品类、特性及药用价值都有所载。通过动物试验，该药对心脏和血压有抑制作用，亦有降血糖、抗利尿等作用。主治痛风顽痹、风湿痹痛、肢体麻木等。《海上集验方》指出，人服此，四肢轻健，手足温暖，并得清凉。关于葳灵仙还有一个有趣的民间传说：从前，江南有一座大山，山上有一座古寺，名叫葳灵寺。寺里有位老和尚，治风湿痹痛很出名。他治病时总是先焚香念咒，再将香灰倒在一碗水里，让病人喝。说来也怪，病人喝下香灰水痛就好了。人们以为这是佛祖施法救人，其实病人喝的是葳灵仙药汤。由于这种草药出自葳灵寺，治病又像仙草一样灵验，所以大家都叫它“葳灵仙”。这虽然是一种民间传说，但通过这个传说，传播了这种草药的医药作用，对于人们认识葳灵仙的医药价值，起到了一定的宣传作用。

语典

姜能健脾温肾，活血益气。其法取生姜之无筋滓者，然不用子姜，错之[①]，并皮裂，取汁贮器中。久之，澄[②]去其上黄而清者，取其下白而浓者，阴干刮取，如面，谓之姜乳。以蒸饼或饭搜和丸如桐子[③]，以酒或盐米汤吞数十粒，或取末置酒食茶饮中食之，皆可。

——《服生姜法》

(《苏轼文集》卷七十三，第2346页)

注释

①错之：互相摩擦。

②澄：让液体里的杂质沉下去，澄清。

③饭搜和丸如桐子：搜，《良方》作"摆"。搜，音少，搅乱。桐子，桐，大叶乔木，梧桐。桐子炒熟后可食用。

今译

生姜能健脾温肾，活血益气。其服用方法，取没有筋和渣子的生姜，不要子姜，互相摩擦，使其皮裂，将姜汁贮于器物中。时间长久，将上面黄色清淡的汁水过滤去，取其下面白而浓的姜汁，阴干刮取，像面，称之为姜乳。用蒸饼或饭搅乱与姜乳温合成桐子般大的丸，以酒或盐米汤吞数十粒，或将姜末泡入酒或茶水中服之都可以。

解析

该文作年不详。熙宁四年(1071年)至熙宁七年(1074年)，东坡先生任杭州通判。一次，先生游净慈寺，众僧中有一僧号为聪药王的老僧，年已八十岁，但"颜如渥丹，目光炯然"。询问他有何特长，回答说，他能通过诊脉知其吉凶，这种功夫如智缘(北宋著名僧医)一样。他自言服生姜四十年，故不衰老。于是聪药王老僧，传授了他制作姜乳丸的方法和服法。聪药王还说，自己孤贫，无力制作姜乳丸，干脆将生姜嚼烂，以温水吞咽。开始时感觉姜辣，嚼惯了以后就不觉辣了，如今还觉得其甘美可口。生姜在我国中医学里具有发散、止呕、止咳等功效。现代科学认为生姜含有辛辣和芳香成分。其中主要成分有姜油萜(tiē)、水茴香、樟脑萜、姜酚、桉叶油精、淀粉、粘液等。其药用学价值，对消化系统、中枢神经系统、抗病原微生物、抗氧化及创伤愈合等，都有很好的作用。北宋时期净慈寺老僧聪药王，长期服用生姜以强身健体，乃信而有征。

语典

裕陵传王荆公[①]偏头疼伤，云是禁中[②]秘方，用生萝卜汁一蚬[③]壳注鼻中，左痛注右，右痛注左，或两鼻皆注亦可。虽数十年患，皆一注而愈。荆公与仆[④]言之，已愈数人矣。

——《裕陵偏头疼方》

（《苏轼文集》卷七十三，第2345页）

注释

①"裕陵传王荆公"：裕陵，宋神宗葬永裕陵，故宋人以裕陵为神宗代称。王荆公，王安石（1021—1086年），字介甫，号半山，临川（今江西抚州市临川区）人，北宋著名思想家、政治家、文学家。被神宗封为荆国公，故人称王荆公。绍圣元年（1094年），获谥"文"，故世称王文公。

②禁中：指帝王所居宫内，也作"禁内"。

③蚬（xiǎn）：俗称沙蜊，壳厚而坚，外形圆或近三角形。可食用，亦为鱼类。

④仆：旧时谦称"我"。

今译

宋神宗传给王安石偏头痛药方，说是宫廷内的秘方。用生萝卜汁一蚬壳注入鼻中，左边头痛就注右边鼻孔，右边头痛就注左边鼻孔，或两鼻都注也可以。虽然痛了十多年，都一注而痊愈。王荆公将此方告诉我，我也传给他人并有数人痊愈。

解析

该文作年不详。宋·张邦基《墨庄漫录》卷五载：王安石当宰相时，在大殿奏事，忽然觉偏头痛厉害，忙奏请皇上归家治疗。宋神宗听说后，令小黄门持一小金杯药少许赐给王安石。小黄门转告："左痛即灌右鼻，右即反之，左右俱痛，并灌之。"王安石照法注入，即时痛愈。第二日王安石上殿入谢。宋神宗说："禁中自太祖时，有此数十方，不传人间，此其一方。"元丰七年（1084年）七月，苏轼自黄州移汝州，途经金陵拜谒王荆公。王安石传其方，用之如神（参见周勋初主编《宋人轶事汇编》第三册，第1227页）。

语典

宪宗赐马总①泄痢腹痛方，以生姜和皮切碎，如粟米，用一大琖②，并草茶③相等，煎服。

——《宪宗姜茶汤》

(《苏轼文集》卷七十三，第2344页)

注释

①宪宗赐马总：宪宗，指唐宪宗李纯，在位十五年。马总，字会元，官至检校尚书左仆射，入为户部尚书。

②琖(zhǎn)：盏。

③草茶：用植物草药制成的茶。

今译

唐宪宗赐给马总治疗泄痢腹痛的药方，以生姜和皮切碎像粟米粒样，用一大盏，同草茶一起，煎服。

解析

该文，东坡先生于元祐二年(1087年)作于开封。这一年文彦博患泄痢，百药不效。先生推荐此药方给文潞公，服后，得愈。真个是，小方治大病。

语典

足疾惟葳灵仙[①]，牛膝[②]一味为末，蜜丸，空心服，必效之药也。(略)

肿痛拘挛[③]皆可已，久乃有走及奔马之效。

——《与袁彦方[④]一首》

(《苏轼文集》卷六十，第1850页)

注释

①葳灵仙：属于药用植物。根入药能祛风湿、利尿、通经、镇痛、腰膝腿脚冷痛。

②牛膝：属多年草本，根入药、生用，活血通经，通利关节。

③拘挛：指筋骨急挛缩，肢节屈伸不利。

④袁彦方：未详。

今译

脚痛只有以葳灵仙、牛膝两味药研末，以蜜调成丸，空腹服下，必然见效。(略)

它可以消肿去痛，医治痉挛，长期服用，能让您步伐矫健。

解析

此书信年代及袁彦方未详，但治疗脚痛的奇方写得清楚明白。这两味药无甚毒性，今人有脚痛疾者，不妨一试。当然，最好经中医鉴定后试服为妥。

语典

闻公服何首乌[①]，是否？此药温厚无毒，(略) 无炮制，今人用枣或黑豆之类蒸熟，皆损其力。仆亦服此，但采得阴干，便杵罗[②]为末，枣肉或炼蜜和入木臼[③]中，万杵乃丸，服，极有力，无毒。

——《与欧阳知晦[④]四首》之三

(《苏轼文集》卷五十八，第 1755 页)

注释

①何首乌：属多年生缠绕藤本植物，块根肥厚，长椭圆形，黑褐色。其块根入药，可安神、养血、活络、解毒、消痈。制首乌可补益精血、乌须发、强筋骨、补肝肾，是常见贵重中药材。

②杵罗：杵(chǔ)，指舂米的木棒。罗，此指罗筛。

③木臼：臼，舂米的器具。木臼，木制的臼。

④欧阳知晦：江西安福人，与欧阳修同宗，元丰八年(1085 年)第进士。

今译

我听说您在服用何首乌，真的吗？此药温厚无毒，(略) 不需炮制，生吃。现在的人掺了红枣或黑豆之类蒸熟再吃，这都会有损它的药效。我也服用这种药，只要采来晾干，就用木杵捣碎再用罗筛成粉末，将枣肉或炼蜜和入木臼中，细细捣制做成药丸，服用后，极有药效，并且无毒。

解析

此书信，东坡先生于绍圣年间作于惠州贬所。此间，与友人欧阳知晦多谈及养生问题。从先生给欧阳知晦在前复信中得知，欧阳知晦派人给先生送来荔枝，且“八百枚无一损者”。先生需要“鹅梨”做药引，惠州无有，希望帮他“为致数枚”。由此可见，二人友谊之笃厚。

语典

药之膏油[①]者，莫如地黄[②]。以啖[③]老马，皆复为驹[④]。（略）

吾晚觉血气衰耗如老马矣，欲多食生地黄而不可常致。

——《与翟东玉[⑤]一首》

（《苏轼文集》卷五十八，第1746页）

注释

①膏油：油脂。

②地黄：性凉，味甘苦，具有滋阴补肾、养血补血的功效。此外，地黄有强心利尿、解热消炎、促进血液凝固和降低血糖的作用。

③啖（dàn）：吃，此指喂。

④驹：此指千里马。

⑤翟东玉。绍圣中为龙川令，余不详。

今译

药物当中可以作为膏油的，没有比地黄更好的。拿它喂老马，都可以使老马恢复当年千里驹的风采。（略）

我晚年觉得血气衰竭如同老马一般，想多吃生地黄却又不能经常得到。

解析

此书信，东坡先生于绍圣三年（1096年）七月作于惠州贬所。先生给翟东玉推荐了生地黄的功效。但服用的方法，不仅白乐天没有讲，先生也没有像食荠菜那样讲得清楚明白。先生想以生地黄解决老年的血气衰耗的毛病，然而偏远的惠州却"不可常致。"

语典

君今患疮，故宜食荠[①]。其法，取荠一二升许，净择，入淘米三合，冷水三升，生姜不去皮，捶两指大，同入釜[②]中，浇生油一蚬壳[③]多于羹面上，不得触，触则生油气，不可食，不得入盐、醋。君若知此味，则陆海八珍皆可鄙厌[④]也。天生此物，以为幽人[⑤]山居之禄[⑥]，辄[⑦]以奉传，不可忽也。

——《与徐十二[⑧]一首》

（《苏轼文集》卷五十七，第1733页）

注释

①荠：即荠菜。

②釜：古代的一种锅。

③蚬壳：蚬(xiǎn)，小蛤的贝壳。

④鄙厌：鄙视厌恶。

⑤幽人：指幽居之人，隐士。

⑥禄：福气。

⑦辄：立即，就。

⑧徐十二：元丰年间黄州太守徐君猷之子。

今译

您如今生了疮，所以应该服食荠菜。其方法，取约一二升荠菜，捡择干净，加入淘洗过的米三合，冷水三升，没有去皮的生姜，取两指那样大，一同放入锅中，烧一小蚬壳生油在汤面上，不能用手摸，摸了就会生油气不能吃，不能放进食盐、醋。您如果尝到这种味道后，那么世上的各种奇珍，都可鄙视厌恶了。上天生有这种物品，这是幽居山中隐士的福气，于是我就立即传授给您，不要轻视呵。

解析

此书信，东坡先生于元丰年间作于黄州贬所。徐十二患疮，先生推荐"食荠"食疗法。其方法讲得非常细致具体，凡读此文即可如法炮制。先生对此方的喜爱尤为特别，将它视作比"陆海八珍"还美的味道。而且古代隐入山中的幽人，竟将"荠羹"说成是上天赐给他们福分。真个是"有味外之美"的"天然之珍"。

语典

《本草》：荠和肝气[1]，明目。凡人，夜则血归于肝，肝为宿血之脏，过三更不睡，则朝旦面色黄燥，意思荒浪[2]，以血不得归故也。若肝气和，则血脉通流，津液畅润，疮疥[3]于何有。

——《与徐十二[4]一首》

（《苏轼文集》卷五十七，第1733页）

注释

①《本草》：荠和肝气：《本草》，指《神农本草经》。古代著名药书，因所记药以草类为多，故称《本草》。荠，即荠菜。和，调和。

②意思荒浪：意思，此指思想，心思。荒浪，此指精神分散。

③疮疥：民间称为火疖子。属急性化脓性皮肤病。

④徐十二：元丰年间黄州太守徐君猷之子。

今译

《本草》记载：荠菜调和肝气，使人的眼睛明亮。所有人，夜间血液就流回肝脏，肝脏是血液集中的地方。如果人过了三更还没有睡觉，那么第二天早上脸色枯黄干燥，精神分散，因为血液没有回归到肝脏的原因。如果肝气和畅，那么血液循环通畅，唾液多又滋润，疮疥之类的皮肤病怎么会有。

解析

此书信，东坡先生于元丰年间作于黄州贬所。先生无书不读，在黄州谪居期间，除读了许多佛经以外，还研读了《论语》、《庄子》、《老子》、《汉书》等经典。另外，他亦喜读《黄帝内经》、《神农本草经》。为此，他特别留心收集了许多民间妙方。“荠和肝气”的病理，即是从《本草》获得。古代士大夫及乡贤文士，诵《四书五经》者，都对医书感兴趣。在他们中间不少人还是中医妙手，先生即是一例。

语典

治瘴[1]止用姜、葱、豉[2]三物浓煮热呷[3]，无不效者。

——《与王敏仲[4]十八首》之十三

(《苏轼文集》卷五十六，第1694页)

注释

①瘴：热带山林中的湿热蒸郁致人疾病的气。

②豉(chǐ)：一种用热的黄豆或黑豆经发酵后制成的食品。

③呷(xiā)：小口儿地喝。

④王敏仲：王古，字敏仲，莘县(今属山东)人。第进士，绍圣三年十月至四年四月知广州。徽宗朝仕至户部尚书，改刑部。后入元祐党籍，谪衡州别驾，温州安置。

今译

防治瘴毒只用姜、葱、豉三种物品加在一起长时间煮后，趁热喝下，非常有效。

解析

此书，东坡先生于绍圣四年(1097年)三月作于惠州贬所。北宋朝对官员最重的处罚，便是将其流放到岭南。因为这里瘴毒严重，贬到这里的官员大多难以活着北归。先生在岭南的七年多时间里，除了读书著书以自娱外，还坚持禅修咽津纳息以强身。此外他还自创治瘴小方，并献给南行的朋友们。正因为先生重视养生，故能全身而北归。

语典

御瘴[1]之术惟绝欲炼气一事。(略)

鸡猪鱼蒜，遇着便吃，生病老死，符[2]到便奉行，此法差似简要也。

——《与王定国[3]四十一首》之三十二

(《苏轼文集》卷五十二，第1528页)

注释

①御瘴：防御瘴毒。

②符：指所谓阎王的催命符。

③王定国：王巩，字定国，山东莘县人，东坡先生执友。因受先生牵连被贬广西宾州监酒务。《宋史》有传。

今译

防御瘴毒的方法只有杜绝贪欲和禅修练气这件事。(略)

至于鸡猪鱼蒜，只要有便可以吃，生老病死，等阎王的催命符一到便奉命前行，这方法很简单明了。

解析

该书信，东坡先生于绍圣元年(1094年)闰四月或五月，作于从定州至英州途中。王定国当年贬广西宾州时，先生去信嘱他驭瘴强身之术。如今又临到先生厄运临头，将以衰年贬至瘴毒之乡。不过，先生此次早有预感，且以“符到便奉行”的气度，平静地面对人生逆祸。再说，他谪居黄州五年间，“绝欲练气一事”，早已习以为常。至于“鸡猪鱼蒜，遇着便吃”，“生病老死”，交于上天。黄州修成的“东坡居士”，对于即将降临的横祸，处置得如此“差似简要”，可佩！可佩！

语典

上党、雁门[①]出一草药，名长松[②]，治大风[③]，气味芳烈，亦可作汤常服。

——《与曾子宣[④]十三首》

（《苏轼文集》卷五十，第1468页）

注释

①上党、雁门：上党，古地名，今指长治市。雁门，位于山西省代县。

②长松：李时珍《本草纲目》卷一二上《草一》："长松生古松下，长三五寸，味甘微苦，类人参，清香可爱，服之可黑须发。"

③大风：即麻风病。

④曾子宣：曾布（1036—1107年），字子宣，南丰（今江西南丰）人，曾巩异母弟，嘉祐二年（1057年）进士。熙宁年间与吕惠卿共创青苗法等。官至尚书右仆射兼中书侍郎。《宋史》有传。

今译

山西上党、雁门出一种草药，名叫长松，可以治疗麻风病，气味芳香，也可以熬成药汤饮服。

解析

元祐元年（1086年）至元祐四年（1089年），东坡先生在京任翰林学士、知制诰兼侍读。先生对中草药颇有研究。时曾子宣以龙图阁学士知太原府，故乞请帮忙搞一斤左右长松。先生常无病储药，以备他人急时之用。

语典

《本草》：菖蒲，味辛温[①]无毒，开心，补五脏，通九窍[②]，明耳目。久服轻身不忘，延年益心智，高志不老。(略)

至于忍寒苦，安淡泊，与清泉白石为伍，不待泥土而生者，亦岂昌阳之所能仿佛[③]哉？

——《石菖蒲赞并叙》

(《苏轼文集》卷二十一，第617页)

注释

①辛温：辣和热的意思，指辣味、辛凉类热性药物，能治疗寒所致的病。

②九窍：指人体两眼、两耳、两鼻孔、口、前阴尿道和后阴肛门。

③“亦岂昌阳”句：昌阳，多年生常绿草本植物，《神农本草经》：主风寒湿痹，咳逆上气，开心孔、补五脏，通九窍，明耳目，出音声，久服轻身，不忘、不迷惑、延年。仿佛，指差不多。

今译

《神农本草经》说，菖蒲，味道辛辣、性温、无毒。能舒展心气，滋补五脏，疏通九窍，明净耳目。长期服用身体敏捷增强记忆，延年益寿开启智慧，增强意志抵御衰老。(略)

至于它的忍耐寒冷和艰苦，安于淡泊，与清泉白石作伴，不用泥土而能生长的品性，昌阳怎能同它相比呢？

解析

元丰七年(1084年)四月，东坡先生离黄州，十四日同友人游慈湖。在山中搜得石菖蒲数本，先生把它栽种在石盆中放在船上。船至九江，先生一行将取道陆路往筠州会子由弟，因长途跋涉不便携带，委托胡洞微道士将石菖蒲带回九江，并言待日后再过九江时，看其种养得如何。由于先生熟知《神农本草经》，对中药草有研究，故十分珍视石菖蒲。先生长于因物推理，他将石菖蒲与昌阳的秉性相比较，认为石菖蒲生长在石头中间，不需要多少泥土，具有“忍寒苦，安淡泊”、“瘠而不死”的品性十分可贵。他说，仅就这一点，昌阳岂能同它相比。由此可知，先生不仅知草木之功效，更爱草木之品性。

语典

茯苓燥，当杂胡麻[①]食之。(略)茯苓为君，此其相兮[②]。(略)补填骨髓，流发肤兮。是身如云，(略)长生不死[③]。

——《服胡麻赋并叙》

(《苏轼文集》卷一，第5页)

注释

①胡麻：又名脂麻，今写作芝麻。

②“茯苓”二句：茯苓为君，脂麻(芝麻)为臣，意指两者应配伍而服。

③ 长生不死：言服后效果，使体内骨髓充盈润泽毛发，光滑皮肤，久服轻身不老，延年益寿。

今译

茯苓性温味甘，应当杂以芝麻调服，(略)以茯苓为主，以芝麻而辅。(略)其功效可使骨髓充盈，毛发润泽，皮肤光滑。久服还可使身体轻盈，延年益寿。

解析

此赋大致是东坡先生贬谪黄州期间，即元丰三年(1080年)至元丰七年(1084年)之间所作。经过“乌台诗案”的牢狱之灾，先生的身体和精神受到严重摧残。但年轻时立下的“奋厉有当世志”不减，故以积极的人生态度，借助佛道安心健身的方式，力图强身健体。于是，他除了试炼金丹外，主要运用食疗的方法养生。其中他对茯苓和芝麻的功效坚信不疑。由(宋)唐慎微编著的《经史证类备急本草》卷二十四所载，芝麻“补五内，益气力，长肌肉，填骨髓，坚筋骨(略)久服轻身不老，润毛发，滑皮肤，益血色”。东坡先生服食茯苓、芝麻只取其滋补健身作用。对东晋道家学者葛洪《抱朴子·仙药》所称，久服“长生不老”、“入火不烧、入水不濡”、“行及奔马”等神仙说法予以有力的讽喻。

语典

轼旧苦痔疾，盖二十一年矣。近日忽大作，百药不效，（略）其间更食胡麻、茯苓麨少许取饱[1]。胡麻、黑脂麻是也。去皮，九蒸曝白。茯苓去皮，捣罗入少白蜜，为麨，杂胡麻食之，甚美。如此服食已多日，气力不衰，而痔渐退。

——《与程正辅[2]七十一首》之五十三

（《苏轼文集》卷五十四，第1612页）

注释

①“其间更食”二句：胡麻，即黑芝麻。茯苓，是拟层孔菌科真菌茯苓的干燥菌核，常寄生在松树根上，形如甘薯，球状，精制后称为白茯苓。其功效渗湿利水，益脾和胃，宁心安神。麨（chǎo），指茯苓炒熟后磨成的粉。

②程正辅：程之才，字正辅，眉山人，东坡先生的表兄及姐夫。嘉祐年间进士，官至广东路提点刑狱公事。

今译

我很早就受痔疾的痛苦，已经有二十一年了。近来忽然猛烈发作，用百药都不见效。（略）在此期间我更换食用黑芝麻、茯苓炒热磨成的粉充饥。胡麻，就是黑芝麻。把它去皮，多次蒸过后再晒白。茯苓亦去皮，捣碎过箩筛后加入少量白蜜，做成炒面，掺杂黑芝麻一块吃，味道好极了。这样进食已经好几天了，身体气力没有衰减，而痔疮已经逐渐消退。

解析

此书信，东坡先生于绍圣二年（1095年）六七月之间作于惠州贬所。根据先生所言，痔疾病痛已有“二十一年”，其始当在熙宁七年（1074年），时先生三十九岁通判杭州。先生痔疾大作期间，“百药不效”，改食茯苓磨粉制成炒面，加少许白蜜，伴黑芝麻服食效果颇佳。千年一妙方，而今苦痔者不妨小试。

语典

软蒸饭，烂煮肉。温美汤，厚毡褥[①]。少饮酒，惺惺宿[②]。缓缓行，双拳曲。虚其心，实其腹。丧[③]其耳，亡[④]其目。久久行，金丹[⑤]熟。

——《养老篇》

（《苏轼全集校注》佚文汇编卷一，第8501页）

注释

①毡褥：毛制的褥垫。

②惺惺宿：宋·陆游《不寐》诗句："夜阑枕止却惺惺。"意为清醒貌。

③丧：此为丢掉，丧失。

④亡：古同"无"。

⑤金丹：道教徒用丹砂与铅、硫等原料烧炼而成的黄色药金(还丹)，其成品叫金丹。

今译

米饭要蒸软，肉要煮得烂。美汤须温时，毡褥需垫厚。有酒要少饮，不要睡闷觉。走路宜慢行，双手紧握拳。心头无杂念，脏腹宜充实。闻而却不觉，视而却不见。天长日久时，内丹定炼成。

解析

该颂作年不详。《养老篇》的十三项内容，是先生从自我养生中总结出养老长寿的日常方法。其中饮食起居行，均符合老年人的生理特征，应该说这几项要求，老年人基本可以做到。但所谓"虚其心"、"丧其耳，忘其目"，即耳无所闻，目无所见，心无所思，则是道教所指的内丹修炼。内丹修炼，前提是入静。入静是修炼内功的第一关，即进入气功态。在这种状态中，道教称之为"守一"，佛家称为"入空"。入静的状态就是恍兮惚兮，也就是"虚其心"，"丧其耳"，"忘其目"，什么也不想，一切都放下，忘掉各种烦恼、贪嗔、色欲所累，以及七情六欲所苦，使之感到气血蒸腾，丹田跳动，身体发热，甚至异香扑鼻，从而达到修身养性、延年益寿之目的。

语典

已饥方食，未饱先止，散步逍遥务令腹空。当腹空时，即便入室，不拘[1]昼夜，坐卧自便，惟在摄身[2]，使如木偶。常自念言：今我此身，若少动摇如毛发许，便堕地狱。如商君法，如孙武令[3]，事在必行，有犯无恕[4]。

又用佛语及老聃[5]语：视鼻端白[6]，数出入息[7]；绵绵若存，用之不勤。数至数百[8]，此心寂然，此身兀然[9]，与虚空等，不烦禁制[10]，自然不动。数至数千，或不能数，则有一法，其名曰随，与息俱出，复与俱入。或觉此息从毛窍中八万四千云蒸雾散[11]，无始[12]以来，诸病自除，诸障渐灭，自然明悟。譬如盲人，忽然有眼，此时何用求人指路？是故老人言尽于此。

——《东坡志林·养生说》，第16页

注释

①不拘：不论。

②摄身：摄，谓收摄，佛教修行语。收摄身心，专注修持。

③如商君法，如孙武令：意谓在修行功法时像商君执法、孙武执令样不徇私情，严肃认真。

④恕：宽恕。

⑤老聃（dān）：老子。

⑥视鼻端白：静坐之际，双目微合，垂视鼻端些些白影之谓。

⑦出入息：比为呼吸念佛方法。

⑧数至数百：第一个“数”（shǔ），动词。本义，点数，计算。第二个“数”（shù），名词，数量。

⑨此心寂然，此身兀然：寂然，谓肃静的样子。兀（wù）然，突兀，昏然无知的样子。

⑩禁制：禁止制约。

⑪“或觉此息从毛窍中”句：智度论云：“般若波罗蜜，能除八万四千病根本。”此中的“病”即烦恼。

⑫无始：佛家语。谓一切世间，若众生、若法，皆无有始。如今生从前世之因缘而有，前世亦从前世而有，如是辗转推究，故众生及法之无始不可得，因云无始。

今译

已经饿了方才吃饭，还未全饱就停止用食。散步时缓步行走，一定要空腹。当腹空时，就进入房间，不论白昼黑夜，或坐或卧随便，惟有要收摄身心，就像木偶无所思。口中经常念念有词：今我此身，如果有毛发般细小的动摇，便堕入地狱。像执商君法，像守孙武令，势在必行，若有违犯决不宽恕。

又可运用佛家的语言及老子的语言：双目微合，垂视鼻端的白影，心中默念数出入息的数字；延续不绝，无需刻意而为。数至数百遍，让内心肃静的样子，身体昏然无知的样子，如同进入虚空，不需要禁止制约，自然不动。数至数千，或不能数，就有另一方法，其名叫“随”，与呼吸同步，俱出俱入。或者感觉呼吸从毛孔中，一万四千云蒸雾散，从无言开始以来，各种烦恼自己消除，各种障碍渐渐消灭，自自然然地明白彻悟。譬如盲人，忽然有眼，这时何须求人指路？为此我详尽地予以传授。

解析

东坡先生自元丰三年（1080年）贬谪黄州，至绍圣元年（1094年）八月又贬惠州，绍圣四年（1097年）六月再贬儋州，《养生说》大约是东坡先生谪居期间所作。先生为了在逆境中与恶劣的环境和疾病抗争，他归诚佛道，学习道教养生术，以求延年益寿。先生在该文中主要介绍了他潜心练气功的经验和方法。其中突出强调练习功法时，“惟在摄身”，消除杂念，达到“此心寂然”、“此身兀然”的“虚空”状态。先生所介绍的道教养生法，至今还有不少人作为强身健体的修习方式。

语典

东坡居士自今日以往，早晚饮食不过一爵[①]一肉。有尊客盛馔[②]，则三之，可损不可增。有召我者，予以此告之，主人不从而过[③]是，乃止。一曰安分以养福[④]。二曰宽胃以养气。三曰省费以养财。

——《节饮食说》

（《苏轼文集》卷七十三，第2371页）

注释

①爵：古代饮酒的器皿。

②馔(zhuàn)：饮食，吃喝。

③过：责备。

④“一曰”句：安分，安于本身，守规矩。福，古称富贵寿考等齐备为福。

今译

东坡居士自今日以后，早晚饮食，不过仅一杯酒一碗肉。有尊贵的客人来格外增加点茶肴，但仅限三样，只可以减少不可以增加。有请我赴宴的，预先将这一规定告诉他，主人如果不按这规矩办就批评他们，甚至不去。这样做一是安守本分以蓄养福德，二是节食宽胃以培养元气，三是节省费用以积养家财。

解析

该文，东坡先生于元丰六年(1083年)八月二十七日作于黄州贬所。“节饮食”之“节”，引申为节制。《备急千金要方》指出：“不知食宜者，不足以存生也。”大意是指饮食适度，是生存的必要保障。这里对“节”提出了更为具体的说明，即“宜”的原则。强调要注意饮食量的太过与不及，饮食的肥甘厚味不适度，饮食的寒热、五味太过等方面。尤其是过食肥甘厚味，会阻碍气机，壅滞脾胃，化生内热，甚至发生疔疮等疾病。

先生在该文中以“一爵一肉”为“节制”，这可能引起某些读者的误解，以为先生有酒有肉何号称“节”呢？须知先生谪居黄州，生活拮据，自耕自食，自酿自饮。至于每日食肉，那是一千多年前，“黄州好猪肉，价贱如泥土。贵人不肯吃，贫人不解煮”(《猪肉颂》)。正因为当年黄州猪肉价贱，富人不吃，穷人不会吃，所以让先生捡了便宜。而且还创制了“东坡肉”流传至今。

《吕氏春秋·尽数》指出：“食能以时，身必无灾。凡食之道无饥无饱，是之谓五藏之葆”(谷声应译注《吕氏春秋白话今译·季春纪·尽数》，第31页)。其意为，能按时饮食，身体就不会有灾殃。凡饮食之道，不要饥饿也不要太饱，这就是所谓五脏之宝。先生按照节食的原则，总结出“三节”的养生之道。要求做到节制贪欲，节制暴饮，节制奢靡。如果能做到“三节”，方能实现“三养”，即“养福”、“养气”、“养财”。亦可称之为“养德”、“养性”、“养身”。

语典

除烦去腻[①]，世不可缺茶。(略)

吾有一法，常自珍之。每食已，辄[②]以浓茶漱口，烦腻既去，而脾胃不知[③]。凡肉之在齿间者，得茶浸漱之，乃消缩不觉脱去，不烦挑刺也。而齿便漱濯[④]，缘此渐坚密，蠹病自已[⑤]。然率[⑥]皆用中下茶，其上者自不常有，间数日一啜[⑦]，亦不为害也。此大是有理，而人罕[⑧]知者。故详述云。

——《漱茶说》

(《苏轼文集》卷七十三，第2370页)

注释

①除烦去腻：烦，指烦躁。腻，食物的油脂过多，油腻。

②辄(zhé)：总是，就。

③知：通“折”。意谓损失。

④濯(zhuó)：洗。

⑤“蠹病自已”句：蠹(dù)，蛀蚀器物的虫子。蠹病自已，已(yǐ)，止。蛀蚀牙齿的病自便结止了。

⑥率：率常。

⑦啜(chuò)：饮，吃。

⑧罕：稀少。

今译

消除烦躁，除去油腻，世上不能缺少茶叶。(略)

我有一法，自己总是非常珍惜它。每次吃完饭后，就以浓茶漱口，这样烦躁与油腻都可除去，而对脾胃没有损害。凡是肉渣夹在牙齿间的，经茶浸泡漱洗，于是便销蚀缩减自动脱掉，不需要用牙签挑刺。而牙齿经过茶水漱洗，逐渐变得坚固稳密，蛀虫病自动好了。然而大多都用中下等茶，其上等茶自然不是常有，隔几天一饮，也没有害处。这种方法非常有道理，而人们极少知道，所以我详细记录下来。

解析

该文，东坡先生于元祐六年(1091年)八月十三日作于京城开封。茶文化是我国传统文化中的宝贵遗产。古人说，茶一可解毒，二可养生，三能清心，四能修身，五能健体。东坡先生精于煎茶、饮茶，在黄州、岭南曾经种茶。还写有咏茶诗词数十首。以茶漱口清齿护牙，这是先生每日必做的养生功课。他深感此法对“除烦去腻”大有益处。为了让世人共享这种养生方法，先生详细记述下《漱茶说》。这亦是他对后世的遗爱。现代医学认为，经常漱口，可以减少口腔内的细菌。它可以缓解口腔溃疡、牙龈肿痛，可以预防牙周炎，帮助清洁牙缝、牙龈边、舌背、颊黏膜。同时还可以减少口腔异味，保持良好的口腔卫生。

语典

不食五谷[①]惟食蜜(略)，蜜中有药治百疾。

——《安州老人食蜜歌》

(《苏轼文集》卷三十二，第1708页)

注释

①五谷：指稻、黍、稷、麦、豆，泛指粮食作物。

今译

不吃五谷粮食专吃蜂蜜，(略)蜂蜜中有药能治百病。

解析

诗中的安州老人，即僧仲殊，字师利，俗姓张氏，名挥，安州人，工诗，有《宝月集》，今不传。此僧常食蜜，号曰蜜殊。东坡先生在《书食蜜》中说，他年轻时喜欢甜食，每天食五合蜜。元祐五年(1090年)他知杭州，在杭州宝月寺结识了仲殊和尚。对仲殊食蜜事写歌予以赞赏，认为这是能“治百疾”的食疗养生法。

语典

老栉[①]从我久，齿疏含清风。一洗耳目明，习习万窍通[②]。（略）

——《谪居三适·旦起理发》

蒲团蟠[③]两膝，竹几阁[④]双肘。（略）身心两不见，息息[⑤]安且久。（略）

——《谪居三适·午窗坐睡》

云安[⑥]市无井，斗水宽百忧。（略）瓦盎[⑦]深及膝，时复冷暖投[⑧]。（略）

——《谪居三适·夜卧濯（zhuó）足》

（《苏轼诗集》卷四十一，第2285页）

注释

①栉：梳篦（bì），用竹子制成的梳头用具。

②"习习"句：习习，微风和煦貌。万窍，指人的耳目口鼻等全身毛孔。

③"蒲团"句：蒲团，用蒲草编织而成的圆形扁平坐具。蟠（pán），蟠曲。

④竹几阁：几，小桌，古代设于座侧，供人凭倚。阁，即搁，放。

⑤息息：呼吸、气息出入。

⑥云安：今重庆市云龙县。

⑦盎（àng）：古代一种腹大口小之盆。

⑧投：合。

今译

老旧梳篦跟着我好久，梳子的齿疏松含带着清风一缕。洗一洗让耳目澄明，微风和煦（使）窍孔通透。（略）

盘起双腿静坐于蒲团，双肘搁放在小竹桌上。身与心相忘不见，一呼一吸安闲而长久。

云安街市没有水井，斗升之水松缓所有的忧愁。瓦盆之水深至双膝，时常调节冷暖让其相投。

解析

该诗，东坡先生于绍圣四年（1097年）作于儋州。先生善养生，"谪居"而能"三适"这是他的一大发明。他选择一天中"旦"、"午"、"夜"三个时间段，设计了"梳发"、"坐睡"、"泡脚"三种习以为常的日常琐事，却能做出延年益寿的真功夫。谪居三适，日复一日，这需要坚持和毅力；"谪居"而能"三适"，这是一种物我两忘、超然自适的人生境界。

语典

旦随老鸦起，饮食扶桑暾[①]。(略)闲看树转午，坐到钟鸣昏。敛收[②]平生心，耿耿[③]聊[④]自温。

——《入寺》

(《苏轼诗集》卷四十一，第2283页)

注释

①“旦随”二句：旦，谓早。扶桑，学名朱槿，俗称状元红。暾(tūn)，刚升的太阳。扶桑暾，初出之太阳。

②敛收：收敛，约束。

③耿耿：明亮。

④聊：姑且。

今译

早晨随老鸦的叫声而起，太阳初升充饥而食。清闲时看树影转午时，静坐直到黄昏钟鸣。收敛起平生浮华躁动的心，姑且让内心自适而温静。

解析

这首诗具体写作时间不详，但从诗中“我是玉堂仙，谪来海南村”句判断，这首诗是东坡先生作于儋州。该诗题为“入寺”，全诗写他“曳杖入寺门，辑杖挹世尊”后，在寂寥的寺庙中“敛收平生心”，静心敛气进行禅修的情景。从该文择录的前四句描写，足以看出先生“心斋”、“坐忘”之禅修功夫。

语典

床下龟寒且耐支[①]，杯中蛇[②]去未应衰。（略）

何妨一笑千疴[③]散，绝胜仓公饮上池[④]。

——《次韵钱舍人病起》

（《苏轼诗集》卷二十七，第1440页）

注释

①“床下”句：据《史记·龟策列传》载，南方老人用龟支床足，经过二十余年后，老人死而龟尚活。

②杯中蛇：杯中蛇影，误把映入酒杯中的弓影当做蛇。比喻因疑神疑鬼而引起恐惧。

③千疴：疴，病。千，重病。

④“绝胜”句：仓公，即淳于意，西汉初名医。曾向扁鹊献“上池水”方，即未沾到地面的水，如草木上的露水等。

今译

床下龟长年支床脚尚且不死，杯中蛇影消去就不感衰老。（略）不妨开心一笑重病即可消除，远胜过仓公的“上池”秘方。

解析

此诗，东坡先生于元祐元年（1086年）三月作于京都汴梁。诗中“床下龟”、“杯中蛇”、“上池水”三个典故，说明养生之道重在“何妨一笑”，即调整心态。正如《菜根谭》说得在理：“析息（止息微念）时，便有月到风来，不必苦海人生；心远去（心境远离尘欲），自无车尘马迹，何须痼疾（特殊偏好）丘山。”

语典

千梳冷快肌骨醒[1]，风露气入霜蓬[2]根。

——《六月十二日，酒醒步月，理发而寝》

（《苏轼诗集》卷三十九，第 2128 页）

注释

①“千梳冷快”句：梳头后血脉通畅的感觉。肌骨，肌肤。

②霜蓬：指白发。

今译

千百遍地梳发让头皮血脉通畅苏醒，风露之气直入似枯蓬的白发。

解析

东坡先生被贬黄州时，为了养生制订了“三适”计划，即晨起栉发，年间坐息、临睡濯足。他认为头为诸阳所汇，发为血之余，肾之华。梳头能使百脉调顺，阴阳和谐，具有疏通经络，远行气血，清心醒目，开窍宁神之功效。这首诗就是写自己在惠州六月的一天的夜晚，酒醒月下散步，梳发之后入寝的情景。

语典

口耳固多伪①，识真②要在心。

——《和陶读〈山海经〉并引》
（《苏轼诗集》卷三十九，第2133页）

注释

①“固多伪”句：固，本来。伪，假，不真实。
②识真：识别真相。

今译

口所言耳所闻本来多是假的，识别真相必须用心思考。

解析

东坡先生于绍圣二年（1095年）初冬，在惠州读《抱朴子》有感而作。《抱朴子》东晋葛洪所撰，全文阐述自战国以来神仙家的理论，确立了道教神仙理论体系。其中卷九《道意》讲了一个神仙故事：传说三国时期，蜀中有个叫李阿的神仙，穴居不食，人号八百岁。后有一姓李名宽的人，到吴国讲蜀语，人言是李阿化身，亦呼李八百。后吴地闹大疫，李宽死于山洞中。实际上李宽非李阿，也无八百岁事实。有感此系好事者以讹传讹，故言“口耳固多伪”。

语典

地黄饷老马，可使光鉴人[①]。(略)
丹田自宿火[②]，渴肺还生津[③]。
愿饷内热子[④]，一洗胸中尘[⑤]。

——《小圃五咏·地黄》
(《苏轼诗集》卷三十九，第2157页)

注释

①“地黄”二句：地黄，多年生草木，因其地下块根为黄白色而得名。经炮制主治滋阴补肾、养血补气、强心利尿、解热消炎等功能。饷老马，以地黄喂马。鉴，照。

②“丹田”句：丹田，脐下三寸为丹田。宿火，老火，指燥烈干热。

③“渴肺”句：渴肺，肺部燥热致口渴思饮。生津，指口腔分泌出唾液，促进消化。

④“愿饷”句：饷(xiǎng)，用酒食等款待，此指助治燥热。内热，心中燥热。

⑤尘：指尘垢，谓微不足道的世俗。

今译

(用)地黄饲养老马，可以让皮毛发亮，光可照人。(治疗)丹田的干热之心火，(使)燥热的肺腑生津止渴。(它可)助治内心躁动，一举洗却胸中的世俗尘垢。

解析

该诗，东坡先生于绍圣二年(1095年)十二月作于惠州。东坡先生重读《抱朴子》时，对地黄的功效颇感惊讶。他十分尊重白居易，白居易曾写《采地黄者》诗赞颂地黄的作用。先生更是深信不疑。诗中“与君啖肥马，可使照地光”，即《抱朴子》所云：传说韩子治常以地黄、甘草喂养他家的五十岁的老马，后来竟生下三匹小马驹，至一百三十岁乃死，故先生在小圃中种了些地黄。

语典

根茎与花实，收拾无弃物[1]。
大将玄吾鬓[2]，小则饷我客[3]。
似闻朱明洞[4]，中有千岁质。

——《小圃五咏·枸杞》
（《苏轼诗集》卷三十九，第 2158 页）

注释

①“根茎”二句：枸杞春夏可采叶，秋可采茎实，冬可采根。枸杞全身皆为有用之物。

②玄吾鬓：服食枸杞可使鬓发变黑。

③饷我客：枸杞叶如石榴叶软且薄可食。饷，馈赠。

④朱明洞：在广东惠州博罗城西北境内东江之滨罗浮山景区，东晋葛洪在此建冲虚观，距北宋有近千年历史。

今译

枸杞的根、枝与果实，通过处理没有一样是可弃之废物。从大的方面讲它可使我的头发变黑，从小的方面说它的嫩叶可以招待客人。似乎听说这里有个朱明洞，它可是有近千年的历史。

解析

该诗，东坡先生于绍圣二年（1095 年）十二月作于惠州。东坡先生在诗中赞美枸杞全身是宝，久服可以令人轻身，延年益寿。他批评岭南人不识宝，竟用枸杞做篱笆。枸杞成熟后不知收拾让其随意散落。他们拆了枸杞做的篱笆后，把它当柴烧掉。该诗由枸杞的神奇功效，联想到近千年前的朱明洞。朱明洞是罗浮山十八洞天之首，道教列为第七洞天，奉为第三十四福地。据传，秦时燕齐著名的方士，在此寻找长生不老药。东晋著名炼丹专家，自号抱朴子的葛洪，曾在此修建了冲虚古观，并炼成九转金丹成道。先生将枸杞与朱明洞等量齐观，意在佐证枸杞有着神奇的养生之效。

语典

伏波饭薏苡[①]，御瘴[②]传神良。能除五溪毒[③]，不救谗言伤[④]。(略)
不谓蓬荻姿[⑤]，中有药与粮。春为芡珠[⑥]圆，炊作菰米[⑦]香。

——《小圃五咏·薏苡》
(《苏轼诗集》卷三十九，第2160页)

注释

①“伏波”句：伏波，意谓降伏波涛。“伏波将军”是古对将军的最宠封号。东汉开国功臣之一的马援将军，官至伏波将军，人称“马伏波”。因他与薏苡有一段缘情，故先生将“伏波”与“薏苡”连在一起。

②御瘴：御，治疗。瘴，指南方山林中湿热蒸郁能致人疾病的瘴气毒雾。

③五溪毒：湘西怀化境内五条支流有酉水、辰水、溆水、舞水和渠水，指五水之瘴毒。

④“不救”句：马援因“薏苡”谗言受诬。

⑤蓬荻：蓬草与荻草。蓬荻姿，指薏苡草。

⑥舂为芡珠：舂(chōng)，把东西放在石臼里捣碎。芡，俗称“鸡头”，芡仁供食用或入药。芡实白而圆，故曰芡珠。

⑦炊作菰米：菰(gū)，别称茭白，其嫩茎是美味的蔬菜。菰米，有营养价值可作饭食。药用价值，清热除烦、生津止渴、利大小便等。

今译

伏波薏苡可作饭食，有着神奇的治疗瘴毒的功能。虽然他能祛除五水的湿毒，却救不了谗言对马援的伤害。不意它有蓬草与荻草的样子，它却有药食的双重功效。舂捣时它像芡仁珠子，烧炒时有菰米的香味。

解析

该诗，东坡先生于绍圣二年(1095年)十二月作于惠州。东坡先生谪居惠州时，不仅在小圃内种了人参、枸杞、地黄、甘菊，还种有薏苡。先生重视薏苡健脾渗湿，利水消肿的功能，适用于脾虚腹泻、小便不利、风湿痹痛、老年性浮肿、筋脉拘挛等症状。它是能医能食，老少咸宜，四季皆宜的医食保健品。东坡先生长于用典，此诗中因薏苡引出一段典故，让人感慨万千。东汉伏波将军马援，南征交趾(今越南北部)班师回京，因感薏苡有神奇的药用功效，于是装了满满一车拉回家做种子，以备日后推广种植。不料待他去世后，马武、侯昱等人上书诬告，说马援当初运回的是珍宝，东汉开国皇帝刘秀对此十分震怒。为此，马援的妻子侄儿马严，先后六次向皇帝上书申诉冤情，经查明终于真相大白。后来，朝廷对马援追加册封，赠其谥号为“忠成侯”，故后人有“一车薏苡毁忠贤”之叹。

语典

乐事可慕，苦事可畏，此是未至时心耳。及苦乐既至，以身履之，求畏慕者初不可得。况既过之后，复有何物比之，寻声捕影，系风趁梦[①]，此四者犹有彷佛[②]也。如此推究[③]，不免是病，且以此病对治彼病，彼此相磨，安得乐处，当以至理[④]语君，今则不可。

——《乐苦说》

（《苏轼文集》卷七十三，第 2377 页）

注释

①"寻声捕影"二句：寻声，搜求声音。捕影，捉住影子。系风趁梦，趁，谓"追"。系风，缚住风。趁梦，追上梦。以上四者比喻虚幻而不能实现的事。

②彷佛：指差不多；好像。

③推究：推理探究。

④至理：最正确或最根本的道理。

今译

快乐的事值得羡慕，痛苦的事认为畏惧，这是苦事乐事还未到身时的心理。当苦与乐事已经来到面前，亲身经历过了，当初的畏惧和羡慕就消失不见了。何况是已经经历过之后，又有什么东西能比譬。搜求声音、捉住影子、缚住清风、追上梦境，这四样就好像找回畏惧羡慕心理差不多。按这样推理探究，找回畏慕心理是一种病态，而且以这种病态对付畏慕未至时的心态，两者相互磨缠，哪里能得到快乐。应当以这种最正确的道理告诉朋友，如今再不能这样了。

解析

该文，东坡先生于元祐三年(1088 年)八月五日作于京华开封。所谓"乐苦说"，即人生对待苦乐的观念。先生以声、影、风、梦四者，说明快乐和痛苦的虚幻不实的性质，无须执着。所谓乐事与苦事，构成了人生的基本范式，人总是处于慕乐畏苦的两难境地中。先生在《与王庆源十三首》中说得更明白："人生悲夭，过眼如梦幻，不足追。"即乐既不足慕，苦亦不足畏，任何千难万苦，只要牙一咬终将过去，所以应远离一切幻化虚妄境界，这样方能摆脱所谓"乐事"、"苦事"的妄执，消除人生中的一些无谓偏执，保持一种超尘绝欲而又超然豁达的态度去看待人生。这就是先生对于人生本质清醒的哲理认识，也是他在该文中所想表达的"至理"。

语典

某与丞相[①]定交四十余年，虽中间出处稍异，交情固无所增损也。闻其高年，寄迹海隅，此怀可知。但以往者，更说何益，惟论其未然者而已。（略）

某在海外，曾作《续养生论》一首，甚欲写寄，病困未能，到毗陵[②]，定叠检获，当录呈也。

——《与章致平[③]二首》之一

（《苏轼文集》卷五十五，第1643页）

注释

①丞相：指章致平父章惇，元丰五年（1082年），章惇被召任门下侍郎（副相之首）。元祐八年（1093年），哲宗亲政，章惇被启用为相七年，建中靖国元年（1101年）徽宗贬章惇至雷州司户参军（掌户籍、赋税、仓库交纳等事）。苏轼与章惇交于嘉祐六年凤翔府签判任上，时章惇任商州令（县官）。此间两人同时在陕西为官，有过一段同游同饮的友好时光。

②毗陵：古地名，本春秋时吴季札封地延陵邑。西汉置县，治所在今江苏省常州市。

③章致平：章援，字致平。章惇之子，元祐三年(1088年)，苏轼知贡举，章援取状元，曾为校书郎。

今译

我与章丞相交友四十多年，虽然这中间出仕或隐退稍有不同，但交情却并没有受到影响。听说他那么大的年纪漂泊在海边，这种情怀可想而知，但过去的事再说有何益处，应该只说今后的事罢了。（略）

我在海南，曾经作《续养生论》一篇。很想抄下来寄给你，因为受疾病困扰未能如愿，待我回到毗陵，安顿后查检出来，一定抄录下来呈送。

解析

此书，东坡先生于建中靖国元年（1101年）六月十四日作于北归途中，舟抵毗陵前一天。东坡先生与章惇人生恩怨，千年以来一直是文人们议论的话题。先生比章惇小一岁，两人为同科进士，初次登上政治舞台同在陕西为官。先生因“乌台诗案”罹祸，章惇仗义执言相救。先生贬逐黄州，时为副宰相的章惇常去信问候。先生为贡举主考官，章惇的儿子章援荣登状元。两人的分道扬镳，始于王安石的熙宁变法。因为政治信仰，两人拉开了交锋的阵线。宋人笔记中出于个人情感好恶，有很多轶事均是颂苏贬章的段子。如东坡先生从定州贬惠州，由惠州贬儋州，是因为章惇玩测字的方式，从“子瞻”之“瞻”的偏旁与“儋”字偏旁相同而敲定的。章惇又因先生“报道先生春睡美，道人轻打五更钟”的诗歌传到京师，于是又将这“如此快活”的罪臣，索性驱逐至天涯海角的儋州。甚至湖南提举常平官董必受命按察岭南，派一名使者过海，将先生从官屋驱赶出去，亦是章惇赶尽杀绝的歹毒用心。在《宋史》中，章惇以“尽复熙丰旧法，黜逐元祐朝臣，肆开边隙，诋诬宣仁后”等罪被列入《奸臣传》。章惇本是新党领袖，为何在徽宗时代却受到贬斥。因为他反对端王赵佶（后来的徽宗）继哲宗位。于是徽宗登位后对章惇一贬再贬，终于晚年死在贬官途中。历史记载，章惇并非一无是处，他恢复新法，并克服了新法的某些缺陷。他独相七年，从不以宰相之权安插自己的亲信。他开疆拓土，征服西夏，攻灭吐蕃，开拓西南，主持修汴河，治黄河，扩大手工业生产的规模等。梁启超评价说：“象徽宗这样荒淫无道的国君，最终使宋灭亡”，“何以加罪给章惇？”所谓“驱逐元祐大臣，则是以元祐间大臣用来对熙丰大臣的方法来做的”。因此，梁启超先生认为：“如果按私德来论，章惇的耿直，恐怕是元祐那些贤人比起来也是有愧的；如果按政见来论，我没有听说用政见来判别君子和小人的。”这说明东坡先生与章惇之争，不是个人恩怨，而是残酷的政治斗争。用道德来评判东坡先生与章惇的纠葛，显然有失偏颇。倒是先生不计前嫌，笔下超生，宽容大度的襟怀令人钦佩。

语典

元丰六年十月十二日夜，一鼓[1]后，故人有得风疾[2]者，急往视之，已不能言矣。死生阴阳之争，其苦有甚于刀锯木索[3]者。余知其不可救，嘿[4]为祈死而已。呜呼哀哉[5]，此复何罪乎！酒色之娱而已。古人云："甘嗜[6]毒药，戏猛兽之爪牙。(略)

戒生定，定生惠[7]，此不刊[8]之语也。如有不从戒、定[9]生者，皆妄[10]也，如惠而实痴也，如觉而实梦也。悲夫！

——《记故人病》

(《苏轼文集》卷七十三，第2376页)

注释

①一鼓：我国古人把夜晚分成五个时段，用鼓打更报时。一鼓，约黄昏19~21点。

②风疾：指风痹、半身不遂等症。

③木索：刑具。

④嘿：古同"默"。不作声。

⑤呜呼哀哉：意为悲哀啊！

⑥甘嗜：嗜好。

⑦惠：古同"慧"。

⑧刊：消除。古代把字写在竹简或木板上。错误时或可改动消除。不刊，不能消除，不可删改。

⑨戒、定：戒，指修戒，完善道德品行。定，指修定，致力于内心平静。

⑩妄：胡乱之意，荒诞不合理。

今译

元丰六年(1083年)十月十二日夜，黄昏一鼓过后，一位老朋友得了半身不遂症，我急忙去探视，他已经不能讲话。他处于死生阴阳之间，其痛苦比刀锯受刑还要厉害。我知道他没有办法救治，只有默默地为他的逝去而祈祷罢了。悲哀啊！这是往复有什么罪过吗？只不过美酒女色娱乐而已。古人说："嗜好如同毒药，如同嘻戏猛兽的爪牙。"(略)

修戒能生心定，心定而生智慧，这是不可更改的语言。如果有人不进行戒生定，定生慧的修炼，其结果都是荒唐的，看似聪明实际愚痴，看似醒悟实际在做梦。悲哀啊！

解析

该文，东坡先生于元丰六年(1083年)十月十三日作于黄州贬所。先生的朋友因"酒色之娱"，而处于"死生阴阳之争"，其痛苦状"有甚于刀锯木索"。此人何至于此？先生用一个譬喻予以形容，此人是因为对酒色之嗜好，恰如"戏猛兽之爪牙"。明代学者王圣俞在其《苏长公小品》中评曰："垂戒之语，不妨痛切"(曾枣庄主编《苏文汇评》，第522页)。故先生劝诫世人以此人为诫，并通过这酒色之徒"呜呼哀哉"的下场，牢记"戒生定，定生惠"的佛祖之言，因为此为"不刊之语也"。

补录 武备

欲天下之安，则莫若使权在中国。

导读

东坡先生一生“三除尚书”，这三次担任尚书的时间分别是：元祐六年(1091年)正月，授吏部尚书。元祐七年(1092年)八月，以兵部尚书兼差充南郊卤簿使。同年十一月，迁端明殿学士兼翰林侍读，守礼部尚书。这其中以兵部尚书任期最短，前后仅三个月。宋朝以文官统领军队，这是宋太祖为了防止地方割据所制定的国策。而先生实实在在地统管军队是在元祐八年(1093年)九月，告下以两学士充河北西路安抚使兼马步军都总管出知定州军州事时的事情。

在定州的半年时间内，先生在这个北宋的军事重镇，采取了整顿军纪，坚决惩办贪污军饷的将领，严禁军中赌博酗酒，加强军训，亲自主持检阅等强兵措施。同时，他还请求朝廷拨款，维修军营，改善兵士生活。不仅如此，先生坚持“兵出于农”，“积谷训兵，常若寇至”的原则，十分重视整顿武备，恢复了当地居民守土保家的“弓箭社”，这种弓箭社具有带弓而锄，佩剑而樵的亦农亦兵的特征，体现了先生“居安虑危”，“人自为战”的武备思想。

先生的武备思想，主要集中在他的策论和史论中。他透过北宋与辽、西夏频繁交战而屡屡失败的历史教训，悟出用兵之道：“用兵有权，权之所在，其国乃胜。”用兵打仗要掌握主动权，只有掌握了主动权，“战欲则战，不欲则守。战则天下莫能支，守则天下莫能窥”。只有掌握了主动权，这个国家就会胜利。由此，他得出结论：“欲天下之安，则莫若使权在中国。”同时还要加强训兵，增强实力，坚定地以战止战，让敌人知道中国不怕战争。

先生认为北辽和西夏，是北宋王朝的心腹之患。他极力主张强兵备战，坚决抗击北辽与西夏的侵扰。面对边境的战事，他通过诗词表达了效命疆场的决心：“圣朝若用西凉簿，白羽犹能效一挥。”即使他在贬谪黄州时期，他热血沸腾地喊出“臂弓腰箭何时去，直上阴山取可汗”表现了强烈的爱国主义情感。

他继承《孙子兵法》的思想，指出：“天子之兵，莫大于御将。”并认为“善用兵者，先服其心，次屈其力。”做到“治兵欲严”，“师出则严其律，师休则正其功。”他既反对“养兵之费，莫大于征行”，又强调“深诫用兵”。他还注意到“兵者凶器，动有存亡”，“圣人之兵，皆出于不得已”。

先生“用兵有权”，“示之以不惮，形之以好战”，以及“人自为战”的武备思想，至今仍然闪烁着智慧的光芒。

语典

欲天下之安，则莫若使权在中国。欲权之在中国，则莫若先发而后罢。示之以不惮[①]，形[②]之以好战，而后天下之权，有所归矣。

——《策断一》

(《苏轼文集》卷九，第一册，第282页)

注释

①不惮：不害怕。

②形：表现。

今译

要想使天下安定，就不如把主动权控制在中国。要想把主动权掌握在中国手上，就不如先发动攻势而最后停止攻势。向对方显示中国不害怕战争，表现出以战止战的决心，这样天下的主动权，就能归还在中国手上。

解析

该文是嘉祐五年(1060年)，时年二十五岁的东坡先生，为应“贤良方正能直方极谏”制科考试，所呈递的二十五篇进策之一。先生在本策断中总结宝元、庆历年间河西战役的教训，认为往往面对敌寇的边境骚扰，我朝出于不得已才应战。最后，又不得已委曲求全与对方讲和，而且馈赠财物，唯恐他们突然有一天再战。就这样对方抓住我朝不想开战的弱点，屡次使用此计屡次都能得逞，这就是主动权操控在别人手中的恶果。故此，先生向朝廷建言，务必“使权在中国”，并让对方知道中国不害怕战争，以及以战止战的实力和决心。先生“权在中国”的战略思想，对于今天构建和平环境、实现中国梦，有着极大的现实意义。

语典

用兵有权，权之所在，其国乃胜。是故国无小大，兵无强弱，有小国弱兵而见畏于天下者，权在耳。千钧之牛，制于三尺之童，弥耳而下之，曾不如狙猿①之奋掷于山林，此其故何也？权在人也。

我欲则战，不欲则守。战则天下莫能支，守则天下莫能窥②。

——《策断一》

（《苏轼文集》卷九，第一册，第282页）

注释

①狙(jū)猿：泛指猿猴。

②窥：从小孔、缝隙或隐蔽处偷看。此指觊觎(jì yú)。

今译

用兵要掌握主动权，主动权在谁的手中，谁的国家就能取得胜利。因此国家不分大小，军队不分强弱，有的国家虽小，军队也少，但被天下人所畏惧，就是因为主动权操控在手上。有千钧之力的壮牛，被三尺小童制服，牵扯着它的耳朵让它低下头来，还不如跳跃于山林的猿猴，这是什么缘故呢？因为主动权在人手中。

我想打就打，我不想打就守。我想打就能使天下不能抵挡，我想守就能使天下不能觊觎。

解析

该文是嘉祐五年(1060年)，东坡先生应"贤良方正能直言极谏"制科考试所呈进的二十五篇进策之一。先生在该《策断一》中指出："天下将兴，其积必有源，天下将亡，其发必有门。"他敏锐地觉察"当今之患"，乃为"西戎、北狄"，即西夏和契丹。他悉心判断"二虏之患，特有远近耳，而要以必至于战"。西夏和契丹的威胁，只是时间早晚罢了，肯定要导致战争。于是先生大声疾呼："敢问今之所以战者何也？"请问现在如果开战，我朝有什么可以御敌的呢？正是为了回答这个关系国家存亡的问题，先生大胆地提出"用兵有权"的论断，呼吁朝廷要掌握战争的主动权。只有"权之所在"，才能把握住"我欲则战，不欲则守，战则天下莫能支，守则天下莫能窥"的战争局面，从而使国家获得长治久安的国运。

语典

兵于出农，有常数而无常人，国有事，要以一家而备一正卒[①]，如斯[②]而已。（略）使之足轻险阻，而手易器械[③]。聪明足以察旗鼓之节，强锐足以犯死伤之地，千乘[④]之众，而人人足以自捍[⑤]。

——《策别训兵旅二》

（《苏轼文集》卷九，第一册，第276页）

注释

①卒：兵。

②斯：这，这个。

③器械：兵器。

④千乘：古代用四匹马拉的一辆兵车叫一乘。千乘，形容兵车很多。

⑤自捍：捍，保卫。自捍，自卫。

今译

士兵出自农民，有固定的编制而无固定的人员，国家有了战事，就要从每家选拔一名正式的兵卒，如此而已。（略）他们的脚能够跋涉险阻，使他们的手能熟练地使用各种兵器。他们的耳目足以接受旗鼓的指挥，其强大精锐足以冲锋陷阵，面对强大的敌人，人人足以自卫。

解析

该文系嘉祐五年（1060年），东坡先生应“贤良方正能直言极谏”制科考试前所上的二十五篇进策之一，供录取之参考。中国古代实行的是兵农合一制。在西周、春秋以前，是寓兵于农。战国时期开始出现了征兵制，但还带有临时性。到了汉代，基本建立了普及义务兵役制度。宋代实行募兵制，使兵无常将，将无常兵，目的是为了不再出现藩镇割据的局面。先生借鉴古代“寓兵于农”的思想，提出“兵出于农”的建军制度，符合北宋国家的经济状况和辽、夏连年侵扰的军备需要，这样使国家费用节省而兵卒强壮。明代学者茅坤在其《苏文忠公钞》中评曰：“欲为择兵而募，而又限以年，精捍之识，博达之才。”

语典

天子之兵，莫大于御将。御将之术，开之以其所利，而授之以其所忌[1]。如良医之用药，乌喙蝮蝎[2]，皆得自效于前，而不敢肆[3]其毒。何者？授之以其所畏也。

——《孙武论下》

（《苏轼文集》卷三，第93页）

注释

①“御将”三句：御，管理，控制。述，方法，策略。开，启。忌，害怕，忌讳。

②乌喙蝮蝎：乌喙（wū huì），中药附子的别称，有大毒。蝮蝎（fù xiē），指蝮蛇、蝎子，泛指毒蛇、毒虫。

③肆：放纵。

今译

天子用兵之策略，没有哪一条比管理控制好将帅重要。管理控制将帅的策略，用他希望得到的利益启导他，同时把他忧虑忌讳的事交待给他。如同良医用药，让乌喙、蝮蝎都得自身显现功效，然而却不敢放纵自己的毒性。什么原因呢？把所畏惧的后果交待给他们的缘故。

解析

该文系嘉祐六年（1061年），东坡先生应“贤良方正能直言极谏”制科考试前所上的二十五篇进策之一。东坡先生在解读《孙子兵法》时，注意到了该兵法中详尽地阐释了“十三篇”有关战争的具体方法。如《计篇》、《作战篇》、《谋攻篇》、《形篇》、《势篇》、《虚实篇》、《军争篇》、《九变篇》、《行军篇》、《地形篇》、《九地篇》、《火攻篇》、《用间篇》等。上述兵法，实际上是孙武作为军事学家，对吴楚战争经验的总结。因为源于实际，故而很有实用价值。如同东坡先生在该论中的开头指出：“夫武，战国之将也，知为吴虑而已矣。是故将用之则可，以君用之则不可。”先生在这里明确指出《孙子兵法》，主要是为将帅之所用作参考，而不足的是为君用则不行。因为在十三篇兵法中，缺少了“御将”的专门论述。这个问题在《孙膑兵法》、《司马穰苴（ráng jū）兵法》中同样存在。虽然《吴起兵法》有“论将第四”，仍然重在将帅的德才论述。故，先生提出“天子用兵，莫大于御将”。先生的见解无疑是有益的。因为在古代触发战争的往往是政治家而非军人，战争是统治者意志的体现。所以天子用兵不在于具体的“法”，而在于对将帅之“御”。从这个意义上讲，先生《孙武论上下》，无疑对古代兵法是一种有益的补充。

语典

民者，天下之本；而财者，民之所以生也。有兵而不可使战，是谓弃财[1]。不可使战而驱之战，是谓弃民[2]。

——《策别训兵旅二·练兵实》
（《苏轼文集》卷九，第277页）

注释

①弃财：浪费财物。
②“不可使战”二句：驱，强行，逼迫。弃民，抛弃民众，让百姓白白送命。

今译

民众，是天下的根本；而财物，是民众赖以生存的保证。有士兵而不用于打仗，这就叫浪费财物。不能打仗却强行让他们打仗，这就叫抛弃民众。

解析

该文系嘉祐五年（1060年），东坡先生应“贤良方正能直言极谏”制科考试前所上的二十五篇进策之一，供录取之参考。明清学者对东坡先生《训兵旅之练军实》策别评价颇高。如明代儒学大师、军事家唐顺之评云：“信手拈来，头头是道。”明代学者茅坤评曰：“精悍之识，博达之才。”清代学者储欣赞曰：“军之善经也。”所选章句，仍可看出先生遵奉儒家仁爱之道，坚持“以不教民战，是谓弃也”的爱民思想。同时，他从“弃财”、“弃民”两个方面，辩证地阐述他训练军队的策略。难怪元祐七年（1092年）八月，他这位翰林大学士，还真的担任起了兵部尚书。

语典

治兵欲严，御[1]吏欲明，抚[2]民欲宽，守边欲信。

——《高士永知文州[3]》

（《苏轼文集》卷三十九，第1123页）

注释

①御：封建社会指上级对下级的治理、统治。
②抚：抚恤、抚慰。
③高士永知文州：高士永，生平未详。文州，旧治在今甘肃文县。

今译

统帅军队要严格，驾驭属官要明察，抚慰百姓要宽厚，守卫边陲要讲信义。

解析

该敕令是东坡先生于元祐元年(1086年)在中书舍人任上代皇帝草拟的诏书。该章句是对镇守边陲官员提出了四方面责任，即治兵、御吏、抚民、守边。与其对应的要求是严、明、宽、信。如果边防官员都能达到这个标准，边疆的和平安宁就有望了。

语典

凤翔、京兆[①]，此两郡者，陕西之囊橐[②]也。今使有变，则缘边[③]被兵之郡，知战守[④]而已。战而无食则北[⑤]，守而无财则散。使战不北，守不散，其权[⑥]固在此两郡也。

——《上韩魏公论场务[⑦]书》

(《苏轼文集》卷四十八，第1394页)

注释

①京兆：所辖范围相当于陕西西安及其附近所属地区。

②囊橐(náng tuó)：指口袋，用于贮物，借指粮仓。

③缘边：指边境。

④战守：攻战防守。

⑤北：此指打了败仗往回逃，败北。

⑥权：有利的形势，重要地位。

⑦韩魏公论场务：韩魏公，指韩琦，相州安阳(今河南安阳)人。历经北宋仁宗、英宗、神宗三朝，封爵魏国公，谥号忠献。场务，北宋时期凤翔府境内有大量官设贸易机构和场所，而这些场所被称为"务"。史料中对北宋酒务的记载尤为众多。东坡先生任凤翔府签书判官时，对酒务发展极为重视，当时凤翔私营酿酒作坊就达25家。

今译

凤翔、京兆，这两郡是陕西省的粮仓。而今假使有事变，那么作为边境地区，就成为攻战防守的战场。攻战而无粮食就会失败，防守没钱财则士气涣散。要想战而不失败，守而不溃散，其有利的形势和重要地位，就在凤翔、京兆两郡的粮食生产安全。

解析

嘉祐八年(1063年)四月，东坡先生任凤翔签书判官。他就凤翔治理的"一时之急"、"朝夕之患"，即有关"衙前之役"、"官榷与民"(酿酒由官卖变民卖)等，向英宗朝宰相韩琦上书。他希望朝廷在"平安无事之时"，应该"多方优裕其民"。他明确指出凤翔、京兆两郡，是陕西的粮仓，乃西北边陲军事重地，在攻战防守中起着粮食财物后勤保障作用。应该确保这两地的粮食生产安全。同时希望朝廷"行宽大闲暇久长之政"，"以官榷与民"，让边境百姓休养生息，从而避免"异日无以待仓卒意外之患"。这说明，安民备战思想，在这位年仅28岁，刚刚登上政治舞台的年轻官员头脑里，已经深深扎根。

语典

善用兵者，先服其心，次屈其力，则兵易解而功易成。若不服其心，惟力是恃[①]，则战胜而寇[②]愈深，况不胜乎？功成而兵不解，况不成乎？

——《乞诏边吏无进取及论鬼章事宜札子》

（《苏轼文集》卷二十八，第 801 页）

注释

①恃：依赖，仗着。

②寇：仇敌，寇仇。

今译

善于用兵的将领，首先是征服敌心，其次是屈服其力，这样敌军易互解而战功易成。如果不服其心，只依赖武力，那么即使是战胜了而与敌人结下的仇怨会更深，何况不能取胜呢？立下战功而战事没有解决，何况还没有立下战功呢？

解析

该文，东坡先生于元祐二年（1087 年）九月二十日作于京都。先生所谈“善用兵者”，语出《孙子兵法·谋攻篇》。孙子曰：“凡用兵之法，全国为上，破国次之；全军为上，破军为次；（略）是故百战百胜，非善之善者也；不战而屈人之兵，善之善者。”大意是，一般的战争指导法则是：使敌人举国降服为上策，而击破敌国略逊一筹；使敌人全“军”完整地降服为上策，而击溃敌人的“军”就略逊一筹。（略）因此，百战百胜，并不就是高明中的最高明的；不经交战而能使敌人屈服，这才算是高明中最高明的。在对待西羌首领鬼章被生擒后的处置方式上，先生提出了个人的策略：“全其首领，以累其心，以为重质，庶获其用，此实当今之良策。”保其西羌首领鬼章不杀，以牵累西羌人的心，并将他押为人质，或许还能让他起到作用。这就是“先服其心，次屈其力”兵法的活用。

语典

孙武[1]之法，十则围之，五则攻之，倍则分之，敌则能战之，少则能逃之，不若则能避之[2]。

——《策断二》

（《苏轼文集》卷九，第一册，第285页）

注释

①孙武（约前545—前470年）：字长卿，春秋时期著名军事家，尊称兵圣，被誉为"百世兵家之师"、"东方兵学之鼻祖"。其著作有《孙子兵法》十三篇。

②"十则围之"六句：见《孙子兵法·谋攻篇》。

今译

根据孙武子的兵法，十倍于敌就包围他，五倍于敌就进攻他，一倍于敌就分而击之，数量相等就与他拼搏，数量少于敌人就逃走，力量悬殊就避开对方。

解析

该文系嘉祐五年（1060年），时年二十五岁的东坡先生，为应"贤良方正能直言极谏"制科考试，所呈递的二十五篇进策之一。先生在该文中不仅提出了战争的战略思想，还依据《孙子兵法》的思想，阐发了与敌寇斗争的具体战术思想。除该章句所引的"围、攻、分、战、逃、避"六种战术外，他还提出"分兵"的战术策略。他主张以十分之一的兵力出兵十次，十分之二的兵力出兵五次，那么就是一个人一年出征一次。我方士卒一年出兵一次，对方一年就遭十次攻击。这样就使敌方应顾不暇，疲于奔命。这就是吴国之所以打败楚国，隋朝灭亡陈朝的原因。

语典

师出则严其律，师休则正其功[①]。(略)圣人之师，其始不求苟[②]胜，故其终可以正功。

——(《东坡易传·师卦[③]》卷一，第17-18页)

注释

①正其功：按功行赏。

②苟：姑且，马虎，随便。

③师卦：其卦辞为，“出师征战，要符合正义，任命德才兼备的统帅带兵，方可以吉祥而无过错”。

今译

军队出征时就严明纪律，军队归来时就按功行赏。(略)圣人指挥的军队，从一开始就不追求苟且求胜，所以到战争结束时就按功行赏。

解析

东坡先生于元丰三年(1080年)至元丰五年(1082年)之间，在贬所黄州初成《东坡易传》。该文是对第七卦“师卦”之“上六”《象传》爻辞所作的解说。“上六”的爻辞讲的是“古代打仗前后都要在宗庙举行隆重仪式以誓师或凯旋颁赐”。先生据此推演出治理军队要“坚其律，不苟胜”、“正其功”之义理。这些原则，即使在现代军队建设中，仍然有着普遍意义。

语 典

积谷训兵，常若寇[1]至。

——《张之谏权知泾州康识权发遣鄜州[2]》

（《苏轼文集》卷三十九，第1120页）

注 释

①寇：盗匪、侵略者，泛指敌人。

②“张之谏权知泾州”句：张之谏，生卒年未详。曾知顺德军，权泾原路兵马钤辖。泾州，旧治在今甘肃泾川。康识，洛阳人，以赏西夏功领荣州团练使。鄜(fū)州，旧治在今陕西富县。

今 译

积蓄粮草以训练士兵，时刻警惕仿佛敌人将至。

解 析

该敕令是东坡先生于元祐元年(1086年)，在中书舍人任上代皇帝草拟的诏书。《礼记·中庸》云：“凡事预则立，不预则废。”《尚书·商书·说命中》亦曰：“惟事事乃其有备，有备无患。”该章句“积谷训兵”，反映了先生的军备思想。“积谷”为的是“训兵”；“训兵”为的是“有备”。凡“有备”者，“常若寇至”也。

语典

故兵之胜负，不足以为国之强弱，而以为治乱之兆[1]。盖有战胜而亡，有败而兴者矣。

——《士燮[2]论》

（《苏轼文集》卷三，第89页）

注释

①“而以为”句：治乱，安定和动乱。兆，古代占验吉凶时灼龟甲所成的裂纹，此为卜兆，指事物发生前的征候。

②士燮(xiè)：春秋时晋国大夫。

今译

所以战争的胜负，不能够证明国家是强是弱，却能够成为国家安定和动乱的征候。有战胜了却随之而灭亡，有战败了随之而兴盛的现象。

解析

该论约于熙宁年间后期作。东坡先生在《士燮论》后文中的上述这段话，是用晋国辅佐国君的老臣士燮当年对鄢陵之役晋国获胜的严重后果所作的陈述，来表述自己对王安石派大将王韶领兵复熙河地区开展战事“必有大咎”的交战观点。时任晋国中军佐的士燮，对鄢陵之战持反战态度，无数次给国君敲警钟。他认为晋国内忧严峻，官民不睦，群臣不和，君臣不亲。目前保留楚国这个“外患”有助于缓解晋国的内部矛盾；而对楚国的胜利，必将刺激晋国内部矛盾的总爆发。正因为士燮对晋国的内忧看得透彻，所以对战争也反对得坚定。士燮对国君慷慨激昂的劝进言词，可以从《士燮论》全文中找到影子。东坡先生同士燮一样，对北宋内部的矛盾和危机了如指掌，故在国家内忧深重之际，而贸然对外用兵持反战态度。此文借鄢陵之战言熙河之役；借士燮之论评安石之策。这就是东坡先生为文之深意。

语典

古之善用兵[1]者，见其害而后见其利，见其败而后见其成。其心闲而无事，是以若此明也[2]。

——《孙武论上》

（《苏轼文集》卷三，第91页）

注释

①用兵：调兵遣将，指挥战争。

②“其心闲”二句：心闲，这里指心里闲静、闲适。明，明白，明察。

今译

古代善于调兵遣将的将领，在看到不利因素时然后能看到有利的因素；在看到失败时然后能看到胜利。他们的心里闲适宁静，所以才看得如此分明。

解析

该论分上下篇，系嘉祐六年（1061年）东坡先生应制科试所呈的进卷之一。所谓“制科试”，制者，天子之命为制。皇帝为了选择特殊人才，由自己命题，亲自面试的一种特殊考试。先生在这段章句中阐释《孙子兵法》的两种思想，其一，指挥战争应能见其“害”与“利”、“败”与“成”。即《孙子兵法·九变篇》曰：“是故智者之虑，必杂于利害。杂于利而务可信也，杂于害而患可解也。”聪明的将帅考虑问题，必须“杂于”兼顾利与害两个方面，只有这样祸患就能预先排除。其二，指战员要做到“心闲而无事”，即要排除私心杂念，也就是孙子在《九变篇》中指出的“将有五危”。这“五危”是：死拼蛮干、贪生活命、急躁易怒、一味廉洁好名、不分主次“爱民”等。先生理解《孙子兵法》的深意，透悟将帅用兵，必须全面、辩证地看问题，从而见利思害，见害思利，见败思成，见成思败，趋利避害，防患于未然。同时，还应防止将帅五种致命弱点，做到心闲气定地行兵布阵，指挥若定。

语典

夫兵无常形，而逆为之形，胜无常处，而多为之地[1]。是以其说屡变而不同，纵横委曲，期于避害而就利，杂然举之[2]，而听用者之自择也。是故不难于用，而难于择。

——《孙武论上》

（《苏轼文集》卷三，第91页）

注释

①“夫兵无”四句：夫，文言发语词。逆，事先。多，过分，不必要的。

②“纵横”三句：委曲，弯曲，曲折延伸。杂然，综合的样子。举，提出。

今译

战争没有恒常的形态，而事先设计一个形态，胜利没有固定处所，而不必要为它过多地设计一个环境。因此作者在阐释屡次变化而有所不同，纵横交错委延曲折，期望避开祸害而获得胜利，综合提出各种战法，听凭用兵的人去自己选择。因此不是难在使用上，而是难以选择上。

解析

该论系嘉祐六年(1061年)，东坡先生应制科试时所上进卷之一。制，天子之命为制，是皇帝选拔特殊人才由皇帝亲自出题、面试的特别考试。自宋仁宗宝元元年(1038年)，李元昊称帝，建国号大夏以来，西夏成为北宋西线的最大威胁，相继发动了三次重大战争，皆以西夏胜利告终。由于西事频繁，迫求御夏方略，故对孙武、吴起的兵法人言籍籍。如何运用孙武兵法，先生于是呈是论答疑。清代儒生浦起龙在《古文眉诠》中评曰：“公非斥孙子也。正以教夫用孙子者也。孙子以智教，公以藏智教。藏智然后能用智，能用智然后能用孙子。”该论并非是对孙武兵法的排斥，重点在强调：对于孙武兵书“不难于用，而难于择”。其所以“难于择”，是因为“兵无常形”、“胜无常处”。故要求将帅应“通于九变之术”。“自择”而“难于择”，这正是先生对效法孙武兵法的告诫。

语典

不役[1]于利，则其见之也明。见之也明，则其发[2]之也果。

——《孙武论上》

（《苏轼文集》卷三，第91页）

注释

①役：此处指役使，驱使。
②发：此指发师，出兵，即带兵打仗。

今译

不被利欲所驱使，那么他看问题就明晰。看问题明晰，那么他带兵打仗就果断。

解析

该论系嘉祐六年(1061年)，东坡先生应制科试时所上进卷之一。东坡先生在《孙武论上》篇末，按照孙子《九变篇》的原旨，进一步强调指挥战争的将帅，要做到“不役于利”，也就是要下力气克服五种致命的弱点：死拼蛮干、贪生活命、急躁易怒、一味廉洁好名、不分主次“爱民”等“五危”。如果将帅用兵，还未开战就一心想着战后功利、身后之名，这场战争最少输在了起点。

语典

若夫[1]王者之兵，要在于使之知爱其上[2]而仇其敌，使之知其上之所以驱之于作战者，凡皆以为我也。是以乐其战而甘其死。

——《孙武论下》

（《苏轼文集》卷三，第95页）

注释

①若夫：句首语气词，为“至于”，无实际意思。

②上：高，这里指社会的最高层。

今译

至于王者的用兵之法，关键在于使百姓知道热爱自己的君王而仇恨他们的敌人；使他们知道自己的君王之所以动员他们参战的目的，全都是为了自己。因此乐于参战而甘愿效死。

解析

该论系嘉祐六年(1061年)，东坡先生应制科试时所上进卷之一。东坡先生强烈主张“安边息民”，要达到这一目的，务必实现强兵国策。强兵的重要措施在于对百姓进行国防教育，让他们知道要热爱自己的君王，由君王进而热爱国家，仇视危害国家的敌人。同时，更让百姓明白，当兵打仗是为了保护百姓自己的利益。明白了这两个基本点，就能树立“师出之日，有死之荣，无生之辱”的精神，从而达到“乐其战而甘其死”，愿意为君、为国、为自己捐躯。这就是东坡强兵思想的核心内容。

语 典

故凡欲观将帅之才否，莫如治兵之不可欺也。今夫新募之兵，骄豪[1]而难令，勇悍[2]而不知战，此真足以观天下之才也。武举、方略之类以来之，新兵以试之。观其颜色和易，则足以见其气；约束坚明，则足以见其威；坐作进退，各得其所，则足以见其能[3]。

——《策别训兵旅一·蓄材用》

（《苏轼文集》卷九，第275页）

注 释

①骄豪：骄矜纵恣。

②勇悍：勇猛强悍。

③"观其"七句：和易，温和平易。气，气概。坚明，坚定，明确。威，威信。坐作，古代练兵的科目之一，即坐与起，止与行。能，能力。

今 译

凡是想要考察将帅的才能如何，没有比让他们训练军队更为可靠。如今刚招募的新兵，骄傲狂野而不服从命令，勇猛强悍而不懂战术，从对这一些新兵的训练，一定能考察发现出真正懂得军事的将帅。通过武举和考察谋略的方法选择人才，用训练新兵来测验他的能力。看他的面色温和平易，就一定知道他的气概；看他对士兵管束坚定明确，就一定知道他的威信；看他坚持进与退却井井有条，就一定能了解他的指挥才干。

解 析

该论系嘉祐六年(1061年)，东坡先生应制科试时所上进卷之一。本该献策为"蓄材用"，即如何考察发现军事将帅。明代学者茅坤评云："欲募天下之将材而归之于治兵。"是的，东坡先生认为："天下之实才，不可以求之于言语，又不可以较之于武力，独见之于战耳。"天下有实际军事才能的人，不能只听他口头说得多好听，也不单看他个人的武艺高强，而是只能看他在战争中的表现。要考察他在战争中的表现，莫如首先考察他"治兵"的实际能力。尤其是以"新兵以试之"，就可以"见其气"、"见其威"、"见其能"。清代学者储欣亦说得好："此策妙于形容，而治兵一议尤善。"

语典

天下果[1]未能去兵，则其一旦将以不教之民而驱[2]之战。夫无故而动民，虽有小恐，然孰与夫[3]一旦之危战？

——《策别安万民五·教战守》

（《苏轼文集》卷八，第264页）

注释

①果：确实。

②驱：强行，逼迫。

③孰与夫：孰与，用在表示抉择的反问语句中，有比较的意思。夫，文言指示代词，相当于"这"或"那"。

今译

天下确实不可能不发生战争，一旦发生战事，就不得不强行让没有受过军事训练的百姓上战场。没有战事而动员民众演武训练，虽然会使百姓受到一时惊恐，但是与没有受过训练，而一旦开战就驱使他们上火线哪种更危险呢？

解析

该论系嘉祐六年（1061年），东坡先生应制科试时所上进卷之一。孔子曰："以不教民战，是谓弃也。"让不经训练的民众面对战阵，这是对百姓的遗弃，让他们去送命。东坡先生正是遵奉儒家仁爱之道，在《教战守》献策中，同样认为决不能"以不教之民而驱之战"。先生既提出"不敢忘战"，又反对"以不教民战"，这正是先生《别策安万民·教战守》之安民善策。

语典

且夫战胜之后，陛下可得而知者，凯旋捷奏，拜表[①]称贺，赫然[②]耳目之观耳。至于远方之民，肝脑屠于白刃[③]，筋骨绝于馈饷[④]，流离破产，鬻[⑤]卖男女，薰眼折臂[⑥]自经[⑦]之状，陛下必不得而见也。慈父孝子孤臣寡妇之哭声，陛下必不得闻也。

譬犹屠杀牛羊，刳脔鱼鳖以为膳馐[⑧]，食者甚美，见食者甚苦。使陛下见其号呼于挺刃之下[⑨]，宛转于刀匕之间[⑩]，虽八珍[⑪]之美，必将投箸[⑫]而不忍食，而况用人之命，以为耳目之观乎？

——《代张方平谏用兵书》

(《苏轼文集》卷三十七，第1050页)

注释

①拜表：上奏章。

②赫然：形容令人惊讶或引人注目的事物突然出现。

③白刃：锋利的刀。

④筋骨绝于馈饷：馈饷，谓粮饷。此句指运送粮饷累断了筋骨。

⑤鬻(yù)：卖。

⑥薰眼折臂：为避兵役，自薰瞎双眼、自折其臂。

⑦自经：上吊自杀。

⑧刳脔：刳脔(kū luán)，把肉切割成块，即剖杀。膳馐(shàn xiū)，美味的食品。

⑨"使陛下见其"句：号呼，指大声叫唤。挺刃，挺身受刃。

⑩宛转于刀匕之间：宛转，指回旋曲折。刀匕，泛指刀剑武器。

⑪八珍：泛指八种珍贵的食物。

⑫箸(zhù)：筷子。

今译

再说战胜之后，陛下所能知道的，不过是胜利的捷报、上奏章道贺，全是一些令人热闹的场面。至于远方百姓，肝脑涂于白刃之下、运输粮饷累断了筋骨、家庭流离破产、卖儿鬻女、熏瞎眼睛、折断手臂、上吊自杀等惨状，陛下必定看不到。慈父、孝子、孤儿、寡母的哭声，陛下必定听不到。

譬如屠宰牛羊，剖开碎割鱼鳖作为美食，吃的人感觉味道很美，而在一旁看的人则非常痛苦。如果让陛下看到它们在刀刃下号哭、在枪剑之下宛转挣扎，即使有八珍的美食，必定会放下筷子而不忍吃下去。更何况用人的生命，来享受耳目之观赏呢？

解析

该文，东坡先生于熙宁十年(1077年)四月作于南都(即河南商丘)。清代学者、教育家蔡世远在其《古文雅正》中指出："神宗以用兵故，前后丧师至六十万，闻报彷徨叹悼，悔艾无及，以陨其身。""此种文，直是关系数千百世国运、数十百万生灵者。(略)又以譬喻出之，更见切至。"为此，先生因"职不可以谏"，故代重臣张方平劝谏神宗皇帝慎用兵。晚清政治家、理学家、文学家、湘军的统帅曾国藩，在其《曾文正公全集·读书录》中评曰："东坡之文，其长处在征引史事切实精当，又善设比譬喻。""此文以屠杀膳馐喻轻视民命；以箠楚奴婢喻上忤天心，皆巧于构想，他人所百思不到者。"曾文正公所言极是，先生的奏议在说理中寓人情，在人情中寓理。南宋名儒黄震在其《黄氏日钞》语曰："真可为万世人主好用兵，人臣好生事者之戒。"

语典

臣欲使士大夫尊尚[①]武勇，讲习兵法。庶人[②]之在官者，教以行阵之节。役民之司盗者[③]，授以击刺之术。每岁终则聚之郡府，如古都试之法，有胜负，有赏罚，而行之既久，则又以军法从事。

——《策别安万民五·教战守》

(《苏轼文集》卷八，第264页)

注释

①尊尚：尊重崇尚。

②庶人：泛指无官爵的平民、百姓。

③“役民”句：役，谓役使。司，主管。

今译

我认为应该使官员们重视崇尚武备，讲授演习兵法。基层官吏，要把队列的节制调度教给他们。主管百姓防盗的，要把击剑刺杀本领教授给他们。每年年终在州郡官府聚结，按古代总考的方式，让他们较量胜负，进行赏罚。像这样执行长久，就再以军法规程要求他们。

解析

该论系嘉祐六年(1061年)，东坡先生应制科试时所上进卷之一。诚如明代散文家茅坤所云：“宋之嘉祐间，海内狃于晏安，而耻言兵，故子瞻特发此论。”正是囿于北宋朝野“耻言兵”，故而先生有《教战守》进策。该段文字首言“士大夫尊尚武勇，讲习兵法”。接着又提出借鉴“古都试之法”进行“教以行阵”、“授以击刺之术”，展开练兵比武，做到有赏有罚。其目的“天下虽平，使平民皆习于兵”，从而“不敢忘战”。

语典

今国家所以奉西北之虏[①]，岁以百万计。奉之者有限，而求之无厌，此其势必至于战。战者，必然之势也。不先于我，则先于彼，不出于西，则出于北。所不可知者，有迟速远近，而要以不能免也。

——《策别安万民五·教战守》

（《苏轼文集》卷八，第264页）

注释

①“今国家”句：奉，供奉。虏，古代对北方外族的贬称。

今译

如今国家用来供奉西边的西夏，北边的契丹的财货每年数以百万计。供奉者的财力有限，而索求者贪得无厌，这样的情势必然会导致战争。战争，这是必然的趋势。不是我们首先开战，就是他们首先开战，战事不是发生在西边，就是发生在北边。现在所不能确知的，只是战争发生的时间快慢，地点远近而已，但战争肯定是不可避免的。

解析

该论系嘉祐六年（1061年），东坡先生应制科试时所上进卷之一。东坡先生反复大声疾呼：“战者，必然之势也。”那些养尊处优的士大夫们，对于一位年仅26岁举子的献策，大多以为是“生事”，是“扰民”。这些冷眼冷语决不会让“使我不言，何当言者”的苏轼禁声闭口。他分析“势必至于战”的依据是，北宋朝廷国库日空，而“西北之虏”、“求之无厌”。他还认为导致国家危亡的战事，“不出于西，则出于北”。先生此语之出66年后，金兵的铁骑踏碎了北宋朝廷苟且偷安的噩梦。故明代思想家、文学家李贽评曰：“北狩之事，公已看见。时不用公，可奈之何？”

语典

夫风雨霜露寒暑之变，以疾之所由生也。(略)

是故善养身者，使之能逸而能劳，步趋[①]动作，使其四体狃[②]于寒暑之变，然后可以刚健强力，涉险而不伤。

——《策别安万民五·教战守》

(《苏轼文集》卷八，第264页)

注释

①步趋："步，行也；趋，走也，二者一徐一疾，皆谓之行。"

②狃(niǔ)：沿袭，此指习惯。

今译

风雨霜露寒暑的变化，是疾病之所以产生的根源。(略)

所以善于保养身体的人，应该使自己既能安逸又能劳苦，经常行走运动，使自己的身体习惯于寒暑的变化。然后才可以使身体刚健强壮，即使经历各种险境也不会轻易受伤。

解析

该论系嘉祐六年(1061年)，东坡先生应制科试时所上进卷之一。东坡先生在论述"教战守"中认为，民众能逸而不劳，必定"骄惰脆弱"，直至"论战斗之事，则缩颈而股慄；闻盗贼之名，则掩耳而不愿听。"由此，他讲到民众只有强身健体，"刚健强力"，才有可能一旦有战，方可"涉险而不伤"。

语典

故王者之兵，当如富人之造屋。其虑周，其规摹素定[1]，其取材积粮皆有方，故其经营之常迟，而其作之常速，计日而成，不愆于素[2]，费半他人，而工必倍之。

——《答李琮[3]书》

（《苏轼文集》卷四十九，第1435页）

注释

①规摹素定：规摹，指规划、程式。素定，犹宿定，预先确定。

②不愆于素：愆，指耽误。素，预先计划。

③李琮：江宁（今江苏南京）人，字献甫，庆历年间进士，时为淮南转运使。《宋史》有传。

今译

天子打仗用兵，应当像富人盖房子，考虑周密，规划方案预先确定，准备材料储备粮食都按既定方针办事。因此筹划准备常常多费时日，而当运作起来速度很快，指日可待，决不耽误预先计划，且费用只是别人的一半，而功效必定超出一倍。

解析

元丰四年（1081年）六月，东坡先生谪居黄州。时为淮南转运使的李琮来信，言及西南边防动乱事。先生虽“身在江海之上，心居乎魏阙之下”。身在黄州，却十分关心西北、西南边境安定。应该说此时的他“不得签书公事”，但他就招抚诸夷事势献计献策。该章句，先生言“用兵”如“造屋”，务必做到“规摹素定”、“取材积粮皆有方”，这样方能“一举而荡灭”。先生所为真个是：心系朝廷，以见“忠臣体国”之义；言辞恳切，不以“罪废不当言”而作壁上观。

语典

小民之家，一朝而获千金，非有大福，必有大咎[①]。何则？彼[②]之所获者，终日勤劳，不过数金耳。所得者微，故所用狭。无故而得千金，岂小骄其志而丧其所守[③]哉。

由是言之，有天下者，得之艰难，则失之不易。得之既易，则失之亦然。

——《士燮论》

（《苏轼文集》卷三，第89页）

注释

①咎：灾祸。

②彼：他

③守：保持、守护。

今译

普通百姓家里，一时之间而获得了千金之财，这不是有大福气，而是一定有大灾祸。是什么原因呢？他今天所获得的东西，整天勤劳也不过数金而已，所获得的少，所以用的范围就少。无缘无故获得千金之财，哪能不使自己的志气益骄而丧失自己守护的本心呢？

由此可以看出，拥有天下的人，得天下艰难，失去天下就不容易。得天下既然轻易，那么失去当然就容易。

解析

该篇文论，疑作于熙宁年间后期。东坡先生以周简王十一年（575年）晋国和楚国为争霸中原，在鄢陵（今河南省鄢陵县）发生的战争为案例，评说王安石派大将王韶领兵出战，一举收复熙河地区（今甘肃、临洮一带），犹如“小民之家，一朝而获千金，非有大福，必有大咎”。果不出先生所料，熙河之役获胜不久，相继发生了辽宋边境争端和交趾（古代地名，在今越南北部）侵宋战事，使得国家南北受危，神宗惊恐不安。先生接着指出：“得之既易，则失之亦然。”此言真乃鞭辟入里、入木三分。

语典

臣闻战以勇为主，以气为决。(略)是故致勇有术。致勇莫先乎倡，倡莫善乎私[①]。

——《策别中兵旅三·倡勇敢》

(《苏轼文集》卷九，第278页)

注释

①倡莫善乎似：倡，此指提倡，宣扬，用今天的话讲称之为鼓励、激励。私，(个人)恩惠。

今译

臣听说作战以勇敢为主，以气势决定胜负。(略)所以使人勇敢有一定的方法。使人勇敢不如首先激励他们，激励他们莫好如施以恩惠。

解析

该论系嘉祐六年(1061年)，东坡先生应制科试时所上进卷之一。春秋时期鲁国著名军事理论家曹刿(guì，即曹沫)曰："夫战，勇气也。"清代学者储欣指出，东坡《训兵旅三·倡勇敢》，可谓"直得一鼓作气之奥"。明代学者茅坤评曰："'气'之一字，极中兵情。"东坡先生在训兵旅中明确指出，决定战争胜负的主要因素在"人"，在于人的"勇"与"气"。使兵士勇敢的方法莫如激励，激励的办法莫如施以个人恩惠。如同明末清初著名学者张自烈评云："古之御将者，恩足以结，威足以制，诚足以孚，予夺进退，行以不测，然后勇者乐为用。"古代将领能做到"倡"而"私"，也就堪称善用兵者。

语典

天下之祸，莫大于上作而下不应[1]。上作而下不应，则上亦将穷而自止[2]。

——《策别训兵旅三·倡勇敢》

（《苏轼文集》卷九，第279页）

注释

①“莫大于”句：上，指上级。下，指群众。

②“则上亦”句：穷，谓困窘。止，停止不动，无所作为。

今译

天下的祸患，莫大于上级提倡而群众不响应。上级号召群众不支持，那么上级也将会陷入困窘的境地而无所作为。

解析

该文系嘉祐六年（1061年），东坡先生应制科试时所上进卷之一。东坡先生指出“上作而下不应”的弊端，是从“西戎之叛”得出来的结论。西夏反叛时，那些驻守边境的封疆大吏们，谨守自己的封地，眷顾着妻儿家小，没有人肯于挺身致死。尽管天子不得已而出兵，但将士们却相继逃回。无奈朝廷以重金求和。先生分析这种“上作而下不应”状况的原因认为：“贤者不见异，勇者不见私。”即有特殊才能的人没有受到优异人才应得的尊重和待遇。勇敢者也没有得到应得的恩赐。由此可知，先生在前文中提出的“先乎倡（激励）”，“善乎私（恩惠）”，乃是解决“上作而下不应”问题的良策。

语典

将欲翕之[①]，必固[②]张之；将欲取之，必固予[③]之。

——《因擒鬼章论西羌夏人事宜劄子[④]》
（《苏轼文集》卷二十八，第800页）

注释

①将欲翕之：语出《老子》第三十六章。翕（xī），合，收缩。
②固：此处为“一定”、“必然”。
③予：给与。
④劄（zhá）子：古代一种公文，多用于上奏。

今译

将要聚合，必须一定要先展开；将要获取，必须一定要先给予。

解析

该文于元祐二年（1087年）九月八日作于京师。元祐二年九月，熙河路官员上奏，已活捉西羌头目鬼章。为了防止“将骄卒惰，以胜为灾”，东坡先生上书劝谏圣上对此事“应之有道，处之有术”。先生所用语出自《老子》第三十六章。这里提出了“聚”与“张”、“取”与“予”互相转化的辩证思想，作战和治国也不能离开这一原则。

语典

故夫二虏之患，特有远近耳[①]，而要以必至于战。敢问今之所以战者何也？其无乃出于仓卒而备于一时乎[②]！

且夫兵不素定[③]，而出于一时，当其危疑扰攘[④]之间，而吾不能自必[⑤]，则权[⑥]在敌国。权在敌国，则吾欲战不能，欲休不可。进不能战，而退不能休，则其计将出于求和。(略)

天下一动，变生无方[⑦]，国之大忧，将必在此。

——《策断一》

(《苏轼文集》卷九，第 281 页)

注释

①“故夫”二句：虏，中国古代对北方外族的泛称。二虏，此指西夏、契丹。耳，文言助词，相当于“罢了”。

②“其无乃”句：无乃，相当于汉语“恐怕”、“只怕”等。乎，文言助词，表示疑问(“吗”)。

③且夫兵不素定：且夫，连词，表示进一层的议论。素定，犹宿定，预先确定。

④“当其”句：危疑，谓怀疑，疑惧。扰攘，混乱，骚乱。

⑤自必：自己坚定、坚信。

⑥权：权柄，权力。

⑦无方：指不得法，方法不对。

今译

西夏契丹的祸患，只是时间早晚罢了，必定导致于战争。请问现在如果开战我朝有何准备？恐怕只能以一时之备而仓促应战。

军队预先没有准备，而临时出击，当到了混乱的危急关头，而我们不能拿出坚定的方案，那么主动权就掌握在敌国手中。主动权在敌国，那么我们想开战不能，想停战也做不到。进不能战，退不能休止，那么最后的计策只有采取求和。(略)

天下一旦动乱，发生变化毫无对策，国家最大的忧患，将一定出在这里。

解析

该文系嘉祐六年(1061 年)，东坡先生应制科试时所上进卷之一。东坡先生在《策断一》中，痛心疾首地向仁宗皇帝劝谏，反复指出西夏、契丹的祸患，“必至于战”，只是时间“远近耳”。于是，他提醒仁宗皇帝，面对“二虏之患”，大宋必应有“不可胜之备”，即应对不可战胜的准备。这种准备莫过于把主动权牢牢掌握在自己的手中。而现实情况是，“权在敌国”，导致宋朝陷于“进不能战，而退不能休”的困境。从字里行间，我们可以看出“国之大忧”让人触目惊心。

语典

朝廷方西顾①，羌虏②骄未伏。(略)
何当请长缨③，一战河湟④复。

——《和王晋卿并引》
(《苏轼诗集》卷二十七，第1422页)

注释

①西顾：指北宋时期，由党项族建立的所谓“西夏”王朝与北宋的对峙。元祐年间，朝廷屡派兵防范。

②羌虏：羌，指古代西部的一支少数民族。虏，古代对北方外族的贬称。

③长缨：指捕缚敌人的长绳。此指兵器。

④河湟：指西北黄河、湟水流域之地。

今译

朝廷正忙于应付西方的侵扰，西夏的骄横还未顺伏。(略)何日请命长缨在手，拼死一战收复河湟。

解析

早在元丰四年(1081年)十月，被贬黄州的东坡先生闻洮西之捷写了《闻洮西捷报诗》以表祝贺。五年以后的元祐元年(1086年)，他在朝廷任中书舍人，授翰林学士、知制诰的重任，仍然对西方边事安危的关注。时年51岁的苏东坡，竟有请缨一战的豪情壮志，体现了他赤心报国、忧国忧民的忠肝义胆。

语典

利害出于一时，而制[④]之于千里之外，当此之时而不遂，君子以为固[②]。上之不足以利国，下之不足以利民，可以复命[③]而后请，当此之时而遂，君子以为专[④]。专者，固所贬也，而固者，亦所讥也[⑤]。

——《问大夫无遂事》

（《苏轼文集》卷六，第189页）

注释

①制：古代帝王的命令，此指上级。

②“当此之时”二句：遂，谓成功，实现。固，固执。

③复命：回复请命。

④专：专断。

⑤“固所”三句：贬，指出缺点。讥，指责，批评。

今译

利害祸福需当时作出决定，而上级远在千里之外，此时如果不立即决定，君子就会认为固执。但如果上不可以利国，下不可以利民的事情，又可以回复请示再作决定，此时却贸然作出决定，君子就会认为是专断。专断，确实应该批评，而固执，也应受到指责。

解析

该文作年不详。该文以“问”和“对”的方式，对《问大夫无遂事》进行释义。语出《公羊传·庄公十九年》：“大夫无遂事，此其言遂何？”“利国家者，则专之可以。”《孙子兵法·九变篇》中曰：“将受命于君”、“涂(道路)有所不受，军有所不击，城有所不攻，地有所不争，君命有所不受”。这就是孙子所言将在外执行君命的“九变之术”。曹操为此作注曰：“苟便于事，不拘于君命也。”他认为将在火线上，对于上述四种情况不一定按君命事先的安排行事，而要视其战争之“便”行事。也就是说一切围绕如何打胜仗，从实际出发，灵活机动。《春秋》中规定君命受与不受的两个前提：“利国”、“利民”。符合两“利”而不当机立断者“为固”。不符合“两利”而擅自改命者“为专”。真正把握好既不“固”也不“专”，就要靠为将者的“德”与“智”了。

语典

夫当今生民之患，果安在哉[①]？在于知安而不知危，能逸而不能劳，此其患不见于今，将见于他日。今不为之计，其后将有所不可救者[②]。

——《策别安万民五·教战守》
（《苏轼文集》卷八，第263页）

注释

①"夫当今"二句：生民，老百姓。患，忧患。果，确实，究竟。安，疑问词，哪里。哉，文言语气助词，相当于"吗"、"呢"。

②"今不为"二句：计，谋划，打算。救，挽救。

今译

当今百姓的忧患，究竟在哪里呢？在于只知安顺而不知危机，只能闲逸而不能吃苦练武。这种祸患即使现在还看不出来，将来总有一天会出现在面前。如果现在不做好打算，以后将会有无可救药的后果。

解析

嘉祐六年(1061年)八月，东坡先生年仅二十六岁，在应制科试时给仁宗皇帝献《进策》、《进论》各二十五篇。该篇《教战守》的主旨："天下固有意外之患"，故应教民战守，"不敢忘战"。他指出当前民众知"安"而不知"危"，能"逸"而不能"劳"。"士大夫亦未尝言兵，以为生事忧民。"而先生认为国家所祸患"不见于今"，将必"见于他日"。如果现在不尽快策划其打算，总有一天当会造成不可挽救的局面。明朝学者唐文献评曰："坡翁此策，说破宋室膏肓之病。其后靖康之祸，如逆睹其事者，信乎有用之言也。"令人扼腕的是，先生此言既出后的66年，即靖康元年(1126年)秋天，金兵分两路合围汴京。徽钦二帝及皇族、大臣等大批人员被俘至北方，北宋王朝就此灭亡。先生"其为患必有所不测"之预言，不幸而被言中。

语典

夫惟圣人之兵，皆出于不得已，故其胜也，享安全之福；其不胜也，必无意外之患。后世用兵，皆得已而不已①。故其胜也，则变迟而祸大；其不胜也，则变速而祸小。是以圣人不计胜负之功，而深戒用兵之祸。

——《代张方平②谏用兵书》

（《苏轼文集》卷三十七，第1048页）

注释

①皆得已而不已：得已，谓得以停止。而不已，而不停止。

②张方平：字安道，自号乐全居士，南都人（今河南省商丘市）。景祐元年（1034年）进士。为著作郎，历知谏院，拜御史中丞，后出知滁州、滑州（今河南省滑县）、杭州、益州（治所在今成都）等。神宗朝官拜参知政事（副宰相），反对任用王安石，反对新法。元祐六年（1091年）卒，享年八十五岁，谥文定。

今译

只有圣人用兵，都是出于不得已，所以他能打胜仗，享受安全之福；他打了败仗，必定没有意外的祸患。后世打仗，都是得以停止而不停止。所以他打了胜仗，事态发生迟而灾祸大；他打了败仗，事态发生早而祸患小。所以圣人不贪图战胜之功，而深切戒备因战争带来的灾难。

解析

该文东坡先生于熙宁十年（1077年）四月作于南都（今河南商丘）。此时，东坡先生在去徐州任之前，与弟子由过南都拜谒张方平，为其作谏用兵书。早在至和二年（1055年）先生和子由在父亲的带领下游成都，初次拜谒镇守益州的张方平太守，"公一见待以国士"，不久又给欧阳修写信，推荐苏轼兄弟进京应试，故苏轼兄弟终身敬事之。古来谏用兵者，只说不胜之害。先生此文却力陈用兵之祸。圣人用兵，"皆出于不得已"，即圣人用兵慎之又慎，不到万不得已不敢用兵。同时"圣人不计胜负之功，而深戒用兵之祸。""后世用兵，皆得已而不已。"是什么原因促使他们该停止却不愿停下来？曰"狃于功利"（狃，意为"贪图"）。南宋大臣曹彦约在其《昌谷集》中评曰："文忠立朝，未大用，以诬奏请外补，稍迁而守徐"，"职不可以谏，又委曲为人言之，忠肝义胆，不置国事于度外可见矣"。大意是说，先生外任知徐州，他不是谏官，故借老臣张方平的名义给神宗皇帝上书，可见先生忠肝义胆、殚智竭力。

语典

而兵者凶器[①]，动有存亡，其陷人可畏，有甚于井。故臣愿陛下之用兵，如彭祖之观井[②]，然后为得也。

——《代滕甫[③]论西夏书》

(《苏轼文集》卷三十七，第1053页)

注释

①凶器：指兵器。

②彭祖之观井：彭祖，传说颛顼(zhuān xū)帝玄孙陆终氏之第三子，姓篯(jiǎn)名铿，尧封之于彭城，年八百岁。因其道可祖，故谓之彭祖。彭祖观井，系民间传说，自系大木上，以车轮覆井，而后敢观。后用以比喻遇事谨慎小心。

③滕甫：即滕元发，初名甫，字达道。范仲淹的外孙，镇守边关，威行西北，号称名帅。

今译

战争是一种凶险残酷的事情，动不动就有死亡发生，他对人危害的严重程度，比水井要厉害得多。所以我希望陛下用兵打仗，就像彭祖观井那样小心谨慎，这样做就可以了。

解析

熙宁十年(1077年)，东坡先生知徐州军州事，因“职不可以谏”，故“委人言之”，写了《代张方平谏用兵书》。元丰四年(1081年)秋，先生谪住黄州，时为罪臣，明文规定“不得签书公事”。然，当他闻“近日臣僚献言欲用兵四方”，故借滕甫(字元发)这位昔日名帅，向神宗皇帝劝谏“用兵如彭祖之观井”。孙子曰：“兵者国之事，死生之地，存亡之道，不可不察也。”先生“兵者凶器”等语，正是以孙子兵书之道而论西夏边事。

语典

祸莫逆于好用兵，怨莫大于好起狱[①]，灾莫深于兴土功[②]，毒莫深于夺民利。此四者，陷民之坑阱，而伐国之斧钺[③]也。

——《上[④]初即位论治道二首》
（《苏轼文集》卷四，第132页）

注释

①起狱：兴起狱讼，指有意制造冤狱。
②土功：指筑城、建造宫殿等工程。
③而伐国之斧钺：伐，本义征讨，此指危害。斧钺（yuè），古代的作战兵器。
④上：指宋哲宗。

今译

灾祸没有比好用兵打仗更颠倒不顺，怨恨没有比好兴起狱讼更大，灾乱没有比大兴土木更深重，毒害没有比巧夺民利更深刻。这四种情况，是陷害百姓的陷阱，危害国家的斧钺兵器。

解析

该文于元丰八年（1085年）五月作于常州。这是先生在贬谪黄州"不得签书公事"后暂寄常州时借吕宰相之名，向年幼的哲帝的劝谏。他认为："祸"在于"好用兵"，"怨"在于"好起狱"，"灾"在于"兴土功"，"毒"在于"夺民利"。很显然这些谏言，无疑是针对王安石新法所发。尤其是"毒莫深于夺民利"，是对"青苗法"义正词严的讨伐。

语典

备御[①]之策，惟安养弓箭社[②]，及稍加优异，使当淬砺[③]以待小寇，策无良于此者矣。

——《与孙知损运使[④]书》

（《苏轼文集》卷四十九，第1415页）

注释

①备御：备战防御。

②弓箭社：北宋乡兵之一。河北、京东等地将人户组成弓箭社，推举家资、武艺为众所服者为社头、社副、录事等职，自备器甲鞍马，供治安及边防之用。

③淬砺：淬火和磨砺以使刀剑坚利，比喻刻苦磨炼。

④孙知损运使：孙知损，生平未详。运使，转运使简称。

今译

备战防御的策略，惟有好好地培育弓箭社，并给予稍加多的优惠政策。通过刻苦磨炼，使他们担当起对付小规模敌寇侵扰的责任，没有比这更好的办法了。

解析

元祐八年(1093年)九月，东坡先生以两学士充河北西路安抚使兼马步军都总管出知定州军州事。十月，到定州，通过调查，先生先后上《乞降度牒定州禁军营房状》、《乞增修弓箭社条约状》，以整顿军纪，加强边备，恢复民间自卫武装组织“弓箭社”。使民众“出入守望”、“人自为战”，切实增强边防战略能力，保护边疆百姓的生命财产安全和国家的长治久安。所谓“人自为战”，语出《史记·淮阴侯列传》：“其势非置之死地，使人人自为战。”这里所说的“人自为战”，不是各自单独作战的意思，而是说，每一个人都为自己生存而尽力作战。弓箭社，就是边民自我保卫、自我生存的自卫民间组织。先生知定州期间，对整顿和恢复弓箭社，从修订条约到组织整顿及弓箭手训练，均作出了杰出的贡献。

语典

官军近骄惰，带甲[①]行十里便喘汗，见贼一二十人解走者，即是精兵。此等决不可恃[②]也。惟有缘边人户，自相团结，为弓箭社[③]。此人饮食长技与虏[④]同。守护亲戚坟墓，人人自为战，虏独畏此耳。

——《与友人一首》

（《苏东坡全集》第6集，第2898页）

注释

①甲：古代军人打仗穿的护身衣服，用皮革或金属叶片制成的盔甲。

②恃：依赖。

③弓箭社：北宋边境人民的自卫武装组织。

④虏：中国古代对北方外族的贬称。

今译

官军近来骄傲惰情，穿着甲胄走十里路便喘气出汗，看到一二十个强盗就逃跑，这还是精英，这些人决不能依靠。只有沿边人家，自相组织团结，成立弓箭社。这里百姓的饮食习惯技艺特长和敌兵相同。守护亲人坟墓，人人各自为战，敌人只怕他们。

解析

该文，东坡先生于元祐八年（1093年）十一月十一日作于知定州。从这封残缺的信函中可以看出，先生对官军的担忧和对弓箭社作用的肯定。先生在知定州军州事期间，着力整顿军纪，不断加强军备。尤其是对待有着传统优势的民间武装组织弓箭社，给予了充分的关注和支持。他为弓箭社重新修订了章程，通过整顿发展壮大了弓箭社，增强了保边卫家的防御反击战斗力。体现了先生发动群众，“自相团结”、“人人自为战”的军备思想。

语典

臣切见北虏[1]久和，河朔[2]无事，沿边诸郡，军政少驰，将骄卒惰，缓急恐不可用。(略)然居安虑危，有国之常备，事不素讲[3]，难以应猝[4]。

——《乞增修弓箭社[5]条约状二首》

(《苏轼文集》卷三十六，第1024页)

注释

①北虏：这里指由契丹族建立的辽朝。
②河朔：古代泛指黄河以北的地区。
③素讲：平素讲习。
④猝(cù)：突然。
⑤弓箭社：宋代乡兵之一。为加强边防，将民户组成了箭社。

今译

我真切地看到与辽国和平已久，河朔地区无有战事，沿边各州郡，军纪开始松弛，将领骄傲士卒惰怠，一当发生紧急情况恐怕不可顶用。(略)然而居安思危，国家应有常备，如果平素不注重演练，边境有突发事件就难以应对。

解析

该文，东坡先生于元祐八年(1093年)十一月十一日作于定州任上。东坡先生自到定州任上，在给朝廷上《乞降度牒定州禁军营房状》后，又接着呈上关于整顿和加强民间弓箭社建设的奏议。从所选章句内容可以看出，先生纵观边境现状指出，虽然与辽国“久和”、“无事”，但应“居安虑危，有国之常备。”如果“军政少驰，将骄卒惰”，一旦边境突发事变，“难以应猝”。先生“居安虑危”的军备思想，在定州“弓箭社”的整顿和重建中得到生动体现。

语典

百姓自相团结为弓箭社，（略）带弓而锄，佩剑而樵[①]，出入山坂[②]，饮食长技与北虏同。私立赏罚，严于官府。分番巡逻，铺屋相望，若透漏北贼及本土强盗不获，其当番人[③]皆有重罚。遇有紧急，击鼓集众，顷刻可致千人。（略）

人自为战，虏甚畏之。

——《乞增修弓箭社条约状二首》

（《苏轼文集》卷三十六，第1025页）

注释

①樵：指砍柴。

②坂（bǎn）：山坡，斜坡。

③番人：轮番值班的人。

今译

百姓自相团结组成弓箭社，（略）他们背着弓箭锄地，佩着宝剑砍柴，出入于山坡之间，饮食技艺与辽人相同。他们私下订立赏罚制度，甚至比官府还要严厉。轮番巡逻，铺屋之间相互瞭望，如果漏掉了辽国强盗和本土强盗不能捕获，值班人都得重罚。遇有紧急情况，击鼓召集众人，顷刻之间可招来上千人。（略）

（真正做到了）人自为战，敌人十分害怕他们。

解析

该文，东坡先生于元祐八年（1093年）十一月十一日作于定州。东坡先生抵达定州任上的当月，就连续上《乞降度牒定州禁军营房状》和《乞增修弓箭社条约状》。他亲自修改完善了《弓箭社条约》，通过整顿和重建，弓箭社得到巩固和发展。据统计，河北西路所属七县一寨，五百八十八个村子共有弓箭社六百五十一家，总计三万一千四百一十一人。先生认为，有了这样一支"劳武结合"、"人自为战"的民间弓箭队伍，"则北贼岂敢轻犯边寨"。对于朝廷而言，此真是"有利无害，经久可行"的军备良策。

参考文献

1. 孔凡礼点校：《苏轼文集》(六册)，中华书局1982年版
孔凡礼点校：《苏轼诗集》(八册)，中华书局1982年版
2. 曾枣庄、舒大刚主编：《三苏全书》(20册)，语文出版社2001年版
3. 张志烈主编：《苏轼全集校注》(20册)，河北人民出版社2010年版
4.《苏东坡全集》(六册)，北京燕山出版社2009年版
5. 苏轼：《东坡易传》，上海古籍出版社1989年版
6. 苏轼：《东坡书传》，吉林出版集团2005年版
7. 杨军译：《东坡易传》，长春出版社2010版
8. 龙吟评点：《东坡易传》，吉林文史出版社2002年版
9. 刘文忠评注：《东坡志林》，中华书局2007版
10. 苏轼：《仇池笔记》，华东师范大学出版社1983年版
11. 丁永怀、梅大圣、张社教：《苏东坡黄州作品全编》，武汉出版社1996年版
12. 林语堂著：《苏东坡传》，群言出版社2009年版
13. 曾枣庄：《苏轼评传》，四川人民出版社1981年版
14. 王水照、崔铭：《苏轼传》，天津人民出版社2008年版
15. 王水照、朱刚：《苏轼评传》，南京大学出版社2011年版
16. 王水照：《王水照说苏东坡》，中华书局2015年版
17. 朱靖华：《苏轼论》，京华出版社1987年版
18. 曾枣庄主编：《苏文汇评》，四川人民出版社2000年版
19. 冷成金：《苏轼的哲学观与文艺观》，学苑出版社2004年版
20. 冷成金：《进退舍得——有一种境界叫苏东坡》，北京联合出版公司2014年版
21. 康震：《康震评说苏东坡》，中华书局2014年版
22. 李勃洋：《东坡禅话》，中华书局2011年版
23. 刘乃昌：《苏轼文学论集》，齐鲁书社1982年版
24. 梅大圣：《苏轼黄州诗文评注》，华中师范大学出版社1992年版
25. 余秋雨：《文化苦旅》，知识出版社1992年版
26. 刘燕飞：《苏轼哲学思想研究》，人民出版社2014年版
27. 李泽非整理：《周易》，万卷出版公司2009年版
28.《四书五经》1-4卷，北京燕山出版社2006年版
29.《孔子家语》，北京燕山出版社2006年版
30. 戴德、戴圣编著：《礼记》，江西美术出版社2012年版
31. 吕晓滨编著：《诗经》，云南人民出版社2011年版

32. 陈鼓应注译：《老子今注今译》，商务印书局 2003 年版
33. 任继愈译注：《老子新译》，上海古籍出版社 1985 年版
34.《论语 · 注释 · 译文 · 赏析》，新疆人民出版社 2001 年版
35. 李双译注：《孟子白话今译》，中国书局 1992 年版
36. 陈鼓应注译：《庄子今注今译》，商务印书局 2007 年版
37. 李双译注：《庄子白话今译》，中国书局 1994 年版
38. 江灏等审校：《尚书全译》，贵州人民出版社 1990 年版
39. 王森译释：《荀子白话今译》，中国书店 1992 年版
40. 吴龙辉译注：《墨子白话今译》，中国书店 1992 年版
41. 赵守正译注：《白话管子》，岳麓书社 1993 年版
42. 李亚东译注：《韩非子白话今译》，中国书店 1992 年版
43. 江灏译：《白话晏子春秋》，岳麓书社 1994 年版
44. 王强模译注：《列子全译》，贵州人民出版社 1993 年版
45. 李维琦译：《白话国语》，岳麓书社 1994 年版
46. 曾子、子思：《大学 · 中庸》，远方出版社 2005 年版
47. 黄朴民注译：《白话孙子兵法》，岳麓书社 1995 年版
48.（西汉）刘安著，许匡一译注：《淮南子全译》（上下册），贵州人民出版社 1993 年版
49. 夏侯忠良编译：《战国策》，贵州人民出版社 1994 年版
50. 司马迁著，李翰文主编：《史记全本》1-4 册，北京联合出版公司 2015 年版
51. 班固撰：《汉书》（上下册），岳麓书社 1994 年版
52.（南朝 · 宋）范晔著：《后汉书》1-4 册，线装书局 2010 年版
53. 杨伯敬、徐提译：《白话左传》，岳麓书社 1993 年版
54.（晋）葛洪著 · 顾久译注：《抱朴子内篇全译》，贵州人民出版社 1995 年版
55.（南朝 · 宋）刘义庆编撰，柳士镇等译注：《世说新语全译》，贵州人民出版社 1995 年版
56. 司马光：《资治通鉴》（1-4 册），岳麓书社 1990 年版
57. 周勋初主编：《宋人轶事汇编》1-5 册，上海古籍出版社 1985 年版
58. 陈宏天等主编：《昭明文选译注》1-5 卷，吉林文史出版社 1988 年版
59.（元）张养浩：《牧民忠告》，浙江古籍出版社 1988 年版
60. 张培锋著：《宋代士大夫佛学与文学》，宗教文化出版社 2007 年版
61. 洪修平著：《中国禅学思想史》，中国人民大学出版社 2009 年版
62. [日]铃木大拙[美]弗洛姆著 孟详森译：《禅与心理分析》，海南出版社 2012 年版
63. [日]铃木大拙著 张石译：《铃木大拙说禅》，浙江大学出版社 2013 年版
64. [日]铃木大拙著：《禅与生活》，上海三联书店 2013 年版
65. 萧丽华著：《从王维到苏轼》，天津教育出版社 2013 年版
66. 徐文明注译：《六祖坛经》，中州古籍出版社 2016 年版
67. 杨合鸣主编：《六祖坛经》，湖北美术出版社 2012 年版
68. 崔峦等注译：《金刚经 · 心经》，湖北美术出版社 2012 年版
69. 徐文明注译：《维摩诘经译注》，中华书局 2014 年版
70. 徐文明著：《维摩诘大意》，中国社会科学出版社 2013 年版
71. 张煜著：《心性与诗禅》，华东师范大学出版社 2012 年版
72. 卢圣泉主编：《用人之道》，中国人事出版社 1993 年版

苏东坡世系表

＊曾祖父苏杲[gǎo](944—994年)享年五十一岁。

苏序之父，苏洵的祖父，苏轼的曾祖父。以曾孙苏辙登朝赠太子太保，夫人宋氏追封昌国太夫人。

＊祖父苏序(973—1045年)享年七十五岁。

苏序是苏杲九个儿子中唯一幸存者。字仲先，排行第七，人称苏七君。娶妻史氏，生子三人：苏澹、苏涣、苏洵。

＊父亲苏洵(1009—1066年)，字明允，号老泉，享年五十八岁。

生子三人：长子景先(早卒)、次子苏轼、三子苏辙。唐宋八大家之一。

＊苏轼(1037—1101年)，字子瞻，又字和仲，号东坡居士。享年六十六岁。

有三子：长子苏迈、次子苏迨、幼子苏过。北宋文学家、书画家。唐宋八大家之一。

＊长子苏迈：字伯达，东坡先生前妻王弗1057年生。神宗元丰四年，对试策进士第。元丰五年，迈妻吕氏病逝，葬黄州。元丰七年，迈历任饶州(今江西省鄱阳湖东)德兴尉、酸枣县令、雄州防御推官，知河间令、嘉禾令。迈遵父嘱，立志为民，身体力行，尽职尽责。迈公有政绩，后人立'景苏堂'仰之。1094年，苏轼贬官岭南，迈居宜兴。轼卒，迈居颍昌。卒年约六十一岁。遵苏迈遗愿，葬徐州城南小龙岗东无艳泉主穴龙头之上。迈娶吕氏，续娶石氏，侧室李氏、高氏，子六：长箪，次符，三籥[yuè]，四筭，五笈，六筌。女适紫微舍人刘仲武。

苏符(1086—1156年)苏迈之子。以遗恩授假将仕郎。后改宣教郎，擢国子丞，改司农丞，迁仓部职方外郎，知蜀州(今崇庆)。绍兴五年，赐进士出身，除尚书司勋外郎，起居郎，中书舍人，试给事中，充贺金正旦使，携陷金之苏过孙苏峤、苏岘归宋。十年，权礼部尚书。十二年，提举江州长太平观，除知遂宁府。十六年，复敷文阁待制，乃还蜀，以后就再未出川。享年七十岁。有制诰表章十卷、文集二十卷，特赠左中奉大夫，累封眉山开国伯，食邑七百户。

＊次子苏迨：(1070—1126年)，字仲豫，又名苏昺，苏炳，苏鼎。东坡先生后妻王闰之1070年生。宋承务郎、饶州太常博士、进士、朝汉大夫、参广东省政、朝散郎、尚书驾部员外郎。苏迨1093年以苏昺之名任饶州太常博士，1094年以苏鼎之名考中哲宗绍圣元年甲戌连科捷进士，授朝汉大夫，后贬参广东省政，乐居番禺韦涌南边坊。苏迨一生游学于张载、二程之间，张载晚年将他的重要著作《正蒙》授予他，他不负重望，于元祐二年(1087年)，效仿论语、孟子体例，编为十七篇而传后。朱熹表彰《正蒙》此书"行与世"，当为苏迨之功。钦宗靖康元年卒，享年57岁。

苏箕(1088—1150年)苏迨之子。又名苏绍箕，字嗣良，号晴川，二十岁入武举，历经抗金，为宋高宗南渡护驾，官至太尉。后岳飞遇害，便以伤残为由回乡养病。绍兴二十五年，苏绍箕卒于白云山月溪寺，葬于摩星岭侧，享年六十二岁。墓前建有碧江苏公祠。

＊三子苏过：东坡先生后妻王闰之1072年生。北宋文学家。字叔党，号斜川居士，时称苏小坡。礼部试下。徽宗政和二年(1112年)，监太原税。五年，知郾城。宣和五年，通判定州，卒，年五十二。有《斜川集》二十卷。其《思子台赋》、《飓风赋》早行于世。其叔辙每称过孝，以训宗族。且言："吾兄远居海上，惟成就此儿能文也。"七子：籥(yuè)、籍、节、笈、筚(bì)、笛、箾(shuò)。孙男二人：峤(jiào)、岘(xiàn)。苏过逝后葬于河南郏县。

苏峤：字季真，苏过长子苏籥之子。曾为江东从事，湖北宪曹司属官，右朝奉郎，尚书吏部员外郎；历谏省，给事黄门，待制显谟阁。乾道九年，宋孝宗曾作《御制文忠苏轼文集赞并序》赐苏峤。序云："雄视百代，自作一家，浑涵光芒，至是而大成矣。"苏轼忠言谠论，立朝大节，一时廷臣，无出其右。

苏岘：苏峤之弟。初为海陵县丞，后为太常寺主簿，知郊州，福建转运使，秘阁修撰等。淳熙十年病逝，享年六十六岁。

＊幼子苏遁：东坡爱妾王朝云1083年生(早卒)。

苏东坡宦游示意图

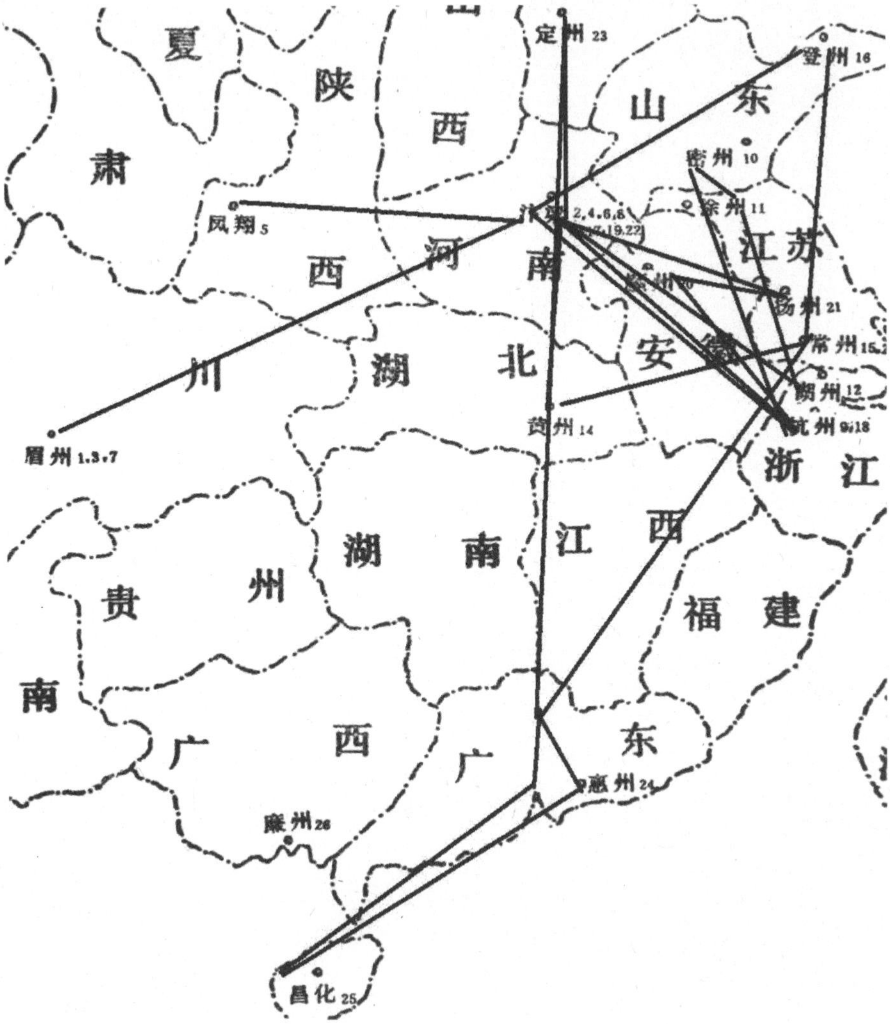
夏
陕
西
肃
定州 23
登州 16
山
东
密州 10
徐州 11
凤翔 5
西
河
南
江苏
扬州 21
常州
川
湖
北
安
杭州 9,18
黄州 14
眉州 1,3,7
浙
江
湖
南
江
西
贵
州
福
建
南
广
西
广
东
惠州 24
廉州 26
昌化 25

一个城市的发展和建设，找准了其未来定位，即可避免和减少以后的“瞎折腾”。原来的伦敦、纽约、东京三大国际金融中心的排序与现在香港国际金融中心地位的提升即为实例。一个城市能否成为国际金融中心以及这个国际金融中心的地位如何，并非主要凭经济实力，而主要是凭法律环境的优越性（软环境）。只用钱对硬环境作再大的投入也是打造不出一个国际金融中心的。以当年的伦敦、纽约、东京三大国际金融中心而言，按经济实力排序为美、日、英，按国际金融中心的地位排序则为伦敦、纽约、东京。1990 年各国国民生产总值，英国刚过 1 万亿美元，美国 5. 39 万亿美元，日本 2. 94 万亿美元。纽约之所以赶不上伦敦，即在于美国的法律环境不如英国的优越。① 据英国《金融时报》2007 年 7 月 17 日报道，在世界金融中心排名榜上，伦敦第一、纽约第二、香港第三，东京已退居第九，即在于中国实施的“一国两制”使香港有了更为优越的法律环境。优越的法律环境为软实力，凭借经济实力打造出的硬环境为硬实力。“软实力”(softpower) 概念是由美国哈佛大学教授小约瑟夫·奈（Joseph S. Nye）提出来的，主要是指文化、制度、规则等资源。② 经济是基础，硬环境的重要不言自明，硬环境是有形的，也显而易见。软环境属上层建筑，包罗万象，起决定性作用的则是制度、规则等法律环境。软环境对于硬环境的建设能起到反作用——推进作用或制约作用，为上海国际金融中心创设一个优越的法律环境，应当作为我们的战略选择。

二、上海、香港两个国际金融中心的未来关系

有人担心，一旦人民币自由兑换，未来上海国际金融中心会有损香港国际金融中心的地位；还有人预言，一旦人民币自由兑换，港元将自动退出历史舞台。其实，均为多虑。

上海是未来的全球最大国际金融中心，香港是未来的最大境外人民币国际金融中心。此种地位乃是由中国在香港地区实施“一国两制”与国际贸易的现实所决定的。

到 2009 年，国际货币基金组织（International Monetary Fund，IMF）成员国已有 185 个，联合国成员国 192 个。《国际货币基金协定》的法律效力不仅能直接地约束其成员国，实际上还能间接地约束那些非成员国。其已经是当今在联合国体系内，乃至全世界，在国际货币金融法律制度方面具有普遍约束力的国际公约。《国际货币基金协定》迄今已经历四次修订，致力于改革。但现实情况表明，其改革

① See R. C. Tennekoon, *The Law and Regulation of International Finance*, Butterworths, 1991, pp. 5-11.

② 转引自刘胜军：《打造软实力：上海的战略选择》，载《上海证券报》2009 年6月1日。

并非是朝更有利于发展中国家而仍是朝有利于富国的方向在进行。目前，在国际货币基金组织内，63%的投票权掌握在美国、日本等富国手里，其中，美国即拥有17%的投票权。由于《国际货币基金协定》对于带实质性重要事项有由"理事会经总投票权85%多数票决定"的特别规定，美国对国际货币基金的实质工作即实际上拥有一国否决权。改变现行国际货币金融秩序和建立新的国际货币金融秩序的希望，在于改变富国货币与广大发展中国家货币现有的力量对比。由于国际货币的多元化乃大势所趋、人心所向，中国作为世界上最大的发展中国家，人民币应当从中有所作为。

国际货币基金的改革应是一个渐进的过程，应是有利于国际货币金融大局的稳定与经济全球化，而且只能是在相互尊重主权的前提下由各成员国自主作出适宜的共同抉择。人贵有自知之明。一个富于理性的人是如此，一个负责任的主权国家也应是如此。尽管世界企盼人民币早日成为可兑换货币和实现国际货币化，但目前人民币尚未充分具备国际化货币的基本职能。正如哈尔滨商业大学金融工程研究所所长田立与复旦大学教授孙立坚所言：一个国际化的货币至少要具备三项基本职能，即结算职能、财富职能和投资职能；其中，财富职能和投资职能是国际化货币的最重要支撑，前者体现货币的"硬"价值，后者则体现货币价值的实现渠道。① 目前，随着中国人民银行与有关国家央行签订的双边货币互换协议的增多和中国对外贸易以人民币为结算货币或合同货币的可行性加大，人民币作为国际化货币的结算职能虽已较为具备，但尚未充分具备财富职能和投资职能。首先，我国的黄金储备总量还不多（约600吨）。放眼世界，美国的黄金储备总量有8543吨，瑞士1332.1吨，日本765.2吨。笔者认为，我国在未达到拥有5000吨~1万吨黄金储备总量的目标时即匆忙宣布人民币为可兑换，那将是冒险的。现在只能从这方面去积极创造条件和做准备（2008年中国黄金产量全球排名第一，现上海黄金交易所黄金现货交易量全球居首；2009年4月中国公布黄金储备已达1054吨，在各国公布的黄金储备中排名第五）。其次，目前西方国家的贸易保护主义盛行，美国经济刺激计划中有关"购买美国货"的条款即最为典型。中国的外贸出口受到一定阻碍，目前在世界市场上要用人民币去购买用于投资的所需商品和技术以及服务还比较困难。这不能不影响到人民币作为国际化货币的投资职能的发挥，也就是说，要将人民币在其他国家或地区用做投资货币以实现人民币价值的渠道还未畅通。再次，作为一种国际化货币最重要支撑的储备职能和投资职能又是相互为用的。如石油美元，即石油成交是用美元报价、计价和支付，石油出口国又可将赚得的美元作为储备货币存入商业银行再将之转贷给需要购买石油的国家和商人。不过，我们虽不可能形成石油人民币，但通过持续发展、改善民生和新兴经济体的共同努力，较

① 参见田立：《货币互换"换"不出人民币国际化》，载《上海证券报》2009年2月6日。

快形成“旅游人民币”或者以人民币为重要构成成分的“亚洲货币”或“新兴市场货币”，或者形成在IMF特别提款权（Special Drawing Rights，SDR）构成中占一定比例的基础货币，还是很有可能的。

“无边落木萧萧下，不尽长江滚滚来”。面临未来世界货币格局可能发生的剧变，以及人民币在经常项目可兑换进而向资本项目可兑换的转化已届迟早之间，中国需要尽早抓紧营建一个内地的国际金融中心，而堪当此任的则非上海莫属。因一旦人民币实现可兑换，日益增加的境外人民币即将变为数额惊人的跨国货币，也就需要为之提供一个作“U形转弯”① 的金融海湾。中国央行的第二总部在上海，2005年8月10日挂牌成立的中国人民银行上海总部主要承担央行的执行职能并管理国家黄金储备。这与美联储不在首都华盛顿而在国际金融中心纽约一样。由于国际贸易的现实，西方盛行贸易保护主义，未来的最大境外人民币国际金融中心便不可能出现于其他国家和地区，而只能是在实施“一国两制”的、目前全球第三大国际金融中心的中国香港。

中央政府2003年6月29日在香港签署《内地与香港关于建立更紧密关系的安排》（*Closer Economic Partnership Arrangement*，CEPA）后，同年8月中央政府对CEPA作重大调整，增加了“积极研究允许香港银行在香港试行办理人民币个人业务，条件许可时优先考虑在香港开设人民币离岸金融中心”等内容；同年11月19日中国人民银行与香港金融管理局在北京签署有关人民币业务合作备忘录，中国人民银行同意为香港银行办理个人人民币业务提供清算安排。2007年1月经国务院批准，内地金融机构经批准可以在香港发行人民币金融债券；香港进口内地货物时，可以使用人民币支付。同年1月16日，香港金融管理局与中国人民银行在北京签署进一步扩大香港人民币业务的补充合作备忘录，以落实内地金融机构可以在香港发行人民币债券安排。同年6月27日，中国国家开发银行在香港发行50亿元的两年期人民币债券，成为在境外发行、以人民币结算的首批人民币债券。为支持香港金融稳定和经济发展，中国人民银行与香港金融管理局2009年1月20日签署货币互换协议。该协议实施有效期三年，经双方同意可以展期，所提供的流动性支持规模为2000亿元人民币（2270亿港元）。同年3月3日，广东与香港在CEPA下签订《粤港合作框架协议》，拟共建人民币结算基地。

2002年6月，中国人民银行已允许总行设在上海的交通银行和浦东发展银行

① 参见刘丰名：《国际金融法》，中国政法大学出版社2007年修订版，第370页附图“欧洲货币的‘U形转弯’”。跨国货币（包括欧洲货币等）的银行同业支付最终需通过各自在其中央银行开立的账户进行结算。遇外币贷记划拨结算，需通过有关货币国中介银行在货币国作贷记划拨。如将整个流程绘成图，即形成一个倒写的大写英文字母U，故名“U形转弯”。

等开办离岸业务，但尚未形成构建离岸金融市场所必须拥有的包括外资银行在内的强大商业银行机构群体。目前中国尚无统一的银行间外币清算系统。中国人民银行和国家外汇管理局虽已联合下发《关于停办外币清算业务有关事宜的通知》，决定自2009年5月27日停止办理国家外汇局承办的外币清算业务，而由商业银行全盘接手中国境内的外币清算业务，但中国人民银行的银行间电划清算系统犹待建立，方能适应人民币国际化后的未来境外人民币的"U形转弯"需要。

未来，上海的内外分离型离岸金融市场与香港的内外一体型离岸金融市场这两个不同类型的国际金融中心，二者之间绝非此消彼长的竞争关系，而是互为补充、共同发展和形成合力的关系。有了这么两个拳头，中国在国际金融角斗场上即能攻守自如并立于不败之地。有了香港这个全球最大的境外人民币国际金融中心，对于完善人民币汇率形成机制，保持人民币汇率在合理均衡水平上的基本稳定将十分有利。英国《金融时报》网站2009年5月10日文章称，上海与香港携手合作，"上港"(Shangkong）将崛起为全球金融中心。

三、将未来的上海国际金融中心辟为法律特区

什么是国际金融中心？在中国，应指未来的所有境外人民币，其银行同业支付最终均需通过各自在中国央行上海总部银行间划拨清算系统，由有关货币国中介银行（设在上海的）在中国对之作贷记划拨；也就是说作"U形转弯"。全世界的人和公司都可在上海进行交易（现货与期货）和融资，没有国界。在上海，谁都可以买到全世界所有公司上市的股票，全世界所有公司的股票都可以在这里上市。在上海，拥有包括外资银行在内的强大商业银行群体和中国最大的证券交易所。在这里，可以为客户提供包括银行、律师、会计、印刷、计算机专家与投资顾问、邮政电信、航运、保险以及证券发行和交易等综合服务。

上海的未来定位既然是全球最大的国际金融中心，就得积极着手为之创设一个比伦敦、纽约更为优越的法律环境。

法律环境是指一国或地区通过一定的法律体制和法律规定，对外国投资者或境外金融客户所给予的直接影响。一个优越的法律环境，不仅表现在现时有利于外国投资者或境外金融客户的法律影响，而且还包括这种法律影响能在未来较长时间内的相对稳定，至少要使外国投资者或境外金融客户可以确信，这种法律影响向不利方面转变的可能性很小或者根本不会出现。① 法律环境十分重要。美国纽约证券交

① See A. A. Fatouros, *Government Guarantees to Foreign Investors*, Columbia University Press, 1962, p. 63.

易所有块牌子镌刻着一句话："有限责任的创造，可以说像瓦特发明蒸汽机那样具有划时代的意义。"古人有首咏扬州的诗说道，"商贾不离争利地"，优越的法律环境不仅能确立所有权与合同权利，还能让有关当局与公众认可，并制约政府对市场的不当干预。商人在优越的法律环境里投资和经营，盈利有法律保障、亏损无无限风险。

今天的市场经济是全球一体化经济。一体化经济反映到法的要求上即规则的统一。现受世界主权国家林立、法律各异困扰的各国商人已对采用非立法方式的商事规则的趋向愈益明显。如国际货物买卖中习惯按照国际商会（The International Chamber of Commerce，ICC）① 制定和倡导的《国际贸易术语解释通则》成交。按国际贸易术语成交，买卖双方洽谈交易订立合同，只需要几个缩写的英文字母符号，如用 CIF 表示 CIF 合同（到岸价或成本、保险费加运费价），用 FOB 表示 FOB 合同（离岸价或船上交货价）等，即可确定双方当事人各自所应承担的责任、费用和风险，而不必花费过多的时间和精力再去敲定许多繁琐的合同具体条款，亦无须顾虑交易对方是否设有法律陷阱。银行担保也出现了备用信用证化趋势。备用信用证目前适用的也是国际商会制定和倡导的《跟单信用证统一惯例》和《备用信用证惯例规则》，而不是适用哪种特定的法律。这也在于银行担保采用备用信用证方式，为受益人开立备用信用证可以保持其自身能够判断付款条件是否成立的独立性，凭票付款，不问事实，而且不构成法律意义上的担保。在国际清算银行②体系内，通过"巴塞尔协议"以非立法方式制定和倡导的国际银行监管规则，既可作为法律规则，供各国将之转化为其国内法，也可作为商事规则供各国监管当局与国际银行自主选择采用。国际统一私法协会理事会 1994 年 5 月通过并出版的《国际商事合同通则》，③ 沟通了世界上各个不同法系国家的商事合同法，其适用价值可

---

① 国际商会 1919 年创立于巴黎，属民间国际组织，现在世界上 140 个国家和地区拥有会员。1994 年 11 月 8 日国际商会接纳在中国建立的中国国家委员会（ICC China）为会员。国际商会中国国家委员会为中国民间组织，创始会员 162 个，包括中国国内一些最大的企业和组织，以中国国际商会（即中国国际贸易促进委员会）为牵头机构。

② 国际清算银行 1930 年建立于瑞士巴塞尔，是除联合国体系的国际货币基金组织和世界银行集团以外的一个最重要的世界性国际金融组织，被称做各国中央银行的银行。中国于 1996 年被国际清算银行接纳为新成员。2001 年 1 月 8 日出席在巴塞尔召开的国际清算银行特别股东会议的已有 43 个成员国及地区的中央银行行长和货币当局总裁。

③ 中国 1985 年加入国际私法统一协会，拥有理事席位（当时的理事会成员为中国外经贸部条法司司长张月姣）。该协会现有 58 个成员国，遍布五大洲。通则的起草工作历时 14 年（1980—1994 年）。在起草工作组成员中有当时的中国外经贸部条法司副司长王振普和该司副处长黄丹涵，均为政府派出，以个人身份参加起草工作。

与让全世界计算机联合起来的因特网媲美。通则具有法律规则与商事规则的双重性：（1）国际商事合同的当事人可以明示选择通则作为法律管辖合同，以之取代某一具体的特定国法与1980年《联合国国际货物销售合同公约》（United Nations Convention on Contracts for the International Sale of Goods，CISG公约）。这一选择使当事人将其合同项下所产生的争议提交仲裁更具可行性。结合仲裁条款订入使用通则的法律条款的可行性在于，1985年《联合国国际商事仲裁示范法》与1965年《关于解决一国与他国国民投资争端公约》（华盛顿公约）均允许当事人选择"法律规则"而非某一具体特定国法作为仲裁裁决的基础。通则问世，还使国际借贷合同只通过诉讼解决的状况有了突破，即只要贷款银行与借款方同意适用通则解决合同争议，也就为在合同中订入仲裁条款排除了障碍。（2）通则作为商事规则在三种情况下更便于解决订约当事人之间的意见分歧与合同争议：一是国际商事合同当事人对选择某一特定国法作为准据法的意见分歧不能达成一致时，可以通则取代。二是合同虽已选择有某一特定国法管辖，而该国法不为当事人和（或）法官、仲裁员所熟悉，要找到有关法律文件和（或）对之进行研究所要付出的精力和（或）代价太大，法院、仲裁庭对这种情况一般适用当地法；如当地法不为合同双方当事人所接受时，即可以通则取代。三是国际货物销售合同当事人同意适用1980年CISG公约，遇该公约未明确解决的属于公约范围的问题，为保持其在世界范围内以统一法适用的原有特性，亦允许以国际统一的原则来解释和补充公约。什么是国际统一的原则？在这种情况下，通则也可作为一个最佳的适用者。总之，通则具有兼容不同法系的一些通用法律规则和吸收了国际商事活动中广泛采用的国际惯例和商事规则、便于统一适用的优点。适用《国际商事合同通则》并选择仲裁解决纠纷方式，在法律适用上只要各方当事人同意，适用什么法律规则或国际商事惯例均可，而且仲裁裁决的执行也较之法院判决更加容易。

要为未来的上海国际金融中心创设一个比伦敦、纽约更为优越的法律环境，即须顺应时下国际商界趋向于采用非立法方式形成的商事规则的潮流，将未来的上海国际金融中心辟为一个法律特区。在这个特区，解决商事纠纷，就像在中世纪那样，由具有现代调解或仲裁性质的当时的商事法院，统一适用那些当时国际商界普遍认同的商事惯例规则。这岂不是复古吗？非也。因为，后来发生在18、19世纪的将商事惯例规则纳入各国的国内法，均属各取所需，并无一国是将之完全纳入的。所以，要说这是一种"复古"的话，也实为一种在新的历史起点上的回归。这种回归，不仅能为中国社会的老百姓所认同和欢迎，也能为国际社会的商界和商人所认同和欢迎。将上海国际金融中心辟为一个法律特区的可行性是充分的。

对于国际金融中心有个约定俗成的所指。如称伦敦国际金融中心，实指伦敦城，而非整个伦敦；伦敦城即伦敦市中心方圆1.6平方公里的伦敦金融区。又如称纽约国际金融中心，实指以华尔街68号门前的一棵大梧桐树①为标志的纽约金融区。我们这里所称的上海国际金融中心，实指未来建成的上海金融区。我们要将上海国际金融中心辟为一个法律特区，并非整个上海。

在法律特区，处理国际商事合同，不适用其他任何国家或地区的法律，而是适用国际商会制定和倡导的商事惯例规则与国际统一私法协会制定和出版的《国际商事合同通则》，监管银行和金融市场则适用“巴塞尔协议”与市场自律规则。当前，上海急需在国家金融基本制度的统一规范下，继续发挥各类自律组织的作用和完善其自订规章，求得充分体现诚实公平、高效稳健和避免利益冲突以为客户提供最佳服务的自律原则，并进而由国家监管机构统筹各类补偿基金（由各自律组织认缴），对各类金融机构丧失偿付能力而受到经济损失的私人投资者，给予一定补偿，使之形成风险有限的中国特色社会主义金融市场。

在法律特区，以国际商会中国国家委员会（ICC China）设立的上海仲裁院通过仲裁方式解决国际商事合同争议。法律特区作为上海的金融区，国家可同时在此设立中级人民法院，民商事纠纷向之投诉亦予受理，但应坚持中国《合同法》的以下规定：“涉外合同的当事人可以根据仲裁协议向中国仲裁机构或者其他仲裁机构申请仲裁。当事人没有订立仲裁协议或者仲裁协议无效的,可以向人民法院起诉。”

将上海国际金融中心辟为一个法律特区，可由中国国家或政府通过立法形式，辅以约定俗成的方式使之形成：

第一，中国立法管辖原则，实质事项与运作程序适用约定的国际商事惯例与商事规则。似可将国际商会中国国家委员会未来所设的上海仲裁院仲裁大楼建为法律特区的一个标志性建筑。上海仲裁院可采用《国际商会调解和仲裁规则》，对其个别条款的规定和附件，可根据实际情况作变通处理。② 由国际商会中国国家委员会严把法律特区法律实务从业人员（如仲裁员、律师等）的准入关，除特聘和交流

---

① 这棵大梧桐树虽早已于1865年6月14日在暴风雨中被刮倒，但迄今仍留在世人的记忆中。纽约华尔街金融市场即起源于1792年5月17日24名商人相约在这棵大梧桐树下进行证券交易的“美国梧桐树协议”。自1989年起，重达3200公斤的“奔牛”雕像成了华尔街的象征。

② 例如，《国际商会调解和仲裁规则》第26条规定：“在完成裁决以前，仲裁员应当将裁决送交仲裁院。仲裁院可以将它的形式加以修改，必要时可以请仲裁员注意有关案件实质的事项，但是必须尊重仲裁员裁决的自由。”如仲裁员作出错误裁决，仲裁院可以加以必要的修正。又如，有关上海仲裁院的章程、调解和仲裁费用表及示范仲裁条款等，均可结合实际情况另行制定，作为附件，以《〈国际商会调解和仲裁规则〉的国际商会中国国家委员会注释本》的形式公布。

的国内外专家外，国内外人士一律要求必须通过国际商会中国国家委员会主持的资格考试，获得合格证书的方得上岗。上海仲裁院可以接受国内外申请仲裁的国际商事合同纠纷，通过其为当事人提供优质、便捷、竭诚、公正的服务，在世界上赢得声誉。在中国，应当要求国际商事合同不得违反《中华人民共和国合同法》的一般规定，特别是其有关“当事人应当遵循公平原则确定各方的权利和义务”以及“当事人行使权利，履行义务应当遵循诚实信用原则”等原则的规定。上海仲裁院对于涉外合同争议的裁决（不包括与中国无涉的其他国际商事合同争议的裁决）有违上述原则的，有关当事人可举证向中国人民法院起诉，是否成立，由法院判决。在一般情况下，裁决纵有瑕疵，只要不伤大雅，法院亦无须作出与之相左的判决。①

第二，中国立法认可和支持国内与国际层面的各种商事惯例、规则与法律规则、自律规则的推行，支持发生于法律特区的国际商事合同争议由上海仲裁院仲裁。

上海国际金融中心法律特区的形成，需要加强国家公权力的介入和政府的协调服务，俾法院解决商事纠纷机制、仲裁院调解仲裁机制以及自律组织的自治制裁和补救机制得以紧密衔接（包括组织上的、运行制度上的、社会监督上的以及物质基础上的）与密切配合，并相互为用，落到实处。

“上海该怎么跨过金融法治环境这道坎”,② 是发展中面临的一道难题。根据我国《立法法》，金融基本制度相关立法属于国家立法保留事项，地方人大只有在不同宪法、法律、行政法规相抵触的前提下，才可以制定地方性法规。由于全国人大常委会在1992年曾赋予深圳特别立法权，在经济特区范围内组织实施，现上海的地方金融立法权限比深圳要小。破解这道发展中的难题，就只能将未来的上海国际金融中心辟为一个法律特区。

中国特色社会主义法制与世界上其他法系的法制“和而不同”。上海国际金融中心法律特区的开辟，将是在国内开先例、在世界成创举，并可成为中国特色社会主义法制坚定原则性与灵活兼容性完美结合的一个橱窗。

2009年3月25日国务院常务会议已提出，到2020年，将上海基本建成与我国

① 《国际商会调解和仲裁规则》第26条规定的“必须尊重仲裁员裁决的自由”，并非没有道理。调解和仲裁无不建立在商事争议各方的友谊，以及对合意选择的仲裁员的信任基础之上。商事争议既是基于信任仲裁员能够做到公正、公平、合理给予调解和仲裁，对于裁决，只要仲裁员不是持“以富压贫”或“劫富济贫”的极端立场作出的，法律应可不问。

② 参见江翔宇：《上海该怎么跨过金融法治环境这道坎》，载《上海证券报》2009年3月23日。

经济实力和人民币国际地位相适应的国际金融中心等意见。上海需要用好这一历史机遇，为国际金融中心的建设提速、再提速。

“法律特区”，时下既非一个政治概念，也非一个法律概念，而且它是今天还并未存在有待将来去形成的。它就是创设的一个普通名词、一个虚拟概念，① 但它的形象却可以从中世纪时西欧的威尼斯、法国的贝桑松、伦敦的塔街、伦巴第街与后来的伦敦街一见其身影。至于它未来是否可以成为一个政治概念或法律概念，则要视未来我们国家或政府立法为之所确立的原则或者立法、司法的实践才好界定。时下对于“法律特区”这个虚拟名词或假设概念的内涵只能作如此理解：未来我们国家的立法机构或经其授权的政府机关承认那些在国内、国际层面形成的商事惯例或商事规则，以及商事组织和生产经营企业的自订规章或自律规则等本不是我国法律规则的也为上海金融特区的法律规则，其前提是须经我国国家或政府授权的机构通过指定的新闻媒体予以通报和公开。遇施行于上海金融特区的这类规则与我国既定法律规则发生冲突，有当事人投诉的，由当地法院予以裁定。这个假设一旦成立，国际私法的冲突法理论，将进而从“区际冲突”发展到研究“规则冲突”(立法方式确立的规则与非立法方式形成的规则之间的冲突，以及法律规则、商事惯例规则与自律规则之间的冲突)。②

---

① 如“金砖四国”(BRICs，巴西、俄罗斯、印度、中国）这个普通名词，即高盛公司首席经济学家吉姆·奥尼尔在2001年11月20日就一份题为《全球需要更好的经济之砖》的报告中创设的一个虚拟概念。实践证明了这一概念或理念的科学性。首次金砖四国首脑峰会2009年6月16日在俄罗斯叶卡捷琳堡举行。从目前情况来看，“金砖四国”仍属一个理念而非实体，但日后不是没有可能形成一个国家间的国际组织——一个政治概念或法律概念。学术研究应当容许大胆假设，否则无从创新。至于这种假设能否成立，需经实践的检验才能确定。

② 在法律特区，解决规则冲突可适用以下原则：（1）解决立法方式确立的规则与非立法方式形成的规则之间的冲突，对于原则事项，立法规则优于非立法规则适用；对于实体事项与程序事项，非立法规则优于立法规则适用。（2）解决法律规则、商事惯例规则与自律规则之间的冲突，优先适用经济保护标准高的规则。研究规则冲突的意义即在于它有助于维护经济全球化所要求的适用规则的统一性。

On the Legal Environment for the Shanghai International Financial Center: Celebrating the 60th Anniversary of the Liberation of Shanghai and the Establishment of The People's Republic of China

Abstract Whether an international financial center can be truly formed mainly depends upon a favorable legal environment, i. e. a soft environment. The money invested in the hard environment would not create an international financial center *per se*. The subject discussed in the article *How Does Shanghai Overcome the Difficulties in Establishing Financial Rule of Law* written by Mr. JIANG Xiangyu and published in Shanghai Securities News on March 23, 2009, is a difficult problem faced by our state and Shanghai during the process of development. With regard to this problem, this article proposes that the aforesaid difficulties be overcome, and the future Shanghai international financial center be established as a special legal region. If this proposition is adopted, Shanghai will set a precedent not only in the history of China but also in that of the world.

Key words Shanghai international financial center; legal environment; special legal region

（审稿：刘天姿）

新世纪国际法的发展与和谐世界

□ 肖永平* 袁发强**

内容摘要 21世纪的国际社会将是一个经济全球化与政治多极化的社会。近20年来国际形势与国际法的变化表明，新世纪国际法的发展特点是人权保护原则将上升为国际法的基本原则，新的公平、正义观将促使国际法的内容发生改变，合作与可持续发展成为国际立法的主旋律，国际法将越来越摆脱“软法”痕迹，规则化、司法化色彩增强。为此，国际法的发展着力于加强国际合作立法、构建处理国际争议的司法体系以及加强各国司法合作，以促进世界的和谐发展。

关键词 国际法 人本观 公平 国际新秩序 和谐世界

目 次

引 言

20世纪90年代以后，随着苏联解体，美国成为世界唯一超级大国。这种超级

* 武汉大学国际法研究所教授、法学博士、博士生导师。
** 华东政法大学国际法学院副教授、法学博士。

大国的力量不仅表现为强大的军事力量，而且表现为科技领先地位、经济实力地位以及文化影响力等综合国力因素。也许在未来的数十年，还不可能有哪一个国家可以撼动美国的超级大国地位，但毫无疑问的是，这种唯一性正在改变，“一超多强”的局面正在形成之中。除了在个别地区、个别国家，美国还可以继续通过军事实力单独发挥影响外，在国际关系的诸多方面，美国都需要和部分强国合作才能有效处理国际问题。① 一方面，在传统强国中，英、法、德、日等国的国家实力在相对下降，欧盟作为一个地区性联合体的国际影响在上升，但还难以统一外交和国防政策，且在和美国的合作中逐步表现出独立性；另一方面，俄罗斯很快从衰弱中振作起来，正在逐步恢复大国实力和影响。同时，经过20多年的经济发展，中国和印度的综合国力开始上升，开始在地区和国际事务中发挥越来越大的作用。这些与美国及传统西欧国家拥有不同价值观的国家时常形成外交合力，在国际事务中发出不同声音，并能争取到众多国家的支持。

从总体上看，多极世界虽然仍在形成过程中，但一个“合纵联横”的国际格局已经形成。②“一国独大”正演变成“光荣孤立”，各国国力的改变促使世界政治、经济格局发生重大变化。

而今，人类带着和平、发展、建立国际新秩序的愿望，对未来国际法的发展作出了种种遐思和努力。虽然战争和武力仍偶尔出现，但国际新秩序正在建立过程中，已现雏形。“一国独大”的国际社会注定只是世界新格局的前夜。经济全球化已成为事实，政治多极化也不再是猜想和愿望。面对新形势的挑战，国际法为构建“和谐共存”的世界、“可持续发展”的世界、“以人为本”的世界作出了应有的贡献，凸现出新世纪国际法发展的特点。

一、“人本”观开始冲击主权观，成为国际法发展的价值导向之一

传统观点认为尊重人权原则是国际法的原则之一，但不是国际法的基本原则。然而新的考量标准认为考察国际法原则不能仅仅根据《联合国宪章》、《国际法原则宣言》这类明示性法律文件，应更多地从国际实践中探寻基本原则的存在证据。

① 在军事关系领域外，大西洋两岸的价值观已经发生裂痕。过分使用武力的不良后果使得美国越来越孤立，在很多事务中不得不谋求和其他强国的妥协。

② 参见马小军：《当代社会多极化与国际社会新秩序》，载《中共中央党校学报》2006年第1期，第100～104页。

在这样的背景下尊重人权原则也是构成现代国际法的基本原则之一。①在承认国家主权原则是当代国际法的核心的基础上，越来越多的观点认为全人类共同利益体现国际法的本质，应与国家主权原则一起构成当代国际法基本原则的核心。②全球化新时代的特点甚至越来越要求国际法应该及时把“全人类共同利益原则”、“可持续发展原则”、“生物多样性原则”等纳入当代国际法基本原则体系。③从根本上来说，新的原则主要要求当代国际法基本原则应该考虑全人类的整体利益。④

受“人本观”的影响，个人在国际法上的地位逐渐受到重视，个人通过相关的条约在国际法上享受权利的同时也开始承担义务，通过国际混合仲裁的方式，个人参与国际活动的能力得到体现和提高。个人是否可以成为国际法的主体关键在于国际法是否真正关心个人、关注个人，以个人的生存和发展为主要宗旨，以个人的幸福作为制定法律的基础、执行法律的标准。⑤国际人权法和国际刑法的发展表明：承认个人在国际法上的主体地位与现代国际法的普遍趋向是一致的。国际混合仲裁的出现和发展也使承认个人的国际法主体地位成为十分迫切的问题。国际法正在从“国本主义”走向“人本主义”，国际法的人本化丰富了国际法的内容，不仅促进了一些传统国际法部门与时俱进，而且还直接催生了一系列国际法的新分支。⑥ 例如，国际人权法的迅速兴起和发展，直接促进了国际法主体、国际承认、习惯法、条约法、国际法遵守的国际监督、国际法的执行、国际刑事司法等国际法领域的人本化趋势。

全球化正在把国际社会变成地球村，国际社会越来越关心整个人类面临的共同问题和危机。人本化的另一趋势是国际法中涉及人类整体利益问题的立法活动得到加强。国际法开始将更多的目光投向贴近人类命运的全球性问题，如生存条件、人的生活和发展水平、生态平衡和环境保护、能源危机和能源开发利用等，并且这些新的领域日益成为国际法体系中最令人关注的焦点。

---

① 参见张华：《论尊重人权作为国际法的基本原则及其对中国和平发展的影响》，载《法学评论》2007 年第 2 期，第 65 ~ 71 页。

② 参见王秋玲：《论国际法基本原则的基石与核心》，载《法学杂志》2007 年第 2 期，第 85 ~ 89 页。

③ 参见侯富儒：《战后国际法基本原则体系的建立与新发展》，载《西南民族大学学报(人文社科版)》2005 年第 5 期，第 136 ~ 139 页。

④ 参见潘抱存：《中国国际法理论新探索》，法律出版社 1999 年版，第 16 页。

⑤ 参见何志鹏：《人的回归：个人国际法上地位之审视》，载《法学评论》2006 年第 3 期，第 56 ~ 63 页。

⑥ 参见曾令良：《现代国际法的人本化发展趋势》，载《中国社会科学》2007 年第 1 期，第 89 ~ 103 页。

在国际环境法领域，风险预防原则已经在许多国际环境协定中得到了直接的规定或间接的反映，已经成为国际环境法律制度的重要的基本原则。①共同但有区别的责任原则体现了发展中国家维护自身权益和平等地参与国际谈判以解决全球环境问题的意愿。另外，国际环境法发展出的“人类共同关切事项”的概念也值得关注，环境法的理念发生了很大的变化，从人类中心主义的环境伦理与非人类中心主义的环境伦理的分立走向人类中心主义的环境伦理、非人类中心主义环境伦理和可持续发展的环境伦理的鼎立。② 国际环境法中发展最显著的领域体现在生物多样性保护、气候变化控制、国际传染病防治方面。生物多样性保护除了依据《生物多样性公约》之外，还要考虑《生物多样性公约》与WTO规则以及知识产权制度的协调。在气候变化控制方面，《联合国气候变化框架公约》及其《京都议定书》构建了应对气候变化问题的国际合作的基本框架，而且在国际环境法的立法方式、调整手段、具体的法律原则和制度等方面都有一定程度的突破。③非典、禽流感、疯牛病等传染性疾病给人类带来的巨大威胁和挑战也推动着国际法在应对传染病这一公共卫生领域的发展。《国际卫生条例》作为目前世界绝大多数国家所接受的唯一直接涉及传染病控制的国际法规则发挥了积极作用，各国之间以及各国与世界卫生组织之间的合作是推进国际传染病防控的有效途径。④

国际犯罪，尤其是国际恐怖主义犯罪越来越威胁人类的生存以及国际社会的安全。为了应对这样的挑战，国际刑法成为国际法中新兴的但发展最为迅速的部门。国家的国际犯罪和刑事责任制度正在形成和逐步发展过程中。⑤

---

① 参见胡斌：《试论国际环境法中的风险预防原则》，载《环境保护》2002年第6期，第17~20页；陈维春：《国际法上的风险预防原则》，载《现代法学》2007年第5期，第113~121页；高晓露、孙界丽：《论风险预防原则的适用要件——以国际环境法为背景》，载《当代法学》2007年第2期，第114~118页。

② 参见陈剑：《可持续发展与环境伦理探析》，载《河北法学》2005年第10期，第109~113页。

③ 参见杜志华、杜群：《气候变化的国际法发展：从温室效应理论到〈联合国气候变化框架公约〉》，载《现代法学》2002年第5期，第145~149页。

④ 参见黄瑶、聂云飞：《传染性疾病的监控与国际法》，载《比较法研究》2003年第5期，第73~82页；王虎华、丁成耀、李春林：《预防和控制“非典”的国际法问题》，载《法学》2003年第5期，第71~77页；龚向前：《论〈国际卫生条例〉在中国的适用》，载《河北法学》2006年第4期，第62~65页。

⑤ 参见高铭暄、白秀梅：《当代国际刑法的新发展》，载《法律科学》2006年第2期，第75~82页；朱文奇：《国际法追究个人刑事责任与管辖豁免问题》，载《法学》2006年第9期，第93~104页。

国际社会对于能源的依赖达到前所未有的地步，能源保障与能源安全既关系到各国经济的发展，更关系到国际社会的和谐共处，国际能源法律问题正在成为国际法中新兴的领域，加强国际合作，维护能源安全成为关乎国际政治局势的敏感议题。①

在国际经济交往方面，单纯的经济合作与竞争正受到来自环境保护、劳工标准、卫生健康等人本因素的影响。虽然这往往成为发达国家限制竞争、维护自己强势经济地位的借口，如绿色壁垒和环境壁垒等，WTO 中的环保例外条款，就规定了成员方为了保护环境、可用竭的自然资源、人类和动植物的生命健康可以背离 GATT 的一般规定。② 一些国家开始赋予跨国公司更多的社会责任，如美国 2002 年 *Sarbanes-Oxley* 法要求公司披露和遵守道德守则，英国 2003 年公司责任法案（2003 Corporate Responsibility Bill）详细说明了透明规则并要求公司对利益相关者负责。OECD 的指引（revised 2000 OECD Guidelines for Multinational Enterprises）、联合国全球契约（Global Contract）也认为人权、劳工权和环境权是跨国公司核心的劳工标准。③

在跨国民商事交往方面，国际私法立法与实践的重要变化主要体现在三个方面：一是国际私法价值从追求法律适用普遍性和一致性的形式正义向追求案件结果公正、保护弱者权益的实质公正倾向转变；二是适应人员跨国流动的频繁和国际民商事交往关系深入发展的形势，国籍和住所在连结点中的作用开始下降，自然人惯常居所地和当事人所在地分别成为普通民事和商事关系的新的连结点；④ 三是国际民事司法合作得以加强，各国司法机关对仲裁的支持程度越来越高。“以人为本”、尊重当事人意愿和意思自治、充分保障当事人民事权利的实现是国际私法体现“人本观”价值理念的表现，也是当代国际私法发展的主要动力。

国际私法价值取向变化的内在动因是人的基本权利的保护和实现。⑤ 在欧洲，1950 年 11 月 4 日签署于罗马的《欧洲人权公约》对欧洲主要国家的冲突法影响深

① 参见杨泽伟：《国际能源机构法律制度初探》，载《法学评论》2006 年第 6 期，第 77～83 页。

② 参见潘惜唇：《论 GATT 环保例外条款的适用条件和发展趋势》，载《中国法学》2001 年第 5 期，第 166～169 页。

③ 参见袁文全、赵学刚：《跨国公司社会责任的国际法规制》，载《法学评论》2007 年第 3 期，第 64～68 页。

④ 参见袁发强：《属人法的新发展——当事人所在地法》，载《法律科学》2008 年第 1 期，第 110～114 页。

⑤ 参见袁发强：《宪法对冲突法的影响》，法律出版社 2007 年版，第 150～151、283～284 页。

远。法国最高法院曾多次援引该公约所规定的男女平等原则，拒绝适用摩洛哥法，因为摩洛哥法允许丈夫休妻，法国法官认为这违反了1984年11月22日《欧洲人权公约》第7议定书第5条关于夫妻平等原则的规定。德国宪法法院认为，在冲突法中应该考虑基本权利问题。德国还专门修改了其冲突法（意大利也是一样），删除了在家庭事务中适用对丈夫有利的法律的规定，因为这一规定违反了宪法关于夫妻双方平等的原则。① 随着人权保护国际公约的逐渐增多，人权问题开始影响着冲突法的国际立法活动。以海牙国际私法会议为例，它在人权保护的冲突法国际立法方面作出了重要贡献，先后组织起草和通过了《儿童扶养法律适用公约》、《儿童抚养判决执行公约》、《未成年人保护公约》和《国际诱拐儿童公约》等国际公约，充分体现了对人权的重视与保护。最新的立法是2007年通过的《国际追索儿童抚养费和其他形式家庭扶养公约》,② 旨在建立跨国追索扶养费的司法和行政合作制度，并确立了对儿童申请人提供免费法律援助的一般性原则和便捷的承认与执行程序。议定书以消除法律冲突为目的，确立了跨国追索扶养费的法律适用规则。

国际法不再是"国家间的法"，不仅关注"国家间"关系，更关注共同关心的国际事务。国际法已经发展为协调以国家间关系为基础，以调整跨国事务为导向的部门法。总体上看，人本观国际法理念表现出国际法对以人为中心的跨国事务越来越关注，不仅关注攸关人类整体利益的环境和外太空等自然资源和自然灾害方面，还关注作为个体的人的权利维护和保障方面，由此促进公平、正义内涵的变化与新的国际秩序形成。这是和谐世界观的内涵体现。

二、新"公平"、"正义"观促使新国际秩序的形成和发展

建立在国家实力和力量对比基础上的国际公平、正义观正在发生改变。众说纷纭的公平、正义内涵并没有否定公平和正义是人类所追求的最高价值，是法治应当

---

① See Benedicte Fauvarque-Cosson, *Comparative Law and Conflict of Laws: Allies or Enemies? New Perspectives on an Old Couple*, Am. J. Comp. L., Vol. 49, 2001, p. 424.

② 会议以协商一致的方式通过了《国际追索儿童抚养费和其他形式家庭扶养公约》（*Convention on the International Recovery of Child Support and Other Forums of Family Maintenance*）和《扶养义务法律适用议定书》（*Protocol on the Law Applicable to Maintenance Obligations*）。包括中国在内的71个国家代表团签署了会议最后文件。资料来源于http: //www.fmprc.gov.cn/chn/wjb/zzjg/tyfls/wjzdtyflgz/zgyyggjjghgjhy/t422930.htm，2008年6月7日访问。

体现的精髓。① 一方面，《联合国宪章》确立的国际法基本原则为各国独立处理国内事务和平等参与国际事务提供了法律保障；另一方面，冷战格局的改变和人们对和平发展的向往为国际社会对普世正义的追求提供了可能。

为实现这些基本原则，制约强国或超级大国干涉弱小国家的国内事务，国际社会经过多年努力，通过了罗马《国际刑事法院规约》，将侵略罪列为国际犯罪，国家元首和政府领导人不因其特殊身份而享有豁免。虽然美国没有签字批准该公约，但罗马《国际刑事法院规约》缔约国的普遍性反映了国际社会希望遏制滥用国家实力侵略他国的正义呼声。

在国际关系中，政治性的过激行为曾经赢得过人民的同情和支持，随着恐怖主义活动的加剧和对无辜平民伤害程度的加深，国际社会开始联合起来与各种恐怖派别和恐怖活动作斗争。恐怖活动正日益受到国际社会的普遍质疑。为打击恐怖主义活动，联合国通过了一系列文件。② 中国与有关国家联合成立的“上海合作组织”也将打击恐怖主义、分裂主义和极端主义活动作为最重要的任务之一。这表明，传统视角里的恐怖活动，无论其基于什么原因和动机，都不再被认为是正义的、非对称的抵抗活动。与恐怖和骚乱有关的正义观发生了改变。对人的生命的重视超越了对斗争合法性的认识。

公平、正义的观念随着全球化的形势与可持续发展的理念发生了变化。从静态上看，人类资源紧张和环境污染促使国际社会思考发达国家和发展中国家协调发展的平衡；从动态上看，国际社会还需考虑当前经济发展与长久环境保护之间的平衡，即可持续发展的问题。与此同时，人类社会更应考虑静态利益与动态利益的协调平衡。也有学者提出“空间上的代内公平”与“时间上的代际公平”概念。③

1992 年《联合国气候变化框架公约》及已经生效的《京都议定书》对发达国家排放温室气体提出了不同于发展中国家的减排标准，并且为发展中国家减少大气污染排放提供技术转让和资金优惠作出了特别规定。虽然公约给发达国家购买发展中国家排放指标留下了缺口，但基于发达国家与发展中国家现实情况区别对待的做法显示出国际社会寻求实现减少大气污染实质公正的决心。2007 年巴厘岛会议提

① 参见谢晖：《价值重建与规范选择——中国法制现代化沉思》，山东人民出版社 1998 年版，第 220 页。

② 美国“9·11”事件导致大量平民死亡的悲剧直接导致国际社会对通过恐怖活动达到政治独立和政治诉求活动的反对。虽然美国单方面在没有直接证据的情况下采取单边武力行动发动阿富汗战争受到国际社会质疑，但认定针对平民的恐怖活动为非法却已成为国际社会的普遍共识。

③ 参见曾令良：《贸易自由化与环境保护的法理思考》，资料来源于 http：//www.intereconomiclaw.com/article/default.asp？id＝914，2008 年 6 月 9 日访问。

出的路线图表明了国际社会继续促进公约尽快发挥实际作用的决心。

建立公平、合理的国际经济新秩序是当代国际社会在国际经济关系方面重点努力的目标。世界贸易组织（WTO）的建立及其争端解决机制为实现经济关系领域内的公正提供了希望。从《建立世界贸易组织协定》可以看出，WTO的主要宗旨是：通过建立一个开放、完整、健全的多边贸易体制，促进世界货物贸易和服务贸易的发展，并对其成员方的贸易政策进行监督与管辖。与此同时，WTO将与贸易有关的环境、知识产权、投资措施、竞争政策、国际劳工标准、电子商务等也纳入其调整范围。WTO的民主化特征为广大发展中国家参与跨国经济贸易规则，建立公正、合理的国际经济秩序提供了可能，也为发展中国家与发达国家的贸易摩擦提供了规则范围内的解决方法。以WTO多边谈判的最近形势来看，发展中国家要求发达国家取消农产品出口补贴的呼声取得了一定效果，发达国家承诺在2013年前完全取消农产品出口补贴，从2008年起对来自最不发达国家的农产品免除关税和进口市场配额。虽然这还不足以改变世界贸易不公平、不平衡的格局，但毕竟从国际立法层面前进了一小步。

为了维护和平和正义，1982年通过的《联合国海洋法公约》为建立公平、合理的海洋自然资源利用的新秩序奠定了基础。该公约不仅在宗旨中反复强调公平和正义理念，还在具体划界标准上体现公平原则，例如在大陆架划界问题上，公约明确将公平原则作为解决划界争议的原则。① 该公约为内陆国家和发展中国家专门提供了支持和收益分配的规定，以避免发展中国家因技术和资金困难无法享受实际利益，充分体现了照顾内陆国家和发展中国家的实质公正的目的。根据该公约成立的国际海洋法法庭成为维护海洋公平利用的执法机构，在争议当事方同意的情况下，海洋法法庭可以依据“公允和善良原则”进行裁判。②

在跨国投资方面，公平、公正待遇的内涵也在发生变化。虽然一些发展中国家为吸引外资而可能降低对跨国公司的法律要求，但跨国公司正在成为国际立法调整的对象，开始被要求承担更多的社会责任，尤其是在劳工待遇和标准、环境污染、人权保障、税收等方面。经济合作与发展组织通过的《经济合作与发展组织跨国企业指南》虽然还不具有国际法意义上的拘束力，但已通过成员国的采纳开始发挥作用。国际劳工组织也正在通过各种压力对跨国公司施加影响。③

从国际私法的角度来看，过去在各国民商法律制度之间只作规则选择的法律适

---

① 参见《联合国海洋法公约》第Ⅶ部分第76条（8）款的规定。

② 参见《联合国海洋法公约》第XV部分第293条（2）款的规定。

③ 参见［日］吾乡真一：《企业社会责任与国际法》，张楠茜译，载《中外法学》2006年第5期，第523～529页。

用模式正被以注重适用结果的选择方法所取代。① 随着时代的发展及国际社会的进步，涉外法律适用开始注重法律适用的后果是否能够体现结果公正，现代国际私法理论主张以法律适用的结果和利益来决定法律选择，即追求法律选择中的实质正义。② 国际私法对实质正义的追求主要表现在三个方面：最密切联系原则的发展、意思自治原则适用范围的扩大和使受害人得到充分救济。国际私法中的冲突规范不再扮演“盲眼”的角色，③ 冲突规范的现代发展变化体现了追求实质正义的价值观和法律观。④

在承认与执行外国民商事判决的问题上，基于实质公正的价值观，各国越来越放弃以互惠为条件。⑤ 英国法院很早就不以互惠作为承认与执行外国法院判决的一个条件。20 世纪以来，法国、意大利等国的法院也不要求互惠。现在除得克萨斯等少数州还要求有互惠关系以外，美国大多数州已不再将互惠关系作为承认与执行外国判决的条件。1987 年《瑞士联邦国际私法》除保留对涉外破产案件的互惠要求外，对其他外国判决已不再将互惠原则作为承认的条件。⑥

人本观影响了国际社会公平和正义价值标准的改变，并直接促进了新国际秩序的形成。这种新秩序在国际政治关系中体现为对滥用武力和暴力的责任追究；在国际经济关系中表现为对发展中国家的实质照顾和优惠以及对跨国公司附加人权保护和环境保护等方面的国际责任；在国际民商事交往关系方面，国际社会为解决法律适用的实质公正而改变法律选择适用的方法和冲突规范内容，以程序公正而不是国家互惠作为承认与执行外国法院判决的条件，促进国际民商事关系的法制化进程。

在强权主导下的单极世界里，国际法难以发挥作用。通过强权和霸权建立起来的均势格局虽然也可能维持一定期限的和平，但却是建立在非正义的、单边主义的基础之上的。公平和正义虽然不是绝对的，但应当成为和谐世界构建的目标和价值追求。

---

① 参见胡永庆：《论法律选择方法的多元化》，载《中国国际私法与比较法年刊》2001 年卷，法律出版社 2001 年版，第 156 ~ 173 页。

② 参见杜新丽：《国际私法中法律选择方法的价值探究》，载《政法论坛》2005 年第 6 期，第 138 ~ 147 页。

③ 参见宋晓：《论当代冲突法的实体取向》，载《中国国际私法与比较法年刊》2002 年卷，法律出版社 2002 年版，第 103 ~ 121 页。

④ 参见谭岳奇：《从形式正义到实质正义——现代国际私法的价值转换和发展取向思考》，载《中国国际私法与比较法年刊》1999 年卷，法律出版社 1999 年版，第 69 ~ 82 页。

⑤ 我国法学家李浩培先生也认为：“互惠原则的适用对于外国裁判的承认与执行是不合理也不可行的。”参见李浩培：《国际民事程序法论》，法律出版社 1996 年版，第 140 页。

⑥ 参见 1987 年《瑞士联邦国际私法》第 25 条。

三、合作与可持续发展成为国际立法的主旋律

全球化的表现在于每个国家都不可能脱离其他国家和国际社会孤立地自行其是。当前，国际社会的大国之争是发展与竞争引起的，而不是传统的领土和势力范围之争，这就决定了处理国际关系的方式不是对抗，而是竞争中有合作，通过合作谋发展。近20年来，国际社会不仅在面对气候、环境、疾病预防和控制等涉及人类整体利益的事务方面开展了紧密合作，而且在经济竞争和社会管理方面也进行了共同约束和合作。合作与发展成为当代国际立法的主旋律。

传统的安全观建立在维护国家主权和民族平等、防止外来侵略和威胁的基础上，联合国成立后相当长时期内主要致力于这方面的工作。冷战结束后，非传统安全问题被提上议事日程，人口、资源、环境、粮食和疾病等问题成为威胁人类整体安全的主要危机，对于相互依赖的国际社会而言，只有通过合作方式才能面对新出现的安全问题。因此，新形势和新问题客观上要求国际社会采取合作态度共同应对。①

2004年，联合国通过了《联合国国家及其财产管辖豁免公约》，国际社会终于摆脱了绝对豁免和相对豁免的争论，立足于国家商业行为的界定，在维护国家主权和保护私人利益之间寻求平衡。② 该公约的通过必将促进跨国商业行为的发展，维护国际经济关系的稳定。2000年12月15日联合国制定的《联合国打击跨国有组织犯罪公约》，公约附属的3项议定书对贩运人口、偷运移民和贩运枪支等跨国犯罪的制裁进行了全面的规范，该公约也为我国完善相关立法提供了基本标准。③

在国际合作反对腐败方面，2003年联合国大会还通过了《联合国反腐败公约》，国际社会中有关引渡和移交罪犯的双边协定的数量也大为增加，反映了国际

---

① 参见李东燕：《联合国的安全观与非传统安全》，载《世界经济与政治》2004年第8期，第1~10页。

② 我国于2005年9月14日签署了该公约。

③ 参见黄京平、李翔：《联合国〈枪支议定书〉与中国刑法的协调》，载《法学》2003年第10期，第30~34页；李蓉：《反腐败的国际刑事司法协助——〈联合国打击跨国有组织犯罪公约〉的刑事司法协助体系》，载《政法论坛》2005年第2期，第147~155页；赵军：《论洗钱罪上游犯罪相关问题——与〈联合国打击跨国有组织犯罪公约〉相协调》，载《法学评论》2004年第4期，第58~62页；吴高庆：《试论有组织犯罪特别程序》，载《河北法学》2007年第12期，第155~159页。

社会对共同打击普通刑事犯罪的决心。① 长期以来，反腐败一直局限在各国国内刑事法律体制内，随着腐败犯罪越来越呈现跨国犯罪的趋势，主要表现在腐败行为所得的财产能够迅速转移到国外，犯罪人也能逃到他国。犯罪财产所在国或犯罪人所逃亡的国家往往基于经济因素借口维护司法主权和人权，拒绝提供遣返或起诉。该公约在建立、完善境外追逃等方面提出了针对性措施，为打击贪官外逃提供了国际法律保障。

随着全球环境变化，核污染、跨国酸雨、海洋污染、全球气候变化、全球水危机、生物多样化锐减，人类越来越强烈地意识到资源保护与环境合作的重要性，制定并通过了《联合国气候变化框架公约》及《京都议定书》、《保护臭氧层维也纳公约》、《生物多样性公约》、《关于持久性有机污染物的斯德哥尔摩公约》、《联合国海洋法公约》、《防治荒漠化公约》等一系列国际公约。多边与双边合作成为促进全球环境改善与保护的必然途径。② 联合国世界环境与发展委员会（WECD）提出的《我们共同的未来》明确指出："人类的法律必须重新制定，以使人类的活动与自然界的永恒规律相协调。迫切需要的是：认识和尊重个人和国家在可持续发展方面的相应权利和义务，建立和实施国家和国家间实现可持续发展的新的行为准则；加强现有的避免和解决环境纠纷的办法，并发展新的方法。"③

国际组织在国际经济关系领域的立法活动不断加强，制定了大量的调整跨国经济关系的国际条约或多边协定。一方面，从事国际立法和编纂活动的国际组织越来越多，打破了传统的界限。联合国及其所属机构，特别是国际贸易法委员会（UNCITRAL）开始重视商事法律的国际统一，将消除国际贸易的法律障碍作为实现建立国际经济新秩序的目标的重要手段。2002 年 1 月，联合国通过了《联合国国际贸易法委员会电子签名示范法》，2005 年 11 月，又通过了《联合国国际合同使用电子通信公约》。其他政府间国际组织，如罗马国际统一私法协会（UNIDROIT）、海牙国际私法会议（The Hague Conference on Private International Law）等从有关商业实体规则入手也起草了许多新的国际规范，还有一些区域性国际组织也已在国际商事合同规则的国际统一方面作出了一定的贡献。1999 年国际

① 参见江国青：《〈联合国国家及其财产管辖豁免公约〉——一个并不完美的最好结果》，载《法学家》2005 年第 6 期，第 14 ~ 19 页；邵沙平：《〈联合国国家及其财产管辖豁免公约〉对国际法治和中国法治的影响》，载《法学家》2005 年第 6 期，第 24 ~ 29 页；马新民：《〈联合国国家及其财产管辖豁免公约〉评介》，载《法学家》2005 年第 6 期，第 1 ~ 6 页。

② 参见李英：《区域环境合作与可持续发展法制初探》，载《法学家》2007 年第 2 期，第 132 页。

③ 联合国世界环境与发展委员会：《我们共同的未来》，王之佳、柯金良译，吉林人民出版社 1997 年版，第 430 页。

统一私法协会通过了《国际融资租赁公约》。① 国际海事委员会于2000年1月通过《船舶燃油污染损害民事责任国际公约草案》,② 并于2008年11月21日生效。2002年10月21日至11月1日，国际海事委员会第13次外交大会在伦敦国际海事组织总部通过并签署了对《1974年雅典公约》进行重大修改的新议定书，该议定书的名称为《1974年海上旅客及其行李运输雅典公约的2002年议定书》，经该议定书修改的公约文本被定名为《2002年国际海上旅客及其行李运输雅典公约》，简称《2002年雅典公约》。

引人注目的是，非政府国际组织在编纂现代商人法方面也发挥着重要作用，国际商会（ICC）、国际海事委员会（IMC）、国际法协会（ILA）、国际工程咨询联盟（FIDIC）等在国际立法中的作用开始体现。现代意义上的商人法不再由商人交易习惯自发形成，更多地来源于非政府国际组织和国际行业协会的编纂活动，如国际商会于2000年制定了《国际贸易术语解释通则》（Incoterms2000），2006年10月25日，国际商会在巴黎大会上又通过了《跟单信用证统一惯例》（UCP600）。

当前的国际社会不再仅仅是权力冲突的社会。不同国家间不仅有利益冲突，更存在因人民交往而产生的共同利益和共同面临的问题。相互依赖的现实和共同面临的问题需要各国开展合作，这既是客观需要，也是通向和谐世界的途径和方法。

四、国际争议解决机制的多样化、司法化

国际法曾长期被视为“软法”，主要原因在于它缺乏一套可执行的司法程序。这虽然体现了国家作为主权者之间无管辖权的一面，也暴露出国际立法在执行中的软弱。这种现象在最近20年有了实质性改变。国际争议不论是国与国之间的经济争议还是不同国家的自然人和法人之间的争议，在协调解决机制方面都表现出多样化与司法化趋势。

1. 国际争端解决的制度化与法制化

国际司法制度越来越为国际社会所接受和重视，在调整国际关系方面的作用也越来越大。国际司法机构得到扩散，各类国际性、区域性、专门性的国际司法机构

① 参见赵哲伟：《试析〈国际融资租赁公约〉及其主要规定》，载《中央财经大学学报》1999年第6期，第49～52页。

② 参见傅国民、叶红军：《〈2002年海上旅客及其行李运输雅典公约〉介绍》，载《中国海商法年刊》2002年第13卷，第355～365页。

的建立，为国际司法在新世纪的进一步发展奠定了良好的基础。①国际海洋法庭、国际刑事法庭、WTO的争端解决机构、欧洲法院等国际性司法机构在解决国际争端和促进国际法实施方面发挥着积极作用。在制度化的同时，国际司法还表现出开放性和民主化的特征，具体表现为实践中越来越多的国际司法机构倾向于接受各种"法庭之友"提供的意见或建议。这是公平正义观在国际司法中的体现，因为国际司法对于争端的解决不只影响到争端当事国的权利和义务，它们越来越多地影响到个人的权利和义务。例如，国际法院、国际刑事法院、WTO争端解决机构以及NAFTA争端解决机构在实践中都不同程度地接受、考虑了"法庭之友"的意见。②

传统处理国家之间争议的国际法院受理案件数呈上升趋势，表明接受国际法院司法管辖的国家增多。国际法院成立的前40年里，每年审理的案件只有几件，20世纪90年代以后明显增多，1998—1999年达23件，2000—2003年有11件。此外，国际法院还向联合国和联合国系统的其他机构提供了多项咨询意见。

自20世纪90年代以来，包含"国家同意"条款的双边投资条约数量急剧增长，同意接受ICSID管辖的国家已具有相当的普遍性。ICSID仲裁方式逐渐成为解决跨国投资争端的主要法律方式。《华盛顿公约》要求其缔约方把ICSID的仲裁裁决视为各自的内国法院的终局判决，并就裁决的金钱部分予以强制执行。其他一些新设立的国际司法机构也在加强其执行裁判的有效措施。③

2. WTO争端解决机制的司法化倾向

WTO争端解决机制首次确立了强制管辖权。这主要表现在：第一，如果某一争端涉及WTO的实体协议，该争议必须经WTO争端解决程序处理，任何一方不能单方面实施制裁措施；第二，WTO争端解决机制确立了"反向一致"或"否定式协商一致"的原则。对于成立专家小组的程序，只要一方请求，争端解决机构就应成立专家小组，除非以协商一致决定不成立专家小组，实际上构成了自动或强制管辖。④第三，WTO争端解决机制新增了上诉程序，任何一方均可针对专家小组的报告或裁定向上诉机构提起上诉，上诉机构应对法律问题及专家小组作出的法律解释范围进行审查，上诉机构可以维持或推翻专家小组的法律裁定或结论。此外，

---

① 参见苏晓宏：《国际司法对国际关系转型的影响》，载《法学》2005年第4期，第41页。

② 参见李万强：《论全球化趋势下国际法的新发展》，载《法学评论》2006年第6期，第55~62页。

③ 参见李万强：《论全球化趋势下国际法的新发展》，载《法学评论》2006年第6期，第57~58页。

④ 参见陈力：《WTO争端解决机制与国家经济主权的新变化》，载《法治论丛》2003年第6期，第16~19页。

DSU 及其附件还对争端解决程序的各个环节规定了严格时限，从而防止了久拖不决的状况。① 第四，在举证责任方面，WTO 亦有相关规定，体现了司法化之倾向，不再类似过去解决争端的谈判手段的不确定性与不规范性。具体而言，在程序法上，DSU 要求申诉方提出初步证据证明被诉方违反了 WTO 协定项下的义务，而由被诉方提出最终证据（即提出反证）来反驳对方的诉讼主张。这类似于民事诉讼的举证责任倒置。

3. 国际民商事争议解决机制的多样化

近年来，替代争议解决方法（ADR）作为各种非诉讼解决争议方式的总称，以其所具有的灵活性得到西方国家的青睐，② 并成为一种新的时尚。不论是作为附属于司法程序的 ADR，还是诉讼外 ADR 都有多种表现形式，在各国发展的具体情况也不一样，但 ADR 在各国兴起和发展本身说明了解决争议方式的多元化是与法制化分不开的。法制化不等于司法化，法制化表明人们处理争议的理性与和谐处理方式的统一。

仲裁模式在"二战"以后成为解决跨国商事争议的主要手段。可仲裁事项范围的扩大化主要体现在：越来越多的、以往被禁止以仲裁方式解决的、涉及社会、公共利益及公法的争议变得可以仲裁。可仲裁事项的扩大，无疑为那些原本要通过诉讼才能解决的国际商事争议的当事人提供了更为快捷、简便的争议解决机制。证券交易、垄断与竞争争议、知识产权使用争议、破产争议等事项，开始进入各国仲裁法实践中，成为可仲裁事项。③ 截至 2008 年 5 月，已有 142 个国家和地区参加了 1958 年在纽约订立的《关于承认与执行外国仲裁裁决公约》，④ 这就为仲裁裁决的执行提供了极大的方便。除此之外，在国际民事诉讼方面，非方便法院理论逐渐被越来越多的国家所接受。"挑选法院"现象得到一定遏制。

2005 年，海牙国际私法会议通过了《协议选择法院公约》。作为国际范围内统一民事管辖权和外国判决的承认与执行的重要成果，公约建立了"排他性法院选择协议"的管辖权模式，采用了新的"国际性案件"划分标准，鼓励选择诉讼作为

① 参见朱榄叶：《WTO 争端解决程序中的证据问题》，载《当代法学》2007 年第 1 期，第 121～127 页；余敏友、席晶：《论 WTO 争端解决机制中的证据规则》，载《法学评论》2003 年第 5 期，第 86～98 页。

② 参见袁泉、郭玉军：《ADR——西方盛行的解决民商事争议的热门制度》，载《法学评论》1999 年第 1 期，第 89～94 页。

③ 参见黄进、马德才：《国际商事争议可仲裁范围的扩展趋势之探析》，载《法学评论》2007 年第 3 期，第 54～58 页。

④ 有关参加该公约的成员国数据见联合国网站：http://www.uncitral.org/uncitral/zh/uncitral_texts/arbitration/NYConvention_status.html，2008 年 6 月 8 日访问。

解决争议方式，针对被请求国承认和执行惩罚性赔偿判决问题达成了妥协。① 这一公约的生效体现出：在确定国际民商事争议管辖法院的制度和原则中，协议选择法院将成为一个重点发展方向。

国际法领域里的这些变化表明，在解决争端或争议方面，人类的和平与理性意识正在不断加强。争议解决方式越来越多样化，而解决争议时的对抗性正在逐渐减弱。通过国家司法机器来保证法律的权威和守法的信念不再是唯一的手段。对法治的信念成为少讼的直接推动力。和谐世界需要秩序和规则来维护，这种秩序和规则是和谐的有力保障。

五、和谐世界构建中国际法的发展与作用

当前国际社会的状态也许是无政府状态的，但人类从未放弃过构建理想国际社会的努力。和平、正义和理性是人类永恒的追求。随着国际关系的变化，有关国际关系理论也发生了重大变化，为国际法的发展提供了理念基础。

（一）当代国际关系理论的发展与和谐世界追求

1. 从权力政治理论到相互依赖理论的演变

早期西方国际关系学者主张国际社会是无政府状态的，国际秩序的基础建立在权力斗争的平衡上。20 世纪西方国际关系理论的奠基人汉斯·摩根索（Hans Morgenthau，1904—1980）在其《国家间政治——寻求权力与和平的斗争》一书中指出："国际政治，像一切政治一样，是追逐权力的斗争。无论国际政治的终极目标是什么，权力总是它的直接目标。"② 在权力的支配下，各国对国家利益的追求决定各国的外交政策。国家利益包括三个方面：领土完整、国家主权和文化完整。其中最根本的问题是国家主权问题。他认为战争的根源在于各国对权力的追逐，而避免战争的方法是均势手段和外交手段。由此，西方国家在"二战"以后基于两大阵营的客观现实而推崇均势论和遏制论。在"二战"以后的西方政治学者看来，"均势"是限制国家权力扩展、维持世界稳定的重要工具。受权力制约，国际法在国际关系中的作用是有限的，更多地起到国际道德的作用。

在前苏联解体前后，相互依赖理论得到流行。虽然罗伯特·基欧汉（Robert

---

① 参见屈广清、王淑敏、贾舜宁：《海牙〈协议选择法院公约〉对中国国际私法立法的启示》，载《河南省政法管理干部学院学报》2006 年第 2 期，第 25 ~ 30 页。

② [美] 汉斯·摩根索：《国家间政治——寻求权力与和平的斗争》，徐昕等译，中国人民公安大学出版社 1990 年版，第 38 页。

O. Keohane, 1941—）和约瑟夫·奈（Joseph S. Nye, 1937—）早在冷战结束前就指出了相互依赖的客观存在，但受到国际社会重视却是在冷战结束以后。1977 年，罗伯特·基欧汉和约瑟夫·奈出版了《权力与相互依赖——转变中的世界政治》一书，对国际社会的相互依赖现象进行了揭示。由此，在西方国际关系理论上出现了新现实主义和新自由主义的论战。在相互依赖理论看来，国家在国际社会的交往活动中，行为体之间是相互影响的。如果交往活动需要彼此付出重大代价，那么国家间就存在相互依赖关系；如果不需要付出重大代价，就只存在相互来往关系。①在这种复合依赖关系中，军事力量不起主要作用。

相互依赖理论适应了全球化的事实，同时也为全球化时代的国际关系提出了治理的五种形式，包括强国或国家集团采取单边行动以影响领土外的行为体、区域合作、多边合作、跨国和跨国政府合作等，以期实现管理全球化。②

相互依赖理论准确地判断出当今国际社会相互依赖的客观事实，并认为这种相互依赖关系并不一定能带来和平。在全球化的同时，民族与地区化的倾向同样存在；各国经济价值与利益冲突、政治价值与文化价值冲突并不会减轻；全球化对国家主权价值观的冲击反而会导致局部战争和武装冲突的发生。

2. 从安全论到新秩序论

在传统的以权力为中心的国际政治理论中，均势论占据主导地位。它不仅表明了一种力量平衡的状态，而且也是一些国家处理国际关系的手段和外交政策。这在冷战时期具有典型意义。

新现实主义理论的代表是美国的肯尼思·沃尔兹（Kenneth N. Waltz, 1924—）。他基于世界系统论的认识，认为国际关系不是简单建立在政治权力基础之上的国家间关系，“国家不是、而且从来不是唯一的国际行为主体，而是主要的行为主体”，③ 经济因素对国际关系有着重要影响。他认为，国家是理性而自私的行为体，在国际关系中关心的是“安全”而不是权力，均势的形成不是各国自觉的行为，而是国际结构作用的结果，国家必须时刻注意“现实威胁”和“可能的威胁”。在新现实论中，肯尼思·沃尔兹大量使用了经济学用语，如绝对收益和相对收益等，这种理论可以从美国单边主义的行为中找到影子。新现实主义理论直接

---

① Robert O. Keohane and Joseph S. Nye, *Power and Interdependence: World Politics in Transition*, Little, Brown & Co., 1977. p. 165.

② 参见［美］罗伯特·基欧汉、约瑟夫·奈：《权力与相互依赖》，门洪华译，北京大学出版社 2002 年版，第 311 页。

③［美］肯尼思·沃尔兹：《国家政治理论》，胡少华等译，中国人民公安大学出版社 1992 年版，第 111 页。

催生出新安全论。

随着前苏联的解体，美国单边主义的弱点也让国际社会失望。国际社会迫切希望建立一种新的秩序。法国著名国际政治学者阿隆·雷蒙和英国学者赫德莱·希尔提出了著名的“雷蒙—希尔世界秩序观”。① 斯坦利·霍夫曼作为当代世界秩序论的代表人物，认为“世界秩序”有三个不可分割的定义要素：（1）世界秩序是国家间关系处于和睦状态的一种理想化的模式；（2）世界秩序是国家间友好共处的重要条件和有规章的程序，它能提供制止暴力、防止动乱的有效手段；（3）世界秩序是指合理解决争端和冲突，开展国际合作以求共同发展的一种有序的状态。霍夫曼认为，世界秩序还不是现实，还正在逐步形成过程中，需要国际关系角色的长期努力。②

新世界秩序论代表了国际社会对构建新国际关系的理想和愿望，它强调秩序、和平和和睦相处。这反映出人们厌倦权力政治和单纯依靠武力维持均势格局的冲突世界。

（二）“和谐”观视野中的国际关系与国际法的作用

对于和谐世界应当是什么样的，也许有各种理解，但和谐的内在要求使得未来的国际社会应当具备以下特征：（1）国家安全有最低保障，武力威胁不是国际关系的常态，也不应成为主要工具；（2）和平有秩序和规则保障，这是国际法得以发展的客观需要；（3）国际合作将在深度和广度上发展，各国意识到合作不仅仅是临时结盟，而且是自身发展和人类共同发展的客观需求；（4）容忍多元性和多元文化价值观，并以开放的态度看待彼此的差异和融合。③ 从总体上讲，和谐世界就是“和平、有序、合作与共同发展的世界”。国际法晚近的发展正是朝着促进和平、建立秩序、谋求合作与发展的方向迈进。

21 世纪将是一个竞争与合作的世纪，而不是冷战格局下对抗的世纪。国与国之间围绕发展与遏制发展展开竞争，但这种竞争关系并不一定涉及领土吞并和武力

---

① 参见倪世雄：《当代西方国际关系理论》，复旦大学出版社 2001 年版，第 458 页。

② See Stanley Hoffmann, *Primacy or World Order: American Foreign Policy since the Cold War*, p. 189. 转引自倪世雄：《当代西方国际关系理论》，复旦大学出版社 2001 年版，第 458 ~ 459 页。

③ 参见张蕴岭主编：《构建和谐世界：理论与实践》，中国社会科学院国际研究部集刊（第 1 卷），社会科学文献出版社 2008 年版，第 5 ~ 6 页。作者在此借用了该文中有关和谐世界特征的提法，但不完全相同。

使用。重建和平竞争规则是联合国改革的方向，也是国际法制发展的动力。人类社会面临的共同问题与挑战也越来越多，需要各国进行合作。各国之间既相互竞争、又相互合作将是新世纪国际形势的主要特点。不论竞争还是合作都将围绕“人”这个中心，或者是作为整体意义上的人类，或者是作为个体意义上的自然人或经济实体，拟或作为国家载体的民族，不同文明之间既有冲突，也有融合。

从高强度的对抗到低烈度的竞争要求国际秩序必然是建立在理性和规范基础之上的秩序。这种新的国际形势要求国际法逐渐摆脱“软法”的痕迹，朝着规范、有序方向迈进。围绕人类的整体可持续发展和个体权利保护，国际法将进一步加强国家责任，提升人权原则在国际法中的地位和作用，促进国际法在国内的实施。同时，在国际争端和纠纷处理上，将更加注重解决方法的多元化和司法化倾向。具体到不同部门法领域，国际刑法、国际环境法和国际人权法将更加突出司法程序方面的建设；外层空间法和海洋法随着人类科技进步也会产生新的发展；区域性和专业性国际组织不仅在地区和专业领域发挥造法职能，而且在处理区域争议和专业领域争议方面将发挥更加重要的作用。在国际私法领域，国际立法统一化和各国法律的趋同化将是主要特征，各国司法合作将更加紧密，替代性争议解决方法（ADR）和仲裁将会得到进一步发展。为建立一个稳定、和谐、相互依存的国际社会，国际法必将出现统一化立法爆炸性增长、争议解决方式多样化和法制化的局面。

The Development of International Law and a Harmonious World in the New Century

Abstract Our international society has become one of economic globalization and political multi-polarization in the 21st century. The changes of international situation and international law in the past 20 years or so have revealed the main characteristics of the development of international law in the new century. Among them, protection of human rights is becoming the basic principle of international law. The new conception of fairness and justice will lead to changes in international law. Cooperation and sustainable development have become the main theme of international legislation. The “soft law” nature of international law will be increasingly weakened. Therefore, the development of international law in the new century mainly focuses on improving international legislation on cooperation, constructing judicial mechanisms of international dispute resolution, and strengthening international judicial corporation, in order to further the harmonious development of the world.

Key words international law; human-oriented ideology; fairness; new international order; harmonious world

（审稿：卜　璐）

国际法律制度构建与维持的博弈分析
——一种从国际关系理论视角的探讨*

□ 刘志云**

内容摘要 博弈理论进入国际关系学者的视野后，很快成为分析国际冲突与合作的一种有效方法，许多国际关系理论的学者都曾广泛使用博弈方法论证有关国际制度的构建与维持等问题。这为我们分析包括国际立法的谈判与构建、各个层次的立法博弈的难度与优势、国际法律制度的维持等在内的国际法相关问题提供了线索。当然，我们也必须清楚这种立足于理性主义认识论的博弈理论与方法在对国际法各种现象的解释上有着不可避免的局限性。

关键词 国际关系理论 博弈论 国际法

目 次

---

* 本文系2008年度教育部“新世纪优秀人才支持计划资助”（NCET）成果，同时为作者主持的国家社科基金项目“国际关系理论与当代国际法的实践”阶段性成果之一（项目编号：07CFX044）。

** 厦门大学法学院教授，博士生导师，法学博士。

(一)对斯坦观点的介绍与评价

(二)互惠对国际法律制度维持的意义

四、博弈理论在国际法律制度的构建与维持分析中的局限

自20世纪50年代以来，由于国际形势的变化与科学技术的进步，国际关系的研究经历了一场“方法论上的革命”，即行为主义革命。在这场革命中，古典现实主义的传统研究方法受到了挑战，许多国际关系学者开始意识到，关于他们自己的研究主题的研究工作并未充分展开，这些命题实际上能够用更“科学”的方法进行分析与预测。而要使这种潜力或前景成为现实，就必须借鉴或采用在其他学科已经产生明显效果的各种研究方法。① 在此背景下，博弈论与经济学、社会心理学、控制论、信息论、模拟学等一同进入了国际关系学者的视野，被广泛应用于国际冲突与合作的研究，为国际关系的分析走向“科学化”与“精确化”作出了重大的贡献。作为一种探讨冲突与合作的理论，“博弈论的终极目标是扩大理性人模型的范畴：把古典现实主义的有限视角引入到一个更为复杂的世界之中——这个世界除了对立还有合作”。② 由此，国际关系学者对博弈理论的运用，为国际立法的构建与维持等问题的探讨，提供了一种有用的分析框架。

一、国际法律制度构建的博弈分析

20世纪80年代以来，冷战渐趋缓和乃至终结，世界相互依赖日益紧密，国际合作与国际制度的作用日趋重要。这时，一些国际关系学者开始改变对国际合作的悲观看法，并试图立足于现实主义的基本假设推导出与现实主义者所主张的有关国际合作的悲观前景和国际制度难以构建的观点不同的看法。③ 在这些国际关系学者中，以阿瑟·斯坦、基欧汉、阿克塞尔罗德、利普森、莉萨·马丁等人的论证最为精辟。他们从博弈理论的角度对国际制度的构建与维持问题进行了详细的阐述，对于国际法的构建与遵守问题的分析具有借鉴意义。在国际关系的实践中，国家之间的博弈类型主要有四种，包括博弈双方或多方利益对称的“协作型(collaboration)

① 参见[英]赫德利·布尔:《1919—1969年的国际政治理论》，载[美]詹姆斯·德·代元主编:《国际关系理论批判》，秦治来译，浙江人民出版社2003年版，第208~209页。

② Duncan Snidal, *The Game Theory of International Politics*, World Politics, Vol. 38, No. 1, 1985, p. 25.

③ See Arthur A. Stein, *Coordination and Collaboration: Regimes in an Anarchic World*, International Organization, Vol. 36, No. 2, 1982, p. 324.

博弈”与“协调型（coordination）博弈”，以及博弈双方或多方利益不对称的“劝说型（suasion）博弈”和“保证型（assurance）博弈”，① 国际关系学者的分析往往是从这些博弈类型入手的。当然，就如博弈论本身是建立在物质主义本体论与理性主义认识论的基础上一样，国际关系学者应用博弈理论分析国际制度的建构与遵守等问题时，基本也是以利益为出发点的，功能主义成为国际制度博弈理论分析的基本指导思想。同时，包括国际法在内的现存国际制度决定了博弈理论的分析范围，而博弈分析的运用也展示出国际制度往纵深发展的方向。②

（一）协作型博弈与国际立法

阿瑟·斯坦认为，当参与方之间的互动受到限制或者各方都避免独立的政策决策时，制度就可以产生。之所以国内社会能够产生普遍、成熟的制度，是因为即使在最自由和最开放的国内社会，也不允许绝对的个人主义和市场自由。如果在国际领域，每个行为者都可以自行其是，那么国家之间就有产生共同的而非单个的决策行为模式的必要，其目的不在于行为者的选择受到限制，而是行为者希望避免独立地制定政策。由此，有关复合相互依赖的到来意味着国家行为受到限制，国内制度与国际制度产生的根源相类似之观点也就成立。③ 对此，本文认为，当国家之间产生共同的而非单个的决策行为，也就说明国家单个决策行为受到了限制；正是国家之间相互依赖的存在，才限制国家独自决策，并产生共同决策的需要。换句话说，斯坦的看法与相互依赖的理论脉络是吻合的。

在国际合作的各种博弈类型中，斯坦重点论述了双方或多方的利益是对称的“共同利益困境”与“共同背离困境”，即“协作型博弈”以及“协调型博弈”两种类型。在这两种博弈类型中，国际制度以及国际组织扮演着促进合作的重要角色，因为它们为国家解决共同利益困境或者为解决共同背离困境扫清了道路。用新自由制度主义者的话讲，就是国际制度或国际组织能为国家带来降低交易成本、增加透明度、防范背叛等利益，因此国家需要制度或组织的产生。那什么是共同利益困境呢？斯坦作出了解释，即当国家追求某种特定结果时，由于国家单个决策行为的存在，导致所有的行为者都希望产生的获益结果却变成帕累托短缺（Pareto-

① 有关协作型博弈、协调型博弈、劝说型博弈以及保证型博弈的图表，来自［美］莉萨·马丁：《利益、权力和多边主义》，载［美］莉萨·马丁、贝思·西蒙斯编：《国际制度》，黄仁伟、蔡鹏鸿等译，上海人民出版社2006年版，第39~49页。

② See Duncan Snidal, *The Game Theory of International Politics*, World Politics, Vol. 38, No. 1, 1985, p. 45.

③ See Arthur A. Stein, *Coordination and Collaboration: Regimes in an Anarchic World*, International Organization, Vol. 36, No. 2, 1982, p. 301.

deficient)，这就是共同利益困境。为了解决这种困境，各方必须进行合作。这时，为解决共同利益困境的制度产生后，将对行为模式进行严格规范，以杜绝欺诈行为的出现。① 从实践来看，共同利益困境，即“协作型博弈”，是国际合作中最经常发生的博弈类型，国际关系理论以及经济学、社会学等领域研究得最为透彻的“囚徒困境”即是这种博弈的典型（见图 1）。

		B	
		0	1
A	0	3，3	1，4
	1	4，1	2，2

图 1　协作型博弈（囚徒困境博弈）

在这种合作中，双方都会有绝对获益，但是合作所得到的均衡却是次优的，单方背叛成为理性国家的主导战略。因此，困扰合作的问题是利益分配以及防止欺诈的问题。由于大多数博弈并不是一次性的，而是重复进行的，这就产生了促成合作的有利条件，即任何国家能够获取其他国家的信息，大家都选择背叛只能得到最糟糕的结果，因此大家都尽量避免不喜欢的结局；即使单边背叛侥幸成功也难以避免下次的惩罚，从长远的角度看是得不偿失的。因此，尽管合作只能得到次优均衡，但在这种情况下国家仍然会选择合作，并且需要有一个保证大家都能接受的分配方案以及维持这种方案稳定与防范欺诈的长效机制。基于此，为了避免共同背叛以及通过合作得到更多的收益，在一个囚徒困境博弈中，理性国家将倾向于达成限制背叛的国际准则和公约。而且，这些限制必须适用于所有的博弈方，“国家必须放弃它们的部分主权或权力作为其他国家这样做的回报”。②

无疑，在“囚徒困境”博弈中，欲走出“共同利益困境”就必须建立共同决策机制，这就是国际制度产生的原因之一。用斯坦的话说，国际制度的产生也是为了解决类似于个体行为中出现的、共同的次优结果问题，即只有在国家避开独立决

① See Arthur A. Stein, *Coordination and Collaboration: Regimes in an Anarchic World*, International Organization, Vol. 36, No. 2, 1982, pp. 311-312.

② Kenneth W. Abbott, *Modern International Relations Theory: A Prospectus for International Lawyers*, Yale J. of Int'l L., Vol. 14, 1989, p. 360.

策的时候，才能保证国际公共物品的最佳供应。① 当然，国际公共物品问题不仅仅是囚徒困境中的偏好与选择的问题，它还涉及国际制度所能够提供的解决方法。例如，如果允许商品自由跨越国家边界，所有的国家都将受益，但总是存在单个国家或一群国家，试图通过欺诈，建立起贸易壁垒和进口限制，以提高自己的地位。而且，如果其他国家不采取类似的反应，进行欺诈行为的国家的地位将由此而获得提高。不幸的是，相似的对策将是其他国家的本能反应，而一旦所有的国家都采取这种战略，即构建起贸易壁垒，国际贸易的衰落和所有国家的萧条将是不可避免的结局。第二次世界大战后建立国际自由贸易制度的努力，就是对20世纪30年代以邻为壑的贸易政策所造成的结果的反应。② 许多国际法律制度正是发挥着限制这类措施的产生，以及避免在共同背叛的情势下大家的福利都减损的功能。③ 简言之，国际法律制度即是保证大家都能接受的分配方案以及维持这种方案稳定与防范欺诈的长效机制之一，是走出"共同利益困境"的一种较好选择方案。

在制度被制定后，虽然单一国家对制度的破坏通常不会引起整个体制的崩溃，但是它极可能刺激更多的其他成员的背叛，最终导致整个制度价值的丧失。但由于建立一个限制背叛的新制度的成本是高昂的，因此，有着长远眼光的国家往往认为能够抑制背叛的既有制度值得大家维护。④ 这样，国家选择单方背叛促使其利益最大化的途径必须被堵死，构建促进合作的机制时必须把重点放到机制的稳定与维护方面，而这需要一个权威的、集中化的正式机制的存在。欧盟、WTO等制度得以不断强化即是这种需求的反映。再如，防范军备竞赛的机制也是典型。每一个国家都希望自己能够发展军备超过对手，但却不愿意看到因为自己的军备扩张引发对手同时的军备扩张，因为这种军备竞赛的结果可能是每一个国家军备上优先于对手的战略都未能实现，或者未能持久，即军备竞赛并没有让哪个国家能够感觉更安全。⑤ 相反，军备竞赛导致的劳民伤财却可能给各国的国内经济与社会发展带来危机。因此，建立一种协作机制并且不断强化这些机制的实际功效尤其重要。

---

① See Arthur A. Stein, *Coordination and Collaboration: Regimes in an Anarchic World*, International Organization, Vol. 36, No. 2, 1982, pp. 307-308.

② See Arthur A. Stein, *Coordination and Collaboration: Regimes in an Anarchic World*, International Organization, Vol. 36, No. 2, 1982, p. 308.

③ See Kenneth W. Abbott, *Modern International Relations Theory: A Prospectus for International Lawyers*, Yale J. of Int'l L., Vol. 14, 1989, p. 362.

④ *Id.*, p. 363.

⑤ See Harvey Starr, *International Law and International Order*, in: Controversies in International Relations Theory: Realism and the Neoliberal Challenge, Charles W. Kegly, Jr. (ed.), Wadsworth, a division of Thomson Learning, 1995, p. 304.

在全球化迅猛发展的背景下，追求国际关系的稳定与可预期成为个体国家与人们的共同需要。这时，“当代国际关系最突出之处是逐渐进入法制化阶段”;① “在程度不一的法制化进程中，法律与政治紧紧纠缠在一起”。② 尤其是由共同利益困境而产生的国际机制，晚近有着典型的“法制化”趋势，即这些国际机制或制度试图在被遵守的程度、规则本身的明确性以及其规则由独立实体来解释、监督并实施等方面取得进步与加强。③ 无疑，这种趋势实际上反映了它们试图通过加强“责任性”、“明确性”、“授权性”等因素，追求或增强自身的“权威性”与“稳定性”的过程，这既是它们试图提高本身的实际功效的努力，也表达了它们希望拥有类似于国内法体系中的强制力保障的愿望。

同样，冷战结束后各国对核不扩散的期望汇聚不是减少而是增加了。在《核不扩散条约》里，没有核武器的国家声明放弃对核武器的获得，可以被解释为是一种阻止核武器研发的“囚徒困境”升级为核竞争趋势的措施。《核不扩散条约》也解决了核武器国家的一个囚徒困境，即通过条约降低它们将核材料和技术销售到无核国家的商业刺激或政治冲动。④ 冷战结束后，核不扩散机制的巩固与加强表现为其原则、规范、规则和决策程序的进一步确立和更好地贯彻与实施方面。⑤ 而且，面对一些无核国家对该机制的挑衅，国际社会也不遗余力地进行防范以及压制。

(二) 协调型博弈与国际立法

除“共同利益困境”外，阿瑟·斯坦认为，制度也能解决另一种参与方利益对称的博弈，即“共同背离困境”的问题。⑥ 在这种博弈类型中，行为者追求的是避免发生某种特定的结果。与协作型博弈一样，“共同背离困境”(即是“协调型

① Kenneth W. Abbott and Duncan Snidal, *Hard and Soft Law in International Governance*, International Organization, Vol. 54, No. 3, 2000, p. 421.

② Kenneth W. Abbott, Robert O. Keohane, Andrew Moravcsik, Anne-Marie Slaughter & Duncan Snidal, *The Concept of Legalization*, International Organization, Vol. 54, No. 3, 2000, p. 416.

③ *Id.*, pp. 401-410. See also Judith Goldstein, Miles Kahler, Robert O. Keohane & Anne-Marie Slaughter, *Introduction: Legalization and World Politics*, International Organization, Vol. 54, No. 3, 2000, p. 387.

④ See Kenneth W. Abbott, *Modern International Relations Theory: A Prospectus for International Lawyers*, Yale J. of Int'l L., Vol. 14, 1989, p. 361.

⑤ 参见王杰主编:《国际机制论》，新华出版社 2001 年版，第 289 页。

⑥ See Arthur A. Stein, *Coordination and Collaboration: Regimes in an Anarchic World*, International Organization, Vol. 36, No. 2, 1982, p. 309.

博弈”），也是国际关系实践中常见的博弈类型（见图 2）。

		B	
		0	1
A	0	4，3	1，2
	1	2，1	3，4

图 2　有分歧利益的协调博弈

图 2 表明，这种博弈有两种可能的均衡结果，其中每一个博弈者都会偏好一个结果，但无论是哪一种均衡结果，双方获取的利益都会比单方背叛强得多。而且，两者都没有主导战略，最好的行动选择取决于其他博弈者采取怎样的行动。从表面看，在协调博弈里，每个选手的首要偏爱是为了共同的合作结果。与单方面不合作相比，每个选手更喜欢单方面合作。在这些条件下，行为者之间的关系应该是协调的，那还有寻求准则或者公约的必要吗？例如，按照自由主义经济学家的逻辑，跨国贸易就是一个协调型博弈，国家之间开展自由贸易应是一个水到渠成的自动选择，国际贸易规则变得有点多余。但是，现实世界却不是这样的，相反的例子比比皆是，包括跨国贸易这种情况，因而协调型博弈仍然需要寻求制度来保障国家之间的合作。① 当然，与协作型博弈有区别的是，协调型博弈能否达成合作的主要问题并不是是否选择合作，而是在选择哪一种均衡时的讨价还价问题。在博弈过程中，无论讨价还价有多激烈，但两败俱伤都是拥有各种不确定性战略的行为者最需要避免的结果。② 也即是，所有的行为者，在希望避免发生某种（或至少一种）特定结果上拥有共识，从而要求行为者进行协调。在这种共同背离困境中，每一个国家都产生了避免独立决策的动机，制度由此而产生。

无疑，“共同背离困境”并不是双方真的毫无共同利益可言。实际上，解决这种困境，即是各国的共同利益所在，这种利益是共同与对称的。当合作达成后，博弈者基本上也没有背叛它的动机。这就表明，虽然共同背离困境是制度产生的重要模式，国家需要订立制度来协调它们的行动，但由于这种博弈模式的特殊性，制度

① See Kenneth W. Abbott, *Modern International Relations Theory: A Prospectus for International Lawyers*, Yale J. of Int'l L., Vol. 14, 1989, p. 357.

② 参见［美］莉萨·马丁：《利益、权力和多边主义》，载［美］莉萨·马丁、贝思·西蒙斯编：《国际制度》，黄仁伟、蔡鹏鸿等译，上海人民出版社 2006 年版，第 44 页。

产生之后各国基本上都会选择遵从，因为背叛并不能给它们带来更大的利益。因此，各国需要订立协调机制但并不需要强有力的机制来监督与强制执行，这就意味着相关制度或组织不需要成员国的权力集中化转移，制度的执行主要依靠自我约束与自我管制的方式，组织的内部结构比较松散，一般不具备等级化特征。① 当然，协调型博弈合作达成的国际制度具备较强的稳定性并不意味着该制度将永远不变，当一个强大的国家认为推行另一种标准能够达到更大的效益，且其有能力逐渐让其他国家接受新标准时，原有的制度将受到极大的挑战，并有可能被这个新的制度所代替。

从实践来看，标准化组织或制度是各国协调型博弈合作达成制度的典型。随着工业革命带来的国际交流的增加以及科技的进步，邮政、交通、通信、电信等方面的标准协调问题成为摆在各国面前的头等大事。从19世纪中期起，各国之间开始签订旨在调整电信、交通等方面的国际协定，并从双边协定演变成多边协定。在实施多边协定时，国家间出现了若干为特定目的而建立起来的“国际行政联盟”(international administrative unions)，这是一种以专门的、行政的和技术性的国际协作为基本职能的稳定的组织形式。如1865年成立的国际电报联盟、1874年成立的邮政总联盟、1875年成立的国际度量衡组织、1890年成立的国际铁路货运联盟等。② 这些标准化组织或法律制度能够较早达成以及稳定化运作，即是协调型博弈本身特点的反映。它们的兴起与繁荣，也成为近代国际法与国际组织发展中最突出的成就之一。

（三）劝说型博弈与国际立法

在国际合作中，诸如共同利益困境以及共同背离困境等博弈类型中，双方或多方的利益是对称的，它们要解决的是各方协作或协调的问题。不过，国际合作中还经常出现另外两种利益不对称的博弈类型，即劝说型博弈和保证型博弈。在19世纪末英国的国力强盛时以及第二次世界大战以后美国霸权对世界产生深远影响时，劝说型博弈成为一种常见的博弈类型，也成为当代国际制度以及国际立法的构建模式之一（见图3）。

---

① 参见苏长河：《全球公共问题与国际合作：一种制度的分析》，上海人民出版社2000年版，第218页。

② 参见梁西：《国际组织法（总论）》（修订第5版），武汉大学出版社2001年版，第20～21页。

		B: 0	B: 1
A	0	4，3	3，4
	1	2，2	1，1

图 3　劝说型博弈

在劝说型博弈中，大国或霸权国为了推行某种战略，需要其他国家进行合作。但是，当较小国家意识到霸权国或大国的战略意图时，可能会有强烈的“搭便车”或者背叛的动机，因为将公共物品的维持成本全部推给大国或霸权国并享受公共物品的利益将使它们的利益最大化。这时，大国或霸权国必须更多地承担提供公共物品以及惩罚背叛的成本，并将较小国家纳入其战略轨道。大国或霸权国选择用制度的方式维持长期的合作状态，这使得它们与“帝国”区别开来。同时，大国或霸权国的实力也决定了它们能够更多地承担推行制度的成本，这些主导国家往往将威胁与利诱很好地结合在一起，迫使其他国家就范。在这里，主导国的实力成为博弈能否达成合作的关键，“围绕制度建立而进行的谈判可能会随着主导国的强有力而成为可能；但是也会由于相关国家的软弱而变得遥遥无期”。①

因此，劝说型博弈的合作均衡是在权力与利益不对称的背景下产生的。实际上，霸权或大国主导下的国际法律制度的内容往往反映的就是这个霸权体系中权力配置的状态。正由此，决定了这种国际法律制度会受到权力结构以及由于权力结构的变化导致权力配置的转换的影响，即随着国际体系中权力结构和权力配置的变化，那些反映旧体系下权力配置状况的国际制度有可能会相应地被新体系中的国际制度所取代。至于变迁的方式，既可能是在暴力作用的条件下发生，也可能是在和平的条件下进行。② 第二次世界大战之前这种转换往往跟暴力联系一起，但第二次世界大战之后这种转换却基本上是在和平的条件下进行。这种反差主要是因为如果根据权力结构的变动及时地调整国际制度内的利益分配模式，比如将原有的由霸权垄断的决策让位于更加真实的多边行为，原有的国际制度框架往往能够通过和平的

① Oran R. Young, *Political Leadership and Regime Formation: On the Development of Institutions in International Society*, International Organization, Vol. 45, No. 3, 1991, pp. 281-308.

② 参见苏长河：《全球公共问题与国际合作：一种制度的分析》，上海人民出版社 2000 年版，第 226 页。

方式得到改善以及延续。① 这时，劝说型合作模式实际上朝协作型合作模式转变。

从实践来看，在第二次世界大战后，美国凭借强大的国力以及反法西斯战争中获取的崇高声誉使得这种非对称的战略互动变得普遍，许多多边机制就是在美国的“劝说”之下达成以及运作的，诸如对前苏联集团出口技术控制的巴黎统筹委员会、核不扩散机制等即为典型，甚至从联合国体系、布雷顿森林体系的建构中也能看到这种博弈合作的影子。而第二次世界大战后国际汇率制度的变迁，即由固定汇率制到浮动汇率制的转变，即是美国权力的收缩所导致的国际制度的变化。此外，近年来一些国家对联合国安理会常任理事国增补问题而积极开展的外交活动，也是第二次世界大战后大国集团的权力变化导致要求相应的国际法律制度变化的一个反映。

（四）保证型博弈与国际立法

除协作型、协调型以及劝说型博弈外，国际合作还经常会碰到另外一种典型的博弈形式，即保证型博弈，其也是国际制度乃至国际法产生的重要根源之一（见图 4）。

		B	
		0	1
A	0	4，4	1，3
	1	3，1	2，2

图 4　保证型博弈

与前三种博弈类型相比，似乎制度在保证型博弈中所扮演的角色并不重要，因为在这种博弈中拥有完全信息的理性国家将在这种单一的问题领域、一次性博弈的范围内合作。只要所有国家都合作，就没有源自欺骗的利益。因此，也就没有动机去背叛。对此，斯坦分析道：博弈者存在最佳的偏好结果，而且它们通过自动的行动就能达成。即使博弈双方存在两个偏好结果，在博弈过程中双方一开始可能形成次优的平衡，但是随着博弈的进展，博弈双方会逐步认识到最优平衡结果的意义从

① 参见［美］莉萨·马丁：《利益、权力和多边主义》，载［美］莉萨·马丁、贝思·西蒙斯编：《国际制度》，黄仁伟、蔡鹏鸿等译，上海人民出版社 2006 年版，第 57～58 页。

而采取最优的战略决策。① 因此，在斯坦看来，从次优到最优的过程，是一个不需要制度的自动过程。②

从理论上讲，虽然国家在保证型博弈中选择合作的偏好将使得合作走向成功，但现实中的两个问题可能会使得国家不能达成它们选择这种偏好的结果：其一是不能明确其他国家的报偿；其二是怀疑其他国家实际上可能并不是理性的、整体的行为体。③ 因此，考虑到国际关系的多变性，国家还是可能选择制度来预先控制不确定性的发生。对此，就如苏长河博士指出的，在保证型合作博弈中，国际制度也是需要的，斯坦之所以会排除制度在保证型博弈中的作用，是因为他没有认识到在保证型博弈中从次优平衡到最优平衡的过程，实际上就是国际制度形成和发挥作用的过程，而不是一个不需要国际制度的过程。一方面，如果一次博弈就能够实现帕累托最优均衡的结果的话，那博弈各方的战略确实不存在相互依赖的特点了，但是保证型博弈刚好还存在一个次优结果，各方有从次优向最优的改善动机，战略决策上就会出现相互依赖的状况。另一方面，之所以能从次优平衡过渡到最优平衡，正是因为国际制度起作用的结果。④ 可见，保证型博弈中的不稳定因素所导致的对合作的威胁以及次优均衡总是存在，国际制度的达成与作用能使得这种威胁有所缓和甚至消除以及促使从次优均衡到最优均衡过渡，决定了国际制度有存在的必要意义。因此，国家可以寻求建立国际制度作为提升合作的手段。制度可以帮助确保国家理解这个博弈和它们的合作利益。更为重要的是，制度可以帮助国家传递它们的延续性欲望，从而保证合作的继续。⑤

当然，尽管在保证型博弈中制度会起到作用，因而国家有必要为促进这种合作而构建制度，或者说这种类型的博弈也会产生制度，不过制度在这里的意义确实与协作型、劝说型博弈中的制度存在区别。在从次优到最优的改进过程中，博弈双方信息的沟通、预期的汇聚以及误解的减少，是合作进步的关键。因此，保证型博弈

---

① See Arthur A. Stein, *Why Nations Cooperation: Circumstance and Choice in International Relations*, Cornell University Press, 1990, p. 30. 转引自苏长河：《全球公共问题与国际合作：一种制度的分析》，上海人民出版社 2000 年版，第 215 页。

② 参见苏长河：《全球公共问题与国际合作：一种制度的分析》，上海人民出版社 2000 年版，第 215 页。

③ 参见［美］莉萨·马丁：《利益、权力和多边主义》，载［美］莉萨·马丁、贝思·西蒙斯编：《国际制度》，黄仁伟、蔡鹏鸿等译，上海人民出版社 2006 年版，第 49 页。

④ 参见苏长河：《全球公共问题与国际合作：一种制度的分析》，上海人民出版社 2000 年版，第 215 页。

⑤ See Kenneth W. Abbott, *Modern International Relations Theory: A Prospectus for International Lawyers*, Yale J. of Int'l L., Vol. 14, 1989, p. 370.

产生的制度的主要功能在于收集信息、汇聚行动者的预期，以及降低环境中的不确定因素。① 从功能上讲，保证型博弈合作所产生的制度与协调型博弈合作所产生的制度的功能类似。一般来讲，保证型博弈合作也不存在背叛问题的困扰，因为一旦制度达成，促进合作效应的最优改进效果就出现了，这保证了制度能够稳定与持久地运行。因此，这类制度的设计往往是通过自发的选择与谈判过程来完成的，强制性的力量并不起决定性作用，制度的运转也主要依靠各个行为体自律与自发地履行。②

从国际法的实践看，保证型博弈合作而达成的法律制度出现较早，往往是先从习惯法演化而来，一旦形成即具有良好的稳定性。典型的例子如外交制度，在1961年的《维也纳外交关系公约》订立之前，各国在外交方面就早已按照心照不宣的习惯规则而运行。国际司法协助制度也是保证型博弈合作下制度形成的另一个典型例子，其是在个体理性与集体理性基本一致的背景下设计出来的，因此其运行过程基本上不受背叛的困扰，一般也不随权力结构的变迁而改变。③ 如有关罪犯引渡公约签订后，各国就能以可预见的方式，处理将来有关罪犯引渡的问题，公约起到了保证作用，其中互惠原则奠定了这种条约的稳定性基础。④

二、各个层次国际立法合作的博弈分析

在晚近全球化迅猛发展的背景下，跨国公司、国际组织以及NGOs等非国家行为体在国际关系中日趋活跃，发挥出越来越重要的作用。但是，截至到目前，主权国家作为国际关系中的最重要角色之地位仍然没有改变，在国际立法中的双边、区域、多边领域，这一点更为明显，即只有各国（或地区）政府，才具有完整的谈判资格与地位。由于各国政府在合作谈判中不得不考虑到内政外交等因素，其所持观念与国内利益集团之间也不一定百分之百地等同，有时甚至可能会发生剧烈冲突，而且，参与博弈的国家数量不一，也将影响到合作的难度与合作的前景，即“在一个动机复杂的博弈中，政府的合作能力不仅仅受报偿结构和未来前景的影

① 参见苏长河：《全球公共问题与国际合作：一种制度的分析》，上海人民出版社2000年版，第215页。

② 参见苏长河：《全球公共问题与国际合作：一种制度的分析》，上海人民出版社2000年版，第216页。

③ 参见苏长河：《全球公共问题与国际合作：一种制度的分析》，上海人民出版社2000年版，第216页。

④ See Arthur A. Stein, *Coordination and Collaboration: Regimes in an Anarchic World*, International Organization, Vol. 36, No. 2, 1982, p. 304.

响，而且受参与博弈的行为者数量及它们的相互关系的结构影响”。① 不仅如此，除“劝说型博弈”外，其他博弈类型往往是将参与者视为对称（例如，以“相同的”次序偏好将一个很大的国家和一个很小的国家看成“囚徒困境”中平等的伙伴），但在实践中它们的实力往往是不对称的。如果两者处于同一水平，博弈结果可能是公平的。否则，强势的国家难保不会利用它们的地位去追求偏于自己的结果。再考虑到国际关系中很多重要问题的互相依赖性，情况会变得更加复杂。所有这些，都会影响到国家的偏好强度。② 因此，按照参与博弈的行为体的数量以及能力对比，我们可以看出，不同层次立法博弈的难度与优势，以及立法的深度、广度与速度，取决于各个博弈主体之间的博弈能力、未来影响、博弈主体的数量及其相互关系等。

（一）双边层次达成立法成果的难度与优势

在双边领域，参与博弈的主体是两个国家（或地区），两者之间的博弈关系简单明了，双方的博弈资源、博弈筹码以及利益关系一目了然。所以，特定互惠容易实现，双方容易对利益分配方案达成共识，从而使得双边层次立法博弈的成功几率较之区域或多边层次的立法博弈大得多。

实际上，长期以来，国际立法，尤其是国际经济领域的立法，大多集中于此。例如，晚近达成的双边投资保护协定的数量是惊人的，而且正在呈几何级数地增长。不过，我们也应该看到，即使是最简单的双边博弈，仍潜伏着失败的诱因。例如，在面对类似于“囚徒困境”的情境时：第一，各国政府倾向于以自身的立场评估“对等”。这种立场显然不是客观的，而是偏向自身利益的。经常以对等的名义要求对方加倍补偿，这种互惠的滥用可能导致矛盾与冲突不断升级。第二，即使双方都明白共享利益的存在，关于互惠与对等的判断也没有过分扭曲，但各自的互惠战略也可能会导致谈判走入死胡同。③ 例如，在立法谈判中，有许多筹码实际上对某一方并没有太大的价值，但却成为要挟另一方的有力工具，最终可能导致谈判失败，而实际上如果能够达成合作对双方却是有重要意义的。

针对双边谈判中的这种困境，阿克塞尔罗德也提出了有效的补救方法，即修正

① Robert Axelrod and Robert O. Keohane, *Achieving Cooperation under Anarchy: Strategies and Institutions*, World Politics, Vol. 38, No. 1, 1985, p. 234.

② See Duncan Snidal, *The Game Theory of International Politics*, World Politics, Vol. 38, No. 1, 1985, p. 47.

③ See Robert O. Keohane, *Reciprocity in International Relations*, International Organization, Vol. 40, No. 1, 1986, pp. 10-11.

特定互惠，"各方都只作出90%的针锋相对，希望借此挫败冲突的回响效应，并为另一方避免不必要的背叛提供可能"。① 当然，这一解决方法无疑承认了在双边谈判中，互惠并非是万能的。诸如宿怨、彼此的偏见性判断、交易筹码的积蓄而导致的僵局等消极因素，都可能会削弱特定互惠的价值。②

（二）区域层次达成立法成果的难度与优势

超出两国的博弈分析是非常重要的，因为很多国际事务牵涉到多个国家。对于多国博弈的思考能为我们展示在何种情况下博弈理论的扩展是有益的，而又在何种情况下作用是有限的。③ 区域性国际立法谈判涉及三个以上国家，已属于多国博弈，相互之间关系已不再是双边博弈那样单纯，各种矛盾可能交织在一起，这就增加了博弈成功的难度。也就是说，双边博弈存在的失败诱因在区域谈判中更为明显与复杂，而从中找到各方都能接受的利益分配方案的难度更大。

当然，我们还应该看到，尽管区域之间立法合作更为艰难，但也有其自身的优势：一方面，区域谈判往往在参与博弈的各方之间存在着历史、文化、地理、政治、经济等方面紧密联系的背景下开展，这表明参与区域立法谈判的各国（或地区）利益相关性较之多边谈判紧密许多。尤其是面对共同的外部竞争或敌人时，同舟共济或同仇敌忾的感情会让它们变得更加紧密。因此，在晚近国际立法中，区域层次的立法，包括区域经济一体化与政治一体化等，在某些地域，如欧洲，已经发展到相当的高度。究其原因，除该区域中各国在传统上有着历史、地理、文化、宗教以及政治、经济的紧密联系外，共同面对诸如美国此类强劲的竞争对手，提高彼此国际竞争力也成为各国之间荣辱与共的大事。另一方面，与多边立法相比，区域立法涉及的国家有限，如果参与国家之中有一两个强势或主导国家存在——如美洲国家组织中的美国——只要强势或主导国家适当地运用让步与制裁相结合的战略，就容易引导博弈朝合作的方向发展。同时，又因为涉及国家有限，强势或主导国家对搭便车的行为更具有忍耐性，也更愿意发挥出主导作用。如果涉及多个大国，或各国博弈实力较为均衡的联合型博弈，则只要这几个大国或各个国家在承担合作的成本与利益分配方面达成一致，则各国趋向于合作。如当年欧共体中处理好

① Robert Axelrod, *The Evolution of Cooperation*, Basic, 1984, p. 138. Cited in Robert O. Keohane, *Reciprocity in International Relations*, International Organization, Vol. 40, No. 1, 1986, p. 11.

② See Robert O. Keohane, *Reciprocity in International Relations*, International Organization, Vol. 40, No. 1, 1986, pp. 11-12.

③ See Duncan Snidal, *The Game Theory of International Politics*, World Politics, Vol. 38, No. 1, 1985, p. 52.

英、法、德三国的关系，就容易走上合作博弈之路。

在区域立法谈判中，是否要引进扩散互惠作为特定互惠的补充成为谈判者必须考虑的一个问题。从目前国际合作的实践看，扩散互惠出现在谈判实例中并不多见，尤其是与特定互惠的经常性相比。实际上，只有在拥有广泛共享利益的合作型国际机制中，扩散互惠才有产生的基础，但它并不是非常稳定的。而且，欧洲一体化的实践表明，扩散互惠与特定互惠之间可以互相转化。例如，在欧洲一体化的早期，最为典型的是在1955—1965年，参与一体化的各方都期望得到连续的互惠收益，即它们的战略是只要能实现自身的中长期收益，就可以先作出单方面的让步。这时，对等的要求并不是很明显。不过，1965年之后情势就发生了变化，对等受到高度关注，收益变得需要当即兑付。而在20世纪80年代上半期时，英国、法国等对特定收益的强调，也违背了以前达成的具有扩散互惠特征的一体化规范。①

总的来讲，由于区域层次立法涉及的国家（或地区）较少，其特征是每个国家都可以在博弈成果中获取合理的份额，也愿意承担博弈成本，各国之间能够注意到彼此是否为达成与维持博弈成果作出贡献，因此，谈判趋向于合作。

（三）多边层次达成立法成果的难度与优势

推至多边规则的谈判，因为涉及众多国家，它们之间既不像双边层次的博弈关系那样简单明了，也缺乏区域层次的博弈关系中的各种联结因素，甚至还可能夹入意识形态等障碍，所以各种矛盾错综复杂，博弈成功的难度相当大。

由于参与方众多，而且不一定会有博弈优势国家存在，或有博弈优势国家但谈判议题对其利益关系不明显，从而导致其对议题的参与不是很强烈，不愿意采用强制—诱导手段的时候，这种多方博弈便可能陷入困境。实际上，多边谈判难以成功主要是由于碰上互惠制度安排的困境。特定互惠是谈判的最经常原则，因为谈判各方在这个原则之下容易对谈判成果的公平性达成心理上的认同。但是，特定互惠主张的是基本对等，这种缺乏灵活性的机械性做法必然给卷入诸多议题和众多国家参与的多边层次立法博弈，带来重重困难。对此，就如基欧汉指出的，在涉及众多行为体的多边情势中，特定互惠经常遭遇拒绝，尤其是涉及集体物品、公共物品的时候。多边谈判给行为体提供了“搭便车”的机会——自己不需要为获得公共物品而付出，却试图从他人的贡献中获益。公共选择理论的分析表明，在这样的情势下

① See Robert O. Keohane, *Reciprocity in International Relations*, International Organization, Vol. 40, No. 1, 1986, pp. 23-24.

合作的概率少于双边或区域的情形。① 而且，在多边谈判中，强制实施互惠条款也是有难度的。因为这时与双边谈判相比，通过对背叛者进行制裁的方式来维持协议的动机大大降低，因为“维持者”不仅可能遭受其他行为体的非难，也必须提防其他行为体在“制裁”方面搭便车，这样一来，成本可能大大超过强制实施规则所能得到的利益。所以，如果某行为体违背特定规则并没有直接威胁到团体的收益时，报复不可能是严重的。这样，互惠所能提供的促进合作之动机，与背叛将招致对手的惩罚，在多边谈判中变得没有很强的吸引力。② 因此，对于多边层次的谈判，特定互惠的优势不仅不明显，对其的坚持还容易让谈判陷入困境。而且，在多边合作中，预防“搭便车”、防范背叛以及承担对背叛者的惩罚等成为阻碍多边合作的几大难题。同时，作为特定互惠的补充的扩散互惠能否引入以及怎样引入等，都是影响谈判前景的关键所在。

当然，多边谈判难度增大并不表示谈判不合理或不可行，其仍有着吸引博弈方参与的自身优势所在，即多边谈判成果具有双边或区域谈判成果所无可比拟的规模效益之优势。例如，对于多边经济规则的效益优势，归结起来至少包括以下三点：第一，双边谈判建立起来的国际经济法律关系，缺乏稳定性，这对于国际经济交往是非常不利的。如友好通商航海条约的缔结往往以对等交易为前提，随着缔约方的国家利益发生变化，条约随时可能被废止。第二，双边谈判达成的各种国际经济法律规则缺乏应有的统一性。因各国经济利益的不同及谈判实力的差异，相互间在双边经济条约中确立的权利义务标准必然参差不齐。由此，达成的双边协议越多，权利义务的标准就越混乱。第三，双边谈判很难构建起完整的国际经济法律体系。在双边层面上，最终需要编织一个庞大的双边经济条约网络，才能全面地处理各国之间的经济法律问题，在实践中，其成本的高昂使其成为不可能的任务。③

对此，联合国贸易和发展会议（UNCTAD）发布的《1996 年世界投资报告》曾精辟指出：“一个综合性的多边投资框架应该是一个稳定、可预期以及透明的，能够促进资本的流动以及对发展作出贡献的机制。事实上，商业的全球化、直接投资数额的激增以及重要性的提高，在某种程度上刺激了一个能够将贸易与投资综合在一起的全球政策机制的需求。全球经济一体化需要一个包括一系列与贸易、投资

① See Robert O. Keohane, *Reciprocity in International Relations*, International Organization, Vol. 40, No. 1, 1986, p. 12.

② See Robert O. Keohane, *Reciprocity in International Relations*, International Organization, Vol. 40, No. 1, 1986, p. 12.

③ 参见徐崇利：《经济全球化与国际经济条约谈判方式的创新》，载《比较法研究》2001 年第 3 期，第 62 ~ 63 页。

问题相协调的规则体系的全球政策框架。然而，目前的情况是：存在着数量众多的双边、区域以及多边协议，它们互相重叠、彼此隔阂以及存在冲突。随着双边、区域协议的进一步繁荣，这些问题将愈加恶化。况且，一个完整的覆盖所有国家的双边投资条约网络的构建大概需要2万个双边投资条约——这将花费许多年的谈判时间——这不但不能缓解问题，反而会使问题趋于恶化：如此广泛的网络给（来自发达国家或发展中国家）投资者以及各国政府带来的分歧、繁琐和不稳定性，将变得更加严重，处理它们将需付出更高的成本，包括增加投资者的交易成本和加大在一些国家投资的风险。这对于小的或中等规模的跨国公司来讲是非常不利的。更具体地讲，对包括风险在内的各种成本要素的敏感性，是隐藏在对一个多边机制的商业需求后面的主要驱使力量之一。”①

因此，出于多边层次立法所具有的双边与区域立法无法比拟的效益性，进行多边立法谈判以及克服多边合作的难度成为一项必须解决的任务。实际上，为提高多边合作谈判的成功率，在制度设计以及博弈技巧上寻找合适途径是可行与必要的。

首先，互惠制度的设计必须有所创新。如果要使多边层次博弈成功，互惠制度的设计必须更为复杂化，以满足协调各种利益纠纷的需要。这时，在互惠的制度安排中，既可能需要特定互惠、扩散互惠以及互惠例外等相互结合，也可能为了适应不同的议题中利益分配的需要，将扩散互惠的方式作出改变。例如，GATT/WTO机制的无条件最惠国待遇成为多边货物贸易规则的一般原则，而诸边协议中的最惠国待遇却是有特定适用范围的。

其次，合作的循序渐进——复边谈判方式的引入。对于难以一步到位的某些谈判议题，引入所谓的“复边”(plurilateral，又译为“诸边”）谈判方式是一种较好的选择。具体地讲，可以先在利益相近的部分国家之间达成协议，然后对外开放，通过各种手段促使其他国家参加或由它们自愿选择加入，以便最终实现此类国际条约的“多边化”。② 例如，在乌拉圭回合中，美国、前欧共体、加拿大、日本因为经济发展水平相近，对减让关税谈判情有独钟，于是它们组成“四边集团”(quadrilateral group)，相互协调立场，将若干工业品的关税削减至低水平，乃至零关税，然后进一步说服其他发展中国家接受减让方案。③ 又如，在GATT的东京回合中，就限制若干非关税措施的谈判，由于经济自由化水平各异，南北方立场反差

① UNCTAD, *World Investment Report*, 1996, p. 166.

② 参见徐崇利：《经济全球化与国际经济条约谈判方式的创新》，载《比较法研究》2001年第3期，第66页。

③ 参见徐崇利：《经济全球化与国际经济条约谈判方式的创新》，载《比较法研究》2001年第3期，第66页。

极大，在众口难调的局面下，以美国为首的一些国家，策划并制定了9个守则（这些守则涉及技术壁垒、政府采购、反补贴、牛肉、奶制品、海关估价、进口许可证手续、民用航空器贸易、反倾销等领域），供各缔约方自由决定是否接受，而实际参加者多为发达国家。在乌拉圭回合谈判中，其中5个守则“升格”为多边货物贸易协定，但仍有民用航空器贸易、政府采购、奶制品及牛肉四个协议继续以复边形式存在。① 显然，GATT框架下的谈判经验表明，复边协议是典型的以循序渐进的方式，促成某些议题的多边协议最后达成的有效方式。在各国政治与经济发展水平差异极大的情况下，复边协议不仅照顾到那些利益相近的国家，又考虑到利益差距较远的国家之间的实际状况。而且，对于利益差距较远或者一下子难以作出判断的国家来讲，复边协议的实施成为未来多边协议构建与运转的示范。

再次，为集中众多博弈主体的矛盾，使得矛盾的对立关系简单化，应鼓励博弈方之间互相联结，由此使多边谈判变成多层次性的。为了避免搭便车现象与降低交易费用，谈判者之间可能形成联盟，而结成联盟或俱乐部的方式，可以使“外溢型博弈”② 的成功率大大提高。谈判同盟的类型各不相同，既有非正式的、临时的、尤其是只限于某个会议或议题的，也有正式的、多议题的同盟。前者往往比后者更为流行，因为一般很难同意组成固定集团来进行谈判。③ 即使在某个议题上某

① 参见徐崇利：《经济全球化与国际经济条约谈判方式的创新》，载《比较法研究》2001年第3期，第66~67页。

② 在多边合作中，有三种情况需要我们作出区别：第一，以权力居优的国家为主导，并由相关国家共同参与的主导—参与型，其特征是在参加博弈的各国中，某个国家具备绝对的博弈优势，其可以在博弈结果中获取最大益处，所以它也愿意承担达到博弈结果与维持博弈的巨大成本，而又因为参与博弈的其他国家在负担较小成本时也能享受博弈成果的利益，所以它们愿意合作。这样，主导—参与型博弈关系的成功前景是明显的，第二次世界大战结束时确立的布雷顿森林体系就是典型例证。第二，参与博弈的国家较多，某个国家的博弈优势明显，其常用诱导与强制手段来达到博弈成功的强制—诱导型，其特征是具备博弈优势的国家可以从博弈成果中获取巨大利益，但其不愿意承担太大的博弈成本，所以，对待合作与不合作的其他国家使用诱导与强制手段。当这种强制或诱导的成本低于博弈成果给该国带来的收益时，可能达到博弈成功，美国在GATT/WTO的一些明显对其有利的议题谈判中有此表现。第三，参与博弈国家较多，各个国家博弈能力较为均衡，相互之间难以判断彼此为博弈成功所作出的贡献，因而产生“搭便车”心理，又无优势国家能采取强制或诱导手段，因此博弈成功前景不明显。在前几种类型达成的博弈成果可以降低此种模型的博弈成本时，此种类型也有实现博弈成功的可能性，这种博弈被称为外溢型博弈。参见田野：《全球治理中的制度供给：一种交易费用分析》，载《世界经济与政治》2002年第10期，第21页。

③ 详见［英］伯纳德·霍克曼、迈克尔·考斯泰基：《世界贸易体制的政治经济学》，刘平、洪晓东、许明德等译，法律出版社1999年版，第74页。

些国家会有共同利益，但在其他议题方面却不一定是一致的，而且同一具有共同利益的议题获取的利益有大有小，导致它们参加联盟的积极性受到影响。不管怎样，参加联盟或俱乐部的形式，较好地避免了搭便车行为，并降低了交易费用，这使得外溢型博弈也能够有着成功的前景。

最后，国际关系学者所提出的各种提高合作成功率的方案也是对取得多边立法成果有帮助的。如在博弈理论方面取得突破性研究成果的阿克塞尔罗德指出，要想国际合作成功成为可能，可以通过改变合作博弈模式来实现，即：第一，增大未来的影响，如果未来相对现在足够重要的话，双方的合作就会是稳定的；第二，改变收益值，使得对双方合作的长期激励大于对背叛的短期激励；第三，教育人们应相互关心；第四，强调互惠的重要性，互惠不仅帮助别人，事实上也帮助自己；第五，改进辨别能力，通过改善决策者基于过去的接触而相互识别的能力和确定以前已经发生过的行为能力，"持续合作"的范围可以得到扩展。① 显然，这些策略也适用于多边立法博弈，是加大立法成功几率的良好对策。

三、国际法律制度维持的博弈分析

（一）对斯坦观点的介绍与评价

无论是协作型博弈、协调型博弈，还是劝说型博弈、保证型博弈，之所以能产生国际制度，关键在于博弈双方或多方对于博弈关系中利益分配方案的妥协。但是，任何利益分配模式的合理性都有一定的时间限制，随着情势变更，博弈单方或双方或多方可能会对原先模式的合理性提出质疑，并试图改变现有的国际制度。如果其他的大多数博弈方不打算改变现有制度，或者新的利益分配模式不能一下子谈判达成，或者并不是利益分配模式的合理性被动摇，而仅是某个博弈方试图对集体行动的背叛，这时，如何才能维持并发展现有的国际制度呢？

对此，阿瑟·斯坦总结了国际制度可以得以维持以及持续发展的几个原因：② 第一，并不是国家时刻都在考虑它们的相互作用和彼此影响，换言之，国家只是周期性地评估自身利益、权力以及相关制度安排。制度一旦得以形成，它将指导国家按既定规范而行动，并避免付出持续的决策或评估成本。因为这种成本是高昂的，

① 参见［美］罗伯特·阿克塞尔罗德：《合作的进化》（修订版），吴坚忠译，上海人民出版社2007年版，第88～98页。

② See Arthur A. Stein, *Coordination and Collaboration: Regimes in an Anarchic World*, International Organization, Vol. 36, No. 2, 1982, pp. 321-324.

制度一旦建立，国家就不愿意再持续付出。第二，合理的国际制度并不是从稳定的国家利益中产生的，而是立足于制度本身的利益变化。利益的任何发展变化，并不会自动地导致制度的变化或破坏。原因之一是国家不能确定这种变化是否存在着持久性，短期变化导致制度的破坏，从长远来看代价可能很高。因此，国际制度的维护不是要求放弃评估，而是要维护已经构成国家利益的一部分的利益。国际制度不能随意变化或改变，因为它的存在使国家的决策成本趋于下降。每一个参与制度的国家都明白，一旦国际制度遭受到严重破坏，重建的代价将是很高的，这无疑是得不偿失之事。因此，正是国际制度的存在，改变了行为者的动机和限制了他们的选择机会。第三，制度的维持与它们所产生的相关因素的影响有关，如出于信誉或荣誉，试图背离者仍最终选择了遵守。第四，也存在这种可能性，即国际制度的建立并不是导致国家放弃对利益和制度的持续估算，而是使国家决策的标准发生了改变，因为制度的建立本身就是为了寻求确保使各国改变决策标准的国际协调和合作，从而使国家在进行决策的时候，同时考虑其他国家的利益。这时，国家就成为共同利益的最大化者，而非自我利益的最大化者。

事实上，阿瑟·斯坦本意是试图通过“国家的自主性和自我利益，促使它们在面对困境时创建了国际制度”的论据，证明“国际制度存在的证据，与国际政治中的现实主义理论是完全一致”① 的观点。无疑，斯坦的分析具有一定的合理性以及解释功能。但是，我们还必须看到，斯坦提供的以上理由仍然存在着某种缺陷，即有的时候忽视了国家经常扮演着“经济人”的角色，给予了国家太高的道德期望，而有的时候又把国家想像得太过“理性”，这些都使其论点与论据之间的逻辑性受到质疑。如果假定国家是自主和自我利益的实体，那为了防止国家的背叛，建构国际制度时就不能对它们的自律给予过高的期望。因此，斯坦所提供的结论可以作为解释国际制度能够稳定与持续发展的原因之一，但揭示的只是表层原因，而不是根本性因素。

首先，对于斯坦所认定的第一个理由——国际制度得以维持的原因之一是国家不总是时时考虑它们的相互作用和相互影响——只是一种猜测或可能性，而不一定符合每一个博弈方的真实做法。其次，斯坦所认定的第二个原因——合理的国际制度不是从持续的国家利益诉求中产生的，而是在制度本身的利益变化中产生的——显然颠倒了国家利益与国际制度之间的本末关系。制度产生后有其自身的独立性，但产生之初却无一不是个体利益与他者或集体利益妥协之结果。一般来讲，短期变化可能能够得到超额利益，但这导致制度的破坏，从长远来看可能要付出很高的代

① See Arthur A. Stein, *Coordination and Collaboration: Regimes in an Anarchic World*, International Organization, Vol. 36, No. 2, 1982, p. 324.

价。然而，很多时候国家的治理者并不一定总是考虑长远利益，或者作出了背叛获取的利益会比长远利益更多的失误判断，从而采取孤注一掷的做法是有可能的——只要它们认为值得这样做。因此，对国家利益的短期追求总是有可能产生背叛者，尤其是在缺乏对背叛者制裁的情况下。再次，国家选择合作或协调可能是面对共同利益困境或共同背离困境作出的战略选择，但如果说自此国家就成为共同利益最大化者，而不是自我利益最大化者，这显然错误估计了国家性质与国际制度的关系。事实上，从“经济人”或“理性人”的角度出发，在主权制度的框架下，国家选择构建或参与国家制度是因为后者可以帮助它们在无政府状态下实现自身利益，这种利益虽然比不上别国合作、自己背叛的情况下所能获取的最大收益，但它却是无政府状态下所能实现的自我利益“持续”最大化的最佳模式。因此，参加制度的国家仍然是自我利益最大化者，是各国能够同时实现的自我利益的最大化，只有当博弈结果能够让各国实现这种自我利益最大化，博弈方的共同利益才能够产生。而认为国际制度能够改变国家对外决策的判断标准的看法，显然与国家利益作为国家对外政策的评判标准的现实主义基本立场不相符合。最后，遵守国际制度的信誉，可能会让一些博弈方选择不背离战略，但这只是在背叛的获益不够诱惑的时候，如果相反，信誉的力量就可能敌不过物质的诱惑力了。而且，也不排除有些独裁者或所谓的“无赖国家”对信誉根本不在乎。

事实上，回顾19世纪后半期国际社会出现的第一次经济全球化的失败历程，我们可以发现，这次全球化开端的一个重要标志便是当时两个最大的资本主义国家——英国和法国之间在1860年签署带有贸易自由化性质的《科布登—谢瓦利埃条约》，而贸易自由化在欧洲主要也是借助一系列双边自由贸易协定而得以展开的。但是，当时的双边贸易协定的先天不足为后来两次世界大战之间的贸易保护主义的兴起埋下了伏笔：① 第一，这些双边自由贸易协定都规定了明确的时限，从长远来看这使得条约效力处于不稳定状态。因为一旦条约到期，是否能够续签就是个未知数。第二，由于签约国有限，在当时独立国家数目日益增多的情况下，双边贸易协定无法彻底消除贸易政策制定中的机会主义倾向：不仅是不受该协定约束的第三国完全可以自由地采取任何一种贸易政策，而且协定方均可以对第三国采取贸易保护政策而不受双边协定的约束。第三，也是最关键的，这一系列双边协定之间并没规定任何法律强制措施作为执行条约的保障。在这种强制力欠缺的制度框架下，贸易自由化的趋势很容易被逆转。实际上，以下任何一种情况都可能使贸易自由化

① 参见房师杰、廖涵：《动态博弈与贸易自由化》，载《江西社会科学》2000年第5期，第82~83页。

发生逆转:① 其一，条约到期，未能续签，归于失效；其二，不受协定约束的第三国对签署协定的缔约国造成了实质性危害，但这种危害在原缔约国之间的影响并不相等，使得缔约国国内利益集团的力量对比发生逆转，进而影响缔约国政府对现有贸易政策的看法；其三，由于国内利益格局发生重大变化导致某一缔约国决定违约，但根据条约却没有任何法律制裁，这就容易引起连锁反应，使得一系列双边贸易协定相继被废止。

因此，单凭国家之间的自律性是很难保证经济全球化的成果以及国际制度乃至国际法律制度的稳定性的，寻找适当的方式构建相对稳固的国际法律制度是第一次经济全球化崩塌后的教训之一。一些国际关系学者与实务部门正是发现了这种问题的存在，才主张通过构建互惠与制裁机制的方式寻找国际制度乃至国际法律制度能够持续发展的“保障条件”。

（二）互惠对国际法律制度维持的意义

在大多数国际博弈中，互惠使得各方产生共同利益，而共同利益是博弈走向合作的基础。在制度构建过程中，制度的设计者将互惠制度化，从而使得共同利益这一合作的立足点得以稳固，并保障制度构建好后能够稳定运行，成为策略之一。因此，从互惠制度化中寻找国际法律制度能否持续发展的原因将是有效途径。

1. 互惠制度化对于国际法律制度维持的必要性

从理论上讲，互惠原则作为各国之间博弈合作，尤其是国际经济合作，以及国际法律制度构建的主要立足点，并将互惠制度化作为合作或制度能够得以遵守或维持的手段之一，是合作能否成功以及制度能否构建的重要条件。

事实上，如果单边退让获得的价值比共同行动获益低，以及单边惩罚背叛的成本无法承受，那么有条件的合作即互惠合作将更有吸引力。归根到底，互惠制度化作为国际法律制度稳定运作的保障是历史的选择。回顾历史不难发现，从 1842 年的《皮尔关税条例》到 1860 年的英国、第二次世界大战后开始到国际贸易陷入赤字的 1971 年前后的美国，都是经历单方面开放本国市场后，在双边贸易谈判中引入互惠原则的。② 例如，早期美国对外签订的投资保证协定是非互惠的，只解决美国海外投资保险机构在另一缔约方境内投资保险的有关问题，但是这种非互惠的投

---

① 参见房师杰、廖涵：《动态博弈与贸易自由化》，载《江西社会科学》2000 年第 5 期，第 83 页。

② 参见［日］富田俊基：《多极世界的协调与对立》，载中国现代国际关系研究所全球化研究中心编译：《全球化：时代的标识——国外著名学者、政要论全球化》，时事出版社 2003 年版，第 50 ~ 51 页。

资保证协定很快就不能适应国际投资的发展需要。后来美国、加拿大对外缔结的投资保证协定均规定了互惠适用原则，而且在美国的一些早期非互惠投资保证协定中也添加了互惠适用的条款。此外，美国早期推行的一些友好通商航海条约也曾采用非互惠的最惠国待遇，后来也向互惠的最惠国待遇转化。① 同样，诸如以 GATT/WTO 为代表的多边自由化贸易制度，正是得益于互惠之基础，互惠原则是 GATT 能够在 20 世纪 70 年代美国经济地位相对衰落后继续得以延续与发展的根本性因素。GATT 第 28 条明确规定："……在互惠互利基础上进行谈判，以实质性削减关税和其他进出口费用的总体水平……对扩大国际贸易是非常重要的。"这里的互惠是指，一国降低保护水平以交换另一方的保护水平相应降低。在该条增加之前的历次谈判中，都重申了互惠互利原则。肯尼迪回合、东京回合也再三强调了这一原则。发起乌拉圭回合谈判的部长宣言虽然没有明确提到互惠原则，但提出坚持 GATT 的原则，"以确保所有参与方的互惠优惠"。②

一般来说，合作会经历三个阶段：第一，起始阶段：以相互回报即互惠合作为宗旨的群体之间，一旦有交往的可能，合作便会出现；第二，中间阶段：基于互惠的策略能够在许多不同类型的策略中脱颖而出；第三，最后阶段：基于互惠的合作一旦建立起来，就能防止背叛的发生以及侵蚀。③ 选择互惠是给参与国际合作的博弈方提供一个立足点，即博弈方通过采取互惠战略，可以协调各自的利益、延续合作、减少监督和制裁的成本。对此，就如基欧汉与阿克塞尔罗德强调：④ 一方面，互惠是使变数博弈中的"非合作博弈"向"合作博弈"转变的条件或基础，国际制度不是代替互惠，相反，制度强化互惠并使互惠制度化，制度包含了互惠的规则，使欺诈丧失合法性并付出更高的代价；另一方面，在相关议题领域界定的互惠，比较容易建立起一种持续的荣誉感，这种荣誉将可能变成重要的资产，即行为者更愿意与这些信誉好的政府达成合作协议。荣誉意味着该行为者的承诺具有可信度，而"承诺的可信性对于成员方克服博弈困境而达成合作是必需的，它们需要

---

① 参见曾华群主编：《国际投资法学》，北京大学出版社 1999 年版，第 570 ~ 572、367 ~ 368 页。

② 参见韩立余：《论 WTO 规章及义务的性质》，载陈安主编：《国际经济法学刊》（第 12 卷第 4 期），北京大学出版社 2006 年版，第 30 ~ 31 页。

③ 参见［美］罗伯特·阿克塞尔罗德：《合作的进化》（修订版），吴坚忠译，上海人民出版社 2007 年版，第 14 页。

④ See Robert Axelrod and Robert O. Keohane, *Achieving Cooperation under Anarchy: Strategies and Institutions*, World Politics, Vol. 38, No. 1, 1985, p. 250.

获取对方不是在欺诈的‘保证’(assurance)”。①

因此，互惠是促进合作与产生制度的基础，尤其是在国际经济领域。而要使国际制度继续维持，保持互惠长久有效即将互惠制度化正是关键。如果互惠制度化已经成为共识，接下来的问题是：互惠制度化必须从哪几个方面入手呢？对此，阿克塞尔罗德与基欧汉指出，有效的互惠立足于三个条件：第一，背叛者能够为合作者所识别；第二，合作者对背叛者能够进行集体报复；第三，对背叛者的报复行动存在足够的诱因。当行为者数量很多时，满足这些条件则有相当大的难度。这时情况变为：或者能够识别背叛者但不一定能够对其惩罚，或者因为没有一个合作者愿意扮演警察的角色。这样，在强制其他行为者遵守规则的行动中，每一个合作者都可能趋于做一个搭便车者。② 由此，阿克塞尔罗德与基欧汉进一步指出，满足有效互惠三个条件的关键因素是，必须在国际制度体系中建立与维持有效互惠制度的专门机构，从而将制度维持与制裁背叛者的成本分散化。③

例如，在国际经济领域，由于涉及各方利益的获取，如果背叛者背离制度，致使某些合作者遭受损失，而后者所遭受的损失即成为它们对背叛者进行报复的诱因。如在大多数合作者均受损的情况下，为满足以上第一与第二个条件而使试图报复的合作方的成本太高，它们可能因无力承担而放弃报复或者甘愿做搭便车者。所以，要使国际经济合作的基础即互惠有效，从而使已达成的国际经济制度得以维持，就必须解决这些问题。由此，WTO 选择了贸易政策评审制度以及具有一定的强制效力的争端解决机制来解决这两个问题。一方面，赋予 WTO 的专门机构执行贸易政策评审制度，由这个专门机构去识别背叛者（或未能达到要求者），可以将识别背叛者的成本在各个成员之间分摊，从而堵塞“搭便车”的机会。同时，也提供了成员方对制度的遵守情况的信息，有助于建立成员方的信誉以及相互信任。另一方面，建立专门的争端解决机制，一是能够比较公正地判别出因为背离 WTO 制度而使其他成员受损的背叛者，并有权确定对背叛者的制裁形式或手段；二是将交叉报复的手段赋予受损的合作方，使其减少报复成本或增加报复的有效性。

简言之，WTO 的贸易政策评审制度以及争端解决机制的存在，提供了一个可以有效地评估制度执行的状况以及对背叛者进行制裁的保障机制。实际上，“这是

① Kenneth W. Abbott and Duncan Snidal, *Hard and Soft Law in International Governance*, International Organization, Vol. 54, No. 3, 2000, p. 424.

② See Robert Axelrod and Robert O. Keohane, *Achieving Cooperation under Anarchy: Strategies and Institutions*, World Politics, Vol. 38, No. 1, 1985, p. 235.

③ See Robert Axelrod and Robert O. Keohane, *Achieving Cooperation under Anarchy: Strategies and Institutions*, World Politics, Vol. 38, No. 1, 1985, pp. 235-237.

用立法的手段增强成员方的信誉，加大背叛的成本”,① 较好地维护了 WTO 体系的稳定与运转的基础，即互惠制度，保证了多边自由贸易制度的稳定性、权威性以及持续发展性。

2. 互惠制度化的创新——特定互惠与扩散互惠的结合

就如基欧汉指出的，要想给“互惠”界定一个精确的定义是不大可能的，不过某种程度上的对等交换构成互惠的基本含义。一般来讲，互惠指的是大致的对等价值的交换，在这种交换中各方的行动取决于对方此前的行动，通过这种方式达到“以德报德”、“以怨报怨”的效果。根据交换伙伴以及标的的对等情况，大致可以分为特定互惠以及扩散互惠两种。前者是指交换中各方必须严格按照既定程序提供同等价值的物品或待遇。这时，各方的权利义务是具体与清晰的。不过，扩散互惠的对等就没有这么严格了，合作伙伴可以是一个团体，而不必是具体的行为体，谈判的结果也不像特定互惠那样有严格的限定。②

在双边或多边合作中，特定互惠本身是一种最好的减少搭便车以及有针对的实施制裁的重要手段。博弈方对“一对一互惠”的强调至少在形式上满足了各方期望的公平要求。但是，在实践中某些合作可能涉及很多因素，在不同领域与不同问题方面参与方利益是不均等的。这个时候一味强调特定互惠显然要将博弈带入死胡同，而建立在特定互惠基础上的扩散互惠的引入解决了这种博弈的困境。不管是在促进国际立法的效率方面，还是对于一项法律制度构建后能否得到持续遵守的问题上，特定互惠与扩散互惠各自有自己的优势所在，它们的效力发挥需要考虑博弈本身必须面对的外在条件。一般来讲，当一种国际法律机制所规定的义务规范虚弱无力而互利合作可能出现时，基于自我主义的特定互惠是适当的行为准则，它给予了无政府状态下国家合作的基本动力。参与方拥有的共同利益的范围、未来利益的前景以及参与博弈的行为体的数量将影响到合作的成败。当这种合作是以该机制为基础而展开时，这种国际机制或者法律框架能够向参与者提供信息、降低交易成本和限制战略选择，从而使得特定合作更为有效。③ 如果“硬法”性质的义务规范存在时，或者说国际法律机制相对强有力时，在参与博弈的行为体数量增大以及利益范围扩散的情况下，引入立足于共同利益之基础的扩散互惠是唯一可行的办法。这

① Kenneth W. Abbott and Duncan Snidal, *Hard and Soft Law in International Governance*, International Organization, Vol. 54, No. 3, 2000, p. 427.

② See Robert O. Keohane, *Reciprocity in International Relations*, International Organization, Vol. 40, No. 1, 1986, pp. 1-27.

③ See Robert O. Keohane, *Reciprocity in International Relations*, International Organization, Vol. 40, No. 1, 1986, pp. 24-25.

种多边法律制度如若要得以构建、遵守以及持续发展，结合特定互惠与扩散互惠来构建互惠制度是必需的。因此，参与谈判的博弈方，最经常的办法是选择将特定互惠与扩散互惠结合起来，以获得两个方面的最佳效应。① 第二次世界大战后 GATT 的发展史证明了这一点。

鉴于单一的扩散互惠或特定互惠都不能为国际贸易提供完全满意的行为准则的认识，在 GATT 发展的几十年里，缔约方的一项行动是，设计两种互惠相结合的形式并在 GATT 中实现制度化。实际上，接受无条件最惠国待遇意味着，任何双边关系都带有对等让步均衡的性质。但是，简单地接受无条件最惠国条款将带来严重的搭便车问题。为预防该问题的出现，所谓的“主要供应者原则”——一出口成员方的某项产品在进口成员方的市场上占有一定比例份额时，该出口成员方被视为主要供应者，并有权优先向进口其产品的成员方提出该产品关税减让要求——成为 GATT 机制中最早的作为无条件最惠国条款的补充条款。根据该原则规定，只有少数供应者（例如，在 1960—1962 年的“狄龙回合”中，只占有不到 10% 的市场）能够成为搭便车者。从 20 世纪 60 年代中期的“肯尼迪回合”开始，降低或减免关税的谈判取代了一项项商品单独谈判的形式，这种形式一直延续到 1979 年“东京回合”结束。贸易大国在每一回合中都积极推动谈判，但却必须防止在最后协议签署之前其他国家以互惠原则为由争取让步。因此，虽然扩散互惠有着与特定互惠不一样的独特优势，尤其是对于强调减少程式、避免对每一项商品进行单独谈判所导致的复杂性的关税谈判、贸易大国之间的谈判，但是在预防搭便车的问题上，在谈判最后，特定互惠依然发挥出至关重要的作用。②

总之，有关 GATT“肯尼迪回合”和“东京回合”的谈判情况表明，将特定互惠和扩散互惠成功结合是国际制度的一个重大而有效的创新。研究表明，各方的责任感在谈判回合内和回合之间的连续行动中得以强化，它们之间的联系纽带也得到加强。当然，这些谈判最终形成的规范仍然是脆弱的，而且，特定互惠仍然是关税削减谈判中的核心因素，这是在无政府状态下以自我利益为中心的国家之间的合作的必然结果。③

---

① See Robert O. Keohane, *Reciprocity in International Relations*, International Organization, Vol. 40, No. 1, 1986, p. 25.

② See Robert O. Keohane, *Reciprocity in International Relations*, International Organization, Vol. 40, No. 1, 1986, pp. 25-26.

③ See Robert O. Keohane, *Reciprocity in International Relations*, International Organization, Vol. 40, No. 1, 1986, p. 26.

3. 互惠制度化的一个方面：互惠例外

一项国际法律制度能否持续发展，首要条件是必须具备足够的合法性，需要吸引足够数量的博弈方持续参与谈判以及达成合作。但是，由于博弈各方始终存在发展程度不一的问题，故无论是特定互惠还是扩散互惠，都难以消除实质的不公平性。因此，一项囊括发展程度差异巨大的多方成员的国际法律制度能否构建以及稳定发展，发展程度高的成员方作出足够的让步是将发展程度低的成员方留在机制内的一个必要条件。在互惠制度的设计上，与此相对应的就是必须有着互惠例外的制度安排。

当我们把目光回到 GATT 的发展史上，我们会看到，互惠制度化的设计中，构建一项对发展中国家的互惠例外制度是该制度吸引发展中成员方积极参与的一项重大举措。在 GATT 的早期谈判中，发展中成员方参与的态度是消极的。至 20 世纪六七十年代，在这个发展中国家谋取国际经济新秩序的运动风起云涌的特殊时期，发展中国家的公平诉求也延伸到 GATT 框架内的谈判，发达成员方为了激发前者的参与热情也作出了响应。在 1964 年至 1967 年“肯尼迪回合”谈判中，发展中国家的利益得到格外的关注。正是这次谈判，增加了 GATT 的第四部分，即贸易与发展部分，核心内容是在发达国家与发展中国家之间，前者不期望互惠。① 从此时起，互惠原则的例外即非互惠概念由此产生，并逐渐演变成对发展中国家的特殊和差别待遇原则。② 至 1994 年乌拉圭回合结束，差别和优惠待遇这一基本原则实际上已普遍化，几乎涉及 WTO 规则的所有方面。无疑，1965 年“非互惠条款”(或称互惠原则的例外条款）对于 GATT 的持续发展是至关重要的。该条款的引入逐渐改变了发展中国家一贯视 GATT 为“富人俱乐部”的看法以及消极抵制的态度，并开始积极参与 GATT/WTO 的制度建设，直至将其发展为今天这样一个庞大的国际贸易法律体系。

总之，GATT/WTO 机制的发展表明，互惠制度化以及制度设计的创新是至关重要的。经过近半个世纪的发展，这个以互惠为基础的国际贸易体制“武装了”得到强化的争端解决机制，为这一体制下的成员设置了国际贸易合作的共同标准和准绳，构建出一个相对公正与透明的制度环境，为国际贸易的自由化以及进一步发展提供了较好的制度保障。

① “非互惠原则”在 1965 年增补进 GATT1949，并作为“贸易与发展”内容的组成部分。

② 现为 1994 年 GATT 第 36 条第 8 款。该条款规定：“发达成员方对它们在贸易谈判中对发展中成员方的贸易所承诺的减少或撤除关税和其他壁垒的义务，不能希望得到互惠。”

四、博弈理论在国际法律制度的构建与维持分析中的局限

自科学行为主义者把博弈分析引入国际关系研究以来，博弈理论为“精确地”与“科学地”分析以及预测国际现象提供了一条有效的途径，这不仅给国际关系的传统研究方法带来了巨大的冲击，也为国际关系理论的发展提供了活力。同时，国际关系学者对国家之间合作的博弈方法的运用，也为分析国际法的构建与维持等问题提供了有效的借鉴。国际法的传统研究固守定性分析法，而博弈论的引入打开了定量分析的路径。不过，任何理论都有其自身的局限，博弈理论也一样。同样，在分析博弈论对国际法研究带来的活力的同时，我们也不能忽略其中的局限所在。具体地讲，这种局限性既有根本性的，如理论本身所立足的本体论、认识论等，也有技术层面的，如对博弈环境的假设等。

首先，博弈理论的本体论强调的是物质性，立足的是理性主义认识论。来自本体论与认识论的限制决定了其在解释国际制度的起源、选择，乃至遵守等方面的局限。事实上，对试图作为普遍适用理论的博弈论的最大挑战是来自认知心理学者的研究，他们已经质疑博弈论中用来分析作出决策的期望效益模型，也列举了强有力的经验证据来推翻行为体一定是效益最大化的追求者的假设。① 面对这种挑战，对博弈分析运用地得心应手的基欧汉也承认其不足之处，即“理性主义思想既不能用于解释为什么国际机制存在于一些领域，而不是另一些领域，也不能系统性地描述机制的创造与消亡”；“功能最大化的假设既不能告诉我们机制的起源，也不能让我们深入了解在不同文化与政治体系下机制设计上的差别”；② “用建构主义的语言讲，博弈论无法告诉我们物质与文化之间的联系。例如，为什么美钞能够换来具有使用价值的商品和服务”。③ 同样，博弈理论的本体论以及认识论的局限不可

① See Gerardo L. Munck, *Game Theory and Comparative Politics: New Perspectives and Old Concerns*, World Politics, Vol. 53, 2001, pp. 179-181. See also Rebecca B. Morton, *Methods and Models: A Guide to the Empirical Analysis of Formal Models in Political Science*, Cambridge University Press, 1999, pp. 84-93; Arthur A. Stein, *The Limits of Strategic Choice: Constrained Rationality and Incomplete Explanation*, in: Strategic Choice and International Relations, David A. Lake and Robert Powell (eds.), Princeton University Press, 1999, pp. 210-217.

② Robert O. Keohane, *International Institutions: Two Approaches*, in: International Rules: Approaches from International Law and International Relations, Robert J. Beck, Anthony Clark Arend and Robert D. Vander Lugt (eds.), Oxford University Press, 1996, pp. 196-199.

③ Robert O. Keohane, *Rational Choice Theory and International Law: Insights and Limitations*, J. of Legal Studies, Vol. 31, 2002, p. 311.

避免地影响到其对国际法的解释方面。实际上，立足物质主义与理性主义的博弈理论既不能用于解释为什么国际法律机制存在于一些领域，而不是另一些领域，也不能系统性地描述国际法律机制的创造与消亡；既不能告诉我们国际法律机制的起源，也不能让我们深入了解在不同文化与政治体系下法律机制设计上的差别。同时，新自由制度主义者运用博弈理论解释个体成员对国际法律机制的维持时，倚重的是对成本/利益的分析，虽然也考虑到国内因素可能发挥的作用，但这也未能对国际机制在没有强制力量或者强制力量不够大的情况下成员自发维持与遵守的现象作出全面解释。因此，博弈论虽然在解释国际立法合作的可能性、合作类型以及合作成果的维持等方面提供了良好思路，但却无法弥补国际法的社会理论基础的不足。

其次，在博弈分析得到广泛应用的同时，我们必须看到的是，博弈论是用数学模式将复杂的国际事件简单化，使生动的国际关系趋于僵硬化。这不免成为反对者的重要理由。例如，有的学者批评说，国际关系不能简单地用博弈分析的框架来进行理解。不论是人脑还是世界上最大的计算机，都很难——也不可能——理解国际政治博弈的极端复杂性。① 也有西方学者指出，囚徒困境的假设与国际关系的实践并不完全吻合，这种模型必须是建立在国家不考虑别国的策略而采取行动的假设上，但实践中国家往往是根据另一国的行动来采取对策，或者通过第三方了解对方的某些意图来行动的。② 同时，重复博弈的假设与现实世界也不完全一致，因为在实践中国际关系并不具有完全的可重复性，而有关囚徒困境模型所描述的安全困境也会导致国家对合作前景过于悲观，这与实践中的真实情况是有差距的。③ 尽管这些批评无法否定博弈分析在国际关系与国际法中应用的意义所在，将复杂的国际现象简约化并放置到博弈模型中进行分析是必要的，对于理解国际现象本身以及国际立法方面的谈判、合作、维持与革新等问题，具有直观易懂等特征。不过，我们也不得不承认，这种简约化确实会带来批评者所指出的问题。比如，新自由制度主义者认为参与国际立法的国家对绝对获益的重视而导致合作的成功。但这种情况并不是绝对的，在某些情况或具体问题上，参与立法谈判的国家可能会转向对相对获益的重视，从而导致合作的困难或失败。此外，博弈理论所探讨的合作模型中，基本

① 参见倪世雄等：《当代西方国际关系理论》，复旦大学出版社 2001 年版，第 311 页。

② See Harrison Wagne, *The Theory of Game and the Problem of International Cooperation*, Am. Political Rev., Vol. 77, No. 2, 1983, p. 331.

③ See Harrison Wagne, *The Theory of Game and the Problem of International Cooperation*, Am. Political Rev., Vol. 77, No. 2, 1983, pp. 342-345.

上是把国家视为一个整体性的行动者，而忽略了国家的内部因素。① 显然，这种简约化的做法有可能忽视某些对博弈成败具有至关重要的意义的要素的讨论，例如，某些领导者在制度谈判与构建中发挥出可能是决定博弈成败的关键性作用。②

再次，博弈理论包含的各种假设要素都存在着某种局限。例如，作为理论的最重要组成部分的“预期效益模型”，在国际关系的实践中显然“缺乏作出决策的预期效益模型的现实基础”，它往往是停留在主观猜想与判断的层次。同样，“均衡”也具有不确定的缺陷，而“博弈规则”显然是研究者强加的、既定的外部因素。虽然支持博弈论的学者，往往会从纯粹主义或实用主义的角度对此提出反驳，例如实用主义者会认为博弈理论的各种假设要素虽然没有普遍适用性，但至少在某些领域能够适用，或者倚仗博弈理论之外的其他因素进行解释。③ 但这无疑已经承认了博弈理论的组成要素本身确实存在着局限，这种局限性的存在使之只能适用于部分领域，或者必须结合其他因素才能对研究对象作出更好的解释。更为重要的是，除劝说型博弈外，大多数博弈类型的假设都淡化了权力因素，或者说把参与博弈的各方假设成权力相当的个体。然而，一旦把权力因素考虑在内，博弈情景就可能发生变化:④ 一方面，因为权力可以决定谁能够参与国际制度，能够决定博弈规则，能够改变博弈均衡。在包括国际立法在内的任何博弈中，权力大者可以完全剥夺权力小者的参与机会，也可以设置种种障碍，使权力小者很难参与。例如，一些国家就被人为地排除在 WTO、IMF 等制度之外。另一方面，权力在决定博弈规则方面的作用也是很明显的。联合国安全领域的主要机构是安全理事会，安理会的大国否决权制度是典型的权力表现。此外，权力决定结果的情况也屡见不鲜。当然，这里我们必须明确的是，新自由制度主义者的博弈推理并不是没有考虑到权力因素，只是没有充分考虑这个问题。在对各个层次的国际立法合作的博弈分析中，如果强调权力因素的作用，其过程甚至结果可能会改写。同时，不可忽视的是，淡化权力因素的博弈理论也未能将道德因素考虑进去，在掩盖的权力的前提下构建规则的博弈分

① 一些学者已经发现了这个问题，并试图弥补博弈理论的这个缺陷，罗伯特·帕特南所提出的“双层博弈”理论即为典型。See Robert D. Putnam, *Diplomacy and Domestic Politics: The Logic of Two-Level Games*, International Organization, Vol. 42, No. 3, 1988, pp. 427-460.

② 针对这种忽视，奥兰·杨专门撰文探讨了领导者在制度谈判中所发挥的关键性作用的问题。See Oran R. Young, *Political Leadership and Regime Formation: On the Development of Institutions in International Society*, International Organization, Vol. 45, No. 3, 1991, pp. 281-308.

③ See Gerardo L. Munck, *Game Theory and Comparative Politics: New Perspectives and Old Concerns*, World Politics, Vol. 53, 2001, pp. 177-186.

④ 参见秦亚青:《国际制度与国际合作——反思新自由制度主义》，载秦亚青:《权力·制度·文化——国际关系理论与方法研究文集》，北京大学出版社 2005 年版，第 109 页。

析，也悄悄地掩盖了道德诉求，这种博弈合作构建的将可能是一种缺乏公平与正义价值基点的国际法律制度，其合法性将受到广泛质疑。

最后，博弈论对国际立法的合作解释基本上是以互惠为基础的，这决定了这种解释没有完全意义的涵盖性。虽然当代国际法，无论是共处法，还是合作法，基本上是以互惠为基础的，然而，其不能涵盖全部。例如，对于国际人权法、国际环境法这种是以维护“人类共同利益”或者“全球共同利益”价值观为宗旨的国际法，立足于互惠为基础的博弈分析所能给予它们的解释是非常有限的。实际上，某些国际人权法已经成为国际强行法，如“反人类罪”、“禁止奴隶贸易”等代表的是国际社会的集体利益而不是国家的个体利益，互惠在此已经丧失了功能上的意义。即使那些尚未成为强行法的其他人权立法或环境立法，从它们的目标和实施来看，似乎针对的都是国内事务——如对人权的尊重，好像只是国家公共权力机关和该国国民之间的问题——但从它们所保护的价值和它们所要避免的影响的角度讲，它们保护的利益又是国际性和集体性的。例如，“尊重人权”被提升到国际层面，主要是因为其所要实现的是“人类正义”或“全球正义”。再如，环境污染无国界性也使得环境保护之功效“国际化”。一个国家要想有效地保护环境，它就必须与其他国家进行合作。至此，我们可以看到，无论违反环境义务，还是违反人权义务，都将触及集体性质的国际利益；人权和环境保护义务在履行上仍然是国家性质的，但追求的却是集体性利益。① 由此可见，有关人权与环境方面的多边立法合作遵循的并不是互惠原则，而是集体利益的原则。现有的博弈理论对它们的解释力难免要打折扣。同时，互惠、信誉、信任等促成合作的各种因素，能被引入到行为假设之中，部分是因为该种博弈的特征就是容易达成合作。因此，这些因素的引入难免有事后解释之嫌。②

实际上，建立在互惠基础上的博弈论忽略了国家所立足的国际社会并不是一个纯粹的物质结构的事实，它是一种有着一定程度的共同道德意识、共同价值观念、共同的利益基础以及有着相互的语言交流与文化传统的社会形式。在这种社会形式中，不仅需要秩序的存在，还必须满足正义的诉求。这种需要不一定是互惠的，但却是必须能满足集体利益，或者符合最低限度的道德准则的。毕竟，正义的问题与公平概念可能在构建国家偏好以及决定国家的行为时扮演了一个重要角色，成功的交易结果不一定就是利益的等额分配方案的获取，而是这种结果符合某种正义与公

① 参见［比］约斯特·鲍威林：《国际公法规则之冲突——WTO 法与其他国际法规则如何联系》，周忠海等译，法律出版社 2005 年版，第 86～87 页。

② See Steven J. Brams, *Game Theory: Pitfalls and Opportunities in Applying It to International Relation*, International Studies Perspectives, Vol. 1, 2000, p. 223.

平的标准。① 因此，对于道德、公平以及义务的考虑经常是个体国家能够摆脱障碍而得以合作的重要原因。但是，如果与这些因素联结在一起，互惠会成为一种很难确定与估量的概念。而互惠的概念越是抽象化或更具发散性，它就越与公平趋于一个同义词，② 这又会与博弈理论所立足的行为体为“理性人”或“经济人”的假设相冲突。因此，理性主义机制理论将正义从秩序中分离出来是经不住质疑的，而相应的国际合作以及与此相关的国际法的构建与运行是不能被建立在互惠基础上的博弈论完全解释清楚的。

至此，我们可以看到，博弈论无论是分析国际关系现象，还是分析国际法的构建与维持问题，存在的缺陷都是不言而喻的。然而，博弈论的上述不足并不能否认它为国际关系与国际法研究提供一种简明有效的分析框架的价值所在。实际上，尽管它存在的缺陷很多，但就如支持者所称赞的，博弈论是国际关系和外交决策研究的“思想发动机”，有助于一国实现最佳的策略选择，有助于认识国际冲突的性质、动力和结果，对国际关系和对外政策实践均产生了一定的影响，仍不失为一种具有实用价值的关于对策的研究方法。③ 而博弈理论的研究成果也表明，其不仅仅是一种描述性工具，更是一种分析性工具；其不仅仅在于解释过去，也能够预测未来。从研究层次讲，国际关系中的博弈分析也已经从早先的“比喻”和“类推”这种简单方式的运用，上升到对“模型”和“理论”的运用与探讨，乃至从实证分析中对单纯的描述性模型的关注进展到对演绎性模型的娴熟使用。④ 因此，我们认为，就如法律博弈分析是法学界近年的一个热门话题一样，国际关系中的博弈理论的应用对于国际法所具有的良好分析或解释功能也必须引起我们的注意。

总之，作为一个综合性理论，博弈论成功地将“相互依赖”和“现实主义”这两个相互竞争的立场置于一个共同的框架中，即使博弈论的假设要素的准确性受限，它也可以通过吸收许多外在要素，而不断增强其灵活性。⑤ 事实上，国际关系

---

① See Andrew Hurrell, *International Society and the Study of Regimes: A Reflective Approach*, in: Regime Theory and International Relations, Robert J. Beck, Anthony Clark Arend and Robert D. Vander Lugt (eds.), Oxford University Press, 1996, p. 220.

② See Andrew Hurrell, *International Society and the Study of Regimes: A Reflective Approach*, in: Regime Theory and International Relations, Robert J. Beck, Anthony Clark Arend and Robert D. Vander Lugt (eds.), Oxford University Press, 1996, p. 220.

③ 参见倪世雄等：《当代西方国际关系理论》，复旦大学出版社 2001 年版，第 317 页。

④ See Duncan Snidal, *The Game Theory of International Politics*, World Politics, Vol. 38, No. 1, 1985, pp. 25-57.

⑤ See Duncan Snidal, *The Game Theory of International Politics*, World Politics, Vol. 38, No. 1, 1985, p. 56.

理论中博弈理论也是一种处于不断发展完善状态的理论。面对各种批评，博弈论的研究者不断提出新的解决方案，或从其他领域中引入完善博弈分析的方法，从各个侧面不断发展与完善理论本身，增强其对国际现象的解释力。同样，也不断增强对国际法的解释力。只是我们必须明确的是，博弈理论对国际冲突与合作的分析以及国际法的发展具有极强的解释功能，但绝对不是完美或万能的——也不会有完美或万能的理论。因为，各个方面的国际合作博弈，包括国际法的构建与维持博弈，都是一个复杂的过程，对它们全面的理解必须依赖多种视角与各种理论的有效结合。

A Game Analysis of the Construction and Maintenance of International Legal Regimes: From the Perspective of the Theory of International Relationship

Abstract Since its appearance in the vision of international relations theorists, the game theory has quickly become an effective approach to the analysis of international conflicts and cooperation. Many scholars of international relations have widely used the game theory to support their own research on the construction and maintenance of international regimes, which provides us with the clues to analyze several international legal issues, i. e., the negotiation and construction of international legislation, the difficulties and advantages of legislation games at various levels, the maintenance of international legal regimes, etc.. Certainly, we have to be aware that this game theory approach based on the rationalistic epistemology has inevitable limitations in analyzing international law.

Key words international relations theory; game theory; international law

（审稿：谢晓庆）

美国州和地方政府对外经济制裁及其对美国联邦宪法和国际法的挑战*

□ 杜　涛**

内容摘要　20世纪90年代以来，美国州和地方政府越来越频繁地对外实施经济制裁。对于州和地方政府的对外经济制裁是否符合美国宪法，形成了两种截然对立的观点。正方观点大力支持这种地方性制裁法律的效力，认为根据地方政府的所有权和其他宪法特权，州和地方政府有权制定和执行这样的法律；相反，反方观点则认为州和地方政府的此类立法侵犯了联邦政府的商业和外交事务特权，或者已经被联邦法律所取代，因此是违反联邦宪法的。美国法院近年来的判例在这个问题上也犹豫不决。从案例中可以看出，近年来美国州和地方政府开始越来越多地介入传统上属于联邦政府的对外关系事务，从而引发了联邦和州政府在对外关系事务中权力分配问题的大争论。州和地方政府对外经济制裁的合宪性问题同时也会对传统国际法基本理论提出挑战。

关键词　经济制裁　地方化　对外关系　合宪性

目　次

* 本文系笔者主持的2008年度国家社科基金青年项目《经济全球化与美国对外经济制裁的法律问题研究》（编号08CFX054）的阶段性成果。

** 复旦大学法学院副教授，法学博士。

（二）联邦政府的对外事务管辖权

（三）"州际和对外商业条款"与"市场参与者例外原则"

四、结论与展望

（一）美国地方政府日益频繁地参与外交活动

（二）联邦政府的观念开始发生有利于地方政府的变化

（三）对国际法的挑战

一、导论：美国州和地方政府对外经济制裁的兴起

联邦主义是美国宪法的基本原则之一，联邦制的国家结构形式，导致了美国法律体系的庞杂性。研究美国联邦法与州法的关系，尤其是联邦与州政府之间关于对外关系方面的立法权之争，成为近年来宪法学和国际法学界引人关注的课题。

美国地方政府对外国实施经济制裁起始于20世纪80年代对南非的制裁，并在90年代迅速流行，而且，美国地方政府对外经济制裁的对象国越来越广泛，尼日利亚、印度尼西亚、土耳其、瑞士、埃及、摩洛哥、越南和中国等国家都难以幸免。其中很多国家都是美国多年的盟友。① 1995年以来，缅甸军政府和苏丹政府成为美国地方政府经济制裁的重点对象。迄今已经有马萨诸塞州政府和另外至少19个地方市政当局通过了制裁缅甸的法律；有包括伊利诺斯州、缅因州、新泽西州、俄亥俄州、俄勒冈州和加利福尼亚州在内的六个州制定了制裁苏丹的法律；②另外有伯克利、奥克兰等五个地方政府通过了制裁尼日利亚的法律；有多个州起草了针对瑞士的制裁法律。③

美国州和地方政府的经济制裁通常包括两种形式：（一）选择性购买法(selective purchasing or contracting laws)：禁止州和地方公共机构与在被制裁国家从事经营活动的企业签订合同，如马萨诸塞州缅甸制裁法。（二）选择性投资法(selective investment laws)：禁止州和地方公共机构将公共基金投资于上述企业，

① Daniel M. Price and John P. Hannah, *The Constitutionality of United States State and Local Sanctions*, Harv. Int'l L. J., Vol. 39, 1998, p. 443, n. 3.

② Shelby Feuerbach, *The Darfur Conflict and California: States' Ability to Voice Objection to Human Rights Violations after Crosby*, Transnat'l L. & Contemp. Probs., Vol. 17, 2008, p. 218.

③ Daniel M. Price and John P. Hannah, *The Constitutionality of United States State and Local Sanctions*, Harv. Int'l L. J., Vol. 39, 1998, p. 443.

因此也被称为“撤资法”(divestment law)，即要求州和地方退休基金从上述公司的股票中撤资，比如伊利诺斯州的《养老金法》。

冷战后美国地方政府对外经济制裁的兴起不是一个孤立的现象，它反映了冷战后国家主权的分散化趋势（decentralization）。① 越来越多的超国家（supernational）和次国家（subnational）机构以及非政府组织（NGO）甚至个人，都试图在国际社会发挥更大的作用，去占领传统上由主权国家所独享的空间，这无疑对传统国际法和国内法都提出了严峻挑战。

从国际法上，这些经济制裁法律往往将外国公司也包括在制裁范围之内，从而具有所谓的“域外管辖权”(extraterritoriality)，因此触犯了其他国家的主权。欧盟和日本已经针对马萨诸塞州缅甸制裁法向 WTO 争端解决机构提出了起诉，控告美国违反了 WTO 协议所规定的义务。②

从国内法上看，这些经济制裁法律针对外国政府，因此事实上行使了一种外交权。如果越来越多的州和地方政府行使外交权，无疑与联邦政府的外交权相抵触，并导致美国外交政策的混乱。那些从事对外贸易活动的人将无所适从。因此，美国州和地方政府的对外经济制裁法提出了一个美国宪法上的重大问题，即如何界定美国联邦政府与州和地方政府在外交权力上的分配。该问题的核心是：美国的外交政策和对外经济关系是否继续由联邦政府来制定和执行，或者州和地方政府通过它们所拥有的巨大经济实力也能分享一部分这方面的权力？

然而问题并不是如此简单。从州和地方政府角度来看，它们关注的是自己能否行使宪法所保障的自主权。州和地方政府认为，对于本地公共基金的使用，本地政府拥有自主决定权，该项权利不应受到联邦政府的干预。因此，这一问题还牵涉到美国宪法上的“双重主权”问题（dual sovereignty）。次国家政府机构越来越多地参与国际关系，使得传统的国家主权观念也需要更新。特别是在美国，这种趋势发展越来越明显，传统联邦政府对外交事务的垄断权力开始受到挑战。如果联邦国家宪法真正赋予了地方政府参与对外事务的权力，这将给国际法带来严峻挑战。地方政府大量参与对外事务，但在国际法上地方政府又不是国际条约的主体，地方政府违反国际条约的责任由谁承担？这将对国际法和宪法之间的关系提出挑战。

---

① Nick Robinson, *Citizens Not Subjects: U.S. Foreign Relations Law and the Decentralization of Foreign Policy*, Akron L. Rev., 2007, p. 647.

② Request for Consultations by the European Communities, United States—Measure Affecting Government Procurement, WT/DS/1, GPA/DS2/1 (June 26, 1997).

二、州和地方政府对外经济制裁法的违宪之争——案例背景

（一）对南非的制裁与“基金托管人诉巴尔的摩市政府案”①

美国地方政府对外国实施经济制裁起始于20世纪80年代对南非的制裁。当时，针对南非种族隔离制度，美国许多州制定了法律限制与南非的经济交往，包括两类措施：第一，禁止公共基金向与南非有联系的公司投资；第二，禁止向与南非有联系的公司采购货物或服务。②据统计，当时共有亚利桑那（Arizona）、加利福尼亚（California）、科罗拉多（Colorado）、伊利诺斯（Illinois）、印第安纳（Indiana）、堪萨斯（Kansas）、马里兰（Maryland）、密西根（Michigan）、明尼苏达（Minnesota）、内布拉斯加（Nebraska）、新泽西（New Jersey）、纽约（New York）、北卡罗来纳（North Carolina）、宾夕法尼亚（Pennsylvania）、南卡罗来纳（South Carolina）、得克萨斯（Texas）、弗吉尼亚（Virginia）、西弗吉尼亚（West Virginia）和威斯康星（Wisconsin）19个州制定了此类法律。③

值得注意的是，这些制裁南非的地方性法律几乎没有受到任何宪法上的质疑。迄今为止唯一一个指控地方政府对外经济制裁法违宪的案例是马里兰州高等法院审理的基金托管人诉巴尔的摩市政府案④。该案中，法院面对的是巴尔的摩市政府的一项条例，该条例禁止该市退休基金托管人向在南非经营的公司投资。基金托管人指出，该条例违反了联邦宪法多项条款。但法院驳回了原告的诉讼请求，认为巴尔的摩市政府条例没有违反宪法，理由有三：第一，该项条例不违反联邦政府反种族歧视法，因此没有侵犯联邦法律的优先权；第二，该条例仅对一个外国国家产生附带性影响，因此没有侵犯联邦政府对外交事务享有的权力；第三，该条例在州际商业条款和国际商业条款方面都符合市场参与者例外原则。

马里兰州法院首先认为，巴尔的摩市的该项法律不能被联邦1986年对南非实施经济制裁的《反种族歧视法》取代，其理由包括：第一，国会并不希望取代地方政府有关管制地方投资的法律；第二，审查巴尔的摩市政府的法律是否与联邦法

---

① See *Bd. of Trustees of Employees' Retirement Sys. v. Mayor of Baltimore City*, 317 Md. 72, 562 A. 2d 720 (Md. 1989).

② David D. Carson, *The Structure and Pathologies of Local Selective Procurement Ordinances: A Study of the Apartheid-Era South Africa Ordinances*, Berkeley J. Int'l L., Vol. 21, 2003, pp. 159-160.

③ David D. Carson, *The Structure and Pathologies of Local Selective Procurement Ordinances: A Study of the Apartheid-Era South Africa Ordinances*, Berkeley J. Int'l L., Vol. 21, 2003, pp. 162-164.

④ 317 Md. 72, 562 A. 2d 720 (1989), cert. denied, 493 U. S. 1093 (1990).

律相冲突阻碍了联邦法律目标的实现；第三，巴尔的摩市政府并没有与外国谈判或者签署条约，该市的法律也只对南非产生了最低程度的影响。因此法院认为该法律没有侵犯联邦政府的外交权。

对于巴尔的摩市政府条例是否违反宪法中的商业条款，马里兰州法院认为，该条例根据“市场参与者例外原则”可以免除其违反宪法商业条款的指控。法院还进一步指出，即使无法援引该项例外原则，该条例也不违反商业条款，因为该条例并没有对州际或国际商业施加非法限制。

同时，马里兰法院认为，巴尔的摩市政府条例仅限于该市所参与的市场范围，因此符合“市场参与者例外原则”。①

然而该案仅是一起地方法院判例。迄今为止，最高法院对于各州和地方政府针对南非的经济制裁法律从来没有发表过意见，我们无从作出有效判断。但从联邦政府的一份咨询意见书中可以看出，② 联邦政府似乎也同意上述观点，支持州和地方法律的效力。该意见书指出，最高法院在对外事务领域的判例所确立的原则是，州法是否侵犯联邦政府外交权，应当看州法对外交关系是否有直接影响。③ 如果州法对外交事务仅具有间接影响，法院不能因此自动认定该州法无效。相反，法院必须一方面衡量该州法影响对外事务的程度，另一方面衡量州的权力行使范围。通过这种衡量，联邦政府的法律意见书认为，地方政府制裁南非的法律并不侵犯外交事务。该意见书还特别指出，一个州可以决定不向一个在南非做生意的公司投资因为它相信那里存在革命和没收财产的巨大风险。该决定可能对南非产生影响并影响到针对该国的国家政策，这与出于道德上反对南非种族隔离制度的原因而决定撤回投资一样。但是显然没有人会主张宪法禁止这些州采取这样的投资决定。④ 虽然该法律意见书没有法律效力，但具有一定代表性。

（二）对缅甸的制裁与 Crosby 案

1. 马萨诸塞州与联邦政府对缅甸的制裁法

1988 年缅甸军政府镇压了民间游行示威运动，并拒绝承认 1990 年大选结果。美国迅速作出反应，取消了缅甸的普惠制待遇，并于 1990 年通过《关税与贸易

---

① 317 22 U. S. C. A. §2151, 2346 (d), 5001-5116 (West 1998).

② Constitutionality of South African Divestment Statutes Enacted by State and Local Governments, 10 Op. Off. Legal Counsel 49 (1986).

③ 10 Op. Off. Legal Counsel at 61.

④ 10 Op. Off. Legal Counsel at 62.

法》，开始对缅甸实施经济制裁。1996年，克林顿总统签署了《1997年度海外活动法》（1997 *Foreign Operations Act*），并于1997年签署《海外行动拨款法案》，禁止向缅甸提供任何新的援助，禁止美国人在缅甸进行新的投资，禁止扩大现有经贸项目。1997年5月20日，克林顿又发布《第13047号行政命令》①，禁止美国人及其海外分支机构投资于所有位于缅甸领土内的自然、农业、商业、金融、工业和人力等各类资源的开发；同时也禁止美国人支持或帮助外国公司的此类投资。该行政命令同时包含了非营利性教育、健康和其他人道主义行动的例外。但该项行政命令与此前国会的法律一样，都没有禁止美国人与缅甸从事货物或服务的贸易。2003年缅甸政府镇压了昂山素季领导的民主运动，并将昂山素季关押。美国马上通过《缅甸自由民主法》（BFDA）②，该法禁止从缅甸进口任何物资，冻结缅甸领导人在美国的资产，并阻止缅甸向国际货币基金和世界银行申请贷款。

与此同时，美国有些州和地方政府也对缅甸采取制裁措施。1996年6月25日，马萨诸塞州颁布了一项制裁缅甸的法律，③ 从而成为美国第一个对缅甸实施经济制裁的州。该法原则上禁止任何州政府机构与那些在缅甸“从事经营活动”（doing business）的公司签署政府采购合同。④ 该法要求那些投标州政府合同的公司发表一个书面的或口头的声明，以显示它们是否参与了上述被禁止的与缅甸有关的活动。如果一家公司拒绝作出法令规定的承诺，它将难以获得市政府机构的招标合同。

很明显，联邦政府对缅甸的制裁没有马萨诸塞州和纽约市的制裁范围那么广泛，而且它们所针对的人群也有所不同。联邦法律只适用于美国人（公司）及其海外分支机构，但不适用于美国人拥有的外国公司和外国人拥有的公司。相反，马萨诸塞州和纽约市的法律则具有“域外管辖权”（extraterritoriality），适用于所有在缅甸“从事经营活动”的公司，不管是美国公司还是外国公司。

2. 诉讼争议及法院判决

美国“全国对外贸易委员会”（National Foreign Trade Council，NFTC）是一家非营利性机构，成立于1914年，它代表美国300多家从事国际贸易和投资的企业，经授权在国际贸易相关事项中维护其成员的利益。该委员会的部分成员公司因为在

---

① Exec. Order No. 13047, 62 Fed. Reg. 28301 (1997).

② Burmese Freedom and Democracy Act of 2003, Pub. L. No. 108-61, §1-9, 117 Stat. 864 (2003)；2006年布什总统将《缅甸自由民主法》继续延长3年。

③ MASS. GEN. LAWS, ch. 7, §22 (G) - (M) (1996) (“Massachusetts Burma Law”).

④ MASS. GEN. LAWS, ch. 7, §22 (G) - (M) (1996) (“Massachusetts Burma Law”).

缅甸有经营活动，从而被马萨诸塞州列入禁止贸易的名单。全国对外贸易委员会于是代表这些公司向法院提起诉讼，指控该项法律违反宪法而无效。马萨诸塞州地区法院认为该法侵犯了联邦政府管理对外事务的绝对权力，因此判该法违宪。①

被告上诉后，第一巡回法院肯定了一审判决，赞同一审法院的结论，认为该法违宪而无效。② 上诉法院还认为，该法同时侵犯了国会对“对外商业”（foreign commerce）的管辖权；同时，由于联邦已经制定了有关缅甸政策的全国性法律，因此马萨诸塞州法律因为联邦制裁缅甸法的优先性而被取代。③

该案进一步上诉到最高法院。最高法院审理后，尽管也维持了原判，但在判决理由中仅仅提到了联邦法律的优先权问题（preemption question），而没有提到二审法院所指出的违宪性问题。④ 最高法院认为，马萨诸塞州法律在以下三点上违反了联邦制裁缅甸法：

第一，联邦制裁缅甸法授权总统一定的自由裁量权，可以出于国家利益而决定采取或取消经济制裁；相反，马萨诸塞州法律则不受总统控制。因此，该法侵犯了总统在该问题上的灵活处置权。

第二，马萨诸塞州法律的制裁范围要比联邦法律广泛得多。联邦法律并不禁止与缅甸的贸易，并且只禁止在缅甸的新投资；马萨诸塞州法律则禁止一切在缅甸的贸易。

第三，马萨诸塞州法律违反了总统为美国制定的针对缅甸的多边战略。联邦法律只适用于国内公司，但马萨诸塞州法律却对国内和外国企业同样适用。因此，马萨诸塞州法律会引发美国盟友的外交抗议并使联邦政府陷入国际纠纷。⑤

本案中，最引人关注的是一审法院马萨诸塞州地方法院⑥和二审法院第一巡回上诉法院都认为马萨诸塞州制裁缅甸法违反了宪法；⑦ 然而最高法院却缩小了二审法院的裁决范围，仅仅依据优先权原则认定马萨诸塞州制裁缅甸法应当被联邦制裁缅甸法取代，而对该法律是否违反宪法却没有作出明确裁定。⑧ 虽然最高法院在以前很多判例中都间接涉及这个问题，但从来没有一个最高法院判例直接针对此类法

① Nat'l Foreign Trade Council v. Baker, 26 F. Supp. 2d 287, 289 (D. Mass. 1998).

② Natsios, 181 F. 3d at 49-61.

③ Natsios, 181 F. 3d at 71-77.

④ Crosby v. Nat'l Foreign Trade Council, 530 U. S. 363 (2000).

⑤ Crosby, 530 U. S. at 385.

⑥ National Foreign Trade Council v. Baker, 26 F. Supp. 2d 287 (D. Mass. 1998).

⑦ National Foreign Trade Council v. Natsios, 181 F. 3d 38 (1st. Cir. 1999).

⑧ Crosby v. National Foreign Trade Council, 530 U. S. 363 (2000).

律的合宪性作出明确判决。而地方法院的少数几个判例则作出了不同的判决结果。① 最高法院在本案中这种小心翼翼的态度，使得州和地方政府对外经济制裁法的合宪性问题变得越发模糊，也使得在这个问题上的分歧进一步加剧。

（三）对苏丹的制裁与“全国对外贸易委员会诉伊利诺斯州政府案”

1. 美国联邦政府对苏丹的制裁法

2004 年苏丹政府开始镇压达尔富尔反政府武装，② 遭到国际社会的谴责，并引发了各国的制裁。

克林顿总统早在 1997 年 11 月 3 日就签署了 13067 号总统令③，内容为冻结位于美国境内或者受美国控制的苏丹政府财产，禁止大多数（虽然并非全部的）美国和苏丹之间的交易。2000 年，国会又通过了《贸易制裁改革和增强出口法》（*Trade Sanctions Reform and Export Enhancement Act*，TSRA）④。2002 年，国会通过了《苏丹和平法》（*Sudan Peace Act*）⑤，授予总统在处理与苏丹关系问题上的额外权力。根据该法案，为实现其目标，即“实现苏丹战争的全面解决，美国必须采取所有可行的强制措施，包括……采用多边经济和外交手段迫使苏丹政府善意履行和平方案。”2004 年，为了回应达尔富尔事件，国会补充和修改了《苏丹和平法》，形成并通过了《苏丹全面和平法》（*Comprehensive Peace in Sudan Act*）⑥。该法案也要求总统对苏丹施加有针对性的单边制裁。2006 年，国会进一步通过了《达尔富尔和平及责任法》（*Darfur Peace and Accountability Act*）⑦，该法在《苏丹全面和平法》的基础上，进一步要求总统冻结涉及达尔富尔危机案的苏丹政府官员的财产并限制其转让，禁止从事苏丹石油贸易的船只或者油轮进入美国港口，从而切断苏

---

① Trustees of Employees' Retirement System v. Mayor of Baltimore City, 317 Md. 72, 562 A. 2d 720 (Md. 1989), cert. denied sub nom. Lubman v. Mayor and City Council of Baltimore, 493 U. S. 1093 (1990); Springfield Rare Coin Galleries v. Johnson, 115 Ill. 2d 221, 503 N. E. 2d 300, 307 (Ill. 1986).

② Human Rights Watch, Darfur in Flames: Atrocities in Western Sudan 6 (2004), available at http: //hrw. org/reports/2004/sudan0404/sudan0404. pdf. , visited on May 1, 2009.

③ 62 Fed. Reg. 59989.

④ Pub. L. 106-387, 114 Stat. 1549.

⑤ Pub. L. 107-245, 116 Stat. 1504 50 (codified at 50 U. S. C. § 1701 note).

⑥ Pub. L. No. 108-497, 118 Stat. 4012 (codified at 50 U. S. C. § 1701 note)

⑦ Pub. L. No. 109-344, 120 Stat. 1869 (codified at 50 U. S. C. § 1701 note)

丹政府的石油收入。该法案延续了先前规定的制裁措施，并且再次确认了总统可以在一定条件下放弃对苏丹的制裁权。

2. 伊利诺斯州制裁苏丹法

达尔富尔冲突发生之后，美国多个州和地方政府都制定了制裁苏丹政府的法律，包括伊利诺斯州、缅因州、新泽西州、俄亥俄州、俄勒冈州和加利福尼亚州等。① 其中，伊利诺斯州的法律最为典型。2005 年 6 月 25 日，伊利诺斯州州长罗德·布拉高维杰签署了《伊利诺斯州苏丹法》(*Illinois Sudan Act*)（以下简称《伊州苏丹法》），该法案修改了《州存款法》(*Deposit of State Moneys Act*) 及《伊利诺斯州养老金法规》(*Illinois Pension Code*)，其目的在于禁止投资于苏丹政府、营业地在苏丹或与苏丹从事商业活动的公司。该法案通过两种途径实现上述目的：

其一，通过修改《州存款法》，金融机构如果不能保证不向"被禁止的实体"(forbidden entity) 提供贷款，则禁止州财政部将州基金存入该金融机构中。"被禁止的实体"范围非常广泛，几乎涵盖了所有与苏丹从事经济活动或者在苏丹从事经营活动的公司。② 根据该法案，如果银行想继续接受州存款，则必须设立确认贷款申请者并非为法案中的"被禁止的实体"的程序。

其二，通过修改《伊利诺斯州养老金法规》，禁止根据该法规设立的养老金基金的受托人向任何被禁止的实体投资。对于"被禁止的实体"的定义比《州存款法》修正案中的定义更为广泛。

3. 案件所涉及的争议及法院判决

原告"全国对外贸易委员会"(NFTC)③ 声称，《伊州苏丹法》的实施损害了其成员的利益（包括八家州地方养老金基金会和八位公共养老金基金会的受益人）。原告认为，《伊州苏丹法》对原告产生了重大影响。NFTC 的成员包括与苏丹有商业联系的上市公司，由此成为法案项下的"被禁止的实体"，从而不得接受伊利诺斯州公众养老金基金的投资。NFTC 同时代表了至少一家目前接受州存款的国家银行，该银行和其他银行一样，必须停止接受"被禁止的实体"提交的贷款申请或者延长州基金的存款期限。此外，NFTC 成员中与苏丹有联系的公司不得向决

① Shelby Feuerbach, *The Darfur Conflict And California: States's Ability to Voice Objection to Human Rights Violations After Crosby*, Transnat'l L. & Contemp. Probs., Vol. 17, 2008, p. 218.

② 15 ILCS 520/22.6 (b) (1-5).

③ 本案被告为伊利诺斯州律政司和伊利诺斯州财政专业规范部秘书长托平卡（Topinka），是本案所涉《伊州苏丹法》的执行者。2007 年 1 月，托平卡的职位被奇安诺利亚斯（Giannoulias）取代，本案名称也改为"NFTC 诉 Giannoulias 案"，See 523 F. Supp. 2d 731 (2007).

定继续接受州存款的银行申请贷款。其余原告包括：伊利诺斯州地方性养老基金，其声称伊利诺斯州法案的实施将限制其投资方式从而损害其利益。

原告要求法院禁止《伊州苏丹法》的实施，主要基于以下三个理由：第一，联邦法律具有处理与苏丹关系的优先权；第二，该法案干涉了联邦政府处理对外关系的权力；第三，该法案违反了宪法中的“对外贸易条款”。

对于第一个诉讼理由，法院认为，联邦法律和《伊州苏丹法》所修改的《州存款法》存在根本差异：联邦法律允许总统根据苏丹地区的形势作出灵活反应，但是伊利诺斯州法律不承认该机制。此外，与联邦法律仅制裁美国公司不同的是，伊州法律制裁所有的公司，包括美国公司海外子公司或者分支机构。法院因此得出结论：《伊州苏丹法》扩大了适用地域的范围，不恰当地干涉了联邦政府处理对外关系的权力。因此，联邦法应优先于《伊州苏丹法》。但是，法院认为，《伊利诺斯州养老金法规》并不违反联邦法律，因此不能被联邦法律取代。

对于第二个诉讼理由，法院认为，《州存款法》修正案对于其他国家产生的影响将是现实而直接的；此外，这些修正案对联邦政府根据国会和总统权力对苏丹实施灵活而有分寸的外交政策有重大而直接的影响；法案中也没有根据苏丹地区的形势作出灵活的调整机制。因此，法院认为，《伊州苏丹法》中关于修改《州存款法》的部分内容不正当地干涉了联邦政府实施对外事务的权力，因而违宪。但是，对于《伊州苏丹法》中有关《伊利诺斯州养老金法规》修改的内容，法院得出的结论则完全相反。

对于第三个诉讼理由，法院认为，《伊利诺斯州养老金法规》修正案违反了“对外贸易条款”。①

三、州和地方政府对外经济制裁法与联邦宪法的关系

在上述几个案例中，所涉及的地方政府对外经济制裁法都从三个方面向美国宪法发出挑战：第一，这些法律试图针对特定国家构建地方政府的外交政策，这侵犯了美国联邦政府的外交权（power over foreign affairs）；第二，由于美国国会已经针对有关国家制定了相关法律，而联邦的法律具有先占性，因此这些地方性法律违反了宪法第6条的“至上条款”(supremacy clause)；第三，这些地方性法律影响了国际贸易，从而侵犯了宪法第3条第1款第8项赋予国会的在对外商业领域的管理权。下面结合上述几个案例对这几个问题分别予以探讨。

---

① NFTC v. Giannoulias, 523 F. Supp. 2d 731 (2007).

（一）联邦法律的优先权问题（preemption doctrines）①

美国宪法对联邦和各州的权利划分做了很好的平衡。根据美国宪法第十修正案：“宪法未授予合众国、也未禁止各州行使的权力，由各州各自保留，或由人民保留。”但宪法同时规定，联邦政府根据宪法规定享有的权力，各州和地方政府不得行使，即宪法赋予联邦政府的权力具有优先权（preemption）性质。“优先权理论”的基础来源于宪法第6条，即所谓的“至上条款”（supremacy clause）。该条第2款规定：“本宪法和依本宪法所制定的合众国法律，以及根据合众国的权力已缔结或将缔结的一切条约，都是全国的最高法律（supreme law of the land）；每个州的法官都应受其约束，即使州的宪法和法律中有与之相抵触的内容。”根据该规定，根据宪法授权而制定的联邦法律是“至上的”，州法必须服从它们。然而，优先权原则在具体运用时必须要考虑到政策的平衡。在根据该原则判断州法是否要服从联邦法律时，一方面要维护统一的联邦立法权，另一方面也要尊重各州的主权。在二者的关系上，宪法学理论上有一种观点，叫做“推定违反优先权”（presumption against preemption）。②

美国最高法院在实践中已经确立了以下几种途径，可以使联邦法律根据宪法“最高条款”优先于或取代地方法律，即“明示优先权”、“默示优先权”和“冲突优先权”：

第一，“明示优先权（取代）”（express preemption），即国会可以明确在其立法中取代州法律。③

第二，“默示（推定）优先权（先占）”（implied preemption），如果联邦在某个领域的管理方案已经非常全面，以至于可以合理地推断出国会已经占领了该领域（to occupy the field），而且已经没有为各州留下补充性的管理空间，则可以推定联邦法律具有先占性；另外一种推定联邦拥有优先权的情形是，当联邦的利益如此具有优势，以至于可以假定联邦的法律排除了州法律在该领域执行的可能性。④ 这种优先权也成为“领域优先权”（先占权），它意味着“联邦的法律和管理计划如此详

① Preemption在中文中有“先占”、“优先”、“取代”等意思，为了保持汉语表达的顺畅，本文在不同语境中分别使用其不同的中文表述。

② Erwin Chemerinsky, *Constitutional Law: Principles and Policies*, 3rd ed., Aspen Publishers, 2006, p. 395.

③ See Jones v. Rath Packing Co., 430 U. S. 519, 525 (1977).

④ See Rice v. Santa Fe Elevator Corp., 331 U. S. 218, 230 (1947).

细具体，以至于可以推定国会没有再为州留下进行填补的空间”。①

如何判断联邦试图“占领该领域”？（1）法院必须确定是否在某个领域联邦政府传统上一直扮演唯一角色；（2）是否在联邦文件的文本中或立法史上，国会明确表达了让联邦法律在某个特定领域行使绝对权力的意图；（3）允许州或地方法律参与该领域是否就会妨碍“联邦的全面管理活动”；（4）如果要保留州的权利，法院必须确定是否存在州的重大利益。②

在 Wisconsin Department of Industry，Labor and Human Relations v. Gould，Inc. 案③中，最高法院否决了威斯康辛州的一项法律，该法禁止州政府机关与那些屡次违反《全国劳动关系法》的人签订合同。尽管该法的目的是为了贯彻执行《全国劳动关系法》，但法院认为既然国会制定了该项法律，就意味着劳动关系领域属于联邦的管辖范围并取代了州的管理权，因此该州的法律无效。④ 法院解释说，在劳动关系领域联邦拥有优先利益，因此各州不仅不能发布一些与联邦法律实质要求相抵触的行为标准，而且也不能擅自对违反联邦法律的行为实施立法或司法上的救济。正如法院所言，对于违反联邦法律的行为是否给与惩罚以及惩罚的范围和性质等，都属于国会所构建的体系的一部分。⑤ 在该领域中即使国会没有对有些问题进行规定，也应当在联邦的框架内进行讨论，各州不得擅自行事。法院最后总结道："由于威斯康辛州禁止性的法律目的在于对违反《全国劳动关系法》的行为施加补充性惩罚，因此它违反了全国劳动关系理事会对劳动关系的统一管理权……更重要的是，如果威斯康辛州的法律有效的话，其他州也不可避免地会对违反劳动法的人采取类似的行动……每个附加的法律都会逐步侵蚀理事会对执行《全国劳动关系法》的权力，并最终会改变国会所制定的统一管理制度。"⑥

通常认为，联邦法律享有绝对优先权的领域是外交事务（foreign affairs）。但困难的是，如果州和地方政府实施了一项措施，该措施对外交政策仅仅产生了间接影响，此时是否构成对联邦优先权的违反？

在 Hillsborough County，Florida v. Automated Medical Laboratories 案⑦中，法院认为，原则上，在传统的有地方政府管辖的领域，比如健康和安全事务，应当首先

---

① Erwin Chemerinsky, *Constitutional Law: Principles and Policies*, 3rd ed., Aspen Publishers, 2006, p. 394.

② *Ibid.*, p. 408.

③ 475 U. S. 282 (1986).

④ 475 U. S. 287 (1986).

⑤ 475 U. S. 287 (1986).

⑥ 475 U. S. 288-289 (1986).

⑦ 471 U. S. 707 (1985).

推定州所拥有的历史性政治权力不能被联邦法律所取代，除非国会对此表示了明确的、清晰的目标。① 但是在外交领域，法院明确指出，应当进行完全相反的推定，即联邦政府在全国对外关系领域行使绝对的优先权力。② 即使联邦法律没有明确的指示，但只要涉及外交领域，地方法就应当被排除，而且也无须去审查地方法律是否确实与联邦法律发生了冲突。即使地方法律的目的是为了促进联邦法律目标的实现，它们也不能侵犯专属于联邦政府行使的权力。

在上文中的 Crosby v. National Foreign Trade Council 案③中，法院虽然否决了马萨诸塞州制裁缅甸法的效力，但法院并未提到联邦政府的优先权。既然国会已经颁布了联邦制裁缅甸法，那么国会是否有意去占领该领域呢？法院有意地避免去探讨这一问题，而只是去审查马萨诸塞州法律是否与国会法律相冲突。

第三，冲突优先权（conflict preemption），即联邦立法中没有明确的取代条款，但地方法律如果被发现与联邦法律发生实际上的冲突（actual conflict），④ 或者州法律阻碍了国会实现其意图和目标，⑤ 则州法将被联邦法律取代。在 Hines v. Davidowitz 案⑥中，法院宣告宾夕法尼亚州的《外国人登记法》无效。该法对合法外国人施加了一系列严厉要求，包括要求他们在州内登记并随时携带身份证否则将被处以罚款和监禁。由于在该法生效后不久联邦就颁布了一项与该法平行的法律，因此该案焦点集中于哪一法律具有先占权（preemption）的问题。最高法院认为，如果州法妨碍了国会实现其全部目标和宗旨，则其会被联邦法律取代。

上述 Crosby 案中，法院就是根据上述三个方面的因素进行分析的。通过分析，法院既没有发现联邦法律中有明示的取代条款，也没有分析国会是否有意让联邦制裁缅甸法去“占领该领域”，相反，法院仅仅根据“冲突优先权”原则判决马萨诸塞州制裁缅甸法与联邦法律相冲突，因而无效。⑦

而在判断州的法律是否与联邦法律相冲突时，最高法院认为应根据以下标准：

（1）一个私人当事人是否无法同时遵守州法和联邦法；

（2）州法是否妨碍了国会制定该联邦法律的目的。⑧ 判断国会的立法目的应

① 471 U. S. 715 (1985).

② 471 U. S. 719 (1985).

③ Crosby v. Nat'l Foreign Trade Council, 530 U. S. 363 (2000).

④ See Florida Lime & Avocado Growers, Inc. v. Paul, 373 U. S. 132 (1963).

⑤ Hines v. Davidowtiz, 312 U. S. 52, 67 (1941).

⑥ Hines v. Davidowitz, 312 U. S. 52 (1941).

⑦ Crosby v. Nat'l Foreign Trade Council, 530 U. S. 372-373 (2000).

⑧ Crosby v. Nat'l Foreign Trade Council, 530 U. S. 373 (2000).

当将该法律作为一个整体来审查。“法律中暗示的意图与其明示的意图同样重要。”① 最终法院认为马萨诸塞州法律无效，因为它“对于国会完全实现其在联邦法律中的目标而言构成了一个障碍”。该案中，法院认为，该项州法律破坏了联邦法律中至少三个条款所要实现的目标和效果：②

第一，总统的裁量权。法院认为，国会授权总统根据联邦制裁缅甸法对经济制裁措施灵活处理。首先，联邦制裁缅甸法允许总统根据自己的判断终止对缅甸采取的制裁措施；其次，国会授权总统可以禁止美国人对缅甸的新投资；最后，根据联邦制裁缅甸法，总统可以撤销任何违反国家安全利益的制裁措施。而马萨诸塞州制裁缅甸法包含了联邦制裁缅甸法没有的制裁措施，这会使总统无法行使其自由裁量权。

第二，有限制裁。法院认为，联邦制裁缅甸法有其特定的适用范围，走的是一条“中间路线”。该法只是禁止“美国人”在缅甸的“新投资”，并没有限制与缅甸的贸易。马萨诸塞州法律显然与这些规定相冲突。因此一个遵守了联邦法的个人仍然会因违反马萨诸塞州法律而承担责任。③

第三，综合多边战略。法院认为，马萨诸塞州制裁缅甸法妨碍了总统用一个声音说话的能力。联邦法律要求总统发展出一套多边战略以改善缅甸对美国的敌意并促进缅甸的民主化。马萨诸塞州的法律使得总统对外发出的声音受到干扰，从而无法形成一个统一的针对缅甸的多边战略。

（二）联邦政府的对外事务管辖权

1. 联邦法院的判例

尽管美国宪法对联邦政府的外交权的规定并不太明确，但美国最高法院曾多次明确承认联邦政府在外交领域的优先权。④ 1937 年，最高法院就在“美国诉贝尔蒙特案”⑤ 中指出，联邦政府对于美国的外交享有完全的、排他的权力。该案涉及 1933 年美国和苏联为建立正式外交关系而签署的一项“赔偿请求权解决协议”，根据该协议，苏联要求美国一家银行归还其冻结的一家俄罗斯公司的财产，该俄罗斯公司在十月革命中被苏联收归国有。被告认为，承认苏联的请求权将会违反纽约市反对国有化征收的公共政策。但法院指出，美国政府的对外权力不是分散的，而是

① Crosby v. Nat'l Foreign Trade Council, 530 U. S. 373 (2000).

② Crosby v. Nat'l Foreign Trade Council, 530 U. S. 373-374 (2000).

③ Crosby v. Nat'l Foreign Trade Council, 530 U. S. 378-379 (2000).

④ Gerald Gunter & Kathleen M. Sullivan, Constitutional Law 256 (13th ed. 1997).

⑤ United States v. Belmont, 301 U. S. 324 (1937).

由联邦政府集中行使的。在国际谈判和签署国际条约以及外交关系领域，各州之间的界限应该消失。① 法院最后支持了苏联政府的请求。

五年后，在“美国诉平克案”中，同样涉及美国和苏联之间的上述协议。该案涉及一家被俄罗斯政府征收的保险公司在纽约的剩余资产。对方当事人认为，俄罗斯的国有化政策违反纽约法律，不应该承认俄罗斯的请求。但法院再次重申“外交权不应由各州分享，而是专属于联邦政府”。② 审理该案的法兰克福特(Frankfurter) 大法官在其意见书中指出：“在处理我们的对外关系时美国要用同一个声音说话并同步行动，不要被那些牵涉到联邦政府和各州政府之间政治权力分配的复杂的国内问题所困扰。”③

在前述的 Hines v. Davidowitz 案④中，法院继续采纳了这种对美国外交权的解释，宣告宾夕法尼亚州的《外国人登记法》无效。该法对合法外国人施加了一系列严厉要求，包括要求他们在州内登记并随时携带身份证否则将被处以罚款和监禁。由于在该法生效后不久联邦就颁布了一项与该法平行的法律，该案焦点最终集中于哪一法律具有先占权（preemption） 的问题。然而法院强烈建议，即使没有联邦立法，宾夕法尼亚州在对外事务方面（比如入境、归化、驱逐出境等）的立法权也超出了宪法许可的范围。法院主张：联邦政府在与外交主权有关的事务上被赋予了完全的、排他的责任。“对于当地事务联邦的各州是存在的；但是为了国家目标，在我们与外国的关系上，我们必须是一个人民、一个民族、一个权力（one people, one nation, one power)。”⑤

1968 年的 Zschernig v. Miller 案⑥更是一个广为引用的案例。该案中，法院否决了俄勒冈州的一项法律，该法规定，如果拒绝给予非本地居住的外国人遗产继承权。法院认为，“即使在没有联邦条约或立法存在的情况下，州的政策也可能干扰对外关系。”⑦ 该案最引人关注的地方在于，尽管行政机关已经声明俄勒冈州的法律“并没有干涉美国的外交行为”，但法院仍然认为该法律违反美国宪法。Steward 大法官在其意见书中指出：“我们在这里处理的是州和联邦之间权力的分配问题。解决这样一个具有根本性的宪法问题（外交权力）不能随着国务院吹的一阵风而摇摆不定。今天我们被告知，俄勒冈州的法律不与国家利益相冲突。但明天它可能

① United States v. Belmont, 301 U. S. 331 (1937).

② United States v. Pink, 315 U. S. 203, 233 (1942).

③ *Id.* at 242 (Frankfurter, J., concurring).

④ Hines v. Davidowitz, 312 U. S. 52 (1941).

⑤ Hines, 312 U. S. at 63 (quoting in re Chinese Exclusion Case, 130 U. S. 581, 606 (1889)).

⑥ Zschernig v. Miller, 389 U. S. 429 (1968).

⑦ Zschernig, 389 U. S. at 441.

就会。"① 该案中第二点值得注意的是，Zschernig 案确立了一项判断州和地方法律是否干涉外交权的标准，即观察外国政府对该项法律的反应。该案中，俄勒冈州的法律就引起外国政府（保加利亚）向美国国务院提出抗议。第三点，尽管俄勒冈州的法律是关于遗嘱继承的，而继承问题传统上属于州的管辖范围，但是法院仍然指出，如果这些法律妨碍了联邦外交政策的有效执行，则它们必须让步。最后，Zschernig 案为确定一项地方法律是否超越了宪法规定的界限提供了判断标准。该案指出，仅仅因为该法间接地影响到外交事务并不能认定其自动无效。相反，法院所关心的不仅仅是该法律对外国是否有间接或偶然的影响，而且要看该法令是否有极大的可能破坏或妨碍美国外交政策。

2003 年的 American Insurance Association v. Garamendi 案②让我们看到了最高法院最新的态度。该案中，最高法院重申了 Zschernig 案中的原则，即宪法中隐含着一项联邦外交权条款。法院撤销了加利福尼亚州的《大屠杀受害人保险救济法》，该法要求所有在该州营业的保险公司披露其在纳粹统治时代在欧洲的人寿保险业务。而美国总统曾与德国政府签署过一项政府间协议，规定由"大屠杀时代保险赔偿请求国际委员会"(International Commission on Holocaust Era Insurance Claims)作为解决此类保险赔偿纠纷的唯一机构。美国与法国、奥地利等国也签署过类似协议。尽管该项协议中没有明确的排除条款，但法院认为，加利福尼亚州的法律与该协议中体现的政策相冲突，因此应当被政府协议所取代。不过，最高法院的判决是以 5:4 的微弱多数勉强通过。

2. 地方法院的判例

在 New York Times Co. v. City of New York Commission on Human Rights 案③中，《纽约时报》在报纸上刊登广告招聘在南非的工作人员，纽约人权委员会认为该行为违反了纽约制裁南非种族隔离政策的法律。纽约上诉法院认为纽约市的反种族歧视法构成了对外交事务的干涉，市政府没有权力制定和执行自己的外交政策。④

同样在 Springfield Rare Coin Galleries v. Johnson 案⑤中，伊利诺斯州高等法院也承认了联邦政府的外交权，并废除了一项州的法律，该法律免除了所有贵重金币的销售税，但南非的克鲁格金币除外。法院认为，该项法律的目的在于抗议南非政

① Zschernig, 389 U.S. at 443 (Stewart, J., concurring).

② American Insurance Association v. Garamendi, 539 U.S. 396 (2003).

③ 361 N.E.2d 963 (N.Y. 1977).

④ 361 N.E.2d 968 (N.Y. 1977).

⑤ 503 N.E.2d 300 (Ill. 1986).

府并抵制该国产品，因此该项法律违反了联邦政府在外交事务上的绝对权力。① 该案中，法院也援引了Zschernig案中所确立的判断标准，即该地方性法律的目的在于反对一个外国政府的政策，它可能会导致国家间的冲突并引发外国的报复措施。

在“南非铁路公司诉纽约州人权办公室案”② 中，法院认为，纽约州人权办公室无权干涉南非航空公司执行南非政府的歧视性签证政策。法院指出，航空公司在纽约的运营已经由联邦民航管理局与南非达成的协议以及其他国际条约进行调整，任何州政府机关采取的行动都会“干预美国允许运营者从事进出美国的航空业务以及运送旅客进出南非共和国的外交政策。外交政策属于联邦事务，而不属于州的管辖范围”。③

在上述案例中，法院都没有被地方性法律表面上的合理性或合法性所迷惑，而是毫不犹豫地去探寻该法律背后的政治动机。在判断地方法律是否触犯外交权时，法院只需要判断该法律的目的在于反对某个外国政府并采取了针对该国的行动即可。

在“伯利恒钢铁公司诉洛杉矶市水务和电力部专员公署案”④ 中，加利福尼亚上诉法院撤销了该州的《购买美国货法》（*Buy American Act*）。该法要求该州的建筑合同只能授予那些同意使用或提供产于美国的原材料的公司。法院认为，该法实际上对外国产品实施了禁令，这就意味着该州篡夺了联邦政府对外贸易政策的管理权。法院认为，“外贸完全属于全国性事务，而不属于州的管辖范围”。⑤

在此后至少两个类似的案例中，即“K. S. B. 技术销售公司诉北泽西地区供水佣金案”⑥和“特洛伊技术公司诉宾夕法尼亚案”⑦，都同样涉及地方的限制性购买法律，法院虽然没有否定当地政府制定的《购买美国货法》本身的效力，但都对它们进行了合宪性审查，并承认了联邦政府的外交权。其中在“K. S. B. 技术销售公司诉北泽西地区供水佣金案”⑧ 中，新泽西州高等法院面对的同样是该州的“美国采购法”，法院认为该法没有侵犯宪法所规定的外交权。法院所依据的事实是，该法没有授权地方政府机关在交易中去审查合同销售方所属国家的政策；该法

---

① 503 N. E. 2d 305 (Ill. 1986).

② South African Airways v. New York State Division of Human Rights, 315 N. Y. S. 2d 651 (N. Y. Sup. Ct. 1970).

③ 315 N. Y. S. 2d 654 (N. Y. Sup. Ct. 1970).

④ 276 Cal. App. 2d 221 (1969).

⑤ 276 Cal. App. 2d 226 (1969).

⑥ 75 N. J. 272, 381 A. 2d 774 (1977)

⑦ 916 F. 2d 903 (1990), cert. denied, 501 U. S. 1212 (1991).

⑧ 75 N. J. 272.

对所有外国国家一视同仁，没有针对该外国的意识形态而有任何歧视。该州在进行政府采购时没有考虑任何一家投标方所属国的政治态度和国内政策。而在“特洛伊技术公司诉宾夕法尼亚案”① 中，美国第三巡回上诉法院也支持了宾夕法尼亚州的一项法律，该法要求该州的工程项目合同必须使用美国产的钢材。原告认为该法律违反了宪法的外交权条款。法院将该案的情况与 Zschernig 案进行了对比，认为宾夕法尼亚州的法律没有触犯联邦的外交权，因为该法不允许州政府机关去评价外国政府的性质。在这一点上，该法律与前述 K. S. B. 技术销售公司案中新泽西州的法律一样，它对任何国家的供货商都同等对待，而不去考虑该外国是敌国还是友邦，因此在政治上保持了中立性。

通过上述案例可以看出，一项州和地方的立法是否违反宪法规定的联邦行使的外交权，关键不是看该法本身的规定是否涉及外国，而是看该法的立法动机。如果该法的目的被认为是有意地因为某个外国政府的政策而对该外国政权施加惩罚并试图改变其行为，则该项法律就可能面临违宪性指控。

以上案例说明，州和地方不得侵犯宪法所赋予联邦政府（总统和国会）行使的外交权。即使在联邦政府没有采取行为的领域，州政府所采取的一项与外交关系有关的措施也将会被假定为与联邦政府的特权相冲突，并损害全国“用一个声音讲话”的能力。

（三）“州际和对外商业条款”与“市场参与者例外原则”

1. 州际和对外商业条款（the interstate and foreign commerce clause）

美国宪法第 1 条第 8 款第 3 项规定：“国会有权管制与外国之间以及各州相互之间的商业。”该条款实际上从否定的意义上排除了各州在州际和国际商业领域的管辖权，② 因此被称为“隐含的商业条款”(dormant commerce clause)。

在“日本班轮公司诉洛杉矶县案”③ 中，加利福尼亚州一项法律对日本的外贸海运集装箱征收财产税，法院否决了该项法律。法院明确指出，在分析“对外商业条款”时需要进行更广泛的宪法审查，因为在管理与外国政府之间的商业关系时联邦政府必须用一个声音说话。由于本案涉及对外事务，而对外商业首先属于一项全国性事务，美国必须由唯一的政府行使统一的、必要的国家权力。如果某个州自行其是的话，有引发国际争端和国际报复的危险，从而使美国作为一个国家整

---

① 916 F. 2d 903.

② Camps Newfound/Owatonna, Inc. v. Town of Harrison, Me., 117 S. Ct. 1590, 1596 (1997).

③ 441 U. S. 434 (1979).

体受到损害。因此法院认为，联邦政府在国际商业领域的管辖范围要比在州际商业领域更大。①

但法院也并非认为所有地方性涉及对外商业的立法都无效。在“美洲集装箱公司诉免税委员会案”② 中，该州在确定美国跨国公司的州公民税时采用了一种“全球统一分配方法”。尽管该法律影响到对外商业，但法院还是支持了该法的效力。法院认为，如果一项地方性法律“仅仅对外国产生影响，但并未涉及对外事务”，那么它就不违反对外商业条款。

不过在另外一起“巴克莱银行诉加利福尼亚州特许税案”③ 中，最高法院作出了相反的判决，并引发了争议。该案中，加利福尼亚州同样要求对集装箱公司按照加利福尼亚州的征税方法征税，但这一次是针对所有在加州经营的外国跨国公司在全球的业务。该案中，加州的征税方法不同于美国联邦政府采用的方法，而且美国行政部门已经表示反对加州的税收法；更重要的是，一些外国贸易伙伴（如英国）也对此表示了反对。但最高法院还是判定加州的税收方法有效。法院的理由是，负责管理美国对外商业事务的国会并未给出明确的指示禁止各州在该领域的立法，因此加州的法律没有侵犯宪法的“对外商业条款”，也没有损害美国联邦政府在对外商业事务中的统一性。

该案虽引发了争议，但学者指出，该案并不能说明所有影响到对外商业的地方性立法在国会没有明确反对的情况下都有效。该案中，法院之所以承认了地方法律的效力，主要是因为法院有充分的证据表明国会对加州的税收方法表示了“宽容态度”(willingness to tolerate)。④

2. 市场参与者例外原则（the market participant exception）

与“商业条款”紧密联系的是所谓的“市场参与者例外原则”。在宪法禁止地方政府管辖州际商业事务问题上，在近年来的一系列案例中，最高法院发展出了一项重要的例外原则，即“市场参与者例外原则”。根据该原则，法院将地方政府作为一个市场管理者（regulator）和作为一个市场参与者（participant）的身份区别开来。作为市场管理者，地方政府要对私人商业活动进行征税和管制等；作为市场参与者，地方政府与私人一样，平等参与市场交易。⑤ 当作为“市场管理者”时，

① 441 U. S. 448 (1979).

② 463 U. S. 159, 189, n. 25, reh'g denied, 464 U. S. 909 (1983).

③ 114 S. Ct. 2268 (1994).

④ 114 S. Ct. 2283, 2284 (1994).

⑤ See SSC Corp. v. Town of Smithtown, 66 F. 3d 502, 510 (2d Cir. 1995), cert. denied, 516 U. S. 1112 (1996).

地方政府行使的是统治权，此时它的行为要接受美国宪法“州际商业条款”的审查；当作为“市场参与者”时，地方政府只是一个普通的经营者，其行为不受宪法“州际商业条款”的审查。

该原则第一次运用是在 Hughes v. Alexandria Scrap Corp. 案①中。该案中，马里兰州制定的一个项目使得外州的废物处理公司很难获得为销毁遗弃在公路上的废旧汽车而由该州支付的奖励金。法院认为，马里兰州在该项目中只是作为一个市场经营者而非市场管理者在行事，因此它可以正当地限制其交易条件以便在州内经营中获利，尽管这限制了邻州废物处理公司的利益。法院指出，商业条款并不禁止一个州去参与市场经营并为了其本州公民的利益而行使其权力。

四年后，在“Reeves 公司诉 Stake 案”② 中，法院指出，南达科他州限制其州属水泥厂仅限于向其州内客户销售的行为并不违反宪法。法院援引了市场参与者例外原则，将南达科他州定义为水泥销售者，并认为宪法中并没有规定限制各州在自由市场上自由交易的能力。

市场参与者例外原则在“怀特诉马萨诸塞州建筑雇主委员会案”③ 中获得了最具扩张性的适用。该案中，波士顿市长签署了一项命令，要求市政建设项目的承包商所雇佣的工人中必须有至少一半是波士顿居民。法院认为，波士顿市政府符合“市场参与者例外原则”，因为在市长的命令所针对的经济活动中，波士顿市本身就是一个主要的参与者。

很多支持州和地方政府对外经济制裁法的人援引“市场参与者例外原则”作为其不违反宪法的抗辩。特别是在 WTO 有关马萨诸塞州制裁缅甸法的争端解决程序中，马萨诸塞州就主张：“如果它作为一个市场参与者购买商品和服务，它同样有权像其他客户一样选择和谁进行交易……”④ 同样，在回答纽约市制裁缅甸法是否违反宪法时，纽约市议会发言人维隆（Vallone）也指出：“任何人都不能要求我或者本市的任何个人如何去投资我们自己的钱。”⑤

然而市场参与者例外原则不能适用于州和地方政府的选择性购买措施。

首先，该原则只适用于宪法的“对外商业条款”，而不能使违反宪法其他条款的行为合法化。比如，违反宪法规定的联邦外交权或优先权条款就不能通过“市

① 426 U. S. 794 (1976).

② Reeves, Inc. v. Stake, 447 U. S. 429 (1980).

③ White v. Massachusetts Council of Construction Employers, Inc., 460 U. S. 204 (1983).

④ Gordon Fairclough, *Legal Beat: Massachusetts Statute on Burma is Challenged under Trade Accord*, Wall St. J., July 25, 1997, p. B17.

⑤ Lynette Holloway, *Vallone Seeks Sanctions on Nations Persecuting Christians*, N. Y. Times, June 15, 1997, p. 25.

场参与者例外原则”得到豁免。最高法院在“联合建造贸易委员会诉卡姆登市市长和理事会案”① 中就明确指出,“市场参与者例外原则”仅限于商业条款的案件。该案涉及的是几乎与“怀特案”中同样的一项市长命令。该项由 Camden 市市长签署的命令要求,该市的建筑合同的雇工必须有至少 40% 来自本市。法院在判决中指出,根据“怀特案”所揭示的原则,Camden 市作为市场参与者确实可以对市政建设项目的承包商提出雇工方面的要求,而不会违反宪法的对外商业条款。但是,对非本州居民行使该项权利必须要接受宪法特权与豁免条款(privileges and immunities clause)的审查。法院最后根据特权与豁免条款否决了 Camden 市的该项命令。②

其次,最高法院曾明确指出,“市场参与者例外原则”应当受到限制,不能被用来否定“禁止地方政府管制州际商业”的规则。在 Camps Newfound/Owatonna v. Town of Harrison, Maine 案③中,法院否决了缅因州一项免税措施,该措施免除了那些为缅因州居民服务的慈善机构的税款,但那些为缅因州以外居民服务的慈善机构则不能享受该税收优惠。缅因州主张,该项歧视性税收政策实际上是一项政府对慈善服务的采购协议,属于经营性活动。但法院驳回了该项抗辩理由。法院认为,市场参与者例外原则只为地方政府提供了一种“针对商业条款的有限例外”,而缅因州的税收措施如此宽泛,会对各种类型的慈善机构造成影响,因此,法院将缅因州的免税措施视为一种州政府的管理行为而非私人经营行为。法院最终认为,无论对市场参与者例外原则如何扩大解释都无法运用到这个案子中来。在前述 South-Central Timber 案④中,法院就明确指出:“市场参与者例外原则意味着它允许一个州在其作为市场参与者的情况下对市场内的商业施加限制,但绝不允许其超出这之外。州政府不得通过立法、条例或者合同的方式施加一些条件,该条件在特定市场之外产生管制效果。”⑤

在“全国对外贸易委员会诉 Natsios 案”中,第一巡回上诉法院也认为,在马萨诸塞州对缅甸实施的制裁中,马萨诸塞州并非“市场参与者”,因为该项法律对那些与马萨诸塞州没有什么联系的公司也施加了限制。⑥

最后,市场参与者例外原则适用于“州际商业”,但是否适用于“对外(国际)商业”并不太清楚。最高法院只在涉及州际商业的案件中运用过该原则。不

① United Building & Construction Trades Council v. Mayor & Council of Camden, 465 U. S. 208 (1984).

② 465 U. S. 220 (1984).

③ Camps Newfound/Owatonna v. Town of Harrison, Maine, 117 S. Ct. 1590.

④ 467 U. S. 82 (1984).

⑤ South-Central Timber, 467 U. S. at 97-98.

⑥ National Foreign Trade Council v. Natsios, 138 F. 3d 38 (1st Cir. 1999).

过法院也曾在个别场合含蓄地表示，该项例外可能不会扩展适用于“对外商业”。在“Reeves 公司诉 Stake 案”① 中，法院指出：“我们还没有机会去探讨‘对外商业’条款对州立法的限制，如果有人主张对外商业上的限制的话，这种审查将会更为严格。”② 在 South-Central Timber 案中，③ 法院撤销了阿拉斯加州的一项法律，该法要求阿拉斯加州的木材商在阿拉斯加州境内加工木材。阿拉斯加州试图援引市场参与者例外原则为自己辩护，但法院明确指出，阿拉斯加州的法律的影响已经超出了美国领域。因此法院警告，不应当无限制地援用市场参与者例外原则。

四、结论与展望

（一）美国地方政府日益频繁地参与外交活动

冷战结束以后，美国的对外政策发生了很大变化，其中一个重要趋势是美国的州与地方政府越来越频繁地参与外交活动，其中最活跃的就是发起对外经济制裁。这一趋势形成于 20 世纪 80 年代。当时在一些非洲裔美国人团体与人权活动积极分子的推动下，28 个州政府和 80 个城市的市政府相继对南非政府发动经济制裁。20 世纪 90 年代以后，州与地方政府在这方面日益活跃，它们对众多发展中国家进行经济制裁。仅以针对苏丹的制裁为例，截至 2007 年底，有 12 个州通过了对苏丹的经济制裁法，4 个州的类似法律正在议会审议，4 个州已经采取措施减少了对苏丹的投资，另有 4 个州的法律未能通过。④

州与地方政府经济制裁的政策主要体现为两个方面。其一，禁止州与地方政府采购那些在制裁目标国从事商业活动的企业的产品与服务。据美国国际投资组织 2001 年进行的一次统计，在整个 20 世纪 90 年代，共有 33 个州及地方政府颁布了限制性采购法案。⑤ 其二，禁止养老基金等投资基金向那些在制裁目标国从事商业

---

① Reeves, Inc. v. Stake, 447 U. S. 429, 437 n. 9.

② Reeves, Inc. v. Stake, 447 U. S. 429, 437 n. 9.

③ 467 U. S. 82 (1984).

④ Stephanie Yu, *Fiscal Analyst*, *Divestiture of State Funds from Bussinesses Associated with State Sponsor of Terror*, available at http: //www. senate. michigan. gov/sfa/Publications/Notes/2007Notes/NotesNovDec07sy. pdf, visited on December 12, 2009.

⑤ 至少有 18 个地方政府颁布了类似的针对缅甸的法律，see 181 F. 3d, at 47; Pet. for Cert. 13 (citing N. Y. C. Admin. Code § 6-115 (1999); Los Angeles Admin. Code, Art. 12, § § 10. 38 et seq. (1999); Philadelphia Code § 17-104 (b) (1999); Vermont H. J. Res. 157 (1998); 1999 Vt. Laws No. 13).

活动的企业进行投资。

根据美国宪法的规定，只有美国联邦政府才有权决定其外交政策。因此，依据美国宪法，州与地方政府发起的针对其他国家的经济制裁活动是违宪的。然而由于宪法对于最高条款、外交权以及对外贸易条款的规定过于原则，给司法解释提供了空间，因此，尽管有Crosby案这样的著名案例①，但仍然难以阻挡越来越多的地方政府颁布对外经济制裁法令。伊利诺斯州苏丹法就是典型，所以才又有了“NFTC诉Giannoulias案”的发生。

而且该案的判决仍不意味着事件的结束。近来，美国又有多个州，包括亚利桑那州、康涅狄格州、缅因州、新泽西州、路易斯安那州、俄勒冈州和加利福尼亚州，也已经颁布了针对苏丹的制裁法令。除此之外，还有多个州正打算制定同样的法令，包括佐治亚州、爱荷华州、马萨诸塞州、罗德岛和得克萨斯州等。也有一些州的类似法案没有获得通过，如印第安纳州、堪萨斯州、马里兰州和纽约州。例如，2006年9月25日，加州州长施瓦辛格签署了加州下议院第2941号法案，即《加州苏丹法》。该法要求加州公共基金从某些在缅甸经营的项目中撤回投资，并要求该州公务员退休基金（Public Employees' Retirement System）和州立教师退休基金（State Teachers' Retirement System）从那些在苏丹从事经营活动的公司中撤回投资。该法所打击的目标大约有二十多家，其中大多是中国、俄罗斯、马来西亚、印度和法国等国的能源和通信企业。② 据统计，截至2006年9月25日，加州州立教师退休基金共持有十家在苏丹有经营活动的公司价值1200万美元的股票；公务员退休基金的资产总值达到2000多亿美元，持有39家在苏丹有经营活动的公司的股票。③ 该法中规定的“从事经营活动”是指某公司从事的能够使苏丹政府获得收入的经营活动或者与石油有关的经营活动。“经营”则包括“在苏丹持有、购买或租赁设备、工具、人员，或者其他工商器具，包括拥有或占有在苏丹境内的不动产或个人财产”。

即使是Crosby案的判决，我们也注意到最高法院的态度越来越谨慎。在判决中，最高法院小心翼翼地避免对马萨诸塞州制裁缅甸法是否违宪问题作出裁决。这似乎进一步鼓励了州和地方政府在该领域的行动。

---

① Crosby v. National Foreign Trade Council, U.S., No. 99-474, 6/19/00).

② Nancy Vogel, *State Pension Divestment Bill Signed: The Law Requires the Teachers and Public Employees Retirement Systems to Withdraw Funds from Firms Aiding Sudan's Government*, L.A. Times, September 26, 2006, Metro, at B3.

③ Nancy Vogel, *State Pension Divestment Bill Signed: The Law Requires the Teachers and Public Employees Retirement Systems to Withdraw Funds from Firms Aiding Sudan's Government*, L.A. Times, September 26, 2006, Metro, at B3.

（二）联邦政府的观念开始发生有利于地方政府的变化

目前在美国国内，似乎越来越倾向于支持州、地方政府和公共机构实施撤资行动来制裁目标国。第110届国会有两项议案涉及对苏丹的制裁，其中都包含有支持地方政府采用撤资措施（divestment）的条款。其中，一项法案是《2007年达尔富尔责任与撤资法》①，其中第3条规定："国会承认和支持……州和城市撤回或计划撤回该州或城市公共基金向那些在苏丹从事经营活动的公司的投资。"另外一项《苏丹投资授权法》② 第5条规定："任何州可以采取措施禁止该州存款向苏丹政府投资或投资于任何与苏丹保持商业关系的公司。"该法案还明确规定，州和地方政府根据该法所采取的措施不违反宪法的对外商业条款、外交事务条款或优先权条款。

2007年，美国国会通过了《2007年苏丹责任与撤资法》（*Sudan Accountability and Divestment Act of* 2007）③，美国总统布什于2007年12月31日正式签署使之生效。该法的主要目的是支持任何州或地方政府从那些在苏丹从事经营活动的公司撤资或者拒绝向其投资，同时禁止美国政府同这些公司签订合同。该项法律的颁布是否意味着州和地方政府获得了一部分管理外交事务的权力？实际上并非如此。该项法律只是以明示的方式表明各州和地方政府的撤资法并不与联邦法律相冲突，因此不违反联邦法律的优先权。但是外交事务管制权仍然在联邦政府手里。这一点从布什总统后来发表的一项行政声明中可以看出。布什总统在声明中指出，如果州和地方政府依据《2007年苏丹责任与撤资法》所实施的撤资行为侵犯了联邦政府对外交事务的管制权，则总统将废除该法律。

（三）对国际法的挑战

我们注意到，上述变化的发生具有深刻的国际法背景，其核心是国际法上主权观念的转变。近年来，美国传统的国家主权观念的演变使人们对国家垄断外交权的观点产生了质疑。20世纪90年代中期，围绕着美国是否批准WTO协议的问题，

---

① H. R. 180 (Lee).

② S. 831 (Durbin).

③ Public Law No: 110-174; GovTrack. us. S. 2271-110th Congress (2007): Sudan Accountability and Divestment Act of 2007, GovTrack. us (database of federal legislation), at http://www. govtrack. us/congress/bill. xpd? bill = s110-2271 (accessed May 28, 2008).

曾爆发了一场关于主权问题的大辩论。① 学者们开始在全球化背景下对传统的威斯特伐利亚体系下的主权观念提出批判。② 目前，这场争论并未结束，而是在另一个层面继续展开。有学者提出了一种“现代主权”(sovereignty-modern) 概念，该理论认为，经济全球化使得传统的民族国家（nation-states）越来越相互依赖，如果不能发展出一套制度化的国际调控机制，单独一个国家很难对传统上的“内政”进行有效管理。因此，在世界贸易领域，人们需要超越传统的、狭隘的主权观念。③与此相应，一些学者提出了另一种主权观念，即所谓的“国家解构论”(disaggregated state theory)。与此前的“主权转让论”所主张的将国家主权“向上”转移给国际组织的理论相反，“国家解构论”主张将国家权力“向下”转移给地方政府。④ 该理论主张，由于全球化的发展，国家之间联系越来越紧密，越来越相互依赖，导致各国中央政府对国际关系的集中管制越来越减弱，中央政府在全球体系中的地位也日益下降。这需要人们对宪法和国际法的基本理论进行反思。就美国而言，州际关系的宪政化，国家的解构化，经济的全球化，已经使全球体系的结构发生了根本变迁。在这种背景下，需要对美国旧的宪法理论进行反思。该理论认为，首当其冲，需要为地方政府参与对外政策的行为解除宪法上的魔咒。⑤

很多学者认为，州和地方政府完全有权干预他国政策，除非联邦机构在该领域已经事先采取了行动。Peter Spiro 就认为，宪法上的优先权原则，即联邦政府单独行使国家外交权，已经过时了。⑥ 他主张，在经济全球化时代，已经没有理由禁止州和地方政府参与国际性事务。⑦ Jack Goldsmith 同样主张，地区性事务和外交事务的区分已经越来越模糊了。如果坚持这样一种区分的话，大量的州和地方政府的

① 参见陈安：《世纪之交围绕经济主权的新“攻防战”》，载陈安主编：《国际经济法论丛》第 4 卷，法律出版社 2001 年版；另见陈安：《美国 1994 年“主权大辩论”及其后续影响》，载《中国社会科学》2001 年第 5 期。

② John H. Jackson, *Sovereignty-Modern: A New Approach to an Outdated Concept*, Am. J. Int'l L., Vol. 97, 2003, pp. 782, 786.

③ John H. Jackson, *Sovereignty-Modern: A New Approach to an Outdated Concept*, Am. J. Int'l L., Vol. 97, 2003, pp. 782, 786.

④ See Anne-Marie Slaughter, *The Real New World Order*, Foreign Aff., Sept.-Oct. 1997, p. 183.

⑤ Peter J. Spiro, *Globalization and the (Foreign Affairs) Constitution*, Ohio State L. J., Vol. 63, No. 2, 2002, pp. 668-669.

⑥ Peter J. Spiro, *Foreign Relations Federalism*, U. Colo. L. Rev., Vol. 70, 1999, p. 1225.

⑦ Peter J. Spiro, *Foreign Relations Federalism*, U. Colo. L. Rev., Vol. 70, 1999, pp. 1225-1226.

行为都会因为涉及外交政策而被认定无效。① 他认为，州和地方政府实施的对外关系行为对国家利益的威胁在冷战结束以后已经越来越减弱了。因此法院应当避免对外交政策进行抽象的法律分析，对州和地方政府法律的排除只能依据联邦现行法律中所体现的政策。

到目前为止，州和地方政府对外关系权的合宪性问题仍然处于不明晰状态。一方面，传统的“绝对性原则”(exclusivity principle) 主张联邦政府享有绝对的对外关系权；另一方面，一种修正主义的观点基于全球化和主权观念的转变开始对传统观点提出挑战。② 而最高法院近年来的判决又为人们提供了丰富的想象空间。

同时我们也要看到，美国宪法对州和地方政府参与外交关系的软化趋势还要受到国际法的制约。如果美国宪法承认了州和地方政府的对外交往权，那么随之产生的一个国际法问题是：谁将承担州和地方政府对外交往行为的法律责任？

以前述 Crosby 案为例，该案所针对的马萨诸塞州制裁缅甸法同时引发了欧盟和日本在 WTO 争端解决机构中对美国的起诉。假如最高法院判决马萨诸塞州制裁缅甸法符合宪法而有效，则美国政府必须在 WTO 法庭上为该项法律提供辩护，否则将不得不承担相应的国际责任。当然，有人建议美国可以援引 GATT 第 24 条第 12 款为自己辩护。GATT 第 24 条第 12 款规定，缔约方应采取其“可能采取的合理措施”以使其地区或地方政府和当局能遵守该协议。而一旦马萨诸塞州制裁缅甸法根据美国宪法被认定为有效，则美国政府没有“可能采取的合理措施”可供利用。在这种情况下，WTO 争端法庭该如何处理？现行 WTO 规则和判例似乎尚未提供有效办法。这一问题在 WTO 的未来谈判中将会引发越来越多的争议，因为 WTO 多哈回合谈判开始将越来越广泛的议题纳入其调整范围之内，而这些议题根据美国宪法都属于州和地方政府管辖的范围。这将涉及国际法和宪法的关系问题。这已超出了本文的研究范围，笔者拟另文论述。

总之，全球化的发展使得对外关系也出现了分散化（decentralization）的趋势，从而使得地方政府也深深卷入国际关系领域。与以前相比，地方政府越来越广泛地参与国际社会活动。从另一个角度看，当代社会很多传统上的内部事务越来越国际化，也使得地方政府越来越多地卷入国际事务当中。地方政府日益成为国际事务的参与者，这一趋势对传统国际关系和国际法提出了新的挑战，同时也迫使我们开始更多地思考国际社会的民主化问题。这一趋势的发展也反映了当今世界开始跨越边界的限制，越来越紧密相联，市场和价值观的全球化发展打破了传统上“国内”

① Jack Goldsmith, *Statutory Foreign Affairs Preemption*, Sup. Ct. Rev. 2000, p. 175.

② James J. Pascoe, *Time for a New Approach? Federalism and Foreign Affairs after Crosby v. National Foreign Trade Council*, Vand. J. Transnat'l L., Vol. 35, 2002, pp. 291, 305.

(local) 和 "国际"(international) 的分野。对此，期盼着学界提出新的、更有创造性的理论。

The United States State and Local Sanctions and Their Challenge to the American Federal Constitution and International Law

Abstract States and localities often enact measures restricting their agencies' economic transactions with firms which do business with or in foreign countries whose conduct is objectionable in the jurisdictions. While some maintain that sub-federal entities may enact such laws under sovereign proprietary powers and other constitutional prerogatives, others argue that such statutes impermissibly invade federal commerce and foreign affairs authority, and in some cases may be preempted by the federal law. The traditional notion of sovereignty is changing to include a greater role of regional and local governments in foreign affairs. Some constitutional scholars believe Crosby and other recent Supreme Court cases leave the door open for a resurgence of state participation in foreign affairs.

Key words economic sanction; decentralization; foreign relation; constitutionality

(审稿：卜　璐)

从国际法角度看《集束弹药公约》

□ 朱利江*

内容摘要 2008年5月30日在爱尔兰首都都柏林通过的《集束弹药公约》是继1997年禁止杀伤人员地雷的《渥太华公约》之后在《常规武器公约》框架以外就某种常规武器通过的第二份国际公约，是所谓的“奥斯陆进程”的胜利。由于它在人道主义、人权的国际保护以及裁军和军控方面都作出了明显的贡献，因此它是一个具有混合性质的条约。然而，它将来可能遇到两个比较严重的问题，即是否能够实现普遍性以及其中的例外条款是否会被滥用的问题。为了减轻集束弹药引起的人道问题，国际社会在现阶段仍然应当支持在《常规武器公约》下制定一项关于集束弹药的议定书。

关键词 集束弹药 裁军 国际人道法 国际人权法

目 次

* 中国政法大学国际法学院讲师，法学博士。

2008年5月19日至30日，107个国家的代表聚集在爱尔兰首都都柏林，参加在这里举行的“集束弹药外交大会”。就在会议最后一天，与会代表成功通过了《集束弹药公约》(*Convention on Cluster Munitions*, CCM)。2008年12月3日，该公约在挪威首都奥斯陆开放供各国签署。在供开放签署的第一天就有94个国家进行了签署。根据该公约第17条第1款的规定，该公约将在第30份批准书、接受书、核准书或加入书交存之月起六个月后的第一天开始生效。由于参加都柏林外交大会的107个国家基本上都是支持该公约的国家，该公约在2009年就生效的可能性很大，从而正式成为国际法的一部分。近十多年来，集束弹药的合法性问题一直是国际法，尤其是国际人道法领域争论的热点之一。该公约的通过为这场争论画上了一个句号，将对世界范围内集束弹药的生产、发展、转让、使用、储存和销毁产生重大影响。该公约也是继1997年《关于禁止使用、储存、生产和转让杀伤人员地雷及销毁此种地雷的公约》(下称《渥太华公约》)之后在《常规武器公约》框架以外通过的第二份关于某种常规武器的国际公约，是所谓的“奥斯陆进程”的胜利，也将对其他常规武器的国际法编纂产生深远影响。本文将对这项崭新的国际公约进行研究，尤其是对该公约的由来、对国际法作出的贡献以及将来可能在实施过程中存在的问题进行介绍和分析。

一、《集束弹药公约》的由来

(一) 集束弹药引起的人道问题受到国际关注

集束弹药，又称子母弹，是一种能在预定高度或时间自动打开或发射数十甚至数百个子弹药的弹药。它通常通过战斗机、火箭或大炮发射。这些子弹药在碰击地面或坚硬的目标时发生爆炸。它的设计目的是通过提高杀伤面积来提高杀伤效能。一些先进的集束弹药爆炸后形成的杀伤面积甚至有几个足球场那么大。集束弹药的这种构造特点，使其具有很强大的作战性能。“首先，集束弹药具有较大的瞬间火力覆盖范围和较高火力密集度，是对军用机场、重兵集结地域和导弹阵地等军事目标实施火力封锁和打击的重要手段。其次，集束弹药具有对多种目标实施打击的能力，可以同时担负反装甲、摧毁地面军事设施和杀伤作战人员等多种作战任务，是一种有效的地面压制武器。”① 因此，集束弹药经常被用于战场，尤其被用来摧毁

① 胡世洪：《限制使用集束弹药的国际法规制问题》，载《西安政治学院学报》2008年第6期，第93页。

敌方的机场和军事基地。早在第二次世界大战期间，苏联和德国的军队就曾经使用过集束弹药。美军在越南战争、第一次海湾战争、阿富汗战争以及美英联军在第二次海湾战争中都使用了集束弹药。以色列军队在2006年的南黎巴嫩战争中也投下了大量集束弹药。在2008年8月发生的南奥塞梯战争中，格鲁吉亚和俄罗斯都互相指责对方使用了集束弹药。据“人权观察”统计，至少在23个国家有政府军队和非政府武装组织在使用集束弹药，有34个国家在生产集束弹药，并有超过75个国家储存有集束弹药。①

然而，集束弹药的这种特性也引起了人道问题，受到国际社会的高度关注。首先，由于集束弹药是通过提高杀伤面积来提高杀伤效能的，因此对那些战斗员与平民居民以及军事目标与民用物体混合在一起的区域使用集束弹药，就非常有可能杀伤平民居民和毁坏民用物体，导致人道灾难。据“残疾国际”（Handicap International）的报告，集束弹药引起的伤亡有98%都是平民。②其次，由于集束弹药的子弹药是需要依靠猛烈碰击地面或坚硬物体才会爆炸，因此如果子弹药的接触地面比较松软，就会造成许多子弹药无法爆炸的情形，从而在武装冲突结束以后还存在爆炸的危险。据有关非政府组织的调查，1991年海湾战争中有数万个集束弹药的子弹药没有爆炸，致使在战争结束后的几个月时间里，伊拉克和科威特时常发生因子弹药爆炸造成人员伤亡的事件。③ 2007年5月16日，联合国裁军研究所与“残疾国际”联合发布的一份报告显示，全球目前有4亿4000万枚没有爆炸的集束弹药，把大量日常生活的土地变成了雷场。④不仅如此，尚未爆炸的子弹药阻碍经济和社会发展，妨碍冲突后恢复和重建，延误或阻止难民和境内流离失所者回返，可能会对国家和国际建设和平和人道援助工作产生负面影响。

（二）集束弹药的国际人道法之争

由于在国际人道法中并不存在一项专门调整集束弹药的公约，因此在过去几十年，能否在武装冲突中使用集束弹药一直是国际人道法领域争议的热点之一。一种观点认为，尽管没有专门的国际人道法公约调整集束弹药，但在武装冲突中使用集

① Human Rights Watch, *Survey of Cluster Munitions Produced and Stockpiled*, Briefing Paper Prepared for the ICRC Experts Meeting on Cluster Munitions, Montreux, Switzerland, April 2007.

② Handicap International, *Fatal Footprint: The Global Human Impact of Cluster Munitions*, Preliminary Report, November 2006, p. 42.

③ Human Rights Watch, *Ticking Time Bombs: NATO's Use of Cluster Munitions in Yugoslavia*, Vol. 11, No. 6 (d), June 1999.

④ Handicap International, *Circle of Impact: The Fatal Footprint of Cluster Munitions on People and Communities*, May 16, 2007, p. 21.

束弹药是违反国际人道法的基本原则的，因此是受到禁止的。① 首先，它违反了国际人道法的区分原则和禁止不分皂白攻击原则。② 由于集束弹药是设计通过子弹药进行大面积杀伤来扩大杀伤效能的，因此如果战斗员和军事目标混杂在平民居民和民用物体密集的区域，就无法保证不对平民居民和民用物体造成重大的伤害或破坏。而且，为了延缓子弹药的降落时间，有些集束弹药在子弹药上装有微型降落伞和带子，这会使它们受到风速和风向的影响，最后受到实际攻击的区域可能并不是当时计划攻击的区域。其次，它违反了国际人道法的比例原则。③ 如果对平民居民密集地区使用集束弹药，就会对平民居民和民用物体造成损害或破坏。而且，这种损害或破坏不仅仅是直接的，还包括未能爆炸的子弹药所带来的各种间接影响。2006 年 11 月，在《〈禁止或限制使用某些可被认为具有过分伤害力或滥杀滥伤作用的常规武器公约〉（下称《常规武器公约》）缔约国第三次审查会议最后宣言》中，缔约国注意到，“战争遗留爆炸物对平民居民的可预见后果是适用攻击中比例性和预防措施的国际人道法原则时必须考虑的一个因素”。④ 如前所述，使用集束弹药对平民居民造成的后果是很严重的，而且这种后果也是可预见的，因此违反了比例原则。再次，它还违反了国际人道法的攻击中的预防措施原则。为了把附带的平民伤亡降到最小程度，预防原则要求冲突各方在选择攻击的手段和方法时履行采取所有切实的预防措施这项义务，例如要求一方考察集束弹药及其攻击系统的精确性、发射范围的大小、可能产生战争爆炸遗留物的数量、是否存在平民以及是否与军事目标紧邻、是否还可以使用其他替代的炸弹和战术等。尽管实际使用集束弹药的冲突各方都声称遵守了这项国际人道法原则，但为什么实际造成的后果仍然如此严重，这只能说明在武装冲突中使用集束弹药是不可能符合这项原则的，因此必定会违反这项原则。基于上述理由，集束弹药已经受到国际人道法禁止，因此在武装冲突中不得使用。

与此相对，还有一种观点认为在武装冲突中使用集束弹药并不一定会违反国际

① 参见威廉·H. 布思比：《集束炸弹：有没有可能制定新的法律?》，载《西安政治学院学报》2007 年第 6 期，第 82 ~ 83 页。

② Virgil Wiebe, *Footprints of Death: Cluster Bombs as Indiscriminate Weapons under International Humanitarian Law*, Michigan J. Int'l L., Vol. 22, 2000/2001, p. 85.

③ Harvard Human Rights Clinic and Human Rights Watch, *Cluster Munitions and the Proportionality Test*, Memorandum to the Delegates of the Convention on Conventional Weapons, April 2008.

④ 《〈禁止或限制使用某些可被认为具有过分伤害力或滥杀滥伤作用的常规武器公约〉缔约国第三次审查会议最后宣言》，2006 年 11 月 7 日至 17 日，日内瓦，CCW/CONF. III/11（Part II），中文版，第 3 页。

人道法。① 这取决于所使用的集束弹药的类型、对象、区域以及是否采取预防措施。根据这种观点，如果使用集束弹药针对的是几乎没有平民居民居住的孤立的军事目标，例如在空旷荒野中的敌方军事基地、军火库、机场或训练营，那么就不会引起造成平民居民伤亡的情况，或者即使存在一定数量的平民居民伤亡，也不会违反比例原则。而且，从技术的角度来看，如果改变集束弹药子弹药的引信或给其装上自毁或自失能装置，就可以大大减轻那些未能爆炸的子弹药所引起的人道问题。

（三）通往都柏林之路

基于上述争论，国际社会出现了解决集束弹药问题的两种办法。第一种是“不采取行动”的办法，认为现有的国际人道法已经解决了集束弹药问题。之所以出现人道问题，是因为冲突各方没有遵守现有的国际人道法。这是一个法律没有得到执行的问题，而不是一个法律存在缺失的问题。因此，国际社会所必须做的只是重申使用集束弹药必须遵守现有的国际人道法基本原则。而且，该种观点还认为，2003 年通过的《常规武器公约》第五项议定书即《战争遗留爆炸物议定书》就可以用来解决尚未爆炸的子弹药问题，因此没有必要再专门通过新的关于集束弹药的条约，否则会造成法律适用的混乱。第二种办法是专门制定关于集束弹药的条约，认为现有的国际人道法难以解决集束弹药问题。② 由于国际人道法的基本原则内容比较笼统，而且争论起来也很难有一个确定的结论，对于冲突各方来说，如何在实际的敌对行为中适用这些基本原则会拿捏不好，因此迫切需要有更加确定而清晰的规则来规范集束弹药问题。另外，《战争遗留爆炸物议定书》“只涉及集束弹药问题的几个方面而已，比如在冲突结束之后迅速清除集束弹药留下的子弹药，但它既没有提出预防集束弹药成为战争爆炸遗留物的要求，也未能在集束弹药使用中为平民提供更多的保护”。③ 还有，该议定书并不禁止生产、储存和转让集束弹药问题，也不调整在敌对行为期间使用集束弹药的问题。从技术的角度来说，即使给集束弹药的子弹药装上自毁或自失能装置，也无法保证在 100% 的情况下这些装置都能发挥作用，哪怕只有 1% 的失败率都可能导致严重的人道灾难，因此仅仅依靠技术的改进无法全部解决因使用集束弹药引起的人道问题。

随着不断有因使用集束弹药引起人道问题的报道，尤其是 2006 年以色列军队

---

① Major Thomas J. Herthel, *On the Chopping Block: Cluster Munitions and the Law of War*, Air Force L. Rev, Vol. 51, 2001, p. 229.

② Statement by Jakob Kellenberger, President International Committee of the Red Cross, At the Opening Ceremony of the Dublin Diplomatic Conference on Cluster Munitions, May 19, 2008.

③ 红十字国际委员会：《集束弹药：数十载的隐患和平民伤痛》，2008 年 2 月，第 8 页。

在南黎巴嫩广泛使用集束弹药被报道之后，第二种办法逐渐成为国际社会的主流观点，越来越多的国家要求专门就集束弹药通过一项国际公约。由于集束弹药是一种常规武器，因此人们首先想到的就是希望在《常规武器公约》下专门就集束弹药制定一项新的议定书。在 2006 年 11 月 7 日至 17 日的《常规武器公约》缔约国第三次审查会议上，有包括奥地利、比利时、德国、爱尔兰、挪威、新西兰和秘鲁在内的 25 个缔约国正式向会议提交了《关于集束弹药的声明》，呼吁达成一项禁止在平民集中地区使用集束弹药以及禁止发展、生产、储存、转让和使用因不可靠或不准确等特点而具有严重人道危害的集束弹药的协议。① 作为回应，第三次审查会议决定："作为紧急事项，召开一次闭会期间政府专家会议：进一步审议现有国际人道法针对可造成战争遗留爆炸物的特定弹药适用和执行的问题，特别侧重于集束弹药，包括影响其可靠性的因素及其技术和设计特点，以尽可能减小这类弹药的使用所造成的人道影响。"② 包括美国、俄罗斯、中国、印度和以色列在内的国家并不打算全面禁止集束弹药，而只是打算限制使用，以便平衡军事需要与人道考虑。而且，根据《常规武器公约》第 8 条的规定，任何增列的议定书都将依该公约相同的方式，即协商一致的方式才能通过。

鉴于《常规武器公约》缔约国无法在短期内达成一项关于集束弹药的新的议定书,③ 而且集束弹药引起的人道问题非常紧急，就在《常规武器公约》第三次审查会议结束后不久，2006 年 12 月，挪威外交大臣斯特勒正式写信向世界各国政府发出邀请，号召各国按照《渥太华公约》的模式通过一项全面禁止集束弹药的公约，从而正式开启了所谓的"奥斯陆进程"(Oslo Process)。该信函还指出，该进程将不会影响集束弹药这个议题继续在《常规武器公约》缔约国框架内的谈判。2007 年 2 月 22 日至 23 日，来自 49 个国家的代表、红十字国际委员会、联合国人

① 《〈禁止或限制使用某些可被认为具有过分伤害力或滥杀滥伤作用的常规武器公约〉缔约国第三次审查会议的文件》，2006 年 11 月 7 日至 17 日，日内瓦，CCW/CONF. III/11 (Part III)，中文版，第 44 页。

② 《〈禁止或限制使用某些可被认为具有过分伤害力或滥杀滥伤作用的常规武器公约〉缔约国第三次审查会议最后宣言》，2006 年 11 月 7 日至 17 日，日内瓦，CCW/CONF. III/11 (Part II)，中文版，第 6 页。

③ 直到 2007 年 11 月 13 日，《常规武器公约》2007 年缔约国会议才决定政府专家小组谈判一项提议，以紧急处理集束弹药的人道影响问题，同时平衡军事与人道考虑，要求政府专家小组努力争取尽快谈判这项提议，并向 2008 年 11 月举行的下一次缔约国会议报告进展情况。参见《〈禁止或限制使用某些可被认为具有过分伤害力或滥杀滥伤作用的常规武器公约〉缔约国会议报告》，2007 年 12 月 3 日，日内瓦，CCW/MSP/2007/5，中文版，第 9 页。直到今天，还无法达成这样一项新的议定书。

道事务协调办公室等多个联合国机构以及"集束弹药联盟"在内的多个非政府组织在奥斯陆开会，开始商讨禁止集束弹药的问题，从而迈出了在《常规武器公约》缔约国框架之外独立起草《集束弹药公约》的第一步，会议最后发表了《奥斯陆宣言》，承诺到2008年缔结一项具有法律约束力的文书，禁止使用、生产、转让和储存对平民造成不可接受的伤害的集束弹药，并建立合作和援助框架，确保为受害人充分提供医治和康复服务，清理受污染地区，进行减少风险教育，销毁储存的弹药。① 该宣言还决心继续工作，计划5月或6月在秘鲁首都利马、11月或12月在奥地利首都维也纳以及2008年年初在爱尔兰首都都柏林召开会议。5月23日至25日，来自68个国家的代表、联合国的机构、红十字国际委员会以及非政府组织聚集在秘鲁首都利马再次就制定《集束弹药公约》举行会议。利马会议对拟制定的《集束弹药公约》的适用范围、集束弹药的定义、对受害人的援助以及为受害地区的居民提供危险教育等进行了讨论。12月5日至7日，来自138个国家的代表以及140多个非政府组织在奥地利首都维也纳举行会议，就制定《集束弹药公约》举行第三次会议，继续就该公约的适用范围以及集束弹药的定义、清除和销毁集束弹药遗留物、销毁储存的集束弹药、对受害人提供援助、国际合作和协助、透明措施和遵守机制以及其他程序事项进行了广泛讨论。2008年2月18日至22日，来自120多个国家的代表在新西兰首都惠灵顿开会，继续深入讨论制定集束弹药公约的问题。22日，会议发表了《惠灵顿宣言》。② 与会的82个国家在宣言中声明，决心在2008年缔结一项关于集束弹药的国际公约，该公约应当禁止使用、生产、转让和储存集束弹药，并建立一套为集束弹药的幸存者提供救护和重新安置、清除受污染的区域、提供风险教育以及销毁储存的集束弹药方面进行合作和协助的框架，为最终制定公约迈出了关键步伐。5月19日至30日，来自107个国家的代表在爱尔兰首都都柏林开会，在会议的最后一天通过了《集束弹药公约》。

二、《集束弹药公约》对国际法的贡献

最终在都柏林会议上通过的《集束弹药公约》除了序言以外共有23个条款。其中，从第13条开始是关于条约的程序事项，例如修正、签署、批准、接受、核准、加入、生效、保留、退出、保存以及作准文本，而且第10条规定的是争端的解决。因此，实质条款只有11条。这11条的内容分别是：一般义务和适用范围；

① Declaration of the Oslo Conference on Cluster Munitions, 23 February 2007, Oslo.

② Declaration of the Wellington Conference on Cluster Munitions, February 22, 2008, Wellington.

定义；销毁库存和储存的集束弹药；遗留集束弹药的清理和销毁以及降低危险教育；对受害人的援助；国际合作和援助；透明措施；促进遵约和澄清遵约情况；国家施行措施；缔约国会议；审议会议。尽管如此，该公约受到了国际社会多方的积极评价。5月30日，在该公约通过之后，联合国秘书长潘基文发来信函，称赞这一新的公约将会“增强对平民的保护、增强人权和提高对发展的期望”，他“鼓励各国毫不迟延地签署和批准这一重要的协议”。红十字国际委员会主席克伦贝格尔表示：“都柏林通过的公约意味着这些武器不仅在道德上不可接受，而且也是违反国际人道法的。公约的实施将防止平民遭受巨大的痛苦。”红十字国际委员会“敦促所有国家在不远的将来都遵守集束弹药公约，并呼吁不论它们是否参与了都柏林谈判，都要停止使用公约所禁止的集束弹药”。① 许多国家的代表都称赞这一公约，认为其中规定有许多突破性条款，甚至把该公约称为“为世界裁军揭开了新的篇章”，是“国际法发展的重要里程碑之一”。由于“奥斯陆进程”是按照“渥太华进程”进行的，因此本部分将主要以《渥太华公约》作为参照，就《集束弹药公约》对国际法的贡献进行研究。笔者认为，它的贡献至少体现在以下几个方面：

（一）对国际人道法的贡献

《集束弹药公约》首要的贡献是对国际人道法的贡献。这种贡献主要体现在以下两个方面：

1. 全面禁止在武装冲突中使用集束弹药。该公约第1条第1款就宣布：每一缔约国均承诺在任何情况下决不使用集束弹药，也决不协助、鼓励或诱使任何人从事该公约禁止缔约国从事的任何活动。由于该条款与《渥太华公约》第1条第1款的规定完全一样，因此，对该条款中的“任何情况”的理解可以参考对《渥太华公约》第1条第1款的含义。在《渥太华公约》中，“任何情况”不仅包括武装冲突，而且还包括尚未达到武装冲突级别的动乱和紧张局势，甚至平时。② 该条款中的“任何人”包括任何国家、非国家行为者和个人。③ 因此，作为一种作战方法和手段，无论在国际性还是非国际性武装冲突中，使用集束弹药都被该公约宣布为非法。这给前面关于武装冲突中是否可以使用集束弹药这个问题提供了明确答

---

① 《〈集束弹药公约〉：保护平民方面的一项重大进展》，资料来源：http：//www.icrc.org/web/chi/sitechi0.nsf/htmlall/cluster-munitions-news-290508？opendocument，2008年12月3日访问。

② Stuart Maslen and Peter Herby, *An International Ban on Anti-Personnel Mines: History and Negotiations on the 'Ottawa Convention'*, Int'l Rev. of Red Cross, Vol. 38, 1998, p. 698.

③ Priya Pillai, *Adoption of the Convention on Cluster Munitions*, ASIL Insights, Vol. 12, Issue 20, 2008.

案。而且，该公约还对“集束弹药”进行了定义。它是指设计用于散射或释放每颗重量在20公斤以下的爆炸性子弹药的一种常规弹药，包括爆炸性子弹药。下列弹药不属于集束弹药：（1）设计用于散发照明弹、烟雾、烟火剂或金属箔片的弹药或子弹药；或设计专用于防空的弹药。（2）设计用于产生电力或电子效应的弹药或子弹药。（3）为避免造成大片滥杀滥伤后果及未爆子弹药构成的危险而具备所有下列特点的弹药：每一弹药所含爆炸性子弹药在10颗以下；每一爆炸性子弹药的重量在4公斤以上；每一爆炸性子弹药根据设计能测到和锁定单一目标；每一爆炸性子弹药装配有电子自毁装置；每一爆炸性子弹药装配有电子自行失效装置。

2. 澄清了与非缔约国的军事合作和行动是否受到禁止的问题。美国尚未参加《渥太华公约》，因此美国认为根据国际法它有权在武装冲突中使用杀伤人员地雷，只要遵守1996年的《经修正后的〈常规武器公约〉第二议定书》所规定的条件。近年来，一些《渥太华公约》的缔约国与美国一道在境外开展了联合军事行动，特别是在阿富汗和伊拉克，而且据报道美国在这些军事行动中使用或计划使用杀伤人员地雷。《渥太华公约》第1条第1款规定，每一缔约国承诺在任何情况下决不以任何方式“协助、鼓励或诱使”任何人从事该公约禁止缔约国从事的行为。一些缔约国认为，与可能从事该公约禁止的行为的非缔约国开展军事合作和行动实际上是在变相“协助、鼓励或诱使”非缔约国从事该公约禁止的行为，因此是受到该公约禁止的，也是不符合《渥太华公约》的宗旨和目的的。但是，另外有缔约国则认为并没有受到该公约的明确禁止，因此是可以的。自从《渥太华公约》生效以来，缔约国是否可以与可能从事该公约禁止的行为的非缔约国开展军事合作和行动一直存在争议，已经成为困扰该公约的最大问题。①《集束弹药公约》在这个方面吸取了《渥太华公约》的教训。在《集束弹药公约》的制定过程中，美国国务卿赖斯不断向一些国家的代表去信，要求这些国家争取在公约中明确与可能从事禁止行为的非缔约国开展军事合作和行动是可以的。尽管遭到一些国家代表的反对，该公约最后还是在第21条第3款规定：“尽管有本公约第一条的规定，依照国际法，缔约国、其军事人员或其国民仍可与可能从事禁止本公约缔约国从事的活动的非本公约缔约国开展军事合作和行动。”这是一个引起争议最大的条款。对于那些反对与可能从事禁止行为的非缔约国开展军事合作和行动的国家来说，这样一种规定无异于是一种妥协和投降，而且被认为是在变相鼓励那些不打算参加该公约的国家，因此也被有的人认为是一种倒退。尽管如此，它毕竟澄清了《渥太华公约》缔约国对这个问题的争议，有望消除《集束弹药公约》缔约国日后对于这个问题

① Stuart Maslen, *Anti-Personnel Landmines under Humanitarian Law: A View from the Vanishing Point*, Intersentia, 2001, p. 115.

的争议。

（二）对国际人权法的贡献

《集束弹药公约》对国际人权法作出了突出贡献，这也主要体现在两个方面：

1. 尊重生命权和人身安全权。该公约对这两项人权的贡献主要是通过要求缔约国承担降低危险教育的义务体现的。由于集束弹药的子弹药很多都没有爆炸，因此受污染的地区是对人的生命和安全存在高度危险的地方。为此，该公约在许多条款中都要求缔约国承担降低危险教育的义务，以便让个人了解其中的危险，提高保护生命和安全的意识。例如，第4条第2款规定，缔约国在清理和销毁或确保清理和销毁其管辖或控制下的集束弹药沾染区的遗留集束弹药的义务时，“均应考虑到本公约第六条关于国际合作和援助的规定，尽快采取下列措施……进行降低危险教育，确保生活在集束弹药沾染区内或沾染区周围的平民认识到遗留弹药的危险”。第6条在国际合作和援助中规定：“每一有能力的缔约国均应援助销毁储存的集束弹药，并应援助确定和评估本公约第四条规定的有关标识、降低危险教育、平民保护、清理和销毁工作的需要和实际措施，安排优先次序。”该条还规定：“每一缔约国均可为了制订国家行动计划，请联合国系统、区域组织、其他缔约国或其他相关政府间机构或非政府机构协助其当局确定诸如以下事项……降低危险教育方案和宣传活动，以减少遗留集束弹药造成伤亡的人数。”第7条在透明措施中规定：“每一缔约国均应在可行的情况下尽快，至迟应在本公约对其生效后180天内，就下列事项向联合国秘书长提出报告……为进行降低危险教育而采取的措施，尤其是对生活在其管辖或控制下的集束弹药沾染区的平民的直接有效的警告。”

2. 保护残疾人权利。国际人权法对残疾人有专门的保护，那就是2006年12月13日通过的《残疾人权利公约》。该公约已于2008年5月3日生效。由于制定《集束弹药公约》时已经有了《残疾人权利公约》，而且集束弹药非常有可能使人致残，因此《集束弹药公约》对残疾人有许多专门的顾及。例如，该公约在序言中指出：“决心确保充分落实集束弹药所有受害人的权利，并承认他们固有的尊严；决心竭尽全力援助集束弹药的受害人，包括提供医疗、康复和心理帮助，并帮助他们重新融入社会和经济生活；承认需要为集束弹药的受害人提供顾及年龄和性别的援助，满足弱势群体的特殊需要；铭记《残疾人权利公约》，其中要求公约各缔约国承诺确保并促进充分实现所有残疾人的一切人权和基本自由，使其不因残疾而受到任何歧视；注意到必须适当协调各个论坛为落实各类武器受害人的权利及满足其需要所作的努力，决心避免在各类武器受害人中作歧视性区分。”这些都是《渥太华公约》的序言中所没有的。该公约还对集束弹药“受害人”进行了广泛的定义，是指“使用集束弹药而被炸死或遭受身心伤害、经济损失、社会边缘化或在实现其权利方面受到严重阻碍的所有人，包括受集束弹药直接影响的人及其家庭和社区”。这是关于某种武器的国际公约第一次规定了受害人的定义，而且如此广泛。在起草该定义的过程中，英国代表曾建议修改该条款，把“集束弹药受害人”限于“那些直接受到影响的人”,① 但被其他国家拒绝。《集束弹药公约》第5条专门规定了对受害人的援助。它规定，每一缔约国对于在其管辖或控制下地区的集束弹药受害人，均应依照适用的国际人道法和人权法，适当提供顾及年龄和性别的援助，包括提供医疗、康复和心理帮助，并帮助他们重新融入社会和经济生活。每一缔约国均应尽一切努力收集关于集束弹药受害人的可靠的相关数据。同时缔约国在履行这一义务时应当：评估集束弹药的受害人的需要；拟订、施行和执行必要的国家法律和政策；拟订国家计划和预算，包括开展这些活动的时间表，将这些活动纳入国家现有的处理残疾、发展和人权问题的框架和机制，同时尊重相关行为体的特定作用和贡献；采取措施调动国家和国际资源；不歧视集束弹药的受害人，不在集束弹药的受害人中作歧视性区分，不对集束弹药的受害人与因其他原因而伤残的人士作歧视性区分，待遇的不同只能根据医疗、康复、心理或社会经济需要而定；与集束弹药的受害人及其代表组织密切协商，积极让他们参与；在政府中指定专人协调与施行本条有关的事宜；努力采纳相关导则和良好做法，包括医疗、康复和心理帮助以及社会和经济融合方面的相关导则和良好做法。这是关于某种武器的国际公约前所未有的突破性条款。以往的关于某种武器的国际公约并未考虑武器的受害人的感受、地位和权利。以往的这种国际公约也并未赋予武器的受害人具有独立的法律权利。从某种意义上说，武器的被害人的声音无法被这种国际公约听到。因此，对集束弹药受害人，尤其是里面的残疾人的这种特殊的法律照顾，可以说是《集束弹药公约》的最大亮点，也是人权对关于某种武器的国际公约的重大影响的体现，当然它本身也反过来促进了国际人权法的发展。因此，可以说，国际人权法与关于某种武器的国际公约之间的互相渗透和影响的互动在现代国际法中已经非常明显。

（三）对国际裁军法的贡献

《集束弹药公约》还对国际裁军法作出了突出贡献，被有些人称为是“揭开了裁军领域的新篇章”。这也主要体现在两个方面：

1. 它要求缔约国毫无例外地销毁储存的集束弹药，目标是建立一个没有集束弹药的世界。该公约在序言中指出：“深切关注各国为作战用途大量储存集束弹药构成的危险，决心确保迅速销毁集束弹药”，“有必要以高效率、协调一致的方式

① Proposal by the U. K for the Amendment of Article 2, CCM/23.

有效协助应对挑战，清除在世界各地的遗留集束弹药，并确保予以销毁。”该公约第1条规定，缔约国均承诺在任何情况下，决不“发展、生产、获取、储存、保留或者直接或间接向任何人转让集束弹药”。第3条第2款还规定了时间表，即缔约国均承诺尽快，至迟在该公约对其生效后8年内，销毁或确保销毁所有集束弹药。如果生产、发展和储存集束弹药的国家都成为该公约的缔约国，并且都按照公约的规定定期销毁集束弹药，必将对全世界的裁军事业作出巨大贡献。

2. 它强化了常规武器领域双轨的国际法编纂方式。由于《常规武器公约》缔约国无法在短期内就集束弹药问题达成一项新的议定书，而且缔约国之间出现了“完全禁止集束弹药”和“限制使用集束弹药”的国家派别，因此一些“完全禁止集束弹药”的国家仿照《渥太华公约》的编纂方式启动了“奥斯陆进程”，并很快取得成功。这种在《常规武器公约》框架之外单独就某种常规武器编纂公约的方式加强了这一领域业已存在的双轨编纂方式。“奥斯陆进程”从开始到结束，仅仅用了18个月的时间，显示了联合国超过一半的会员国对集束弹药问题的团结一致和坚定立场。它还加大了就某种常规武器在《常规武器公约》框架下通过新的议定书的编纂方式的竞争和冲击，可能对现在正在热烈讨论的例如杀伤车辆地雷等其他常规武器的编纂方式产生影响。

三、《集束弹药公约》可能出现的问题

（一）普遍性问题

《渥太华公约》目前已经有158个缔约国，可以说已经实现了相当程度的普遍性。然而，包括美国、俄罗斯、中国、印度等在内的使用、发展、生产、储存和转让杀伤人员地雷的主要军事大国却都没有参加该公约。这严重削弱了该公约的效力范围，很难说该公约实际上实现了普遍性。有学者因此就认为，“由于《渥太华公约》只得到那些并没有在广泛使用杀伤人员地雷的国家的支持，因此它没有能够实质影响杀伤人员地雷的主要使用国”。[①] 为了吸取《渥太华公约》的这个教训，《集束弹药公约》在第21条专门规定了与本公约非缔约国的关系。它规定缔约国应鼓励非缔约国批准或加入该公约，目标是吸引所有国家参加该公约，而且还应将其根据该公约承担的义务通知所有非缔约国政府，促进落实公约订立的规范，并应尽一切努力说服非缔约国不使用集束弹药。尽管如此，在这一点上，《集束弹药公

① Stephanie M. Taverna, *The Anti-Personnel Mines Treaty: Protecting Civilians or Protracting Injuries?*, Suffolk Tran'l L. Rev., Vol. 22, 1999, p. 592.

约》估计很有可能重蹈覆辙。在使用、发展、生产、储存和转让集束弹药方面的主要军事大国不太可能在不久的将来批准或加入该公约。它们对集束弹药的立场是限制，而不是完全禁止。没有这些国家的参加，就很难实现该公约的目的和宗旨。

（二）例外条款问题

将来可能困扰《集束弹药公约》的第二大问题将是其中的例外条款。例外条款问题也是现在困扰《渥太华公约》的主要问题之一。虽然《渥太华公约》规定缔约国在任何情况下决不使用、发展、生产、获取、储存、保留或转让杀伤人员地雷，但同时规定为发展探雷、扫雷或销毁地雷的技术和进行这方面的训练而保留或转让一定数量的杀伤人员地雷是允许的，而且为销毁地雷目的而转让杀伤人员地雷也是允许的。这就是所谓的"例外条款"。从实践来看，一些缔约国看来可能在滥用这种例外条款，其真实的目的可能是为了保留一定数量的杀伤人员地雷。根据"地雷监察"(Landmine Monitor) 2006 年的报告，"有 69 个缔约国以该条约的例外条款为依据保留有超过 22 万 7000 枚杀伤人员地雷。几乎没有缔约国对它们为什么要保留这么多杀伤人员地雷作出任何解释"。① 这可能使例外条款不再成为例外条款。在《集束弹药公约》的起草过程中，一些"完全禁止集束弹药"的国家认为应当吸取《渥太华公约》的教训，因此不应当在公约中规定任何例外条款。然而，最终的文本还是规定了类似《渥太华公约》的例外条款。《集束弹药公约》仍允许缔约国保留或获取有限数量的集束弹药和爆炸性子弹药，只要目的是为了集束弹药和爆炸性子弹药检测、清理或销毁技术的开发与培训，或为了集束弹药反措施的制订。而且，该公约还允许缔约国之间互相转让集束弹药，只要目的是为了进行销毁，或者为了检测、清理或销毁集束弹药而进行的开发与培训。不过，为了防止缔约国滥用这个例外条款，《集束弹药公约》增加规定了报告的机制，即为检测、清理或销毁集束弹药以及培训的目的而保留、获取或转让集束弹药或爆炸性子弹药的缔约国应提交详细报告，载列这些集束弹药和爆炸性子弹药的计划使用和实际使用情况、其类型、数量和批号。它还规定，如果为这些目的将集束弹药或爆炸性子弹药转让给另一缔约国，则报告中应提及接收方。缔约国应为其保留、获取或转让集束弹药或爆炸性子弹药的每一年份的情况编写这样的报告，至迟于次年 4 月 30 日提交联合国秘书长。尽管如此，由于它仅仅要求缔约国就例外条款履行报告的义务，因此估计仍然不能防止一些缔约国利用例外条款来实现保留集束弹药的目的。

---

① http://www.icbl.org/lm/2006/findings, visited on December 3, 2008.

四、结语

由于《集束弹药公约》的不同条款对国际人道法、国际人权法和国际裁军法都作出了贡献，因此该公约是一个具有混合性质的条约。它的目的是建立一个没有集束弹药的世界。目前，《常规武器公约》缔约国正在起草一份该公约下关于集束弹药的议定书。如果不出所料，该议定书不可能像《集束弹药公约》一样完全禁止集束弹药，而是会采取在军事需要和人道考虑之间平衡的做法，对集束弹药的使用和转让等仅仅进行限制。由于支持《集束弹药公约》的许多国家同时还是《常规武器公约》的缔约国，这种国家就会在法律上处于比较尴尬的境地，因为《集束弹药公约》在序言中"强调希望争取所有国家遵守本公约，并决心努力促进各国普遍参加和充分实施本公约"，而且第1条禁止缔约国"在任何情况下""协助、鼓励或诱使任何人从事本公约禁止缔约国从事的任何活动"，因此如果《常规武器公约》下新的关于集束弹药的议定书并不完全禁止集束弹药，那么就会产生《常规武器公约》缔约国中那些支持《集束弹药公约》的国家如果支持该新的议定书是否会违反《集束弹药公约》的问题。但是，无论如何，应该鼓励在《常规武器公约》下就集束弹药制定一项新的议定书。尽管该议定书估计不会完全禁止集束弹药，而只是予以限制，但是该议定书估计极有可能吸引那些世界上在生产、发展、使用、储存和转让集束弹药方面的主要国家的参加。因此，在现阶段，《集束弹药公约》和《常规武器公约》下未来关于集束弹药的议定书之间不应当是一种相互竞争和拆台的关系，而应当是一种彼此补充的关系。

The Convention on Cluster Munitions: Its Contributions to International Law and the Collateral Problems

Abstract The Convention on Cluster Munitions (CCM), which has been adopted recently at the Dublin Diplomatic Conference, is the second international convention on a certain conventional weapon outside the framework of the Convention on Certain Conventional Weapons (CCW), following the Ottawa Convention in 1997. It is the victory of the so-called "Oslo Process". Since the CCM makes considerable contributions to international humanitarian law, international human rights law, and international law on disarmament, it is a mixed convention in nature. However, the CCM might encounter the problems of universality and exception clauses. In order to mitigate the humanitarian impact of the cluster munitions, the international community should still support the negotiation and drafting of a protocol on cluster munitions under the CCW.

Key words cluster munitions; disarmament; international humanitarian law; international human rights law

（审稿：谢晓庆）

人道军事干涉与国际人道法*

□ 李伯军**

内容摘要 虽然从现有国际法的规定来看，人道军事干涉并不具备明确的法律依据，但冷战结束以来，一国或国际组织对一个国家内部事务进行人道军事干涉的事例仍然有所增加。毫无疑问，人道军事干涉必须适用国际人道法。然而，由于国际人道法本身的严重滞后性使得人道军事干涉适用和遵守国际人道法存在诸多法律难题。因此，国际社会只有从国际法上严格限制这种人道军事干涉行为的发生，并且加快完善现有国际人道法的步伐，才有可能应对和解决上述出现的诸多法律问题。

关键词 使用武力 人道军事干涉 国际人道法

目 次

* 本文系国家教育部人文社会科学重点研究基地重大项目《交战国的军事需求与国际人道法之间的关系》（项目批号为07JJD820164）之子课题《国家的军事需求与国际人道法之间的关系（民族自决与武力之使用问题、人道主义干涉问题）》的阶段性成果，并获“教育部人文社会科学重点研究基地重大项目基金资助”。

** 湘潭大学法学院教师，法学博士。

（五）违反国际人道法的国际法责任问题

五、结语

一、引　言

从国际安全的角度而言，冷战的结束导致了两个截然不同的结果：一个是国家与国家之间爆发战争或武装冲突行为的频率大幅度地下降，另一个是一个国家内部因民族、宗教、种族等原因爆发内战的频率却大幅度地上升。而后者有时会附带出现震惊人类良知的大规模人道灾难事件，严重威胁到地区乃至国际社会的和平与安全。在这种背景下，不论是该国国内还是国际社会经常出现谋求对其内部事务进行人道军事干涉的要求和呼声。诸如发生在索马里、海地、东帝汶、卢旺达、塞拉利昂、利比里亚、民主刚果等国的人道紧急事件所引发的人道军事干涉已经为我们提供了这方面的实践。而从国际社会对国际法进行编纂的发展进程来看，进入21世纪以来，也出现了一个举世瞩目的重大事件：2006年8月21日，红十字国际委员会发言人宣布，随着南太平洋岛国瑙鲁和新独立的黑山共和国分别于同年6月27日和8月2日加入1949年《日内瓦四公约》，至此，全球所有194个主权国家全部签署加入了该公约。这是迄今为止国际社会对国际法进行编纂的一个最了不起的成就，因为国际社会之前还从来没有在任何其他国际法的编纂领域达成如此广泛的共识，从国际人道法领域的这四个主要的国际多边公约所适用的地域空间范围而言，上述这四个公约的普遍性意义已经远远超出了其条约本身。如果将上述两个领域的重大事件放置到一起，我们应该不难联想到这二者之间的内在逻辑联系，这正是我们下文所要探讨的问题。

二、人道军事干涉与国际法

人道军事干涉显然不同于人道救援（humanitarian aids）、人道援助（humanitarian assistance）等行为，因为其本质涉及国际法上使用武力的问题。现行国际法①已经明确禁止使用武力，国家只有在遭遇外来入侵时基于单独自卫或集体自卫而拥有合法使用武力的权利。另外，从不干涉原则的角度来看，不论是依据和平时期的国际法规则，还是战时的国际法规则，都没有明确的法律依据可为人道军

① 这主要包括1945年《联合国宪章》第2条第4款、《欧洲国际军事法庭宪章》第6条第1款和《远东国际军事法庭宪章》第5条第1款等相关国际法律文件的规定。

事干涉提供支持。①英国外交部的一份政策文件对于人道军事干涉的非法性概括得非常好："当代国际法学者中的绝大多数反对国际法中存在着一项人道主义干涉的权利，主要原因有三：1. 联合国宪章及现代国际法制度中都未明确纳入这项权利；2. 国家实践中只有为数不多的人道主义干涉先例，然而对过去两个世纪中特别是1945年以来的先例加以仔细评估，实际上真正为人道主义而使用武力的情形一个也没有；3. 从谨慎的立场上看，对人道主义干涉的权利加以滥用的程度足可以否定这项权利的产生。"②

然而，基于对人权国际保护的重视，近来国际社会支持对一国进行人道军事干涉的呼声同样比较强烈。许多学者发表了有条件地支持人道军事干涉的观点，如有学者就认为，"如果一个国家犯有对本国人民施行残暴或迫害的罪行，以致否定他们的基本人权并且震骇人类良知，那么，为人道而进行的干涉是法律所允许的"。③"依据国际法，独立国家或国际社会基于大规模侵犯人权而干涉主权国家在当前是可以接受的。"④ 确实，自第二次世界大战结束以来，众多国际人权条约的订立也为国际社会一定限度地承认国际人道军事干涉提供了一定的合法性基础。人道干涉的观念在20世纪晚期逐渐为国际社会所接受，人权关注的升高使得处于困境的人民似乎获得了一种源于国际社会人道干涉的权利。⑤

从国家实践来看，在一个国家内部基于民族、宗教和领土等因素爆发大规模侵犯人权的事件的时候，当所有可预期的和平措施都已经用尽，并且，人道灾难仍然无法避免和控制的时候，人道军事干涉就有获得国际社会容忍和接受的道德空间。2001年干预和国家主权委员会提交的《保护的责任》⑥ 以及2004年联合国秘书长

---

① 1945年《联合国宪章》第2条第7款、1948年《预防和惩治灭种罪公约》第8条、1994年《联合国人员和有关人员安全公约》第7条、1998年《国际刑事法院规约》（序言）以及1949年《日内瓦四公约》共同第1条及1977年两个附加议定书等国际法律文件都涉及了不干涉他国内政的问题。

② 转引自李兆杰：《国际法上的"人道主义干涉"问题》，载杨成绪主编：《新挑战——国际关系中的"人道主义干预"》，中国青年出版社2001年版，第179页。

③ ［英］劳特派特修订：《奥本海国际法·第一卷第一分册》（第8版），王铁崖、陈体强译，商务印书馆1981年版，第235页。

④ International Commision of Peace, *Can Military Intervention Ever Be Humanitarian*?, available at http://www.icopeace.org/media/items/humanitarian_intervention.pdf, visited on January 23, 2009.

⑤ 参见蔡育岱、谭伟恩：《再思人类安全研究》，载《台湾淡江人文社会学刊》2007年第32期，第59~60页。

⑥ 参见干预和国家主权委员会：《保护的责任》，§4~§7。

高级别小组提交的《一个更安全的世界：我们的共同责任》① 的改革报告中都在一定程度上认可了人道军事干涉的存在。无论如何，当一个国家、国家集团、国际组织开展人道军事干涉行动的时候，适用国际人道法将变得无法避免。

三、国际人道法在人道军事干涉中的适用

（一）单边人道军事干涉

“在没有等级的体系中，单边行为必然是决策的表现方式。”② 从这个意义上讲，单边人道军事干涉在我们这个时代确实无法避免。毫无疑问，单边人道军事干涉的行为涉及使用武力的问题，因此，对其适用国际人道法是没有什么问题的。虽然现有国际人道法绝大部分内容已经主要集中体现在1949年《日内瓦四公约》及其附加议定书之中，从事人道军事干涉的国家或国家集团有可能以不是该公约缔约国为由而拒绝对其加以适用，但根据1949年《日内瓦四公约》共同第2条的规定，冲突一方虽非缔约国，其他曾签订本公约的国家在其相互关系上，仍然应当受公约的拘束。如果上述非缔约国接受并援用本公约的规定时，则各缔约国与该非缔约国的关系也应当受本公约的约束。1977年《日内瓦四公约第1附加议定书》第96条又重申了这项规定。而从人道军事干涉者所应适用国际人道法规则所涉及的范围和内容来说，在这里有必要回顾1907年海牙第4公约和1977年《日内瓦四公约第1附加议定书》中“马尔顿条款”(Martens Clause）的规定：“在本议定书或其他国际协定没有包括进去的情况下，平民和战斗员仍然受来源于既定习惯、人道原则和公众良心要求的国际法原则的保护和支配。”显然，这种规定是对上述人道军事干涉者企图规避国际人道法的一种有力限制。

不过，人道军事干涉到底应如何适用国际人道法却并不是一个容易回答的问题，因为这首先需要解决有人道军事干涉背景的国内武装冲突到底属于哪一种类型的武装冲突的问题。在切实存在这种外部军事干涉的情况下，如果将这种武装冲突视为一个国际性的武装冲突，那么就全部适用所有的国际人道法规则，这是没有什么问题的。问题在于，被干涉国政府往往因害怕内部冲突局势国际化而拒绝适用调

① 参见联合国秘书长威胁、挑战和改革问题高级别小组：《一个更安全的世界：我们的共同责任》，第三部分：集体安全与使用武力。

② ［美］W. 迈克尔·赖斯曼：《单边行为和世界制宪过程的转变：关于人道主义干涉的特殊问题》，载万鄂湘等主编：《国际法：领悟与构建——W. 迈克尔·赖斯曼论文集》，马铁男等译，法律出版社2007年版，第307页。

整有关国际性武装冲突的人道法规则。而如果将这种武装冲突看做一个国家内部的武装冲突的话，从保护战争受难者权利的角度来看，在国内武装冲突期间适用国际人道主义规则方面存在三个方面的问题：其一是国际条约只对政府和政府有关行为有约束力，对反叛一方没有约束力；其二是人权公约中的某些保证条款在紧急情况下可能被中止其效力；① 其三是东道国政府很可能借口维护内部事务主权而限制或拒绝适用国际人道法规则。对于第一个问题来说，在一国发生内乱的情况下，某些国家为保护其在当地的商业或侨民利益，在一定条件下可能有限地承认该国叛乱者为叛乱团体，该叛乱团体从而获得了国际法上极其有限的主体资格地位，但该国叛乱团体并不能因此具有国际法上的缔约能力，对于作出承认的国家来说，这种承认只是单方面承诺在该国政府军与叛乱军队发生武装冲突的情况下秉承中立而已，有关国际人道法公约也就难对一国叛乱团体予以适用。尽管 1949 年《日内瓦四公约》共同第 3 条及其第 2 附加议定书对于约束非国际性武装冲突中的各个派别起到了一定的作用，但适用范围却相当有限。如 1977 年《日内瓦四公约第 2 附加议定书》第 1 条第 1 款规定，在缔约一方领土上的武装部队，如果对一部分领土行使了控制权，从而使其能够进行持久而协调的军事行为，其武装部队与其他有组织的武装集团之间的一切武装冲突也适用公约规定的国际人道法规则。由于相对于交战团体，叛乱团体实际并没有“对一部分领土行使了控制权，从而使其能够进行持久而协调的军事行为”，因而适用有关日内瓦公约及其议定书仍然存在一定的困难。另外，从国家的实践来看，尽管许多适用于非国际武装冲突的习惯国际人道法规则既约束各国，也约束一个国家内部的各反对派武装，但对某些规则是否属于习惯人道法规则进行识别又存在巨大的困难。这些问题都严重制约了 1949 年《日内瓦四公约》及其相关议定书对国内有关武装派别包括叛乱团体适用的实现。而对于第二个问题来说，几乎所有的国际人道法公约或人权公约的实施都有相应的条件：首先适用的对象一般应该是该有关公约的缔约国，对于这点，前面已经有所论述。其次就是不得威胁缔约国的国家安全或公共秩序，有关缔约国从而可以提出相关保留，或者拥有“克减条约下义务”甚至“退出公约”的权利，如 1966 年的《公民权利和政治权利国际公约》第 4 条规定，“在社会紧急状态威胁到国家的生命并经正式宣布时，本公约的缔约国得采取措施克减其在本公约下承担的义务……”而 1949 年《日内瓦四公约》及其议定书都规定缔约国拥有自由退出公约的权利。对于第三个问题来说，如果将有人道军事干涉外部背景的武装冲突看做是一个国内武装冲突的话，尽管名义上适用 1977 年《日内瓦四公约第 2 附加议定书》没有太大

① 参见［德］沃尔夫刚·格拉夫·魏智通主编：《国际法》，吴越、毛晓飞译，法律出版社 2002 年版，第 884～885 页。

的问题，但这样一来，其所适用的人道法规则的范围和内容也就大大缩小了，而这与国际人道法的精神是相背离的。另外，该议定书第3条第1款还明确规定：“本议定书的任何规定不应援引以损害国家的主权，或损害政府用一切合法手段维持或恢复国内法律和制度或保卫国家统一和领土完整的责任。”该条款的规定有可能为有关国家以外部干涉其内部事务为由而限制适用甚至拒绝适用该公约提供机会。

总之，在拥有外部人道军事干涉背景的国内武装冲突发生期间，这种采取要么适用国际性武装冲突规则，要么适用非国际性武装冲突规则的做法似乎是徒劳的。因为一个国家的内部冲突或战争往往因为外部军事力量的介入而变得非常复杂，在这种情况下，很难区分这种武装冲突到底是国际武装冲突还是国内武装冲突，比较方便的做法是视其为“国际化”的武装冲突或“混合型”的武装冲突，不过，这种做法可能又会加剧人道法规则适用的混乱。为了最大程度地实现人道保护的目的，笔者以为，最好的办法将是消除两分法的尴尬，规定都适用统一的国际人道法规则。另外，此举将带来两个好处：一是在允许外国干涉国际化了的武装冲突的情况下，可以消除冲突各方适用国际和国内武装冲突法律之间不协调的地方；二是如果具有统一的法律，不管一国是否承认对他国进行了军事干涉都要适用该法律，这样一来，即便由于政治原因而不愿坦言对一国内战进行了军事干涉，也不会对适用国际人道法产生大的影响。① 而且，对不论是什么性质的武装冲突都适用统一的国际人道法规则，也将减少有关国家对于因《日内瓦四公约第2附加议定书》第3条所规定的那种担忧，即担心因适用日内瓦公约而改变国家内部各个武装冲突派别法律地位的政治敏感性。②

（二）联合国主导或授权的人道军事干涉

按照1945年《联合国宪章》第6章和第7章以及第42条、第52条（1）和第53条（1）等条款的有关规定，联合国有权自行或授权有关国家或区域性组织针对某国国内发生的人道紧急事件开展人道军事干涉行动，由于涉及使用武力的问题，因此，上述行动必须要适用国际人道法的有关规则。联合国成立初期仅对与国际人道法有关的个别领域，如战争罪犯的审判以及原子弹使用的合法性问题进行过关注。1947年成立的国际法委员会对有关武装冲突法规则的编纂表现出消极的态度，

---

① 参见［新西兰］詹姆斯·斯图尔特（James G. Stewart）：《寻求国际人道法中武装冲突的统一定义：对国际化武装冲突的评论》，载《红十字国际评论》2003年第850期，第349～350页。

② 1949年《日内瓦四公约》共同第3条第3款以及1998年《罗马公约》第8条第3款都有相同的规定，也就是在国内武装冲突中适用统一的人道法规则不会改变交战各方的法律地位。

其理由是，《联合国宪章》已经禁止国家使用武力，对编纂战争法规则的努力和尝试可能会被理解为对联合国在保持国际和平与安全方面的能力缺乏信心。① 而在国际人道法的适用问题上，联合国在建立初期根本没有意识到自身会卷入到一个国家内部的冲突中去，因而更谈不上对其如何适用国际人道法等问题作出相关的规定。

冷战结束以来，发生在一个国家内部的武装冲突日益增多，这成为威胁国际社会和平与安全的一个主要挑战。为了解决一国内部冲突或战争引发的人道主义灾难或地区安全威胁，在实践中，联合国依据宪章第 6 章和第 7 章的规定创造性地开展了维和行动。有学者将联合国的这种维和行动概括为四代维和，其中未来第四代维和将以人道干预为主。② 而在整个冷战期间，由于受到否决权制度以及联合国自身资源有限的制约和影响，联合国主导开展的维和行动并不是很多。冷战结束后，由于一个国家内部冲突所导致的人道灾难事件增多，联合国于是越来越倾向于以“维和的形式”开展人道干涉行动。于是乎，从联合国维和的具体形式来看，不论是派驻军事观察团，还是派驻维和部队，维和行动也开始越来越多地以使用武力的方式介入到国家的内部冲突之中。③

这样看来，既然出现了联合国主导或授权的人道军事干涉行动这样一个事实，适用国际人道法的问题也就提到了日程上。不过，这给现有国际人道法又提出了一个新的难题：因为之前的海牙公约、日内瓦公约及其议定书等国际人道法文件都没有就像联合国这样的国际组织是否适用以及如何适用国际人道法等问题作出任何规定。为了尽可能地扩大国际人道法的适用范围，尽管 1949 年《日内瓦四公约》共同第 2 条规定了非缔约国遵守有关条约的情形，但是，比较棘手的问题是，参与联合国维和部队的各方对外都是以联合国这个组织的名义开展维和行动的，并不是以单个国家的名义进行的。因此，国家的实践主要基于这样一个观念，像联合国这样的维和部队主要是依据联合国宪章来开展维和行动的。原则上，一个国家接受和适用某项条约的前提应是依据条约法的有关程序缔结或加入该条约，因为它们是为联合国开展行动而不是为了国家受公约的制约。然而，最起码它们也应该受到习惯国际人道法的约束和规范。④ 而且，联合国作为一个国际多边组织，在适用和遵守国际人道法方面并非处于一个法律真空地带，因为国际人道法在其本质上也是各国在

---

① 参见朱文奇：《国际人道法》，中国人民大学出版社 2007 年版，第 62 页。

② 参见李铁城主编：《世纪之交的联合国》，人民出版社 2002 年版，第 24 页。

③ 2006 年 8 月，法国与美国为联合国驻黎巴嫩临时部队制定了一份新维和接触原则文件，该文件规定维和士兵可以在遭遇武力攻击时进行自卫，同时可以使用武力保护平民和回击试图武装干涉维和任务的武装分子，甚至可以对事前知晓的袭击进行“先发制人自卫”。

④ See Michael H. Hoffman, *Peace-enforcement Actions and Humanitarian Law: Emerging Rules for International Armed Conflict*, Int'l Rev. of the Red Cross, No. 837, 2000, pp. 129-145.

非和平时期为保护最低限度的人权而制订的国际法规则，从联合国宪章及其相关法律文件对保护人权的相关规定来看，联合国显然具备适用国际人道法的法理基础。

为了显示联合国武装力量对国际人道法的尊重，以及统一联合国维和武装部队适用国际人道法的问题，1999 年 8 月 6 日，为纪念 1949 年《日内瓦四公约》通过 50 周年，联合国秘书长安南在签署《关于联合国维持和平部队遵守国际人道法的公告》（*Observance by United Nations Forces of International Humanitarian Law*, Secretary-General's Bulletin）时重申国际人道法同样适用于联合国维和部队。秘书长签署的这一公告具体规定了维和部队适用国际人道法的基本原则和规则。这些原则是联合国部队在强制行动中作为战斗员或在维和行动中自卫情况下最起码要遵守的，且在交战期间和战斗结束之前一直适用。因此，这些基本原则和规则适用于实施行动和维持和平行动。① 这项报告对联合国维持和平行动的所有成员具有约束力，已传达到所有维持和平特派团，标志着正式承认国际人道法适用于联合国维持和平行动的开始，这项措施将适用于联合国部队积极参与化解的武装冲突局势。② 2003 年 12 月 11 日至 12 日，在瑞士日内瓦举行的多国和平行动专家会议上，各位专家就联合国授权使用武力中关于国际人道法和国际人权法的适用问题进行了讨论，会议达成的一致观点是，国际人道法的适用从联合国武装力量介入从而能被称为武装冲突战斗的那一时刻起就已经开始了。③ 而从实践来看，令人欣慰的是，在根据联合国授权所开展的行动框架内，尽管 1949 年《日内瓦四公约》的可适用性问题很少得到承认，但是该公约的规定事实上有时会被多国部队所援引。

然而，在具体如何适用国际人道法规则问题上，联合国国际维和部队也存在到底适用国际性武装冲突规则还是国内武装冲突规则的选择问题，在这个问题上也没有明确的法律规定，这也是需要解决的问题，除此之外，联合国部队还存在其他难以解决的法律难题。如在绝大多数情况下，维和部队并非是冲突的一方，其成员也不属于战斗员，联合国维和部队成员的所属国与东道国之间更不存在交战关系。这样一来，如果维和部队没有使用包括自卫在内的武力，一般情况下也就不存在适用

① Secretary-General's Bulletin, *Observance by United Nations Forces of International Humanitarian Law*, ST/SGB/1999/13.

② 参见联合国秘书长：《千年首脑会议成果的后续行动——执行联合国千年宣言的行进图》，A/56/326。

③ 不过，也有个别专家提出了不同的意见，认为，联合国维和部队在本质上是不需要授权的，当它们使用武力时，它们仅仅行使警察的职能，即使它们与武装冲突有关联，国际人道法仍然不能适用，除非它们作为交战某一方去反对另一方而参加了武装冲突。可参见多国和平行动的专家会议报告：《联合国授权使用武力中国际人道法和国际人权法的应用》，载朱文奇主编：《国际人道法文选》（2004 年卷），王海平等译，法律出版社 2006 年版，第 268 页。

国际人道法的问题。只有在维和部队因自卫或经安理会授权而使用武力，从而参与或介入到武装冲突的特殊情况下，维和部队成员才适用国际人道法以及所属国参加的国际人道法条约等，这包括：1949 年 8 月订立的《日内瓦四公约》及其两项附加议定书，1954 年 5 月订立的《关于发生武装冲突时保护文化财产的公约》。① 但值得关注的问题是，联合国维和部队在适用国际人道法的时间上有没有明确的限制？也就是说，当军事行动结束而实施军事占领的时候，国际人道法是否继续在一国国内武装冲突中予以适用？因为上述联合国秘书长公布的有关遵守国际人道法公告第 1 条已经明确规定，“本公告中所规定的国际人道法基本原则和规则适用于作为战斗员积极参加武装冲突的联合国部队，并且仅适用于其积极参加武装冲突之时。”显然，在缺乏武装对抗或占领状态的情况下，国际人道法对联合国多国部队并不适用，或者已不再能够继续适用。在这种情况下，只有国际人权法以及部队部署国的法律和规章仍能继续适用。就联合国多国部队对一国领土实施控制这种情况而言，国际人权法的实施有时却是十分困难的。导致这种情形的一个原因在于，国际人权法的法律框架是为各国设计的。维和行动的使命正在从提供援助和支持向直接对一国领土实施某种程度的控制发生转变，而这种转变也制造了新的挑战。② 如果不继续适用国际人道法上的有关占领法规，联合国多国部队可能无法合法开展工作，但如果对其加以适用的话，又存在如何确定其适用身份的难题。联合国的多国维和部队与一般国家实施的占领不同的是，他们实施的占领并不是为了某个特定国家的利益，而是为了确保当地居民的安全。而且，依据 1949 年《日内瓦四公约》的规定，维和多国部队并不能直接适用占领法规则，他们必须事先与被占领国达成相关的临时性行政管理方面的协议。如果当地主权政府不复存在，国际部队可能起到担负占领方的作用。③

四、人道军事干涉与国际人道法的遵守

诉诸武力的原因与关于如何进行战争及其所受到的法律约束力问题没有任何关

① 参见荀潇：《维和部队：没有敌人的联合国武装力量》，载《法制日报》2007 年 3 月 24 日。

② 参见红十字国际委员会、国际人道法大学中心（University Centre for International Humanitarian Law）：《与国际法的适用性有关的问题》，资料来源于：http://www.icrc.org/Web/chi/sitechi0.nsf/html/6QYB48，2008 年 11 月 21 日访问。

③ 参见［瑞士］西尔万·维特（Sylvain Vité）：《有关军事占领的国际法在国际组织活动中的适用》，载朱文奇主编：《国际人道法文选》（2004 年卷），王海平等译，法律出版社 2006 年版，第 122～123 页。

系。换句话说，不管交战一方或另一方发动战争是处于何种动机，他们都必须尊重武装冲突法。不论战争是否符合联合国宪章关于在国际关系中使用武力的规定，都必须尊重武装冲突法。①因为“1949 年《日内瓦四公约》及其后续附加议定书反映了适用于最困难局势（即武装冲突）中的最低标准”。② 这些条约的第 1 条都明确指出：“各缔约国承诺在一切情况下尊重本公约并保证本公约之被尊重。”然而，就人道军事干涉来说，遵守国际人道法还存在以下几个方面的问题：

（一）限制其作战手段与方法的问题

人道军事干涉由于涉及使用武力，因此，在尊重和遵守国际人道法方面，首先就涉及作战手段和方法的限制问题。实际上，从 1868 年《圣彼得堡宣言》签订至今，国际社会就制定了许多关于限制作战方法和手段方面的条约。然而，由于现代高科技的迅猛发展，各国军队日益注重将这种技术应用到武器的更新换代中，这给国际人道法带来了新的挑战，从而也对人道军事干涉者遵守国际人道法带来了新的变数。有鉴于此，2001 年干涉与国家主权国际委员会所提出的《保护的责任》中规定：“在为了保护人类目的而进行干预的背景下，军事干预的交战原则必须严格遵守国际法，特别是国际人道法。它们应包括这样一种认识，即不得使用某些类别的武器，特别是国际协定所禁止的武器。”③ 2004 年联合国秘书长高级别小组提交的《一个更安全的世界：我们的共同责任》中也强调，安全理事会在考虑是否批准或同意使用武力时，不管它可能会考虑的其他因素为何，至少必须考虑五个正当性的基本标准，其中就包括相称性的军事手段和权衡后果等限制作战手段和方法的标准。④ 但上述报告都没有严格的法律约束力，仅仅只能起到建议和呼吁的作用。由于新军事变革使战争法对作战手段和方法的限制出现了真空，从而弱化了战争法对人道保护的要求，很多作战手段严重违反战争法所要求的区分原则和比例原则。现代高科技战争所一味追求的精确性、高效性、迅捷性使战场的环境压力越来越大，各种杀伤性非常强的非人道武器，诸如贫铀弹、子母弹、燃烧弹、散花弹等纷纷出现，包括各种精确制导武器对军民两用基础设施的打击都单方面强调了其军事必要性，从而加重了战争灾难。因此，在一个武装冲突的性质不断变化、获得先进

① 参见［瑞士］弗郎索瓦·布尼翁：《国际人道法的当代挑战》，载《西安政治学院学报》2004 年第 4 期，第 56 页。

② 参见［瑞士］让-菲利普·拉瓦耶：《日内瓦公约：国际人道法的基石》，资料来源于：http：//news. sina. com. cn/o/2006-09-10/10509982252s. shtml，2008 年 12 月 23 日访问。

③ 干预与国家主权委员会：《保护的责任》，§7. 28。

④ 联合国秘书长威胁、挑战和改革问题高级别小组：《一个更安全的世界：我们的共同责任》，A/59/565。

的作战手段和方式变得日益容易的时代，人们对新式武器进行仔细、彻底的审查是必要的。不过，除了1868年《圣彼得堡宣言》这个文件以外，目前只有1977年《日内瓦四公约第1附加议定书》第36条规定了以国际法为标准来进行这种审查。遗憾的是，大多数国家对第36条都未给予足够的重视和关注。① 正是基于这种忧虑和担心，2001年12月11日至21日在日内瓦举行的《常规武器公约》缔约国第2次审查大会上，缔约国重申了对武器进行法律审查的重要意义。在会议达成的最后宣言中，大会敦促没有对武器进行审查的缔约国应按照第36条的要求建立审查程序，以保证新式武器、作战手段和方式符合国际人道法和其他国际法规则的要求。另外，从规范交战各方如何使用武器的作战方法来讲，一些单边人道军事干涉者所采取的军事行动日益侧重采取“空中打击”的方式，这种空中打击的巨大杀伤性和破坏性程度远远超过了陆战所带来的非人道后果，而现行空战规则基本都是比照陆地武装冲突规则来适用的，这给交战双方遵守国际人道法规则带来了新的挑战。

（二）保护战争受难者的问题

适用于平民与战斗员之间的“区分原则”是所有人道法规则的基石。战争法的目的是尽量减少战争的伤害后果，为了缩小战争的伤害范围，在作战中必须严格区分平民与武装部队中的战斗员及非战斗员、有战斗能力的战斗员与战争受难者(战俘、伤病员、战时平民)、军用物体与民用物体以及民用目标与军事目标等。毫无疑问，这是所有人道军事干涉者必须要着重遵守的基本原则，以便最大程度地保护战争受难者的基本人权。1868年的《圣彼得堡宣言》、1977年《日内瓦四公约第1附加议定书》第48条、第51条第4款和第57条第1款等都对该原则作了规定。国际法院在1996年的关于“以核武器相威胁或使用核武器是否合法的法律咨询意见”中也将适用于平民与战斗员之间的区分原则界定为“构成人道法体系……的主要原则”之首。但在许多冲突中，平民和战斗人员之间的界线常常模糊不清，战斗人员经常居住或躲避在村庄里，有时将无辜的平民，甚至儿童当做人盾。② 人道军事干涉的目标是以某种方式保护个人权利。在这一过程中，不加区别地使用暴力会与使用暴力的核心目的发生直接冲突以及将不可避免地侵犯人道干涉

① 参见［法］伊莎白·达斯特、［瑞典］洛宾·科波兰、［丹麦］里可·伊索：《未来战争与新式武器？——关于国家审查作战手段和方式合法性的义务》，载朱文奇主编：《国际人道法文选》(2001—2002年卷)，商务印书馆2004年版，第240～242页。

② 参见联合国：《联合国和武装冲突中保护平民情况简介》，资料来源于：http://www.un.org/chinese/hr/civilians/，2009年1月1日访问。

正要试图去帮助的人民。①

对于联合国来说，为了保护平民，联合国安全理事会通过了许多关于武装冲突中保护平民议题的会议记录和相关文件②，强调所有作战人员都必须遵守1949年《日内瓦四公约》的条款，所有会员国都应签署、批准和执行有关保护平民的《灭绝种族罪公约》、《日内瓦四公约》、《国际刑事法院罗马规约》以及各项《难民公约》等。1999年联合国秘书长《关于联合国部队遵守国际人道法的公告》（ST/SGB/1999/13）第5条（对平民居民的保护）第1款和第4款也明确规定："联合国部队在任何情况下都应在平民与战斗员之间以及民用物体和军事目标之间作出明确的区分。军事行动只得针对战斗员和军事目标，禁止攻击平民和民用物体。"尽管有上述规定，但在实践中，联合国部队保护平民依然存在诸多难题。如在一国内部冲突爆发期间，各个有关武装派别成员与平民之间已经很难进行区分，有关武装派别经常强制平民做人体盾牌或强征其入伍、武装人员故意与平民混杂在一起、武装派别随意进攻敌对方平民村庄等，这些问题的出现给联合国部队保护平民带来新的挑战。而联合国部队为了保护这些平民势必将与当地武装派别发生正面武装冲突，这种介入无疑将为保护平民带来困难。

（三）人道军事干涉商业化带来的问题

不可忽视的一个问题是，近来，人道军事干涉引发的武装冲突在很多领域开始被"商业化"，这方面集中体现在："过去15年来，传统上由国家安全或军事机构履行的职责正日益外包给私人军事、安全公司。尽管至少就金额而言，这些合同大部分涉及后勤或行政支持，但过去若干年也见证了私人军事、安全公司在武装冲突局势下参与安全和军事行动的显著增多。"③ 这种新情况的出现对于国际人道法的遵守产生了两方面的重大冲击和影响：其一，私人军事或安全公司及其职员如何遵守国际人道法的问题。2007年9月，一家美国私营安保公司的雇员在伊拉克巴格达一个居民区开枪，导致包括儿童在内的至少十名平民丧生。这一事件引发了国际社会对于私营军事和安保公司在冲突地区行动及其法律责任的普遍关注。毫无疑

---

① 参见［意］安东尼·哈特：《区别性》，载［比］布鲁诺·考彼尔特斯等主编：《战争的道德制约：冷战后局部战争的哲学思考》，邹琳、戴锋宁等译，法律出版社2003年版，第177页。

② 这些文件主要包括S/RES/1738（2006）、S/PV.5577、S/PV.5577以及安全理事会应全面执行关于武装冲突中保护平民的第1265（1999）号决议等。

③ ［瑞士］埃玛努埃拉—基亚拉·吉拉德：《商业走向战争：私人军事、安全公司与国际人道法》，资料来源于：http://www.icrc.org/Web/chi/sitechi0.nsf/htmlall/review-863-p525/$File/irrc_863_Gillard.pdf，2009年5月14日访问。

问，这些新人员如果卷入到有关武装冲突中也必须要遵守国际人道法。① 问题的关键在于，国际人道法对这些新的人员身份的确定出现了困难。按照现有法律的规定，我们确实很难将他们纳入到战斗员、平民、雇佣军、志愿军等序列当中去，②这个问题不解决势必影响到他们对国际人道法的遵守。其二，在晚近的武装冲突中，武装力量对平民日益增长的依赖以及将那些原本严格属于军事范围的任务外包给平民以及私人安保公司的行为都是武装冲突中产生的一些新的特点，而这些特点对被允许参战的交战方提出了挑战。③挑战之一在于交战各方如何有效确保这些私人安保公司或者私营军事公司也尊重和遵守国际人道法，尽管这是有关国家或政府的一项国际人道法义务，但同时这项义务能否得到善意的履行仍然依赖于这些国家或政府的政治意愿。另外一个比较棘手的问题是，交战各方很有可能利用这些私人安保公司或私营军事公司（private military companny）来摆脱或转移其在国际人道法下所应遵守的各项国际法义务，从而最终可能导致有关国家或政府通过利用私人保安公司或私营军事公司来逃脱国际人道法上所应承担的责任。

（四）大国刻意规避国际人道法义务的问题

从国家实践来看，从事单边人道军事干涉的国家往往是大国，而大国在这种军事行动中经常力图规避国际人道法对其军事行动所设定的种种限制，并且，它们对国际人道法的遵守实施双重标准，这对国际人道法的遵守带来了严峻的挑战。如作为实施单边人道军事干涉的主导国家——美国至今仍未批准或加入1949年《日内瓦四公约》及其相关附加议定书、1954年《关于保护文化财产的海牙公约》、1980年《特定常规武器公约的两个议定书》以及1998年《国际刑事法院罗马规约》等重要的国际人道法公约。以1998年的《国际刑事法院罗马规约》为例，尽管美国前总统克林顿在2000年就签署了该条约，然而，后来美国政府并没有将这一条约提交美参议院批准，因为依据该规约产生的国际刑事法院有权针对发生在批准国领土上的任何罪行或由这些国家公民犯下的罪行提出起诉，同时也有权对尚未批准这项条约国家的公民在批准国境内犯下的罪行提出起诉。经法院审理，一旦罪名成

① 2008年9月17日，国际红十字委员会表示，来自中国、美国等17个国家的专家在瑞士蒙特勒举行的政府间会议上一致通过了一套旨在控制私营军事和安保公司的建议。这套建议虽然不具有法律约束力，但如果得到切实实施，将提高对于受到武装冲突影响的平民的保护。

② 联合国雇佣兵使用问题工作组指出，这些私营安保公司雇佣的武装人员既不是平民也不是战斗者，而是类似于“非正规战斗者”（irregular combatants），他们代表了新形式的雇佣兵活动。

③ 参见红十字国际委员会：《国际人道法和现今武装冲突的挑战》，载朱文奇主编：《国际人道法文选》（2004年卷），王海平等译，法律出版社2006年版，第276页。

立，罪犯将被判处最高达30年的监禁，在极端情况下甚至可判终身监禁。正是由于担心本国驻外军人、外交官和政治家可能被推上国际刑事法庭被告席，从而受到国际刑事法院的起诉和审判，加之忧虑别的国家也许会出于政治动机而利用该法庭控诉美军，美国政府于2002年5月6日正式宣布退出1998年《国际刑事法院罗马规约》。而且，“美国政府通过与其他国家签订双边协议，承诺不将对方国民移交国际刑事法院，达成对付法院的攻守同盟”，① 这就是著名的“第98条协定”②。另外，为了进一步摆脱来自国际刑事法院的制约和其他国家可能的控诉，就在国际刑事法院即将诞生的前夕，美国还曾经提交了一份《美国军人保护法》草案，要求美国军人在国际刑事法院管辖下具有司法豁免权，包括要求联合国给予参与国际维和行动的美籍士兵在国际刑事法院管辖的司法豁免权。毫无疑问，美国上述行为无疑给国际社会尊重和遵守国际人道法带来了极其恶劣的影响。

（五）违反国际人道法的国际法责任问题

对于人道军事干涉者违反国际人道法所应承担的国际法责任方面，现行国际刑事司法制度仍然是非常脆弱的。依据2001年联合国国际法委员会二读通过的《国家对国际不法行为的责任条款草案》（*Draft Articles on Responsibility of States for Internationally Wrongful Acts*）的规定，人道军事干涉仍然还只是一个没有为现行国际法所承认的政治概念。因此，该草案并不能使从事该行为的国家或国际组织承担实际的国际法律责任。特别是当大国违反国际人道法策划并执行人道军事干涉而须承担国际法责任时尤其存在巨大的困难。近年来，国际刑事司法制度有了突破性的进展，国际刑事法院的成立就是一个突出的成就。国际刑事法院成立的一个主要进步在于，达到结束原本暴行不受惩罚的正义目标，为了使其成为一个真正意义上的普遍性机构，应鼓励非缔约国加入到这个法院的行列中来。③ 然而，令国际社会非常失望的是，某些大国仍然处于这个法院的管辖权之外，而这严重影响到国际社会追究大国因违反国际人道法义务所应承担国际法责任的预期实现。

---

① 王海平：《析美国的战争法适用策略》，资料来源于：http：//www.gmw.cn/01gmrb/2006-03/01/content_381144.htm，2009年1月5日访问。

② “第98条协定”是指美国根据本国对1998年《国际刑事法院罗马规约》第98条第2款的解读与其他国家所签订的、旨在规避国际刑事法院对美国公民所涉特定国际犯罪行使管辖权的双边协定。具体分析可参见周振杰、屈学武：《“美国98条协定”国际法效力评析——基于〈罗马规约〉和〈条约法〉的精神与要义分析》，资料来源于：http：//www.cass.net.cn/file/2005101947932.html，2009年2月23日访问。

③ See The Rt. Honorable Malcolm Fraser, *International Humanitarian Law*, *Humaitarian Crises and Military Intervention*, The High-level Expert Group Meeting, pp. 5-6.

五、结语

国际人道法的产生主要是基于这样一个假定：战争在人类的历史发展长河中是一个人所共知的、无法根治的“恶魔”，国际人道法因此必须在维护人类最起码和最低限度的生命和尊严方面发挥其保护人权的规范作用，从而，人道军事干涉也必须在人道和军事需求之间进行一定的平衡。尽管人道军事干涉没有明确的国际法依据，但国际法并没有以结论性的方式对使用武力和基本的人道价值之间的冲突作出规定。武力失去控制的危险证明了如果通过提高标准就可禁止单方面使用武力这一假设的正当性，但是（干涉）行动并没有完全被排除。① 事实上，从中世纪一直到 1648 年《威斯特伐利亚和约》签订之前，以基督教正统观念为基础的干涉主义政策就成为当时国际关系中解决各种国际争端的合法手段，之后几个世纪以来这种干涉主义逐渐为 1648 年《威斯特伐利亚和约》所倡导的主权和不干涉原则的规范性观点所替代，尽管该原则并不一定总是被遵守。

在战争中，军事计划者为了达到胜利的目的而视“人道关切”为障碍，这是一个错误。战争是为政治原因而发动的，忽视“人道关切”将会担负着赢得战役而输掉整个战争的危险。② 正因为如此，在新的历史条件下，有关国家通过使传统人道干涉概念复兴和制造诸如“人道主义战争”(甚或“人道主义轰炸”）的新术语而使其行为与国际人道法相符合，那些实际上发动了一场侵略战争的国家试图将自身置于“道德制高点”。③ 从人道军事干涉的实际效果来看，这种干涉行动在客观上确实给当地民众和人道救援机构带来了一定的安全环境，暴行得到遏止，相关施暴者个人的法律责任也通过交由成立不久的国际刑事法院以及国际人道真相调查委员会（International Humanitarian Fact Finding Commission）处理而得以实现。④ 因此，不管是人道军事干涉中的“人道”，还是国际人道法中的“人道”，

---

① 参见［瑞士］罗伯特·科尔布（Robert Kolb):《论人道干涉》，载《红十字国际评论》2003 年第 849 期，第 119 ~ 134 页。

② See Jennifer M. Hazen, *Humanitarian Chanllenges in Military Intervention Workshop*, available at http://www.hks.harvard.edu/cchrp/pdf/publications_pdf/nshr/Vol% 201% 20Nov% 202001% 20Dunlap% 20Meilinger% 20Owen% 20PART% 201.pdf, visited on October 28, 2008.

③ 参见［奥］汉斯·科其勒:《现代强权政治背景下的人道主义干涉》，载《现代国际关系》2001 年第 9 期，第 29 页。

④ See The Rt. Honorable Malcolm Fraser, *International Humanitarian Law*, *Humanitarian Crises and Military Intervention*, available at http://www.interactioncouncil.org/meetings/report/m022.pdf, visited on October 26, 2008.

在其本质上都是我们对人类的人性、人权和人的尊严最低限度的反映与要求。不同民族、不同文明或文化背景的人们可以对此获得最低限度的共识，从而使得国际人道法具有某种普遍性，但我们却并不能由此得出人道军事干涉具有某种普遍适用性的结论，因为其消极后果也是显而易见的：军事装备和制度在其本质上适合于使用武力和进行伤害的人员，因此，有时不适合于帮助人员。而军事物资比较昂贵不能满足长期的需要。而最严重的问题是，为了人道主义目标而使用军事力量常常有损于人道、公正、中立的人道原则。① 有学者对有关国家或国家集团以所谓的人道的方式武力干涉一个正在发生内战国家内部事务的弊端进行了如下的概括：

“干涉以成立军事部队的方式进行……并建立以谋求重建国际人道法和一个安全、稳定环境的众多制度。不幸的是，这样的干涉只是恶化了局势：本来更适合采取政治措施结束残暴的行为……国际社会却贸然地提供了人道主义援助，国家派出军队和志愿者来保护和援助受害者，而不是设法结束战争……为了达到这个政策目标，国际社会向来没有停止以人道主义行动的好处来掩盖其政治上的无力……国际政治界开始滥用这种保护和援助，其结果是不但产生了不健康的、恶性的人道救援竞争，而且还延缓了冲突的结束。”②

而且，尽管人道军事干涉在大多数情况下暂时制止了暴行在一个国家内部的进一步蔓延，但这种干涉恰恰有意或无意地低估了被干涉国家内部政治、社会的复杂性程度，从而因为达不到干涉的预期政治目标而可能造成更多的混乱与人道悲剧。因为在很多情况下，一个国家内部爆发大规模侵犯人权的事件或者人道灾难主要与一个国家内部发生内战或内乱有直接的关系，而内乱或内战基本上都与该国民族、宗教、意识形态叛乱以及革命冲突等问题有关，对于这些问题，法律的作用往往是无力的。事实已经证明：从长远来看，夸大外部干涉的作用只会带来一国内部秩序的复杂化，而且，通过外部强力干涉，不管是基于人道军事干涉还是非人道的武力干涉，以此来主导某国国内政治转型以达到其所希望的和平、正义和秩序是不可靠的。

虽然人道军事干涉存在上述诸多流弊，但在实践中确也无法避免，国际法所能作出的努力只能是对其进行一定的规范和限制，并使干涉者最大限度地尊重和遵守

---

① See Tomoya Kamino, *The Limits of Military Intervention for Humanitarian Assistance in Armed Conflicts*, available at http: //www2. odn. ne. jp/kamino/NewFiles/research_essay_rev. pdf, visited on December 28, 2008.

② See Christophe Girod and Angelo Gnaedinger, *Le politique*, *Le Militaire*, *L'Humanitaire*: *un Difficile Mariage à Trois*, *Derrière Guerre balkanique*? *Ex-Yugoslavie*: *Témoignages*, *Analyses*, *Perspectives*, available at http: //www. army. forces. gc. ca/caj/documents/vol_05/iss_1/CAJ_vol5. 1_15_e. pdf, visited on October 28, 2008.

国际人道法。但是，一方面，现行国际人道法在这方面的反应非常迟钝，这种法律规则的严重滞后性很可能使得其对人道军事干涉的规范目标落空。另一方面，现代高科技应用于战争使得战争的破坏性与残酷性不断升级，从而严重冲击和影响了国际人道法基本原则和具体制度的顺利实施。总的来说，尽管人道军事干涉是基于人道原因而进行的，可能具有一定的合理性和人道需求，但随着高科技的不断发展，现代战争的残酷性已经日益超越和冲击原有的人道底线。为了适应科学技术的发展所带来的新的作战方法和武器以及战争形式的变化，需要制定新的、更明确的战争法条约。正如有人所指出的那样，“公约”创建于半个多世纪之前，我们不能依靠20世纪制定的条约来面对21世纪可能发生的冲突。①

因此，为了应对上述来自人道军事干涉行动所带来的诸多挑战，首先，我们必须尽量从法律上限制和减少人道军事干涉行动的发生，我们还应该知道，“国际人道法的规范是在最低标准的基本人道规范的基础上，保持了构成人类共同的法律遗产的普遍的伦理基础”。② 为了保持和发扬这些法律遗产，我们必须认识到我们以往对于加强普及以及如何更好地实施国际人道法方面的不足，这种不足就在于：要么我们将人道主义伦理与法律混为一谈，要么完全不理会两者之间的密切联系。我们必须努力从法律或政治，而不是从道德的角度去传播国际人道法，同时把焦点放在制订的规则方面，而不是潜在的价值观念方面。如果认为战斗员自然具有道德，那是错误的。因此，只有当他们受过严格的训练，并且在他们不执行命令时对其进行制裁才会使他们更尊重国际人道法规则。③ 可以预见的是，未来的人道军事干涉将主要由联合国主导或授权来进行。这种卷入和平执行者的武装冲突是一种干涉式的冲突，与国内武装冲突和国际武装冲突一起，干涉式的武装冲突也是当今战争的一个现实……争论的问题是，对于和平执行部队来说适用什么样的人道法规则，而不是是否应该适用人道法规则。④

---

① 参见李秀琴：《〈日内瓦公约〉不合时宜需调整》，载《法制日报》2006年4月8日。

② ［法］樊尚·舍泰伊（Vincent Chetail）：《国际法院对国际人道法的贡献》，载《红十字国际评论》2003年第849期，第235～249页。

③ 参见［美］丹尼尔·穆尼奥斯-罗哈斯、［法］让-雅克·弗雷萨尔：《战争行为的根源：了解并预防违反国际人道法的行为的发生》，载朱文奇主编：《国际人道法文选》（2004年卷），王海平等译，法律出版社2006年版，第77页。

④ See Michael H. Hoffman, *Peace-enforcement Actions and Humanitarian Law: Emerging Rules for International Armed Conflict*, Int'l Rev. of the Red Cross, No. 837, 2000, pp. 193-204.

Humanitarian Military Intervention and International Humanitarian Law

Abstract Although according to the existing international law, especially the provisions of the Charter of the United Nations, humanitarian military intervention does not comply with the provisions of international law, since the end of the Cold War, a State or other international organizations constantly intervening the internal affairs of a country for humanitarian purposes. There is no doubt that international humanitarian law shall apply to humanitarian military intervention. However, because of the serious lag of the international humanitarian law, the application of international humanitarian law in humanitarian military intervention has given rise to a number of legal issues. Thus, only if the international community strictly limits humanitarian military intervention under international law, and perfects the existing international humanitarian law, will it be possible to solve the above problems.

Key words use of force; humanitarian military intervention; international humanitarian law

（审稿：谢晓庆）

TRIPS 协议下对药品试验数据的保护及限制*

——以国际法和比较法为视角

□ 冯洁菡**

内容摘要 TRIPS 协议第 39 条第 3 款规定了对药品试验数据的保护义务：不披露和防止不公平的商业使用。考察该条款的谈判历史以及美国、欧盟、加拿大和发展中国家的立法保护模式与司法判例，得出的结论为各国国内立法和判例对这两项义务解释不尽相同。在此基础上进一步分析双边和区域贸易协定中美国和欧盟所采取的策略和贸易措施及其对实施《多哈健康宣言》的影响，并结合实际对我国关于药品试验数据的保护提出建议。

关键词 药品试验数据 TRIPS 协议 不公平的商业使用

目 次

药品试验数据主要是指在新药开发的不同阶段所取得的测试数据，这些数据用以确定药品的安全性、有效性和质量可控性。在临床前阶段，新药开发者会在动物

* 本论文是教育部人文社会科学重点研究基地项目“二十一世纪国际知识产权制度发展中的若干重大法律问题研究”（项目批准号 07JJD820163）的阶段性成果。

** 武汉大学法学院国际法研究所副教授。

身上使用新的化学成分以评估其药物活性、药物反应过程和毒性分布状况。在临床前阶段试验成功后，新药开发者会针对人体进行药物临床测试，这一过程又可分为三个阶段。第一阶段为初步的临床药理学及人体安全性评价试验阶段，这一阶段测试的目的在于发现药物毒性或未能预见的不合理反应的证据，以研究服用者对新化学成分或新药的耐受程度和药物作用机理。第二阶段为治疗作用初步评价阶段，其目的在于初步确定测试药物的治疗作用和安全性。第三阶段为治疗作用确证阶段，临床测试会针对大量的患者，其目的在于确定测试药物的安全性和有效性，以及发现该药可能具有的副作用、对不同年龄和性别患者的影响、与其他药物的相互作用、治疗所需的特定剂量。各国医疗卫生管理机构将根据测试数据分析和评估是否批准新药的上市申请，即决定是否许可将某一特定药品投放市场以用于治疗特定的疾病。除了测试数据之外，某一新药要获得市场许可，还必须向管理机构提交有关药品的构成成分、主要性能以及生产方法的信息。如果改变药品成分，或与其他药品联合使用或用于新的治疗领域都需要重新进行测试并重新获得卫生管理机构的批准。

从保护公共利益的角度而言，为了人类健康和环境保护的目的，试验数据信息往往构成国家卫生管理机构和消费者据以评估新药效益和风险的主要依据。与此同时，其在商业上的重要性则体现为这些数据是获得批准上市销售的前提条件之一。通常一项新药的开发和投入市场需要开发者从事广泛的化学、药理学、毒性及临床研究和测试，所耗费的时间在 10 年 ~ 15 年之间，而且研发成本很高，但由于试验数据是基于标准化的科学试验而获得的，不能满足专利的三性要求，因而无法获得专利保护。因此，如何保护药品数据信息成为医药企业以及各国政府重点关注的问题。

一、TRIPS 协议下的药品试验数据保护

（一）TRIPS 协议谈判历史中的数据保护议题

早在 20 世纪 80 年代末期，在乌拉圭回合谈判中，美国、瑞士和欧盟等主张将向政府管理机构提交的药品测试数据作为商业秘密给予反不正当竞争保护。例如，美国在提交的文本草案中提出，“向政府提交的商业秘密，包括未披露的有价值的商业、技术或其他具有财产性质的数据包括技术信息，不得被披露。除非在极端情势下，涉及国家紧急状态，或为公共卫生和安全所需，此等披露应不损及提交者实际或潜在的市场或不损及提交的商业秘密的价值”。① 在涉及政府使用的条件时，

① See Suggestion by the United States for Achieving the Negotiating, MTN. GNG/NG11/W/14.

美国、日本和欧盟认为，向政府管理机构提交的数据不应为第三方的利益而披露或使用，除国家紧急状态或便利卫生和安全注册要求外。基于国家紧急状态的政府使用或披露仅当其他合理方法不能满足需求时方可实施，而且必须在紧急状态期间实施。实施的条件是在此十年以前没有提交该数据，并且应为此等使用或披露给予全面赔偿。① 而印度、巴西②、秘鲁③、韩国等发展中国家则主张，商业秘密不能被视为知识产权。一项知识产权权利的基础是其公开性，而商业秘密的基础则是其秘密性。对商业秘密的保护应由合同法和民法调整，而不是知识产权法。因此商业秘密不属于谈判的主题范围。④

1990 年 11 月 26 日的 TRIPS 协议布鲁塞尔草案更进一步反映了美国和欧盟的主张，其第 7 节第 42 条 4A 中规定，当缔约国要求提交未披露过的试验数据或其他数据，作为批准新药品或新农用化学品上市的条件时，如果该数据的原创活动包含了相当的努力，则该缔约国应保护该数据以防不正当的商业使用。考虑到该数据的原创活动中所包含的努力、其性质以及准备这些数据时的支出，除非经过提交信息者的同意，在合理的时间内，一般不少于 5 年，该数据不应被用于批准竞争产品。此外，缔约国应保护该数据以防被泄露，除非出于保护公众的需要。⑤ 从这一文本草案中可以看出，美国和欧盟对试验数据保护的主张是不仅仅保护其秘密性，而且给予数据权利持有人 5 年的排他权，在排他保护期内，政府不得使用该数据以批准与之相竞争的药品（主要是仿制药品）。

1991 年 12 月 20 日通过的 TRIPS 协议邓克尔草案对 1991 年布鲁塞尔文本进行了修改，并且成为 TRIPS 协议的最终文本。其中有关试验数据的保护主要规定于第 39 条第 3 款，与布鲁塞尔文本相比，邓克尔文本摒弃了 5 年排他权和政府不得使用所提交的数据以批准竞争产品的规定。

---

① See Synoptic Tables Setting Out Existing International Standards and Proposed Standards and Principles, Prepared by the Secretariat, Revision, MTN. GNG/NG11/W/32/Rev. 1, September 29, 1989.

② See Negotiating Group on Trade-Related Aspects of Intellectual Property Rights, including Trade in Counterfeit Goods, Communication from Brazil, MTN. GNG/NG11/W/57, December 11, 1989.

③ See Guidelines for Negotiations that Strike a Balance between Intellectual Property Rights and Development Objectives, Communication from Peru, MTN. GNG/NG11/W/45, October 27, 1989.

④ See Standards and Principles Concerning the Availability Scope and Use of Trade-Related Intellectual Property Rights, Communication from India, MTN. GNG/NG11/W/37, July 10, 1989.

⑤ See Draft Final Act Embodying the Results of the Uruguay Round of Multilateral Trade Negotiations, MTN. TNC/W/35-2, November 26, 1990.

（二）TRIPS 协议第 39 条第 3 款的规定

1994 年最终通过的 TRIPS 协议第 39 条第 3 款规定："当成员要求提交未披露过的试验数据或其他数据，以作为批准采用新化学成分的医药产品或农用化学产品上市的条件时，如果该数据的原创活动包含了相当的努力，则该成员应保护该数据，以防止不正当的商业使用。同时，除非出于保护公众的需要，或除非已采取措施保障对该数据的保护、防止不正当的商业使用，成员均应保护该数据以防被泄露。"

上述规定首次在国际法层面确定了对未披露试验数据给予保护的最低国际标准。下面对此标准结合第 39 条第 1 款和第 2 款以及《巴黎公约》第 10 条之 2 加以分析：

1. TRIPS 协议对药品试验数据所提供的保护的性质

根据第 39 条第 1 款，对向政府或政府的代理机构提交的数据，适用《巴黎公约》1967 年文本第 10 条之 2 有关制止反不正当竞争行为的规则。因此，第 39 条第 3 款所给予的保护是要求成员保护试验数据以防止不正当的商业使用。从这些条款的用语和文义，结合前述有关该条款的谈判历史来看，应当说这一条款没有规定成员方应承担对试验数据给予排他权利保护的义务，更加没有规定最低保护期限。

2. 给予反不正当竞争保护应满足的条件

第一，此等要求给予保护的试验数据应当是尚未披露的数据，亦即处于公共领域的数据不在保护的范围之内。

第二，此等保护所涉及的必须是与采用新化学成分的医药产品相关的试验数据。对于什么是新化学成分，其定义、性质和范围如何，TRIPS 协议并没有规定，因此，WTO 成员有权自行确定其含义。此外，这一条件至少将没有采用新化学成分的医药产品，如药品的新用途、新配方、新的剂量安排所涉及的试验数据排除在保护范围之外。

第三，合法的数据持有人应为该数据的采集和整理付出了相当的努力。但何谓"相当的努力"？TRIPS 协议也没有规定，因此这一术语本身的含义是模糊的。通常会予以考虑的是研究开发此等数据所耗费的成本和时间。但究竟时间达到多少年限，成本达到多少额度才构成"相当"，尚不存在国际统一的标准，因此，WTO 成员在考察这一条件是否满足时应拥有自由裁量权，而且证明付出了相当努力的举证责任应由合法的数据持有人承担。

3. 保护的内容

根据第 39 条第 3 款，WTO 成员对未披露的试验数据应给予保护，防止对此等数据不正当的商业使用，以及防止此等数据被泄露。何为不正当的商业使用，是指

第 39 条第 2 款脚注 10 所注解的“违背诚实商业行为的方式”——应至少包括诸如违约、泄密及诱使他人泄密的行为，还应包括通过第三方以获得未披露过的信息（无论该第三方已知道或因严重过失而不知该信息的获得将构成违背诚实商业行为）；还是指政府或政府代理机构不仅不得将数据披露给未经授权的第三方，也不得依赖①于此等数据进行生物等效性比较以批准具有竞争利益的仿制药品上市销售？TRIPS 协议对此并没有给予清晰的界定。但值得注意的是，第 39 条第 2 款所指向的是第三方的行为，而第 39 条第 3 款所指向的是政府或政府代理机构在药品审批管理中所从事的行为。此外，对于第 39 条第 3 款是否禁止成员政府或政府代理机构使用此等数据进行生物等效性比较以批准具有竞争利益的仿制药品上市销售，亦或当某一药品首先在 A 国被批准上市，其后又在 B 国申请上市，B 国药品管理机构根据在 A 国所获得的批准进行审查而不要求提交有关试验数据时，B 国是否仍应承担对此等数据给予保护的义务？对此问题，TRIPS 协议也没有明确的规定。因此，对“使用”范围的界定也留给 WTO 成员国内法自由裁量。但至少出于保护公众的需要，例如面临公共健康危机时使用此等数据不构成“不正当的商业使用”。

在 WTO 的有关案例中，美国分别于 1999 年 5 月和 2000 年 5 月对阿根廷提起争端解决程序，指控阿根廷未能对试验数据提供有效的保护以防止不正当的商业使用。② 上述争端历时 2 年谈判，最后两国于 2002 年 5 月在磋商阶段达成协议，阿根廷未接受美国关于应给予试验数据独占权保护的要求，并且保持其国内立法不变。因此迄今为止在司法判例中还没有关于第 39 条第 3 款所规定的权利内容的解释。

综上所述，在 TRIPS 协议通过以前，发展中国家几乎未对试验数据提供保护。而 TRIPS 协议澄清了商业秘密是知识产权这一议题，并将其范围扩展至药品和农用化学品试验数据。从条约条文考察，TRIPS 协议第 39 条第 3 款对未披露的药品试验数据保护所规定的最低国际标准是防止不正当的商业使用和防止被泄露。但其条款用语的模糊性使得 WTO 成员在药品试验数据保护的性质和范围方面观点各异，它不仅给予 WTO 成员采取不同保护模式的自由，也为美国、欧盟在与发展中国家谈判双边自由贸易协定时寻求超 TRIPS 协议保护标准埋下了伏笔。

---

① 无论创新药品还是仿制药品都需要获得上市许可，但是仿制药品不需要重新收集试验证据来证明其有效性和安全性，只需证明生物等效性即可。创新药品的开发者为取得试验数据付出了相当的努力，因此如果依赖创新药品的试验数据批准仿制药品就可能造成搭便车的情况。

② See WT/DS171 and WT/DS/196.

二、有关国家和区域组织的药品试验数据保护立法

（一）特别保护模式

在国内法层面上，美国、欧盟和加拿大对药品试验数据采取了不同程度的特别保护模式，给予新药开发者对其提交的药品试验数据以一定期限的排他权。在该期限内，国家管理机构将不得使用或依赖该数据对仿制药品给予市场许可。

1. 美国

美国1997年《食品、药品和化妆品条例》① 第355节、《1984年药品价格竞争与专利期延长法》②（*Hatch-Waxman Act*）以及《1983年孤儿药品法》③ 规定了对试验数据的排他权利保护。根据美国法律的规定，美国食品和药品管理局（FDA）对药品的上市批准流程分为两类：第一类为采用新化学成分的药品上市申请。FDA将“采用新化学成分的药品”定义为“不含FDA在其他新药注册申请中所认可的活性基的药品”。“活性基”是指负责药物生理或药理反应的分子或离子，包括不同的盐类及酯类。对于一种已获批准的分子或离子中新的盐类或酯类不受独占权保护。④ 申请人必须提交有关的临床前和临床试验数据以供审查人员确定该申请药品在指定的用途上是否安全有效、其风险如何、药品的生产方法以及质量控制是否足以保证药品的特性、疗效和质量。第二类为仿制药品上市申请。这一程序无须提交证明药品安全性和有效性的试验数据，申请人只需要证明仿制药品与创新药品具有生物等效性。根据FDA的规定，证明生物等效性的一个方法是在24～36名自愿者中测试仿制药品到达血流的时间。这将提供仿制药品吸收率或耐受程度的数据，以与创新药品作出比较。仿制药品必须在与创新药品等量的时间内将等量的活性成分输送至患者的血流。⑤ 因此，生物等效性测试是允许仿制药品依赖于新药申

① *Federal Food, Drug, and Cosmetic Act.*

② *Drug Price Competition and Patent Term Restoration Act of 1984.*

③ *The Orphan Drug Act of 1983.*

④ See Meir Perez Pugatch, *Intellectual Property, Data Eexclusivity, Innovation and Market Access*, in: Negotiating Health: Intellectual Property and Access to Medicines, Pedro Roffe, Geoff Tansey and David Vivas-Eugui (eds.), Earthscan Publications, 2006, p. 101.

⑤ Center for Drug Evaluation and Research, *Drug Applications: Abbreviated New Drug Application* (ANDA) *Process for Generic Drugs*, U. S. Food and Drug Administration. Cited from Robin J. Strongin, Hatch-Waxman, *Generics, and Patents: Balancing Prescription Drug Innovation, Competition, and Affordability*, available at http://www.cptech.org, last visited on October 12, 2007.

请中所提供的数据以获得上市许可的主要工具。没有此种依赖与比较，仿制药品往往很难获得上市许可，因为收集和开发创新药品的试验数据需要耗费巨额成本和时间。

美国法律对药品试验数据规定了两项保护内容，即不披露和不依赖。对于采用新化学成分的药品试验数据，美国法律规定了5年的排他权保护期，亦即在新药获得上市批准之日起5年内不得依赖创新药品的试验数据批准仿制药品上市申请，除非该申请是在自新药获得上市批准之日起4年期满后提出，而且该申请应包含专利无效或不构成侵权的证明。这一规定意味着仿制药品可以在数据独占保护期的第5年提出上市申请。同时，美国还给予现有药品的新配方以3年的数据排他权保护。① 此外，美国还对孤儿药品的试验数据给予7年保护期，② 对儿科药品的数据保护期可额外延长6个月。③ 因此，在美国药品的新化学成分除可以获得专利保护之外，还可获得数据排他权利保护。

2. 欧盟

欧盟对药品试验数据的保护也包括不披露和不依赖。欧盟2001年第83号指令④第10条第1款A项之三规定，对为获得上市批准的目的而提交的药品试验数据给予6年独占权保护。仿制药品只有在6年期满后才可依赖创新药品的试验数据获得上市许可。对涉及高技术医药产品的试验数据保护期可扩大为10年。如为保护公共健康利益所必需时，欧盟成员还可给予所有医药产品的试验数据以10年的排他保护期限。在专利权到期日之外，成员国可自由决定是否适用6年的保护期规定。但该指令不对现有药品的新配方提供额外的数据排他保护。在欧盟成员国国内立法上，各国给予药品试验数据的排他权保护期限各不相同。例如，比利时、德国、法国、意大利、荷兰、瑞典、英国和卢森堡规定为10年，奥地利、丹麦、芬兰、希腊、西班牙、爱尔兰、冰岛、挪威、葡萄牙、爱沙尼亚和拉脱维亚规定为6年，波兰规定为3年。

为了加强和统一对欧盟药品市场的管理，增加欧洲医药工业的竞争力，迎接欧盟扩大和全球化的挑战，2001年3月，欧洲委员会建立了药品创新和供应高级别

---

① See Judit Rius Sanjuan, *U. S and E. U Protection of Pharmaceutical Test Data* 6, available at http: //www. cptech. org, last visited on October 12, 2007.

② See Robin J. Strongin, Hatch-Waxman, *Generics, and Patents: Balancing Prescription Drug Innovation, Competition, and Affordability* 16, available at http: //www. cptech. org, last visited on October 12, 2007.

③ The FDA Modernization Act of 1997. Id.

④ Directive 2001/83/EC of the European Parliament and of the Council of November 6, 2001 on the Community Code Relating to Medicinal Products for Human Use.

小组，对2001年第83号指令进行修订，上述建议最终为2004年27号指令①所确认。该指令规定了8+2+1模式。根据这一模式，新药被授予8年的数据排他权以及2年的市场排他权。仿制药品企业可以在创新药品首次上市8年之后提交生物等效性测试以申请上市许可，但仿制药品必须在2年市场排他权保护期限届满后才可投放市场。如果已经获得上市许可的现有药品在8年的数据排他权期限内获得了新疗效的许可，则数据保护期可以再延长1年，直至11年。此外，27号指令第10条第6款也允许仿制药品企业为注册和获得上市许可的目的从事必要的研究和试验，即允许博拉条款行为②，此等行为不构成对药品专利权的侵犯。

3. 加拿大

加拿大《食品和药品条例》也规定了创新药品和仿制药品的上市申请条件和程序。③ 该条例第C.08.004.1（1）节规定，当仿制药品制造者提出上市申请，而管理当局为支持制造者的申请依赖创新药品的试验数据进行审批时，自创新药品获得上市许可之日起5年内不得对仿制药品给予上市许可。1999年加拿大联邦上诉法院在拜耳诉加拿大案④中首先就什么行为构成依赖作出了司法解释，指出如果仿制药品制造者可以自行就其仿制药与创新药品是否具有生物等效性进行比较时，管理当局将不会依赖创新药品的试验数据，在这种情形下，5年的数据排他保护期将不予适用。另一方面，如果为了检验仿制药品的安全和有效性，管理当局依赖于创新药品的试验数据，则5年的保护期将得到适用，这是因为仿制药品是否具有安全和有效性只能通过参考创新药品申请时提交的秘密试验数据才能得出结论。其次，上诉法院就加拿大法律是否允许依赖的问题进行了裁决。拜耳认为管理当局在审查仿制药品是否与创新药品具有生物等效性时，都会涉及对拜耳所提交的创新药品试验数据的间接依赖。上诉法院指出，条例的规定含义是创新药品的试验数据可能被依赖，也可能不被依赖。当有可能被依赖时，必须提供5年的数据排他保护期，在5年期满后才能批准仿制药品的上市申请。或者管理当局也可以要求仿制药品制造

① Directive 2004/27/EC of the European Parliament and of the Council of March 31, 2004 Amending Directive 2001/83/EC on the Community Code Relating to Medicinal Products for Human Use. 该指令于2005年10月30日生效。

② 在2000年欧共体及其成员国诉加拿大药品专利保护案中，WTO争端解决机构已经裁决博拉条款符合WTO专利保护的规定。See Canada-Patent Protection of Pharmaceutical Products, Complaint by the European Communities and Their Member States, Report of the Panel, WTO, WT/DS114/R, March 17, 2000.

③ The Food and Drug Regulations, C. R. C. 1978, c. 870, Section C. 08. 002.

④ Bayer Inc. v. Canada (Attorney General), 1999 CanLII 8099 (F. C. A.), available at http://www.iijcan.ca/en/ca/fca/doc/1999/1999canlii8099/1999canlii8099.html, last visited on October 14, 2007.

者提供附加信息以避免管理当局依赖于创新药品的试验数据。如果仿制药品制造者采取这种做法，则管理当局就不会依赖创新药品的试验数据，那么5年的数据保护期就不能适用。条例的规定是给予了卫生管理机构可依赖或可不依赖的选择权，而拜耳的主张剥夺了条例给予管理当局的选择，即是否依赖创新药品的试验数据，这种主张将会导致不论何种情形下都会给予创新药品5年的数据保护期。上诉法院认为，《食品和药品条例》规定了一个连续的程序：首先，仿制药品制造者提出上市申请；其次，在申请提交后，审查创新药品提交的注册档案；最后，管理当局依赖创新药品的注册档案对仿制药品颁发上市许可。只有当这三个步骤全部都适用时，5年的数据保护期才能得到适用。法律并没有规定间接审查或间接依赖。由于管理当局没有代表仿制药品制造者使用创新药品的试验数据，因此拜耳的主张不能成立。根据加拿大联邦上诉法院的判决，仿制药品企业自行进行生物等效性测试的行为不构成依赖。

上诉法院的判决引起了美国和加拿大之间的知识产权紧张局势。2003 年美国将加拿大列入其特别301观察名单，声称“加拿大没有提供有效的数据排他保护”。①

2004 年 11 月，加拿大政府颁布了新的条例草案，给予新药 8 年的数据排他保护，对儿科药品再给予额外 6 个月的数据排他保护。同时，该草案并不禁止在 8 年保护期内，仿制药品企业可自行从事生物等效性测试，这与 1999 年联邦上诉法院的判决一致。

（二）反不正当竞争保护模式

采取此种模式，即是将不正当的商业使用解释为以违背诚实商业行为的方式，例如以违约、欺诈、泄密等方式获得试验数据并用于上市申请，包括政府管理机构非为公共利益的需要或未采取保护措施而将此等数据披露给第三方，以使其获得竞争优势。

这一模式符合 TRIPS 协议所规定的最低保护标准，试验数据的开发者可以获得反不正当竞争法的保护，但不能对此等数据主张排他权利。这也就意味着政府管理机构可以依赖此等数据进行生物等效性比较以批准仿制药品的上市申请。例如，阿根廷的法律规定，仿制药品企业可以基于管理当局事先批准的创新药品注册信息进行生物等效性比较以获得上市许可。仿制药品企业无须获得创新药品试验数据提交人的许可，也无须给予补偿。而且这一规定对仿制药品企业开始从事生物等效性

① See USTR 2003 Special 301 Report, available at http: //www. ustr. gov/Document_Library/Reports_Publications/2003/2003_Special_301_Report/Special_301_Watch_list. html, last visited on October 14, 2007.

测试的时间没有限制。① 除阿根廷外，巴西及以色列的国内法也规定，政府管理当局可以依赖创新药品申请者提交的试验数据进行生物等效性比较以批准第三方对仿制药品的上市申请。这种保护模式强调创新药品的注册不能为其他合法的竞争设置障碍，最大限度地利用了 TRIPS 协议的灵活性，有利于降低仿制药品企业的注册成本，促进仿制药品的尽快上市，对解决发展中国家面临的廉价药品可及性问题大有裨益，同时政府管理机构根据这种模式而承担的保护责任也最小。

综上所述，TRIPS 协议将未披露的含有新化学成分的药品试验数据和其他数据视为商业秘密，并要求 WTO 成员政府管理机构在药品注册管理程序中履行保护的义务，包括防止被披露和防止不正当的商业使用。在国内法层面，许多国家对药品注册数据的保护往往规定于药品注册管理立法而不是商业秘密立法中。按照目前各国所实行的药品注册模式，新药要获得市场许可必须向卫生管理机构提交注册数据，否则就不能上市生产和销售。这意味着卫生管理机构承担责任以防止对此类数据不正当的商业使用。

对药品注册数据应给予何种程度及何种范围的保护，不同国家或区域组织采取了不同的保护模式，但一般而言，给予特别权利保护是创新药品产业发达的国家或区域性国际组织所倡导的模式，例如美国和欧盟；而给予反不正当竞争保护是创新药品产业不发达却有巨大的药品需求或仿制药品产业发达的国家所主张的模式，例如巴西和印度。在何种行为构成不正当的商业使用这一问题上，各国国内法也有不同的规定，有些国家不仅在国内法而且在双边或区域自由贸易协定中均主张披露和依赖构成不正当的商业使用，如前文所述的美国和欧盟，而有些国家认为不正当的商业使用只应包括披露。对这一问题的不同规定关涉到政府管理部门是否应当以及在何种程度上承担责任，加拿大的立法和司法采取了一种更为客观和折中的态度，值得借鉴。

三、双边或区域自由贸易协定中的数据保护

（一）北美自由贸易协定

1993 年的北美自由贸易协定是第一个对数据给予独占权保护的国际协定。该协定第 1711 条第 5 款规定，对于使用新化学成分的药品和农用化学品为获得上市

① See Robert Weissman, Data Protection: Options for Implementation, in: Negotiating Health: Intellectual Property and Access to Medicines, Pedro Roffe, Geoff Tansey and David Vivas-Eugui (eds.), Earthscan Publications, 2006, pp. 152-153.

许可而提交的未披露试验数据或其他数据，如果该数据的采集包含了相当的努力，缔约方应保护此等数据以防止其被披露，除非出于保护公众的需要或已采取措施保护该数据以防止不正当的商业使用。对于保护期限，第 1711 条第 6 款规定了自获得上市许可之日起最低 5 年的保护期，同时规定在 5 年保护期内，未经原始数据提交者同意，任何人不得依赖此等数据进行批准第三方的上市申请。但上述规定不限制任何缔约方基于生物等效性和耐受程度研究对此类产品实施简短批准程序。

从上述规定可以看出，北美自由贸易协定禁止未经原始数据提交者同意的依赖，但并不禁止生物等效性研究。但这一条款并未明确是在 5 年保护期内还是 5 年保护期限届满以后仿制药品企业方可进行生物等效性测试。加拿大在 1999 年拜耳诉加拿大案中对加拿大的国内法是否与该条规定相符作出了司法解释，认为如果仿制药品制造者选择由管理当局审查创新药品的注册档案以支持仿制药品申请，那么这构成第 1711 条第 6 款意义下的依赖。但如果秘密数据没有被依赖，北美自由贸易协定的商业秘密条款就不适用。特别是当仿制药品制造者能自行从事生物等效性试验，而无须管理当局审查和依赖创新药品注册提交的秘密信息时，就没有理由要求最低 5 年的数据保护期。①

（二）中美洲自由贸易协定

2004 年 5 月的中美洲自由贸易协定第 15 条第 10 款对数据排他权的保护标准高于 TRIPS 协议和北美自由贸易协定的规定。

首先，第 15 条第 10 款第（1）项（a）规定了最低 5 年的保护期限，在此期限内未经原始数据提交者的同意，缔约国不得批准基于此等药品数据，或基于创新药品上市许可的仿制药品上市。这一规定严格禁止依赖，不仅仿制药品企业在保护期限届满前不得使用此等数据进行生物等效性试验，缔约国管理当局也不得基于此等数据进行生物等效性比较以批准仿制药品的上市。而原始数据提交者享有的数据排他权可以对抗任何未经其同意的使用和依赖，甚至基于公共健康需要而使用和依赖此等数据也被禁止，因为第 15 条第 10 款第（1）项（d）仅允许为保护公共需要而披露此等数据。这一规定比允许仿制药品企业在排他权保护期限内可依赖此等数据提出上市申请但在保护期限届满前不得上市销售更加严格，不利于促进药品获得和市场竞争。

其次，如果作为批准某一新药上市的条件，某一缔约国允许第三方依赖创新药

① See USTR 2003 Special 301 Report, available at http://www.ustr.gov/Document_Library/Reports_Publications/2003/2003_Special_301_Report/Special_301_Watch_list.html, last visited on October 14, 2007.

品在另一国所获得的市场许可时，第 15 条第 10 款第（1）项（b）规定：缔约国至少在给予创新药品上市许可之日起 5 年内，不得基于在另一国所获得的市场许可，或基于为在另一国获得上市许可而提交的有关药品有效性及安全性的数据信息批准第三方的仿制药品上市。但创新药品自在另一国获得市场许可后 5 年内必须向该缔约国提交上市申请。这一规定更加严格，不仅禁止缔约国在保护期限届满前依赖在另一国所获得的先期许可本身，而且也禁止依赖先期许可中所包含的数据信息。而且原创数据提交者在该缔约国享有 5 年的优先申请期间。如果创新药品自在另一国获得市场许可后的第 4 年或者第 5 年才向某一缔约国提出上市申请，这实际上意味着创新药品的数据在该缔约国可获得 9 年甚至 10 年的独占保护期，而且至少在 5 年优先申请期间原创数据提交者不用向该缔约国市场供应相应药品，在此之前任何仿制药品企业的上市申请都不能获得批准，这无疑给予了创新药品数据提交者过度的垄断权利，不利于该缔约国仿制药品企业参与竞争，也人为地阻碍了缔约国人民更快地获得廉价仿制药品。

最后，中美洲自由贸易协定第 15 条第 10 款第（2）项规定：基于依赖或者生物等效性测试而获得市场许可的仿制药品，在创新药品的专利保护在该国到期之前，不得上市。这一规定实际上意味着，即使在数据独占保护期届满之后，仿制药品的上市还要受到创新药品专利保护的限制。

（三）其他双边或区域自由贸易协定

自 2000 年以来，美国和欧盟在与发展中国家所签订的双边或区域自由贸易协定中均要求发展中国家承诺给予高于 TRIPS 标准的数据排他保护。这些自由贸易协定所施加的义务极大地削弱了 TRIPS 协议所允许的灵活性条款：

第一，对药品提供至少 5 年，对农用化学品提供至少 10 年的数据排他权特别保护。例如，在美国和韩国 2002 年的双边换文中，美国要求韩国对药品数据提供 6 年的排他权保护，对农用化学品提供 16 年的排他权保护。

第二，规定了最低的等待期，在此期限内，未经开发数据者的同意，不得基于使用测试数据或在其他国家所获得的市场许可而注册仿制药品。①

---

① 《美国—新加坡自由贸易协定》第 16.8 条第 2 款 available at http://www.cptech.org/ip/health/c/singapore/uss-16(8)(1-3).html, last visited on October 25, 2007;《美国—危地马拉自由贸易协定》第 15.10 条第 1 款, available at http://www.cptech.org/ip/health/c/morocco/usm-15(10)(1).html, last visited on October 25, 2007;《美国—澳大利亚自由贸易协定》第 17.10(1)(c)条 available at http://www.cptech.org/ip/health/c/australia/usa-17(10)(1).html, last visited on October 25, 2007.

第三，一些自由贸易协定①规定数据排他权的保护期在该药品专利保护到期后依然有效。这将会导致以数据排他权的方式使专利保护所允许的博拉条款行为无法实施，从而变相地延长专利保护期限。

四、与数据保护有关的单边贸易措施

美国和欧盟除了通过双边或区域自由贸易协定推行超 TRIPS 协议的数据排他保护标准之外，还频频以撤销普惠制待遇相威胁或运用单边贸易措施，例如美国的超级 301 条款和欧盟的贸易壁垒条例，以迫使发展中国家制定高标准的数据排他性保护立法。

（一）美国和以色列的贸易争端

由于以色列国内立法没有规定数据排他性保护问题，在以色列注册了创新药品的企业认为立法的缺失使其蒙受了相当大的商业损失，美国和以色列因此而发生了贸易争端。其后，迫于美国的持续压力，以色列成立了一个部长间委员会研究和制定数据排他保护法。2004 年 2 月，部长间委员会公布了立法建议，以色列政府于 2004 年 9 月批准了该建议。但美国贸易代表在其 2004 年 301 观察名单报告中指出，以色列所批准的建议没有满足美国的最低标准。根据贸易代表的报告，美国认为以色列关键的问题在于允许仿制药品企业为出口目的依赖创新药品的注册数据。以色列政府认为，为支持和促进本国仿制药品企业的生产和出口能力而作出这一规定是正当的。

以色列议会于 2005 年 3 月通过了该法的二读和三读草案，并于 2005 年 7 月生效。新的法案规定，对采用新化学成分的药品为获得上市许可目的而提交的未披露试验数据，给予自获得上市许可之日起 5 年或自该药品在美国或欧盟获得首先注册之日起 5.5 年的保护期。同时，新法案允许依赖，也不对药品的新用途提供任何保护。这对以色列以出口为导向的仿制药品企业至关重要，因为以色列的仿制药品产业发达，世界上最大的仿制药品企业 Teva 即属于以色列公司。此外，该法案仅适用于在其实施日前尚未在以色列或美国、欧盟注册的药品，亦即对此法案实施前在

---

① 《美国—新加坡自由贸易协定》第 16.8 条第 3 款，available at http: //www.cptech.org/ip/health/c/singapore/uss-16 (8) (1-3). html, last visited on October 25, 2007;《美国—澳大利亚自由贸易协定》第 17.10 (3) 条，available at http: //www.cptech.org/ip/health/c/australia/usa-17 (10) (1). html, last visited on October 25, 2007.

以色列、美国或欧盟已经获得批准注册的药品不提供数据排他权利保护。①

2004 年 12 月，以色列部长委员会法律事务部通过了新的立法草案，缩短给予药品和生物技术专利的扩展保护期。美国认为以色列未能对试验数据提供符合 OECD 标准的保护以防止不正当的商业使用，同时明显试图通过立法以削弱专利扩展保护期，因此将其列入了 2005 年优先观察名单。②

（二）欧盟

2004 年 11 月，欧洲委员会颁布了新的欧盟知识产权实施战略，其中一个重要的目的是提高第三国对欧盟知识产权权利持有人的利益保护。同时，委员会还建议更为积极地利用欧共体贸易壁垒条例以作为制衡手段。

在对数据保护运用贸易壁垒条例方面，一个典型的例子是 2003 年土耳其影响药品贸易措施案。2003 年 10 月，欧盟药品产业同盟与协会（EFPIA）依据欧盟委员会 3286/94 法令提出申请，寻求消除土耳其市场中对药品贸易的一些贸易障碍。2003 年 12 月，欧盟委员会对土耳其启动了调查程序。调查范围涉及定价体制缺乏透明度，对药品的进口、销售和市场体系实施歧视政策，以及“对作为市场许可程序一部分的商业敏感数据缺乏保护”。

EFPIA 主张，土耳其 1995 年 3 月的《药品许可规则》规定药品许可申请可以依据他人研发的数据，且没有任何对商业敏感数据提交后最低保护期限的规定。该规则的第 9 条允许仿制药品简易申请，规定仿制药品生产商只需提交生物等效性试验结果，而无须提交药理学、毒理学与临床试验数据，也不需要重复那些结果已经被提交给审查机构的试验。作为法律抗辩，EFPIA 称缺乏数据排他性保护违反了 TRIPS 协议第 39 条第 3 款以及土耳其在欧土关税同盟协议下作出的承诺。EFPIA 主张，TRIPS 协议第 39 条第 3 款要求防止不公平的商业使用，这一义务意味着政府机构不应当允许他人使用，也不得在审批仿制药品许可申请时依据或参考创新药品申请上市时提交的数据。申请人进一步称应当参考欧土关税同盟协议中涉及知识产权的规定来“协助”对 TRIPS 协议第 39 条第 3 款的条款解释。EFPIA 称，为了确立作为申请注册条件的药品安全性与功效性，创新药品产业必须通过临床前试验

---

① See Hadas Manor, Gov't Postpones Data Exclusivity Law Vote Because of US Pressure, available at http://www.globes.co.il/serveen/globes/docview.asp? did = 791199&fid = 942, last visited on June 25, 2008.

② See USTR 2005 Special 301 Report, available at http://www.ustr.gov/assets/Document_Library/Reports_Publications/2005/2005_Special_301/asset_upload_file519_7649.pdf, last visited on June 25, 2008.

和临床试验制作大量数据。整个过程持续 9 ~ 10 年：3 年临床前测试，6 ~ 7 年临床阶段试验。在申请上市许可时，这一过程生成的所有数据都要提交给审查机关。应当给予此等数据排他性保护，防止被披露和不公平的商业使用，以使发明人的企业收回研发成本并获得合理的利润。EFPIA 认为，土耳其缺乏数据排他性保护已经、正在对欧盟制药产业贸易产生负面影响，对欧盟的创新药品生产商构成了不利的竞争条件，因为创新药品定价必须考虑收回数据开发成本，而土耳其境内使用创新药品数据的仿制药品竞争者则没有这种成本，它们可以较低价格获得市场份额，这给创新药品企业造成了巨大损失。土耳其政府有两项主要主张：首先，TRIPS 协议第 39 条第 3 款并未创立任何诸如欧盟与美国法律规定的数据排他性权利，因而不能阻止审查机关使用、依据或参考已注册药品的数据，来评定和注册其他“相似”药品，只要这些信息没有披露给第三方；其次，土耳其已经兑现了其在欧土关税同盟协议下的承诺。

欧盟委员会认为，TRIPS 协议第 39 条第 3 款要求防止不公平的商业使用，核心问题在于“不公平的商业使用”的含义，与之相关的问题是该条款是否要求成员方审查机关在一定时间内审查仿制药品生产商的相似产品时，使用和依据已经注册的创新产品数据作为参考。欧盟委员会认为，保护数据防止“不公平的商业使用”是独立于防止披露之外的义务。基于逻辑与该条款的谈判历史，“不公平的商业使用”应当包括所有可使竞争者“搭便车”的使用和行为。同时欧盟委员会还指出，保护数据防止“不公平的商业使用”是一项政府职能，因此 WTO 成员的审查机关有责任保护提交的未披露数据，防止“不公平的商业使用”风险。按照 TRIPS 协议第 39 条第 3 款的条文、上下文和目的，为了确保不发生第 39 条第 3 款意义下的“不公平的商业使用”，审查机关在某一合理期间内不应依据这些数据。换言之，规定一段时间的数据排他保护是为防止第 39 条第 3 款意义下的“不公平的商业使用”所必需的。根据 EFPIA 提供的信息，欧盟的药品在土耳其第一次申请注册时包含了新的化学成分，因此它们有权得到 TRIPS 协议第 39 条第 3 款所规定的数据保护。此外，根据欧土关税同盟协议，土耳其立法应与欧盟立法保持一致，根据欧盟 2001 年第 83 号指令，土耳其应为数据提供 6 ~ 10 年的排他保护期。欧盟委员会最终裁定：土耳其 1995 年《药品许可规则》第 9 条及其相关实践违反了 TRIPS 协议第 39 条第 3 款、欧土关税同盟协议下的承诺与欧盟 2001 年第 83 号指令，并且这些措施引起了《贸易壁垒条例》第 2（4）条意义的负面贸易影响。迫于欧盟委员会的压力，土耳其对其 1995 年《药品许可规则》进行了修改，修改后的法规允许非专利药品享有数据排他性保护权利。

综上所述，美国和欧盟利用单边和双边措施将数据特别权利保护模式不断国际化。在国际层面，数据保护不仅仅涉及发达国家的创新药品企业和发展中国家的仿制药品企业之间的利益冲突和平衡，还涉及在为药品创新提供激励和保障与对可支付药品的可获得性两种不同的社会需求之间寻求平衡。这对于那些处于过渡期内尚不承担药品专利保护义务的国家至关重要。一方面，药品在这些国家处于公共领域之中，可以部分解决这些国家因支付能力和创新能力不足或不具备却又面临公共健康问题时而导致的廉价药品获取问题；另一方面，由于药品在这些国家得不到专利保护，创新药品企业寻求对数据给予排他权利保护可以暂时弥补无法得到专利保护的缺陷。WHO 知识产权、创新和公共卫生委员会 2006 年的报告指出：TRIPS 协议并未要求对数据提供排他权利保护。发展中国家需要根据本国的国情权衡利弊，以决定哪些与 TRIPS 协议相一致的条款对公共健康有利。如果数据保护规则超出了 TRIPS 协议的范围，就应当从公共健康的角度加以论证。但在发展中国家支付能力有限和创新能力薄弱的市场条件下，这种论证又似乎并不可行。因此，发展中国家对使用或依赖这些数据不应施加限制，因为这种限制会使得公平竞争无法进行，而且也不利于利用 TRIPS 协议所规定的灵活性条款。①

五、高标准数据保护对实施《多哈健康宣言》的影响

美国和欧盟通过缔结双边或多边自由贸易协定以及以单边贸易报复措施相威胁，迫使发展中国家对药品试验数据提供排他权利保护，这将会阻碍发展中国家获得廉价药品的迫切需求，因为数据排他权实际上授予了创新药品企业市场独占权，减缓了仿制药品获得上市许可的步伐。此外，数据排他权也将使发展中国家无法利用强制许可生产仿制药品，因为在排他保护期内，获得强制许可的第三方未经试验数据提交者的同意不能使用该数据进行生物等效性测试以获得上市批准，缔约方政府也不能依据和参考该数据进行生物等效性比较或依赖在他国所获得的先期许可，包括获得先期许可时所提交的试验数据以批准仿制药品的上市申请。这无疑将会妨碍为缓解公共健康危机促进廉价药品的获得而通过的 2001 年《多哈健康宣言》和 2003 年总理事会决议的有效实施。

为解决这一问题，欧盟为实施 2003 年总理事会决议于 2006 年通过了第 816 号条例，规定基于实施第 6 段机制而对药品数据信息授予强制许可时，该数据信息不

① See Chee Yoke Ling、陈惜平：《知识产权与不太昂贵药品的可及性：一些亚洲国家的经验》，available at http：//www. twnchinese. org. my/iprs/12- 6-08% 20Trips% 20flexibilitiesand% 20CL% 20cases% 20paper. doc，last visited on June 25，2008.

再享有排他权的保护。①

美国推行超 TRIPS 协议保护标准的行为在国内外也颇遭诟病。为缓解国际舆论压力和消除负面政治影响，美国在双边自由贸易协定中以换文、单边信件或谅解的形式同意数据排他权保护不应影响成员保护公共健康的权利。例如，美国和摩洛哥在 2004 年 6 月的换文中指出：“本协定第 15 章规定的义务不影响任何一方采取必要措施通过促进所有人对药品的获得，尤其是在涉及艾滋病、肺结核、疟疾和其他传染性疾病时，以及在极端紧急情势或国家紧急状态下，以保护公共健康的能力。第 15 章不应阻碍任一成员方有效利用 2003 年 8 月总理事会决议和主席声明所规定的解决方案。”在美国与多米尼加共和国、摩洛哥、智利签订的双边自由贸易协定中也有类似内容。

六、对中国现行立法的分析与建议

2001 年以前，我国不对药品试验数据提供排他权利保护，但作为中国加入 WTO 的条件，我国同意提供 6 年的数据排他权利保护。目前我国立法与药品试验数据和其他数据保护的有关立法是 2002 年《药品管理法实施条例》和 2007 年《药品注册管理办法》。

（一）保护范围

我国 2002 年《药品管理法实施条例》第 35 条和 2007 年《药品注册管理办法》第 20 条②规定：

第一，“国家对获得生产或者是销售含有新型化学成分药品许可的生产者或者是销售者提交的自行取得且未披露的试验数据和其他数据实施保护，任何人不得对该未披露的试验数据和其他数据进行不正当的商业利用。”这一规定属于反不正当竞争的保护模式，符合 TRIPS 协议规定的最低保护标准。

第二，“自药品生产者或者销售者获得生产、销售新型化学成分药品的许可证明文件之日起 6 年内，对其他申请人未经已获得许可的申请人同意，使用前款数据

---

① Regulation (EC) No. 816/2006 of the European Parliament and of the Council of May 17, 2006 on Compulsory Licensing of Patents Relating to the Manufacture of Pharmaceutical Products for Export to Countries with Public Health Problems, Article 18.2.

② 该条规定与第 35 条第 2 款规定相同，对获得生产或者销售含有新型化学成分药品许可的生产者或者销售者提交的自行取得且未披露的试验数据和其他数据，国家食品药品监督管理局自批准该许可之日起 6 年内，对未经已获得许可的申请人同意，使用其未披露数据的申请不予批准。但是申请人提交自行取得数据的除外。

申请生产、销售新型化学成分药品许可的，药品监督管理部门不予许可；但是，其他申请人提交自行取得数据的除外。”这一规定的实质内容是“不依赖”，即不许可其他申请人未经同意使用未披露的试验数据和其他数据申请上市许可。但如果从促进仿制药品企业和国内药品供应体系发展的角度，我国立法还应当考虑的问题是：（1）可以允许仿制药品企业在保护期的最后1~2年内使用此等数据进行生物等效性测试，以便利仿制药品的尽快上市；（2）药品监督管理部门依据和参考新药注册数据进行生物等效性比较是否构成依赖，我国现行立法没有规定，建议解释为不构成依赖，因为TRIPS协议并没有对WTO成员施加此等义务；（3）我国现行立法对进口药品在中国的上市许可申请要求提交没有对依赖在外国获得的上市许可，并只进行形式审查①，这一规定意味着我国药品监管部门可以依赖在外国获得的上市许可。建议立法规定，遇有此等情形时，数据开发者应在外国获得上市许可后1年内提交许可申请以作为获得数据排他权利保护的条件。

第三，“除公共利益需要或已采取措施确保该类数据不会被不正当地进行商业利用之外，药品监督管理部门不得披露本条第一款规定的数据。”这一条款规定了药品监督管理部门应承担的“不披露”责任，与TRIPS协议的规定相符。

（二）保护期限

我国立法规定给予采用新化学成分的药品试验数据和其他数据自获得上市许可之日起6年的独占保护期。这一保护期限比美国和众多双边自由贸易协定中规定的保护期限要长，而且没有例外的限制。2007年《药品注册管理办法》第19条仅规定，对于他人已获得中国专利权的药品，申请人可以在该药品专利期满前2年内提出注册申请，但对于该药品处于排他数据保护期内是否可以提出注册申请没有规定。笔者建议：（1）将此6年的独占保护期限分割为4+2或5+1模式，以便利仿制药品企业在最后1~2年内可以实施博拉条款行为。（2）遇有依赖在外国获得的上市许可而批准在中国提交的许可申请时，排他保护期应从自在该外国首次获得上市许可之日起计算。这一规定有助于紧缺药品在我国尽快上市。（3）遇有国内外公共健康危机情势而颁发强制许可情形时，不受6年排他保护期的限制。

（三）保护条件

我国立法规定对含有新型化学成分的药品上市许可所提交的试验数据提供排他保护。建议对此条款作狭义解释，亦即对因药品的新配方、新疗效而提交的试验数据不提供排他保护，这种做法可以缩小给予排他保护的药品类别，从而有利于仿制

① 2007年《药品注册管理办法》第86条。

药品企业的竞争。

我国立法没有规定数据提交者应当证明其为采集此等数据付出了相当的努力。建议在立法中增加此项内容，这样可以缩小应给予排他保护的数据范围以及政府管理部门所承担的责任范围。

对于在《药品管理法实施条例》施行前已经在中国或外国注册的药品不给予数据排他权利保护。

（四）强制许可

我国现行立法没有对药品注册数据颁布强制许可的规定。笔者建议：

第一，药品监督管理部门可基于公共利益需要、国家紧急状态、政府使用、对不正当竞争行为的救济①或实施《多哈健康宣言》第 6 段机制而颁发出口强制许可，于强制许可中规定在排他保护期内允许使用或依赖此等数据批准仿制药品的上市，以缓解本国或其他国家所面临的公共健康危机，这与我国根据 TRIPS 协议、《多哈健康宣言》和 2003 年 WTO 总理事会决议所应享有的权利和承担的义务相符。

第二，对药品注册数据颁发强制许可的条件可规定为：药品在获得上市许可 2 年内没有投放市场，或者药品注册数据保护期已超过 4 年，② 但出口强制许可不受上述限制。

第三，如果该药品在中国受到专利保护，可规定如果该药品专利被颁发强制许可，则强制许可包括该药品的注册数据信息。在此等情形下不另行支付许可费。

综上所述，鉴于我国的药品市场主要为仿制药品的生产所主导，而且是世界上最大的原料药出口国，目前在国内立法中不宜对药品试验数据给予过高标准的保护，而应施加一定的限制以促进我国仿制药品行业的发展，便利中国人民对廉价药

---

① 在美国，对不正当竞争行为予以救济而颁发的强制许可可扩大适用于相关测试数据。例如，在 DOW 化学公司并购 Rugby-Darby 集团公司股份时，联邦贸易委员会要求 DOW 公司许可配方、专利、商业秘密、技术、专有技术、说明书、工艺流程、质量控制数据、药物管理档案以及与 FDA 批准有关的进入抗痉挛药品市场的一切信息。参见 Chee Yoke Ling、陈惜平：《知识产权与不太昂贵药品的可及性：一些亚洲国家的经验》，available at http：//www. twnchinese. org. my/iprs/12-6-08%20Trips%20flexibilitiesand%20CL%20cases%20paper. doc, last visited on June 25, 2008.

② 巴西、哥伦比亚、哥斯达黎加等国作出了类似规定。See Robert Weissman, *Data Protection: Options for Implimentation*, in: Negotiating Health: Intellectual Property and Access to Medicines, Pedro Roffe, Geoff Tansey and David Vivas-Eugui (eds.), Earthscan Publications, 2006, p. 172.

品的获取以更好地完成我国的医疗和公共卫生体制改革。

The Protection of Pharmaceutical Test Data under the TRIPS Agreement: From the Perspectives of the International Law and Comparative Law

Abstract Article 39, paragraph 3 of the TRIPS Agreement provides for the obligations to protect pharmaceutical test data against disclosure and unfair commercial use. From the history of the negotiations of this provision, as well as the legislation and jurisprudence of the United States, European Union, Canada and developing countries, it is concluded that the above national legislation and jurisprudence follow divergent aproaches to the interpretation of these two obligations. The article further analyzes the strategy and measures adopted by the United States and European Union and their impact on the implementation of the Doha Health Declaration. Finally, a few propositions are advanced for the protection of pharmaceutical test data in China.

Key words pharmaceutical test data; TRIPS; unfair commercial use

（审稿：向　力）

信息技术与域外取证：问题、规则与实践*

□ 乔雄兵**

内容摘要 信息技术的发展已经深刻地影响到国际民事诉讼的各个方面。信息技术同样也给传统的域外取证规则带来冲击和挑战，也引发了许多新的法律问题，如利用电子邮件提出请求书的效力问题、利用视频连接进行域外取证的证据宣誓问题等。而在利用信息技术进行域外取证方面，已有一些国家立法有了初步的规定，但是，规定还不完善。为了解决信息技术所带来的问题，海牙国际私法会议召开了多次会议，并发出了两次问卷调查表，然而各成员方之间分歧依然严重，为了彻底解决由此带来的问题，国际社会还需要继续努力。

关键词 信息技术 域外取证 海牙公约

目 次

---

* 本文为教育部人文社科重点基地重大项目《网络社会的国际法律问题研究》（课题编号：05JJD820004）的阶段性成果。

** 武汉大学国际法研究所讲师，法学博士。

一、引 言

信息技术（information technology，IT），是指用于管理和处理信息所采用的各种技术的总称。它也常被称为信息和通信技术（information and communications technology，ICT）。信息技术主要包括信息识别技术、信息传递技术以及信息处理与再生技术等。自20世纪90年代以来，信息技术及因特网已经渗透到国际社会的各个领域，深刻地影响着全球政治、经济、法律、文化以及人们的生活。① 对信息技术给法律带来的影响，有的学者形容："如果不了解信息技术给法律、律师以及法律制度带来的变化，就无法理解当前的法律发展报告。"②信息技术的发展对民事诉讼理论与实践同样带来了前所未有的挑战和机遇，极大地改变了民事诉讼的运作程序乃至基本的程序原则，并将继续加速对民事诉讼产生深远影响。正因为如此，1999年8月23日至28日在奥地利首都维也纳召开了主题为"千年之交的诉讼法"的第十一届世界诉讼法大会，会议一个极为重要的研讨议题便是"信息社会的挑战：现代科技在民事诉讼程序中的运用"。③信息技术的发展正在逐渐改变传统的诉讼方式。在世界各地，新技术法庭变得越来越普遍，通过电子档案管理系统和案件管理系统，当事人可以轻易地了解司法机构的运作程序和案件记录，使用笔记本电脑和无线上网设备，当事人可以在任何地方通过视频连接出庭或提供证据。

国际民事诉讼同样受到信息技术的巨大冲击。信息技术的发展正在并将继续对国际民事诉讼的诸多方面产生影响。一方面，信息技术的使用使得国际民事诉讼更加透明、效率更高，如通过因特网进行域外送达以及域外取证，使得诉讼更加快捷、方便。另一方面，信息技术对传统的国际民事诉讼规则也带来了挑战，引发很多新的法律问题，如在网络环境下如何确定管辖权；网络环境下如何确定法律适用规则；如何借助信息技术进行域外送达；通过电子邮件等提出的域外取证请求书的

① 参见齐爱民、刘颖主编：《网络法研究》，法律出版社2003年版，第5～6页。

② See L. Marcus, *E-Discovery & Beyond*: *Toward Brave New World Or* 1984?, Rev. of Litigation Symposium, Vol. 25, 2006, p. 633.

③ 参见徐昕：《信息时代的民事诉讼：一个比较法的视野》，资料来源于 http：//www.civillaw.com.cn/article/default.asp? id=9524，2008年8月30日访问。

效力如何认定；如何借助信息技术进行域外取证等。如何解决这些问题已成为一个不可回避的课题。

二、信息技术对传统域外取证规则的冲击和挑战

域外取证是国际民事司法协助的一个重要问题。对于域外取证，各国主要主张根据国内立法或双边条约及多边公约来进行。而就域外取证的国际公约而言，目前最重要的当属《海牙取证公约》。该公约是在1970年第十一届海牙国际私法会议上获得通过的，公约在域外取证方面主要规定了通过请求书取证以及通过外交代表、领事及特派员取证等取证方式，截至2009年3月31日，公约已有47个缔约国。①在公约通过的30多年间，其在解决大陆法系与英美法系国家之间的域外取证冲突，加强各法系之间的沟通与交流，推动域外取证的国际合作方面发挥了巨大作用。

不过，随着信息技术的日益普及，传统的域外取证规则面临着越来越多的冲击和挑战。以《海牙取证公约》为例，公约制定于20世纪70年代，在当时视频和音频技术等信息技术只是处于理论阶段，并没有付诸实践。因此，对于域外取证，《海牙取证公约》明确要求一个缔约国监督域外证据的获取。如在利用请求书取证方面，公约规定，一个缔约国中央机关将请求书通过特定途径交给另一个缔约国的中央机关，并由其进行取证，获取证据的结果再转交给请求国法院。这种取证方式程序繁琐、取证周期过长，为很多学者所批评，他们认为这种取证方式已经严重落后于信息技术的发展。②因为根据现代视频技术，一个国家法院可以直接使用视频连接在另外一个国家获取证据。这种取证方式简单而直接，可以极大地提高取证的效率，减少费用。实践中，许多国家在法院审判中已经采取了视频会议的方式，③并且制定了有关通过视频方式直接获取证据的立法，例如澳大利亚、加拿大、新加坡等。④由于《海牙取证公约》费时以及成本高昂，导致在一些国家，当事人更愿

---

① See *Status Table of the Hague Evidence Convention*, available at www. hcch. net, visited on March 31, 2009.

② See Martin Davies, *Bypassing the Hague Evidence Convention: Private International Law Implications of the Use of Video and Audio Conferencing Technology in Transnational Litigation*, Am. J. Comp. L., Vol. 55, 2007, p. 205.

③ 例如，新加坡最高法院就建立了世界上最先进的视频会议系统，资料来源于 http://app. supremecourt. gov. sg/default. aspx? pgID = 361，2008年7月1日访问。

④ 参见1976年澳大利亚《联邦法院法》第47条、新加坡《证据法》第62条、英国《民事诉讼规则》第32.3条、美国《联邦民事诉讼规则》第43（a）条等。

意使用他们熟悉的国内法程序来获取证据。如在美国，在1987年的法国国家航空公司案中，美国联邦最高法院就作出了公约非排他性适用的决定。①尽管其决定遭到了国内外的广泛批评，但是，该案所确定的一些原则却已经在美国被很多法院所遵循。同时，公约的排他性问题也引起了很多国家的争论，至今未能统一。而对于美国法院不愿意适用公约的原因问题，有学者认为，其中一个原因就是在公约之下无法利用视频连接等方式取证。②可见，信息技术的发展已经给《海牙取证公约》带来严重挑战。

实际上，信息技术给《海牙取证公约》以及域外取证带来的影响远不只以上几方面。通过视频连接、音频连接等方式进行取证还会产生许多新的法律问题，如通过电子邮件等提出请求书的效力问题，如何通过视频连接进行证据宣誓的问题以及在利用视频连接取证时如果证人拒绝回答询问，是否构成藐视法庭的问题等。本文以下将重点就视频连接获取证人证言的问题进行论述。

通过视频连接获取证人证言，这是利用信息技术的一种最常见方式。然而，由于视频连接取证不同于传统的当面询问方式，因此，不可避免地会产生许多新的问题。例如，通过视频连接获取域外证人证言时，如需要宣誓，如何进行宣誓？如果证人作伪证，如何对其进行处罚？另外，如果证人拒绝回答询问，是否构成藐视法庭的问题等。

（一）证言宣誓的问题

所谓“宣誓”(oath)，是指证人在依法出庭作证时，就其所提供的证言向法庭保证，绝不为伪证或作虚假陈述，否则将承担法律责任。目前世界各国的程序法中一般都有关于证人宣誓的规定。在英美法系国家，根据普通法，证人必须作说真情的宣誓，才能听取他的证言。如在英国，原则上，所有证人都应该宣誓，凡有权听取证言的人都有权主持宣誓，但宣誓一般由法院书记官或官吏主持。民事诉讼中宣誓常用的格式是，“我向上帝发誓，我将提供的证言是真情”。③在美国，《联邦证据规则》第603条规定：“证人在作证前要声明如实提供证词，通过宣誓或虽不宣誓但以某种旨在唤醒证人良知和加深证人责任感的方式进行。”④在大陆法系国家，

---

① 482 U. S. 522, 107 S. Ct. 2542 (1987).

② See Martin Davies, *Bypassing the Hague Evidence Convention*: *Private International Law Implications of the Use of Video and Audio Conferencing Technology in Transnational Litigation*, Am. J. Comp. L., Vol. 55, 2007, p. 207.

③ 沈达明：《比较民事诉讼法初论》，中国法制出版社2002年版，第278页。

④ 白绿铉、卞建林译：《美国联邦民事诉讼证据规则》，中国法制出版社2000年版，第220页。

如法国、日本等也有证据宣誓制度。①要求证言宣誓的理由很简单，因为宣誓证言一般被认为比未宣誓的证词更具有可靠性。此外，在英美法系国家，只有在证据经过宣誓时证人才能够因为错误作证而受到相应处罚。但是，在通过视频或音频连接等方式进行证词宣誓时会产生许多新的法律问题。如通过视频连接进行证言宣誓，谁是宣誓的主持人？如果证人在宣誓过程中撒谎，应该适用哪一国的处罚性法律，是证据接受国还是证人所在地国的法律？

首先，主持证言宣誓的问题。一些国家认为对宣誓证言的主持涉及主权问题，根据一些学者的观点，主权是完整的、不可分割的，一国要么全部拥有主权，要么完全没有。而对宣誓证言的主持在有的国家被视为是一种主权权利，因此，如果外国司法官员或领事代表未经允许而行使此权力将是对证人所在国主权的侵犯。②在这些国家对证人证言进行宣誓必须由本国政府官员或至少必须由经过本国政府允许的取证国官员进行主持。③但是，另一些学者认为主权是可以分割的，其由一系列权能所组成，这种权利与义务可能随着国家的不同而不同，也会随着时间的不同而不同。④根据这种观点，外国政府官员对宣誓证言的主持并不一定会损害国家主权。对证人证言宣誓的主持问题，《海牙取证公约》没有明确规定，公约只规定了通过请求书取证时司法人员实际出席的问题。公约第 8 条规定："缔约国可以声明，在执行请求时，允许另一缔约国请求机关的司法人员出席。对此，声明国可要求事先取得其指定的主管机关的授权。"但是，对于通过视频连接等形式进行证人证言宣誓，又该如何进行，是否需要经过证人所在地国主管机关的批准，公约无明确规定。

同时，如通过视频连接等取证，究竟由谁主持证言宣誓，是证据接受国法院的司法人员还是证人所在国的司法人员？公约也没有明确规定。不过，对此问题，已有一些国家立法有规定，如 1976 年《澳大利亚联邦法院法》（*Federal Court of Australia Act*）的规定就值得借鉴。该法第 47E 条规定："如果证人通过视频连接或

① 《法国民事诉讼法》第 317 条至第 322 条就规定了证据宣誓的制度。

② See Martin Davies, *Bypassing the Hague Evidence Convention: Private International Law Implications of the Use of Video and Audio Conferencing Technology in Transnational Litigation*, Am. J. Comp. L., Vol. 55, 2007, p. 218.

③ See U. S. State Department Circular, Hague Convention on the Taking of Evidence Abroad in Civil or Commercial Matters, available at http://travel.state.gov/law/info/judicial/judicial_689.html, visited on June 2, 2006.

④ See Martin Davies, *Bypassing the Hague Evidence Convention: Private International Law Implications of the Use of Video and Audio Conferencing Technology in Transnational Litigation*, Am. J. Comp. L., Vol. 55, 2007, p. 218.

其他方式提供证言，则证言的宣誓可以按照以下方式来主持：（1）如果外地证人是在法庭或法院其他地方通过视频提供证言，则可由法庭或法官来主持宣誓；或（2）如果法院或法官允许证人所在地其他人进行宣誓主持，则也可以由其主持。"①澳大利亚的立法无疑值得国际社会借鉴。

其次，证人作伪证（perjury）的问题。很多国家的立法都规定，如证人在作证时作伪证将会追究其民事或刑事责任。但是，如果证人通过视频会议作证时故意提供了错误的证言，他在一个国家撒谎，同时也与另外一国的司法程序发生关系，在此情形下，又该如何追究其有关责任？对此，《海牙取证公约》没有明确规定。实际上，在此情况下，该行为是否在所有国家都构成伪证罪取决于这些国家对相关罪行的界定。对证言提供国而言，主要的问题是在宣誓下对另外一个国家法院撒谎是否构成伪证罪。对证言接受国而言，主要存在两个方面的问题：其一，在另外一国的确认能否构成伪证罪；其二，如果构成，则本国是否具有域外的刑事管辖权。如果在两个国家都构成伪证罪，则又会产生一个问题：应由哪个国家来惩罚撒谎者？对此问题，现有国际法缺乏明确规定，解决该问题的最好方式是通过签订国际条约，《海牙取证公约》无疑就是最合适的方式。但是，遗憾的是，公约对此问题缺乏明确的规定。有学者认为，可以在将来通过议定书的方式来设计直接通过视频方式取证的相应条款，以解决由此带来的法律冲突。议定书可以明确规定作伪证将由哪个国家进行管辖，或者由证言提供国，或者由证言接受国进行管辖。②

（二）证人拒绝作证的问题

在许多普通法系国家，证人如果拒绝回答问题将构成藐视法庭罪，除非拒绝是被特权规则或其他相关法令所保护的。③如通过视频作证的证人拒绝作证，则无疑可以被认为构成藐视法庭罪。通常情况下，有两种不同的藐视：直接藐视和间接藐视，前者发生在证人直接出庭时，后者则是证人不直接出庭时。通过视频方式出庭的证人拒绝回答问题可以被视为直接藐视，因为他是“真实地出席”了法院的有关活动，其拒绝行为也被法官看到或听到，因此，证人拒绝回答有关问题可以被视

① *Federal Court of Australia Act* 1976-Sect. 47E.

② See Martin Davies, *Bypassing the Hague Evidence Convention: Private International Law Implications of the Use of Video and Audio Conferencing Technology in Transnational Litigation*, Am. J. Comp. L., Vol. 55, 2007, p. 221.

③ 例如，美国《联邦民事诉讼规则》第37条第2款就规定，如果庭外证人未按照录取庭外证言地区法院的指定宣誓或回答问题，其不作为可能被视为藐视法庭。

为对法院的直接拒绝。①不过，实践中最主要的问题不在于是否构成了藐视法庭，而在于如果证人拒绝作证，如何发现有效的方式惩罚证人。很显然，如果没有证人所在国的司法协助，法院很难作出一个域外的处罚，虽然法院可以在本国作出一个处罚，规定在证人进入本国境内之后该处罚就生效，但是这有可能会导致证人故意不提供证言。②

如果证人拒绝作证，最直接的解决方式就是由证人所在国强迫证人作证，在此方面，《海牙取证公约》第10条规定："在执行请求时，被请求机关应在其国内法为执行本国机关的决定或本国诉讼中当事人的请求而规定的相同情况和范围内，采取适当的强制措施。"虽然该条规定只是针对请求书取证的，但是，从该条可以看出，对于强迫证人作证，公约规定主要适用证人所在地法，因此，是否可以藐视法庭罪强迫证人参加视频连接方式的作证主要取决于证人所在国的规定。在此方面，《加拿大证据法》提供了一个很好的立法模式。1985年《加拿大证据法》规定："当事人或证人在根据第46条第2款（规定在国外通过视频连接方式虚拟出庭递交证据的条款）提供证据时，加拿大有关的藐视法庭的法律将适用于该当事人或证人。"③

另外，如果证人根据特权拒绝回答询问还会产生更为复杂的问题，哪一个国家或地区的法律将适用，是法院地法还是证人作证地法？例如，一个加利福尼亚州洛杉矶记者通过视频连接为在澳大利亚墨尔本的维多利亚最高法院提供证词。该记者被要求出示用来写一篇特别报道的资料，但是她拒绝提供。根据澳大利亚法律，这种拒绝将构成藐视法庭，因为没有特权保护记者披露有关信息。但是，根据加利福尼亚州法，记者不能在此情况下被判藐视法庭。那么在此情况下，维多利亚法院是认定该记者构成藐视法庭还是承认证人根据加利福尼亚州法有权拒绝回答？实际上，《海牙取证公约》已经准备回答该问题。公约第11条规定："在请求书的执行过程中，证人如根据以下法律享有特权，则可以拒绝提供证据：（1）根据执行国法律，（2）或根据请求国法律，并且该项特权或义务已在请求书中列明，或应被请求机关的要求，已经请求机关另行确认。"因此，如果加利福尼亚州法官根据墨尔本法院提出的请求书要求记者作证，则记者毫无疑问有权拒绝回答问题。不过，

① See Martin Davies, *Bypassing the Hague Evidence Convention: Private International Law Implications of the Use of Video and Audio Conferencing Technology in Transnational Litigation*, Am. J. Comp. L., Vol. 55, 2007, p. 230.

② See Talia Einhorn and Kurt Siehr, *International Cooperation through Private International Law*, T. M. C. Asser Press, 2004, p. 82.

③ *Canada Evidence Act* 1985, Section 50 (1.2).

该条规定只是针对请求书取证而言的，并不适用于视频连接取证。针对此问题，有学者认为，如果将来《海牙取证公约》就此制定议定书，就应该把公约第 11 条延伸适用于通过视频方式取证的证人。①而在新的规则确定之前，只能依据现有的国际私法规则处理证据问题，在此方面，很多学者认为证人作证的特权问题，一般适用法院地法。②

三、各国的立法与实践

（一）美国的立法与实践

美国作为世界上的经济强国和科技大国，一直比较注重科技在司法系统中的运用。美国法院使用信息技术主要是在美国司法会议（Judicial Conference）的推动下进行的。美国司法会议采取了多种措施鼓励在联邦法院系统使用各种高科技技术。1999 年 3 月，司法会议采纳了自动和技术委员会的建议，鼓励各级法院使用各种技术，包括视频证据出示系统、视频会议系统、电子文件系统等。在美国司法会议的推动下，联邦法院使用信息技术有了飞速发展。在 2002 年，美国联邦法院中心对所有联邦法院系统使用信息技术的情况进行了调查。调查结果表明，绝大部分联邦法院都使用了各种主要的新技术，93% 的联邦法院配备了音频设备，85% 的联邦法院配备了视频设备。③ 由此可见，在联邦法院系统中使用信息技术已经非常普遍。除了在实践中对信息技术有广泛的运用以外，美国联邦立法对使用视频连接等方式进行证据开示也有明确的规定。

1. 直接通过视频方式获取口头证言

美国涉及信息技术取证的规定主要在美国《联邦民事诉讼程序规则》之中。1996 年修订的美国《联邦民事诉讼程序规则》第 43 条第 1 款首次允许通过开放的法庭采取同步传递证据的方式获取来自不同地区的有关证据。该条规定："在所有开庭审判中，除联邦法律、本规则、联邦证据规则或最高法院采用的其他规则另有规定外，证人证言应该在法庭上以口头形式获得。如果法院有充分的理由，在情况

① See Talia Einhorn and Kurt Siehr, *International Cooperation through Private International Law*, T. M. C. Asser Press, 2004, p. 82.

② See Talia Einhorn and Kurt Siehr, *International Cooperation through Private International Law*, T. M. C. Asser Press, 2004, p. 83.

③ See Elizabeth C. Wiggins, *What We Know and What We Need to Know about the Effects of Courtroom Technology*, William & Mary Bill of Rights J., Vol. 12, 2004, p. 731.

所迫以及采取适当保护措施的情况下，可允许在公开的法院提出从异地同时用同步传递（contemporaneous transmission）系统递过来的证言。”①该修改消除了之前存在的对于是否可通过视频连接获取有关证言的怀疑。据修改后的《联邦民事诉讼程序规则》，法院只有在有充分理由表明情况危急并且采取了足够的保护措施的情况下才能够通过视频或其他方式获取证言。但是，对于什么情况下构成“足够理由”(good cause)，《联邦民事诉讼程序规则》修改委员会对此持保守的观点，认为可预见的出庭困难，比如证人居住在远离法院地国的地方并不构成足够理由。一些法院遵循了修改委员会的观点，坚持证人不方便出庭本身并不意味着他可以通过视频连接或其他方式提供证言。而另一些法院采取了相反的观点。总体来说，尽管法院对此的观点不固定，但是现在越来越多的法院接受通过新技术方式获取证言。

当证人位于国外时，除了不方便出庭以外，还需考虑其他的因素。例如，在 Dagen v. CFC Group Holdings Ltd. 一案中，纽约南区法院就引用了修改委员会的建议，承认证人实际出庭提供证言的重要性，但法院最后还是允许了 5 个证人在中国香港通过电话提供证言。法院指出，这样做主要基于以下因素：考虑国际旅费的成本；如果要求所有人出庭的话，对被告在中国香港商业的影响；证人获取美国签证的困难。②

但是，当证人是诉讼当事人时，美国法院通常不会根据《联邦民事诉讼程序规则》第 43 条允许证人通过同步传递方式获取证言。因为当事人提供远程证言会产生很多问题，例如给其律师带来困难，因为他必须选择是和当事人在一起从而远离法庭，还是实际出庭远离当事人导致不能给当事人提供私人建议。不过，在特殊情况下，法院也会允许当事人通过视频会议在远处提供证言。

现在，美国许多州仍然采取了与《联邦民事诉讼程序规则》第 43 条第 1 款修订前相似的规则，规定证言只有在公开的法庭才能获取，不能远程获取证人证言。如阿拉巴马州、亚利桑那州、爱达荷州、印第安那州、堪萨斯州、密西西比州、肯塔基州、明尼苏达州等。相反，另一些州则仿效了《联邦民事诉讼程序规则》1996 年修订的条款，允许在法庭外的证人提供证言。如阿肯色州、缅因州、马萨诸塞州、内华达州、西弗吉尼亚州、威斯康星州、怀俄明州等。在那些没有制定特别针对远程提供证言条款的州，法院仍然对同步传递证言持怀疑态度。这些州有的允许通过视频会议或电话证言方式提供证言，而有的则不允许。同时，在那些允许远程取证的州，法院也对证人是否方便作为考虑允许他们通过同步传递方式提供证言表示怀疑。

① 这里所指的“同时传递系统”就包括视频会议等形式。

② No. 00 Civ. 5682 (CBM), 2003 WL 22533425 (S. D. N. Y. 2003).

2. 直接通过视频获取笔录证言

美国《联邦民事诉讼程序规则》第 32 条第 1 款（3）（b）项规定，如果证人距离听证地 100 里以外或者在美国之外时，允许任何人为了任何目的使用书面证词。目前，美国绝大部分州都允许位于美国之外的证人获取书面证词。美国《联邦民事诉讼程序规则》第 28 条第 2 款规定了当证人位于美国之外时如何获取书面证言，以及对证人的宣誓进行管理的四种不同方式，主要包括：（1）按照有效的公约和条约；（2）按照请求书；（3）根据询问地法律或美国联邦法授权举行宣誓的人的通知；（4）在法院任命人的参与下，并且由受命之人执行必要的宣誓并录取证言。①当宣誓证人位于国外时尽管也会产生一些国际私法问题，但如果宣誓证人和政府官员在同一地方时，那就不会有任何困难。然而，当宣誓证人位于一国，而证词在另一国记录时许多复杂的问题就会产生。因为《联邦民事诉讼程序规则》第 30 条第 2 款（7）项允许通过电话或其他远距离电子方式获取证据。许多州也允许通过电话或视频连接方式获取证据。如果从美国以外的另一国获取证词，则一般认为必须遵守《联邦民事诉讼程序规则》第 28 条第 2 款的规定。

必须指出的是，在根据《联邦民事诉讼程序规则》第 30 条第 2 款（7）项获取远程证言时，可能会产生一些问题。如当宣誓证人位于一个国家而记录证言是在另外一个国家时，询问地是什么地方？对此，许多州立法都有相关规定，一些州规定，在此情况下证言是同时在证人所在地国和法院地获取的，而另一些州规定笔录证言获取地是证人作证地，还有一些州对此没有规定。②

同时，通过视频连接或其他方式获取书面证词还需要考虑翻译的问题。如果证人不能用英语作证，必须给其提供翻译，或文件必须翻译为英语，那么通过电话或其他远程电子方式取证将是不合适的。③

（二）澳大利亚的立法与实践

澳大利亚法院在信息技术的运用方面，一直处于世界领先地位。信息技术进入澳大利亚法庭是在 20 世纪 80 年代末 90 年代初，当时，为解决日益增长的职务犯罪以及商业案件过多的案件材料问题，法庭首次引入了计算机技术以加强对案件的

---

① Fed. R. Civ. P. 28（b）.

② See Martin Davies, *Bypassing the Hague Evidence Convention: Private International Law Implications of the Use of Video and Audio Conferencing Technology in Transnational Litigation*, Am. J. Comp. L., Vol. 55, 2007, p. 221.

③ See Martin Davies, *Bypassing the Hague Evidence Convention: Private International Law Implications of the Use of Video and Audio Conferencing Technology in Transnational Litigation*, Am. J. Comp. L., Vol. 55, 2007, p. 221.

管理。①与此同时，法院开始认识到将信息技术运用到取证事项，特别是对远离法庭的儿童取证的必要性。法院开始使用一些视频或音频等设备进行远距离取证。

经过十多年的发展，现在，在澳大利亚每个地区法院都配备有电子法庭。一个完整的电子法庭包括一整套计算机网络所构成的提供电子档案管理、电子展示、实时的电子打印以及电子通信设备等。②

在澳大利亚，视频会议等最初主要适用于对未成年人取证或向其他弱方当事人询问。目前适用范围已经扩大到包括：从国外调取证据；证人或当事人被监禁；听取专家证人作证；替代巡回审理；举行指引会议或审前会议；在法官办公室听取当事人申请和申请上诉的特别许可；上诉审理；举行内部各种行政性会议，甚至如本地没有初级法官可在线向法院提起民事诉讼等。③例如，在维多利亚州，如证人或其他诉讼参与人实际出庭费用昂贵或者不方便，抑或其不愿出庭时，法院可利用视频会议技术，调取或接受证据，听取证人或其他诉讼参与人的陈述。

而对于域外取证使用视频技术的问题，《澳大利亚联邦法院法》有多个条文对此有规定。首先，对于通过视频连接或其他方式获取证据，该法第47A条规定："为了任何程序的目的，法院可以允许视频连接或音频连接或其他方式提供证言。"同时，该条还指出："本条规定适用于证人在澳大利亚境外提供证据（新西兰除外）。"④其次，对于当事人通过视频连接或音频连接出庭或答辩，该法规定：法院或法官为了司法程序的目的，可允许当事人通过视频或音频连接方式出庭或向法院递交答辩书等。⑤再次，对于使用视频连接的条件，该法规定，主要包括以下方面：（1）法庭或法官所在地配备了视频等设备，以便当事人出庭和听取远方的当事人通过视频连接提供证言、上诉或递交答辩；（2）外地当事人所在地也配备了适当的多媒体设备以便其能够观看法庭当事人的出庭等；（3）联邦法院规则所规定的其他条件；（4）法官所施加的其他条件。⑥ 最后，对于通过视频作证的宣誓主持问题。该法规定："如果证人通过视频连接或其他方式提供证言，则证言的宣誓可以按照以下方式来主持：（1）如果外地证人是在法庭或法院其他地方通过视频提

① See Ros MacDonald & Anne Wallace, *Review of the Extent of Courtroom Technology in Australia*, William & Mary Bill of Rights J., Vol. 12, 2004, p. 649.

② See Ros MacDonald & Anne Wallace, *Review of the Extent of Courtroom Technology in Australia*, William & Mary Bill of Rights J., Vol. 12, 2004, p. 649.

③ 参见徐昕：《信息时代的民事诉讼：一个比较法的视野》，资料来源于 http://www.civillaw.com.cn/article/default.asp?id=9524，2008年8月30日访问。

④ *Federal Court of Australia Act* 1976, Sect. 47A.

⑤ *Federal Court of Australia Act* 1976, Sect. 47B.

⑥ *Federal Court of Australia Act* 1976, Sect. 47C.

供证言，则可由法庭或法官来主持宣誓；或（2）如果法院或法官允许证人所在地其他人进行宣誓主持，则也可以由其主持。”①

从实践来看，澳大利亚法院使用信息技术已经极为成熟。澳大利亚作为《海牙取证公约》的成员国，已经执行过多起其他成员国所提出的通过视频作证的请求。同时，澳大利亚也向国外提出过多起通过视频方式取证的请求，但是由于有些国家在此方面还缺乏明确的立法规定，因此，请求并不总能被执行。②这表明，各国之间在此方面还需要加强协调。

（三）英国的立法与实践

英国是老牌的西方发达国家，是现代科技出现最早的国家之一，故司法机构和诉讼程序对现代科技的运用也有着较长的历史。英国法院对信息技术的使用是在英国法律实务人士的不懈努力下逐渐发展起来的。早在1985年，迈凯（Mackay）勋爵就创立了信息技术与法院委员会。尽管信息技术与法院委员会没有执行机构，但却有来自高层法官强有力的领导，从而确保了信息技术在司法机构特别是在法院中的运用。

英国上议院普通上诉法官、高等法院院长伍尔夫勋爵可谓英国法制史上推动民事司法改革的第一先驱。1994年3月，英国司法大臣兼上议院议长迈凯勋爵委任伍尔夫勋爵对英格兰和威尔士民事法院的现行规则和程序进行全面审查，审查的目的简而言之就是促进人们对司法的接近、降低诉讼成本以及简化诉讼规则和专业术语的复杂性。伍尔夫勋爵的审查就是著名的《接近司法》（*Access to Justice*）调查报告。1996年7月，《接近司法》正式报告出版。在民事司法程序中运用全新且不断改进的信息技术，正是伍尔夫勋爵改革的中心环节之一，信息技术的运用可谓英国民事司法改革进程之关键。伍尔夫勋爵在《接近司法》正式报告中，提出了大量有关信息技术运用的建议。他在报告中推荐了四大类司法案件管理系统，其中一个非常重要的就是电视电话会议（telephone and video conferencing），主要是针对因各种原因无法正式开庭的情形下，法官进行诉讼程序、与当事人保持联系的重要工具。③

1999年《民事诉讼规则》实施后，为迎接信息化潮流，英国法院行政署于

---

① *Federal Court of Australia Act* 1976, Sect. 47E.

② See http://www.hcch.net/index_en.php?act=conventions.publications&dtid=33&cid=82, visited on October 1, 2007.

③ 参见徐昕：《英国民事诉讼与民事司法改革》，中国政法大学出版社2002年版，第493～500页。

2001 年 1 月又推出了一部磋商性文件——《民事法院的现代化》。其目标之一就是在证据开示方面借助于信息技术实现电子化，包括传唤证人及证据开示等审前准备采用电子方式进行；利用视频会议调查取证、开庭审理、对证人的交叉询问及法庭辩论在远程进行；甚至对证据的采信和事实证明也通过人工智能，运用计算机程式进行司法证明等。①

在域外取证的立法方面，英国主要有 1975 年《外国程序证据法》以及 1999 年的《民事诉讼规则》。对于通过信息技术进行取证，英国《民事诉讼规则》第 32.3 条规定，证人可以通过视频连接或其他形式向法院提供证据。② 而与《民事诉讼规则》相配套的 2006 年版《法院实践指引》（简称《实践指引》）对利用视频会议进行域外取证作了比较详细的规定。首先，《实践指引》指出，当决定使用视频连接域外取证时，法院应该针对每个案件的具体情况进行判断。法院考虑的因素包括使用视频连接是否能节省成本、是否有利于公平有效地处理案件等。其次，对于利用视频连接域外取证宣誓或确认的管理，《实践指引》指出，如果有关国家要求证据宣誓或确认必须依照其本地方式而不是英国的方式进行，则有关当事方必须采取必要的安排促使证据根据他国方式进行宣誓或确认。《实践指引》还就使用视频连接域外取证的申请、翻译问题、费用的分担、证据的记录等作了规定。③

（四）新加坡的立法与实践

作为一个新兴经济国家，新加坡在信息技术的推广与使用方面一直居于世界前列。早在 1989 年 1 月，新加坡政府就建立了贸易网（trade net），以推动进出口申报的电子传递及使用 EDI 技术进行原产地证的申请。1991 年，新加坡总理吴作栋开始启动 IT2000 计划，该计划的目的是使新加坡在 21 世纪成为信息技术的领先者，而实现该计划主要是需要推广信息技术在各个领域的适用，包括在司法领域中的运用。为了支持贸易网系统的电子数据交换以及 IT2000 计划，新加坡司法部连同一些专家开始研究制定、修改有关法律的必要性。1996 年 1 月 18 日，新加坡国会通过了对《证据法》（*Evidence Bill*）的修订，1996 年 3 月 8 日，修订后的《证据法》生效。《证据法》修订的一个目的就是允许在特定民事案件中通过视频连接

---

① 参见徐昕：《英国民事诉讼与民事司法改革》，中国政法大学出版社 2002 年版，第 512 页。

② See *Civil Procedure Rules*, Rule 32.3.

③ See *The Practice Directions to the Civil Procedure Rules*, Part 32, Annex 3, available at www.justice.gov.uk/, visited on May 11, 2009.

方式提供证据。①根据修订后的《证据法》第62A节，在民事诉讼程序中，证人可以在法院之外通过视频连接方式提供证据，但必须符合以下条件：（1）证人是16岁以下；（2）当事人明确同意采用这种方式提供证据；（3）证人在新加坡领域外；（4）法院认为为了司法正义采取这种方式是便利的；（5）司法部长证实，为了公共利益采取这种方式是便利的。② 在案例方面，早在1995年，新加坡最高法院法官赵锡燊（Chao Hick Tin）在Las Vegas Hilton Corporation v. Sunny Khoo Teng Hock一案中就允许了位于美国内华达州的专家在技术法庭通过视频连接的方式提供证言。③

（五）中国的立法与实践

早在1999年10月，最高人民法院在颁布的《人民法院五年改革纲要》中，就对信息技术等现代科技在法院审判中的应用作了中期规划，提出“力争5年内建立全国法院计算机网络系统，将案件的管理、信息和统计数据收集、传输等纳入网络系统”。④同时，根据《国家十五计划期间人民法院物质建设计划》，到2004年底之前，我国要完成全国法院系统从最高人民法院到300多个中级人民法院的联网，到2006年底，完成32个省级法院到3000多家基层法院的联网。此外，2002年1月，最高人民法院先后制定了《人民法院计算机信息网络系统建设管理规定》和《人民法院计算机信息网络系统建设规划》，以推动各级法院信息网络系统的建设。2002年11月，最高人民法院根据《人民法院信息网络系统建设技术规范》等文件又制定了《人民法院信息网络系统建设实施方案》，进一步明确了通信系统、计算机网络系统、视频系统的建设任务和时间要求。⑤

2007年8月3日，最高人民法院制定并印发了《最高人民法院关于全面加强人民法院信息化工作的决定》，进一步明确了人民法院信息化工作的指导思想、基

① See Charles Lim Aeng Cheng, *Information Technology and the Law of Evidence-Recent Legislative Initiatives*, Singapore Academy of Law J., Vol. 9, 1997, p. 20.

② See Charles Lim Aeng Cheng, *Information Technology and the Law of Evidence-Recent Legislative Initiatives*, Singapore Academy of Law J., Vol. 9, 1997, p. 20.

③ See Charles Lim Aeng Cheng, *Information Technology and the Law of Evidence-Recent Legislative Initiatives*, Singapore Academy of Law J., Vol. 9, 1997, p. 20.

④ 参见《法制日报》1999年10月23日，第2版。

⑤ 参见鞠海亭：《网络环境下的国际民事诉讼法律问题》，法律出版社2006年版，第345页。

本原则、工作目标和保障措施等。①

我国《民事诉讼法》（2007年修订）第64条规定："人民法院应当按照法定程序，全面地、客观地审查核实证据。"该法第66条规定："证据应当在法庭上出示，并由当事人互相质证。对涉及国家秘密、商业秘密和个人隐私的证据应当保密，需要在法庭出示的，不得在公开开庭时出示。"但是，能否通过视频方式获取或出示证据，《民事诉讼法》没有明确规定。

在域外取证方面，我国已于1997年加入《海牙取证公约》，并在加入时对公约某些内容作了保留，如我国不允许外国特派员在中国取证。而对外国法院在我国取证的问题，我国《民事诉讼法》第261条第2款、第3款规定："外国驻中华人民共和国的使领馆可以向该国公民送达文书和调查取证，但不得违反中华人民共和国的法律，并不得采取强制措施。除前款规定的情况外，未经中华人民共和国主管机关准许，任何外国机关或者个人不得在中华人民共和国领域内送达文书、调查取证。"此外，《民事诉讼法》第263条规定："人民法院提供司法协助，依照中华人民共和国法律规定的程序进行。外国法院请求采用特殊方式的，也可以按照其请求的特殊方式进行，但请求采用的特殊方式不得违反中华人民共和国法律。"由于我国现有立法没有规定通过视频连接方式取证的问题，而对海牙国际私法会议的两次问卷调查我国也都没有回复，因此，无法判断我国对外国法院通过视频连接方式在中国直接获取证据持何种态度。

不过，随着信息技术在我国法院系统的运用和发展，已经有一些法院开始尝试使用视频连接等方式审理涉外民商事案件。据报道，2009年1月8日，太原市小店区法院平阳法庭就利用网络聊天视频系统审结了一起跨国离婚案件。该案原告、被告于1989年在国内结婚，1994年被告移居美国，夫妻双方感情日渐淡薄。2008年12月，原告向法院提出离婚请求，考虑被告回国离婚的诉讼成本问题，承办这起跨国离婚案件的法官大胆尝试了新的审判方式，借助网络聊天视频系统这一现代媒介，使得该案顺利审结。② 尽管该案并没有涉及利用视频连接跨国取证的问题，但是从该案可以看出我国法院对信息技术的利用日益重视。

值得一提的是，尽管在国际民商事司法协助方面我国还没有利用信息技术取证的先例，但是在国际刑事司法协助方面却已经有相关的规则与实践。

在规则方面，2005年7月21日缔结的《中国与西班牙刑事司法协助条约》首

① 参见人民法院网，http：//www.court.gov.cn/news/bulletin/release/200708030003.htm，2008年9月20日访问。

② 参见中国新闻网，http：//www.sx.chinanews.com.cn/news/2009/0109/210.html，2009年3月26日访问。

次在我国的双边司法协助条约中引进了远程视频听证的制度，该条约第10条第3款规定：在存在可能性且不违反任何一方的法律规定的情况下，双方可以根据具体情况约定通过视频会议获取证词。而司法实践中，在中美联合审理的“开平”案中，就首次使用了跨国视频取证。①尽管该案只是一个刑事案件，但却是中国利用视频技术进行司法协助国际合作的第一起成功案例，给我国未来进一步利用视频技术开展国际司法协助提供了宝贵的经验。笔者相信，随着信息技术在我国法院的日益普及，通过视频连接等方式进行域内、域外取证必将会在我国越来越普遍。

四、国际立法与实践

（一）《欧盟域外取证规则》的规定

在《欧盟域外取证规则》制定之前，欧盟在民商事域外取证方面适用的是《海牙取证公约》。为了建立一个自由、安全、公正的共同体大市场，保障人员的流动，欧盟决定在海牙域外取证制度外，另行设立一套欧盟自己的域外取证机制。根据德国的提议，并听取欧洲议会和欧盟经济社会委员会的意见后，2001年5月28日，欧盟理事会颁布了专门调整成员国间域外取证司法协助的法律文件——《关于域外取证合作的第1206号规则》（简称《欧盟域外取证规则》）。②该规则是以经《阿姆斯特丹条约》修订后的《欧盟条约》第65条规定为法律基础的，因此，采取了以欧盟直接立法、直接在成员国实施的方式代替了之前成员国间互相缔结条约的方式，统一了各国之间的域外取证制度。③ 该规则部分条款于2001年7月1日起生效，其余条款已于2004年1月1日起全面施行。《欧盟域外取证规则》目前已经在除了丹麦以外的其他成员国直接适用。

2001年的《欧盟域外取证规则》对通过信息技术手段进行域外取证作了明确的规定。其第10条第4款和第17条都规定了适用信息技术取证的问题。首先，其第10条第4款规定：“请求法院可以要求被请求法院在取证时使用通信技术手段，如使用视频会议和电话会议等。被请求国应该按照这一要求执行，除非与其国内法相冲突或实际执行存在困难。在此情形下，被请求国法院亦应当通知请求法院。”第17条第4款规定：“各成员国中央机关或其他的机构鼓励适用新技术手段，如以

① 参见《法制日报》2008年9月14日，第5版。

② 参见邹国勇：《德国国际私法的欧盟化》，法律出版社2007年版，第313页。

③ 参见肖永平主编：《欧盟统一国际私法研究》，武汉大学出版社2002年版，第190～191页。

视频会议或电话会议的方式进行取证。请求国法院可以请求被请求国法院运用通信技术，尤其是运用视频会议或电话会议进行证据调查，在互相询问的时候，法院也可以使用新技术手段。”不过，《欧盟域外取证规则》对于涉及视频连接取证时的证据宣誓问题以及如果证人拒绝通过视频连接作证是否可以强迫证人作证等问题也没有规定。

与《海牙取证公约》相比，《欧盟域外取证规则》关于信息技术的规定简化了成员国间的取证程序，这是规则的一大明显进步之处。不过，从规则的实施情况来看，信息技术在欧盟成员国的使用并不普及。根据2006年11月至2007年1月学者所作的问卷调查，现阶段，只有荷兰和葡萄牙的所有法院都使用了视频会议设备，而其他国家，如奥地利、塞浦路斯、爱沙尼亚、芬兰、德国、爱尔兰、斯洛伐克、瑞典及英国等，只有部分法院使用了视频会议。①

（二）海牙国际私法会议的实践

1970年《海牙取证公约》制定时并没有预料到信息技术对域外取证会产生如此广泛的影响。不过，尽管原来的公约没有规定新技术环境下的取证问题，但是，在公约制定后的几十年，海牙国际私法会议一直在探索如何解决新技术所带来的问题。常设事务局先后多次召开会议并向成员方发出问卷调查，讨论、了解信息技术对域外取证的影响，也取得了一定的成效。

1. 1999年日内瓦圆桌会议

在1999年9月2日至4日，海牙国际私法会议常设事务局在瑞士日内瓦大学召开了一个圆桌会议，专门讨论电子商务所引起的国际私法问题。所有成员方都应邀参加，同时一些非政府组织也应邀参加了会议。会议分各个委员会分别讨论了不同的问题，如合同、侵权、选择法院、数据保护的法律适用、域外送达、域外取证等。②其中，第六委员会的主要任务是研究《海牙取证公约》在互联网环境下运用的可能性。

对于《海牙取证公约》，委员会一致认为，公约的目的、结构和内容并不构成

---

① See *Study on the Application of Council Regulation (Ec) N° 1206/2001, on Cooperation between the Courts of the Member States in the Taking of Evidence in Civil or Commercial Matter*, available at http: //ec. europa. eu/civiljustice/evidence/evidence_ec_en. htm, Visited on October 15, 2008.

② See Catherine Kessedjia, *Electronic Data Interchange, Internet and Electronic Commerce*, available at http: //www. hcch. net, visited on October 5, 2007.

电子取证的任何障碍。特别是，“请求书”不能被解释为公约对使用电子取证的排除。在此方面，委员会指出，公约并没有对请求书必须采取的形式作一个明确的定义，但是，公约的目标是提高成员之间的多方合作、简化请求书的传递途径、提高合作的效率，这从公约的第 3 条、第 9 条可以很清楚地看出，因此，电子传递的途径应该是一种十分有效的方式。首先，委员会研究了公约第一部分，以确定公约第 2 条第 1 款是否允许使用电子取证的方式。委员会也思考了公约第 24 条规定的使用中央机关或其他机关在信息技术环境下是否多余。经过讨论，委员会最后指出，中央机关或其他机构并不是多余的，而是十分有用的。当请求法院不能确定被请求法院的具体地址时或者当运用公约第 12 条时，中央机关就显得非常重要。①

另外，委员会考虑了通过电子途径传递的安全问题。对此，委员会指出，运用电子途径传递是危险的，不管采取什么样的安全措施。因此，委员会提出，任何时候文件的保密和可靠是必需的，应该鼓励使用加密网站。在委员会看来，这不属于公约第 3 条第 3 款禁止的范畴。最后，委员会得出结论，使用新的技术手段是必需的，包括使用视频会议询问远处的证人，使用这些方式取证没有任何障碍，但是，运用新技术应该与公约的目的相一致，或者通过使用请求书的方式，或者根据公约第 17 条。委员会认为这方面的问题还需要进一步研究。②

2. 2003 年问卷调查

为进一步提高公约的运行效率，以便为即将召开的特委会作准备，2003 年 8 月，海牙国际私法会议常设事务局向成员方发出了有关《海牙取证公约》实施情况的问卷调查，其中就有三个涉及信息技术在取证中运用的问题。问卷调查发出后，绝大部分缔约国家或地区都发表了自己的看法。③

以下为各国或地区对常设事务局问卷的回答：④

---

① See Catherine Kessedjia, *Electronic Data Interchange*, *Internet and Electronic Commerce*, available at http://www.hcch.net, visited on October 5, 2007.

② See Catherine Kessedjia, *Electronic Data Interchange*, *Internet and Electronic Commerce*, available at http://www.hcch.net, visited on October 5, 2007.

③ 主要包括加拿大、波兰、芬兰、保加利亚、丹麦、法国、德国、卢森堡、美国、荷兰、澳大利亚、德国、挪威、瑞士、葡萄牙、西班牙、斯威士兰、瑞典、乌拉圭、中国香港、中国澳门。

④ See the Permanent Bureau, *Synopsis of the Replies to the Questionnaire Relating to the Hague Convention of* 18 *March* 1970 *on the Taking of Evidence Abroad in Civil or Commercial Matters* (*Prel. Doc. No* 4), available at www.hcch.net, visited on May 10, 2007.

	问题	回答
1	贵成员方的政府机关是否接受外国用电子方式发出的请求？	丹麦①、芬兰、瑞典、中国澳门②、葡萄牙③、澳大利亚表示可以接受。部分成员方表示只有在特殊情况下才可以通过电子方式提出请求。④ 而波兰、保加利亚、德国、卢森堡、中国香港、美国、乌拉圭、荷兰⑤明确反对。还有一些成员方表示需要进一步考虑。⑥

① 丹麦表示，丹麦法允许外国通过新技术取证。但是丹麦法院对于新技术的使用非常少。

② 根据中国澳门地区的《民事诉讼法》，请求书可以通过任何方式传递，包括传真、电子邮件等。如果通过传真方式传递请求书，根据现有立法，请求书原始文件应该随后向法院出示。

③ 葡萄牙立法承认通过电子方式传递文件，只要具有数字签名，但是，葡萄牙至今还没有收到这样的请求。

④ 瑞士表示，只有在紧急的情况下，瑞士才承认通过传真或邮件的方式提出请求；法国认为，在取证方面特定的形式应该被尊重，只有在少数例外的情况下才能接受电子形式的取证请求；西班牙表示，新的《民事诉讼法》第 162 条规定，在特殊情况下可以通过电子方式进行联系。

⑤ 荷兰认为，根据荷兰《民事诉讼法》对电子形式的严格限制，这种方式可能不会被接受。荷兰实际上正在考虑允许使用电话会议等形式对外地证人进行询问。

⑥ 挪威认为运用现代技术手段需要进一步考虑；加拿大（加拿大不是公约成员方）安大略省认为，现阶段持怀疑态度，但是可能在将来会有用，主要是效力问题，即如何确定是谁发出的电子邮件？但是传真可能比电子邮件更容易接受，尽管一些法院要求有印章。而加拿大魁北克则表示到现在为止还没有收到任何这样的请求。

续表

	问题	回答
2	贵成员方的政府机关是否收到过或提出过要求使用新技术手段获取证据的请求？	澳大利亚①、芬兰②、瑞士③、挪威④表示收到或提出过这样的请求。中国香港⑤、法国、中国澳门、卢森堡、波兰、葡萄牙、乌拉圭、加拿大⑥表示没有收到。而其他一些成员方没有明确表示是否收到，但表达了自己的立场。⑦

① 澳大利亚表示，提出通过视频或音频的方式取证的请求已经收到，并且已经实施。值得注意的是，通过视频连接的方式取证的请求有大量的增加，而澳大利亚司法机关也经常作出这样的请求，但是这些请求并不能都满足。

② 芬兰表示，芬兰政府已经收到过一些通过电话会议方式提出的取证请求，这些请求都得到了执行。

③ 瑞士圣加仑州在两个案例中已经同意通过视频方式进行询问，苏黎世州也有一个案例。瑞士司法部认为，当瑞士有关机关具备相应硬件设施的时候，没有理由拒绝执行一个通过新技术方式提出的请求。

④ 挪威于2002年收到过一件通过视频方式获取证据的请求，该请求在挪威被执行了。

⑤ 中国香港表示没有收到这样的请求，但是香港司法机关认为通过视频方式取证是可以接受的。

⑥ 加拿大（加拿大不是公约成员方）安大略省表示，对利用新技术取证持怀疑态度；魁北克没有收到或提出过任何的电子请求。

⑦ 丹麦法允许外国通过新技术的通信方式进行取证。但是丹麦法院对于新技术的使用非常少。美国表示，美国法院允许各种形式的电子技术，包括视频形式的证人证言、电话会议、电子文件的电子交换。对于通过新技术形式提出的取证请求能否被执行要考虑以下因素：请求的性质、技术的可行性以及成本、个人或法人是否自愿递交有关证据、请求在多大程度上要求法院的干涉、程序是否一个合适的司法机关授权的等。瑞典指出，相信使用新技术在将来会越来越普遍，但是，实践中也存在一些问题，因为有的法院没有视频会议的设备。瑞典相信视频会议在将来会是一种非常有效的获取证据的方式。德国表示，德国中央机关不使用任何电子方式传递请求，然而，非正式的通知，比如对法规的查明，是可以通过电子方式提出的。荷兰表示，不清楚是否收到过这样的请求。根据荷兰《民事诉讼法》对电子取证的严格限制，这种请求书可能不会被执行，但是荷兰正在讨论在国内法中引入通过远程视频方式会见证人的可能性。

续表

	问题	回答
3	贵成员方是否认为有必要制定一个新的备忘录以促进现代信息技术的应用？贵成员方认为是否应该制定一种新的文件以便处理这方面的问题？	澳大利亚①、中国香港②、中国澳门③、瑞士、荷兰、葡萄牙④、芬兰、挪威、波兰、美国⑤、卢森堡、斯威士兰等表示有必要制定谅解备忘录或新的文件，以促进新技术的发展。而西班牙⑥、法国⑦、德国⑧等表示没有必要制定新的文件。还有一些成员方表示对此问题需要进一步研究。⑨

① 澳大利亚赞成制定新文件，特别是针对视频或音频方式从国外证人取证的问题。但是澳大利亚担心通过视频方式在国外获取证据是否构成藐视法庭，特权规则是否延伸到这些证人的声明。

② 中国香港表示，如果证据能够由请求国司法官员通过视频连接的方式获取将是非常有用的。香港的法院规则并不反对通过电子方式取证，但是请求国应该在请求书中明确表明其希望通过新的方式获取证据。备忘录可以提醒成员方通过更加积极有效的方式适用公约，包括使用电子方式进行取证。

③ 中国澳门表示，新技术的使用将会对公约产生很大影响，考虑到澳门特别行政区法院正在使用新技术的传递方式，所以制定备忘录是非常有用的，可以加速在立法中采纳电子方式。

④ 葡萄牙表示，新的谅解备忘录将非常有用，但是不需要制定一个新的公约。缔约方之间可以制定议定书就电子取证的条件和程序问题作出规定。

⑤ 美国表示，美国认识到新技术在诉讼中扮演着越来越重要的角色，许多美国法院也开始探索和实施新技术，例如电子文档和文书的送达以及通过电子方式的取证等。在任何情况下，美国都认为新技术手段对于请求国和其他国家而言是可以接受的。这种新的安排应该在公约内容和目的基础上予以考虑。

⑥ 西班牙表示，谅解备忘录仅仅作为现代通信手段的运用是不够的，如果它不延伸到整个公约的程序中，似乎是不够的。

⑦ 法国表示，因为缺乏实际需要，所以制定一个谅解备忘录似乎没有多大作用。实际上，通过这种方式传递请求书不能完全取代传统的邮递方式，特别是当请求伴随着文件的时候。

⑧ 德国认为，在使用新技术手段的时候，必须对请求和履行作必要的区分，使用电子手段传递请求没有任何意义。电子手段对送达程序可能是有帮助的，因为送达是一个整体，依赖于快速的传递，但是这种考虑通常不适用于双边司法协助情形下请求的提出。快速的传递不能保障快速的完成，请求机关没有配备必要的人员、硬件、专业人员，可能是导致程序延误的主要原因。最典型的例子是对法规的调查，虽然通过传真或邮件的方式传递了请求，但是被请求国几个月都没有回复，甚至在有的案件中根本没有回复。不过，借助技术手段的帮助请求听证的完成是可行的，因为在现有的公约体制下，视频会议或电话会议是可以的。《德国民事诉讼法》也规定了这种方式，允许以特殊的形式取证，但是考虑到成本的高昂和对技术条件的限制，只能在特殊情况下限制使用，所以，没有必要采取激进的措施。

⑨ 瑞典表示，新技术手段的方式应该被提高，也许谅解备忘录会产生与一个新文件同样的效果，但是这个问题应该进一步深入研究，也许欧盟第 1206 号规则第 10 条第 4 款、第 17 条第 4 款是将来的讨论基础；加拿大（加拿大不是公约缔约方）安大略省表示，取决于特定问题的解决，在决定是否制定新的文件之前更多的讨论是必要的，或者可以指导在利用新技术取证方面对现有的公约进行解释。

从以上各成员国或地区对常设事务局问卷调查所作的回答来看，可以得出以下几点结论：

（1）对于电子取证，约40%的国家和地区同意使用电子方式提出请求，40%的国家和地区反对使用电子方式提出取证请求，而另20%的国家和地区认为需要进一步观察。可见，在利用电子方式提出请求方面，各国或地区实践还极为不统一。

（2）在电子取证的实践方面，只有约25%的国家和地区收到过或提出过这样的取证请求。而其他的国家和地区则没有过这样的实践。通过信息技术方式进行域外取证还非常不普遍。不过，相信随着实践的发展，这种案例将会越来越多。

（3）约70%的国家和地区赞成制定一个新的文件以促进信息技术在域外取证方面的运用，扩大《海牙取证公约》的影响。

（4）对于信息技术在域外取证中的运用，还有许多问题有待于进一步探讨。例如，藐视法庭的问题、特权的确定等。

3. 2003年特委会报告

2003年10月28日至11月2日，在海牙召开了海牙国际私法会议特别委员会会议，各国对信息技术在公约中的使用又作了深入探讨。而在最后的海牙特委会报告中，常设事务局进一步明确表达了对信息技术手段的支持，认为使用信息技术手段可以提高公约的运行效率。常设事务局指出，公约并不反对运用现代技术手段，然而，信息技术手段的运用在不同成员方有不同的要求，需要获得相关缔约方的一致同意。常设事务局建议成员方把有关要求向常设事务局备案。常设事务局还强调，当通过特殊的方式取证时，公约第9条所指的与被请求国国内法不相容应该作狭义的解释，以最大程度地使用现代技术手段。最后，特委会还强调各有关机关之间早期的非正式联系，协调如何递交和执行请求书方面可以通过电子邮件等新技术手段进行。①

4. 2008年问卷调查

从2003年的问卷调查可以看出，各国家和地区对信息技术在域外取证中的运用还是比较支持的。为了提高公约的运行效率，进一步了解公约的最新实施情况，2008年5月，海牙国际私法会议常设事务局再次向各国家和地区，包括《海牙取证公约》的成员以及部分非成员发出了一份问卷调查表，为了解信息技术在各国家和地区域外取证实践中的运用，以便为即将于2009年2月2日至12日召开的关

① See the Permanent Bureau, *Conclusions and Recommendations Adopted by the Special Commission on the Practical Operation of the Hague Apostille, Evidence and Service Conventions* (*October 28 to November 4, 2003*), available at www. hcch. net, visited on May 10, 2007.

于《海牙取证公约》、《海牙送达公约》等四个公约实施情况的特委会作准备。此次问卷调查，常设事务局针对通过视频连接取证设计了10个方面的、非常详细的问题，主要涉及视频取证的一般法律问题、接受他国或地区通过视频连接等提出请求书的问题、本国或本地区通过视频连接等向外提出请求的问题、在本国或本地区通过视频连接等取证的问题、在他国或地区通过视频连接等取证的问题以及对信息技术在公约中运用的一般看法等。①截至2008年12月1日，针对此次问卷调查，共有48个国家、地区和经济一体化机构向特委会递交了回答。其中，递交问卷调查答卷的公约成员共有31个。②另外，一些非公约成员递交了答卷，不过非成员的问卷不涉及视频连接方面问卷的内容。③ 遗憾的是，还有10多个公约缔约方，如荷兰、葡萄牙等没有向常设事务局提交有关问卷表。

以下是针对各公约成员对常设事务局问卷回答所作的整理：④

	问题	回答
1	贵成员方是否认为利用视频方式取证存在法律障碍，如果没有，请解释本成员方在公约下根据视频取证的法律基础。如果有，请具体指明障碍是什么？	丹麦表示现在还不能准确评价。摩纳哥表示通过视频方式取证在摩纳哥是不允许的。其他成员方都认为没有任何法律障碍。

① See http://www.hcch.net/index_en.php? act = conventions.publications&dtid = 33&cid = 82, visited on May 10, 2007.

② 主要包括：澳大利亚、阿根廷、捷克、爱沙尼亚、丹麦、法国、芬兰、德国、希腊、中国香港、印度、以色列、意大利、拉脱维亚、立陶宛、卢森堡、墨西哥、摩纳哥、挪威、波兰、罗马尼亚、新加坡、斯洛伐克、南非、西班牙、瑞士、瑞典、土耳其、乌克兰、英国、美国。参见海牙国际私法会议网站：www.hcch.net，2009年2月10日访问。

③ See http://www.hcch.net/index_en.php? act = conventions.publications&dtid = 33&cid = 82, visited on September 10, 2008.

④ See the Permanent Bureau, *Synopsis of Responses to the Questionnaire of May* 2008 *Relating to the Hague Convention of* 18 *March* 1970 *on the Taking of Evidence Abroad in Civil and Commercial Matters Prel. Doc. No* 8, *December* 2008, available at www.hcch.net, visited on February 10, 2009.

续表

	问题	回答
2	自2003年以来，贵成员方的政府机关是否收到其他缔约方提出的请求，要求通过视频连接取证或涉及视频取证？	挪威表示有一起案例，是澳大利亚提出的，要求通过视频方式取证。新加坡表示2004年收到一起中国香港提出的通过视频取证的请求。西班牙、瑞士也表示各有一起这样的请求。希腊表示虽然没有收到其他缔约方的请求，但是其本国已经根据《欧盟域外取证规则》执行了两个来自芬兰的请求。美国表示已经收到这样的请求。① 除此之外，其他国家或地区或者没有统计的数据，或者没有确切的案例。
3	贵成员方的政府机关或司法机关如何处理证人不愿意通过视频连接方式取证的问题？	丹麦表示，根据当前立法，法院不能强制要求证人接受视频连接方式取证。芬兰表示，如果芬兰是被请求机关，则将考虑采取强制措施要求证人作证。而罗马尼亚表示不能对证人强制作证。瑞典指出，根据2008年11月1日修订生效的《司法程序法》，证人不能自行决定通过视频连接作证还是亲自出庭作证。如果证人不愿出庭作证，法院可以采取强制措施。美国表示，虽然美国法律不禁止证人自愿通过国际视频连接提供证据，但是要采取强制措施，只能通过《海牙取证公约》提出请求，并由美国司法部律师执行。因此，美国中央机关不能强制证人出席由外国法院或律师主导的国际视频会议并作证。② 其他国家或地区或者没有对调查的问题作出回答，或者表示没有遇见这样的案例。
4	自2003年以来，是否有司法机构提出要求使用视频连接取证的请求？	西班牙表示有6或7起案件。其他国家或地区表示没有或没有统计数据。

① 必须指出的是，美国于2009年1月才向常设事务局递交本国的问卷调查回答，因此常设事务局的问卷调查表综述中并没有包括美国的有关信息。

② See Response United States of America to 2008 Evidence Questionnaire, available at http://www.hcch.net, visited on April 8, 2009.

续表

	问题	回答
5	自2003年以来，在公约第二章之下是否有使用视频连接取证的案例？	瑞士表示有。美国表示不清楚，因为证人自愿作证不需要美国政府的允许。其他国家或地区或者表示本国或本地区已经对公约第二章作了保留，或者表示没有这样的案例。
6	在贵成员方，对使用现代技术手段取证有什么特别的条件，贵成员方法院是否都配备了计算机、因特网、视频会议设备以及其他记录证词的设备？	除了阿根廷表示其本国部分法院没有计算机、视频会议设备以外，其他所有国家或地区都表示本国或本地法院已经配备计算机、视频会议等设备。有的国家或地区还有专门的科技法庭，如新加坡最高法院大厦就有5个科技法庭，每个法庭都配有视频会议及其他设备。① 中国香港地区也有这样的高技术法庭。
7	贵成员方是否认为需要在《海牙取证公约》下制定一个共同的框架以鼓励使用现代技术获取证据？如果是，贵成员方是否认为对利用视频方式提供实践指导是足够的，或者是否认为有必要制定一个专门针对信息技术取证的附加议定书？	绝大部分国家和地区表示没有必要制定一个议定书，只需要对视频连接取证进行足够指导就够了。

从向海牙常设事务局所递交的问卷调查表来看，各国或地区对在《海牙取证公约》框架之下利用视频连接等取证是持肯定态度的，并不存在法律方面的障碍。同时，随着信息技术的日益普及与飞速发展，绝大部分国家和地区的法院都已经有了视频、音频等设备，具备了利用信息技术进行域外取证合作的基础和条件。但是，从实践来看，真正在公约框架下利用视频连接等进行域外取证的案例很少。由此可见，很多国家和地区对利用信息技术进行域外取证依然比较谨慎。不过，由于一些公约成员没有提交问卷回答，因此，以上结果并不能完全反映国际社会的普遍实践。

5. 2009年特委会会议

① See Response Singapore to 2008 Evidence Questionnaire, available at http://www.hcch.net/index_en.php?act=publications.details&pid=4381&dtid=33, visited on September 10, 2008.

由于利用信息技术、特别是使用视频连接可以有效提高《海牙取证公约》之下域外取证的效率，因此，常设事务局决定将利用视频连接取证问题作为2009年特委会会议的最重要议题。为便于特委会加深对此问题的讨论，常设事务局根据2008年各成员方递交给常设事务局的问卷回答对在公约及机制之下利用视频连接取证的一些问题作了进一步的分析，包括在公约下利用视频连接取证的法律依据、实践中一些新的法律问题等。在分析总结上述问卷调查表的基础上，常设事务局得出了以下结论，以便作为特委会讨论的基础：①

（1）公约允许当事人和诉讼代理人以及请求国家或地区的司法机关人员在执行请求的时候通过视频连接方式到场（公约第7条和第8条）。

（2）在可以通过视频连接取证的国家或地区，公约允许通过视频连接方式执行请求书。

（3）如果执行方和请求方法院都配备有视频连接设备，而且请求书中也明确提出了要求使用视频连接取证，则公约要求执行国家或地区执行视频连接取证请求。

（4）如果已经取得取证地国家或地区的许可，或者取证地国家或地区法律不禁止通过视频连接取证，则公约允许外交代表、领事或特派员通过视频连接取证。

同时，通过对各国家或地区实践的了解，常设事务局认识到，利用视频连接等取证也的确产生了一些新的法律问题，如证言宣誓的主持问题、作伪证的问题等。常设事务局作出了以下初步考虑：②

（1）取证地的法律应该适用于视频连接取证的程序，特别是，该法将支配证言宣誓的主持、作伪证、藐视法庭等问题。

（2）因为参与人远离取证地，利用视频连接取证可能会产生一些困难。如果证人扰乱程序，则视频连接将会被终止。

常设事务局还建议有兴趣的国家或地区联合起草有关利用视频取证的实践引导，对以下事项予以考虑：在利用视频连接取证时，执行地的法律如何适用；决定视频连接取证的时间问题；技术标准以及不同技术的兼容性问题；利用视频连接取证的程序；翻译的使用问题等。

2009年2月2日至12日，针对《海牙取证公约》等四个公约的特委会在海牙

---

① See the Permanent Bureau, *The Taking of Evidence by Video-Link under the Hague Evidence Convention Prel. Doc. No 6, December 2008*, available at www. hcch. net, visited on February 10, 2009.

② See the Permanent Bureau, *The Taking of Evidence by Video-Link under the Hague Evidence Convention Prel. Doc. No 6, December 2008*, available at www. hcch. net, visited on February 10, 2009.

如期召开，经过讨论，特委会对利用视频连接取证得出了以下结论：①

（1）常设事务局再次确认了2003年特委会会议的结论，表示利用视频连接取证与《海牙取证公约》的现有机制是一致的。特委会还特别指出：

A. 公约允许当事人及其诉讼代理人以及请求国或地区司法机关在利用视频连接执行请求书的时候到场；

B. 公约第9条第1款允许在执行国或地区同意的情况下利用视频连接取证；

C. 视频连接也可以用来执行公约第9条第2款所规定的请求书；

D. 如果执行国家或地区不反对或已经取得其同意，则公约允许领事、外交代表、特派员利用视频连接方式协助取证。

（2）特委会指出，在公约框架下，利用视频连接取证已经产生了一些新的法律问题，如对证言宣誓的管理、藐视法庭、作伪证的问题等。特委会希望这些问题都能够在公约现有框架内解决。

（3）特委会鼓励缔约成员交流利用视频连接等现代技术手段进行域外取证的经验和信息，也鼓励缔约成员向常设事务局提供有关信息，以便其能够以合适的方式在海牙国际私法会议官方网站上公布。

6. 评析

综上所述，虽然《海牙取证公约》没有对利用视频连接取证作出明确规定，但是，公约的现有合作框架对利用视频连接取证没有任何法律障碍，公约所规定的三种取证方式，包括请求书取证、外交代表和领事取证以及特派员取证等都可以借助信息技术来提高取证效率。尽管如此，在利用视频连接等进行域外取证时，也产生了很多新问题，既涉及法律方面的问题，如证言宣誓的管理、作伪证问题等，也有诸多实践方面的问题，例如，如何确定法庭时间、翻译的问题等，这些问题的解决有待于国际社会进一步探讨和合作。笔者认为，要解决《海牙取证公约》在信息社会所面临的问题，海牙国际私法会议可以借鉴其他国际文件的规定。目前，对利用视频连接进行域外取证规定最完善的当属2001年的《欧洲刑事司法协助公约第二附加议定书》（以下简称《议定书》），该议定书第9条对利用视频连接进行听证协助作了详细的规定。如对于域外视频听证的法律适用，《议定书》第9条第5款c项规定，利用视频听证可以不适用被请求方的程序，而由请求方司法机关直接

① See the Permanent Bureau, *Conclusions and Recommendations of the Special Commission on the Practical Operation of the Hague Apostille, Service, Taking of Evidence and Access to Justice Conventions* (*2 to 12 February 2009*), available at www. hcch. net, visited on March 8, 2009.

依照自己法律规定的程序进行。① 对于特权的法律适用，《议定书》第9条第5款e项规定，被询问人有权依照请求方的法律或被请求方的法律就可能导致其被指控的事项拒绝作证。② 此外，《议定书》还对被请求方协助听证，如传唤和帮助有关人员参加听证活动、审核被询问人的身份等作了规定。尽管《议定书》所针对的是刑事案件，但其包含的规则对于将来完善《海牙取证公约》的域外取证法律机制无疑具有很强的借鉴意义。

五、利用信息技术域外取证国际合作的障碍及前景

尽管有越来越多的国家开始制定新的立法，允许通过视频连接获取证据，而实践中也有一些国家积累了大量成功的经验，如澳大利亚、新加坡。但是，就国际社会而言，利用视频方式进行域外取证的合作还存在许多需要进一步克服的障碍，主要包括技术、法律以及人员方面的限制等。

首先，技术的限制。在技术方面，尽管在一些国家，如澳大利亚、新加坡、美国等已经具备了利用信息技术进行取证的良好技术基础，但是，就全球范围而言，技术依然是利用视频连接等进行域外取证的首要限制条件。因为很多国家，特别是发展中国家的司法部门尚无适当的软硬件设备，在这些国家就不可能利用视频连接获取证据。此外，即便是在技术运用比较成熟的国家也还有许多需要解决的问题，例如，如何保证信息技术传递的安全性以及保密性问题等，需要在将来进一步予以完善。

其次，法律的限制。尽管海牙国际私法会议常设事务局经过多次讨论认为在现有公约框架下利用视频连接取证没有任何法律障碍，但是，在立法方面，目前只有少数成员的立法明确规定了利用视频连接等进行取证的问题，③很多国家立法还没有就此问题作出规定。虽然部分国家正考虑修改法律，准许在部分诉讼程序环节运用信息技术，但总体而言，绝大多数国家对信息技术在域外取证方面运用的法律规定尚不明确。法律的不明确在很大程度上限制了信息技术在域外取证领域的运用。

最后，人员的限制。信息技术的运用，很大程度上取决于人对信息技术的接受、掌握和具体实施。即使技术先进、法律许可，但如果法官不去使用或不会运用

① 该条款原文如下：The hearing shall be conducted directly by, or under the direction of, the judicial authority of the requesting Party in accordance with its own laws.

② 该条款原文如下：The person to be heard may claim the right not to testify which would accrue to him or her under the law of either the requested or the requesting Party.

③ 如美国、英国、澳大利亚、新加坡、加拿大等。

信息技术的话，一切目标皆不可能实现。要推广信息技术的使用，各国需要大力培养和提高法官使用信息技术的技能。在此方面，澳大利亚的经验值得学习。为了提高法官运用视频连接等取证的能力，澳大利亚政府与澳大利亚昆士兰科技大学签订了合作协议，由后者协助培训司法人员使用信息技术等知识，取得了较好的效果。①

另一方面，我们也应该看到，信息技术在域外取证方面的使用也并非毫无缺陷。与传统的证据获取方式相比，信息技术的使用同样存在先天不足。例如，在传统的法庭上，对证人可信性进行质疑和攻击可利用心理战术、提问突袭等多种诉讼技巧，而采用视频会议技术开庭审理，由于没有与证人直接接触，证人可能会从容地掩盖事实，故利用信息技术取证对评价证人证言存在重大缺陷。②此外，信息技术运用虽然可能使作证程序简单，但也可能导致传唤的证人大量增加，从而引起费用上升。另外，信息爆炸也可能会使法官心证遭受困扰。③

21 世纪是信息时代，因特网以及信息技术已经毫无悬念地渗透到社会生活的各个方面。不管接受与否，信息技术将会继续对各个国家的包括取证在内的诉讼制度产生深刻影响，因此，信息技术必将在越来越多国家的法律制度中被采纳。对国际社会而言，要想使《海牙取证公约》也受益于信息技术的发展，还有许多问题需要各国共同协调与解决，如通过电子邮件提出请求书的效力问题、利用信息技术进行跨国取证的程序问题等，如果能够解决这些问题，《海牙取证公约》必将迎来一片新的天空。

Information Technology and Taking Evidence Abroad: Issues, Rules and Practice

Abstract The development of information technology has profoundly influenced all aspects of international civil litigation. Information technology brought about challenges to

---

① See Ros MacDonald & Anne Wallace, *Review of the Extent of Courtroom Technology in Australia*, William & Mary Bill of Rights J., Vol. 12, 2004, p. 649.

② See L. Marcus, *E-Discovery & Beyond: Toward Brave New World or* 1984?, Rev. of Litigation Symposium, Vol. 25, 2006, p. 633.

③ 参见徐昕：《英国民事诉讼与民事司法改革》，中国政法大学出版社 2002 年版，第 517 页。

the traditional rules of taking evidence abroad. It has also led to many new legal issues, such as the validity of outgoing letters of request by e-mail, the problems of oath by using video-link to take evidence abroad, etc. . With respect to the use of information technology in taking evidence abroad, some countries have enacted relevant legislation. However, they are far from perfect. In order to solve the problems brought about by information technology, the Hague Conference on Private International Law held a number of conferences, and sent two questionnaires to members. However, there are still serious differences among members, and hence there is more to be done by the international community.

Key words information technology; taking evidence abroad; Hague Convention

（审稿：卜 璐）

次贷危机背景下国际银行流动性风险监管制度的变革*

□ 李仁真** 宿 营***

内容摘要 金融创新和全球金融市场的迅猛发展使银行业流动性风险的内涵发生了重大变化，由次贷危机引发的全球金融危机清晰地暴露出银行业流动性风险监管的重大缺陷，同时也将国际银行流动性监管制度的改革提上日程。本文从分析次贷危机引发的银行业流动性风险问题入手，讨论了21世纪以来银行融资渠道的变化、资产证券化的广泛应用、复杂金融工具的运用、抵押品的使用、支付系统和日内流动性的要求、跨境交易的发展等对银行业流动性风险管理提出的严峻挑战，并以巴塞尔文件为基础阐释了国际银行流动性监管制度的新发展，包括流动性风险监管的基本原则、治理结构、计量管理、信息披露监管者的作用五个方面，最后就我国如何借鉴国际经验完善银行业流动性风险监管制度提出了几点思考。

关键词 次贷危机 流动性风险 银行监管

目 次

---

* 本文为教育部人文社会科学重点研究基地2005年度重大研究项目“21世纪国际金融法律制度创新与发展研究”（项目批准号05JJD820005）的阶段性成果。

** 武汉大学国际法研究所教授，博士生导师。
*** 武汉大学国际法研究所博士研究生。

（六）跨境交易对流动性风险管理的挑战

三、巴塞尔流动性风险监管原则框架的变革

（一）关于流动性风险监管的基本原则

（二）关于流动性风险管理的治理结构

（三）关于流动性风险的计量和管理

（四）关于公开披露

（五）关于监管者的作用

四、完善中国流动性风险监管制度的几点思考

（一）关于"流动性风险"的定义

（二）关于应急资金计划的制定

（三）关于早期预警机制的建立

（四）关于加强银行监督机构的作用

流动性是指银行实现资产增值、履行到期债务的能力。流动性是商业银行的生命线，它不仅直接关系着单个银行的安危存亡，而且对于维护整个金融体系的稳定也至关重要。商业银行所提供的服务，实质上就是一种流动性的转换。作为中介，商业银行的职能就在于将缺乏流动性的资产转化为高流动性的债务，① 这使得商业银行从成立时起就一直面临着流动性管理的需要。流动性问题解决得不好，往往会使银行陷入经营困境，严重时甚至会导致银行破产。② 流动性不足或者过剩都会引发流动性风险。③ 所谓流动性风险，通常是指商业银行虽有清偿能力但无法获得或无法以合理成本获得充足的资金以应对资产增值或到期债务支付的风险。由于流动性风险具有不确定性强、冲击力大的特点，因此被认为是"商业银行最致命的风险"。④ 流动性风险具有很强的传染性，一旦爆发，其所引发的多米诺骨牌效应，

---

① 参见巴曙松、袁平、任杰、韩丽、李辉雨：《商业银行流动性管理研究综述》（一），载《金融博览》2007 年第 12 期，第 28 页。

② 参见谢丽红：《商业银行如何应对流动性风险》，载《广西农村金融研究》2007 年第 4 期，第 72 页。

③ 流动性不足不仅会使银行融资能力面临困难，而且可能引发商业银行遭遇挤兑的风险，严重时甚至会导致商业银行的破产；流动性过剩则意味着商业银行持有的资金超过了维持必要流动性所需的资金，这不仅会导致银行金融资产被动膨胀、投资收益率持续下降，还会迫使信贷市场过度竞争，从而放大信用风险和利率风险。

④ 流动性风险可以分为融资流动性风险和市场流动性风险两种。前者是指商业银行在不影响日常经营或财务状况的情况下，无法有效满足资金需求的风险；后者是指由于市场深度不足或市场动荡，商业银行无法以合理的市场价格出售资产以获得资金的风险。

将会把银行业潜伏已久的流动性问题急速放大，给银行业乃至整个金融体系带来巨大的影响。因此，流动性风险监管是国际银行业监管的重要难题。近年来，国际金融市场的迅猛发展对全球银行业流动性风险监管提出了一系列新的挑战。次贷危机的爆发使金融市场中原本存在的流动性监管问题集中暴露出来。如何解决目前的流动性短缺难题，如何改革和完善银行业流动性风险监管制度，值得国际社会和各国银行监管机构共同关注。

一、次贷危机与银行业流动性风险

2007年4月4日，美国第二大抵押贷款公司新世纪金融公司破产，标志着次贷危机正式爆发。次贷危机爆发后，在极短的时间内，世界主要金融市场都出现了流动性短缺的局面。为了增强流动性，世界各国央行向全球金融市场注入了巨额资金。① 但是，各国政府的注资行动并未能取得理想的效果，受流动性短缺影响，英国诺森洛克银行（Northern Rock PLC）、德国萨克森银行（Sachsen LB）、德国工业银行（German IKB）等多家银行相继倒闭，② 其中诺森洛克银行国有化事件最具有代表性。2007年9月15日开始，受次贷危机影响，诺森洛克银行发生了英国现代金融史上罕见的挤提事件。出于对银行倒闭的担忧，许多存款人要求提出存款。③ 面对多数存款人的提款要求，诺森洛克银行陷入流动性短缺困境，在筹借资金困难的情况下，其被迫请求英格兰银行提供流动性支持。因为诺森洛克银行具备偿付能力，并愿意提供全额担保、按高利率支付利息，英格兰银行启动了紧急贷款机制对其进行救助，平息了这场挤提风潮。尽管该事件以诺森洛克银行被临时国有化而告

① 2007年8月11日，美联储一天三次向银行体系注资380亿美元；2007年8月14日，美国、欧洲、日本三大央行再度注入超过720亿美元救市；2007年8月21日，日本央行再向银行系统注资8000亿日元，澳联储向金融系统注入35.7亿澳元；2007年8月23日，英央行向商业银行贷出3.14亿英镑应对危机。

② 英国诺森洛克银行、德国萨克森银行、德国工业银行等银行倒闭事件，促使巴塞尔委员会于2008年2月出台了《流动性风险管理和监管面临的挑战》一文。See Niels O. Angermuller and Stefan Zeranski, *New Approaches for Efficient Liquidity Management in the Light of Recent Regulation and Developments*, J. Int'l Banking L. and Regulation, Vol. 23. No. 10, 2008, pp. 506-513.

③ 按照英国银行存款保险计划，对于超过限额的取款要求，单个存款人可能会遭受损失。具体地讲，单个存款账户2000英镑以下的取款要求，全额支付；2000英镑以上35000英镑以下部分的取款要求，按照90%的比例支付。鉴于取款要求无法立即得到满足，也有人认为，上述规定将会引发不必要的延误和麻烦。但是，只有在英格兰银行倒闭且紧急贷款机制无法启动的情况下，上述规定才可能导致严重的后果。

终，但是其中暴露出的流动性管理问题却值得我们思考。诺森洛克银行因流动性不足遭遇挤提，究其原因，主要是由于该银行融资渠道存在问题。诺森洛克银行的资金主要来源于批发市场融资，公众存款只占其负债总额的28%。这就使得诺森洛克银行要保证正常经营，就必须能够从银行间同业市场和批发市场获得持续而稳定的资金来源。次贷危机爆发后，全球“银行间同业市场”的有效运行受到了重大的威胁。由于主要金融机构“惜贷”不愿拆出资金，市场流动性严重不足，银行间同业拆借利率，特别是三个月期限的拆借利率水平飙升。由于在同业拆借市场上融资困难，诺森洛克银行最终陷入流动性短缺困境。次贷危机对全球银行业造成了巨大的损失，痛定思痛，深入辨析次贷危机引发全球银行业流动性危机的原因，极具现实意义。

次贷危机起源于住房抵押贷款市场的信用危机，最终又造成了整个银行业的流动性危机，这有其必然的原因。次贷危机爆发前，由于美国长期的低利率政策，使得资本市场流动性明显过剩，大量的资金涌向了房地产市场，这也使得美国住房市场持续繁荣。2004 年 6 月开始，为了解决经济增长过快导致的通货膨胀压力，美国不得不结束多年的低利率货币政策。利率的升高不仅增加了房产商建房融资的融资成本，同时也加大了购房者还贷的负担，这必然导致房地产市场的价格下跌。从经济学理论来看，房地产价格的波动与银行流动性危机的爆发具有很强的相关性。房地产价格的下降会导致银行持有的房地产价值减少，同时也减少了以房地产作抵押的担保的价值，这必将减少银行资本，加大银行的流动性压力。面对房地产贷款风险的增加，银行必然又会对房地产贷款实行更严格的限制性条件，减少房地产行业的信贷供给量。这些措施将进一步打压房地产价格，使银行资产价值进一步缩水，这就造成了恶性循环，使银行流动性压力越来越大，最终导致流动性危机。① 银行流动性危机一旦出现，便会通过银行间同业市场、银行资产市场、银行信贷的抵押品市场迅速向其他银行传导，进而波及整个银行体系。次贷危机造成的流动性危机不仅使多家中小银行被迫倒闭，即使像花旗银行、德意志银行、汇丰银行等风险管理水平较高的国际性银行也均蒙受了巨大损失。流动性危机对全球银行业造成的巨大损失，充分说明了在过去几年流动性过剩的情况下，全球银行业没有重视流动性风险的监管。次贷危机的爆发使市场中原本存在的流动性风险管理问题集中暴露出来，重新审视现有管理体制中存在的问题，进一步完善流动性风险管理框架，成为我们急需解决的问题。

---

① 参见安国俊、安国勇、王峰娟：《金融危机对银行业流动性风险管理的影响》，载《证券市场导报》2008 年 12 月号，第 39 页。

二、银行业流动性风险管理面临的严峻挑战

进入21世纪以来，金融创新和全球金融市场的迅猛发展使流动性风险的内涵发生了重大变化。银行在融资渠道、业务模式、经营范围、产品复杂性等方面的深刻变化，使银行业流动性风险的管理和监督面临许多新的挑战，其中主要有以下几个方面：

（一）银行融资渠道变化对流动性风险管理的挑战

过去几年间，在持续低利率的市场环境下，银行客户越来越多地转向投资其他高收益产品，从而影响了银行的零售存款基础。在这一背景下，许多银行更多地转向通过资本市场进行融资，也更加依赖于运用商业票据、回购协议及其他商业货币市场工具进行融资。① 欧洲央行（ECB）的数据显示，从2002年到2006年，同业拆借市场的日交易总额几乎翻了一番，回购和逆回购交易的年平均增长率为17%。②

一般而言，融资渠道的改变和拓宽是一把双刃剑：一方面，它增加了银行资产与负债组合的多样性，有助于改善流动性风险的管理状况，更好地实现资产与负债的匹配；③ 另一方面，货币市场工具同传统的零售存款相比波动性更强，可能给银行的流动性风险管理带来更多的挑战。在次贷危机中，很多国家的短期票据市场和同业拆借市场都出现了冻结或僵死的局面，这就使得很多大型国际银行无法继续通过资本市场融通流动性资本，甚至那些没有直接参与次级贷款业务的银行也受到了不同程度的波及，上文提到的英国诺森洛克银行遭遇挤提的事件就是很好的例证。次贷风波表明，在市场面临巨大压力的情形下，完全指望通过资本市场融资来解决流动性问题是不现实的。显然，大多数银行在转向更多地依靠批发市场和同业拆借市场融资之时，并未估计到这些市场会出现失灵、崩溃等极端情形。次贷危机的冲击，不仅严重影响了银行通过资本市场进行融资，而且动摇了银行的零售存款基础。在市场面临困难的时期，投资者对承受更高的风险表现出极度的反感，相当一

---

① Basel Committee on Banking Supervision, *Liquidity Risk: Management and Supervisory Challenges*, II. Liquidity Risk Management Challenges, B. Funding from Capital Markets, February 2008, para. 1.

② ECB, *Euro Money Market Study 2006*, 2007.

③ 参见廖岷、杨元元：《全球商业银行流动性风险管理与监管的发展状况及其启示》，载《金融研究》2008年第6期，第70页。

部分短期存款人向银行要求提取存款，并拒绝继续为银行提供融资。①总之，融资渠道的改变在帮助商业银行拓宽资金来源渠道的同时，又给它们传递了货币市场或资本市场上的其他风险，包括流动性风险。

（二）资产证券化广泛应用对流动性风险管理的挑战

资产证券化肇始于20世纪70年代美国的住房抵押贷款证券化，是世界金融领域的一次重大创新。由于资产证券化兼有风险转移创新、提高流动性创新和信用创新的功能，因而引发了金融市场多方面的深刻变革。资产证券化能够将原本存在于特定主体之间不具有流动性的债权资产，转化成资本市场上具有良好流通性的证券。② 正是由于这一优点，该项技术在银行经营活动中得到了广泛应用。③ 运用资产证券化技术，银行将流动性比较差的资产打包出售，从而扩大批发市场的融资渠道，缓解资产负债表的压力。

资产证券化使银行从流动性差的资产中获取了流动性，在一定程度上有利于银行提高流动性风险管理能力，但同时也存在着一些弊端，表现在：一是资产证券化完成交易的时间较长，银行不能在短时间内解决流动性问题；二是整个资产证券化运作过分依赖于资本市场的有效性和稳定性。资产证券化技术的滥用，也对次贷危机的爆发起了推波助澜的作用。尽管资产证券化技术帮助房贷发放机构使其巨额的抵押贷款获得了流动性，但是危机爆发后，那些曾把资产证券化作为增加收入和减少表内资产的主要途径的银行却不得不延迟其证券化业务，其结果反而加大了资产池的流动性需求压力。

（三）复杂金融工具使用对流动性风险管理的挑战

20世纪70年代以来，为摆脱媒体的困扰，逃避金融监管，规避汇率、利率风险，国际银行界开始进行大规模的金融创新。随着经济和社会的发展，西方经济发达国家金融业出现了一个金融创新浪潮，新的金融工具、金融方式、金融技术、金融机构、金融市场及金融衍生商品的不断涌现，使传统的金融业发生了本质的变化。特别是近十年来，金融市场不断出现各种复杂的新型金融产品，如衍生产品

---

① Basel Committee on Banking Supervision, *Liquidity Risk: Management and Supervisory Challenges*, II. Liquidity Risk Management Challenges, B. Funding from Capital Markets, February 2008, para. 1.

② 参见洪艳蓉：《资产证券化法律问题研究》，北京大学出版社2004年版，第1页。

③ 联合论坛（Joint Forum）的数据显示，在被调查的40家大型金融机构中，3/4的银行和1/3的证券及保险机构都希望将其贷款或应收账款证券化。参见联合论坛2006年《金融集团流动性风险管理》（*The Management of Liquidity Risk in Financial Groups*）一文。

(derivatives)、信用违约掉期(credit default swaps, CDS)、总收益掉期(total return swaps)、中介渠道融资(conduit financing)和其他结构性产品(structured products)。这些新产品通过在交易双方和市场间重新分配和转移风险，有助于银行提高收益、化解风险、管理投资组合、有效融资以及保护投资者利益。

但是，这些经过层层包装的金融创新工具，使人们越来越难以辨认其本来面目。例如，次贷危机中被广泛使用的债务抵押债券(collateralized debt obligation, CDOs)，其复杂程度甚至连华尔街中的一些专业人士都难辨其实。复杂金融工具的广泛使用，给银行的流动性风险管理提出了一系列新的挑战：第一，这些产品往往包括信用等级下调条款以及特征评估条款(call features)等嵌入式条款，这使银行对这些工具的流动性状况进行评估变得复杂化。第二，金融创新工具的产品结构过于复杂，信息披露和透明度较低，产品交易欠活跃，价格波动性强，使银行很难估计这些新产品的价格以及其在二级市场上的流动性。第三，这些新产品上市的时间不长，缺乏历史数据，这使银行难以预测其未来的现金流以及在市场流动性短缺时其与其他金融产品的相关性。① 第四，这些复杂金融工具一般都具有高杠杆率，对银行资金头寸的影响往往具有放大效应。

(四) 抵押品使用对流动性风险管理的挑战

过去10年间，商业银行在其经营活动中越来越多地运用了高质量的抵押品。② 这一方面是由于担保(collateral)被越来越多地用做风险缓释的工具；另一方面是由于金融公司间交易的性质发生了变化，如在批发市场融资中更多地使用回购交易和衍生产品。

尽管使用抵押品可以降低交易对手的信用风险，但是大范围地集中使用抵押品则可能会增加流动性风险。风险管理实践中的变化使担保对于流动性风险的影响变得更为敏感。例如，增加保证金的通知现在变成了日常或日内业务，这与原来要求在一周或一个月前发出通知的做法是不同的；另外，双方担保协议随着抵押业务的发展变得越来越重要，该协议得到了大型金融机构在日常经营活动中越来越频繁的使用。但是，如果市场条件发生变化，交易对手方需要立即提供额外担保，这自然

---

① Basel Committee on Banking Supervision, *Liquidity Risk: Management and Supervisory Challenges*, II. Liquidity Risk Management Challenges, B. Funding from Capital Markets, February 2008, para. 1.

② 国际衍生产品与掉期协会(International Derivatives & Swaps Association, ISDA)的调查显示，2000年的抵押品合约只有12000份，而2006年则达到了110000份。

会增加其流动性压力，而且抵押品数额越大对对手方造成的流动性压力也越大。次贷危机中，部分大的对冲基金因为抵押品价格的大幅下跌而被要求大量追加保证金，最终导致一些基金以平仓而告终。这也使我们更清晰地看到了抵押品对金融市场整体流动性的重大影响。

（五）支付系统和日内流动性要求对流动性风险管理的挑战

现在，许多银行都面临与其本身经营活动或与其客户和交易银行相关的新的日内流动性风险管理的压力。这些挑战的出现主要是由于支付和结算系统设计晚近发展的影响。例如，采用大额日内支付系统（如实时全额清算系统，real-time gross settlement，RTGS），和证券交易交割结算系统（delivery-versus-payment，DVP），外汇交易的连续连接清算系统（continuous linked settlement，CLS）等更为快捷、先进的支付和结算系统，以及中央对手方（central counterparty）的广泛应用。

这些支付结算方法上的发展，降低了特定同业银行间的信用风险和操作风险。但是，这些变化也增加了某些系统内对抵押的要求，同时也对特定支付系统的支付时间提出了更高要求。银行一旦不能按时支付大额债务，就可能通过支付系统把大部分流动性风险转移给国内或国际上的其他银行，这就必然会对其他境内外银行以及整个银行体系的流动性产生影响，最终还可能影响到其他国家的短期货币市场的正常运行。一般情况下，为了确保支付系统的正常运行，中央银行经常会对实时全额清算系统的参与者提供日内信用支持。但是获得支持的银行需要向中央银行提供必要的担保。因此，金融机构必须拥有一定形式的流动性资产，以保证其实现营业日中的流动性义务。这无疑也增加了银行的日内流动性要求。

（六）跨境交易对流动性风险管理的挑战

随着金融全球化浪潮的推进，国际商业银行越来越多地在全球范围内拓展业务。几个大型全球金融机构还在进一步寻求集中管理跨境、多币种间日内流动性需要的方法。银行跨境业务的交易量和交易速度的提高，使金融市场间的联系更为紧密。

但是，银行跨境交易的增多也给流动性风险管理提出了新挑战。一方面，跨境交易的增多，增加了市场间的传染性风险。如次贷危机中，德国一些中型银行因持有美国资产支持商业票据（asset-backed commercial paper，ABCP）而陷入困境。在澳大利亚，依赖于离岸融资的银行业也受到了影响，欧洲和北美金融市场的变化，最终导致了澳大利亚本土银行无法及时获取所需的流动性。另一方面，大量的跨境交易还可能导致流动性问题在其他市场和清算系统间蔓延。实施流动性风险集中管理的银行可能选择外汇掉期或抵押品跨境转移的途径，从其他货币国家获取资金。

但在现实操作中，资产的转移往往需要时间或受到诸多限制，而外汇掉期市场的流动性也难以预测，特别是在市场运行陷入困境的条件下，各国的监管机构都会要求在本国经营的银行保持充足的流动性，以维护本国金融体系的利益，这就使银行无法及时从境外获得资金。

三、巴塞尔流动性风险监管原则框架的变革

为了应对次贷危机造成的国际银行业流动性危机，国际社会开展了一系列救助活动，也对既有流动性监管制度进行了深刻的反思。从短期的应急策略来看，一方面，受波及的各国均开展了积极的救助工作。① 各国央行都对本国陷入经营困境的金融机构提供了巨额的流动性支持，在一定程度上维护了国际金融市场的稳定。另一方面，面对金融危机造成的全球经济衰退局面，各国政府领导人也通过高层会晤的方式，探讨全球金融危机的应对之策。二十国集团领导人已先后在华盛顿和伦敦举行了两次 G20 峰会。从两次峰会的公报来看，各国领导人同意进行更具有一致性和系统性的跨国合作，并创立全球金融系统需要的、国际社会一致认可的金融监管框架。② 在流动性危机应对方面，各国领导人表示，将向各自的银行系统提供重大而全面的支持，目的是提供流动性、调整金融机构资本以及解决资产减值问题。另外，各国领导人一致支持通过国际货币基金组织进行一次总的特别提款权（SDR）分配，此举将向世界经济注入 2500 亿美元并提高全球金融市场的流动性。③ 各国领导人的一致声明，凸显了加强国际银行业流动性监管的重要性。然而，国际社会的大规模注资行动只能起到短期应急的作用。要实现国际金融市场的长久稳定，避免再次出现这样大规模的流动性短缺局面，尽快制定一套合理的国际银行业流动性监管规则，才是解决问题的长远策略。国际社会普遍认为，制定一套健全、有效的国际银行业流动性监管原则框架，具有必要性和紧迫性。2009 年 2 月 25 日，欧盟高级别小组在其发布的《关于“金融监管制度改革”报告的三十一条建议》中再一次表达了这种愿望。该文件的第一条建议就提出，希望巴塞尔银行监管委员会尽快修正其规则，进一步健全流动性管理规范。

---

① 2007 年 8 月 9 日，欧洲中央银行为市场注资 950 亿欧元（折合 1310 亿美元）。次日，欧洲中央银行再次注资 610 亿欧元。美国联邦储备银行为金融市场先后注资 240 亿美元和 380 亿美元，加拿大、日本、澳大利亚等国也相继采取了类似的行动。

② 参见《20 国集团领导人伦敦金融峰会正式公报》，第 8、14 段，2009 年 4 月 2 日。

③ 参见《20 国集团领导人伦敦金融峰会正式公报》，第 19 段，2009 年 4 月 2 日。

回顾巴塞尔委员会的工作，流动性风险监管一直是其关注的重点问题之一。早在 1992 年，该委员会就曾发布过一个名为《流动性计量和管理的框架》的文件，对银行业面临的流动性风险问题进行了探讨。2000 年，委员会又发布了《银行机构流动性管理的稳健做法》，对上述文件进行了更新。但是，由于当时国际金融市场并未出现普遍性流动性危机，该文件主要是侧重于对银行日常经营活动中的流动性问题进行规定，并未对危机条件下的流动性监管问题进行充分考虑。次贷危机爆发后，国际银行业陷入了流动性短缺的困境，严峻的现实促使委员会重新审视现有流动性风险监管框架。2008 年 2 月，委员会发布了《流动性风险：管理和监管面临的挑战》文件，该文件从六个方面分析了国际金融市场的变化对国际银行业流动性监管问题提出的挑战。2008 年 4 月 16 日，委员会在《关于提高银行体系危机应对能力的若干建议》中又一次强调了加强流动性风险管理的重要性。委员会指出，商业银行需要强有力的流动性支持，以便在市场长期低迷、流动性极度短缺的情况下能够独善其身。2008 年 7 月，委员会就流动性风险管理和监管的全球性最佳惯例向各有关方面征求意见，以便为其着手针对跨国银行的流动性管理问题制定全球统一的监管规则奠定基础。2008 年 9 月，为了及时总结此次危机中得到的教训，委员会颁布了《稳健的流动性风险管理和监管原则》。该文件对其 2000 年《银行机构流动性管理的稳健做法》进行了必要的检讨，在许多关键领域对既有流动性风险管理框架作了重大扩展，从管理和监督流动性风险的基本原则、流动性风险管理的管理方法、流动性风险的测量和管理、公开披露、监管机构的作用五个方面系统提出了关于银行业流动性风险管理和监督的 17 项原则，为国际银行业流动性风险管理构建了一套完整的原则框架，并为各国政府应对全球银行流动性危机提供了技术指导。最近，巴塞尔委员会主席韦林克先生在欧洲议会经济和货币事务委员会所作的报告中明确提出了委员会将着重从以下四个方面健全银行业监管框架：（1）稳健的资本监管；（2）健全的流动性标准；（3）加强风险的管理、规制和监管；（4）增强透明度。① 从中我们可以清楚地看到，流动性监管在未来国际银行业监管中将具有十分重要的地位。下面，我们以巴塞尔委员会 2008 年《稳健的流动性风险管理和监管原则》为基础，阐述国际银行流动性风险监管制度的最新发展。

---

① Nout Wellink, *Basel Committee Initiatives in Response to the Financial Crisis*, Before the Committee on Economic and Monetary Affairs of the European Parliament (ECON), Brussels, March 30, 2009.

（一）关于流动性风险监管的基本原则

2008年《稳健的流动性风险管理和监管原则》的第一项原则即为流动性风险监管的基本原则，该原则是指银行负有进行有效的流动性风险管理的责任。依其要求，这一原则包括两个方面的含义：一方面，银行应当建立健全的流动性风险管理框架，以便确保银行保持充足的流动性，还应持有充足的无抵押负担的缓冲资金以及高质量的流动性资产，用以承受一系列压力事件的冲击，这其中包括（有担保或无担保的）资金来源的损失或恶化所引发的紧急事件。另一方面，银行监管机构应对银行流动性风险的管理框架的健全程度进行评估，同时应对银行的流动性状况加以评估，如果发现银行的流动性管理框架存在缺陷，则应立即采取行动，以便保护存款人的利益，防止金融体系受到的潜在损失。① 从巴塞尔委员会对流动性风险监管的基本原则的表述可以看出，要实现有效的流动性风险监管，既需要银行内部建立并有效实行一套健全的流动性管理制度，也需要监管机构从外部进行积极的监督。

从完善银行内部风险控制机制的角度看，银行应当建立一套健全的流动性风险管理框架，该框架应全面覆盖银行风险管理的全过程。银行流动性风险管理的主要目的在于确保银行能够适当地履行日常流动性责任，并使银行有能力应对整个金融市场流动性短缺的局面。为了应对流动性风险，银行还应持有由适销对路的资产组成的、充足的流动性储备金，以便使银行能在流动性紧缩时期得以生存。银行应当证明其流动性储备金能够与其表内及表外业务的复杂程度、资产和负债的流动性、资金错配程度、商业连接及融资策略的多样化程度等几个方面的情况相适应。银行应当对自身在流动性紧缩时期，资产的可销售性、获取有担保及无担保资金的能力等方面进行适当的保守预测。此外，银行不应当由于竞争压力而破坏其流动性风险管理、控制、限制系统以及流动性储备金的完整性。

从加强监管机构外部监管的角度看，监管机构应当像监管其他主要风险一样全面监管银行流动性风险。流动性风险监管的目的在于降低银行流动性问题的频率及严重程度，从而降低流动性风险对整个金融系统和宏观经济的潜在影响，最终保护存款人的利益。银行监管机构的有效监督，对于促进银行管理流动性风险的积极性具有重要意义。银行董事会和高级管理层可能会由于更多地关注于其他经常性风险，或者基于竞争力的考虑而限制银行的流动性风险缓释能力，因此监管机构一定要监督银行管理层尽量避免此类情况的发生。另外，银行往往会考虑到如果发生流

① Basel Committee on Banking Supervision, *Principles for Sound Liquidity Risk Management and Supervision*, September 2008, principle 1.

动性问题，中央银行一般会提供流动性支持，同时存款保险也将向存款人提供担保，这就必然会削弱银行对其流动性问题进行稳健管理的积极性。因此，加强银行监管机构相应的监督责任十分必要。监管机构应当确保银行不低于自身的流动性风险管理标准，并不得允许银行采用稳健性较差的流动性风险管理框架，还应当运用必要的经验和知识对其管辖范围内的银行机构进行管理，并能够对每家银行的流动性风险管理是否维持了充足的流动性作出判断。如果某家银行不能维持充足的流动性，从而在遇到严重的流动性紧缩时无法继续经营，银行监管机构应当采取相应措施。

（二）关于流动性风险管理的治理结构

2008 年《稳健的流动性风险管理和监管原则》从三个层面对银行加强流动性风险管理提出了原则要求。① 银行应当加强流动性风险管理：首先，在经营战略上，银行应当能够清晰地表述其本身具备与其经营战略及与其在金融系统中的位置相适应的流动性风险承受能力。其次，在内部治理结构上，银行高级管理层应当建立与银行风险承受能力相适应的流动性风险管理的战略、政策及实践，以确保银行保持充足的流动性，还应当持续地对银行流动性风险的信息进行评估，并定期向银行董事会进行报告。银行董事会应当做到至少每年一次对流动性风险管理的战略、政策、实践进行评估和审批，以确保银行高级管理层对流动性风险进行有效管理。最后，在业务风险管理上，银行应当对内部定价中的流动性成本收益和风险、业绩测定以及对所有重要业务活动（无论是表内业务还是表外业务）的新业务批准程序等问题实行统一并表管理，从而使银行的个别业务类型承受的风险程度与银行整体经营活动的流动性风险暴露程度相适应。

（三）关于流动性风险的计量和管理②

2008 年《稳健的流动性风险管理和监管原则》对银行流动性风险的计量和管理提出了以下几项原则：① 银行应当具备一套识别、计量、监测、控制流动性风险的稳健程序。这套程序应当包括一个能够全面反映适当时间范围内，银行资产、负债、表外业务项目的现金流动状况的健全管理框架。② 银行应当积极地监控流动性风险暴露以及法人实体内部及其相互之间的资金需求、业务范围和货币种类，

① See Basel Committee on Banking Supervision, *Principles for Sound Liquidity Risk Management and Supervision*, September 2008, principles 2-4.

② See Basel Committee on Banking Supervision, *Principles for Sound Liquidity Risk Management and Supervision*, September 2008, principles 5-12.

并考虑法律、法规、经营规则等方面对流动性转移的限制。③ 银行应当建立一套能提供多样化的资金来源和渠道的筹资策略，而且银行应当持续参与其选择的资金市场，并与资金提供者保持紧密的联系，以便促进资金来源实现有效的多样化。④ 银行应当定期评估其从各个渠道筹集资金的能力，还应对影响其筹资能力的主要因素进行识别，并对这些因素加以密切监测，以便确保对筹资能力进行有效评估。⑤ 银行应当积极管理日内流动性头寸和风险，以便在任何情况下都能及时履行支付和结算的义务，从而确保支付和结算系统的正常运行。⑥ 银行应当积极管理其担保头寸，并对有抵押权和无抵押权的资产加以区分。银行还应当对法人实体和抵押品存放的状况进行必要检查，并制定有关抵押品及时变现的政策。⑦ 银行应当定期地针对各类短期或长期的特定机构和整个市场的压力测试方案（单一的或者组合的）进行压力测试，以便对潜在的流动性紧张的原因进行识别，从而确保银行当前的流动性状况与其流动性风险承受能力相一致。银行还应根据压力测试的结果调整其自身的流动性风险管理策略、政策及流动性头寸，进而制定有效的应急计划。⑧ 银行应当具备一套正式的应急资金计划，该计划应明确地规定银行在紧急情况下对流动性不足问题的应对策略。应急资金计划应列明应对一系列紧张环境的政策，建立清晰的责任机制，包括清晰的执行和调整程序。同时，银行应对应急资金计划进行定期的测试和更新，从而确保该计划能够有效地运行。⑨ 银行应持续持有一定量的无抵押负担、高质量的流动性资产，以保证银行能够应对一系列流动性紧缺状况。在运用这些资产获取资金时，不应存在法律、法规、经营规则方面的阻碍。在流动性管理活动中切实执行以上九项原则，有助于银行建立完善的流动性风险的计量和管理机制。

（四）关于公开披露

银行信息的公开披露也是流动性管理的一项原则，它要求：银行定期进行信息公开披露，从而使市场参与者能够对银行流动性风险管理框架的稳健性及流动性资产头寸状况进行合理的判断。① 实际上，信息披露是2006年《新资本协议》的重要内容之一。《新资本协议》的第三支柱“市场约束”为巴塞尔委员会实现信息披露目标提供了必要的手段，因为该协议规定，加强信息披露是商业银行运用高级方法计算其资本标准的前提条件。市场约束是通过要求银行披露信息，来提高市场对银行的约束力的。市场约束具有迫使银行有效而合理地分配资金和控制风险的作用，市场约束可以促使银行保持充足的资本水平；同时，富有成效的市场约束机制

① Basel Committee on Banking Supervision, *Principles for Sound Liquidity Risk Management and Supervision*, September 2008, principle 13.

也是配合监管当局强化监督的有效工具。为了确保市场约束的有效实施，必然要求建立银行信息披露制度，对银行实行严格的市场约束，要求银行提高信息的透明度。《新资本协议》规定，根据信息的重要程度，银行应在资本协议的适用范围、资本构成、风险暴露及资本充足率四个方面进行披露，披露的频率为一年两次。核心信息披露的建议适用于所有银行，而采用内部评级法、信用缓释技术和资产证券化的银行则必须披露有关信息。①

（五）关于监管者的作用②

监管者对银行流动性风险管理方法和银行流动性状况的监管，是银行流动性管理制度有效运行的必要保障。鉴于银行在整个金融体系中的地位，监管者应当定期对银行的总体流动性风险管理框架和流动性资产头寸状况进行综合评估，以便确定银行是否具备充足的资产流动性。监管者应当加强对银行内部报告、审慎报告、市场信息等方面的合并监测，作为其对银行流动性风险管理框架及流动性头寸定期评估的补充。一旦发现银行流动性风险管理过程中存在缺陷或流动资产头寸不足的情况，监管者应当积极地进行干预，要求银行采取有效、及时的补救措施。银行监管机构还应当与其他境内和境外的监管机构和政府有关部门（如中央银行）进行交流，以便促进有关流动性风险监督管理方面的有效合作。

四、完善中国流动性风险监管制度的几点思考

近年来，国际金融形势的变化对银行业流动性风险监管提出了巨大挑战，次贷危机造成的全球流动性短缺困境，更使各国监管部门认识到改革与完善国内流动性风险监管框架的必要性和紧迫性。德国曾于 2006 年 12 月 20 日发布了《德国银行法》第 11 章，该规定是德国对流动性进行数量管理的基础，次贷危机爆发后，联邦金融监管局（BaFin）又于 2007 年 5 月发布了《风险管理最低要求》③，对 2005 年的相关规则进行了重新修订，并赋予银行运用内部方法计量和管理流动性风险的

---

① 参见罗平：《巴塞尔新资本协议研究文献及评述》，中国金融出版社 2004 年版，第 309 页。

② See Basel Committee on Banking Supervision, *Principles for Sound Liquidity Risk Management and Supervision*, September 2008, principles 14-17.

③ See BaFin, *Minimum Requirements for Risk Management* (Circular 5, 2007), available at http://www.bafin.de/cln 043/nn 722.

权力。① 英国金融服务局（FSA）零售部主管 Paul Sharma 表示，不论国际社会对流动性的讨论如何，英国均将于 2010 年初推出银行业流动性监管机制，并将于 2009 年 12 月推出新规定草案，该文件将要求英国银行和券商减少对零售市场的依赖，持有更多的现金或政府债券。欧盟委员会银行和金融部门主管 Patrick Pearson 表示，欧盟将在 2009 年 10 月推出银行流动性改革提议，并将就是否对银行借贷杠杆设限，以及银行业如何在市场状况良好时建立缓冲资本抵御危机等问题进行商讨。② 与此同时，中国银监会于 2008 年 12 月 8 日发布了《商业银行流动性风险管理指引》第 2 次征求意见稿（以下简称征求意见稿），向社会各界征求修改意见。该征求意见稿从流动性风险的管理体系、管理方法技术、监督管理等几个方面，对商业银行流动性风险监管问题提出了指导性意见。从总体上看，该征求意见稿合理地借鉴了巴塞尔委员会有关流动性风险的管理原则，基本上形成了一套有效的流动性风险监管框架。该指引正式出台，将有助于加强商业银行的流动性风险管理意识，提高我国流动性风险监管的水平，作为继信用风险、市场风险、操作风险等方面管理规章之后出台的又一指导文件，对于维护商业银行安全稳健运行、健全我国的流动性风险监管法律框架也具有重要意义。考察巴塞尔委员会及其他国家的有关规定，该征求意见稿还应关注以下几个方面的问题：

（一）关于“流动性风险”的定义

科学的“流动性风险”定义是进行有效流动性监管的前提。银监会征求意见稿第 3 条对流动性风险下了以下定义：本指引所称流动性风险是指商业银行虽然有清偿能力，但无法获得充足资金或无法以合理成本获得充足资金以应对资产增长或到期债务支付的风险。该定义基本上反映了流动性风险的内涵，但还需要进一步完善。借鉴巴塞尔委员会的有关规定，有助于我们更准确地把握流动性风险的含义。巴塞尔委员会有关“流动性”的定义可以给我们一定的启发。依其定义，流动性是指银行实现资产增值、履行到期债务的能力，并不包括发生不可接受的损失。③ 由此来看，流动性风险应该是银行在实现资产增值或履行到期债务过程中遇到的风险。这两方面的流动性风险也是与银行业务发展的历史相对应的。传统上，银行主

① See Niels O. Angermuller, Stefan Zeranski, *New Approaches for Efficient Liquidity Management in the Light of Recent Regulation and Developments*, J. of Int'l Banking L. and Regulation, Vol. 23, Issue 10, 2008, pp. 506-513.

② 参见《英、欧流动性法规进度不一　银行业者恐陷监管困境》，资料来源于 http://fx.hxb.com.cn/WebUI/FxNews，2009 年 5 月 15 日访问。

③ Basel Committee on Banking Supervision, *Principles for Sound Liquidity Risk Management and Supervision*, September 2008, Introduction, para. 1.

要通过吸收存款的方式获取流动性，所以履行到期债务的流动性风险是银行流动性风险最基本的一个方面。但是，随着金融管理理论的发展，负债管理方法逐渐引入到银行的流动性管理活动中，它强调银行不能单纯依靠吸收存款这种被动负债方式，而需要大力发展主动型负债方式，向外借款。在实施过程中，需要依靠如同业拆借资金、大面额可转让定期存单、欧洲美元存单、回购协议等一系列的工具获取资金，这些工具的顺利运用都依赖于银行获取新增资产融通资金的能力。银行实现资产增值的流动性风险随着金融管理理论的发展变得越来越重要。所以，对“流动性风险”下定义时，应当更清晰地反映以上两个方面的风险。

（二）关于应急资金计划的制定

为了能够应对市场突变的情况，有效地解决金融市场流动性短缺的难题，银行应当提前制定翔实、周密的应急资金计划。首先，应急资金计划应当考虑以下四个因素：其一，市场紧缩条件对银行出售资产和进行资产证券化能力的影响；其二，资本市场与资金流动性之间的关联性（如市场融资期权的规模和竞争损失）；其三，与执行临时融资方法有关的次轮效应及声誉影响；其四，当流动性在银行集团机构间、业务部门间以及跨境范围内流转时，应当对法律、法规、操作规则等方面的约束和限制有所考虑。以上要素应当能够反映银行和其他机构以往的经验、专家判断、习惯做法等方面的内容，并确定银行对上述内容已经通过了压力测试的检验。其次，银行应急资金计划应当包括两个方面的内容：一是与中央银行提供流动性支持有关的问题。银行的应急资金计划应当全面地反映中央银行提供流动性支持的方案和担保要求，如借贷工具的类型、可接受的担保、获取中央银行资金的操作程序，获取该种资金潜在的声誉影响等。二是有关日内紧急支付方面的内容。应急资金计划应当包括日内紧急支付问题的解决方法。当出现日间流动性资源不足的情况时，银行应当有识别这些紧急状况的能力，并能够根据优先权确定对银行存款人的支付顺序。最后，应急资金计划应当定期进行检查和更新，以确保该计划的有效性和可操作性。该测试的核心部分应包括：该计划中的角色和各自作用应当是适当的、可理解的，确保合同信息及时更新，提供资产和担保的可转移性（尤其是跨境流转和在实体间流转时），在临时通知执行应急资金计划时，还要检查必需法律文书及操作文件的适当性。银行应当定期对关键性假设情形进行测试，比如出售特定财产的能力，能够定期提取的信用额度。银行管理层应当针对上述情况对应急资金计划进行全面检查，并保证有能力执行危机发生后的后续行动，还应当对应急资金计划进行检查和及时更新，并至少每年报董事会审批一次，或者经常根据业务和市场环境的变化提交董事会审批。

（三）关于早期预警机制的建立

建立一套完善的、高效的早期预警机制，对银行尽早地识别自身面临的流动性风险，从而能够及时地采取相应的解决措施至关重要。银行早期预警机制建立的核心要素，就是要包括一套合理的早期预警指标。银行管理层和全体职员都有责任，对潜在的风险因素进行良好的判断。银行还应当设计一套早期预警指标，以便帮助员工和管理层对风险增加状况的出现以及其流动性风险头寸状况及潜在基金需求等方面存在的缺陷加以识别。这些早期预警指标应当能够对任何不利趋势加以识别，并使银行管理层及时针对这些情况作出评估和可能的反应，以便银行能够通过风险暴露缓解这些新出现的风险。早期预警指标应当包括（但不限于）以下内容：急剧的资本增长，特别是通过潜在的波动性债务方式进行融资；资产和负债方面的集中化增长；资金错配的增长；到期负债平均权重的缩减；反复违反头寸计算方法或违反内部规定或法规的限制性规定；特定产品系列出现不利趋势或过高的风险，如不法行为增多；银行收入、资产质量和整体金融状况的重大衰退；负面新闻；信用评级等级下降；股票价格下跌或债务成本升高；债务或信用违约互换范围扩大；批发或零售融资成本的升高；业务相对方开始要求或要求增加额外的信用风险暴露担保或反对继续进行新交易；其他银行取消或减少其信用额度；小额零星存款流出量增加；信用违约掉期到期前兑换量持续增加；长期融资困难；短期负债（如商业票据）履约困难。

（四）关于加强银行监管机构的作用

巴塞尔《新资本协议》的第二支柱，着重强调了监管机构在维持银行资本充足率、确保银行安全经营方面的重要作用。监管当局的责任是确保银行体系的安全和稳健，确保银行高级管理层具有较强的能力，能够胜任管理工作的要求。尽管监管当局并不是银行的管理者，有关银行应对风险的决定，应由银行高级管理人员和董事会来负责，但是银行监管机构的有效监督对于银行健全内部风险管理体系却具有重要作用。监管当局可以与管理者进行对话，促使管理人员保持谨慎行事的积极性。具体到流动性风险监管方面，监管机构应作好以下几个方面的工作：

第一，定期对于银行的总体流动性风险管理框架和流动性资产头寸进行综合评估，以便确定银行是否具备充足的资产流动性。监管机构应当要求银行满足以下两项要求：一是银行应当有一套稳健的流动性管理战略、政策和程序，以便能够识别、计量、监管、控制流动性风险；二是银行应当维持充足的流动性以应对流动性紧缩状况。监管当局应当具备健全的监管框架，以便在市场状况良好的时期和市场状况紧缩时期，都能够对银行的流动性风险管理实践和银行的流动性充足情况进行全面评估。监管机构可以通过现场检查和非现场监测的方式进行评估，并定期与银行高级管理层和银行董事会进行交流。监管机构应当评估银行董事会和高级管理层是否负责地对流动性风险进行了稳健管理，并应审查银行董事会和高级管理层是否为各级管理部门和全体职员提供了充分的指引。监管机构应当对银行计量和监测流动性风险的程序是否有效进行评估，同时还应检查银行在危机情况下评估未来净资金需求的假设情形。监管机构应当确保银行的核心假设情形，在当前情况下和市场状况发生潜在变化时，都将继续有效，还应当评估银行流动性缓冲资金的规模和构成是否完善，以及银行所做的在一系列紧缩情形下银行资本的可售性假设是否合适。

第二，加强对银行内部报告、审慎报告、市场信息等方面的合并监测，作为其对银行流动性风险管理框架及流动性头寸定期评估的补充。监管机构应当要求银行提交有关风险头寸和一定时间内的风险状况的信息，并根据所需信息的性质、风险预测、特定银行的重要程度，经常性地收集和分析有关信息；还应当紧密地关注市场发展和市场需求，并根据相关情况，对银行报告的内容及时进行调整；如果遇到市场状况紧缩的时期，应当要求银行进行更为频繁的报告。此外，为了更好地对不同银行的情况进行比较，一般应有一套能够覆盖监管必需资料范围的标准监管报告框架。

第三，对银行流动性风险管理过程中存在的缺陷或流动资产头寸不足的情况进行干预，要求银行有效、及时地采取补救措施。监管机构应当拥有一套能够处置其所发现的银行漏洞的手段，包括有权责令银行采取适当的补救措施。处置手段的选择以及要求银行采取任何补救措施，应当与该漏洞对银行稳健经营和对相关金融系统所造成的影响相适应。另外，当要求银行采取补救行动时，监管机构应当为该行动制定时间表，对存在的漏洞进行跟踪观察，并及时通过合适的方式公布相关情况。监管机构还应具备更高级别的程序，以便在银行未能充分说明漏洞识别情况时，或是授权银行采取进一步的补救行动时，要求银行采取更加严格、快速的行动。

第四，与其他境内和境外的监管机构和政府有关部门（如中央银行）进行交流，以便促进有关流动性风险监督管理方面的有效合作。监管机构间的这种交流在市场运行正常时应定期进行，在市场情况紧张的时候更应适当增加相关信息分享的类型和频率。相关政府部门间的（包括银行监管机构、中央银行、证券监管机构、存款保险机构）合作和信息分享，对各部门更好地完成自身职责很有帮助。这种交流还有助于监管机构提高对银行整体状况和银行面临的风险状况进行评估的水平。

The Reform of International Banking Supervision of Liquidity Risk in the Context of Subprime Crisis

Abstract The rapid development of financial innovation and a global financial market is bringing about great changes of banking supervision of liquidity risk. The global financial crisis triggered by the subprime crisis clearly reveals the major defects of the banking supervision of liquidity risk, and also makes the reform of international banking liquidity risk regulation system on the agenda. In this article, we will first analyze the cause of banking liquidity crisis triggered by the subprime crisis. Second, we will discuss serious challenges since the beginning of 21st century to the banking liquidity risk supervision from the perspective of the change of financing channel, securitisation, complex financial instruments, collateral usage, payment systems and intraday liquidity needs. Third, we shall explain the developments of banking liquidity risk regulation system, which is based on the Basel Committee's related documents, including the fundamental principle of management and supervision of liquidity risk, governance of liquidity risk management, measurement and management of liquidity risk, public disclosure, and the role of supervisors. At last, several suggestions are made on how to learn from international experiences in improving China's banking liquidity risk regulatory system.

Key words subprime crisis; liquidity risk; banking supervision

（审稿：漆　彤）

论主权财富基金之若干法律纷争*

口 漆 彤**

内容摘要 主权财富基金已成为国际金融市场一股新兴的不可忽视的投资力量。以新兴经济体官方投资为特征的主权财富基金的兴起，改变了以往国际资本主要由工业化国家私人开展国际投资的单一流动模式，体现了国际投资领域的一种“范式转移”。其所带来的法律挑战和变革，主要涉及主权财富基金接受国以投资安全审查机制为代表的国内管制措施的加强、国际组织有关改善和提高主权财富基金治理结构和透明度要求的努力、WTO 相关规则特别是 GATS 对于主权财富基金投资自由化的约束性纪律、主权财富基金能否适用国家豁免原则等问题。

关键词 主权财富基金 国家安全 透明度 投资自由化 国家豁免

目 次

---

* 本文为教育部人文社会科学重点研究基地 2005 年度重大研究项目“21 世纪国际金融法律制度创新与发展研究”（项目批准号 05JJD820005）的阶段性成果。

** 武汉大学国际法研究所副教授，法学博士。

一、主权财富基金的兴起与法律挑战

（一）概念与历史发展

主权财富基金（sovereign wealth funds，SWFs）通常指一国政府利用外汇储备资产创立的，在全球范围内进行投资，以提升本国经济和居民福利的机构投资者。

一般认为，主权财富基金源起于20世纪50年代。1953年，科威特利用其石油出口收入成立科威特投资局，投资于国际金融市场。1956年，西太平洋岛国——英属吉尔伯特群岛利用其富含磷酸盐的鸟粪出口收入也创建了一只SWFs。当鸟粪消耗殆尽时，该群岛SWFs的投资组合价值达到5.2亿美元，约为该群岛年度GDP的9倍。迄今最为人所称道的主权财富基金，是成立于1974年的新加坡淡马锡控股公司（Temasek Holding Pte. Ltd），2007年8月发布的《淡马锡2007年度回顾》显示，该公司管理的投资组合净值，已经从成立之初的3.54亿新加坡元增加到1640亿新加坡元，公司净值增加460多倍。①

虽然主权财富基金从产生至今已经有半个世纪之久，但因总量规模一直不大，且多由小国所创立，因此并不引起世人注意。近年来，得益于油价上涨和新兴市场经济体国际收支大幅盈余，主权财富基金获得惊人的增长，包括中国和俄罗斯在内的越来越多的国家，加入了设立主权财富基金的行列，使得主权基金的规模大幅增加。据估计，1990年全球SWFs的规模只有约5亿美元，经过最近10～15年的发展，目前总量已经达到2万～3万亿美元，② 基金规模已超过全球对冲基金的规模（约1万亿至1.5万亿美元），也超过国际私募基金规模（7000亿至1.1万亿美元），已成为国际资本市场上一股不容忽视的投资力量。③

① See *What Does Sovereign Wealth Fund-SWF Mean?*, available at http://www.investopedia.com/terms/s/sovereign_wealth_fund.asp, visited on April 8, 2009.

② See International Monetary Fund, *Sovereign Wealth Funds—A Work Agenda*, 29 February 2008, p.6, available at www.imf.org/exteranl/np/pp/eng/2008/022908.pdf, visited on April 8, 2009.

③ 摩根斯坦利预测，SWFs的资金规模到2010年将达到5万亿美元，到2015年将达到12万亿美元。See Aaditya Mattoo and Arvind Subramanian, *Currency Undervaluation and Sovereign Wealth Funds: A New Role for the World Trade Organization*, Working Paper of the Center for Global Development, Number 142, available at http://www.petersoninstitute.org/publications/wp/wp08-2.pdf, visited on April 8, 2009.

（二）基本特征

与一般的投资基金相比，主权财富基金在资金来源、治理结构、运作模式等方面有着明显的区别。

主权财富基金的资金来源主要包括三种渠道：一是外汇储备盈余，以新加坡、马来西亚、韩国等国的主权财富基金为代表，我国的中国投资公司也属于此类；二是包括石油、天然气等自然资源出口的外汇盈余，以中东、拉美地区国家以及俄罗斯为代表；三是以国际援助基金作为主权财富基金的资金来源，如乌干达贫困援助基金。

从治理结构上来看，主权财富基金主要包括三种模式：一是采取独立于一国财政和央行的专业投资机构管理模式，其典型为采用外包管理的形式，具有比较完整的商业化特征；二是在央行或财政部下设专业机构兼行管理，这种治理结构下的管理机构相对缺乏独立性和运作上的透明度；三是半独立准政府型的治理结构。

从运作模式上看，早期设立的主权财富基金，大部分以购买美元债券或固定收益商品，或持有储备资产以维护本国币值稳定与资金利率为主，近年来随着全球贸易自由化进程以及主权财富基金数目的迅速增加，各国主权财富基金的运作模式已不同于以往传统的运作模式，而是采取一种全新的专业化、市场化的积极投资策略。例如，通过资产组合投资来获取利润的最大化、通过战略性投资来获取资源的供给等。前者主要投资于多样化的资产，如长期政府债券、公司债券和股票、金融衍生品、资源性商品和不动产等，后者则常常积极参与投资他国大型资源类企业、取得银行等金融机构部分股权等。

（三）不同态度

正是由于主权财富基金在资金来源、治理结构等方面所具有的独特性，加之近年来在运作模式上的变化以及规模的急剧扩大，其对政治、金融环境稳定性等方面所潜在的巨大影响逐渐引起了一些国家的重视甚至是担忧。总体来看，国际社会对于主权财富基金的态度并不一致。

持否定或者谨慎态度的主要理由有二：一是主权财富基金投资可能引发国家安全问题；二是担心主权财富基金的影响巨大，从而对国际金融市场的稳定造成威胁。一方面，因各国主权财富基金大都由政府出资设立，拥有巨额资金规模，投资策略日趋灵活，投资范围日益广泛，出于战略利益的考虑，这些基金往往投资一些有潜力或有战略意义的部门，往往以他国大型企业（如能源、资源行业）、重要基础设施（如港口）、金融机构（如银行）等为主要投资目标，容易招致东道国的猜测与疑虑，刺激了保护主义的抬头，导致主权基金在发达国家的投资环境日趋严峻。① 例如德国总理默克尔就曾指责主权财富基金往往受到“政治和其他动机”的驱使，而不是简单的投资回报，并积极倡导欧盟内部严格监管外国主权财富基金。另一方面，由于主权财富基金规模庞大且集中，加之大多数主权财富基金在资产配置、投资策略等方面具有高度保密性，其具体运作缺乏必要的透明度，因此在一定程度上短期大额汇入或汇出，可能给金融系统带来风险、加剧国际金融市场的波动甚至进一步加大世界经济的不稳定性。

持肯定态度的观点认为，主权财富基金可以成为具有建设性及负责任的国际金融体系参与者，其稳健发展对世界金融能产生积极的稳定作用。与私募基金和对冲基金相比，SWFs 具有规模大、流动性需求低、风险容忍度高的特点，奉行长期投资的理念，遵循商业化运作的要求，注重安全性与收益性的统一，风格更为审慎和稳健，不进行短期市场炒作。② 英国央行副行长约翰·吉弗曾表示，主权财富基金对世界金融稳定作出了巨大贡献，它们在国际市场上选择更多金融产品作为长期投资，具有积极意义，尤其是在当前国际金融充满动荡之际，发挥了至关重要的稳定作用。③

显然，如何评价和对待主权财富基金所带来的问题与挑战，应当建立在客观和辩证的分析基础之上。主权财富基金的兴起，客观上体现了国际投资领域近年来在资本流动方向上所发生的重大变化，是全球化与贸易自由化发展所带来的必然效应之一，不应被西方国家“妖魔化”或被视为“洪水猛兽”。对于主权财富基金的兴起，有学者称之为国际投资领域的“范式转移”(paradigmatic change)。④ 众所周知，传统上国际资本主要由发达工业化国家的私人投资者向全球流动，主权财富基金的出现则体现了新兴经济体国家向西方私人企业进行政府投资的新趋势。由大量

① 参见章毅：《法律调整视野下的中国主权财富基金》，载《学术界》2008 年第 6 期，第 79 页。

② 参见邓瑞平、詹才锋：《论主权财富基金的运行、功能及其规制体系》，载《暨南学报》(哲学社会科学版) 2008 年第 5 期，第 46 页。

③ 参见王涛：《主权财富基金为世界金融稳定做贡献》，载《经济日报》2008 年 4 月 22 日第 8 版。

④ See Bart De Meester, *International Legal Aspects of Sovereign Wealth Funds: Reconciling International Economic Law and the Law of State Immunities with a New Role of the State*, Working Paper Series, Institute of International Law, Leuwen University, available at http://papers.ssrn.com/sol3/papers.cfm?abstract_id=1308542, visited on April 8, 2009.

外汇储备所构成的资本并非掌握在私人手里，而是由发展中国家政府来进行投资。① 这些传统上被视为是接受资金和援助的国家，现在却携带大笔资金四处投资、收购，给西方社会的心理带来了巨大冲击。历史表明，资本是一种有力的武器，发达国家就曾一直习惯以资本为武器，在国际社会横冲直撞，攫取了大量的政治权力和经济利益。当新兴国家的 SWFs 大规模增长时，旧有的政治、经济、金融权力结构的均衡当然要打破，而欧美对全球金融权力的操控也不会自然放弃，于是，一场关于 SWFs 的暗战骤然拉开了帷幕。所以，各国对于主权财富基金的担忧，主要还是心理层面的影响，并集中表现为对于国家安全等政治因素的担忧。

任何事物都具有两面性。作为国际金融市场上一股新兴的重要力量，应当全面地看待主权财富基金的影响和作用。一方面，主权财富基金在促进世界经济稳定增长、推动全球经济平衡有序调整方面能够发挥一定的积极作用，在当前国际金融动荡的背景下，这一点已经得到包括许多西方学者在内的国际社会的广泛认同。另一方面，主权财富基金的庞大规模和与政府存在关联的事实，也确实需要在对其投资行为的监管过程中予以适当关注，并采取相应的措施，例如，逐步提高主权财富基金的运作透明度，引导其遵循必要的商业法则等。英国央行副行长吉弗认为，如果主权财富基金所有国能在投资战略及目标方面增加透明度，而主权财富基金接受国也在吸引外资手段方面增加透明度，就可有效消除人们对主权财富基金会引发金融保护主义的疑虑，使人们认识到主权财富基金在进一步深化全球金融合作方面的独特作用。

（四）法律挑战

主权财富基金的迅猛发展所带来的法律问题和挑战是多方面的。围绕主权财富基金的争论，许多国家开始考虑在国内法和国际法层面采取相应措施，以对外国主权财富基金的投资活动进行有效控制，以国际货币基金组织（International Monetary Fund，IMF）、经济合作与发展组织（Organisation for Economic Co-operation and Development，OECD）为代表的一些国际组织也对出台限制主权财富基金的行为准则“乐此不疲”。目前，国际社会所普遍关注的焦点问题是，如何在加强主权财富基金监管、提高 SWFs 管理和运作透明度的同时，保持全球经济的开放、遏制金融保护主义的抬头。显然，这些措施至少应包含两个方面：一方面应逐步加强主权财富基金投资目标和投资行为的透明度；另一方面，也应确保投资东道国的有关措施应当在非歧视的基础上清晰明确地实施。为此，应结合现有的国际投资乃至国际贸

① Martin Wolf, *We Are Living in a Brave New World of State Capitalism*, Financial Times, October 17, 2007.

易法的框架加以适当考量。首先，鉴于世界贸易组织（World Trade Organization，WTO）在当代国际经济贸易中的特殊地位和作用，有学者提出应将 SWFs 纳入 WTO 的管辖范围。因为，SWFs 的投资本质上属于国际直接投资，《服务贸易总协定》（*General Agreement on Trade in Services*，GATS）中已存在对这种投资形式的规制。其次，尽管由于 SWFs 所具有的主权背景，各国可能不愿意将其交由 WTO 管辖而放弃管辖权，但应承认 WTO 争端解决机制对于解决与 SWFs 有关的争端具有天然的优势。① 因此，有必要就 WTO 规则中与主权财富基金有直接联系的 GATS 项下的有关规定加以具体分析。此外，国家财产豁免作为一项国际法上公认的原则，对其内容一直存在较大的争议，主权财富基金的出现和蓬勃发展进一步加大了这种争议，亦有必要加以具体分析。

因此，本文以下将围绕近年来各国国内层面外资审查机制的加强、国际层面制订有关透明度和社会责任的自律性准则的努力、WTO/GATS 中的相关规定和例外的适用、主权财富基金所支配财产能否援引国家财产豁免原则等主要国际性法律问题展开讨论，同时也就中国主权财富基金的发展与完善进行探讨。

二、东道国国内层面的管制变化

大多数国家均对外国投资设立有相应的审查机制，但对外国主权财富基金在本国的投资行为目前还很少制定有专门的法律法规。通常来说，各国的外资审查机制也涵盖了 SWFs 的投资在内，即 SWFs 的投资同样需要遵守各国国内法上有关外资的各种一般性和特殊性规定。例如，从内容上来看，SWFs 的投资也要受到各国对外资行业和地域投资的限制、对外资持股比例的限制以及一些关键产业部门的特殊限制；从程序上来看，各国的外资管理措施既包括预防性措施，也包括纠正性措施，前者主要涉及对主权财富基金投资可行性的限制，即国家应当设立相应机制阻止可能危害其利益的投资，后者是指已批准的来自主权财富基金的投资一旦出现问题，当局可以采取相应对策加以纠正。② 近年来，金融危机的负面影响、SWFs 投

① 参见邓瑞平、詹才锋：《论主权财富基金的运行、功能及其规制体系》，载《暨南学报》（哲学社会科学版）2008 年第 5 期，第 48 页。Also See Anders Aslund, *The Truth about Sovereign Wealth Funds*, available at http://www.foregnpolicy.com/story/cms.php? story_id = 4056, visited on April 8, 2009.

② See Bart De Meester, *International Legal Aspects of Sovereign Wealth Funds: Reconciling International Economic Law and the Law of State Immunities with a New Role of the State*, Working Paper Series, Institute of International Law, Leuwen University, available at http://papers.ssrn.com/sol3/papers.cfm? abstract_id = 1308542, visited on April 8, 2009.

资的迅猛发展及其复杂的国家背景，在一定程度上导致一些主要西方国家国内的投资保护主义势力有所抬头，各国在外资的审查立法和执法中的尺度趋于严格。在所有这类立法或修订活动中，与SWFs投资相关的最为引人注目的内容就是“国家安全审查机制”的引入或进一步加强。

以应对全球化背景下的投资自由化浪潮对东道国经济利益和国家安全所构成的潜在威胁为由，主要发达国家近年来纷纷通过立法手段加强对外资的国家安全审查和监控。例如，2004年5月，德国政府对其1961年《对外贸易和支付法实施条例》(*Regulation Implementing the Foreign Trade and Payments Act*) 第52条进行修订，对“影响德国重大安全利益”的、针对特定产业的外资股份和资产收购进行审查。① 2005年7月，加拿大政府提出了一项对1985年《加拿大投资法》(*The Investment Canada Act*, ICA) 的修正议案 (Bill C-59)，在维持原有对特定金额以上的外国投资进行“净利益”(net benefit) 的经济考察标准的基础上，拟增设对可能影响加拿大国家安全的所有外国投资的“政治性”(politically unpalatable) 进行审查的机制。② 2005年12月，法国通过第1739号法令对其外资法作出重大修订，在区分“欧盟投资者”(EU investors) 和“非欧盟投资者”(non-EU investors) 的基础上加强了对“战略性产业”(strategic business sectors) 的国家安全审查。③

2007年以来，美国的外资立法修订活动可以说是最为典型，充分反映了西方国家对来自第三世界或新兴经济体国家政府（或准官方）资本海外投资的畏惧和防范心理。正是2006年发生的阿联酋国营公司迪拜港口世界（Dubai Ports World, DPW）收购英国航运公司（P&O）的六个美国港口运营权以及中海油（CNOOC）收购美国尤尼科石油（UNOCAL）事件，促使美国加快了其外资安全审查法案的修订工作，并于2007年对其外资并购安全审查法案作出了重大修订。新的《外国投资和国家安全法》(*The Foreign Investment and National Security Act*, FINSA) 由美国

① Regulation Implementing the Foreign Trade and Payments Act: Section 7, Protection of Security and External Interests, available at http://www.bafa.de/bafa/en/export_control/legislation/export_control_awg_en.pdf, visited on November 7, 2008.

② See Andrew Kitching, *BILL C-59: An Act to Amend the Investment Canada Act*, available at http://www.parl.gc.ca/common/bills_ls.asp? Parl = 38&Ses = 1&ls = c59, visited on November 7, 2008. 该议案由于超过立法程序期限而暂未生效，但加拿大工业部长于2007年底曾宣布将再次提出对ICA的国家安全修订议案。See Report of Competition Policy Review Panel, July 2008, Prepared by Aird & Berlis LLP, available at http://www.airdberlis.ca/Templates/Newsletters/newsletterFiles/91/CompAct%20July%202008.pdf, visited on November 7, 2008.

③ Decree No. 2005-1739 Dated December 30, 2005 Regulating Foreign Financial Relationships and Implementing Article L. 151-3 of the French Monetary and Financial Code.

总统布什于2007年6月26日签署，并于2007年10月24日正式生效。根据该项法案，2008年4月23日，美国财政部又进一步制定并公布了《外国人合并、收购和接管条例》（以下简称《条例》）（*Regulations Pertaining to Mergers, Acquisitions and Takeovers by Foreign Persons*）作为其实施细则。① 2007年以来的这次立法修订活动，进一步增加了美国对外国投资安全审查方面的新的要求，尤其是涉及外国政府控制的投资交易的审查和监控。以《条例》为例，其中所引入的“控制”（control）、“受管辖交易”（covered transaction）、“外国人”、“外国政府控制的交易”（foreign government-controlled transaction）等一系列重要概念，均对SWFs投资美国企业具有十分重大的影响。

根据《条例》第301条对于受管辖交易的规定，任何导致或可能导致外国法人“控制”美国企业的交易均受管辖。何谓“控制”在此显得十分关键，条例第203条对此专门进行了界定，“控制”是指通过一个企业的多数股份或占支配地位的少数股份、在董事会中占有席位、代理投票、特殊股份、合同安排、正式或非正式的协同行动安排或其他方式，而拥有的直接或间接决定有关公司重要事项的权力，无论该权力为直接或间接行使，或是否被行使。《条例》对属于公司重要事项的内容进行了非穷尽性的列举。对于多个外国企业在同一个企业拥有权益的情形下，判断是否存在控制应当看这几个外国企业之间是否存在联系，或通过正式或非正式的安排进行联合行动，亦或为同一外国政府下属机构或为其所控制。美国关于控制的定义，实际上仅罗列了并购者可能对目标企业所拥有的某些重要事务上的权力，而且无论该权力为直接或间接行使，或是否被行使。这种标准显然具有较强的主观性和不透明色彩，并将直接影响到对于“受管辖交易”以及“外国政府控制的交易”的认定。一些国外机构指出，为了维持CFIUS机制的灵活性，条例规避对控制标准加以明确界定的做法可以理解，但这也可能导致两方面的不利影响：一是法律的不确定性必然与鼓励投资的政策大相径庭；二是缺乏明确界限的测试也意味着大多数谨慎的投资者会选择将其交易主动通知CFIUS，因此CFIUS将面临巨大

① 为了执行埃克森·弗罗里奥条款，里根总统曾于1988年10月颁布《关于处理某些合并、收购和接管事项的指示》（*Interim Directive Regarding Disposition of Certain Mergers, Acquisitions, and Takeovers*），委任财政部长行使新法所赋予总统的部分权力。其后，依照总统授权，作为CFIUS的主席机构，美国财政部于1991年11月颁布了行政规章——《外国人合并、收购和接管条例》以作为其实施条例，并于1994年、2003年、2008年先后三次修订。参见漆彤：《美国外资并购国家安全审查制度的最新发展及其借鉴》，载《河南省政法干部管理学院学报》2009年第2期，第152~158页。

的审查负担。① 由于只要掌握了上述一种权力，即可被认定为“控制”，例如《条例》第203条中的例3仅以获得了中止其他公司重要合同的权力，就认定为对其他公司构成控制，显然认定门槛过低、颇为牵强。如果以同时掌握了上述几种权力为认定“控制”的标准，可能更为合理。②

根据《条例》第214条，所谓“外国政府控制的交易”，是指任何可能导致一家美国企业被外国政府或由外国政府控制或支配的自然人所控制的交易。《条例》第216条规定，外国人包括：（a）外国国民、外国政府和外国实体，以及（b）任何受外国国民、外国政府、外国实体控制或支配的实体。条例规定，只要是属于“受外国政府控制的交易”，除须接受30天的委员会审查之外，还必须进入45天的调查程序以决定受管辖交易是否影响美国的国家安全。③ 在第402条自愿通报内容中，须申明交易中的外国人是否受到外国政府的控制或支配而行事，无论这种控制是通过代理或者代表或类似方式所进行，对于个人而言，甚至还需申报其在外国政府工作或军队服役的时间和工作性质。

另一方面，美国新法案继续规避了对国家安全、控制标准等关键性概念加以明确界定的做法，在牺牲了政策透明度的同时也为审查机构保留了较大的灵活余地，也使主权财富基金对美投资面临更大的政治性风险和不可预见性。以国家安全来反对主权财富基金的投资行为，这似乎是天经地义的理由，然而，认真考察SWFs的投资行为后可以发现，SWFs投资对于国家安全的真正威胁并没有想象得那么严重。主权财富基金规模庞大，对一国经济有重要意义，但在本质上与其他机构投资者一样，都是市场主体。虽然其设立动机不同，但对于收益安全的重视，是所有主权财富基金的共同特征。由于各国对于涉及国家安全的投资领域都会严密监控，因此在实际运作中主权财富基金不会轻易涉足与国家安全有关的投资领域。

当然，各国对于SWFs的投资审查并不仅仅局限于国家安全事项，SWFs投资仍受到包括公司法、证券法、反垄断法、劳工法等多方面的控制。以金融部门为例，主权财富基金对美国银行类机构的投资还要受到《银行控股公司法》（*Bank Holding Company Act*），《联邦储备法案》（*Federal Reserve Act*）、《国际银行法》（*International Banking Act*）等法的调整。《银行控股公司法》规定，在特定情形下必须获得美联储的实现许可才能投资美国银行类机构。众多SWFs为了规避事先许

---

① Comment from the Confederation of British Industry (CBI), Document ID: TREAS-DO-2008-0001-0028. 1.

② Comment from the China Chamber of Commerce of Metals and Chemicals (CCCMC), Document ID: TREAS-DO-2008-0001-0006. 1

③ 2008年美国《外国人合并、收购和接管条例》第503（b）1条。

可要求，往往将投资额限制在法律要求的控股比例之下（例如低于10%）。然而，即使外国投资低于10%的控股比例之下，按照新法案所引入的双层测试方法仍将面临审查机构的进一步审查，即根据条例第302（c）条的规定，一项使外国法人获得美国企业已公开发行的具有投票权的10%以下股份的交易，只有在该交易"仅以投资为目的"时方可免于审查。该条规定意味着对于一项交易除要考察其是否构成控制之外，尚需对其"投资目的"进行考察，换言之任何交易均在其审查范围之列。在国际投资法上，对于直接投资和间接投资的分野（亦即控制权转移的量化标准）一直未有明确。美国《条例》第302（c）条所引入的双层测试方法，突破了以往关于10%股权控制标准的限制，意味着美国对于外资准入的审查较之以往更为苛刻严格。而且，这种对于投资目的的判断显然不可避免地带有更多的主观臆测成分，对于具有政府背景的SWFs投资而言将更为不利。①

三、国际性自律规范的产生

在针对SWFs的这场争论中，一直存在两个不同的方向：一是在国内层面上预防性和持续性地控制SWFs投资；二是在国际层面鼓励SWFs提高治理结构和投资决策的透明度，同时也要确保东道国在透明和非歧视的基础上实施其管制措施而不至于向保护主义倒退。有学者指出，各国单独采取管制性措施很容易导致保护主义倾向，而且，碎片化的管制途径会也危及基金的法律确信从而显得不必要。② 国际社会的近期动态事实上也体现了这一矛盾。例如，作为推动主权基金规则制定的主要国际机构的国际货币基金组织（IMF）一直集中于鼓励SWFs遵守一定的行为规范并提高透明度，而欧盟委员会以及经合组织（OECD）则与此同时也强调资本的自由流动。③ 显然前者更集中于对SWFs及其母国提出或设定义务，而后者更集中于东道国的义务。

国际社会制定提高SWFs透明度规则的意图大致始于2007年10月的G7会

① 参见章毅：《法律调整视野下的中国主权财富基金》，载《学术界》2008年第6期，第79~85页。

② See Communication from the Commission, COM (2008) 115 def, pp. 8-9. See also BIS Warns against Fragmented Regulation, Financial Times, January 25, 2008.

③ 2008年10月11日，OECD发表了针对SWFs的东道国政策指南，该指南指出对待所有类似投资者在采取限制性措施和履行职能时应当建立在非歧视、透明度和可预测性的基础之上。显然，解决这一矛盾需要母国和东道国之间的相互信任。

议。① 2007 年 10 月 19 日，全球七大工业国财政部长和中央银行总裁齐聚美国华府开会，主权基金的透明度首次成为讨论的议题，美国于会中提出订定严格规定限制主权财富基金，并要求该类基金披露更多信息（例如：披露投资海外资产比例），让他国政府更能审查该类基金并购行动等建议。G7 会后发表联合声明，就针对中国、俄罗斯与中东国家主权基金的盛行议题作成决议，将研订一套《最佳实务准则》（*Code of Best Practice*），以要求这些主权基金披露更多信息，确保主权基金的投资策略明确且符合健全的商业标准，不会有特殊的政治目的，并呼吁主权财富基金所有国应基于商业考量操作基金的投资，不要以该基金之名做政治目的投资，或企图影响其他国家或控制敌对国家的某个产业。继七大工业国家财长会议后，国际货币基金组织和世界银行（World Bank）2007 年 10 月 20 日召开年会，与会代表对于主权财富基金及其投资政策应有完善的公开措施也达成共识，并认为 IMF 以其目前所扮演的全球金融指导的角色，具有独特的地位，可以找出主权财富基金的共同规则（ground rules）与运作规范（code of practice）。在 2008 年 1 月 27 日的达沃斯世界经济论坛上，IMF 再次提议发展 SWFs 行为规范，并重申 1999 年 9 月 26 日的《货币金融政策透明度的最佳实践》以及 2001 年 9 月 20 日的《外汇储备管理指南》。SWFs 所管理的外汇实际上是与其他国内外汇储备分开使用的。IMF 主要关注 SWFs 的治理结构并试图促使这些基金达到更高的透明度。

2008 年 5 月，IMF 正式成立主权财富基金国际工作组（International Working Group on SWFs，IWG），由 26 个 SWFs 拥有国组成，目的在于推动制定主权财富基金自愿遵守的最佳行为准则，帮助主权基金国家吸取别国的经验、强化其国内政策框架和机构、有助于减轻接受国对基金的担心。国际工作组先后在挪威首都奥斯陆、新加坡和智利首都圣地亚哥召开会议。2008 年 10 月召开的圣地亚哥会议通过了旨在加强透明度的“圣地亚哥原则”，即《主权财富基金的通用准则与实践》（*Sovereign Wealth Funds: Generally Accepted Principals and Practices*，GAPP）。GAPP 主要包括 24 个条款，涵盖 3 个领域：法律框架、目标以及与宏观经济政策的协调；体制框架和治理结构；投资和风险管理框架。涉及基金投资策略的制定，以及确保基金积极的投资决策符合其投资策略；主权基金的机构，对基金的监事会和管理购买行为的委员会都有明文规定；基金的信息披露问题，如应披露何种金融信息，向哪些机构披露以及披露的频率等。

2009 年 4 月 6 日，全球主权财富基金国际工作组发表了《科威特宣言》（*Kuwait Declaration*），宣布成立主权财富基金国际论坛（International Forum of

① G7 会议是七大工业国财长会议的简称，七大工业国包括：美国、日本、德国、法国、英国、加拿大和意大利。

Sovereign Wealth Funds)，取代国际工作组。会议推选澳大利亚未来基金主席大卫·莫雷为论坛主席，中投公司监事长金立群和科威特投资局局长巴德尔为副主席，任期两年。主权财富基金国际论坛是一个自愿性质的组织。该论坛成立的目的是加强主权财富基金间的交流，增进国际社会对主权财富基金“圣地亚哥原则”和主权财富基金投资行为的理解，并促进建立和维护公开、公正、稳定、良好的国际投资环境。尤其强调鼓励在投资接受国、相关国际组织以及资本市场功能承担者(capital market functionaries）之间的合作以甄别可能影响跨国投资的潜在风险，同时推动建立一个非歧视性的（non-discriminatory)、建设性的（constructive)、互惠的（mutually beneficial）投资环境。①

值得注意的是，无论是《圣地亚哥原则》还是《科威特宣言》，均在篇首突出强调了其自愿性质，而并不具有任何法律上的强制性约束力。IMF 指出，IMF 主要关注于 SWFs 的治理结构并试图促使这些基金达到更高的透明度，以便强化对 SWFs 的治理结构和风险管理、减轻接受国对基金的担心。无论是 IMF 还是 OECD，其工作人员、特别是高层和专业技术人员中西方人占压倒多数，而主要主权财富基金通常来自发展中国家，所以它们之间的交流尤为重要。因此，正如西方学者所指出的，这些规则的制定需要 SWFs 的积极加入，否则要指望其遵守这些“最佳实践”是不可想象的。

就主权财富基金而言，要求所制定的透明度标准必须适度，以便在提高信息披露度、维护主权财富基金母国经济安全以及主权财富基金投资盈利性之间寻求理想的平衡。如果信息披露标准过高，致使其他市场参与者们能够轻易获知主权基金的投资趋向，乃至具体的投资决策，将导致主权基金投资进入和退出的成本激增，从而实际上丧失盈利可能。② 同时，由于以往大部分主权财富基金的资产结构、投资策略等都高度隐密，提高透明度必然需要一个适应的过程。IMF 认为，一些新近设立的主权财富基金可能需要时间，以实现其理想的长期资产配置、相关绩效标准并按要求披露相关信息。由于战略性资产配置具有不同投资目标、策略和时间框架，因此这些主权财富基金完成有关要求需要不同的时限。例如，IWG 所制定的 GAPP 第 17 条规定，应公开披露有关主权财富基金相关的财务信息，以证明其经济和金融导向，以便为国际金融市场的稳定作出贡献，并增强接受国的信赖，以及旨在确保主权财富基金行使投票权时不包含战略性目的的条款等。这一规定对于一些 SWFs 而言就“具有挑战性”，应当考虑对其设立适当的过渡期。

---

① Kuwait Declaration, A. Purpose of the Forum, Artical 3.

② 参见梅新育:《制定主权财富基金规则应遵循何种原则?》，资料来源于：http://blog.ce.cn/html/16/125616-94369.html，2009 年 4 月 8 日访问。

就接受国而言，如果SWFs遵守有关准则，其投资被东道国所接受的可能性会有所提高，但这并不表示东道国一定就会允许其进入国内市场。为了避免SWFs给国家安全的潜在威胁，杜绝SWFs投资对于国家豁免的借助可能，东道国也许宁愿选择将投资拒之国门之外。当然，东道国的国内管制措施目前也受到投资自由化规则的约束和限制。目前的双边及多边国际条约主要只是针对促进和保护投资方面的一般性问题进行规范，而很少针对主权财富基金作出专门规定。许多学者都已经注意到，各国对于SWFs投资的国内法规制，在很大程度上需要在WTO特别是GATS协定的框架下进行。

四、主权财富基金与WTO/GATS的适用

众所周知，WTO/GATS业已包含控制服务业FDI的基本框架，尽管其并不涉及资本流动的直接自由化，但其许多规范与国际直接投资具有密切联系。① 就SWFs在投资活动中所选择的目标公司而言，很大部分都属于GATS所涵盖的服务行业企业。据调查统计表明，SWFs对服务行业的投资比重，占整个交易价值的62%，其中金融行业46%，能源行业11%，IT行业1%，电信行业2%，健康服务行业2%，占交易数量的44%。② 对于SWFs投资接受国而言，往往其最为关心的是可能被外国控制的敏感领域如通信、能源、金融、分销业等，也绝大部分都属于服务行业的分部门。作为具有法律约束力和实施保障的多边投资法规范，限制SWFs对国内服务业投资的国内法措施是否已包含在GATS的相关纪律之中？SWFs的投资行为及其母国是否负有GATS下的特定条约义务？SWFs的政府背景是否会排除GATS的适用范围？这些问题都需要作进一步的考察。

GATS序言明确规定，“建立一个服务贸易原则和规则的多边框架，希望在透明和逐步自由化的条件下扩大国际服务贸易，并以此为手段促进所有贸易伙伴的经济增长和发展中国家的发展”，尤其是“期望便利发展中国家更多地参与服务贸易和扩大服务出口，特别是增强其国内服务能力、效率和竞争力”。因此，可以认为，GATS规则的制定者充分意识到以主权财富基金拥有国为代表的发展中国家在服务出口方面的潜在发展力量，主观上并未将SWFs在服务业的投资排除在外。当

① See Sydney J. Key, *The Doha Round and Financial Services Negotiations*, AEI Press 2003, pp. 18-20, 32-34.

② See Bart De Meester, *International Legal Aspects of Sovereign Wealth Funds: Reconciling International Economic Law and the Law of State Immunities with a New Role of the State*, Version February 18, 2009, available at http://ssrn.com/abstract=1308542, visited on April 8, 2009.

然，仍需考察 GATS 下有关服务的若干具体定义和规定，以确定其具体适用范围。SWFs 与 GATS 联系最密切的莫过于以收购东道国领土内的服务类企业的方式向东道国提供服务。① GATS 第 1 条第 2 款（c）项规定了服务贸易的模式 3："一成员的服务提供者通过在任何其他成员领土内的商业存在提供服务"，即 SWFs 可以通过收购东道国业已存在的法人并以"商业存在"的形式来提供服务。② 据此，SWFs 接受国显然同样需要遵循 GATS 中有关最惠国待遇、国民待遇与市场准入的基本义务规定。其中，最惠国待遇与国民待遇均属于非歧视。最惠国待遇禁止 WTO 成员对来自不同国家的服务提供者实行歧视性待遇，意味着 WTO 成员在对待来自不同国家的收购实体（包括 SWFs）时不应采取区别对待的态度。国民待遇禁止成员国给予国内服务提供者优于其他国家服务提供者的待遇。因此，在发生国外收购者与国内收购者竞购国内企业时也不应给予后者更优惠的待遇。市场准入原则禁止成员国在对待其他国家服务提供者的待遇上低于其具体承诺表中所作出的承诺。因此，一成员方如果在其承诺表中就某服务部门的商业存在作出开放性承诺，如主权财富基金欲收购该服务部门的企业，原则上说该成员方在此领域不得维持任何限制，包括对于来自 SWFs 的投资。

就 GATS 所调整的"服务"而言，根据 GATS 第 1 条第 3 款（b）项和（c）项的规定，"服务"包括任何部门的任何服务，但在行使政府职权时提供的服务除外；"行使政府职权时提供的服务"指既不依据商业基础提供，也不与一个或多个服务提供者竞争的任何服务。因此，GATS 所调整的服务并不必然排除与政府具有一定关联的 SWFs 所从事的服务活动，只要其"依据商业基础提供"。在 GATS《关于金融服务的附件》中又进一步规定："（a）本附件所指的金融服务提供应指提供按本协定第 1 条第 2 款定义的服务。（b）就本协定第 1 条第 3 款（b）项而言，'在行使政府职权时提供的服务'指：（i）中央银行或货币管理机关或任何其他公共实体为推行货币或汇率政策而从事的活动；（ii）构成社会保障法定制度或公共退休计划组成部分的活动；以及（iii）公共实体代表政府或由政府担保或使用政府的财政资源而从事的其他活动。（c）就本协定第 1 条第 3 款（b）项而言，如一成员允许其金融服务提供者从事本款（b）项（ii）目或（iii）目所指的任何活

---

① 根据 GATS 第 28 条 d 款的规定，"商业存在"指任何类型的商业或专业机构，包括为提供服务而在一成员领土内：（i）组建、收购或维持一法人，或（ii）创建或维持一分支机构或代表处。

② 如果一成员就通过第 1 条第 2 款（a）项所指的方式提供服务作出市场准入承诺，且如果资本的跨境流动是该服务本身必需的部分，则该成员由此已承诺允许此种资本跨境流动。如果一成员就通过第 1 条第 2 款（c）项所指的方式提供服务作出市场准入承诺，则该成员由此已承诺允许有关的资本转移进入其领土内。

动，与公共实体或金融服务提供者进行竞争，则‘服务’应包括此类活动。”从以上（b）项的规定来看，SWFs往往代表政府或使用政府财政资源从事金融投资活动，似应属于“在行使政府职权时提供的服务”而排除在GATS适用范围之外。不过，从（c）项的规定来看，只要SWFs所从事的任何活动，与其他金融服务提供者构成竞争，则仍属于GATS所调整的“服务”范畴。此外，根据GATS第28条“定义”部分的第1款规定，“法人”指根据适用法律适当组建或组织的任何法人实体，无论是否以盈利为目的，无论属私营所有还是政府所有，包括任何公司、基金、合伙企业、合资企业、独资企业或协会。这也表明，SWFs的政府背景并不排除它仍属于GATS有关条文所指的“法人”范畴。

需要注意的是，GATS显然并不调整SWFs的所有投资。一方面，GATS仅仅只规范服务部门，而SWFs的投资活动则不限于此。另一方面，GATS作为多边贸易规则的重要组成，它并不直接调整各种直接和间接投资活动，因此，即便SWFs的投资活动涉及GATS涵盖的服务部门，也并不意味着必然受GATS的约束。例如，GATS第28条（m）项规定，“另一成员的法人”指：（ii）对于通过商业存在提供服务的情况：①由该成员的自然人拥有或控制的法人；或②由（i）项确认的该另一成员的法人拥有或控制的法人。因此，GATS仅仅适用于SWFs“控制”的公司，而少数股权的参与不在其调整范围。当然，GATS所规定的政府控制定义，不仅仅限于SWFs，还包括所有政府企业（如迪拜港口世界公司）以及其代理机构（如政府养老基金）所作出的类似金融决策。①

在GATS下，各国所作的准入承诺都是具有法律约束力的。当然，有些国家在具体承诺部分已经包含一些特定限制，这些限制会影响SWFs的投资活动。例如，一些国家在具体承诺中明确排除外国政府所有权对部分服务部门的介入。例如，在美国的具体承诺表中，对于保险业而言，美国将政府所有或政府控制的保险公司排除在外；在基础电信服务部门，对于无线公用移动服务，美国的承诺是：可能不被授权给予外国政府或其代表控制，也不允许外国政府或其代表获得美国公司超过20%的股份；在广播电视行业不会颁发外国政府或其代表执照，也不允许其直接或间接持有这类美国公司超过25%的股份。西班牙在其水平承诺（horizontal commitment）中规定，外国政府、外国公共实体、直接或间接由外国政府控制的公司或实体在西班牙开展投资需要由政府预先审查。墨西哥等国也有类似规定。除了这些明确的排除性规定之外，是否意味着SWFs的投资就可以自由进行呢？显然并

① See Bart De Meester, *International Legal Aspects of Sovereign Wealth Funds: Reconciling International Economic Law and the Law of State Immunities with a New Role of the State*, Version February 18, 2009, available at http://ssrn.com/abstract=1308542, visited on April 8, 2009.

非如此，成员方仍可借助 GATS 的一些缓冲性规定（如最惠国例外、安全例外、一般例外等）来限制 SWFs 的投资。

与 SWFs 所存在的加强监管与防止投资保护主义矛盾类似，GATS 也需要在投资自由化和加强国内管制的必要之间寻找平衡。以 SWFs 拥有国为代表的新兴资本出口国希望能够自由和安全地获得工业化国家的资产，分散风险，并实现收益最大化。但是资本接受国必然对于这类交易的动机和后果寻求法律上的关注，特别是当这类投资是由政府或其相关实体所拥有并进行投资时。无论如何，对于 SWFs 的规范途径而言，WTO 是一个不错的多边场所。对于 SWFs 接受国而言，单边行动至少存在三个方面的问题：第一，单边主义容易导致保护主义倾向；第二，资本输入国政府所采取的措施易导致多样化而且非均衡的标准，从而增加 SWFs 的不必要成本，降低国际资本流动的效率；第三，单边措施难以被外部监控。① 对于 SWFs 拥有国而言，如果不愿意受制于接受国的单边管制措施，多边途径也许是一个不错的选择。有两个理由相信 WTO 是一个发展此类规范的合适场所：首先，WTO 的部分协议，如 GATS 事实上已经涵盖 SWFs 在服务行业的投资；其次，WTO 争端解决机制的可适用性，即如果一 WTO 成员认为一外国 SWFs 行为违背了其义务，该成员可以寻求 WTO 争端解决机制，而不是基于自己的判断采取单边限制措施。

五、主权财富基金与国家财产豁免

正如《圣地亚哥原则》GAPP 第 15 条所言，SWFs 在东道国从事的所有活动应当服从于该国所有可适用的管制框架与披露要求。根据属地管辖原则，其在东道国所从事的投资活动应当服从所在国国内法的管制。如前所述，主权财富基金的特殊性质在于其政府投资背景，如果 SWFs 并不具有独立于国家的法人实体资格，可以认为实际上就是 SWFs 拥有国政府在进行该项投资。随着 SWFs 的壮大和投资活动的日益频繁，一旦卷入东道国的国内诉讼程序，SWFs 能否在外国法院援引国家豁免权，成为一个值得思考的问题。

国家豁免是指一国不能对外国的国家行为和国家财产行使管辖权。按照国际惯例，国家财产豁免主要包括司法管辖豁免、诉讼保全豁免和强制执行豁免等具体内容。作为国际法的一项重要制度，国家豁免原则自 19 世纪初产生至今，已经经历了

① See Arvind Subramanian and Aaditya Mattoo, *Currency Undervaluation and Sovereign Wealth Funds: A New Role for the World Trade Organization*, Peterson Institute for International Economics Working Paper No. 08-2. Available at http://papers.ssrn.com/sol3/papers.cfm?abstract_id=1086476, visited on April 8, 2009.

两个多世纪。时至今日，各国政府和法学界在该原则上的分歧依然难以弥合，关于该原则的具体适用范围等问题仍然存在复杂的对立和分歧。对于国家财产的绝对豁免理论主张，除了不动产以及外国自愿服从以外，国内法院对该国的行为及其财产都没有管辖权。对于涉及国家及其财产的民商事案件，该理论主张通过外交途径予以解决。相对于前者对国家一切行为都予以管辖豁免的主张，限制豁免理论则将国家行为分为“统治权行为”（*acta jure imperii*）和“管理权行为”（*acta jure gestionis*），①并且只对外国国家的统治权行为及用于该类行为的国家财产予以管辖豁免，对其商业行为及用于该类行为的财产则行使管辖权。② 但是实际操作中如何界定国家行为属于管理行为还是商业行为是有困难的，因为国际上并没有统一的标准，而各国的实践也不一致。有的国家以行为的性质为标准来判断，如英、美、加拿大等国的立法都强调以行为性质为标准来判断是否属于商业交易行为。另外一些国家主张以行为的目的作为标准来判断国家行为是否属于商业行为，例如国家为救灾目的而购买粮食的行为就不属于商业交易行为。对于国际社会有关豁免范围的争论，联合国大会法律委员会就此问题也一直在作不懈的探讨和协调，并于2004年12月第59届联大上通过了《联合国国家及其财产管辖豁免公约》（以下简称《公约》）开放给各国签署。总体来看，《公约》第一次以普遍国际公约的方式确立了限制豁免原则，规定国家在八种诉讼程序中不得援引管辖豁免，并允许法院地国在一定条件下对被诉外国的财产采取强制措施。这些规定反映了多数国家的立法和司法实践。《公约》的通过和开放签署，标志着限制豁免原则已为越来越多的国家接受，限制豁免原则将成为国家豁免立法的发展趋势。《公约》的通过无疑将有利于协调各国在国家豁免这一重要领域的实践，并增强该领域国际法的确定性和可预见性。

如果根据《公约》的规定来考察SWFs能否适用国家豁免原则，需分别考察其是否满足国家豁免的主体资格要求、其财产是否满足国家豁免的客体要求即是否属于“国家财产”，以及有关交易是否满足《公约》所规定的“商业交易”标准。

关于司法管辖豁免的主体，根据《公约》第2条的规定，“国家”所指的范围包括：(1) 国家及其政府的各种机关；(2) 有权行使主权权力、并以该身份行事的联邦国家的组成单位或国家行政区域；(3) 国家机构、部门或其他实体，但须它们有权行使并且实际在行使国家的主权权力；以国家代表身份行事的国家代表。如果SWFs属于以上范围之列，则可根据《公约》第5条“一国本身及其财产遵照本公约的规定在另一国法院享有管辖豁免”的规定享受管辖上的豁免。如前所述，

① 统治权行为也被称为公法行为、主权行为，管理权行为也被称为私法行为、非主权行为、商业行为等。

② 参见黄进：《国家及其财产豁免问题研究》，中国政法大学出版社1987年版，第74页。

SWFs 的治理结构主要包括三种模式，一是采取独立于一国财政和央行的专业投资机构管理模式，二是在央行或财政部下设专业机构兼行管理，三是半独立准政府型的治理结构。从某种意义上来说，管理和运作国家外汇储备应当属于行使国家主权权力的范畴，因此，单纯从这几种模式来看，并不能得出 SWFs 属于或不属于上述第 2 条所指的有权行使并且实际在行使国家的主权权力的国家机构、部门或其他实体的结论。

即使 SWFs 被认为具备司法管辖豁免的主体资格，仍受到国家司法管辖限制豁免的约束，因此还须结合《公约》的例外规定加以考察。《公约》第 10 条至第 16 条规定，一国在因下列事项而引发的诉讼中，不得向另一国原应管辖的法院援引管辖豁免：（a）商业交易；（b）雇佣合同；（c）人身伤害和财产损害；（d）财产的所有、占有和使用；（e）知识产权和工业产权；（f）参加公司或其他集体机构；（g）国家拥有和经营的船舶。《公约》第 2 条第 1 款（c）项就“商业交易”作出了较为广泛的定义，包括：（1）为销售货物或为提供服务而订立的任何商业合同或交易；（2）任何贷款或其他金融性质之交易的合同，包括涉及任何此类贷款或交易的任何担保义务或补偿义务；（3）商业、工业、贸易或专业性质的任何其他合同或交易，但不包括雇用人员的合同。该条第 2 款同时规定，在确定一项合同或交易是否为第 1 款（c）项所述的“商业交易”时，应主要参考该合同或交易的性质，但如果合同或交易的当事方已达成一致，或者根据法院地国的实践，合同或交易的目的与确定其非商业性质有关，则其目的也应予以考虑。所以，从《公约》的规定来看，国际法委员会事实上采取了混合说，即将合同或交易的性质作为主要标准，同时将目的作为辅助标准。因此，SWFs（无论其采取何种治理结构）在从事国际投资活动时，如果能够证明其合同或交易的性质和目的为非商业性质（如国家授权的公法行为），则有可能援引豁免。① 不过，考虑到各国在商业行为等标准认定上的差异性，《公约》在该条第 3 款又同时规定，“关于本公约用语的第 1 款和第 2 款的规定不妨碍其他国际文书或任何国家的国内法对这些用语的使用或给予的含义”。因此《公约》事实上并未寻求在国家豁免主体的资格认定、商业行为的判断标准方面的完全统一做法，对国家的主权行为和非主权行为的识别一般采用法院地法，各国在国内法乃至其他双、多边场合仍有很大的自主空间。

与国家援引管辖豁免存在诸多限制相比，一国在其国家财产的执行豁免方面具有更多的“绝对性”。依照《公约》第 18 条和第 19 条之规定，除非一国明示同意

① 正如 GAPP 第 19 条所指出的，如果 SWFs 投资具有商业目的之外的其他因素，如政治目的，则应当被披露。因此，事实上近年来大多数 SWFs 在海外进行投资活动时都尽可能将商业化、专业化与独立化作为其宗旨和指导原则，而避免其投资活动被指为带有政治性目的。

放弃执行豁免，或者该国已经拨出或专门指定某项财产用于清偿对方的请求，另一国法院不得在诉讼中对该国财产采取判决前的强制措施，如查封和扣押措施，亦不得采取判决后的强制措施，如查封、扣押和执行措施。也就是说，在执行豁免方面，国家豁免的放弃只存在明示放弃的形式，而不存在默示放弃的形式。《公约》第 20 条就此还特别强调，即使依《公约》第 7 条认定一国明示同意放弃管辖豁免，另一国亦不得基于此而认为该国已默示同意对其国家财产采取强制措施。在国家立法与司法实践中，多数国家主张，国家与国有企业责任独立，国有企业之间责任独立。显然，SWFs 的财产能否享有执行豁免，必须满足司法执行豁免的客体要件，即应当属于“国家财产”之范畴。《公约》第 19 条规定，不得在另一国法院的诉讼中针对一国财产采取判决后的强制措施，例如查封、扣押和执行措施，但并未对何谓国家财产作出全面规定，只是在《公约》第 21 条对应当予以执行豁免的特定种类的财产加以列举。其中，第 1 款（c）项有关“该国中央银行或其他货币当局的财产”与 SWFs 资产具有最直观的联系。据该条规定，此类财产“尤其不应被视为第 19 条（c）项所指被一国具体用于或意图用于政府非商业性用途以外目的的财产”。换言之，只要被认定属于“该国中央银行或其他货币当局的财产”，无论该财产由何机构（例如 SWFs）加以管理，都应当属于财产执行豁免的范围。我国在 2005 年 10 月颁布的《外国中央银行财产司法强制措施豁免法》也采用了类似规定，即我国对外国中央银行财产给予财产保全和执行的司法强制措施豁免。所谓外国中央银行财产，是指外国中央银行的现金、票据、银行存款、有价证券、外汇储备、黄金储备以及该银行的不动产和其他财产。也有一些国家对外国中央银行或货币当局的财产仍采取限制豁免的做法。例如美国《外国主权豁免法》第 1611 条规定，外国央行及货币当局为其自身而持有的财产不得被扣押或执行，换言之如果有关财产被用于商业交易而非由央行或货币当局自身持有，则不符合上述豁免的条件。① 美国《外国主权豁免法》第 1610 条对外国国家财产与外国机构或部门（包括国有企业）的财产作出了明确区分，规定不允许用某一机构或部门的财产对另一无关机构或部门的判决进行清偿。

总体来看，虽然国际法委员会制定了有关《公约》，但其中许多概念仍有待进一步厘定，许多规定（如有关八种不享有豁免的诉讼行为）仍比较原则，如何解释和适用这些例外规定，还缺少统一的标准，各国法院可能按照本国法进行认定。如何解决适用上的矛盾与冲突，有可能成为未来国家豁免立法关注的焦点。因此，《公约》绝不是国家限制豁免规则统一化的终结，而是国家限制豁免规则进一步规

① 参见张磊：《试析主权财富基金的国家豁免问题》，载《兰州学刊》2008 年第 11 期，第 124～127 页。

范化的开始。从某种意义上来说，集政府管理权行为与商业行为特征于一身的SWFs，也许会成为推动相关理论和实践发展的重要载体。随着现代国家职能、地位所发生的巨大改变，政府代表国家参与国际商事行为的几率越来越高，国家在国际及国内法上承担责任的可能性也越来越大。国际法之所以对国家财产进行强制措施豁免的保护，主要因为国家财产在一定情形下关乎一国主权职能的行使。所以，如果SWFs非经授权行使国家主权权力，原则上来说很难被认定为是国家豁免的主体，其财产也不能享有执行豁免，特别是当SWFs作为独立法人实体出现时，其财产性质与一般商业交易中私法主体的财产没有本质区别。

六、中国主权财富基金的发展与完善

作为目前世界上最大的国际储备持有国，中国国际财富的管理问题不仅仅是我国公民关注的事情，同样也受到我国在国际金融市场上的合作伙伴的关注。中国如何管理其巨额外汇，业已成立的中国主权财富基金如何运营和管理等一系列问题吸引了全球金融市场和新闻舆论的广泛关注。与此同时，其他国家也需要承担为中国投资开放本国金融市场的对等义务。因此，我们既要关注本国主权财富基金的稳健、规范运作，也要关注外部投资环境特别是有关SWFs的各种管制性规范的最新发展。

2007年9月29日成立的注册资本为2000亿美元的中国投资公司，被认为是中国主权财富基金的主要形式。① 中国投资公司是依据《公司法》设立的国有独资公司，直属于国务院主管。中国投资公司当前所从事的外汇投资业务以境外金融组合产品为主。公司实行政企分开、自主经营、商业化运作，在可接受的风险范围内，实现长期投资收益最大化。自成立以来，中国投资公司开展了一系列引人注目的投资活动，如2007年底中国投资公司购买了50亿美元的摩根士丹利可转换股权，取得9.9%的股权并成为该公司第二大股东。不过，作为一个相对“年轻的”主权财富基金，中国投资公司在组织体系、议事规则及决策机制等许多方面还有待完善。

主权财富基金需要建立明确的商业化、专业化与独立化的原则。由于有相当一部分欧美国家反对主权投资基金，因此，如何消除海外政治化的反对情绪也是中国

① 有国外学者认为中国的“全国社会保障基金”以及像“上海金融控股集团”这样的实体也属于主权财富基金的范畴，甚至中国的国家外汇管理局“在很多方面的作用更像是主权财富基金而非传统的外汇储备经理人”。参见［美］埃文·杜鲁门：《中国对国际储备和主权财富基金的管理》，载《中国贸易救济》2009年第2期，第1～4页。

投资公司面临的难题之一。主权财富基金的资金大部分投资于海外资产，本来政治上就极为敏感。如果一国主权财富基金缺少足够的商业性与运作独立性，就有可能被认为只不过是该国政府的一个政策工具，因此更容易遭受投资东道国政治上的指控与阻力，难以实现投资风险与回报最佳的匹配。为确保商业化、专业化与独立化，不仅需要在主权财富基金章程中就此加以明确规定，而且需要厘清主权财富基金与股东（国家）、与央行和财政部、与政府其他部委、与金融监管当局、与旗下投资对象尤其是与由其参股控股的子公司之间的关系。含糊不清的关系界定，将导致各方面对于主权财富基金的不必要干预，从而影响其商业化、专业化与独立化运作。

另一方面，主权财富基金的内部组织架构、治理模式与管理团队如何建立也至关重要。成功的主权财富基金如阿联酋阿布扎比投资局、新加坡 GIC、挪威政府养老基金等，都致力于仿效国际金融市场上的私人投资公司的组织，避免仿袭照搬政府行政机关的架构，尤其是突出董事会与专业投资委员会的核心决策职能与自主权，讲究组织上的精简与决策的效率。尽管中国投资公司直属于国务院，并且其资本金来源于国家的主权财富，但中国投资公司应当与一般的行政部门区别开来，不受行政干预，确保决策和运营的独立性。中国投资公司需要解决的困难还包括：如何吸引在全球资产管理方面具有丰富经验的专业人士，如何挑选世界上一流的投资机构——包括投资银行、PE 公司、对冲基金以及传统资产管理公司等作为其外部管理人，如何制定科学、合理的投资策略以获得较高的预期投资回报等。

从国际上来看，具有良好业绩记录的主权财富基金，都把很大一部分资金交由外部专业机构管理。通过外部管理，主权财富基金可以弥补政府投资机构专业人才的不足，同时避免了主权财富基金直接出面在国际金融市场上竞购资产，在相当大程度上可以减少主权财富基金面临的特殊市场风险与政治风险。通过优先委托给国内真正高资质、具有国际经验和发展潜力的专业投资管理人，培育国内专业的机构投资者行业。

中国投资公司应当实现在全球范围内构建多元化的资产组合，既包括境外金融产品的组合，也包括股权投资，以规避风险，获得较为平稳的投资回报。多元化的资产组合方是中国投资公司最理想的投资策略。考虑到公司初创和正处在国际金融市场的敏感期，当前中国投资公司仍应当采用谨慎的投资策略。

在逐步提高透明度和完善问责责任方面，中国投资公司也应当尽可能地向国际标准如 GAPP 的要求靠拢。美国政府智库彼得森国际经济研究所研究员 Truman 曾专门撰文，提出了一套主权财富基金的最佳行为准则，包括结构、治理、透明度和责任度、行为四个分值不同的要素，并将透明度与责任度的内容概括为报告、投资和审计三个方面。① 他认为，基于 IWG 及上述评判标准，中国投资公司应在以下方面作出努力：投资决定应完全由基金经理人作出；完善最新年度报告；披露涉及杠杆使用政策的公开信息；等等。②

近年来我国积极参与了有关国际标准的讨论、起草和制定工作，这些工作为我国主权财富基金赢得更为良好的生存空间奠定了基础。在 2009 年 4 月 6 日科威特举行的全球主权财富基金国际会议上，中国投资公司监事长金立群还当选为新成立的主权财富基金国际论坛副主席。

七、结　语

总的来说，主权财富基金的兴起，改变了以往工业化国家私人海外投资主导国际资本流向的单一格局，体现了国际资本市场上新兴经济体实力的增加和投资主体多元化的趋势，在一定程度上有利于国际金融市场的稳定，也有助于实现国际经济乃至国际政治格局上的某种平衡。因为，从深远来看，主权财富基金的兴起，是一个历史的现象，目前主权财富基金的急剧膨胀总体上是不正常的，这是全球经济失衡的结果，是过分依赖单一货币的国际货币金融体系的必然产物。当然，从国际货币体系的改革和发展趋势来看，可以认为，在一个相当长的时期内，主权财富基金都将作为国际资本市场上的一股新兴力量而存在并发挥重要作用。因此，在制定主权财富基金行为规范的同时，更需要关注化解全球经济失衡，尤其是警示本次金融危机所暴露的对单一国际货币过分依赖的弊端。

对于主权财富基金的投资活动，与国际私人投资或者其他金融活动一样，同样存在自由化与有效监管之间的矛盾。在当前因美国次贷危机而引发的国际货币体系改革契机下，如何构筑和谐的国际金融环境，创建稳定的国际货币体系，维护国际市场必要的经济自由，防止保护主义的再次复苏，本文认为，引入并加强友好型的市场监管理念至关重要。友好型的监管规则和国民待遇，更易于促成主权财富基金作为成熟的机构投资者发挥其稳定国际金融市场的中枢作用。我国在参与制定并遵循有关非约束性标准，完善本国主权财富基金治理结构的同时，也应当积极反对国

---

① See Edwin M. Truman, *A Scoreboard for Sovereign Wealth Funds*, Presented at the Conference on China's Exchange Rate Policy, October 19, 2007, at the Peterson Institute for International Economics, Washington, DC, available at http://www.iie.com/publications/papers/truman1007swf.pdf, visited on April 8, 2009.

② 参见［美］埃文·杜鲁门：《中国对国际储备和主权财富基金的管理》，载《中国贸易救济》2009 年第 2 期，第 1～4 页。

内层面上限制SWFs投资的保护主义做法，要求有关国家在既有的投资自由化框架下确保透明度和非歧视的基础上实施其管制措施。

A Study on the International Legal Framework of Sovereign Wealth Funds

Abstract As a "paradigmatic change" in the international investment law, the sovereign wealth funds (SWFs) which are mainly controlled by the governments of those emerging economies are rising as a vigorous new investment force in the world. This phenomenon would challenge the existing international legal framework for investment. The article addresses the regulation changes in the recipients of investments and the emergence of international nonbinding rules such as the Generally Accepted Principals and Practices (GAPP). Moreover, since the General Agreement on Trade in Services (GATS) is the only multilateral agreement that contains binding rules on investment, there is a need to discuss the relationship between the GATS and the measures that restrict investments from SWFs adopted by the receiving States. SWFs also give rise to an intensive debate on the possibility for the applicability of state immunity.

Key words sovereign wealth fund; national security; transparency; investment liberalization; state immunity

（审稿：张　辉）

二、专题一：欧洲能源问题研究

德国能源法律与政策及其对中国的启示

□ 杨泽伟*

内容摘要 为了保障本国的能源安全，德国形成了较为完备的能源法律和政策体系，并确立了能源供应安全、市场竞争和环境保护三大能源法律与政策目标。德国能源法律和政策的内容十分丰富，它在可再生能源的开发利用、热电联产、生态能源税和排放贸易等方面，都对中国有借鉴意义。

关键词 德国《能源工业法》 能源安全 可再生能源

目 次

* 武汉大学国际法研究所教授，法学博士。

德国是高度发达的工业化国家，经济实力位居欧洲首位。德国又是世界上最大的能源消费国之一，石油消费量居世界第三，天然气消费量居欧盟第二位。① 然而，德国的自然资源较为贫乏，除硬煤、褐煤和盐的储量丰富之外，天然气产量只能满足国内需求量的 17%，石油的自给率仅占 2.5%，② 75% 的初级能源需进口。③ 作为能源资源有限的国家，德国是如何保障其能源安全的，它的能源法律政策对中国有何借鉴与启示，研究这些问题，无疑具有重要意义。

一、德国能源法律体系

作为联邦制国家，德国联邦和各州都有立法权。为了保障本国的能源安全，德国联邦和各州先后出台了一系列能源法律政策，从而形成了德国较为完备的能源法律政策体系。

（一）联邦宪法

与欧盟其他成员国不同，德国宪法——1949 年《德意志联邦共和国基本法》（*Basic Law for the Federal Republic of Germany*）并没有关于能源问题的专门规定。然而，德国联邦宪法法院的裁决认为：保障能源供应安全作为绝对的公共利益，是经

① 参见傅庆云等编：《各国能源概况》，中国大地出版社 2004 年版，第 96 页。

② See Johann - Christian Pielow *et al*, *Energy Law in Germany*, in: Energy Law in Europe: National, EU and International Law and Institutions, ed. by Martha M. Roggenkamp, Catherine Redgwell, Anita Ronne and Inigo del Guayo (eds.), 2nd Edition, Oxford University Press, 2007, p. 625.

③ See Carsten Corino, *Energy Law in Germany*: *And Its Foundations in International and European Law*, C. H. Beck, 2003, p. 2.

济运行的前提，就像面包一样每天不可缺少；能源供应安全最终成为人人能过上有尊严的生活的必不可少的组成部分。①

（二）国际条约和欧盟法

按照德国国内法的规定，德国明确承认国际条约在国内的效力，国际条约是国内法的组成部分。因此，凡是德国加入或批准的国际条约，如《联合国气候变化框架公约》和《京都议定书》等，对德国都是有约束力的，德国的能源法不能与其相冲突。同时，由于德国是欧盟成员国，按照欧盟法的直接效力原则，“欧共体立法机关通过的条例，自动成为各成员国法的组成部分，直接约束成员国的各级国家机关或政府机构和司法机关”,② 因此欧盟能源法律与政策构成了德国能源法的重要组成部分。

（三）能源基本法——《能源工业法》

1. 1935 年《能源工业法》。“1935 年《能源工业法》（*Energy Industry Act*）是德国能源法发展进程中的一块里程碑。”③ 在 1935 年前，德国并没有专门的能源法律体系，电力和天然气供应活动主要由普通私法和行政法来调整。1935 年《能源工业法》序言明确规定，该法旨在防止“竞争对经济造成破坏性影响”，确保“尽可能安全地、廉价地”组织能源供应。该法认为，竞争是实现上述目标的障碍。该法还赋予了职能部门诸多权限以履行相关职责，如给新进入公共能源供应领域的实体颁发许可证、建造或关闭能源设施必须符合公共利益等。

2. 1998 年《能源工业法》。为了执行 1996 年 12 月《欧盟电指令》(*EU Electricity Directive*)，德国联邦立法机关通过了 1998 年《能源工业法》，并取代了 1935 年《能源工业法》。1998 年《能源工业法》的主要调整对象是电力与天然气市场的总体框架，其立法目的主要是通过引入竞争作为一种降低能源价格的手段，实现政府放松对德国电力与天然气市场的管制，提高市场自由化程度，使德国电力与天然气的价格在欧共体市场里具有竞争力。该法还规定了能源法的三大宗旨：安全稳定的能源供应、合理的能源价格和生态平衡。这三大宗旨具有同等的重要性，

---

① See Johann - Christian Pielow *et al*, *Energy Law in Germany*, in: Energy Law in Europe: National, EU and International Law and Institutions, Martha M. Roggenkamp, Catherine Redgwell, Anita Ronne and Inigo del Guayo (eds.), 2nd Edition, Oxford University Press, 2007, pp. 630-631.

② 曾令良：《欧洲联盟法总论》，武汉大学出版社 2007 年版，第 169 页。

③ Barry Barton *et al* (eds.), *Energy Security: Managing Risk in a Dynamic Legal and Regulatory Environment*, Oxford University Press, 2004, p. 337.

在法律冲突时并不存在谁优先的问题。①

3. 2005 年《能源工业法》。为了执行 2003 年 6 月《欧盟电和天然气指令》，2005 年 7 月德国新的《能源工业法》开始生效。新的《能源工业法》与 1998 年《能源工业法》有很大的不同，前者有 118 个部分，而后者只有 18 个部分。按照新的《能源工业法》，德国的能源市场更加开放。2005 年《能源工业法》还授权德国联邦政府制定一系列的能源规则，如 2005 年 7 月《关于供电网进入的规则》、《关于天然气供应网进入的规则》、《关于供电网进入付费的规则》、《关于天然气供应网进入付费的规则》以及 2006 年 11 月《关于为终端消费者连接低压电网和低压天然气网订立规定的规则》等。②

（四）能源专门法和能源配套法规

除了能源基本法以外，德国还有许多的能源专门法和能源配套法规，如 1974 年《保障能源供应法》、1976 年《电力负荷分配法》和《天然气负荷分配法》、1978 年《矿物石油储备法》、1982 年《电力供应保障法》和《天然气供应保障法》、1989 年《联邦电力价格法》、1991 年《电力输送法》、1999 年《引入生态税改革法》、2000 年《可再生能源优先权法》、2002 年《节约能源法》和《综合热电法》以及《核能法》、2004 年《可再生能源优先权法》等。

二、德国能源法律与政策的目标

基于本国的国情，德国政府确立了能源法律政策的三大目标：能源供应安全、市场竞争和环境保护。

（一）能源供应安全

保障能源供应安全是德国能源法律政策的长期目标。早在 18 世纪初，德国就建立了燃气工程，为城镇居民提供照明、做饭和取暖所需的燃气。③ 经历 20 世纪 70 年代的能源危机后，德国政府采取了多种措施来保障本国的能源供应安全。首

① See Barry Barton *et al* (eds.), *Energy Security: Managing Risk in a Dynamic Legal and Regulatory Environment*, Oxford University Press, 2004, p. 338.

② See Johann - Christian Pielow *et al*, *Energy Law in Germany*, in: Energy Law in Europe: National, EU and International Law and Institutions, Martha M. Roggenkamp, Catherine Redgwell, Anita Ronne and Inigo del Guayo (eds.), 2nd Edition, Oxford University Press, 2007, pp. 655-656.

③ See Carsten Corino, *Energy Law in Germany: And Its Foundations in International and European Law*, C. H. Beck, 2003, p. 9.

先，能源进口来源地多元化。德国政府除了继续从俄罗斯、中东等国家和地区进口能源外，还逐渐增加了从非洲和拉丁美洲等地区的能源进口量。其次，能源构成多样化。除了传统的煤、石油和天然气等化石能源资源外，德国政府还特别注重利用风能、太阳能等可再生能源。最后，德国政府通过提高能源利用效率和征收能源消费税的方式来降低能源需求总量，从而达到保障能源安全的目的。

总之，经过多年的努力，目前德国的能源安全已经得到了较好的保障。据“欧洲能源管理委员会”(Council of European Energy Regulators) 的研究表明，“德国平均每年大约只有15分钟的能源供应中断时间，在整个欧洲是最低的”。①

(二) 市场竞争

伴随着1998年《能源工业法》的出台，德国政府逐步放松了对能源市场的控制，并引入竞争机制作为降低能源价格的一种手段。而2005年《能源工业法》则进一步提高了德国能源市场的自由化程度。② 例如，2005年《能源工业法》第22部分和第23部分规定了客观地和非歧视地获取能源供应以及电力线路和天然气管线建设的原则。该法还规定，申请供应能源的许可只有在出现以下情况时才被拒绝：申请者不具备必要的人员、技术或经济能力，或者申请者的行为将不利于市场中消费者的整体利益，或者对已经进入市场的现有供应者造成不利。另外，关于协议第三方进入的问题，该法也明确规定了电网的开放进入，并要求电网的所有者在提供传送这类电力服务到消费者时，不得低于向其下属企业提供相同服务的服务标准。

(三) 环境保护

德国坚持“可持续发展”的能源战略，重视气候变化和环境保护问题。③ 德国政府曾经多次公开表示，不但要减少本国二氧化碳的排放量，而且还要帮助发展中国家提高技术水平、削减温室气体的排放量。为了实现环境保护的目标，德国政府制定了一套综合性的环境保护规则，想方设法提高能源利用效率、大力开展节能活动，并采取了发展可再生能源、强化家庭节能、促进热电联产和提高发电厂效率

① Carsten Corino, *Energy Law in Germany: And Its Foundations in International and European Law*, C. H. Beck, 2003, p. 9.

② See Johann - Christian Pielow *et al*, *Energy Law in Germany*, in: Energy Law in Europe: National, EU and International Law and Institutions, Martha M. Roggenkamp, Catherine Redgwell, Anita Ronne and Inigo del Guayo (eds.), 2nd Edition, Oxford University Press, 2007, p. 629.

③ 例如，德国2004年《可再生能源优先权法》第一部分明确规定：“本法的目的是为了控制全球变暖和实现环境保护，推动能源供应的持续发展。”

等措施。①

三、德国能源法律与政策的主要内容

如上所述，德国能源法律体系较为完善，能源法律政策的内容也十分丰富。

（一）可再生能源

德国一直注意可再生能源的开发、利用及推广。

1. 制定了利用可再生能源的目标。1990 年第一部可再生能源法通过以后，德国的风力发电大幅增长。2000 年修订的可再生能源法实施后，德国生物质能和太阳能的利用也大幅增加。根据 2004 年修订的《可再生能源优先权法》（*Act on Granting Priority to Renewable Energy Sources*）的规定，到 2010 年德国可再生能源的比重将占能源消费总量的 4.2%、电力供应的 12.5%；2010 年“热电联产”（combined heat and power generation）将每年减少 2300 万吨二氧化碳的排放量；到 2020 年，至少 20% 的能源供应来自可再生能源，能源效率是 1990 年的两倍。② 此外，按照《京都议定书》规定的在欧盟范围内削减温室气体排放量份额，从 2008—2012 年德国应削减温室气体排放量 21%。

特别值得一提的是，2002 年德国联邦政府制定了可持续发展战略。该战略提出了以下目标：为了执行“关于促进可再生能源发电和加大对生物质能技术的支持”的欧盟指令（the Directive 2001/77/EC），到 2050 年，德国一半的能源消费来自可再生能源。

2. 规定了“购买和支付的义务”（“take and pay” obligation）。1991 年德国就颁布了《电力入网法》。“这是德国开始风能商业利用后制定的促进可再生能源利用的法规，它规定了电网经营者优先购买风电经营者生产的全部风电、并给予合理价格补偿的强制义务，有力地促进了德国风电产业的发展。”③ 2004 年《可再生能源优先权法》也明确规定，电网所有者有义务接受专门利用水能、风能、太阳能、地热能、天然气、沼气及生物质能的能源供应商提供的电力，同时购买来自于上述

① See Carsten Corino, *Energy Law in Germany: And Its Foundations in International and European Law*, C. H. Beck, 2003, pp. 12-13.

② See Johann - Christian Pielow *et al*, *Energy Law in Germany*, in: Energy Law in Europe: National, EU and International Law and Institutions, Martha M. Roggenkamp, Catherine Redgwell, Anita Ronne and Inigo del Guayo (eds.), 2nd Edition, Oxford University Press, 2007, p. 694.

③ 国家电力监管委员会办公厅：《德国可再生能源发展状况和有关法律政策》，载《农村电气化》2008 年第 1 期，第 45 页。

工厂的发电量占其总量的比例应当符合《可再生能源优先权法》中有关最小比例的规定。同时，该法还规定了对各种可再生能源发电装置的经营者予以补偿的标准。

（二）核能

德国核能法的法律渊源，包括德国宪法、联邦法和《欧洲原子能法》等。例如，德国宪法第 2 条第 2 款规定，要全面规范核能开发活动。1959 年德国《核能法》（*Nuclear Energy Act*）指出，支持为和平的目的，研究、开发与利用核能。此外，德国政府还出台了一些重要的联邦条例，如 1994 年《防止核辐射条例》、1995 年《核能程序法条例》和 2005 年《核放射性保护条例》等。1959 年《核能法》经历了多次修改，其内容也不断得到完善。它分为六章，其主要内容既包括针对与核设施（特别是核电站）、核燃料和核废料有关的需要法律规范的所有重要问题，也涉及与公众安全直接相关的医疗和食品等领域。

德国核能政策经历了一个变化的过程。自 1960 年第一座核能发电装置投入使用以后直到 20 世纪末，德国核能发电能力逐步增强，核能成为德国电力工业中仅次于煤炭的第二大能源，德国核电技术水平也位居世界前列。然而，由于核泄漏安全事故的潜在风险较大，加上核废料处理的技术难题还没有完全解决，因此 2000 年 6 月德国联邦政府和能源供应部门签署了《逐步放弃核能的协议》（*Agreement on a Gradual and Medium-term Withdrawal from Nuclear Energy*）。2002 年 4 月，德国政府又颁布了《关于有序地终止为商业目的而利用核能发电的联邦法》（*Federal Law Concerning the Orderly Termination of the Use of Nuclear Energy for the Purpose of Commercial Generation of Electricity*），该法完全改变了德国核能的发展方向，它表明德国政府今后将逐步放弃初具规模的核电，对核电生产实行分阶段终止计划。根据上述法案，德国施塔德（Stade）和奥布赖黑姆（Obrigheim）两座核电站于 2003 年和 2005 年先后被永久性关闭。① 其他的核电站最迟也将于 2025 年关闭。② 不过，值得注意的是，近年来德国国内又重新出现了关于核能利用的争议，许多人认

① See Johann - Christian Pielow *et al*, *Energy Law in Germany*, in: Energy Law in Europe: National, EU and International Law and Institutions, Martha M. Roggenkamp, Catherine Redgwell, Anita Ronne and Inigo del Guayo (eds.), 2nd Edition, Oxford University Press, 2007, p. 693.

② See Barry Barton *et al* (eds.), *Energy Security: Managing Risk in a Dynamic Legal and Regulatory Environment*, Oxford University Press, 2004, p. 342.

为为了履行《京都议定书》规定的减排义务，仍有必要继续利用核能。①

（三）矿产

德国的矿产法主要是与煤有关的。1980 年 8 月，德国政府出台了《联邦矿产法》（*Federal Mining Act*）。② 德国《联邦矿产法》的主要目的是，规范和促进矿产开发活动以保障矿产资源的供应；确保矿产开采活动和矿工的生命安全；完善安全措施以应对因矿产开发活动而引起的有关生命、健康和财产等风险，改进对不可避免的损害的补偿等。《联邦矿产法》把矿产资源分为三类：第一类是土地所有人的矿产资源，如石灰石、泥炭等，它们不属于《联邦矿产法》的调整对象，但要遵守环境保护法方面的有关规定。第二类是地面所有人的矿产资源，如矾土、石英等，它们也由该财产所有人支配，但《联邦矿产法》作了专门规定。第三类是公有的矿产资源，如天然气、硬煤和褐煤等，这类资源的开采需要获得政府颁发的许可证。《联邦矿产法》除了对矿产资源开采许可证的类型、开采费用以及许可证的撤销等事项作了具体规定外，还对保障矿山安全生产、保护矿工人身安全和健康等方面也作了详细规定。

另外，出于维护德国硬煤的市场竞争力和保障就业的需要，1980 年 11 月德国政府还颁布了《促进在电力部门使用硬煤的联邦法》（*Federal Act Safeguarding the Further Use of Hard Coal in the Electricity Sector*），对煤炭生产予以政府财政补贴。不过，出于各种压力，2007 年 2 月德国政府作出决定，将在 2018 年“用一种全社会都能接受的方式”终止对煤矿开采业的政府补贴。③

（四）热电联产

2000 年 5 月，德国第一部《热电联产法》（*Combined Heat and Power Act*）正式生效。该法旨在推动热电联产以提高能源使用效率，从而达到应对气候变化和保护自然资源的目的。该法为热电联产方面的投资提供了法律保障。该法规定，距离热电联产厂最近的电网运行商，有义务把热电联产厂生产的电并入其电网。

---

① See Johann - Christian Pielow *et al*, *Energy Law in Germany*, in: Energy Law in Europe: National, EU and International Law and Institutions, Martha M. Roggenkamp, Catherine Redgwell, Anita Ronne and Inigo del Guayo (eds.), 2nd Edition, Oxford University Press, 2007, p. 679.

② 该法于 1982 年 1 月生效，最近的一次修订是 2006 年 12 月。

③ See Johann - Christian Pielow *et al*, *Energy Law in Germany*, in: Energy Law in Europe: National, EU and International Law and Institutions, Martha M. Roggenkamp, Catherine Redgwell, Anita Ronne and Inigo del Guayo (eds.), 2nd Edition, Oxford University Press, 2007, p. 645.

因为2000年《热电联产法》是一部临时性的法案,① 所以在2002年4月，德国政府又颁布实施了《保留、更新和扩大热电联产法》（*Retention, Modernization, and Expansion of Combined Heat and Power Act*）。该法将于2010年12月31日到期，除非根据临时的审议予以延期。该法规定，热电联产经营者有权将其生产的电并入最近的电网；电网运营商也有并网的义务，即使是为此扩大了电网；热电联产经营者的补贴由两部分组成：一是由热电联产经营者和电网运行商商议的市场价，二是基于热电联产厂的类型的附加费；热电联产经营者也可将其生产的电卖给第三方。值得注意的是，电网运行商并网和购买的义务，不是针对由热电联产厂生产的所有电，而是只针对直接由热能所产生的电。

（五）生态能源税

早在1992年12月，德国政府就颁布了《征收矿物石油税法》（*Law on Excise Tax on Mineral Oils*）。1999年德国制定了《引入生态税制改革法》（*Law Introducing the Ecological Reform of the Tax System*）、《联邦电税法》（*Federal Law Concerning the Taxation of Electricity*）和《继续进行生态税制改革法》（*Law to Continue the Ecological Reform of the Tax System*），之后又于2002年12月和2006年7月相继出台了《进一步发展生态税制改革法》（*Law Further Developing the Ecological Reform of the Tax System*）和《联邦能源税法》（*Federal Energy Taxation Law*）。

根据《联邦电税法》的规定，德国国内每用1000度电就要征收20.5欧元的电税；但使用从可再生能源生产的电和从公共电网之外的地方电网的电都免税，轮船、飞机和火车的生产和营运用电也免税。另外，该法还规定了一些减税措施。例如，铁路运输每用1000度电只需征收11.42欧元的电税；工业、农业和林业生产消耗的第一个25000度电，每1000度电只需征收8.2欧元的电税，超过25000度电以后，每1000度电则征收12.3欧元的电税。

2006年《联邦能源税法》其实是在1992年《征收矿物石油税法》的基础上修订而成的，不过前者比后者的范围更广，它涵盖了所有的能源产品。《联邦能源税法》为20多种不同的能源产品规定了不一样的税率。同样，该法也设有免税条款，如该法第26条规定，非用做汽车或取暖的能源产品免税、飞机或轮船的燃料也免征能源税。另外，该法还规定来自生物质能的能源产品还可以获得税收补贴。

---

① See Carsten Corino, *Energy Law in Germany: And Its Foundations in International and European Law*, C. H. Beck, 2003, p. 72.

（六）排放贸易

为了完成《京都议定书》所规定的减排目标，2003年欧盟颁布了《关于在欧共体范围内确立温室气体排放贸易限额方案的指令》（*Directive on Establishing a Scheme for Greenhouse Gas Emission Allowance Trading within the European Community*）①。德国的"排放贸易机制"（emission trading system）即为其中的一部分。德国政府承诺到2012年温室气体的排放比1990年减少21%。德国的减排目标，是通过采取各种不同的措施来实现的，如征收能源税、鼓励利用可再生能源和提高效率等，排放贸易仅为其中的一种。

德国的"排放贸易机制"的法律依据是2004年《温室气体排放贸易法》（*Greenhouse Gas Emission Trading Law*）。该法共分为20部分，它为排放贸易活动提供了基本的法律框架。该法还把排放贸易活动分为两个阶段：第一阶段是从2005—2007年，第二阶段则从2008—2012年。此外，德国联邦环境部还起草了"国内排放贸易分配方案"，并最终由联邦议会通过。其中，第一阶段的《国内排放贸易分配法》被称为"Zuteilungsgesetz 2007"，第二阶段的《国内排放贸易分配法》被称为"Zuteilungsgesetz 2012"，它们都从属于《温室气体排放贸易法》。"Zuteilungsgesetz 2007"指出，第一阶段的减排目标是85900万吨，第二阶段的减排目标是84400万吨。②

四、德国能源法律与政策对中国的启示

中、德两国的煤炭资源都比较丰富，但石油、天然气都较为贫乏，同时两国又都是世界上的经济大国，能源资源的消耗较大，因此德国的能源法律政策无疑对中国具有借鉴与启示意义。

（一）注重能源法制建设、能源法律体系比较完备

如前所述，早在20世纪30年代德国政府就颁布了能源基本法——《能源工业法》，之后又根据国际关系的发展和国内外能源形势的变化，不断地对其加以修订和完善。同时，德国政府还出台了一系列的能源专门法和能源配套法规，"从而建

---

① Directive 2003/87/EC，[2003] OJ L338/18.

② See Johann - Christian Pielow *et al*, *Energy Law in Germany*, in: Energy Law in Europe: National, EU and International Law and Institutions, Martha M. Roggenkamp, Catherine Redgwell, Anita Ronne and Inigo del Guayo (eds.), 2nd Edition, Oxford University Press, 2007, p. 706.

立了完善的能源安全的‘法网’”①。因此，中国应该借鉴德国能源安全的立法经验，一方面早日推出综合性的能源基本法，另一方面还要根据形势的需要及时修改不合时宜的能源法律规章。

（二）注意开源节流、坚持能源资源的可持续发展

为了保障德国的能源供应安全，实现可持续发展的能源战略，德国政府在能源领域采取了一系列的改革措施，如推行节约能源、热电联产、提高能源利用效率等。特别是德国政府大力发展太阳能、风能等新能源和可再生能源，不断提高可再生能源在能源消费中所占的比重，这些尤其值得中国学习和仿效。因为中国对可再生能源的利用还很不够，与德国相比还有很大的发展潜力和空间。

（三）利用生态税的调节杠杆作用

德国政府实施生态税的目的是利用税收的杠杆作用，减少化石能源和电力的消费量，以达到保护环境的目的。同时，德国“征收生态税所得收入对国家财政还作出了重要贡献，又使全国强制性的养老保险费降低了1.7%左右”。② 因此，对于2009年开始征收燃油税的中国来讲，今后也可以考虑采取这种“取之于民、还之于民”的税收改革措施。

（四）实行排放贸易制度

减少温室气体的排放，应对全球气候变化，是世界各国的共同责任。中国作为世界上最大的发展中国家，为了实现可持续发展战略，中国政府也应出台类似于德国的《温室气体排放贸易法》，制定具体的减排目标，确定国内排放贸易的分配方案等。

German Energy Law and Policy and Its Enlightenment to China

Abstract In order to safeguard energy security, Germany has established a

① 龚向前：《试论德国能源安全法律及启示》，载《德国研究》2006年第4期，第41页。

② See Johann - Christian Pielow *et al*, *Energy Law in Germany*, in: Energy Law in Europe: National, EU and International Law and Institutions, Martha M. Roggenkamp, Catherine Redgwell, Anita Ronne and Inigo del Guayo (eds.), 2nd Edition, Oxford University Press, 2007, p. 708.

relatively complete system of energy law and policy. The German government establishes three objectives of energy law and policy, viz., security of energy supply, market competition and environmental protection. German energy law and policy has many aspects. China can draw on their experiences of development and use of renewable energy sources, the combined heat and power, ecological energy tax and emission trading, etc..

Key words German Energy Industry Act; energy security; renewable energy sources

（审稿：张 辉）

欧盟能源安全的困境及其出路

□ 吕 江*

内容摘要 在构建法律制度方面，欧盟能源安全存在诸多弊端。在欧盟内部，其关于能源安全的管辖权能划分不清。在外部，现有《能源宪章条约》并不能彻底改变欧盟能源供应安全的现状。因此，对于欧盟而言，在《里斯本条约》通过之前，解决之道唯有通过外部途径，即力促俄罗斯批准《能源宪章条约》，或者与俄罗斯达成双边能源协定。然而，摆在欧盟面前的，并不是一条坦途，俄罗斯的诉求以及其他能源消费国的竞争，最终将制约欧盟构建完善的能源安全法律政策体系。

关键词 欧盟 能源安全 国际法 俄罗斯

目 次

* 武汉大学国际法研究所08级博士研究生，山西大学法学院讲师。

（二）通过国际法构建新能源安全秩序

（三）中国应着力完善内部的能源安全法律和政策

2009年1月1日，因与乌克兰就天然气价格和过境费问题未能达成协议，俄罗斯停止了对乌克兰的天然气供应，致使途经乌克兰出口到欧洲的天然气中断或减少，欧洲18个国家为此受到影响。① 由于除丹麦外，欧盟26个成员国都是能源净进口国，能源对外依存度高达54%，② 所以，在这次俄、乌天然气争端中，欧盟受到较大影响，其能源安全形势不容乐观。基于此，本文旨在通过剖析欧盟能源安全的法律政策，揭示其能源安全的法律弊端，以有助于完善中国能源安全的法律体系建设。

一、欧盟能源安全面临的挑战

欧盟能源安全之所以如此形势严峻，是因为它面临诸多挑战。

首先，油气供应地区冲突频发。在中东，9·11事件后，欧盟的油气供应受到很大影响，尤其是伊拉克战争的爆发，更加剧了这一状况。③ 在拉丁美洲地区，油气资源国有化的呼声日益高涨。2006年在与欧盟的对话中，拉美国家一再强调能源领域的主权“权利”，拒绝欧盟在油气资源领域进行私有化投资。④ 在非洲，虽然欧盟与非洲联盟启动了非洲—欧盟能源伙伴关系（Africa-EU Energy Partnership，AEEP）计划，⑤ 但欧盟同样也需要面对非洲大陆所存在的问题：在西非，内战、对油气设备的破坏以及人员的绑架时有发生。⑥ 而在北非，猖獗的索马里海盗给整个世界的油气运输安全带来了威胁。⑦ 在与欧盟能源合作中占有举足轻重地位的是

① See Tanya Mosolova & Pavel Politynk, *Russia Gas Reaches Europe Again Via Ukraine*, Reuters News, January 20, 2009.

② See *EU27 Energy Dependence Rate at 54% in 2006*, the Statistical Office of the European Communities, July 10, 2008.

③ See John Gault, *Energy as a Security Challenges for the EU*, Middle East Economic Survey, November 15, 2004.

④ See *Latin America's Oil Rebels Rebuff EU*, Guardian News, May 16, 2006.

⑤ See *African Union Commission and European Commission Launch an Ambitious Africa-EU Energy Partnership*, European Commission News, September 8, 2008.

⑥ See Rob Crilly, *Oil from Africa Comes with Political Instability*, USA TODAY, April 30, 2006.

⑦ See *UN Extends Anti-piracy Measures*, BBC News, December 2, 2008.

俄罗斯。它出口到欧盟的石油达到33%，天然气达到40%，成为欧盟最大的能源供应国。① 但是，这些天然气须途经乌克兰等东欧国家。2006 年俄罗斯与乌克兰的天然气争端、2007 年俄罗斯与白俄罗斯的天然气争端、2008 年俄罗斯与格鲁吉亚的军事冲突，一直到2009 年1 月俄、乌天然气争端再起，都引起了欧盟对俄罗斯天然气供应的普遍担忧。

其次，国际油价浮动剧烈。20 世纪70 年代石油危机之后，国际原油价格一直在较低价位上徘徊，即使1991 年海湾战争、1999 年亚洲金融危机都没有较大的浮动，然而，从2001 年开始，石油价格节节攀升，成为自1861 年以来，持续最长的高油价时期。② 2008 年油价更是一路飙升，达到创纪录的147 美元/桶，接着又狂跌不止，逼近30 美元/桶的大关。在短短的十个月内波动如此剧烈，在历史上也是第一次出现。而且这迅速在能源领域蔓延，造成了对能源投资的减少、新型能源开发的放缓等一系列消极影响。为此，国际能源署署长田中伸男（Nobuo Tanaka）不断强调："要确保能源供应安全的紧迫性，不能被金融和经济危机所延误。"③ 在此次国际原油价格剧烈波动中，欧盟也深受影响，对于是否继续进行可再生能源技术的研发，其内部也传出了不同观点。④

再次，国际金融危机使能源安全雪上加霜。2008 年的这场金融危机，可以说是美国次贷危机的引申。2008 年9 月24 日美国总统布什发表讲话，声称美国正面临严重的金融危机。随即10 月全球股市暴跌，10 月11 日20 国集团特别会议呼吁共同应对金融危机，15 日金融峰会在美国华盛顿召开。之后各国相继出台了刺激经济或者救市的方案。然而，全球经济衰退迹象已愈来愈明显。欧盟在此次金融危机中受到重创，牵涉到欧盟改革的许多领域，造成欧盟成员国之间的分歧进一步扩大，尤其在能源领域，这种情况似乎更为明显。许多成员国反对能源市场自由化，特别是英国和北欧国家对于市场自由化能否保障能源的供应安全已经产生质疑。⑤

---

① See *EU27 Energy Dependence Rate at 54% in 2006*, the Statistical Office of the European Communities, July 10, 2008.

② See BP Company, *BP Statistical Review of World Energy 2008*, London BP p. l. c., June 2008, pp. 1-2, p. 16.

③ *New Energy Realities—WEO Call for Global Energy Revolution Despite Economic Crisis*, IEA Press Releases, November 12, 2008.

④ See *Renewable Energy Technologies Are Facing Challenges Because of the Plunge in Oil Prices*, Europe's Energy Portal, October 27, 2008.

⑤ See Centre for European Reform, *Beyond Banking: What the Financial Crisis Means for the EU*, Policy Brief, October, 2008, p. 7.

况且，金融危机也加深了能源与气候变化之间的矛盾，资金的缺乏降低了对气候变化的控制，让欧盟对未来能源安全充满忧虑。①

最后，环保义务的要求。在环保方面，欧盟一直是国际社会的先行军。2007年欧盟委员会提出"限制全球变化2摄氏度：2020年目标与超越"（Limiting Global Climate Chang to 2 Degrees Celsius：The Way Ahead for 2020 and Beyond），承诺将在2020年削减温室气体排放达到1990年的30%，并提议其他国家至少在2020年前达到20%。2008年1月，欧盟为了实现其承诺，提出了一揽子气候与能源相联系的立法建议，旨在建立高效能、低碳经济的欧盟。由于能源产业与欧盟环境保护密切相关，为达到所要求的减排，欧盟需要改变原有的能源消耗模式，对能源产业进行不遗余力的改革。2007年9月，欧盟委员会出台了《应对气候变化：欧盟引导的道路》（*Combating Climate Change*：*The EU Lead the Way*）的文件，在该文件中，欧盟专设一章来探讨能源政策问题，指出："化石燃料的燃烧是气候变化的主要原因，欧盟应整合能源和环境变化政策，建立更有效的能源市场。"② 近年来，欧盟所采取的一系列措施确实起到了良好效果，2008年欧盟各国能源消费是所有消费国中下降最多的，达到2.2%，而德国甚至达到5.6%。③

然而，短短几个月之后，金融风暴就将这种美好愿望打得支离破碎。2008年12月8日在波兰波兹南（Ponzon）召开的欧盟气候变化会议上，各国领导人都反对为削减温室气体设定20%的目标，法国、意大利是积极的反对者，甚至德国总理默克尔也公开表示，首先要考虑的是德国人的工作而不是气候减排。一位法国外交官坦言道："如果我们能在这一点上（削减20%的目标）达成协定，那真是奇迹。"④

毫无疑问，欧盟正面临历史上的重要时刻，油气产区的冲突、油价的高起与下挫、金融风暴的席卷和环保义务的具体目标都使其倍感压力。在这种残酷的现实面前，欧洲能源法律政策所存在的弊端也逐渐暴露出来。

---

① See Ed Crooks, *Energy Security Will Be Hit by Global Slowdown*, Financial Times, November 24, 2008.

② European Commission, *Combating Climate Change*: *The EU Lead the Way*, Office for Official Publication of the European Commission, 2007, p. 5.

③ See BP Company, *BP Statistical Review of World Energy 2008*, London BP p. l. c., June 2008, pp. 2, 40.

④ Leila Abboud, *Recession Clouds Chances for EU Climate Pact*, Wall Street Journal, December 5, 2008.

二、欧盟能源安全的法律困境

欧盟在能源安全方面的法律政策，最早可以追溯到建立欧共体的基本条约，即1951年缔结的《欧洲煤钢共同体条约》(*The Treaty of Establishing the European Coal and Steel Community*)、1957年缔结的《欧洲原子能共同体条约》（*The Treaty of Establishing the European Atom Energy Community*）。尽管1965年根据《布鲁塞尔条约》将这两个共同体机构与1957年《欧洲经济共同体条约》设立的机构合并为欧共体，以及随后的1993年《马斯特里赫特条约》又将欧共体扩大为欧盟，但都没有改变有关能源的基本规定。

（一）欧洲能源法律框架中有关能源安全的规定

欧盟法律主要由两大部分构成。① 基本法（primary law）和次级法（secondary law)，基本法为建立欧盟的基本条约，如1951年的《欧洲煤钢共同体条约》等。次级法主要是指欧盟议会、理事会、委员会达成的条例（regulations)、指令(directives)、决定（decisions）及建议（recommendations）和意见（opinions）等。②关于欧盟能源的安全的法律也正体现在这两大部分，但情况略有不同。

首先，在欧盟基本法中缺少能源安全的具体规定。1951年《欧洲煤钢共同体条约》第3条规定，共同体机构应“在各自权限范围内，有责任确保维持发展和改进生产潜力的条件以及鼓励合理开发自然资源的政策，同时避免不加考虑地使此项资源趋于涸竭”。由于当时欧洲内部并不缺乏能源来促进经济，因此在条约中没有反映出能源的供应安全问题。同样，1957年《欧洲经济共同体条约》与《欧洲原子能共同体条约》如出一辙。即使此后的《欧盟条约》（1993年《马斯特里赫特条约》）对能源安全也没有详尽规定。

其次，在欧盟次级法中关于能源安全的规定较少，只有两个指令涉及能源安全，一个是2004年4月26日由欧盟理事会发布的《关于确保天然气供应安全的措施》(*Concerning Measures to Safeguard Security of Natural Gas Supply*)，另一个是2006年7月24日同样由欧盟理事会发布的《贯彻关于保持最小原油量或石油产品的成员国义务》（*Imposing an Obligation on Member States to Maintain Minimum Stocks of*

---

① 参见杨泽伟：《欧盟能源法律政策及其对我国的启示》，载《法学》2007年第2期，第135~142页。

② See Karen Davies, *Understanding European Union Law*, Cavendish Publishing, 2003, pp. 5-17.

Crude Oil and/or Petroleum Products）。

最后，在欧盟缔结的条约中，[①] 有关能源安全的条约主要涉及两个目标：一方面是保证新成员国加入时，与欧盟内部能源市场的对接，如欧盟与东南欧国家缔结的《能源共同体条约》（*Energy Community Treaty*）[②]；另一方面是为确保自身能源安全而缔结的条约，其中最主要的是《能源宪章条约》（*Energy Charter Treaty*）。《能源宪章条约》是一项多边条约，1998 年 4 月正式生效。它规定了能源贸易、能源产业的外国投资保护、能源运输、能源争端解决以及能源效率等内容。条约最初的设计理念是旨在减少对跨界能源投资风险的规避，将生产者、消费者和过境国联系在一起，并使它们共同遵守。它在具体层面上，主要针对俄罗斯和东欧国家的能源投资与运输。此外，条约还将能源安全定义为供应安全、基础设施安全和需求安全的三合一模式。[③] 由于《能源宪章条约》被作为欧盟全部法律（acquis communautaire）的一部分，因此意欲加入欧盟的候选国，在准入之前必须批准该条约。[④] 根据《能源宪章条约》，缔约国建立了能源宪章机构。能源宪章机构是一个政府间国际组织，它的 51 个成员国来自于欧盟成员国、俄罗斯和独联体国家、中东欧国家以及日本、蒙古等亚洲国家，中国、美国等国家是该机构的观察员国家。该组织的主要职能是在市场与非歧视性原则下，促进东西欧国家的能源产业合作。当前，能源宪章机构正在积极筹备缔约国间《关于运输的能源宪章议定书》

---

① 欧盟与非欧盟成员国缔结的条约被认为属于欧盟法律渊源的次级法范畴。See Danian Chalmers, Adam Tomkins, *European Union Public Law*, Cambridge University Press, 2007, pp. 133-137.

② 《能源共同体条约》，其前身是《能源共同体东南欧条约》（*Energy Community South East Europe Treaty*），于 2005 年 10 月 25 日在希腊缔结，2006 年 7 月 1 日正式生效。缔约方有欧盟、阿尔巴尼亚、波黑、克罗地亚、马其顿等，该条约的观察员国家包括乌克兰和格鲁吉亚。该条约的宗旨是确保这些国家在内部能源市场方面逐步实现与欧盟采用统一的规则。涉及的领域包括电力、天然气和石油产品。详情请见能源共同体网站 http：//www.energy-community.org。See also Julia Weller and Ron I. Tzadik, *Progress toward the Energy Community of South Eastern Europe*, Int'l Energy L. & Taxation Rev., Vol. 11, 2004, pp. 224-227.

③ See A. Konoplyanik, *Energy Security: The Role of Business, Governments, International Organizations and International Legal Framework*, Int'l Energy L. & Taxation Rev., Vol. 6, 2007, p. 93.

④ See Craig S. Bamberger, Jan Linehan and Thomas Wälde, *Energy Charter Treaty in 2000: In a New Phase*, J. of Energy & Natural Resources L., Vol. 18, No. 4, 2000, pp. 331-352. See also Ria Kemper, *Creating a Pan European Transit Framework—the Role of the Energy Charter*, Int'l Energy L. & Taxation Rev., Vol. 2, 2002, pp. 37-38.

(*The Energy Charter Protocol on Transit*) 的谈判。①

此外，欧盟与其他国家或地区相继缔结了有关能源合作的条约或开展积极的能源对话。其中，与俄罗斯进行了22次欧俄首脑会议，多次就能源问题进行对话和磋商。例如，2000年10月，在巴黎举行的俄欧第六次首脑峰会上，双方签署了《俄欧战略性能源伙伴关系协议》。在北非，2008年7月，欧盟与16个地中海南岸国家领导人在巴黎举行峰会，决定正式启动“巴塞罗那进程：地中海联盟”计划。其主要内容牵涉能源供应安全的保障。欧盟还分别与其他北非国家缔结能源合作条约，如2008年12月欧盟与埃及签署了《欧埃战略能源伙伴谅解备忘录》。欧盟与拉丁美洲国家的关系亦是如此，采取了双轨制方法。而与中东国家，欧盟一方面积极参与中东和平进程，另一方面加强了与海湾合作组织的对话。

（二）欧盟能源安全法律框架的不足

首先，在能源安全法律管辖权能上，欧盟和其成员国划分不清。欧盟与其成员国在法律管辖方面的权能（competence）是通过建立欧盟相关条约确立的。这种权能划分由三个方面构成，即独有的（exclusive），分享的（shared）和支持、协调或补充的（supporting，coordinating or complementary）。传统上，欧盟能源安全供应是由欧盟成员国国内法所决定的，但随着欧盟整合力度的加大，逐渐显现出由欧盟单一法律框架来处理这一问题的趋势。② 随之而来的则是，欧盟与成员国之间如何分配能源供应安全的法律责任问题。换言之，能源安全风险一旦产生，将出现什么样的法律义务？谁来对这些法律义务负责？欧盟对这些问题的规定并不清晰。

《欧洲煤钢共同体条约》第3条将能源方面的权能赋予了共同体机构。而且，该条约第95条规定，“关于本条约所未载明的一切事项，如在经营煤钢共同体市场中，按照第五条的规定，为了实现例如第二、三、四条所规定的联营目的之一，一项高级机关的决定或建议显见必要时，此项决定或建议可根据理事会一致的正式意见和向咨询委员会咨询后作出”。这就为煤钢共同体规定能源供应安全问题建立

① See the Energy Charter Official Website, http://www.encharter.org. See also Karl Petter Waern, *Transit Provisions of the Energy Charter Treaty and the Energy Charter Protocol on Transit*, J. of Energy & Natural Resources L., Vol. 20, No. 2, 2002, pp. 172-191.

② See Danian Chalmers, Adam Tomkins, *European Union Public Law*, Cambridge University Press, 2007, p. 29. See also Sanam S. Haghighi, *Energy Security and the Division of Competences between the European Community and Its Member States*, European L. J., Vol. 14, No. 4, 2008, pp. 461-482.

了法律基础。然而，2002 年 7 月该条约有效期满，① 其历史使命也宣告结束。

《欧洲经济共同体条约》第 232 条的规定，将规范能源问题的权力授予了《欧洲煤钢共同体条约》，但同时，其第 103 条规定，当某种产品出现供应困难时，理事会可以在委员会的建议下，经多数同意发出指令。这条规定似乎可以看做一旦能源供应出现问题，欧盟可采取保证能源安全行为的法律依据。

《欧洲原子能共同体条约》与上面两个建立欧共体的条约不同，其在某种程度上考虑到了能源安全问题。该条约第 52 条规定，"无论是来自共同体内部还是外部，供应合同都应单独由代理机构来完成。当代理机构作为委员会的一部分并且在其直接监督之下，为确保必要的核能源供应，必须由共同体机构来掌控"。在核能源安全方面，原子能共同体是唯一行使权力的机构，但遗憾的是，这些规定没有彰显在有关油气资源供应安全方面。

1986 年《欧洲单一法》、1993 年建立欧盟的《马斯特里赫特条约》、2000 年的《阿姆斯特丹条约》以及 2002 年的《尼斯条约》都没有将油气供应安全问题规定在共同体之下，只是修改后的《马斯特里赫特条约》第 3 条（u）项规定，"共同体的活动应包括在能源方面的举措"。但是条约的其他部分并没有有关该活动的具体规定。

虽然欧盟《欧共体条约》中规定了相关能源的内容，但不是能源供应安全的具体阐述。如在其第十五章下，规定了有关跨欧网络的建立（establishment of tran-European networks），第十九章规定了能源与环境问题。这些规定都只能说涉及能源供应的多样化，而没有为共同体规定相关的法律管辖权能。如果一定要为共同体在能源安全方面找到法律管辖权能的根据，则只能是《欧共体条约》的第 308 条，该条实质上是一个"剩余权力"（residuary power）条款。它规定，"作为共同体目标之一，在共同市场运行方面，以及本条约没有规定必要的权力时，如果认为采取行动将是必要的，那么在咨询欧洲议会和经委员会一致建议下，理事会可以采取适当措施"。

因此，从建立欧盟的相关条约来看，欧盟和其成员国关于能源安全法律管辖权能的划分并不清晰。②

其次，欧盟与其他国家在能源安全合作条约上踯躅不前。一方面，《能源宪章条约》无助于解决欧盟能源安全问题。尽管欧盟意欲通过《能源宪章条约》来支

① 《欧洲煤钢共同体条约》有效期为 50 年，尽管其已失效，但其相同内容被写入了《欧洲经济共同体条约》和《欧洲共同体条约》中，其中也包括了第 95 条的内容。

② See Sanam S. Haghighi, *Energy Security and the Division of Competences between the European Community and Its Member States*, European L. J., Vol. 14, No. 4, 2008, pp. 473-477.

配和改造其东部邻居，但俄罗斯仅签署了《能源宪章条约》，并没有在俄议会国家杜马批准，因此该条约只是临时适用于俄罗斯。① 俄罗斯的官方观点认为，尚未批准是因为一些技术问题没有解决，但可能出于更多因素的考虑，已经迫使这个条约的批准的希望变得非常渺茫了。2006 年欧俄圣彼得堡峰会上，欧盟曾力促俄罗斯批准该条约，但最终没有能说服俄罗斯。②

另一方面，《欧俄伙伴关系与合作协定》难以继续。1994 年欧盟与俄罗斯签订了《欧俄伙伴关系与合作协定》（*Partnership and Co-operation Agreement*, PCA），（以下简称为《欧俄伙伴协定》），并于 1997 年 12 月 1 日正式生效。该协定是欧盟及其成员国与俄罗斯缔结的混合性协定（mixed agreement）③，它的发起是在叶利钦执政时期，欧盟根据其友邻关系的政策趋向，④ 旨在将俄罗斯纳入其调整范围。因 20 世纪 90 年代俄罗斯正处于政治和经济剧烈波动的时期，为了巩固国内的稳定，当时俄罗斯采取了完全接受欧盟规则的立场。⑤ 然而，现今俄罗斯已发生根本变化，特别是普京执政后，俄罗斯国力大增，凭借高涨的能源价格和稳定的国内政治秩序，俄罗斯完全有能力对欧盟说“不”。根据《欧俄伙伴协定》第 106 条的规

① 《能源宪章条约》第 45 条规定，条约的临时适用要依据 1969 年《联合国条约法公约》的规定。但是条约的临时适用存在诸多法律上的困难，例如相关国家国内法可能规定，即使条约签署并临时适用，都不能在国内适用的情况。从国家实践来看，条约临时适用的有效性取决于国内法院的解释，因此，条约临时适用是非常不确定的。例如美国临时适用《关贸总协定》，而绕开了国会的批准，可见政府的意向和国内法院的决定将是条约临时适用的关键。

② See Michael Emerson, Fabrizio Tassinari and Marius Vahl, *A New Agreement between the EU and Russia: Why, What and When?*, in: The Elephant and the Bear Try Again: Options for a New Agreement between the EU and Russia, Michael Emerson (ed.), Centre for European Policy Studies, 2006, p. 77.

③ 欧盟混合协定是欧盟创立的一种独特的协定方式，它的缔约一方是欧盟、欧盟成员国，另一缔约方是其他国家。这种方式是以欧盟与其他非欧盟国家为主要谈判对象订立的一种条约缔结方式。欧盟在其中所起的作用主要是进行政治对话。See Michael Emerson, Fabrizio Tassinari and Marius Vahl, *A New Agreement between the EU and Russia: Why, What and When?*, in: The Elephant and The Bear Try Again: Options for a New Agreement between the EU and Russia, Michael Emerson (ed.), Centre for European Policy Studies, 2006, p. 70.

④ 当时的欧盟《伙伴关系与合作协定》主要是为了解决那些刚刚独立的中东欧国家为了旨在加入欧盟而采取的一种策略性协定。而俄罗斯也被认为是一个新的国家而被划分到这一协定范围当中。See Michael Emerson, (ed.), *The Elephant and the Bear Try Again: Options for a New Agreement between the EU and Russia*, Centre for European Policy Studies, 2006, p. 2.

⑤ See Dmitrijs Nemirovskis, *Small But Precious: The Actual and Potential Direct Effect of the Partnership and Cooperation Agreement between the European Communities and the Russian Federation*, European J. of L. Reform, Vol. 9, 2007, pp. 554-562.

定，该协定的有效期为十年，因此2007年12月1日该协定期满。① 在该协定期满前，2006年5月，在欧俄索契峰会（Sochi Summit，2006）上，欧俄双方都表示要缔结一份新协定来取代1994年的《欧俄伙伴协定》。② 但是一直到2008年11月欧俄第22次的尼斯峰会（Nice Summit，2008），双方在主要问题上依然没能达成一致。③

此外，值得一提的是，虽然欧盟一些成员国加入了国际能源机构（International Energy Agency，IEA），但欧盟自身与该组织之间缺少对话。而且，国际能源机构的主要任务是在缔约国石油供应短缺7%以上时，启动"紧急石油分享计划"（The Response System of Oil Supply Emergencies），以及保持不低于90天的石油储量。④ 这表明国际能源机构只能保证在缔约国出现重大能源安全危机时采取相应措施。综上所述，虽然欧盟与世界上其他富有油气的国家或地区建立了能源合作关系或开展了能源对话，但成效并不显著，合作内容和对话方式仅仅是建立在互信基础上，而没有缔结具有拘束力的条约，即使存在条约，也由于涉及能源合作的内容过于宏观、模糊，而缺乏具体操作性。

三、欧盟能源安全的政策困境

（一）影响欧盟能源安全的俄罗斯因素

俄、乌天然气争端再起以及近年来俄罗斯与白俄罗斯、格鲁吉亚的争端，都彰显出欧盟能源安全面临的严峻挑战。同时，在当前国际金融危机下，运用可再生能源方面的突破来解决欧盟能源安全问题，几乎是不可能的。因此，促进外部能源安全是欧盟当前最理想的选择。俄罗斯是欧盟最大的能源供应者，几乎占到欧盟所有天然气供应总量的1/3。而且，欧盟在天然气方面的消费在近几年所有一次性消费

---

① 但《欧俄伙伴协定》第106条也明确规定，如果双方未有新的协议达成之前，为了防止出现法律真空，该协定可以继续适用。因此，有学者认为，从法律角度讲，在欧俄关系之间，没有"2007年问题"一说。See Timofei Bordachev, *Russia and the European Union after 2007*, in: The Elephant and the Bear Try Again: Options for A New Agreement between the EU and Russia, Michael Emerson (ed.), Centre for European Policy Studies, 2006, p. 53.

② See *EU-Russia Summit in Sochi on 25 May*, EU Press Releases, Brussels, May 26, 2006.

③ *Main Results of the EU-Russia Summit*, available at http://www.eu2008.fr/PFUE/lang/en/accueil/PFUE-11_2008/PFUE-14.11.2008/CR_Sommet_UE_Russie, visited on December 21, 2008.

④ See International Energy Agency Official Website: http://www.iea.org/.

能源方面所占的比例正逐渐增大。① 所以欧盟与俄罗斯之间的关系，不仅仅是能源关系，而且还有在政治、经济方面的合作，对于整个欧盟能源安全保障以及最终欧盟经济的重新复苏都有着深远影响。

首先，俄罗斯需要一个与其地位相称的协定。俄罗斯是一个能源超级大国，拥有世界上第一的天然气储量、第二的煤炭储量以及第八的石油储量。② 而且，俄罗斯也是世界上最大的天然气出口国，其天然气向欧洲 23 个国家出口，德国、意大利、法国和土耳其是俄罗斯天然气最重要的进口国。而在前苏联国家中，白俄罗斯、格鲁吉亚的天然气几乎全部来自俄罗斯，乌克兰 66% 的天然气来自俄罗斯。③ 能源大国自然需要一个与之相称的地位，但对于 1994 年的《欧俄伙伴协定》，欧盟与俄罗斯的理解完全背道而驰。④ 正如有学者所言："欧盟与俄罗斯在彼此交流过程中，使用了同样的字句，但却说着不同的语言，有太多的复合涵义包含在其中了。"⑤毫无疑问，对于这样一个具有潜力的经济大国，其对外关系上完全能够自足，因此把它等同于东欧国家，是俄罗斯完全难以接受的。为此，俄罗斯希望欧盟像对待与挪威、瑞士这些国家一样，来处理它们之间的关系，反对欧盟将不平等的友邻政策强加到俄罗斯头上。⑥

其次，在能源安全方面，俄罗斯认为欧盟不是一个对等的谈判者。俄罗斯一直认为欧盟是一个没有政治领导的官僚机构。⑦ 因此，它不相信欧盟有能力发起一场

---

① 从英国 BP 石油公司的统计来看，在石油、天然气、核能和水电的消费比例中，天然气将逐渐占据欧盟消费的主要方面。See BP Company, *BP Statistical Review of World Energy 2008*, London BP p. l. c., June 2008, pp. 11, 27, 35, 38, 41.

② See BP Company, *BP Statistical Review of World Energy 2008*, London BP p. l. c., June 2008, pp. 6, 20, 22, 32, 40.

③ See *EIA Country Analysis Briefs*, *Russia*, U. S. Energy Information Administration, May 27, 2008, pp. 8-13.

④ See Michael Emerson (ed.), *The Elephant and the Bear Try Again: Options for a New Agreement between the EU and Russia*, Centre for European Policy Studies, 2006, p. 1.

⑤ Andry S. Makarychev, *Neighbors, Exceptions and the Political: A Vocabulary of EU-Russian Inter-Subjective (Dis) Connections*, in: The Elephant and the Bear Try Again: Options for a New Agreement between the EU and Russia, Michael Emerson (ed.), Centre for European Policy Studies, 2006, p. 39.

⑥ See Nadezhda Arbatova, *The Russia-EU 2007 Quandary*, in: The Elephant and the Bear Try Again: Options for a New Agreement between the EU and Russia, Michael Emerson (ed.), Centre for European Policy Studies, 2006, p. 46.

⑦ Christopher J. Borgen, *Whose Public, Whose Order? Imperium, Region, and Normative Friction*, Yale J. Int'l L., Vol. 32, No. 2, 2007, p. 355.

新的谈判。而且，俄罗斯对于“新欧洲”国家非常反感，认为它们正在破坏俄罗斯固有的地位，所以宁愿与“旧欧洲”国家如德国、法国，单独构建能源供应关系。德国等“旧欧洲”国家已经不顾波兰等国的反对，与俄罗斯达成了建立直接联系的北欧天然气管线，为此，波兰、立陶宛等国指责俄罗斯正在修建一条含有政治动机的能源运输管线。但同时，这也反映出俄罗斯不能接受包括波兰、乌克兰等国家作为东西方接触的“中介”。① 基于此，在“后欧洲时代”，俄罗斯不会放弃其传统的欧洲价值观。特别是2005年《欧盟宪法条约》被法国和荷兰否决后，俄罗斯更加坚信现在的欧盟模式是存在问题的。

最后，俄罗斯对里海中亚国家依然拥有传统势力。里海、中亚国家与俄罗斯有着千丝万缕的联系，即使它们意欲“脱俄入欧”，但俄罗斯长期以来在该地区的影响力还是会存在的，况且，许多从前苏联中独立出来的新国家在政治、经济方面还要依靠俄罗斯的支持，所以俄罗斯对里海、中亚国家的传统优势依然在发挥着作用。俄罗斯的天然气出口由俄罗斯天然气工业股份公司垄断着，而该公司不仅控制着俄罗斯的天然气出口，还控制着中亚各国的天然气出口，土库曼斯坦、哈萨克斯坦和乌兹别克斯坦等国的天然气通过输气管道卖给俄罗斯天然气工业股份有限公司，再由该公司卖给其他前苏联国家和欧洲。俄罗斯天然气工业股份有限公司能够从中获取大量利润，更重要的是，俄罗斯能够通过对中亚油气管道的控制，间接地控制这些国家，将欧盟和美国排挤在外。

（二）影响欧盟能源安全的其他国家因素

首先，美国对欧盟的能源安全影响较大。作为世界上最大的能源消费国，2007年美国石油的消费量达到943.1百万吨，占全球消费的23.9%。美国的天然气消费量2007年达到6529亿立方米，占全球消费的22.6%，占据世界增长的近一半。② 虽然美国于2007年出台了《能源自主与安全法》（*Energy Independence and Security Act*），旨在降低美国对石化能源的消费，但是，美国能源信息署《2008年能源展望》（*Annual Energy Outlook 2008*）的预测表明，尽管美国能源进口在下降，但依然严重地依赖于原油进口，即使到2030年，能源的进口仍将达到27%，而原

① See Andry S. Makarychev, *Neighbors, Exceptions and the Political: A Vocabulary of EU-Russian Inter-Subjective (Dis) Connections*, in: The Elephant and the Bear Try Again: Options for a New Agreement between the EU and Russia, Michael Emerson (ed.), Centre for European Policy Studies, 2006, pp. 19, 22, 25, 31.

② See BP Company, *BP Statistical Review of World Energy 2008*, London BP p. l. c., June 2008, pp. 12, 28, 40.

油的进口则依然居于54%的高位，平均每天进口量将在200万桶以上。① 因此，其能源安全形势是非常严峻的。为改变这种状况，美国必须扩大能源供应的数量以及促成能源供应多元化。俄罗斯和里海、中亚地区当然地就成为美国21世纪能源战略的重要目标。

为了实现这一战略目标，一方面美国致力于改善与俄罗斯的关系。正如美国总统布什在即将卸任之际所说的，“美国同俄罗斯的关系中存在着紧张因素，但两国也有共同利益，下届美国政府应该妥善处理同俄罗斯的关系”。② 然而，更重要的是，由于文化和地理因素的影响，俄罗斯作为一个油气生产国，不会因原油而威胁到美国的反恐活动，相反，俄罗斯能成为美国反恐战争中最有价值的战略伙伴。③ 2002年5月，美国总统布什和俄罗斯总统普京共同发起了美俄能源对话，提出双方在能源领域应加强合作。④ 2003年9月双方在莫斯科召开了第二届商业能源峰会（Commercial Energy Summit），强调了在能源投资等诸多领域应加强联系，期间共有250多名美国官员和商业人士参加。⑤

另一方面，美国政府积极开展里海、中亚地区的石油基础设施建设和构建新的分配制度。最明显的事例体现在BTC管道建设上。⑥它是美国等多家跨国公司投资建设的，从经济角度来看，这一线路对于阿塞拜疆石油进入国际市场是不合算的，但是，“其具有的政治价值远胜过经济价值”。美国政府从长期利益出发，提出兴建一个从哈萨克斯坦和土库曼斯坦油气田到巴库的管道，这样就可以将中亚的石油

---

① See EIA, *Annual Energy Outlook 2008*, U. S. Energy Information Administration, 2008, pp. 2-13.

② Jeremy Pelofsky, *Bush Offers Obama Advice on Handing Russia*, Reuters News, December 18, 2008.

③ See Justin W. Evans, *A New Energy Paradigm for the Twenty-first Century: China, Russia, and American's Triangular Security Strategy*, Indiana L. Rev., Vol. 39, No. 3, 2006, pp. 636-637, 639.

④ See George W. Bush, Vladimir Putin, *Joint Statement for Development of the U. S.-Russian Energy Dialogue*, U. S. Department of State, November 22, 2002.

⑤ See Edward C. Chow, *U. S.-Russia Energy Dialogue: Policy, Projects, or Photo Op*, Foreign Service Journal, Vol. 80, No. 12, 2003, pp. 31-39.

⑥ BTC输油管道是指巴库—第比利斯—杰伊汉（Baku-Tbilis-Ceyhan pipeline）输油管道，全长1768公里，从阿塞拜疆的阿泽里—奇拉格—久涅什利油田（Azenri-Chrig-Gunashli Oil Field）经格鲁吉亚到达地中海国家土耳其的杰伊汉，2002年在阿塞拜疆和土耳其同时动工，2005年多国元首齐聚阿塞拜疆首都巴库，举行了隆重的开工仪式。2006年5月全线贯通，这条管道设计输送能力为每天100万桶原油。

经 BTC 管道输送到西方。① BTC 输油管道使美国在中亚获得了一条绕过俄罗斯的能源输出线路，最大限度地削弱和挤压了俄罗斯在中亚的战略空间。此外，还能帮助美国左右阿富汗及整个西亚地区和伊拉克的局势。所以美俄在该地区的争夺，极有可能会遭遇波斯湾同样的混乱局面。②

其次，欧盟同样不能忽视的还有那些新兴能源消费大国在国际能源安全领域里的影响，当前中国与印度正代表了这支力量。20 世纪 80、90 年代中国经济的飞速发展，无疑决定了中国对能源的大量需求。从 1993 年起，中国对石油的需求逐年增加，2007 年中国的能源消费增长率达到 7.7%，占据了全球能源消费增长的一半。③ 作为全球人口最多的国家、第二大能源消费国以及第三大石油进口国，中国在全球石油市场上占有举足轻重的地位。④ 俄罗斯作为中国的近邻具有得天独厚的供应优势，况且可以避免来自中东以及海上运输的双重风险。因此，中国也将俄罗斯视为重要的能源合作伙伴，2006 年俄罗斯已成为中国第四大石油进口国。

印度是原油需求增长第三位的国家。2006 年石油消费 846000 桶/天，在天然气方面，印度也是一个净进口国。而且分析人员预测，在最近几年，印度对天然气的进口量将会逐年增加。⑤ 2008 年印度的能源消费增长了 6.8%，成为仅次于中国和美国之后的世界第三大增量。⑥ 在这种状况下，印度唯有积极开展多边能源外交，保障能源供应安全，而俄罗斯正是其能源外交的重点，近年来印俄关系升温就是一个明显的例证。

总之，这些能源消费大国，它们都与俄罗斯开展不同程度的对话与合作，这使俄罗斯在供应油气资源方面有了更多回旋余地，同时也预示着欧盟在俄罗斯能源供应方面将面临诸多竞争对手。

---

① See Abigail S. Reyes, *Protecting the "Freedom of Transit of Petroleum": Transnational Lawyers Making (Up) International Law in the Caspian*, Berkeley J. Int'l L., Vol. 24, No. 3, 2006, pp. 842-880.

② See William Constantinos Papadopoulos, *International Law & Pipeline Geopolitics in the Caspian Sea*, Texas J. Bus. L., Vol. 36, No. 1, 1999, p. 25.

③ See BP Company, *BP Statistical Review of World Energy 2008*, London BP p. l. c., June 2008, pp. 2-4, 12.

④ See *EIA Country Analysis Briefs*, China, U. S. Energy Information Administration, May 27, 2008, pp. 1-7.

⑤ See *EIA Country Analysis Briefs*, India, U. S. Energy Information Administration, May 27, 2008, pp. 1-7.

⑥ See BP Company, *BP Statistical Review of World Energy 2008*, London BP p. l. c., June 2008, p. 2, 12.

(三) 欧盟自身存在的问题

首先，“新欧洲”难以整合油气资源。近年来，由于油价高起、能源供应不稳定等因素的影响，欧盟内部要求出台共同能源法律政策的呼声越来越高，特别是在欧盟环境优先的政策下更激发了这一要求。然而，从技术层面看，新成员国要达到90天能源储备的法定义务尚须时日。更重要的是，27个成员国不能在共同能源政策上达成一致，许多“旧欧洲”国家拒绝将权力让渡给欧盟。①

其次，各成员国质疑自由化。政府在能源方面采取了更多干涉行为，而远离对市场力量的依赖。2003年6月26日欧盟议会和理事会通过了《关于电力内部市场的共同规则的指令》(*Directive 2003/54*) 和《关于天然气内部市场的共同规则的指令》(*Directive 2003/55*)，同一天，欧盟议会和理事会又通过了《跨界电力网络准入条件的条例》(*Regulation 1228/2003*)，这三个欧盟法律的出台预示着欧盟旨在整合能源的努力，但直到2004年7月只有两个欧盟成员国将它们转化为国内法。到2005年3月，仍有10个成员国没有将其转化成国内立法，其中包括德国和西班牙。作为欧盟执行机构的委员会不得不在2005年7月向5个成员国发出警告，如果它们还不转化为国内立法，就将它们起诉到欧盟法院。②

再次，无视欧盟竞争法。欧盟能源的外部供应性，决定了欧盟能源单一市场很大程度上受到外界的影响。如欧盟各成员国为保障能源供应，大多与俄罗斯天然气工业股份公司 (Gazprom) 签订了长期协议 (long-term agreement)。而协议中规定的供应时间和目的地条款 (destination clause)，是与建立欧盟能源单一市场的竞争法相冲突的。但各成员国无意改变这种天然气供应方式，最终迫使欧盟关于天然气供应的指令也认可了这一违反欧盟法律的结果。③

最后，欧盟能源议程存在较大分歧。2008年7月13日，欧盟27个成员国和16个地中海南岸国家领导人在巴黎举行峰会，决定正式启动“巴塞罗那进程：地中海联盟”计划。地中海联盟的一个重要作用就是保障能源的安全供应，但距地中海较远的德国则不愿意，认为会对欧盟带来额外的财政负担。因此，尽管原则上

---

① See András Inotai, *Towards a Common Energy Policy in the European Union*, Romanian J. of European Affairs, Vol. 8, No. 3, 2008, p. 1.

② See Peter D. Cameron, *The Internal Market in Energy: Harnessing the New Regulatory Regime*, European L. Rev., Vol. 30, No. 5, 2005, pp. 631-632.

③ 长期协议，一般规定至少是20年到25年，这将造成合同期间排除了其他竞争者。此外，协议中的目的地条款，禁止买者再次将天然气卖出。这两方面的规定都是与欧盟竞争法相抵触的。See Kim Talus, *Long-term Gas Agreement and Security of Supply—Between Law and Politics*, European L. Rev., Vol. 32, No. 4, 2007, pp. 535-548.

该计划已达成妥协，但实践中很难保证不会出现分歧。

综上所述，由于与俄罗斯的关系、其他能源消费国的竞争以及它自身存在的问题，欧盟能源安全在政策方向上正面临着严峻考验。这决定了欧盟的能源法律政策构建，需要打破常规，只有全面考虑能源法律政策的诸多因素，才能确保欧盟能源安全的持续平稳。

四、能源合作条约破解欧盟能源安全问题的关键

俄、乌天然气争端再起后，欧盟更加清楚地认识到了能源安全供应多元化的重要性，因此，欧盟想方设法与其他国家或地区签订能源合作条约。① 尽管如此，欧盟依然难以摆脱俄罗斯在能源供应上的影响，因为不从这样一个天然气出口第一的国家进口天然气几乎是不可能的。所以欧盟在对俄政策上，只能是一方面敦促俄罗斯尽快批准《能源宪章条约》，另一方面则与俄罗斯达成新的协定。但这两重目标的实现，都要取决于欧俄之间的关系以及国际能源形势的变化。

（一）力促俄罗斯批准《能源宪章条约》是欧洲能源安全的保障

毫无疑问，一项条约的缔结取决于缔约双方是否有缔约的动因，如果双方都认为不存在缔约紧迫性，那么这项条约就不可能达成。现在来看，俄罗斯与乌克兰天然气争端再起和尚未完全结束的俄罗斯与格鲁吉亚的争端，都提高了欧盟意在缔约的紧迫性。因此，如果欧盟能促使俄罗斯批准《能源宪章条约》，将是最理想的结果。因为：第一，《能源宪章条约》只涉及俄罗斯的批准问题，避免了欧盟与俄罗斯在能源安全问题上的重新谈判。从国际政治经济学的角度来看，这极大地节约了缔约双方缔结一份条约的成本。第二，《能源宪章条约》规定了详尽的能源事宜，特别是在能源争端解决方面提供了强制性规定。这样就能够避免政治解决能源问题的不稳定性。第三，如果俄罗斯能批准《能源宪章条约》，势必带动其他签署但尚未批准该条约的国家和准备加入条约的国家批准或加入到多边能源条约体系中。因为俄罗斯一方面具有大国的示范效应，另一方面，它又是能源生产国，可以起到稳定国际能源市场的作用。其他国家必将关注于这一点。

（二）欧俄新协定的缔结将是欧洲能源安全的新发展

对俄罗斯而言，它意欲使自己成为欧洲的一部分，但却希望以一种特殊方式进行。因此，俄罗斯所追寻的，是欧盟友邻政策的“例外”。俄罗斯不时地强调与欧

---

① 2008 年 12 月 2 日，欧盟与埃及签署《欧埃战略能源伙伴谅解备忘录》就是一个体现。

盟创始国之间的特殊关系，与这些国家单独建立双边协定，在一定意义上就是例外主义的体现。① 尽管有许多法律问题困扰着俄罗斯作为石油供应国的完全潜力，但从俄罗斯的角度来说，它极度需要刺激经济。②

所以，未来欧俄关系的建立，应反映俄罗斯在油气世界的特殊地位，既不能像欧盟与其他邻国那样，建立一个协调关系，更不可能仍然使用1994年《欧俄伙伴协定》的综合模式，因为这没有体现出俄罗斯的现实。此外，新协定不能强迫俄罗斯改变其国内规则来适应欧盟的法律要求。双方应在国际法、WTO规则和其他国际规则的基础上建立平等关系，当然也不排除俄罗斯在涉及主权问题时所采用个别有针对性的规则，或者双方可以共同创造一些新规则出来。正如有学者所设想的，双方可以在三个层面上建立相互关系，第一个层面是建立战略联盟条约、第二个层面是建立战略联盟议程、第三层面则是部门协定，而只有部门协定是严格受到法律约束的。③ 当然能源安全问题中的供应安全可以在三个层面中都体现出来。首先，这种阶段性的模式将避免出现《欧俄伙伴协定》的那种裂痕。其次，有助于俄罗斯加入WTO。最后，也有利于欧盟与俄罗斯共同贯彻的“四个统一空间”(four common space)④。

五、欧盟能源安全对中国的启示

（一）欧盟能源安全显示出区域规则的碰撞

20世纪90年代苏联解体，俄罗斯在中东欧的规则影响力下降，甚至在中亚、

① See Andry S. Makarychev, *Neighbors, Exceptions and the Political: A Vocabulary of EU-Russian Inter-Subjective (Dis) Connections*, in: The Elephant and the Bear Try Again: Options for a New Agreement between the EU and Russia, Michael Emerson (ed.), Centre for European Policy Studies, 2006, p. 37.

② See Justin W. Evans, *A New Energy Paradigm for the Twenty-first Century: China, Russia, and American's Triangular Security Strategy*, Indiana L. Rev., Vol. 39, No. 3, 2006, p. 634.

③ See Michael Emerson (ed.), *The Elephant and the Bear Try Again: Options for a New Agreement between the EU and Russia*, Centre for European Policy Studies, 2006, p. 8.

④ 2003年5月，在圣彼得堡峰会上，欧盟和俄罗斯同意在《欧俄伙伴协定》和共同价值与利益的基础上，建立长期的四个“统一空间”来加强合作。这四个空间是统一经济空间(common economic space)包括经济和环境问题；统一自由、安全和司法空间（common space of freedom, security and justice)；统一外部安全空间（common space of external security）包括危机管理和不扩散；以及统一研究和教育空间（common space of research and education)。最新进展参见2008年11月4日欧盟发布的《2007年欧俄统一空间进程报告》（*EU-Russia Common Space Progress Report 2007*)。

里海国家也是如此。但随着国内政局的稳定和国际能源价格的高涨，俄罗斯重振国内经济。与乌克兰的天然气争端、与格鲁吉亚的军事冲突都旨在重新获得该地区的规则影响力。为此，俄罗斯自苏联解体以来一直奉行近邻国家政策（near abroad），① 强调俄罗斯的安全特权。这一政策反映在国际法的俄罗斯路径上，就是对条约的现实应用。众所周知，苏联国际法强调协议的明示同意，反对只将习惯国际法作为一般国际法。② 俄罗斯继承了这一特点，并更懂得灵活运用条约和条约的批准程序来为其政治利益服务。因此俄罗斯对苏联这种国际法路径的沿革，是其关注自身安全、保卫民族利益，并渴望提高国际声誉的体现。

对于欧盟而言，一直提倡具有法律约束力的超国家的多边规则秩序。因此，欧盟试图在东欧甚至在中亚、里海建立它的领导权，这势必与俄罗斯势力范围的规则秩序发生激烈的碰撞。两种规则秩序的价值代沟在能源安全领域体现得最为明显。如在中亚、里海地区，由于这个地域空间存在众多规则秩序且它们相互叠加、相互影响，所以在该地区的能源安全就体现为众多规则秩序的冲突。③ 这种冲突的复杂性是由于该地区尚未彻底地从一个规则秩序进入另一个规则秩序造成的。主张俄罗斯的规则影响力应该从该地区撤出的那些观点，必然会与之前的规则秩序产生冲突。

无疑，这种区域规则碰撞对中国能源安全的外部保障有着重要的启示意义，具体体现在以下几个方面：

首先，中国能源安全领域存在区域规则碰撞。20 世纪 90 年代，随着经济飞速发展，中国对能源的需求呈上升趋势，2007 年能源消费增长率达到 7.7%，占据了全球能源消费增长的一半，其中石油的增量与 2006 年基本持平，天然气消费上升了 19.9%，成为全球第二大增幅；尽管 2007 年中国煤炭消费增长成为历年来最低，但仍占据了全球增长的 2/3 以上。④ 为了摆脱对中东石油的过分依赖，中国石油公司纷纷在非洲、拉美以及中亚等地开拓市场，这引起了西方能源消费国的不

① 近邻国家政策是俄罗斯在苏联解体后，立图重新维护其原有的势力范围，为保护俄罗斯利益而形成的安全特权。俄乌、俄白天然气危机和俄格冲突都是这一政策的体现。近邻国家政策的详情参见 Michael Rywkin, *Russia and the Near Abroad under Putin*, American Foreign Policy Interests, Vol. 25, No. 1, 2003, pp. 3-12.

② See Grigory Tunkin, *Is General International Law Customary Law Only*?, European J. of Int'l L., Vol. 4, No. 4, 1993, pp. 534-541.

③ See Christopher J. Borgen, *Whose Public, Whose Order? Imperium, Region, and Normative Friction*, Yale J. Int'l L., Vol. 32, No. 2, 2007, p. 332.

④ BP Company, *BP Statistical Review of World Energy 2008*, London BP p. l. c., June 2008, p. 12, pp. 2-4.

满，“中国能源威胁论”的观点甚嚣尘上。实际上，从欧盟与俄罗斯的区域规则碰撞中可以发现，只要有外部能源需求，就会有规则的碰撞，这是一种必然的结果。

其次，中国有能力采取各种举措减缓能源安全区域规则的碰撞。碰撞是一种必然，但这并不意味着矛盾的激化、冲突的升级。正如上文中对欧盟与俄罗斯的分析，采用不同法律政治机制可以减缓、消除这种碰撞。实际上，与能源生产国建立双边能源关系协定、与能源消费国开展能源对话机制都是处理区域规则碰撞的有效方式。例如，俄罗斯作为中国的近邻具有得天独厚的供应优势，可以避免来自中东冲突引起的以及海上运输安全带来的双重风险。所以，在上海合作组织框架下的能源安排、中俄石油管线达成的意向等都是通过法律政治机制来避免区域规则的碰撞。此外，中国与中亚地区的能源合作也在逐渐增强，2006 年中国开始从中哈石油管道进口石油。由于中国在能源多元化方面实行“走出去”战略的同时，特别强调不干涉别国内政原则，这使得中国与能源生产国之间建立了良好的合作基础，有效地减缓了区域规则的碰撞。在与能源消费国的联系上，中国与印度、巴西、美国等国家纷纷建立了能源对话机制，有利地增强了双方在能源供应方面的互信，为共同应对能源危机提供了建设性的平台。综上，这些有利的能源法律政策措施保障了中国能源供应的安全，化解、减轻了区域规则的碰撞，避免了在争夺外部能源时各国利益冲突的升级。

（二）通过国际法构建新能源安全秩序

首先，应防止能源权力滥用，加强国家能源合作。能源消费国之间、能源供应国之间以及它们相互之间的博弈，是造成国际社会不稳定的根源，因为“石油就代表着权力”。① 所以，要解决能源安全，就必须约束能源权力的不当行使。从理论上讲，能源安全不能单独理解为消费国的能源安全，或者理解为，消费国有比能源生产国更大的能源安全问题。恰恰相反，经验已经表明，过度地依赖碳氢化合物的出口，将降低对基础经济结构改革的压力，并且会诱使政策制定者过度关注于能源领域。② 在当今国际能源领域，生产国拥有更多权力，如果这种权力不是被引向国际能源的有序发展，而是无序竞争，必然会引起国际社会的动荡。因此，可以

① Justin W. Evans, *A New Energy Paradigm for the Twenty-first Century: China, Russia, and American's Triangular Security Strategy*, Indiana L. Rev., Vol. 39, No. 3, 2006, p. 628.

② See European Round Table of Industrialists, *Seizing the Opportunity: A View on the Potential of the EU-Russia Common Economic Space*, in: The Elephant and the Bear Try Again: Options for a New Agreement between the EU and Russia, Michael Emerson (ed.), Centre for European Policy Studies, 2006, p. 103.

说，国际能源秩序的稳定是影响所有国家能源利益的重大因素。基于此，国际法应充当国际能源新秩序的建设者，成为世界能源权力结构重新分配的稳定因素。

世界上近50%的石油消费发生在国际能源机构（International Energy Agency, IEA）之外的全球化市场，没有其他国家合作，国际能源机构的能源安全体系就会失效。因此，在发达国家和发展中国家之间，在能源生产国与消费国之间展开对话与合作，亦成为现代能源安全的基本要素。而且，从另一个侧面来看，国际能源安全正在衍化成国际公共产品，或者说是准国际公共产品，能源消费国与能源生产国之间都可能因为不愿合作，而出现能源危机，或者出现搭便车现象。所以应开展国际合作、建立互信机制，确保国际能源稳定与安全。

其次，联合国在构建国际能源安全框架方面应发挥更大的作用。国际能源安全问题，已然不仅仅是一个经济问题，是能源在政治领域的经济反映。正是基于能源的政治性，联合国作为全球最大的政府间国际组织，负有义务来确保成员国间的能源安全。建立国际能源基础设施安全政策，并监督其执行的这种国际责任不应让位于区域组织。联合国应努力将能源安全问题规则化，如果不尽快完善这一国际法律构建，那么就会迫使成员国采取单独行动，运用自己的政治和军事力量来维护他们自己的能源安全，这将不利于国际社会的和平与稳定。①

中国作为世界上第二大能源消费国以及第三大石油进口国，在通过国际法构建能源安全新秩序时，应发挥主导性力量。具体体现在以下方面：

第一，运用国际法，预防能源权力滥用。从上文的分析可以看出，能源生产国在能源供不应求时期，极易滥用能源权力，欧盟与俄罗斯在能源供应方面的博弈正是这种滥用能源权力的反映。因此中国应立足于国际法，将生产国的能源权力限制在可调控的范围，尽可能多地利用能源争端解决机制处理相互之间的争议。

第二，促进联合国在能源安全新秩序上发挥更大的作用。当前，中国不是所有能源组织的成员国，对国际油价的走势几乎难以产生重大影响，却往往受到国际油价波动的制约，这种状况，随着中国经济的持续增长，愈来愈明显。国际能源市场的扭曲、能源政治的巨大影响，都促使中国应加强促进联合国的引导作用，应着眼于能源安全新秩序的建立，使国际能源供应趋于市场化，减少政治因素对能源领域的影响，这样，不仅有利于中国经济发展的需要，而且也是维护世界政治经济秩序的合理选择。

---

① See Richard A. (Tony) Leibert, *The War on Energy: Why the United States and the International Community Need Cohesive Energy Infrastructure Security Policy*, Houston J. Int'l L., Vol. 29, No. 2, 2007, p. 487.

（三）中国应着力完善内部的能源安全法律和政策

作为世界上仅次于美国的第二大能源消费体，中国在构建自身能源安全、促成国际能源安全新秩序方面，应从以下几个方面入手：

首先，改革不合理的能源消费结构，促成《能源法》的早日出台。中国的能源消费结构依然是以煤炭为主，这种能源消费模式不利于中国经济长期稳定的发展，特别是煤炭自身具有不清洁性，是温室气体、环境污染的主要原因，所以，应改革能源消费结构，逐步降低煤炭在能源消耗中的比例。我国目前还缺乏一套有效、稳定、合理的能源安全法律体系，促成《能源法》的尽早出台，将是确保中国能源安全的主要国内法措施。

其次，应确保能源供应的多元化。欧盟能源安全之所以面临如此严峻的形势，主要是难以摆脱依赖俄罗斯能源的单一供应。所以中国在能源安全方面，应拓宽能源供应渠道，避免出现能源供应过分依赖某一国家或地区的情况，逐步改变对中东石油的过分依赖，大力扩展非洲、拉美以及中亚的石油供应，以确保能源供应多元化。从经济学的角度而言，能源供应愈是多元化，能源供应将愈安全。当前，中国经济的飞速发展，对能源的需求加大，但这并不可怕，只要保证能源供应的多元化，就不会对国内经济发展造成严重影响。

最后，应大力发展新能源产业。毋庸置疑，在新世纪，全面提速全球经济的产业将逐渐由信息产业过渡到新能源产业。这从美国总统奥巴马上台以来，大力改革能源工业、制定新能源产业计划等方面都可以看出，新能源产业将是未来国家经济发展的新方向。中国应利用好此次机会，大力发展以清洁能源为主的新能源产业，进一步提升经济发展的新动力。同时，从另一个侧面，这也将有利于中国在2009年底的哥本哈根气候谈判中掌握更多的主动权。

The EU Energy Security Predicament and Its Way Out

Abstract The EU energy security has for decades stood at the forefront of the energy laws and policies. However, there are some problems of the legal system of EU energy security. In its interior, it is not clear-cut on the division of competences between the EU and the Member States. Externally, the existing Energy Charter Treaty can not completely change the *status quo* of energy supply security. Therefore, for the EU, prior to the entry into force of the Lisbon Treaty, the solution can only be external, namely to urge Russia to ratify the Energy Charter Treaty or reach a bilateral energy agreement. However, Russia and other energy-consuming countries will prevent the EU from constructing a perfected system of law and policy on energy security.

Key words European Union; energy security; international law; Russia

（审稿：谢晓庆）

三、专题二：中国国际法学三十年回顾与展望*

中国国际私法学三十年(1978—2008 年)**

□ 何其生***

内容摘要 改革开放以来，中国国际私法学走过了一个快速的发展之路。在教材和教学参考资料的出版、外国著作的翻译、科研成果的发表、学科建设和参与国际交流等方面，都取得了丰硕的成果。一些学术热点问题的研究在一定程度上解决了中国国际私法立法、司法和学科体系建设方面的难题，并形成了以韩德培教授“一体两翼”理论等为代表的一些学说。尽管我国的国际私法学还存在很多缺陷和问题，但展望未来，中国国际私法学者应该有能力也应该有使命去创建具有中国特色、中国气派和中国元素的国际私法理论体系。

关键词 改革开放 国际私法学 立法 司法

目　　次

---

* 本刊说明：“中国国际法学三十年回顾与展望”专题系列之一、由武汉大学国际法研究所杨泽伟教授所撰写的《改革开放 30 年来中国国际法学研究的回顾与前瞻》，业已发表于《外交评论》2008 年第 3 卷，因此本卷未予录入，敬请参阅该刊。

** 本文是作者主持的司法部国家法治与法学理论研究项目“外国法适用的实践困境与理论选择”（项目编号：07SFB3030）的成果之一。在本文的写作过程中，现已毕业的武汉大学国际法研究所硕士研究生许威帮助我收集并整理了大量的资料，在成稿后文章得到了《武大国际法评论》编辑们认真的审阅和中肯的批评，武汉大学国际法研究所博士研究生卜璐还对一些措辞的使用提出了修改意见，在此一并感谢！

*** 武汉大学国际法研究所教授，法学博士，博士生导师。

法律的产生与发展离不开它所赖以生存的社会环境。国际私法调整的是国际民商事法律关系，因此，无论是它的产生还是发展，都离不开一个开放的国家政策，离不开一个内外国人平等交往的社会环境。从1949年中华人民共和国成立到1978年期间，中国国际私法理论主要是借鉴苏联模式，相关研究不多，发表的国际私法论文和出版的著作也屈指可数。1978年改革开放政策的施行以及因此而逐渐增多的涉外民商事交往，不仅产生了国际私法赖以生存的土壤，而且也带来了国际私法的健康发展。中国国际私法学的发展开始步入了正常的历史轨道。

一、三十年我国国际私法学的发展进程

1978年，国家推行改革开放政策，调整国际民商事法律关系的国际私法渐渐受到重视，一些国际私法著作开始出现。1981年，刘丁、章尚锦编著的《国际私法》（上、下册）和姚壮、任继圣所著的《国际私法基础》是我国国际私法的拓荒之作。① 而1983年韩德培教授主编的《国际私法》则是第一部全国统编的国际私法教材。② 在此之前，各高校实际上已经有不少自己编著的教材，但这部教材的出版无疑对在全国范围内普及国际私法的知识起到了重要的作用，并进一步推动了中

① 刘丁、章尚锦编著：《国际私法》（上、下册），中国人民大学出版社1981年版；姚壮、任继圣：《国际私法基础》，中国社会科学出版社1981年版。之后相关的教材和资料还有：戚维新编译：《国际私法：附海事法》，知识出版社1982年版；西南政法学院国际法教研室1981—1983年编：《国际私法论文选》和《国际私法》；司法部第二期全国法律专业师资进修班1982年编：《国际私法讲义》、《国际私法、海商法专题讲座》；湖北财经学院法律系国际法教研室1982年编：《国际私法讲义》；任继圣、刘丁：《国际私法讲义：试用本》，法律出版社1983年版；中国政法大学国际法教研室1983年编：《国际私法讲义》。

② 韩德培主编：《国际私法》，武汉大学出版社1983年版，第2页。

国国际私法学的研究。该书的编写者韩德培教授以及刘丁、陈力新、李双元、朱学山、余先予、任继圣、姚壮、张仲伯、钱骅等专家学者不仅先后成为各大高校国际私法学科的带头人，而且为我国培养了大量的国际私法人才。在 1986 年《民法通则》出台之后，中国学者研究国际私法的热情日渐高涨，国际私法学在中国发展非常迅速，下述分类作以介绍。

1. 学科。中国社会科学院法学研究所国际法研究室于 1978 年最先恢复招收国际私法专业硕士研究生。接着，北京大学、武汉大学、中国人民大学、中国政法大学、外交学院也先后招收国际私法专业的研究生。1982 年，武汉大学、北京大学还招收了国际私法专业的博士研究生。1997 年，国务院学位办将国际公法、国际私法和国际经济法合并为一个国际法学科。目前，拥有国际法博士学位授予权的单位已达 16 家，① 拥有硕士学位授予权的教学科研单位达 30 多家。针对研究生人数的不断增多，晚近一些国际私法研究生的教材也不断得以推出。②

2. 课程。20 世纪 80 年代以来，在国际私法教学方面，国际私法课程不仅在正规高等学校法律院系开设，而且还进入了电大、职大、夜大、函大、自学考试以及各省、直辖市和自治区的政法管理干部院校的教学领域。1997 年 10 月，国际私法学被教育部法律教育指导委员会确定为全国高等学校法学本科专业必须开设的 14 门核心课程之一。之后，武汉大学黄进教授（2006 年）和中南财经政法大学刘仁山教授（2008 年）主持的国际私法课程先后被评为国家级精品课程。

3. 教材。目前，以韩德培教授主编的《国际私法》③ 为代表，国际私法教材层出不穷，从 1983 年到 2009 年大约有近百本不同的教材，例如，武汉大学国际法研究所 1984 年编：《国际私法的理论与实践》；高树异主编：《国际私法》，吉林大学出版社 1985 年版；余先予主编：《简明国际私法学》，中央广播电视大学出版社 1986 年版；李双元编著：《国际私法》，法律出版社 1986 年版；高树异主编：《国际私法》，吉林大学出版社 1987 年版；华东政法学院国际私法教研室 1987 年编：《国际私法讲稿》；唐表明：《比较国际私法》，中山大学出版社 1987 年版；全国法院干部业余法律大学国际私法教研组编：《国际私法讲义》，人民法院出版社 1988

---

① 目前，北京大学、武汉大学、中国人民大学、中国政法大学、中国社会科学院法学研究所、厦门大学、华东政法大学、清华大学、西南政法大学、中南财经政法大学、湖南师范大学、复旦大学、对外经济贸易大学、大连海事大学、吉林大学、南京师范大学拥有国际法博士学位的授予权。

② 如韩德培主编：《国际私法问题专论》，武汉大学出版社 2004 年版；李双元、谢石松：《国际民事诉讼法概论》（第 2 版），北京大学出版社 2001 年版；杜涛：《国际经济贸易中的国际私法问题》，武汉大学出版社 2005 年版，等等。

③ 高等教育出版社、北京大学出版社 2000 年版，2007 年修订。

年版；陈力新、邵景春：《国际私法概要》，光明日报出版社1988年版；刘振江、张仲伯、袁成第主编：《国际私法教程》，兰州大学出版社1988年版；袁成第：《涉外法律适用原理》，同济大学出版社1988年版；钱骅主编：《国际私法教程》，中国政法大学出版社1988年版；董立坤：《国际私法论》，法律出版社1988年版，2000年修订；韩德培主编：《国际私法》，武汉大学出版社1989年版；余先予主编：《冲突法》，法律出版社1989年版；李双元主编：《国际私法》，北京大学出版社1991年版；浦伟良、郭延曦编：《国际私法新论》，立信会计出版社1995年版；李双元等编著：《中国国际私法通论》，法律出版社1996年版，2003年修订，2007年再次修订。韩德培主编：《国际私法新论》，武汉大学出版社1997年版；李双元：《国际民事诉讼法概论》，武汉大学出版社2001年版；张仲伯主编：《国际私法学》，中国政法大学出版社1999年版，2007年修订；黄进主编：《国际私法》，法律出版社1999年版，2005年修订；刘仁山主编：《国际私法》，中国法制出版社1999年版，2007年修订；韩德培主编：《国际私法》，高等教育出版社、北京大学出版社2000年版，2007年修订；李双元主编：《国际私法学》，北京大学出版社2000年版，2007年修订；韩德培、肖永平：《国际私法教程》，中央党校出版社2002年版；韩德培、肖永平：《国际私法学》，人民法院出版社、中国社会科学出版社2004年版；章尚锦主编：《国际私法》，中国人民大学出版社2000年版，2005年修订，2007年再次修订；肖永平：《国际私法原理》，法律出版社2003年版，2007年修订；肖永平：《国际私法》，法律出版社2003年版；赵相林主编：《国际私法》，中国政法大学出版社2003年版，2007年修订；张潇剑：《国际私法论》，北京大学出版社2004年版；余先予主编：《国际私法学》，中国财政经济出版社2004年版；李旺：《国际私法》，法律出版社2004年版；徐文超、储敏：《国际私法要论》，知识产权出版社2004年版；屈广清：《屈氏国际私法讲义》，法律出版社2005年版；丁伟主编：《冲突法论》，法律出版社2005年版；徐冬根、王国华、萧凯：《国际私法》，清华大学出版社2005年版；屈广清主编：《新编国际私法通论》，中国民主法制出版社2006年版；陈卫佐：《比较国际私法》，清华大学出版社2008年版；邓杰：《国际私法学》，清华大学出版社2008年版；杜涛、陈力：《国际私法》（第2版），复旦大学出版社2008年版；蒋新苗主编：《国际私法学》，高等教育出版社2008年版；金彭年主编：《国际私法》，浙江大学出版社2008年版；林武坛、章博主编：《国际贸易私法学》，东南大学出版社2008年版；刘益灯、彭丁带主编：《国际私法学》，中南大学出版社2008年版；秦瑞亭主编：《国际私法》，南开大学出版社2008年版；孙智慧主编：《国际私法原理与实务》，中国政法大学出版社2008年版；王利民主编：《国际私法学》，科学出版社2008年版；张潇剑：《国际私法论》，北京大学出版社2008年版；赵生祥主编：《国际私法》，厦门大学出版社 2008 年版；徐青森、杜焕芳主编：《国际私法案例分析》，中国人民大学出版社 2009 年版；蒋新苗主编：《国际私法》，科学出版社 2009 年版；屈广清编著：《国际私法学》（第 3 版），科学出版社 2008 年版；刘弓强、胡朝新、刘道远：《国际法 国际私法 国际经济法》，北京大学出版社 2008 年版；赵秀文：《国际商事仲裁法》（第 2 版），中国人民大学出版社 2008 年版；徐冬根：《国际私法》，北京大学出版社 2009 年版，等等。许多高校的法学院都编著了自己的国际私法教材。

4. 教学参考资料。从早期的中文法规汇编（以 1991 年韩德培教授和李双元教授共同主编的《国际私法教学参考资料选编》为代表），到中文法规、案例共同编辑，① 再到中英文结合的发展（如黄进、何其生、萧凯编著的《国际私法：案例与资料》），国际私法教学参考资料的语言和内容都越来越丰富。② 而在案例方面，晚近以中国新型案例为主的出版物和资料不断出现，③ 国际私法学者越来越重视实证研究。

5. 学术著作。早期韩德培教授主编的《中国冲突法研究》和李双元教授 1987 年所著的《国际私法（冲突法篇）》是我国非常重要的两部冲突法研究著作；而黄进教授的《区际冲突法研究》④ 则是我国在区际冲突法研究方面的第一本专著。晚近的国际私法学术专著以博士学位论文为主体，并辅以各种国家课题的研究成果，层出不穷，大量涌现，极大地丰富和发展了国际私法的相关理论研究。

6. 外国学术著作的翻译。从早期翻译前苏联的国际私法著作为主，到大量翻译英美国际私法著作，国际私法的相关译著日渐多样化。相关著作如［苏联］隆茨等：《国际私法》，吴云琪等译，法律出版社 1986 年版；［苏联］波古斯拉夫斯

---

① 如北京政法学院国际法教研室、中国人民大学法律系国际法教研室 1981 年编：《国际私法参考资料》；北京大学法律系经济法教研室 1980—1981 年编：《国际私法参考资料》；法学教材编辑部组编：《国际私法资料选编》，法律出版社 1984 年版；黄惠康、黄进编著：《国际公法国际私法成案选》，武汉大学出版社 1987 年版；韩德培、李双元主编：《国际私法教学参考资料选编》，武汉大学出版社 1991 年版；杨贤坤：《中国国际私法案例述评》，中山大学出版社 1992 年版；林准主编：《国际私法案例选编》，法律出版社 1996 年版，等等。

② 黄进、何其生、萧凯编：《国际私法：案例与资料》，法律出版社 2004 年版；刘颖、吕国民编：《国际私法资料选编（中英文对照）》，中信出版社 2004 年版；［英］J. G. Collier，郭玉军编注：《冲突法》，中国人民大学出版社 2005 年版。

③ 如吕伯涛主编：《海事案例精选精析》，法律出版社 2004 年版；赵相林主编：《国际私法教学案例评析》，中信出版社 2006 年版；李双元、欧福永主编：《国际私法教学案例》，北京大学出版社 2007 年版；林燕萍主编：《国际私法案例评析》，北京大学出版社 2007 年版；宋连斌：《国际商事仲裁资料精选》，知识产权出版社 2004 年版。

④ 黄进：《区际冲突法研究》，上海学林出版社 1991 年版。

基：《国际私法》，王明毅等译，法律出版社 1987 年版；［苏联］隆茨等：《国际私法》，袁振民、刘若文译，中国金融出版社 1987 年版；［德］沃尔夫：《国际私法》，李浩培、汤宗舜译，法律出版社 1988 年版；［日］北胁敏一：《国际私法：国际关系法》，姚梅镇译，法律出版社 1989 年版；［法］亨利·巴蒂福尔、保罗·拉加德：《国际私法总论》，陈洪武等译，中国对外翻译出版公司 1989 年版；［英］莫里斯：《法律冲突法》，李东来等译，中国对外翻译出版公司 1990 年版；国际统一私法协会、对外贸易经济合作部条约法律司编译：《国际商事合同通则》，法律出版社 1996 年版；［英］莫里斯主编：《戴西和莫里斯论冲突法》，李双元等译，中国大百科全书出版社 1998 年版；［德］弗里德里希·卡尔·冯·萨维尼：《法律冲突与法律规则的地域和时间范围》，李双元等译，法律出版社 1999 年版；肖永平译：《产品责任法重述》，法律出版社 2006 年版；［加］威廉·泰特雷：《国际冲突法——普通法、大陆法及海事法》，刘兴莉译，法律出版社 2003 年版；［美］弗里德里希·荣格：《法律选择与涉外司法》，霍政欣、徐妮娜译，北京大学出版社 2007 年版；［德］格哈德·克格尔：《冲突法的危机》，萧凯、邹国勇译，武汉大学出版社 2008 年版，等等。与此同时，也有一些著作专门介绍外国国际私法理论，如早期张翔宇所著的《现代美国国际私法学说研究》，使 20 世纪中叶的美国学说在这一时期被介绍到国内。① 近年来，我国国际私法学界在进一步详细了解国外国际私法学的发展方面作出了巨大的努力，对于国际私法新近的一些学说流派和各国国际私法具体的立法和司法制度进行了广泛的考察，内容涉及美国、欧盟、俄罗斯、英国、瑞士、澳大利亚、加拿大、荷兰、南非、日本、韩国等国家和地区。②

7. 学术成果的国际化。三十年来，中国国际私法的科研活动在“走出去”和“引进来”方面同步发展，相关学术成果逐渐引起国际社会的关注。徐冬根教授的博士学位论文《当今国际私法侵权行为法律适用的最新趋势及中国的对策》（瑞士弗莱堡大学出版社 1992 年版）是目前笔者所统计到的我国国际私法学者在国外公

---

① 张翔宇：《现代美国国际私法学说研究》，武汉大学出版社 1986 年版；邓正来：《美国现代国际私法流派》，法律出版社 1987 年版（中国政法大学出版社 2006 年再版），等等。

② 相关著作有：韩德培、韩健：《美国国际私法（冲突法）导论》，法律出版社 1994 年版；陈卫佐：《瑞士国际私法法典研究》，法律出版社 1998 年版；袁泉：《荷兰国际私法研究》，法律出版社 2000 年版；刘卫翔：《欧洲联盟国际私法》，法律出版社 2001 年版；刘仁山：《加拿大国际私法研究》，法律出版社 2001 年版；肖永平主编：《欧盟统一国际私法研究》，武汉大学出版社 2002 年版；王承志：《美国冲突法重述之晚近发展》，法律出版社 2006 年版；朱伟东：《南非共和国国际私法研究——一个混合法系国家的视角》，法律出版社 2006 年版；邹国勇：《德国国际私法的欧盟化》，法律出版社 2007 年版；邹龙妹：《俄罗斯国际私法研究》，知识产权出版社 2008 年版；陈小云：《英国国际私法本体研究》，知识产权出版社 2008 年版。

开出版发行的第一部国际私法专著。另外在国外公开出版的著作还有：1994 年徐国建博士与瑞士学者胜雅律合著出版的《中华人民共和国的国际私法和国际民事诉讼法》，张明杰 1997 年英文独著的《冲突法与国际货物买卖合同公约》，陈卫佐 2004 年在彼得·朗欧洲科学出版社（德国法兰克福）出版的德文版《国际条约的冲突规范中的反致和转致》等。中国国际私法学会起草的《中华人民共和国国际私法示范法》（以下简称《示范法》）2000 年由法律出版社以中、英文出版后，影响较大，现在已被翻译为日、法、德等多种文字，并且已在联合国备案。近年来，一方面，中国国内的一些研究机构举办了一些国际会议；另一方面，中国一些国际私法学者不仅利用各种机会参与国际会议或其他国际学术交流活动，介绍中国国际私法的理论与实践，而且在国外期刊上发表了一定数量的国际私法论文，① 在国际上受到一定的关注。

在国际事务的处理中，中国国际私法学者也越来越多地参与国际公约的谈判，一些学者分别参与了海牙国际私法会议和联合国国际贸易法委员会等国际组织相关国际法律文件的起草。② 而且，学者们还积极将理论和实践结合，参与公共服务，接受国家有关立法、行政和司法机构的咨询请求，出具咨询意见。这些咨询意见既体现了学术研究服务实践的价值，也反过来促进了学术研究的发展。特别值得指出的是，2005 年 3 月，海牙国际私法会议关于《排他性法院选择协议公约》的谈判进入关键阶段，外交部条法司与中国国际私法学会、武汉大学国际法研究所组织国内一些知名的学者，针对公约所涉及的问题在武汉大学进行了专题研讨，分别就公约的适用范围、排除事项、赔偿问题、知识产权问题、判决的承认与执行、与其他国际文书的关系等进行了深入的分析，形成了具体、详细的建议，为公约的达成和我国利益的维护作出了重要贡献。

8. 研究队伍。目前，中国国际私法学界已经形成了一支以中青年研究人员为主干力量，老中青相结合，教学与科研并重，理论联系实际，求真务实的高水平人才队伍。晚近一大批海外留学人员回国任教或从事科研活动，大大充实了我国国际

① 如黄进教授在 *Chinese Journal of International Law* 2003 年第 1 期上发表的 *Private International Law in the Chinese Judicial Practice in 2001*；肖永平教授在 *American Journal of Comparative Law* 第 53 卷上发表的论文 *Order Public in China's Private International Law*，等等。另外，目前黄进教授还担任 *Year Book of Private International Law* 的编委，肖永平教授 2005 年受聘担任英文《国际私法杂志》编辑顾问委员会委员。

② 如肖永平教授、徐国建博士参加了 2004 年海牙国际私法会议《排他性法院选择协议公约》的谈判，何其生教授参加了联合国国际贸易法委员会《国际合同使用电子通信公约》的谈判等。

私法的学术队伍。另一方面，一些学校和科研机构通过提供交流机会和出国经费等措施，鼓励教师出国交流，借鉴国外经验和教学方法，在国际私法的学术研究和人才实力上逐渐国际化。

9. 人才培养。经过长期的努力，我国国际私法学界培养了一大批勤奋进取、学风朴实、基础扎实、科研能力强、综合素质优良的高层次人才。很多人才因其良好的素质和突出的能力，日渐成为社会的中坚力量。在国际组织、跨国公司和国外大学都有一些我国国际私法学界培养的研究生任职，并担任重要职务。在我国的涉外法律与司法部门，也有本学科培养的大量人才活跃在各个领域。

10. 中国国际私法学会与国际私法学的发展。三十年来，中国国际私法迅速的发展，在一定程度上与中国国际私法学会的大力推动是分不开的。中国国际私法学会成立于1987年10月，是一个全国性的学术团体，会址设在武汉，首任会长是武汉大学国际法研究所韩德培教授，现任会长为中国政法大学校长黄进教授。学会目前有会员250余人，主要是来自中国学术机构、研究机构及有关实务部门的国际私法学者、专家和实务工作者。学会的主要宗旨是引导人们积极参与国际私法的教学、研究和运用，共同推动中国国际私法理论与实践的发展，促进国际民商事交往的发展。学会不仅每年举办一届年会，而且还有很多专题研讨会，如早期的《国际私法示范法》的起草研讨会，定期举办的海峡两岸国际私法学术研讨会和内地、香港、澳门区际法律问题研讨会，以及其他一些临时性的专题研讨会。2007年9月，第二十届中国国际私法学会年会暨学会成立20周年庆典在武汉大学召开。来自最高人民法院、司法部、外交部、全国各地高等院校、科研单位以及美国、德国、比利时等国的200余名代表参加了会议，会议发表了由中外学者共同认可的《武汉宣言》。① 而且自1998年创刊以来，学会每年出版一期全国性的学术刊物《中国国际私法与比较法年刊》，目前已经出版至第11卷，刊物不仅为中国国际私法学者发表见解提供了一个很好的平台，而且其权威性也得到了学者们的广泛认可。②

二、三十年我国国际私法学的主要研究领域及特点

综观三十年中国国际私法学的发展，其特点可以说是学说纷呈、内涵丰富，既

---

① 《武汉宣言》的内容可参见《武大国际法评论》2008年第8卷。

② 关于中国国际私法学会二十年来的发展，可参见《中国参加海牙国际私法会议二十年回顾》、《忆往昔岁月峥嵘，从头越而今迈步——庆祝中国国际私法学会成立20周年》、《中国国际私法学会二十年回顾》，载《武大国际法评论》2008年第8卷。

注重理论联系实际，也关注国外国际私法的发展，同时还加强了对于国际私法发展过程一些新问题的探索。

（一）我国国际私法理论体系的构建：从无到有，日趋成熟

改革开放之初，国际私法学在我国尚处在构建之中，国际私法基本理论的研究成为当时最为核心的内容。之后，则更多地侧重于具体问题的探讨，但基本理论问题多年来一直是我国国际私法学界关注的重要内容。目前，相关理论体系已基本成熟，但在一些具体问题上，仍不乏争议。

首先，国际私法的调整对象。国际私法的调整对象是涉外民事法律关系，这一观点在 20 世纪 50 年代开始得到认可。1983 年，作为全国统编教材的《国际私法》也指出："国际私法所调整的对象是……国际民事法律关系，从一个国家的角度来说，可以称之为涉外民事法律关系。"① 1983 年后，一些学者就此提出了不同主张。分歧的焦点主要是调整的对象究竟是整体的国际民事关系还是特定部分的国际民事关系。学者们的观点有：国际私法的调整对象是涉外民事关系，其调整的是一个整体的涉外民事关系；② 国际私法只调整特定的或特殊范围的涉外民事关系。③另外有学者认为，这种"整体论"与"部分论"的争论，是随着国际经济法、国际贸易法、海商法等法律部门的兴起而提出的新问题，因为这些法律部门也调整一定的涉外民商事关系，但这些法律部门与国际私法不是相互矛盾的，也并非"侵占"了国际私法的"势力范围"，而是国际民商事关系复杂化、多样化的结果。④

其次，国际私法的性质和名称。中国学者对国际私法性质的争论主要集中在它是国内法还是国际法上。归纳起来主要有五种观点：（1）国际私法是国内法，不是国际法；⑤（2）国际私法是国际法，不是国内法；⑥（3）国际私法是介乎国际

---

① 韩德培主编：《国际私法》，武汉大学出版社 1983 年版，第 2 页。

② 参见韩德培主编：《国际私法》，高等教育出版社、北京大学出版社 2007 年版，第 13 页。

③ 参见刘振江等主编：《国际私法教程》，兰州大学出版社 1988 年版，第 59 ~ 60 页。

④ 参见黄进：《宏观国际法学论》，载《法学评论》1984 年第 2 期，第 38 ~ 42 页；肖永平：《世纪之交的中国国际私法学：发展与重构》，载《法学评论》1998 年第 6 期，第 1 ~ 21 页。

⑤ 参见董立坤：《国际私法论》，法律出版社 1988 年版，第 5 ~ 7 页；唐表明：《比较国际私法》，中山大学出版社 1987 年版，第 25 ~ 27 页；《中国大百科全书 · 法学卷》，中国大百科全书出版社 1984 年版，第 228 ~ 229 页。

⑥ 参见高树异主编：《国际私法》，吉林大学出版社 1987 年版，第 23 页；刘振江等主编：《国际私法教程》，兰州大学出版社 1988 年版，第 48 页。

公法和国内民法之间的一个法律部门；① （4）国际私法主要是国内法，将来会向国际法方向发展。②（5）国际私法不是一个部门法，而是一个体系，国际私法作为调整国际民事关系的法律，是国际法体系中的一个分支。③ 而关于国际私法的名称，虽然历史上很多学者提出了几十个不同称谓，但是“国际私法”这个名称现在已被中国学者所认可。

再次，国际私法的范围。对此，不仅国际上有大陆法系、英美法系和前苏联的不同主张，在中国，也有“大”、“中”、“小”国际私法之争。④ 目前广为接受的则是韩德培教授提出的“一体两翼”说，即“国际私法就如同一架飞机一样，其内涵是飞机的机身，其外延是飞机的两翼。具体在国际私法上，这内涵包括冲突法，也包括统一实体法，甚至还包括国家直接适用于涉外民事关系的法律。而两翼之一则是国籍及外国人法律地位问题，这是处理涉外民事关系的前提；另一翼则是发生纠纷时，解决纠纷的国际民事诉讼及仲裁程序，这包括管辖权、司法协助、外国判决和仲裁裁决的承认与执行”。⑤

以韩德培教授的“一体两翼”说为主体，中国国际私法学界架构了有中国特色的国际私法理论体系，在国际私法的规范范围、调整对象和调整方法等问题上逐渐达成了共识，甚至在国际私法的功能和价值取向上，也在某种程度上形成了统一

① 参见余先予主编：《简明国际私法学》，中央广播电视大学出版社 1986 年版；李双元、宁敏、熊楚才：《关于国际私法的几个理论问题》，载《中国国际私法与比较法年刊》（第 3 卷），法律出版社 2000 年版。

② 参见李双元：《国际私法（冲突法篇）》，武汉大学出版社 1987 年版，第 21 ~ 42 页。

③ 参见黄进：《宏观国际法学论》，载《法学评论》1984 年第 2 期，第 38 ~ 42 页。

④ 参见《中国大百科全书 · 法学卷》，中国大百科全书出版社 1984 年版，第 228 页；唐表明：《比较国际私法》，中山大学出版社 1987 年版，第 11 ~ 12 页；董立坤：《国际私法论》，法律出版社 1988 年版，第 23 ~ 31 页；姚壮、任继圣：《国际私法基础》，中国社会科学出版社 1981 年版，第 3 ~ 7 页；高树异主编：《国际私法》，吉林大学出版社 1987 年版，第 6 ~ 11 页；刘振江等主编：《国际私法教程》，兰州大学出版社 1988 年版，第 12 页；余先予主编：《简明国际私法学》，中央广播电视大学出版社 1986 年版，第 13 页；李双元：《国际私法（冲突法篇）》，武汉大学出版社 1987 年版，第 23 ~ 50 页；韩德培主编：《国际私法》，高等教育出版社、北京大学出版社 2007 年版，第 13 页。

⑤ 参见韩德培主编：《国际私法新论》，武汉大学出版社 1997 年版；韩德培主编：《国际私法》，高等教育出版社、北京大学出版社 2000 年版，2007 年修订版。除此之外，还有很多的教材均接受了这一观点，如：黄进主编：《国际私法》，法律出版社 1999 年版，2005 年修订；刘仁山主编：《国际私法》，中国法制出版社 1999 年版，2007 年修订；韩德培、肖永平：《国际私法学》，人民法院出版社、中国社会科学出版社 2004 年版；肖永平：《国际私法》，法律出版社 2003 年版；肖永平：《国际私法原理》，法律出版社 2003 年版，2007 年修订，等等。

的看法。中国的国际私法学理论架构既不同于英美法系的冲突法，也不同于大陆法系的国际私法理论，与前苏联的国际私法学也有着不少的出入，在某种程度上颇具中国特色。

（二）我国国际私法发展史：关注较晚，逐步厘清

在法律发展的历史长河中，中国国际私法的立法有着辉煌灿烂的昨天。在公元7世纪，唐朝《永徽律》"名例章"中就有有关"化外人相犯"的规定。① 在此意义上讲，中国是最早有涉外法律适用规范的国家之一。这一规定沿袭到宋代，直至明朝，之后绝对属地主义的法律思想得到发展。② 清朝基本上沿用旧制，直到清末，国际私法仍没有发展。但长期以来，清末国际私法如何传入中国尚缺乏史料考证，近年来一些学者对此进行了深入的研究，逐渐厘清了一些思路。资料显示，近代国际私法学在中国的传播是从1864年京师同文馆美国人丁韪良翻译《万国公法》之"公法私条"开始的，③ 1898年江南制造局编译馆英国人傅兰雅节译的《各国交涉便法论》是我国最早的国际私法单行本著作。1903—1913年间可统计的即有李叔同、郭斌等各自编译的国际私法书籍16本。李叔同（又名李广平）1903年编译《国际私法》，范迪吉1903年编译《国际私法》，汪郁年1903年编译《国际法学》第五编《国际私法》，郭斌1905年编译《国际私法》，曹履贞1905年编译《国际私法》，夏同和1905年著《国际私法》，冯闾模1906年译《国际私法图解》，袁希镰1907年译《新译国际私法》，张仁静1907年编辑《国际私法》，傅疆1907年编辑《国际私法》，刘庚先、萧鸿钧1907年编《国际私法》，潘承愕1908年译《国际民商法论》，李倬1911年译述《国际私法》（中国政法大学出版社2003年再版重印），熊元楷、熊仕昌1911年编辑《国际私法》，汪康年1911年编译《国际私法》，张诚一1913年著《国际私法表解》。其中郭斌、曹履贞、傅彊、李倬四人编译的《国际私法》主要取自清政府修订法律馆顾问、京师法律学堂讲

① 公元651年唐朝颁布的《永徽律》"名例章"中规定："诸化外人，同类自相犯者，各依本族法；异类相犯者，以法律论。"《唐律疏义》解释说："化外人谓蕃夷之国别立长者，各有风俗，制法不同，其有同类相犯者，须问本国之制，依其俗法断之；异类相犯者，如高丽与百济相犯之类，皆以国家法律论定刑名。"由于中国古代法律刑、民不分，这一条文既是国际刑法的规则，又是国际私法的规则。这种区分法律关系主体的不同种类分别适用不同法律的冲突法规定在其他国家同一时期的法律中未曾出现。

② 唐律中的规定后被改为："凡化外人犯罪者，并依律拟断。"

③ "公法，所以明各国交际之例；变通各国律法之不合者，称为私条。"这是最早有关国际私法翻译的开始。转引自刘正中：《中国国际私法词源考》，载《2006年中国青年国际法学者暨博士生论坛论文集》，第328页。

师、后任东京帝国大学校长山田三良博士的《国际私法》。① 由此可见，我国对国际私法的学习始于英美教材，后盛于日本讲义。1918 年北洋政府颁布的《法律适用条例》，大大推动了中国国际私法的发展。当时各大学法律院系纷纷开设国际私法课程，到国外学习国际私法的人也增加了，如阮毅成、卢峻、郭云观、燕树棠、李浩培、韩德培等皆留学于国际私法学发达的欧美国家。至 20 世纪 30 年代，出现了以陈顾远和卢峻为代表的一批国际私法学者，② 国际私法的专门著作也大量出现。而之后的历史，我国现有的国际私法教材大都给予了介绍。

（三）我国国际私法立法问题：建言献策，贯穿始终

改革开放以来，出于涉外民商事交往的需要，国际私法的立法日渐被人们所重视。在 1986 年《民法通则》的制定过程中，中国国际私法学界很多学者都对《民法通则》第八章的草案提出了大量的建议和意见。《民法通则》出台之后，学术专著和论文不断问世，学者们的研究热情日渐高涨。可以说，晚近以来的我国国际私法研究很大一部分是围绕着我国的国际私法立法③展开的。这其中有不少是对国际私法立法问题的梳理。④

目前，对于我国已有的国际私法立法，从规定的内容来看，范围较广，涉及国

① 参见王勇则：《李叔同对国际法的传播》，载《人民政协报》2000 年 8 月 29 日，第 4 版；陈柳裕：《山田三良与中国国际私法》，载《当代法学》2003 年第 10 期，第 157 页；刘正中：《晚清中国国际私法与日本》，载李双元主编：《国际法与比较法论丛》第 9 辑，中国方正出版社 2004 年版，第 567 ~580 页；王晶：《中国国际私法发展史及对当代的启示》，大连海事大学 2003 年硕士学位论文，第 21 ~26 页。

② 1931—1934 年间，陈顾远即撰书四部：《国际私法总论》（上下册），上海会文堂新记书局 1931 年版，1933 年、1936 年再版；《国际私法本论》，上海法学编译社 1932 年版，1937 年、1943 年再版；《国际私法要义》，上海法学书局 1934 年版；《国际私法商事编》（又名《国际商事法论》），上海民智书局 1934 年版。卢峻：《国际私法之理论与实际》，中华书局 1937 年版，1939 年修订，中国政法大学出版社 1998 年再版重印。转引自郭玉军、徐锦堂：《忆往昔岁月峥嵘，从头越而今迈步——庆祝中国国际私法学会成立 20 周年》，载《武大国际法评论》2008 年第 8 卷。

③ 限于篇幅，此处仅就法律适用法的规定作以讨论，而对于国际民事诉讼程序和国际商事仲裁制度等方面的立法则不进行过多的涉及。

④ 相关著作如肖永平：《中国冲突法立法问题研究》，武汉大学出版社 1996 年版；赵相林：《中国国际私法立法问题研究》，中国政法大学出版社 2002 年版；徐冬根、薛凡：《中国国际私法完善研究》，上海社会科学院出版社 1998 年版；杜涛：《德国国际私法：理论、方法和立法的变迁》，法律出版社 2006 年版；杜涛：《国际私法的现代化进程》，上海人民出版社 2007 年版；于飞：《中国国际私法理论与立法》，中国法制出版社 2004 年版。

籍和住所、权利能力和行为能力、时效、物权、合同、侵权、票据、海商、婚姻、收养、监护、扶养、继承、代理、破产、知识产权、区际冲突法等领域。学者们认为这些立法具有如下一些特点：① 一是法律渊源多元化和多层次化。② 二是现有的国际私法立法吸收了国际上最先进的规定。一些立法借鉴了现代国际上国际私法的先进立法规定以及最新的理论研究成果，如最密切联系原则、特征性履行方法等。③ 三是在国际私法的立法模式上，我国现行国际私法采取了以专章、专篇为主并辅以有关单行法中列入相应国际私法规范的立法模式。如在《民法通则》第八章中系统规定了一系列冲突规范，在我国《合同法》、《继承法》、《票据法》、《民用航空法》及《海商法》等单行法律中也规定了相关国际私法的内容。四是最高人民法院为方便涉外民商事法律关系的处理和法院的审判制定了大量的司法解释，内容以涉外程序方面的司法解释居多，既涉及涉外实体方面的问题，也不乏涉外法律适用的内容，而且数量巨大，范围很广。

从已出版的著作、发表的论文来看，关于国际私法立法问题的研究，几乎涉及国际私法的各个领域。我国学者普遍认为，中国国际私法立法的法典化是大势所趋。特别值得指出的是，在中国国际私法学会1993年深圳年会上，中国国际私法学会作出了起草《示范法》的决定，并成立了以韩德培教授为组长的《示范法》起草工作小组。历时7年六易其稿的《示范法》共有5章166条，起草小组对每一

① 参见黄进主编：《国际私法》，法律出版社2005年版，第121页；丁伟：《世纪之交中国国际私法立法回顾与展望》，载《政法论坛》2001年第3期，第127～136页；李双元：《走向21世纪的国际私法：国际私法与法律趋同化》，法律出版社1999年版，第118～120页；徐冬根、薛凡：《中国国际私法完善研究》，上海社会科学院出版社1998年版，第110～112页。

② 除了宪法中有关涉外法律关系的规定外，以《民法通则》为核心的各种民商事法律、法规，是中国国际私法国内立法的基本层次。而国务院、中央政府各职能部门为实施全国人大及其常委会制定的国际私法规范而制定的有关行政法规，如《中外合资经营企业法实施条例》、《中国公民同外国人办理婚姻登记的几项规定》、《中国银行业对外商投资企业贷款管理办法》第25条及其实施细则等，则构成了我国国际私法法律渊源的重要补充。最高人民法院对有关国际私法规范所作的司法解释和批复，也是我国国际私法的重要渊源。另外，还有一些中国加入的国际条约和国际通行的国际惯例等。这些规范构成了中国国际私法多层次、全方位的规范体系，初步形成了我国国际私法的法律框架。

③ 1987年最高人民法院发布的《关于适用〈涉外经济合同〉若干问题的解答》中关于13种合同准据法的规定，有些就借鉴了1985年海牙国际私法会议通过的《关于国际货物买卖合同法律适用公约》。

条文还附带有学理说明的“立法理由”。示范法的起草不仅推动了学术研究的发展，而且对于我国相关司法解释的起草、未来我国国际私法立法活动都有着重要的价值和意义。

（四）我国国际私法司法问题：揭示问题，互动发展

在我国涉外经济发展、涉外交往繁荣的同时，也不可避免地存在着大量的涉外民商事纠纷，而这些纠纷的处理与解决，在无形中推动了我国国际私法实践的稳步发展。近年来，我国的国际私法学者和涉外民商事司法实践的工作者对于我国国际私法的司法实践进行了一些总结，并对其中存在的一些问题进行了分析。①

回顾多年来的司法实践，学者们认为主要呈现出如下一些特点：（1）中国法院审理的涉外、涉港澳台民商事案件数量稳步增长，其中涉港澳台案件所占比重较大，而涉港澳台案件的审理主要集中在广东等省份，但整体来讲涉外案件增长迅速。②（2）涉外、涉港澳台民商事案件类型日益多样化，争议的金额越来越大，

① 相关著作如：蒋茂凝：《国际私法实例说》，湖南人民出版社 2004 年版；杜新丽：《国际私法实务中的法律问题》，中信出版社 2005 年版；赵相林：《理论前沿立法探讨与司法实践》，高等教育出版社 2005 年版；王淑敏：《新型贸易融资的国际私法统一法源研究》，知识产权出版社 2006 年版；杨峥嵘：《涉外商事法律实务探析》，中国法制出版社 2006 年版；屈广清、王淑敏：《新型国际贸易融资关系中的国际私法问题研究》，吉林大学出版社 2008 年版，等等。

② 1979 年 9 月，最高人民法院于设立了经济审判庭，到 1984 年年底，全国各级法院普遍建立了经济审判庭。当时的收案数量并不多。从 1984 年开始，为了适应我国海上运输和对外经济贸易事业发展的需要，陆续在广州、上海、青岛、天津、大连等十个城市设立海事法院，专门负责审理涉外和国内的第一审海事案件和海商案件。2000 年最高人民法院设立了民四庭，专门审理涉外商事海事方面的纠纷。参见《回望人民法院三大审判三十载前行足迹》，载《法制日报》2008 年 7 月 28 日；奚晓明:《中国市场经济与民商事审判》，资料来源于 http：//www.cfcjbj. com. cn/list. asp? unid = 6324，2008 年 9 月 28 日访问。2003 年全国法院共受理各类涉外、涉港澳台和执行案件 15746 件，其中涉外民商事案件 6338 件，涉港案件 6043 件，涉澳案件 528 件，涉台案件 2837 件。参见《2003 年全国法院司法统计公报》，载《中华人民共和国最高人民法院公报》2004 年第 3 期，第 19 页。2004 年全国各级人民法院共受理各类涉外、涉港澳台和执行案件 17066 件，其中涉外民商事案件 7151 件，涉港案件 5987 件，涉澳案件 555 件，涉台案件 3373 件。参见《2004 年全国法院司法统计公报》，载《中华人民共和国最高人民法院公报》2005 年第 3 期，第 18 页。2005 年全国各级人民法院共受理各类涉外、涉港澳台和执行案件 20030 件，其中涉外民商事案件 7843 件，涉港案件 8123 件，涉澳案件 452 件，涉台案件 3612 件。参见《2005 年全国法院司法统计公报》，载《中华人民共和国最高人民法院公报》2006 年第 3 期，第 20 页。

有些案件审理难度也越来越大。① （3）在法律适用上，尽管适用中国法仍然占绝大部分，但外国法的适用日渐受到重视，而且外国法、域外法、国际条约和国际惯例都有所体现。② 综合黄进教授等 2001 年以来针对《最高人民法院公报》等所公布的涉外民商事案件的部分统计，在涉外案件的审判中，适用中国法的案件年均为 90.83%，适用外域法的案件年均 3.73% 左右，适用国际条约的案件年均 3.05% 左右，适用国际惯例的案件年均 1.05% 左右，还有小部分同时适用中国法、国际条约与惯例（年均 1.33% 左右）。这表明我国法院在审理涉外民商事案件时基本上适用本国法，但也在一定程度上适用外域法、国际条约或国际惯例。③ 适用最多的国际条约是《联合国国际货物销售合同公约》，其次是《华沙公约》、《伯尔尼公约》

① 随着中国对外开放领域的不断拓宽，涉外民商事案件所涉及的领域也随之不断地拓宽，新类型涉外民商事案件随之不断出现。中国受理的涉外民商事案件逐渐从早期以货物买卖、借款、担保、外贸代理、合资合作经营等类型为主日渐多元化，现在基本上覆盖了民商事的各个领域。以涉港澳台商事案件为例，除了涵盖一般商事案件的所有类型外，还有一些独具特色的案件类型。如三来一补合同纠纷，合资合作合同纠纷，信用证纠纷，申请债权登记，申请承认、执行或撤销涉港澳商事仲裁裁决案件等。争议标的金额从以前的几十万元、几百万元上升到现在的几千万元，甚至上亿元。参见陶凯元：《广东法院涉港澳台商事审判的实践、探索与展望》，载孙南申、杜涛主编：《当代国际私法研究——21 世纪的中国与国际私法》，上海人民出版社 2006 年版，第 224 页。而且案件当事人可能涉及世界上的许多国家或地区，例如，仅广州海事法院受理的扣押利比里亚海流航运公司所属的“航海者”轮一案就涉及美国、希腊、英国、新加坡、阿联酋、巴拿马、挪威等 10 个国家和地区的当事人。参见万鄂湘：《遵循海事审判规律 发挥专门法院优势 把海事法院建成我国涉外审判的窗口——在纪念海事法院成立 20 周年座谈会上的讲话》，资料来源于 http://www.chinacourt.org/public/detail.php? id = 120838，2008 年 8 月 23 日访问。由于疑难复杂案件和新类型案件不断出现，所涉及的法律关系越来越复杂，涉外、涉港澳台案件的审理难度越来越大。

② 参见郭玉军、徐锦堂：《从统计分析方法看我国涉外民商事审判实践的发展》，载《中国国际私法与比较法年刊》，北京大学出版社 2008 年版，第 143 页。

③ 以上统计数据资料主要参考黄进：《我国涉外审判中的法律适用问题——现状、问题与对策》，载《“国际商事审判中的国际私法问题”学术研讨会论文集》；黄进、李庆明、杜焕芳：《2005 年中国国际私法的司法实践述评》，载《中国国际私法与比较法年刊》（第 9 卷），北京大学出版社 2007 年版，第 469～503 页；黄进、李庆明、杜焕芳：《2004 年中国国际私法的司法实践述评》，载《中国国际私法与比较法年刊》（第 8 卷），法律出版社 2006 年版；黄进、杜焕芳：《2003 年中国国际私法的司法实践述评》，载《中国国际私法与比较法年刊》（第 7 卷），法律出版社 2005 年版，第 115～172 页；黄进、杜焕芳：《2002 年中国国际私法的司法实践述评》，载《中国国际私法与比较法年刊》（第 6 卷），法律出版社 2003 年版，第 3～51 页；黄进、杜焕芳：《2001 年中国国际私法的司法实践述评》，载《中国国际私法与比较法年刊》（第 6 卷），法律出版社 2003 年版，第 429～464 页。

和《国际海上避碰规则公约》。适用最多的国际惯例是《跟单信用证统一惯例》和《国际贸易术语解释通则》。在外国法中，中国涉外审判实践中适用最多的是英国法，其次是美国法。在我国港澳台地区法中，内地法院适用得最多的是香港法。另外，值得注意的是，中国涉外审判很少受国际政治关系的影响，对于那些没有与我国建立正式外交关系国家的法律，我国法院也予以适用。①（4）在涉外司法审判实践中，中国法院运用的法律选择方法日渐多元化，并呈现灵活化的趋势。综合黄进教授等2001年以来的上述统计，从法律选择方法来看，在涉外民商事案件中，运用最密切联系原则的为年均34.33%，当事人意思自治（含推定当事人的意思）的为年均30 %，援引冲突规范的为年均7.17%，要素分割方法的为年均1%，以法律规避、强制规定、公共秩序保留等排除外国法的适用而适用法院地法的为年均3.17%，利用实体法方法直接适用国际公约或者惯例的为年均1.33%，直接适用法律的为年均1.8%，重叠适用意思自治原则与最密切联系原则的为年均0.67%。这表明我国大多数法院能够运用不同的法律选择方法来处理涉外民商事案件。②

针对以上的问题，晚近以中国新型案例为主的出版物和资源不断出现，③国际私法学者开始越来越重视实证研究。另外，国际私法理论研究部门与实务部门的互动进入实质性阶段，实务部门开始通过专门网络提供大量值得研究的典型案例和裁判文书，④并积极参与到国际私法具体实际问题的探讨，为国际私法学的创新和发展带来了一个新的契机。

（五）法律适用的一般问题和具体问题：成果众多，渐趋深入

法律适用问题是国际私法立法和相关司法解释的核心内容，也是学术研究的重

① 如武汉海事法院1998年在"英国达拉阿尔巴拉卡投资公司与巴哈马曲母普船运公司船舶抵押权纠纷"中对《巴哈马海商法》的适用，广州海事法院2002年在"美国JP摩根大通银行与利比里亚海流航运公司涉外船舶抵押权纠纷"中对《巴哈马商船法》的适用，广州海事法院2002年在"香港耀欧亚投资控股有限责任合伙公司与帕里斯特集团有限公司船舶抵押合同纠纷"中对《巴拿马共和国商法》的适用。参见郭玉军、徐锦堂：《从统计分析方法看我国涉外民商事审判实践的发展》，载《中国国际私法与比较法年刊》第11卷，北京大学出版社2008年版。

② 以上统计数据资料主要参考前述黄进教授自2001年以来就中国国际私法的司法实践所发表的系列述评文章。

③ 如吕伯涛主编：《海事案例精选精析》，法律出版社2004年版；赵相林主编：《国际私法教学案例评析》，中信出版社2006年版；李双元、欧福永主编：《国际私法教学案例》，北京大学出版社2007年版；林燕萍主编：《国际私法案例评析》，北京大学出版社2007年版。

④ 如中国涉外商事海事审判网于2001年开通，网址：http：//www.ccmt.org.cn；法意网和法宝网也提供大量的涉外案例。

点，目前相关的科研成果可以说内容庞大，数量众多，涵盖了涉外民商事法律关系的各个领域，诸如国际产品责任、涉外婚姻家庭、继承、合同、海商、国际航空运输、消费者保护、不当得利、跨国证券交易、跨境破产等。① 在冲突法的一般问题上，识别、反致、法律规避、公共秩序保留、外国法的查明等都有专著呈现，② 有些立法建议还被《示范法》所采纳。

在涉外合同的法律适用问题的研究方面，著作颇丰。③ 首先关于“意思自治”问题，尽管西方有些学者主张当事人的自由选择是无限制的，但中国学者普遍认为当事人的自由选择只能在任意性法律范围内进行，禁止选择违反公共秩序和强行性法规的法律。但对其他形式的限制，如对选择法律的时间和空间的限制问题，学者间存在着不同见解。其次，关于最密切联系原则在合同法律适用中的运用问题，学界普遍认为应以连结点的质量而不是连结点数量来决定最密切联系地，以合同特征性履行方的住所、惯常居所或营业地法作为与合同有最密切联系地法。关于涉外侵权行为的法律适用问题，无论是一般侵权行为，还是特殊侵权行为，甚至于侵权行为自体法、欺诈损害赔偿和惩罚性损害赔偿制度的法律适用、侵权之诉双重原则的

① 相关著作如，曹建明：《国际产品责任法概论》，上海社会科学院出版社1987年版；孟宪伟、王玉洁：《涉外婚姻家庭与法》，广东人民出版社1995年版；赵相林主编：《国际产品责任法》，中国政法大学出版社2000年版；王军、陈洪武：《合同冲突法》，对外经济贸易大学出版社2003年版；［加］威廉·泰特雷：《国际冲突法（普通法、大陆法及海事法）》，刘兴莉译，法律出版社2003年版；屈广清：《证据冲突法研究》，辽宁人民出版社2004年版；盛勇强：《国际航空货运纠纷法律适用与案例精析》，法律出版社2004年版；齐湘泉：《涉外民事关系法律适用法——婚姻、家庭、继承论》，法律出版社2005年版；霍政欣：《不当得利的国际私法问题》，武汉大学出版社2006年版；张玲：《跨境破产的国际合作——国际私法的视角》，法律出版社2007年版；刘益灯：《跨国消费者保护的法律冲突及其解决对策》，法律出版社2008年版；萧凯：《跨国证券交易的国际私法问题》，武汉大学出版社2008年版；李显冬：《国际民商事法律适用法案例重述》，中国政法大学出版社2008年版；王晓琼：《跨境破产中的法律冲突问题研究》，北京大学出版社2008年版，等等。

② 相关著作如，贺连博：《反致问题研究》，知识产权出版社2006年版；刘来平：《外国法的查明》，法律出版社2007年版；王葆莳：《国际私法中的先决问题研究》，法律出版社2007年版；高晓力：《国际私法上公共政策的运用》，中国民主法制出版社2008年版；粟烟涛：《冲突法上的法律规避》，北京大学出版社2008年版。相关论文则更多，此处不予列举。

③ 参见邵景春：《国际合同法律适用论》，北京大学出版社1997年版；沈涓：《合同准据法的解释》，法律出版社2000年版；王军、陈洪武：《国际商事合同的法律适用》，中国对外经济贸易出版社1991年版；王军、陈洪武：《合同冲突法》，对外经济贸易大学出版社2003年版；傅静坤：《契约冲突法》，法律出版社1999年版。

现代发展等，也都得到了充分的探讨。①

（六）国际私法统一化和统一实体法：日渐重视，不断拓展

随着1987年中国加入海牙国际私法会议组织，我国越来越多地参与法律适用法和国际民事诉讼程序法公约的谈判，尤其是随着经济全球化的发展，我国学者提出了国际私法的统一化问题。早期，较为深入论述该问题的应属当时武汉大学的李双元教授，他主编的《中国与国际私法统一化进程》② 和《走向21世纪的国际私法——国际私法与法律的趋同化》③ 都是关于这方面的论述。关于这一问题，还有学者认为：到目前为止，统一实体法是调整国际民事关系所找到的一种最"适当的法"，是国际民事关系"自己的法"，是名副其实的"国际私法"。④

传统的国际私法仅限于冲突法，不包括实体私法，但现在大多数国际私法学者达成了共识，认为国际统一实体私法是国际私法的一部分。所以，各种国际组织所制定的一些实体私法规范成为国际私法学界研究的重点，如设在罗马的国际统一私法协会，其宗旨就在于推动国际民商法的统一。而联合国国际贸易法委员会、国际商会、世界贸易组织、世界知识产权组织等的国际法律文件，目前也是国际私法学界的研究热点。

（七）国际民商事争议解决机制：注重实务，迅速发展

随着涉外交往和跨国贸易的日益频繁，相关的涉外争议也越来越多，国际民商事争议解决机制的研究越来越多地受到国际私法学界的重视，这其中既包括国际和解和调解，⑤ 也包括国际商事仲裁、国际民事诉讼以及跨国司法协助，尤其是可替代争议解决方式（ADR）一直以来是我国学术界关注的热点。

在国际民事诉讼法方面，相关研究主要集中在国际民事诉讼管辖权和国际司法

---

① 如曾二秀：《侵权法律选择的理论、方法与规则（欧美侵权冲突法比较研究）》，法律出版社2004年版；胡晓红、梁琳、王赫：《网络侵权与国际私法》，中国工人出版社2006年版；朱子勤：《网络侵权中的国际私法问题研究》，人民法院出版社2006年版；齐湘泉：《涉外民事关系法律适用法（侵权论）》，法律出版社2006年版，等等。

② 武汉大学出版社1998年版。

③ 法律出版社1999年版。

④ 参见吕岩峰：《私法自治与国际私法》，载《法制与社会发展》2000年第1期，第79～84页。

⑤ 如尹力：《国际商事调解法律问题研究》，武汉大学出版社2007年版。

协助上。① 对于前者，学者们从国内典型案例分析入手，对中国涉外管辖权立法提出了一系列意见和建议，尤其在平行诉讼、“不方便法院原则”和协议管辖问题上，相关建议得到了司法实践的认可。而关于国际司法协助问题，学者们对于司法协助的概念、范围、实施、法律适用、拒绝给予司法协助的依据以及在无条约情况下的司法协助问题进行了重点讨论。② 有学者指出，民商事领域中的国际司法协助主要是在条约的基础上进行的，但就一个国家来说，缔结的条约是有限的，在没有条约的情况下，国际司法协助就必须考虑到国内的立法和实践经验。③

① 相关著作如，李双元、谢石松：《国际民事诉讼法概论》，武汉大学出版社1990年版；李浩培：《国际民事程序法概论》，法律出版社1996年版；徐宏：《国际民事司法协助》，武汉大学出版社1996年第1版，2006年第2版；谢石松：《国际民商事纠纷的法律解决程序》，广东人民出版社1996年版；张茂：《美国国际民事诉讼法》，中国政法大学出版社1999年版；彭世忠：《国际民商事诉讼法原理》，中国法制出版社2000年版；刘仁山：《国际民商事程序法通论》，中国法制出版社2000年版；徐卉：《涉外民商事诉讼管辖权冲突研究》，中国政法大学出版社2001年版；邢海宝：《海事诉讼特别程序研究》，法律出版社2002年版；罗剑雯：《欧盟民商事管辖权比较研究》，法律出版社2003年版；张潇剑：《国际民商事及经贸争端解决途径专论》，北京大学出版社2003年版；孙劲：《美国的外国法院判决承认与执行制度研究》，中国人民公安大学出版社2003年版；李旺：《国际民事诉讼法》，清华大学出版社2003年版；刘力：《国际民事诉讼管辖权研究》，中国法制出版社2004年版；杜新丽主编：《国际民事诉讼和商事仲裁》，中国政法大学出版社2005年版；李双元、欧福永：《现行国际民商事诉讼程序研究》，人民出版社2006年版；鞠海亭：《网络环境下的国际民事诉讼法律问题》，法律出版社2006年版；徐伟功：《美国国（区）际民事诉讼中的若干问题研究》，湖北人民出版社2007年版；杜焕芳：《国际民商事司法与行政合作研究》，武汉大学出版社2007年版；李守芹：《海事诉讼与海事（商）法》，人民法院出版社2007年版；李晶：《国际民事诉讼中的挑选法院》，北京大学出版社2008年版；伊伟民：《国际民事诉讼中证据能力问题研究》，法律出版社2008年版；朱莉：《管辖权法律选择方法与规则的经济学分析》，法律出版社2008年版；贺万忠：《国际海事诉讼管辖权问题研究》，世界知识出版社2008年版，等等。

② 参见徐宏：《国际民事司法协助》，武汉大学出版社1996年第1版，2006年第2版；黄进、肖永平：《中国国际私法研究会第二届年会综述》，载《法学研究动态》1988年第23期；肖永平：《欧盟统一国际私法的最新发展——民商事司法文书及司法外文书域外送达事项的合作与协调》，载《法学评论》2001年第2期，第104~111页；中国国际私法研究会编：《国际司法协助与区际法律冲突论文集》，武汉大学出版社1989年版；何其生：《域外送达制度研究》，北京大学出版社2006年版。

③ 参见卢松：《无条约情况下涉外司法文书的送达——美国立法实践》，载《国际私法协助与区际冲突法论文集》，武汉大学出版社1989年版，第97~106页。

在国际商事仲裁问题上，目前，越来越多的学者予以关注。① 随着世界经济全球化进程的加快，各国调整国际商事仲裁的法律势必逐步走向协调和统一。国际公约和示范法在协调和统一国际商事仲裁立法方面发挥着重要作用。然而在可仲裁事项、仲裁协议有效性的认定、仲裁裁决的有效性及其认定包括撤销仲裁裁决的理由等问题，仍然是协调和统一国际商事仲裁法的最大障碍。但许多传统的不可仲裁事项正在不断地向可仲裁方向转变，国际商事仲裁的范围也随之扩大。

（八）我国国际私法学新问题：与时俱新，反应迅速

改革开放以来，中国国际私法学者面对新问题、新事物，不断探索，积极参与，为一些新问题的解决提供了理论选择和决策方案，下述仅以中国区际私法问题、互联网中的国际私法问题和国际体育争议的解决问题为例作以说明。

1. 中国区际私法问题。1997 年以后，学者们对区际私法问题进行了广泛而热烈的讨论，内容涉及区际私法的含义、中国区际私法的原则、中国区际法律冲突的特点、关于制定区际私法的迫切性和方式问题、解决中国区际法律冲突的步骤，等等。同时，学者们也在区际司法协助、区际民事管辖权问题、公共秩序保留问题、海峡两岸婚姻法律冲突等问题上提出了自己的看法。②

2. 互联网中的国际私法问题。随着互联网广泛的应用，其影响渗入到人们社会生活的各个方面，国际私法研究随之展开，并一度成为我国国际私法学界讨论的热点。首先，网络管辖权问题的讨论主要集中在传统的管辖权模式如何有效地适用于互联网以及如何构建网络管辖权的问题。学者们普遍认为，互联网的特点给传统

---

① 相关著作如，朱克鹏：《国际商事仲裁的法律适用》，法律出版社 1999 年版；韩健：《现代国际商事仲裁法的理论与实践》，法律出版社 2000 年版；赵秀文：《国际商事仲裁及其适用法律研究》，北京大学出版社 2002 年版；谢石松主编：《商事仲裁法学》，高等教育出版社 2003 年版；石育斌：《国际商事仲裁研究（总论篇）》，华东理工大学出版社 2004 年版；乔欣：《比较商事仲裁》，法律出版社 2004 年版；汪祖兴：《国际商会仲裁研究》，法律出版社 2005 年版，等等。

② 参见黄进：《区际冲突法研究》，学林出版社 1991 年版；黄进、黄风主编：《区际司法协助研究》，中国政法大学出版社 1993 年版；黄进主编：《区际司法协助的理论与实务》，武汉大学出版社 1994 年版；余先予：《国（区）际民商事法律适用法》，人民日报出版社 1995 年版；黄进：《区际冲突法》，永然文化出版股份有限公司 1996 年版；陈安主编：《海峡两岸交往中的法律问题研究》，北京大学出版社 1997 年版；肖永平：《内地与香港的法律冲突与协调模式的选择》，载《中国国际私法与比较法年刊》（第 2 卷），法律出版社 1999 年版；黄进主编：《中国的区际法律问题研究》，法律出版社 2001 年版；沈涓：《中国区际冲突法研究》，中国政法大学出版社 1999 年版；冯霞：《中国区际私法论》，人民法院出版社 2006 年版；詹礼愿：《中国区际商事仲裁制度研究》，中国社会科学出版社 2007 年版，等等。

的管辖权带来了极大的挑战，但现有的管辖权规定对于网络案件依旧有适用的空间，新的管辖权因素诸如网址、计算机终端所在地和网络服务器所在地等可能会在确定管辖权方面发挥一定的作用。其次，互联网领域中的法律适用问题。一般认为，在此领域中，连结点会更加弹性化，连结点的含义将多样化。由于互联网具有高度交互性，互联网领域所适用的准据法未来统一化和趋同化的趋势也会更加明显。但不可排除，互联网的独特性也将会导致产生一些新的连结点，比如计算机终端和网络服务器所在地等。①

3. 国际体育争议的解决问题。随着体育运动的发展，体育运动的国际性越来越强，国际体育仲裁受到了越来越多的关注。而且随着中国从体育大国走向体育强国，跨国体育活动越来越频繁，尤其是2008年北京奥运会的举办，体育在我国经济、社会发展和文明建设中的作用越来越强，并日渐受到人们的关注，相关的研究成果也逐渐增多。② 特别值得指出的是，武汉大学在2007年设立了单独的体育法博士点，通过整合从事国际私法、国际公法、国际经济法、体育法、刑法、民商法、诉讼法和法理学等方面的知名专家教授，培养体育法方面的高级人才。

三、三十年我国国际私法学发展存在的主要问题

改革开放三十年以来，尽管中国国际私法研究取得了丰硕的成果，但仍然存在一些问题和不足，主要表现在：

第一，有影响力的理论观点与基础学说有待发展。在国际私法学的理论体系上，三十年来已经形成了一些有代表性的理论，如前述韩德培教授提出的“一体

① 相关著作如，吕国民：《国际贸易中EDI法律问题研究》，法律出版社2001年版；何其生：《电子商务的国际私法问题》，法律出版社2004年版；胡晓红、梁琳、王赫：《网络侵权与国际私法》，中国工人出版社2006年版；朱子勤：《网络侵权中的国际私法问题研究》，人民法院出版社2006年版，等等。

② 近年的相关著作如，郭树理：《体育纠纷的多元化救济机制探讨——比较法与国际法的视角》，法律出版社2004年版；郭树理：《外国体育法律制度专题研究》，武汉大学出版社2008年版；黄世席：《奥运会赛事争议与仲裁》，法律出版社2005年版；黄世席：《国际体育争议解决机制研究》，武汉大学出版社2007年版；黄世席：《奥运会法律问题》，法律出版社2008年版，等等。

两翼”理论、李双元教授提出的“建立国际民商事新秩序理论”①和国际私法的“趋同化”和“统一化”理论。② 另外，还有学者提出“平等互利说”、③“国际交往互利说”④ 和“利益增进说”⑤ 等新理论。但就国际私法的学说而言，目前还处于介绍和评析外国学者的学说阶段，在国内和国际产生较大影响并能够得到认同的理论尚有待进一步发展。

第二，中国国际私法学一些领域的研究还比较薄弱。如统一实体私法方面的著作就较少，一些领域如个人破产、保理等领域的研究成果尚不多见。此外，电子信息、生物工程、航天、海洋等方面高新技术的发展对国际私法也提出了新挑战，这一方面的理论研究也有待加强。

第三，中国国际私法学的研究方法尚需进一步多元化。从研究方法来看，目前，还比较传统和单一，对当代科学研究新方法的接受和运用不够。晚近，国际私法学的内容普遍出现了公法与私法相结合、冲突法与实体法相结合的趋势。国际私法的经济基础和经济分析也开始受到关注，比较国际私法学发展迅速，国际私法的实证分析日渐重要。因此，我们应该丰富研究方法，并扩大视野，多角度、全方位地认识国际私法问题。

第四，中国国际私法的国际显示度十分不足。虽然我国国际私法研究与世界国际私法学界的直接交流晚近逐渐增多，但整体而言，中国国际私法学者直接以外文发表的文章还不多，国际层面的交流和对话还十分薄弱。中国国际私法学界一些有创新意义的研究成果，由于语言等原因，没有向国外国际私法学界展示，国际显示度十分不足。例如，在西蒙尼德斯（Symeon C. Symeonides）发表在《美国比较法杂志》（*American Journal of Comparative Law*，Spring 2009）关于2008年国际私法研究成果的240多篇论文中，没有一篇中国学者的论文，由此可见中国国际私法学在

---

① 李双元教授认为，在市场经济条件下，全球化趋势十分明显，因此，国际私法面临着一场革命，过去国际私法旨在解决国际民商事法律的冲突，现在国际私法更要侧重于建立正常的国际民商事新秩序。参见李双元、徐国建主编：《国际民商新秩序的理论建构：国际私法的重新定位与功能转换》，武汉大学出版社1998年版。

② 参见李双元主编：《中国与国际私法统一化进程》（修订版），武汉大学出版社1998年版；李双元：《走向21世纪的国际私法——国际私法与法律的趋同化》，法律出版社1999年版。

③ 参见韩德培主编：《国际私法》，武汉大学出版社1983年版；李双元等：《中国国际私法通论》，法律出版社1996年版；李双元：《走向21世纪的国际私法：国际私法与法律的趋同化》，法律出版社1999年版。

④ 参见余先予主编：《冲突法》，法律出版社1989年版；章尚锦主编：《国际私法》，中国人民出版社1992年版。

⑤ 参见徐文超、储敏：《国际私法要论》，知识产权出版社2004年版。

国际上的显示度还十分不够。

第五，对中国国际私法未来发展趋势的关注不够。理论的研究必须不断地总结实践经验，揭示其发展规律，预测未来的发展，而我国国际私法学在此方面的关注度还不够。

四、未来中国国际私法学的发展与前瞻

从上述的介绍可以看出，近年来，我国国际私法学不断向广度和深度发展。从已出版的著作、发表的论文来看，它们几乎涉及国际私法的各个领域，立法和司法问题的研究则是近年来的热点。在基本理论的研究上，国外学者的国际私法理论被进一步介绍到国内，并得到一定程度的讨论。对于未来中国国际私法学的发展，我们认为以下几个趋势将会得以深刻的体现：

1. 中国国际私法学者将在未来中国国际私法的立法中发挥积极作用。国际私法学是一门非常专业化的学科，国际私法的立法也具有浓厚的专业化特色。晚近中国的立法机构在起草国际私法的立法草案和最高人民法院在制定有关国际私法的司法解释中，都特别注重征询我国国际私法学者的意见和建议。学者参与国际私法的立法，这是各国的一个共性因素。① 相信在未来中国国际私法的立法中，中国国际私法学者将会发挥重要的作用。

2. 中国国际私法理论与实践的互动将进一步加强。任何法学的学术价值和应用价值，取决于它对实践的指导作用。国际私法学的任务，不只是解释当前已经存在的国际私法规范，还应该能指导当前的司法实践，并通过实践的反向推动，进一步推动中国特色的国际私法学的发展。

3. 中国国际私法学的国际化将进一步加强。近年来，中国国际私法学会逐步加强了与其他国家国际私法学者和学会的联系和交流。中国目前强大的人才资源和理论研究的迅速发展逐渐得到了外国国际私法学者的广泛认可。随着中国国际私法学界对外交流的不断发展，中国国际私法在国际上的影响力必将进一步加强。

4. 在国际私法学的研究内容上，随着国际私法调整的范围不断扩大、内容不断充实，国际私法学的范围也将不断扩大。在具体的研究领域，我们认为，以下问题将可能成为未来一段时间中国国际私法学界值得关注的重要问题：（1）中国国际私法的立法问题。尽管中国目前尚没有单行的国际私法立法，但我国的法律适用

---

① 比如德国、比利时、瑞士、奥地利、意大利、俄罗斯、日本、韩国、委内瑞拉等国家，立法进程中也非常重视专家学者的作用。参见杜涛：《国际私法的现代化进程》，上海人民出版社2007年版。

法的立法已经提上日程，在该法通过以前，这一领域的研究将成为我国国际私法学界的热点。(2) 中国国际私法司法实践研究。近年来，对于司法实践的关注成为我国国际私法学界的一个热点，而由于目前司法实践中还有大量的问题值得进一步深入讨论，这一领域的研究既有价值也有必要。(3) 商事国际私法。目前，我国国际私法学界对于商事国际私法问题的研究还比较薄弱，随着我国对外商事交往的发达和涉外商事立法的增多，这一现象必将有所改观。(4) 国际民商事争议的解决机制。这一领域的研究中 ADR 和体育争议的解决将会成为热点，而国际民事诉讼法和国际商事仲裁法的研究则将进一步深入。(5) 国际统一实体私法。随着国际统一实体私法的逐渐增多以及中国在国际法制中建设性作用的增强，越来越多的统一实体私法受到学者们关注，尤其是一些新型的国际贸易法制，将会成为学者们关注的重点。(6) 国外国际私法发展的跟踪与比较研究。目前，国外国际私法理论与实践的发展非常迅速，新的立法、新的判例和新的理论成果不断涌现，如在欧盟范围内，近年来就连续通过了三个罗马条例（I、II），罗马条例 III 也在修订之中。对于国外国际私法进行跟踪研究，掌握最新的研究动态，必将会进一步推动我国的国际私法立法、司法和理论的发展。(7) 区际私法。区际私法的研究在未来的一段时间更多地会集中在区际司法协助，尤其是间接性的司法互助安排上。而且中国台湾地区与内地之间区际私法的比较和区际司法互助的探索，将会为学者们广泛关注。而未来直接的司法互助将会成为学者们追求的终极目标。(8) 中国国际私法发展趋势的研究。随着中国国际私法学研究的深入，中国国际私法学人必将以当前的实践为基础，根据国际私法的发展趋势进行超前研究，以指引国际私法的发展方向。实际上，如果真正能实现理论与实践的结合、现实与未来的互动，必将会为我国国际私法学的创新和发展带来一个新的契机。

三十年的中国国际私法学从无到有，从粗浅向纵深，走过了一个不平凡的快速发展之路。今天，虽然处在发展之中的中国国际私法学面对飞速发展的国际民商事交往、日新月异的科学技术以及不断涌入的西方法学理论，受到越来越强烈的挑战；而且，我国目前的国际私法理论还主要是借鉴外国的学说，较成熟的、有中国特色的、能解决中国实际问题的国际私法理论还没有完全建立起来，但中国国际私法学者正以自己的学识和能力建设中国的国际私法制度，不断拓展我国国际私法学的影响。当前的实践和时代的发展都呼唤着国际私法理论在中国出现一个新的发展，呼唤着中国国际私法学新的构建，这恰恰是中国国际私法学者现在面临的使命。而展望未来，我们期待中国国际私法学在兼容并包、吸纳国际化因素的同时，能够建构具有中国特色和中国气派的国际私法理论体系，在人类国际私法学的发展进程中留下中国的元素。

Thirty Years of Chinese Scholarship on Private International Law: 1978—2008

Abstract Since the Reform and Opening up, Chinese scholarship on Private International Law has gone through a rapid development. Many achievements have been made with respect to the publication of teaching materials, translated foreign scholarly works and research results, as well as the construction of the discipline and international cooperation. The research on a number of heated issues has to some extent helped to solve the problems concerning legislation and judicial practice in Private International Law. Some leading theories were also formed during the past thirty years, such as the theory of "One Body with Two Wings" advanced by Professor Han Depei. Although difficulties and problems remain in the study of Private International Law in China, in the long term Chinese scholars shall be able to advance a set of Private International Law theories with Chinese characteristics.

Key words Reform and Opening up; private international law; legislation; administration of justice

（审稿：卜　璐）

中国国际经济法学三十年(1978—2008年)

□ 张 辉*

内容摘要 中国国际经济法学已经走过30年的发展历程，从改革开放初创到今天学科体系日趋成熟，无论是在学科建设、教学实践、学术研究方面，还是在学术交流、社会实践方面，均取得了长足的进步。国际经济法学科也成为一个囊括国际经济法基本理论、国际贸易法学、国际知识产权法学、国际投资法学、国际金融法学、国际税法学、国际经济组织法学、海商法学、国际经济争议解决法学等分支的庞大体系。虽然成绩显著，但我国国际经济法学还存在诸如基本理论体系不成熟、研究方法单一、学术增量不足等问题，亟待改变。

关键词 改革开放 国际经济法学 立法 司法

目 次

* 武汉大学国际法研究所副教授，法学博士。

（四）研究方法的僵化和单一

（五）研究目的的简单化

四、中国国际经济法学发展展望

（一）国际经济法学的发展趋势

（二）国际经济法学的重要发展领域

与其他法学学科相比，国际经济法学是一个十分年轻的学科，尽管其所研究的法律规范可追溯到古希腊、罗马时期的商业法律。国际经济法（international economic law）这个概念和学科的出现是在第二次世界大战以后，其背景和条件是国家间经济联系的日益密切以及国家经济管理职能的强化。从第二次世界大战结束布雷顿森林体系确立到20世纪70年代，西方学者提出了国际经济法概念并通过学术争论大体勾勒出这一学科的研究范围。在1978年之后，伴随着对外开放和经济交流，在实践需求的推动下，我国学者迅速介绍和引进了国外国际经济法学说理论，并结合中国实际开创了中国的国际经济法学，在30年中获得了巨大发展，成为法学的“热门”学科之一。

一、中国国际经济法学的创立和发展概况

（一）中国国际经济法学的创立

20世纪70年代末80年代初，是我国法学教育和研究事业恢复之时，一些学者感受到对外经济交往对于相关法律研究的迫切需要，开始着手在中国开创一个崭新的学科。这一工作是首先从介绍和评析国外学说开始的，① 并在我国学者中形成了关于国际经济法范围的两种不同观点，主要反映在1983年《中国国际法年刊》所发表的一组文章中。在这次学术争论中，姚梅镇教授和王名扬教授主张国际经济法是调整国际经济关系的国际法和国内法的总称，是独立的法学部门；而汪暄教授

① 当时主要介评和翻译文章包括姚梅镇：《美国〈国际经济法〉丛书评介》，载《法学评论》1981年第4期；姚梅镇：《关于国际经济法概念的几个问题》，载《法学评论》1981年第6期；［日］金泽良雄：《国际经济法的产生》，姚梅镇译，载《国外法学》1981年第6期；卡欧：《国际经济法的法律特征性》，张亚非译，载《国外法学》1982年第5期；［日］樱井雅夫：《国际经济法研究方法》，黄来纪、朱金海译，载《国外社会科学文摘》1982年第6期；汪瑄：《评西方学者有关国际经济法的几种学说》，载《政法论坛》1985年第2期。

和史久镛先生则主张国际经济法是国际公法的分支，是调整国际经济关系的国际公法规范。① 从其后学者的观点来看，一般国际公法学者主张国际经济法的国际公法分支说，而绝大多数专门从事国际经济法研究的学者则赞同姚梅镇教授的独立部门说。②

虽然对国际经济法学的地位存在学术争论，但我国教育主管机关很快便从法学教学角度对其独立性予以了确认。1982 年，国家教委正式将国际经济法学列为法学二级学科，国际经济法学获得了与国际法学平等的地位。1984 年，《中国大百科全书·法学》出版，将国际经济法学列为法学的十四个分支学科之一，其有关条目撰写由姚梅镇教授担任主编。

1984 年 5 月到 6 月间，由武汉大学、上海社会科学院、南开大学、厦门大学、安徽大学、中山大学和江西大学发起，在庐山举办了国际经济法讲习班，有来自全国 53 个单位的 90 多人参加。姚梅镇等老一辈国际经济法学者为参加讲习班的代表讲授了国际经济法的基本理论和若干专题，培养了师资，是我国国际经济法教学和研究蓬勃发展的重要转折。在这次会议上，代表们倡议建立国际经济法的全国性学术团体，经协商、讨论，决定成立中国国际经济法研究会，通过了研究会章程，并选举了第一届理事会，姚梅镇教授被推举为会长。此次会议标志着国际经济法学在我国已经成长为一个独立的新兴法学学科。

（二）中国国际经济法学的蓬勃发展

中国对外经济交流的迅速发展为国际经济法学的发展提供了历史契机和强大动力，有关教学和研究面向我国实践，强调综合和应用，积极为中国融入国际经济潮流提供人才保障和智力支持，学科获得了全面而迅速的发展。

1. 学科建设

20 世纪 80 年代以来，国家经济建设的需要使得国际经济法学受到国家有关主管部门的格外重视，国际经济法学被列为独立的法学二级学科，国际经济法专业也被列为法学本科、硕士和博士教育的独立专业。虽然 1997 年国务院学位委员会学位办公室将国际公法、国际私法和国际经济法合并为一个学科“国际法”，但在教育、学术研究等领域，三个学科仍事实上存在，而且彼此之间的交流和融合更为

① 参见姚梅镇的《国际经济法是一个独立的法学部门》，王名扬的《国际经济法是一门独立的学科》，汪瑄的《论国际经济法》，史久镛的《论国际经济法的概念和范围》，载《中国国际法年刊》（1983 年），第 359～400 页。

② 在我国主要的国际公法教材中均设有“国际经济法”一章，而国际经济法教材则均首先在“绪论”一章中论述国际经济法的独立地位。

加强。

自美国学者杰赛普1956年提出“跨国法”概念以来，广义国际经济法学说就在美国成为主流学说，也得到其他国家部分学者的赞同。我国学者在引入国际经济法概念时，受到广义学说的较大影响，倾向于综合与应用，但又对美国学者所主张的国际经济法范围进行了一定的限制，以“跨国性”和“经济性”为标准，筛选国际经济法所包含的规范，进行对应的理论研究。30年间，在吸收、借鉴国外学术成果的基础上，中国国际经济法学的学科体系逐渐健全，学术研究日益深化，形成了具有中国特色的国际经济法学科体系。1984年刘丁教授所著的《国际经济法》是我国第一部概论性的国际经济法著作，陈安教授主编的国际经济法系列教材在1987年后陆续出版，包括《国际贸易法》、《国际投资法》、《国际货币金融法》、《国际税法》和《国际海事法》五部，是我国第一套国际经济法系列教材。较有影响力的国际经济法著作还包括1989年姚梅镇教授主编的《国际经济法概论》、1994年陈安教授主编的《国际经济法学》、余劲松教授主编的《国际经济法学》、1999年曹建明和陈治东教授主编的《国际经济法专论》、2000年余劲松和吴志攀教授主编的《国际经济法》等。这些著作均持广义观点，认为国际经济法是调整国际经济关系的国际法和国内法规范体系，国际经济法学是研究国际经济法规范的学科体系；国际经济法学体系主要由国际经济法基本理论、国际贸易法学、国际知识产权法学、国际投资法学、国际金融法学、国际税法学、国际经济组织法学、海商法学、国际经济争议解决法学等分支构成。

2. 教学实践

由于实践的需要，国家教育主管部门高度重视国际经济法律人才的培养。除法学本科教育阶段国际经济法作为专业基础课和必修课外，对于涉外经济类专业，国际经济法也同样属于必修课程。为培养了解国际经济法律的高级专门人才，全国各主要法律院校经国家教育主管部门批准，相继设立了国际经济法专业硕士学位点，北京大学从1981年，武汉大学、对外经贸大学从1984年，厦门大学从1986年开始招收国际经济法博士研究生。1987年，姚梅镇教授指导的研究生余劲松在武汉大学获得博士学位，成为我国培养的首位国际经济法博士。此后，武汉大学和北京大学还获准设立国际经济法博士后流动站。到目前为止，已经有10多所高校和研究机构获得了国际法博士学位授予权，其中包括国际经济法。经过20多年的发展，国际经济法专业的课程设置和教材建设日益完善和丰富，涵盖了国际经济法律的各个方面。国际经济法专业的毕业生因为在法律、经济、外语等各方面的复合式发展，适应了我国对外经济交流的实践需要，受到国家外经贸主管机构、司法机关、企业、律师事务所等实务部门的欢迎。

3. 学术成果

改革开放后，我国涉外经济领域立法发展迅速，先后颁布了《外资企业法》、《中外合资经营企业法》、《中外合作经营企业法》、《海商法》、《对外贸易法》、《外商投资企业和外国企业所得税法》等重要法律，其他相关行政法规、部门规章、地方性立法更是不计其数。与此同时，我国还加入了《解决国家与他国国民投资争议公约》、《多边投资担保机构公约》、《联合国国际货物销售合同公约》等多边条约，缔结了大量双边贸易、投资、税收、海运等协定，加入了国际货币基金、世界银行、WTO等主要国际经济组织。这些实践为我国学者从事理论研究提供了极好的素材，各高校和研究机构承担了大量国家各级科研项目，形成了一批优秀的学术成果。1993年，姚梅镇教授主持的“七五”国家规划重点项目“比较外资法”完成，将我国国际投资法的研究水平提升到了一个新高度，此外厦门大学的国家社会科学87项目“中国涉外所得税法及国际税法”、“国际经济法系列专著”的研究也取得了丰硕成果。

30年来，中国国际经济法学者在国内外发表了大量学术专著和论文，涉及国际经济法的各个领域，研究日益深入细致。特别是近10年来，已有越来越多的中国国际经济法学者在国外重要学术期刊上发表研究成果，国际学术界正不断听到来自中国的声音。

4. 学术交流

随着我国国际经济法学研究的开展，国内以及国际学术交流也日益密切。1982年12月，中国国际法学会和上海社会科学院法学研究所在上海联合举办了我国第一次国际经济法学术研讨会，对国际经济法研究的对象和范围、若干具体问题等进行了探讨。1984年在庐山举办国际经济法讲习班和初创中国国际经济法研究会之后，我国国际经济法学界的学术交流活动进入活跃期，极大促进了整体研究水平的提高。1987年，在国家教委的支持下，全国国际经济法教学研讨会在武汉大学召开，30多所大学和科研机构的40多位学者参加。会议决定正式成立中国国际经济法研究会，选举姚梅镇教授担任会长。1989年和1992年研究会分别在大连和厦门召开学术会议。1993年，研究会在珠海会议上决定将名称改为中国国际经济法学会，由于姚梅镇教授逝世，学会推选陈安教授为会长，学会秘书处设在厦门大学。此后，学会年会和学术研讨会制度逐渐固定化，每年由不同学校承办，形成了良好的学术交流环境和氛围，促进了我国国际经济法学的发展。2005年，另一个国际经济法学术团体——中国法学会国际经济法研究会在北京成立，沈四宝教授当选为会长。目前，两个全国性学术团体均采取定期学术研讨的方式，彼此促进，共同发展，使我国国际经济法学术交流进入了一个新的时期。在改革开放后，我国学者在国外大学、研究机构进行的访问研究日渐增多，而外国学者受邀到国内大学访问、讲学和参加学术会议也日益频繁，国内外学术交流正不断加强。

5. 社会实践

国际经济法学是一门贴近社会实践的学科，中国国际经济法学者始终秉持着对国家和社会的高度责任感和使命感，积极将理论联系实际，服务于中国对外开放和经济交流事业。姚梅镇教授主编的《比较外资法》，陈安教授对美国海外私人投资保险制度、"解决投资争议国际中心"、"多边投资担保机构"的研究，余劲松教授对跨国公司的研究，曾华群教授对合资企业法的研究等早期成果，都既是学术之作，又具有实践应用价值。这一传统始终贯穿于中国学者的研究之中，国际经济法学界承担了大量的国家委托研究项目或咨询项目，就"中国加入1965年《华盛顿公约》"、"外资国民待遇"、"中美知识产权争端"、"外交保护"等发表研究报告，供有关部门决策参考。陈安教授被我国政府指定列入"解决投资争议国际中心"仲裁员名单，曾令良、朱榄叶教授和张玉卿先生被WTO列入专家名单，张月姣女士则当选为WTO上诉机构成员。

二、中国国际经济法学术发展回顾

（一）国际经济法基本理论

1. 国际经济法的概念和范围

国际经济法学作为一个新兴法学学科，在研究对象——国际经济法的概念和范围问题上始终存在争论。20世纪80年代中国国际经济法学科创立时，即产生了广义说和狭义说两种观点。

广义说主张，国际经济法是调整国际经济关系的国际法和国内法规范的总称，而国际经济关系应理解为既包括国际法主体（国家、国际组织等）之间的经济关系，也包括私人当事人（自然人、法人、经济组织等）之间的跨国经济关系，还包括国家对涉外经济活动的管理关系，因此其所涉及的规范范围既有国际法规范，也有国内法规范，既包括公法规范，也包括私法规范。①

而狭义说则认为，国际经济法是调整国际法主体（国家、国际组织等）之间的经济关系的法律规范的总称，其规范范围限于国际公法规范，因此属于国际公法

① 参见姚梅镇的《国际经济法是一个独立的法学部门》，王名扬的《国际经济法是一门独立的学科》，载《中国国际法年刊》（1983年），第373～393页；陈安主编：《国际经济法总论》，法律出版社1991年版，第91页以下；余劲松主编：《国际经济法学》，高等教育出版社1994年版，第3页；陈安：《论国际经济法学科的边缘性、综合性和独立性》，载《国际经济法论丛》第1卷。

的分支。①

在20世纪80年代到90年代初，狭义说的观点主要为国际公法学者所主张，而在国际经济法学界，则几乎是压倒性地支持广义说。但这种情况在20世纪90年代中期后发生了变化，一些国际经济法学界的年轻学者开始转向狭义立场，但他们的观点与20世纪80年代国际公法学者的狭义说有根本不同，其前提是承认国际经济法是独立的法律部门，国际经济法学是独立的法学学科。

例如有学者认为，广义上的国际经济法不可能作为一个统一的法律部门存在，只有狭义理解的国际经济法（有关经济的国际公法）才能成为独立的法律部门，但以跨国经济法律问题为研究对象可以形成一个独立的、综合性的国际经济法学科，即广义上的国际经济法学是可以独立存在的。②

也有学者认为，国际经济法是调整国家间经济关系的法律，与国际公法有不同的调整对象和调整方法，是与国际公法并列的、新的、独立的法律部门。以统一实体法为主体的国际商法是另一新兴国际法部门，国际法由国际公法、国际私法、国际商法、国际经济法四个法律部门构成。这一观点将传统的广义国际经济法体系进行了拆分，国内法中的涉外规范被还给了国内法相应的部门法，而国际经济公法成为国际经济法，国际经济私法成为国际商法，从而保证了每一法律体系内部的逻辑统一。③

尽管对国际经济法的范围有了以上反思，但目前我国国际经济法学界的主流观点仍为广义说，这在各种教材中表现得尤为明显。虽然广义说在逻辑上存在一些学者们批评的缺陷，但对于教学无疑却是有利的，学生们需要了解的是关于国际经济法律知识的各个方面，将它们结合在一起讲述对于学生形成解决问题的整体观是有效的，也更有利于他们今后从事实践工作。事实上，如果用狭义说的观念定义国际经济法，并应用于教学，则会造成部分应当学习内容的遗漏，因为有关国际商事惯例、投资管理法、外贸法等内容在其他学科课程中并不讲授。

对于国际经济法概念和范围的思考与争论至今仍未停止，这种学术探讨是国际经济法学科日渐成熟的动力。狭义说和广义说各有其价值，前者侧重逻辑分析，对学科理论发展十分重要，后者侧重应用实践，对于教学必不可少。二者将会并行不

① 参见王铁崖主编：《国际法》，法律出版社1981年版，第421页，该部分由黄秉坤、胡文治、汪瑄撰写；史久镛：《论国际经济法的概念和范围》，载《中国国际法年刊》（1983年），第362页。

② 参见徐崇利：《国际经济法与国际经济法学》，载《厦门大学学报》（哲社版）1996年第2期。

③ 参见左海聪：《论国际法部门的划分》，载《中国国际私法与比较法年刊》（1998年），第259~284页。

悖，共同促进我国国际经济法学事业的发展。

2. 国际经济法的基本原则

关于国际经济法的基本原则，大多数著作和教材一般采取三原则说，即国家经济主权原则、公平互利原则和国际合作与发展原则，① 另有少数学者将有约必守原则列入其中。② 还有学者提出了尊重国家主权、保护并促进自愿合作、诚信履约三原则。③

我国学者对经济主权原则格外强调，认为它包括对本国自然资源、财富和一切经济活动的完整的永久主权，包括国有化和征收权以及对外的平等权。在20世纪90年代以来的经济全球化、自由化浪潮下，我国学者大多反对主权淡化论，主张只有在充分尊重国家主权基础上形成的国际规则才有助于国际社会各成员的经济发展。④ 我国学者所主张的公平互利原则十分强调国际经济交往中的实质公平问题，主张应当通过国际法给予发展中国家特殊的待遇，真正使发展中国家从国际经济交往中获得利益和发展。此外，我国学者也十分重视国际合作与发展原则，认为合作是国际经济法赖以存在的基础，而发展则是国际经济法的目的所在，必须将实现各国特别是发展中国家人民的发展权放在重要位置。

关于国际经济法基本原则的讨论对于深化对该法律体系和学科研究立场的认识是非常必要的，但由于对国际经济法范围的广义理解，目前关于基本原则的理论仍存在不少问题。对于通常的三项原则，我们仔细考察便会发现，这些原则均为公法特别是国际公法原则，而无法涵盖广义国际经济法中的私法部分。而作为一个法律体系的基本原则，应该是可以贯穿全部法律体系，为各个部分法律规范所遵循的。有些学者试图以“有约必守”原则涵盖私法部分规范，但该原则适用范围过于广泛，它既可以适用于国家间的关系，也可以适用于私人间的关系，甚至还可以适用于国家和私人间的关系，似乎很难为国际经济法所专有。并且公法原则与私法原则混同，仍无法解决国际经济法体系内的逻辑一致性问题。

---

① 参见姚梅镇：《国际经济法概论》，武汉大学出版社1989年版，第31~32页；曾华群：《国际经济法导论》，法律出版社1997年版，第159页以下；余劲松、吴志攀主编：《国际经济法》，高等教育出版社2000年版，第22~25页。

② 参见陈安主编：《国际经济法总论》，法律出版社1990年版，第210~216页；也有学者称之为“履行国际义务原则”，参见张晓东：《国际经济法原理》，武汉大学出版社2005年版，第37页。

③ 参见熊建明：《重构国际经济法基本原则体系之理由和尝试》，载《比较法研究》2008年第2期。

④ 参见余劲松：《WTO与国际经济法研究》，载《国际经济法论丛》第7卷；陈安：《美国1994年“主权大辩论”及其后续影响》，载《中国社会科学》2001年第5期。

3. 国际经济法的宪政问题

国际经济法和宪法或宪政的关系问题是美国学者杰克逊在1969年的著作《世界贸易和GATT法》中最先提出的，而后德国学者彼德斯曼在其著作《国际经济法的宪法功能与宪法问题》中进行了深入探索。2004年，彼德斯曼的著作被译成中文，① 我国学者也开始对这一领域进行了初步的思索。②

（二）国际贸易法

关于国际贸易法的范围，如同国际经济法的范围一样，存在广义和狭义的观点。但除了关于国际法、国内法、公法、私法规范是否均纳入国际贸易法范围的争论以外，还存在对国际贸易关系的理解分歧。有的学者认为，国际贸易法仅限于国际货物贸易法律规范，③ 而另外一些学者则认为还应包括国际服务贸易和国际技术贸易法律规范。④

1. 国际贸易私法

我国学者对国际贸易私法的研究集中于国际贸易合同、国际贸易惯例两个方面。

1980年，《联合国国际货物销售合同公约》（CISG公约）通过，并于1988年生效，对我国适用。我国学者对之进行了较多的介绍和研究，⑤ 在其他概论性的国际经济法教材和国际贸易法教材中也均将CISG公约重点分析、讲授，各种学术期刊也发表了不少相关学术论文。这些介绍和研究普及了关于CISG公约的知识，对我国法律工作者掌握公约解决实践中的问题起到了良好作用。但总体上，20世纪80、90年代对CISG公约的介绍多于研究，特别是深度研究较为欠缺。这种情况在2000年之后有所改变，在CISG公约通过25周年和生效20周年前后，国内学界举办了多次学术研讨会，发表了大量纪念和研究文章，均有相当见地和深度。2007年10月在武汉大学举办的“1980年《联合国国际货物销售合同公约》在成员国的

---

① ［德］彼德斯曼：《国际经济法的宪法功能与宪法问题》，何志鹏、王彦志、孙璐译，高等教育出版社2004年版。

② 参见王彦志：《国际经济法的宪政进路》，载《当代法学》2004年第4期；刘燕南：《实用主义法理学进路下的国际经济法》，法律出版社2007年版。

③ 参见左海聪：《国际贸易法学》，武汉大学出版社1997年版，第5~6页。

④ 参见王传丽主编：《国际贸易法》，法律出版社2004年版，第8页。

⑤ 如沈达明、冯大同：《国际贸易法》，北京大学出版社1983年版；张玉卿、姜韧、姜凤纹：《联合国国际货物销售合同公约释义》，辽宁人民出版社1988年版；赵承璧：《国际贸易统一法》，法律出版社1998年版；李巍：《联合国国际货物销售合同公约评释》，法律出版社2002年版，等等。

适用和解释”国际研讨会，汇集了国内外此领域的知名专家学者和研究机构，他们就CISG的历史、现状及其发展，CISG中合同的成立、违约及其救济等具体制度以及CISG的适用等问题进行了研讨，研究成果反映了CISG公约研究的当前国际水平。

1994年，罗马国际统一私法协会通过了《国际商事合同通则》，这部国际合同统一法采取了非公约、由当事人自愿采用的适用方式，是一部较为完整的合同法，比CISG公约更前进了一步。1996年，外经贸部条法司对其进行了编译出版，引起了我国学者的普遍关注。学者们对其性质进行了探讨，有学者认为它属于国际商事惯例，也有学者认为它是特殊的法律重述。① 还有学者对其适用规则和作用进行了分析探讨。②

1998年，我国颁布了统一的《合同法》。对于这部深受CISG公约影响的法律，国际经济法学者展开了热烈讨论和比较研究。③ 由于我国在加入CISG公约时对合同形式进行了保留，而《合同法》并未对合同形式进行任何限制，因此对保留是否与《合同法》相冲突以及涉外合同是否应继续进行书面形式限制还存有争论。学者们几乎一致认为，继续对涉外合同施加书面形式限制不合适，应当撤回保留。但有的学者认为，保留与《合同法》并无适用上的冲突，我国当事人与CISG公约缔约国当事人的合同仍应采取书面形式，而与非公约缔约国当事人的合同则不受形式限制；也有学者认为，二者存在表面上的冲突，并使CISG的适用十分复杂，影响当事人对公约的选择。④《合同法》颁布后，其第402、403条引入了某些英美法制度，如隐名代理等，弥补了外贸代理制度的不足，对此，学者们也进行了较多的

① 参见黄涧秋：《〈国际商事合同通则〉法律适用规则评析》，载《苏州大学学报》（哲学社会科学版）2002年第1期；左海聪：《试析〈国际统一私法协会国际商事合同通则〉的性质和功能》，载《现代法学》2005年第5期。

② 参见黄涧秋：《〈国际商事合同通则〉法律适用规则评析》，载《苏州大学学报》（哲学社会科学版）2002年第1期；周立胜：《论〈国际商事合同通则〉的适用》，载《国际贸易问题》2004年第1期，等等。

③ 参见李金泽、刘楠：《论〈联合国国际货物销售合同公约〉中的“宣告合同无效”制度》，载《法商研究》1999年第3期；蔡庆辉：《我国新〈合同法〉与〈联合国国际货物销售合同公约〉的若干比较》，载《国际经贸探索》1999年第5期；丁阜：《我国〈合同法〉第148条与〈国际货物销售合同公约〉相关条款的比较》，载《河北法学》2000年第1期；邵景春：《并行不悖的两套买卖法》，载《国际贸易》2000年第8期，等等。

④ 参见司平平等：《CISG第11条的保留应否撤回》，载《法学》1999年第7期；项剑：《评〈合同法〉与〈联合国国际货物销售合同公约〉合同形式的冲突与协调》，载《现代法学》1999年第4期；杜涛：《论我国撤销对〈联合国国际货物销售合同公约〉第1条第1款b项保留的必要性》，载《CISG在成员国的适用与解释国际研讨会论文集》（武汉大学2007年），等等。

分析和讨论。①

在国际贸易领域，国际惯例作用重大，特别是国际商会编纂的成文惯例。我国学者对相关的基本理论，如国际贸易惯例的定义、性质、地位、解释和适用、我国有关国际惯例的立法进行了深入分析。② 我国学者还就具体惯例的解释和适用进行了不少有益研究，如对《国际贸易术语解释通则》、《跟单信用证统一惯例》等的历次修改均有较多分析。③

2. 国际贸易公法

国际贸易公法的研究主要集中于 WTO 法，自我国申请恢复关贸总协定缔约国地位谈判以来，研究 GATT/WTO 的热潮便兴起，吸引了国际经济法学界乃至大国际法学界的大半研究力量，到 2001 年我国加入 WTO，这种热潮达到顶点。直至今天，在国际经济法学领域，有关 WTO 的研究成果仍是最多的，可用汗牛充栋形容。这种力量的投入使我国关于 WTO 的研究迅速发展，其中不乏真知灼见，不断追赶国际水平。

学界研究 WTO 法的研究内容十分广泛，包括基本理论、货物贸易制度、服务贸易制度、知识产权、贸易救济、区域贸易安排与中国、争端解决机制等，以下择要叙述。

（1）WTO 法基本理论。关于 WTO 法的特点，学者们普遍注意到其“规则导向”特征，与 GATT 相比有很大转变。④ 有学者还认为其主要特点还在于，组织成员的非主权国家化；规则的动态性，调整范围进一步扩大；由于新的争端解决机制而使规则具有更强的国际法拘束力；规则调整的纵向国际经济关系将更多影响横向经济关系等。⑤ 还有学者指出，WTO 法既是行为准则也是一个市场。⑥

---

① 参见陈立虎：《中国外贸代理制度刍议》，载《法学家》2001 年第 5 期；冉瑞雪：《新〈合同法〉对外贸代理制度的影响》，载《国际经济法论丛》第 4 卷，等等。

② 参见赵秀文：《论国际惯例——兼论我国经济立法与国际惯例接轨》，载《法学家》1996 年第 2 期；单文华：《国际贸易惯例基本理论问题研究》，载《民商法论丛》第 7 卷；赵秀文：《商人习惯法及其适用》，载《国际经济法论丛》第 5 卷；郑斌：《国际贸易惯例的性质》，载《当代法学》2002 年第 10 期，等等。

③ 参见魏家驹、魏馨：《Incoterms 2000 的修订背景及法律思考》，载《国际经济法论丛》第 3 卷；何新明：《国际贸易术语解释通则 2000 版对 1990 版的修改》，载《国际经贸探索》2001 年第 2 期；黎孝先：《浅析〈1990 年国际贸易术语解释通则〉》，载《国际贸易问题》1991 年第 6 期，等等。

④ 参见曾令良：《风雨伴辉煌的多边贸易体制：成就、问题与完善》，载《武大国际法评论》第 5 卷，第 98 页等。

⑤ 参见张乃根：《当代国际经济关系论》，载《国际经济法论丛》第 4 卷。

⑥ 参见萧凯：《WTO 的制度性影响及其法律分析》，载《法学评论》2000 年第 4 卷。

关于WTO法的基本原则，学者们对最惠国待遇和国民待遇两项原则基本无异议，此外，学者们一般认为还包括非歧视原则、市场准入原则、关税减让原则、透明度原则、取消数量限制原则等。① 但也有学者认为，市场准入原则不具有指导性和普遍适用性，市场准入以WTO成员方认可的市场准入承诺为基础。②

关于WTO法在国内的适用问题，一种观点认为，WTO规则不能在国内直接适用，而应转化适用；③ 另一种观点认为，原则上WTO规则应转化适用，但也存在直接适用的例外情况。④

（2）贸易救济。WTO反倾销、反补贴和保障措施制度是在实践中引发争议最多的领域之一，也对我国对外贸易活动产生了巨大影响，因此我国学者较为关注此领域。对WTO有关协议的内容、实施、争端案例以及我国在对外贸易中所遇到的问题、我国有关立法和实践等均进行了较为全面的研究，形成了一大批研究成果。⑤

（3）区域贸易安排与中国。区域贸易协定的迅猛发展给WTO多边贸易体制带来了巨大冲击，我国学者们对二者的关系问题给予了较多关注和探讨。

有学者指出，将区域贸易协定严格地视为最惠国待遇原则的一种例外，一味强调WTO对其的“制约”或“规范”，实属无视世界经济发展现实，夸大WTO的能力，应清醒地认识二者的关系，作出应有而又适度的反应和处理，即“适度规制”。⑥针对近年来区域贸易安排发展更加迅猛的现实，我国学者主张，我国应当尽快制定区域贸易安排战略，通过大力发展区域贸易安排，保持我国对外贸易的健康

---

① 参见曹建明、贺小勇：《世界贸易组织》，法律出版社1999年版，第66页。

② 参见莫世健：《市场准入原则和中国入世的法律对策》，载《国际经济法论丛》第4卷。

③ 参见曹建明：《WTO与中国的法治建设》，载《比较法研究》2002年第2期；车丕照：《“入世”后我国政府履行世界贸易组织条约义务的若干问题》，载《国际经济法论丛》第6卷；林旋：《WTO规则在中国法院适用的法律分析》，载《华东政法学院学报》2002年第4期，等等。

④ 参见赵相林、耿勇：《WTO与中国涉外民商事审判》，载《政法论坛》2002年第4期；韩立余：《力求权利义务平衡——浅析〈中国加入世贸组织议定书〉中的若干问题》，载《国际贸易》2002年第11期，等等。

⑤ 在著作方面，主要有彭文革、徐文芳：《倾销与反倾销法论》，武汉大学出版社1997年版；高永富、张玉卿主编：《国际反倾销法》，复旦大学出版社2001年版；李本：《补贴与反补贴制度分析》，北京大学出版社2005年版；王传丽：《补贴与反补贴措施协定条文释义》，湖南科学技术出版社2006年版；陈立虎、黄涧秋：《保障措施法比较研究》，北京大学出版社2006年版，等等。

⑥ 参见刘彬：《论WTO对RTAs的“适度规制”》，载《国际经济法学刊》第14卷第1期。

发展，并对中国如何基于国家的长期经济利益和地缘政治利益参与区域贸易提出了建议。①

（4）争端解决机制。WTO 争端解决机制是乌拉圭回合多边贸易谈判的重大成果，我国学者结合案例分析给予其持续不断的关注。对于 WTO 争端解决机制的性质，早期研究有学者认为其不具有司法性，也有学者认为其既不具有司法性，又不具有政治性，而是一种新型的争端解决机制，但随着其实践的发展，大多数学者均承认其司法性。②

对于 WTO 争端解决中的法律适用问题，有学者认为 WTO 协定是唯一可正式适用的法律，但先前的专家组和上诉机构报告、一般国际法等可作为辅助资料；③但也有学者认为裁决报告和其他非 WTO 法在实践中已经越来越多地得到适用。④

此外，我国学者还就争端解决程序中的管辖权、举证责任、法律解释、裁决报告的法律效力、裁决的执行、第三方、司法审查等问题进行了深入的探讨，⑤ 并追踪 WTO 争端解决案例进展，进行评介。⑥

① 参见沈四宝、沈健：《积极推进区域贸易安排是我国外贸持续发展的重要战略》，载《湘潭大学学报》（哲学社会科学版）第 31 卷第 4 期；王江雨：《区域自由贸易协定与中国的处境和政策选择——法律、经济与大国贸易战略》，载《国际经济法学刊》第 14 卷第 1 期；慕亚平、蔡研婷：《CEPA 协议实施对我国外资法的影响》，2005 年国际经济法年会论文；檀木林：《CEPA 实施中的若干法律问题及其对策研究》，载《广西政法管理干部学院学报》2005 年第 5 期，等等。

② 参见曾令良：《世界贸易组织法》，武汉大学出版社 1996 年版，第 16 页；余敏友：《世界贸易组织争端解决机制法律与实践》，武汉大学出版社 1999 年版，第 208 页；左海聪：《论 GATT/WTO 争端解决机制的性质》，载《法学家》2004 年第 5 期，等等。

③ 参见左海聪：《WTO 专家组和上诉机构可适用的法律》，载《法学评论》2005 年第 5 期。

④ 参见贺小勇：《分歧与和谐：析 WTO 争端解决机制的法律适用》，载《现代法学》2005 年第 5 期；陈立虎、周敏：《非 WTO 法在 WTO 争端解决的适用》，载《时代法学》2005 年第 5 期。

⑤ 参见夏毅：《WTO 争端解决机制管辖权探讨》，载《当代法学》2002 年第 1 期；符望：《世贸组织争端解决机制中的举证责任分析》，载《国际贸易问题》2000 年第 4 期；余敏友、陈喜峰：《论解决 WTO 法内部冲突的司法解释原则》，载《法学评论》2002 年第 5、6 期；冯兵、黄涧秋：《WTO 争端解决活动中的法律解释》，载《法学评论》2002 年第 1 期；王伟：《论世界贸易组织争端解决报告的法律效力》，载《国际贸易问题》2000 年第 11 期；朱榄叶、吴蓓：《论 WTO 争端解决机制的“第三方”制度》，载《国际经济法论丛》第 6 卷，等等。

⑥ 参见左海聪：《国际经济法的理论与实践》，武汉大学出版社 2003 年版，第 160～218 页；陈喜峰：《WTO 加拿大出口补贴案评析及其启示》，载《世界贸易组织动态与研究》2002 年第 11 期，等等。

在国际贸易公法领域，除WTO法以外，对各国的对外贸易法的研究也是一个重要方面。20世纪80年代以来，我国学者对欧美国家的外贸法律制度进行了比较细致的研究，还有些学者对中国外贸法在入世后的发展进行了研究，这对外贸法研究的进一步深入有很大促进作用。①

（三）国际投资法

1. 投资自由化与国际投资法

在经济全球化的浪潮下，世界各国的外资立法放松了对资本流动的管制，呈现出投资自由化的趋势。发达国家试图制定国际投资的多边条约，以确立在国际投资领域自由化的成果，经合组织推动的《多边投资协定》即为一例。我国学者对这种自由化趋势予以了关注和研究，认为发展中国家外资立法不可过快自由化，否则将对本国经济发展造成负面影响；发达国家通过双边投资条约弱化东道国管辖权的做法应引起发展中国家的高度重视；我国应准确选择对外开放行业，完善外资导向，谨慎实行外资立法的自由化。②

进入21世纪以来，随着北美自由贸易区投资仲裁实践的发展，美国等发达国家意识到投资法自由化的极端发展也会对其自身不利，因此开始进行立场上的调整，美国2004年双边投资条约范本可为例证。我国学者也注意到这一变化，结合我国情况进行了探讨研究。③

2. WTO与国际投资法

WTO对国际投资法有着重大影响，我国学者指出，自WTO成立，国际投资法已经向多边法制化方向迈出了实质一步，国际投资问题已经不再单纯受外资法、双边和多边投资条约的约束，还在实体和程序上受多边贸易体制的制约。④

我国学者对WTO的TRIMS协议给予了较多关注，有学者依据相关规则分析了

---

① 如邵景春：《欧洲联盟的法律与制度》，人民法院出版社1999年版；刘星红：《欧共体对外贸易法律制度》，中国法制出版社1996年版；杨国华：《美国贸易法“301条款”研究》，法律出版社1998年版；韩立余：《美国外贸法》，法律出版社1999年版；何茂春：《对外贸易法比较研究》，中国社会科学出版社2000年版；史晓丽：《WTO与中国外贸管理制度》，中国政法大学出版社2002年版，等等。

② 参见李万强：《论国际投资法实体规范的生成》，载《厦门大学学报》2000年第4期；刘庆飞：《国际投资法的自由化趋势与我国外资法的重构》，载《现代法学》2001年第2期；刘笋：《跨国国际投资法制的晚近发展》，载《法学研究》2001年第5期。

③ 参见梁丹妮：《美式投资条约的新近发展对中国的启示》，载《云南社会科学》2007年第2期。

④ 参见刘笋：《论WTO协定对国际投资法的影响》，载《法商研究》2000年第1期。

“与贸易有关的投资措施”和“与投资有关的贸易措施”两个概念的联系和区别，论证了 WTO 体系内贸易和投资措施的互动关系及我国的应对。① 对于 TRIMS 协议的具体规则，我国学者也进行了深入分析，指出其中国民待遇原则的特殊性，投资措施的判断标准，解释和使用应注意的问题等。②

3. 中国外资法的完善

我国外资法自 20 世纪 80 年代以来已经形成了以三资企业法为核心的庞大法群，但外资法体系仍存在很多问题，如缺乏统一性和科学性，法规之间重复、甚至抵触，③ 内外资立法“双轨制”造成法律不协调等，特别是在加入 WTO 之后，外资法的完善更为人们所关注。

学者们大多认为应该就外资的行政管理规定制定一部统一的《外国投资法典》，以提升外资法的位阶，对一般性问题作出规定，指导和统率各级下位立法。而就目前的外资企业法等商事组织法，与我国《公司法》等内资立法相比存在滞后性，应该改进，不过有的学者主张现在以公司法为基础重构外资企业法的时机成熟，而也有学者认为，统一企业法的时机未到，可先将外资企业法合并统一为一部外商投资企业法。④

此外，在入世前后，我国学者对我国外资法如何符合 WTO 规定，但同时利用 WTO 规则的许可保护本国经济发展进行了很多应用性研究，提出了不少建议。⑤

我国外资的待遇问题也是学界探讨的热点之一。我国学者对于最惠国待遇基本无异议。对于公平与公正待遇，我国学者一般认为其含义主要是非歧视，与西方学者的理解有所不同。我国学者关注的重点是国民待遇，在 20 世纪 90 年代初期之前，学者们大多认为当时对外资不宜实行国民待遇，而在我国市场经济体制建设逐步深入后，学者们多主张应逐步推进外资国民待遇的实施。⑥ 研究还对国民待遇的

---

① 参见余劲松：《论“与投资有关的贸易措施”》，载《中国法学》2001 年第 6 期。

② 参见张智勇、王慧：《〈与贸易有关的投资措施协议〉与中国外资法》，载《法学杂志》2000 年第 1 期；余劲松：《TRIMS 协议研究》，载《法学评论》2001 年第 2 期。

③ 参见顾敏康：《以公司法为本，重构外资法体系》，载《国际经济法论丛》第 4 卷。

④ 参见顾敏康：《以公司法为本，重构外资法体系》，载《国际经济法论丛》第 4 卷；喻洁：《以组织制度为视角探析外资法体系之重构》，载《国际贸易问题》2001 年第 8 期，等等。

⑤ 参见慕亚平、黄勇：《适应“入世”新形势，重构我国外资法》，载《政法学刊》2001 年第 1 期；杨光：《论 WTO 规则与中国外资法的修订》，载《政法学刊》2003 年第 4 期，等等。

⑥ 参见徐崇利：《试论我国对外资实行国民待遇标准的问题》，载《国际经济法论丛》第 1 卷；徐泉：《略论外资准入与投资自由化》，载《现代法学》2003 年第 4 期，等等。

具体内涵、与优惠待遇的区别等进行了澄清，① 认为国民待遇在适用上存在准入例外和公共利益例外。②

除以上几个方面的问题外，我国学者还就国有化和征收、特许协议和 BOT 投资方式、投资保险制度、投资争议解决等问题进行了较为深入的研究，取得了众多成果。

（四）国际金融法

1. IMF 与国际货币法律制度

IMF 协定的研究属于国际货币法的传统课题，随着我国的外汇管理体制的改革和我国更多地参与国际货币合作，这一课题愈发重要。我国学者对 IMF 协定第 8 条第 2 节（b）款作了详尽的研究，指出外汇管制法在一定条件下具有域外效力，外国法院不得随意以公共政策为理由排除其适用。③ 还有学者研究了 IMF 贷款的“条件性”问题，认为基于条件性而产生的安排并非基金与借款国的国际协议，但具有法律效力；基金条件性的平衡性，实质是 IMF、贷款国和借款国三方权利义务的平衡。④ 还有学者对 IMF 的法理和有关法律制度进行了较为深入而细致的探讨。⑤

20 世纪 90 年代后，金融全球化的浪潮席卷而来，对国家主权特别是货币主权造成了冲击。我国学者也进行了有意义的探讨，认为其对国家主权的影响主要体现在货币发行权、确定本国货币制度的权利、货币独立权等方面，传统国家主权的内容因此而发生了一定变化。⑥

2. 国际金融监管法律问题

① 参见张庆麟：《外商投资国民待遇若干问题之辨析》，载《法学评论》1998 年第 1 期；徐崇利：《试论我国对外资实行国民待遇标准的问题》；李万强：《外国直接投资的法律待遇与我国外资法的转型》，载《国际经济法论丛》第 1 卷，等等。

② 参见单文华：《外资国民待遇基本理论问题研究》，载《国际经济法论丛》第 1 卷；外经贸部条法司：《给予外国投资者国民待遇问题》，载《对外经贸研究》第 25 期（1997 年 6 月）。

③ 参见张庆麟：《析外汇管制法的域外效力》，载《中国国际私法与比较法年刊》（1998 年），第 112～125 页。

④ 参见杨松：《国际货币基金组织贷款“条件性”法律问题分析》，载《国际经济法论丛》第 1 卷。

⑤ 参见杨松：《国际货币基金协定研究》，法律出版社 2000 年版。

⑥ 参见张庆麟：《析金融全球化对国家货币主权的冲击》，载《中国法学》2002 年第 2 期。

金融业被称为国家经济发展的“血液”，其稳定直接关系着经济的健康发展。自20世纪70年代以来，发生的数起跨国银行破产案件使各国主管当局对金融监管日益重视，金融监管也成为国际金融法的重要研究课题。我国学者在20世纪90年代后结合各国实践，对巴塞尔委员会出台的各项监管措施和文件进行了跟踪研究，分析其性质，评析其优点与不足。①

WTO《服务贸易总协定》及《金融服务协议》所形成的金融服务多边条约，促进了各国金融服务市场的开放，从而对各国当局提出了更高的监管要求。在如何协调金融服务自由化和金融监管之间的关系问题上，有学者主张应以推进金融服务自由化为主，监管应服务于自由化的目标。② 也有学者提出，审慎监管措施的实施不受WTO金融服务贸易自由化规则的约束。③

3. 国际融资法律问题

国际融资法律问题是国际金融法的传统研究领域，学者们著有众多专题研究之作，主要探讨了从信用证、借贷协议、银团法律结构到融资担保等各方面的问题。④

（五）其他国际经济法分支领域

1. 国际税法

国际税法是国际经济法学科体系中不可分割的一部分，但由于其较强的技术性和实践性，我国学者作深入研究者不多。在此领域，较早的一本教材是1985年刘隆亨教授主编的《国际税法》，但在国际经济法学界最有影响的是1988年高尔森教授主编的《国际税法》（1992年修订）。此外，刘隆亨、廖益新、刘剑文等教授也分别主编过《国际税法》教材，具有较大影响。但在此领域，专题性著述较少。

2. 国际知识产权法

---

① 参见陈卫东：《新巴塞尔资本协议评析》，载《国际金融研究》2001年第3期；刘瑛：《新巴塞尔资本协议与银行资本监管的法律完善》，载《法学杂志》2001年第5期；余劲松主编：《国际经济法问题专论》，武汉大学出版社2003年版，第443～448页。

② 参见李国安：《全球金融服务自由化与金融监管法律问题研究》，载《法商研究》2002年第4期。

③ 参见韩龙：《论WTO框架内金融服务自由化与金融监管》，载《国外社会科学》2002年第1期。

④ 如徐冬根：《信用证法律与实务研究》，北京大学出版社2005年版；郭玉军：《国际贷款法》，武汉大学出版社1998年版；郭宏俊：《国际银团贷款中的法律问题》，法律出版社2001年版；李国安：《国际融资担保的创新与借鉴》，北京大学出版社2005年版；佘少峰：《备用信用证法律制度研究》，中国法制出版社2007年版，等等。

在知识经济的推动下，知识产权法的研究正日益受到重视。由于我国在国际多边贸易体制中备受发达国家在知识产权保护问题上的压迫，因此对国际知识产权法的研究显得十分迫切。1989年郭寿康教授主编的《国际技术转让》是较早的一部国际知识产权法著作，其后此领域又加入了许多新的研究成果。①

3. 海商法

海商法是最为古老的法律部门之一，在我国，海商法被划定为国际经济法的一个分支学科，在许多学校由国际经济法教研室教师讲授。我国较早的一部相关教材是1983年魏文达教授编著的《海商法》，其后吴焕宁、司玉琢、於世成、张湘兰等教授分别主编的海商法教材均有较大影响。经过30年，我国海商法研究已经有了长足进步，特别是与实践结合较为紧密，出现了相当数量的成果。

三、中国国际经济法学问题反思

经过30年的发展，中国国际经济法学科已经取得了辉煌的成绩，无论是发表文章、出版教材及著作、承担研究和咨询项目，还是培养人才方面，与其他学科相比毫不逊色，在数量上甚至还超过国外学界。但客观而言，我们的工作成果的质量还有待提高，与国外特别是发达国家的学术水平还有较大差距，即使与国内其他成熟学科相比，也存在一定的改进和提升空间。

（一）学科基本理论体系尚不成熟

如前文对国际经济法基本理论研究发展的回顾，在30年后的今天，学者们对此问题仍存在很大争论，在诸如国际经济法的概念、调整对象、规范体系范围、主体范围、渊源、基本原则等方面无法形成较为一致的看法。虽然学术分歧是正常现象，我们应包容各种不同观点的存在，但目前无论哪一种学说都未能形成具有自身特色且逻辑自洽的基本理论体系。广义学说在逻辑上的欠缺十分明显，但狭义学说同样未臻完善。各种学说在基本理论问题上的探讨深度仍有待加强。

（二）研究对象选择上过于追逐热点

自改革开放以来，我国面对的国际经济环境不断变化，对外经济交流领域的重

① 如郑成思：《知识产权与国际贸易》、《世界贸易组织与贸易有关的知识产权》，人民出版社1995年版；朱榄叶：《知识产权与国际保护》，上海译文出版社1996年版；张乃根：《国际贸易的知识产权法》，复旦大学出版社1999年版；古祖雪：《国际知识产权法》，法律出版社2001年版，等等。

大法律和政策不断出台，从三资企业法颁布、中国恢复在国际货币基金组织和世界银行的合法席位、加入有关投资的两个多边公约、反倾销诉讼，到申请加入WTO、外资立法、涉外税法修改，再到中美知识产权争端、亚洲金融危机、中国参与区域经济合作，国际经济法学的热点问题不断涌现，引起了学者们极大的研究兴趣，产生了很多既有理论价值又有实践意义的学术成果。

但这种热点迭现的状况，对于中国国际经济法学术发展又存在极大的不利影响，突出表现在热点愈热，而冷门愈冷。在热点领域，原本并不从事该领域研究的学者纷纷投入研究，一些博士、硕士论文更是主题高度集中。在此问题上比较典型的例子是WTO法，几乎所有国际经济法学者都或多或少地研究过该领域。而一些同样重要的领域，如国际经济法中的私法部分则研究成果较少，具体如国际货物买卖法、国际投资协议、国际融资协议等，至于国际税法、国际工程承包等则研究更少。

（三）部分领域研究成果法学知识含量有限

国际经济法学给人的印象是偏重规则分析、注重实务运作，这是国际经济法的优势所在，但在某些领域，这种取向却导致了另外一种结果，即法学知识含量不足。这种现象在公法和私法领域均有体现。公法领域者如国际金融监管法，其中存在大量的技术性规则，很多研究只是对之加以介绍，而无任何法学理论分析，体现不出国际经济法的学术增量。有的教材对欧美证券管理规则详加介绍，但无理论分析，只是充当搬运工角色。在私法领域也存在这一问题，例如国际贸易术语、国际支付等，现有研究一般停留在实务流程层面，用法学理论对之进行探讨的较少或较为浅显。这种研究方法使法学与经济学、管理学等其他学科无法区分。

（四）研究方法的僵化和单一

这种研究方法的问题表现在以下几方面：

首先是过度使用法条注释的研究方法。这种“注释法学”的研究方法喜欢对法律、政策进行介绍、讲解和注释，每当出现新的国内或国际立法，则有大批此类文章。对法条进行诠释本是研究法律问题的起点，如果能够进行深度分析，则此种研究也是具有价值和不可或缺的。注释法学的长远弊害在于使研究者丧失了主动发现问题的能力，学术视野只局限在若干热点上。

其次是过于偏好移植和借鉴国外制度。这种“移植法学”研究方法热衷介绍国外法律制度，试图为解决国内相关问题提供借鉴。这种方法在知识传播方面确有其贡献但这种方法也存在一些问题：第一，这种研究一般限于制度本身的介绍，而缺乏对其实践效果的分析，特别是社会学分析；第二，这种研究大多缺乏对我国国情的分析，对被介绍的制度能否适应中国情况，以及在引入时会存在何种障碍，如何对之加以调整往往不置一词。

再次是研究方法单一化，局限于法学领域，而缺乏和其他学科的交叉综合。国际经济法学的研究应该更有机地和国际政治学、国际关系学、国际经济学、政治经济学、社会学等学科结合，借鉴其他学科的研究方法，这样才能对国际经济法律现象的理解更为深入。到目前为止，我国国际经济法学界已经有学者开始了这样的尝试，其成果令人耳目一新，但此类方法的采用仍限于少数学者。

（五）研究目的的简单化

我国学者在国际经济法学研究中，积极为我国各级立法、司法和行政机关以及业界建言，以自身学识解决当世问题。但目前相当多的研究将立足点和最后的结论定位在“献计献策”，将法学研究的目的简单化为“对策研究”，“中国之应对”、“中国之对策”、“完善”等此类用语在文章结尾处比比皆是。其导致的问题在于：研究得出的对策流于简单化和表面化，很难为实务部门所采纳。

四、中国国际经济法学发展展望

经过 30 年发展，中国国际经济法学已经形成了进一步提升的良好学术平台，在我国和平发展的时代大背景下，国际经济法学将会迎来一个前所未有的发展机遇。

（一）国际经济法学的发展趋势

1. 学术研究理论深度不断加强

以往，国际经济法的研究停留于法条注释、制度介评，理论深度稍显不足。而近年来一些新的成果表明，我国学者开始更加注重问题的法理分析，例如国际经济法的宪法或宪政问题，国际经济法与全球治理、市民社会、国际法治等。这些探讨表明我国学者在国际经济法领域的研究已经开始脱离就事论事、眼光局限、分析表层化的境况。

2. 研究方法多元化和综合化

如前文所述，中国国际经济法学研究方法存在单一化的问题，但已经有学者在自觉地运用其他学科，如国际关系学的方法来分析国际经济法问题，经济学方法也不时有所使用。在未来研究中，将会有越来越多的其他学科方法被引入国际经济法领域，使我们对国际经济法律现象的分析更为透彻、全面。

3. 学术研究更加贴合实践

目前国际经济法学的许多学者承担了国家各级机构的咨询项目，理论和实践两方面的交流联系在加强，这将是未来国际经济法学发展的重要趋势。

（二）国际经济法学的重要发展领域

未来一段时期内，中国国际经济法学的发展将与世界政治、经济形势变化以及中国的和平发展密切相关，其主要研究领域可能包括：

1. 国际经济法基本理论

国际经济法基本理论的研究直至今日仍较薄弱，如果国际经济法要发展成为一个成熟的学科，加强此领域的研究必不可少。

2. 区域经济一体化的法律问题

当今时代是一个经济全球化和区域一体化的时代。目前我国学者已经在该领域开展研究，未来随着区域经济一体化的不断发展，研究还将更为广泛和深入地展开。

3. WTO 法

作为全球最大、最复杂的多边经济合作体制，WTO 在未来无疑仍将继续占据我国学者的主要研究视野。

4. 国际商事合同法

在国际商事合同统一化领域，20 世纪 70 年代以来有了一些重要进展，包括汉堡规则、CISG、《国际商事合同通则》、《联合国国际合同使用电子通信公约》以及刚通过的《联合国全程或部分海上国际货物运输合同公约》等，对之加以深入探讨十分必要。

5. 国际知识产权制度

我国提出发展知识经济的重要策略，完善知识产权法律制度是必然选择。特别是在目前的多边贸易体制下，研究如何在符合国际义务、保护知识产权与促进本国的技术引进、吸收之间建立平衡，必须深入研究国际知识产权制度和我国国情。

6. 国际投资法发展趋势

国际投资法的晚近发展呈现出一些新的趋向，投资问题与区域经济一体化、贸易等问题纠结在一起，更为复杂。我国现在已经成为发展中国家中最大的资本输出国，也是缔结双边投资协定最多的国家之一，学者们可以就此提供重要的智力支持。

7. 国际货币金融法律制度及其变革

2008 年以来发生的国际金融危机反映了当前国际货币金融体系存在的巨大缺陷，无论是发展中国家还是发达国家都认为目前的体制需要变革。对如何从国际法层面推进国际货币金融体系的安全、公平，我国学者需要思考。此外，我国要想逐步改变在国际产业分工中的地位，发挥在国际经济体系中的主导性作用，必须在国际货币体系中确立人民币的强势货币地位。国际货币法对此的研究具有其重要性。

Thirty Years of Chinese Scholarship on International Economic Law: 1978—2008

Abstract Chinese scholarship on International Economic Law has gone through 30 years of development. Since the Reform and Opening up, many achievements have been made in terms of research, teaching and practice regarding International Economic Law. As a discipline, International Economic Law consists in the principles of International Economic Law, International Trade Law, International Intellectual Property Law, International Investment Law, International Financial Law, International Tax Law, International Economic Organization Law, Maritime Law, and International Economic Dispute Settlement. Although the accomplishments are remarkable, the study of International Economic Law has some limits including the unperfection of the theoretical framework, the lack of diversity of analytical approaches, little academic incremental, etc..

Key words Reform and Opening up; International Economic Law; legislation; administration of justice

（审稿：向　力）

四、案例研究

欧共体条约与受控外国公司税制的完善
——欧洲法院关于英国 Cadbury 案的判决评析

□ 张卫彬*

内容摘要 受控外国公司制度作为一种反避税制度，其主要宗旨在于阻止 CFC 的利润和所得在国外累积，从而有利于保护本国税基和维护资本输出中性原则。但是，这在欧盟国家范围内出现了与欧共体条约有关条款的兼容性问题。在英国 Cadbury Schweppes Plc 案中，欧洲法院认为，只有受控外国公司在“完全人为安排”的情况下，两者才能体现一致性，CFC 税制得以适用。为了与欧共体条约相一致，欧盟一些国家开始修改本国税制。对于我国而言，新的企业所得税法已经引入了 CFC 税制，但仅具有框架性和原则性，仍有待于进一步完善。

关键词 欧共体条约 受控外国公司 税制

目 次

* 安徽财经大学法学院讲师，华东政法大学国际法博士研究生。

为了避免跨国公司利用在避税港或低税区设立基地公司的渠道进行逃避税，美国于1962年通过了肯尼迪法案，受控外国公司（controlled foreign company，CFC）法律制度得以体现在《国内收入法》F部分。所谓受控外国公司，是指由本国居民直接或间接控制的外国公司。由于该税制能够有效地限制纳税人的延期纳税或避税行为，因而使得德国、加拿大、日本、英国、新西兰等20多个国家也先后制定了受控外国公司法。但是，近年来欧盟一些国家的纳税人提出了CFC税制与《欧共体条约》（以下简称欧共体条约）的兼容性问题。这在英国Cadbury Schweppes Plc一案（以下简称Cadbury案）中得以具体体现。

一、欧洲法院Cadbury案简介

（一）Cadbury案案情概要

Cadbury是一个经营糖果和酒类的英国居民公司，该公司包括两家在爱尔兰设立的子公司，即Cadbury Schweppes Treasury Services（CSTS）和Cadbury Schweppes Treasury International（CSTI）。其中，CSTI是CSTS的一个子公司。它们于1996年设在都柏林的海关港区（Custom House Docks），主要从事公司集团内的资金存放业务。由于该区域被规划为爱尔兰国际金融服务中心（International Financial Service Center，IFSC），因此，所有金融服务活动适用于该国税法规定的10%的优惠税率征收公司所得税。

在2000年8月18日，英国税务专员认为，这两家公司不适用英国《1988年所得税与公司税收法案》（*The Income and Corporation Act 1988*）关于CFC税制的例外免税条款。因为一方面，Cadbury设立CSTS时考虑了以下因素：纠正加拿大纳税人持有Cadbury优先股所承担的税收问题；避免该公司对海外贷款交易必须获得英国有关当局同意；减少在集团内根据有关欧洲理事会指令对适用于不同成员国间的母子公司股息分配的预提税等。另一方面，Cadbury设立CSTS和CSTI也是为了利用都柏林国际金融服务中心的优惠税制，以达到规避英国有关外汇交易的税收条款适用的目的，从而侵蚀了英国的税基。因此，英国 CFC 税制应适用于这两家爱尔兰公司，其利润应归属于 Cadbury。由于 CSTS 在 1996 年 12 月 28 日止该财政年度出现亏损，因而只对 CSTI 利润归属所得，按照英国所得税率 30% 予以课税 8638633.54 英镑。①

2000 年 8 月 21 日，Cadbury 及海外有限公司（Cadbury Schweppes Overseas Ltd）在税务专员征税之前向英国国内法院提出了上诉，反对税务部门的决定，认为英国 CFC 税制与欧共体条约有关条款并不一致，特别违反了欧共体条约第 43 条所规定的机构设立自由（the freedom of establishment）的原则。由于英国法院对于两者的兼容性问题难以确定，尤其是欧共体条约第 43 条、49 条和 56 条分别规定的机构设立自由、提供服务自由（the freedom to provide services）和资本自由流动（the free movement of capital）的原则与英国 CFC 税制关系问题。本案经由英国法院移送欧洲法院。英国税收专员要求欧洲法院判定欧共体条约有关条款是否阻止本国 CFC 税制的适用。

（二）欧洲法院的判决

2006 年 9 月 12 日，欧洲法院对 Cadbury 案进行了判决。在该判决书中，欧洲法院认为，无论是公司还是个人都不能不适当或欺诈地利用欧共体条约。然而，由于在欧盟范围内税率协调机制的缺失，一定程度上的税收竞争是存在的。在 2006 年 5 月 2 日，欧洲法院法律顾问（advocate-general）菲利普·莱杰（Philippe Léger）发表的个人意见曾指出，虽然根据欧盟《营业行为准则》（*Code of Conduct*），都柏林 IFSC 税制已被视为有害税收竞争，属于非法的国家补助，但该准则仅为各成员国的一种政治承诺，而对非法的国家补助，欧共体条约已列有专门的补救条款，均与本案无关。② 因此，Cadbury 为了税收优惠的目的在爱尔兰设立子公司，就其本身而言，并不构成对机构设立自由、提供服务自由、资本自由流动等原则的滥用，并且 Cadbury 有权信赖欧共体条约的有关规定。

但是，英国 CFC 税制对于其居民公司所设立的子公司税负内外有别，这不仅有违资本输出中性原则，阻碍了机构设立的自由，也与欧共体条约有关条款不相符。③ 为此，法院特别强调，该税制作为一种反避税措施，其征税客体必须是“完

① Cadbury Schweppes Plc, Cadbury Schweppes Overseas Ltd. V. Commissioners of Inland Revenue, C-196/04 (2006) (Hereinafter Cadbury Schweppes Plc Case), para. 20.

② Cadbury Schweppes Plc Case, Case C-196/04 (2006), Opinion of Advocate General Léger, paras. 56-60.

③ Cadbury Schweppes Plc Case, paras. 43-46.

全人为安排"(wholly artificial arrangements) 且没有任何实际经济活动的"信箱公司"(letter-box-company)。① 而且，也只有在此情况下，英国 CFC 税制与欧共体条约才具有兼容性。

对于如何界定"完全人为安排"的标准，菲利普·莱杰在其个人意见中建议，应重点考虑以下三个因素：子公司在东道国实际存在的程度，也就是提供服务所需要的房屋、人员和设备；子公司提供服务活动的真正实质，即子公司人员所需要的能力和是否能够单独作出决定；对于母公司和全部集团来说，子公司活动的经济价值。如果 CFC 的设立并没有反映经济活动，换言之，它并没有在东道国实际从事经济活动，那么该税制将对其适用。但是，法院在判决中并没有采纳该意见。

欧洲法院认为，如果 CFC 税制适用的范围过于宽泛，则会限制机构设立的自由。因此，需要通过两个标准来进行界定：第一，必须具有一个客观标准，即存在获得税收优惠的意图；第二，机构设立自由原则的内在要求没有得到满足。因此，英国 CFC 税制必须排除对那些实际从事经济活动的受控外国公司的适用，尽管其可能存在税收的动机。② 但是，对于英国移送的本案是否属于"完全人为安排"，欧洲法院把裁决的权力赋予了英国国内法院。

关于证据责任承担问题，法院指出，英国 Cadbury 必须被给予机会以证明其在都柏林 IFSC 设立 CSTS 和 CSTI 两个子公司的目的在于从事实际金融服务活动。而且，法院反对这种观点：如果受控外国公司可以同样容易地在国内从事其在国外的业务活动，那么就意味着该子公司是"完全人为安排"。此外，由母公司提供的证据可以通过欧洲经济共同体理事会互助指令和英国与爱尔兰签订的双重征税条约来核实。

二、评　述

Cadbury 案的判决对欧洲各成员国的 CFC 税制有着重要的影响。首先，该判决对公司避税和减税作了明确的区分。在欧洲法院看来，避税只适用于"完全人为安排"的情况，而一个居民公司在另一成员国或第三国设立子公司进行税收筹划而减轻税负是可以接受的。而且，在欧盟范围内，只要其合法行使基本自由，挑选优惠税制的规则（rule of preferential tax regime shopping）也是允许的。其次，该判决清楚地阐明了"机构"和"滥用"的概念以及机构设立自由、提供服务自由及

① 信箱公司，又称为"纸公司"(paper company)，是指居民公司为了避税的目的，在另一国所设立的没有任何经济活动的中介公司。

② Cadbury Schweppes Plc Case, paras. 64-65.

资本自由流动之间的关系。法院认为，通过该案的判决，在成员国之间分享税收权力是必要的，各国仍保留制定直接税税率的权力，甚至可以为零税率。这说明了各国税负存在差异是正常的。

总之，从该案例来看，其根本问题在于以下几个方面：Cadbury 是否真正在行使机构设立自由的权利，抑或是对该权利的滥用；欧共体条约与成员国国内反避税法的关系问题；设立在都柏林的子公司是否符合适用英国 CFC 税制例外条款的问题等。

（一）关于机构设立自由、提供服务自由和资本自由流动的问题

1. 机构设立自由问题

欧共体条约第 43 条至第 48 条涵盖了机构设立自由的原则。欧共体条约第 43 条规定：对一个成员国国民在另一个成员国进行自由经营的制约应该被禁止。这样的禁止也应适用于任何成员国的国民在其他成员国建立办事处、分支机构或子公司进行自由经营时的制约。一般来说，机构的设立采取两种独立的形式，即初级设立（primary establishment），如在另一成员国设立新公司，以及次级设立（secondary establishment），如在另一成员国设立从属于母公司的代理机构、分公司和子公司等。①

机构设立自由包括雇佣必备的人员、安排和管理商业活动等。但是，这种自由也存在例外。根据欧共体条约第 45 条的规定，为了公共利益、公共安全及公共健康等原因，可以限制机构设立的自由。欧洲法院在马科斯和斯宾塞案的判决中确认：机构设立自由原则并非使得公司将其损益任意从一个成员国转入另一个成员国，一成员国可以阻止这种转移。同时，一国税收的减少并不构成为了公共利益而对自由的限制的重要理由。② 因此，母公司所在国不能以税收主权为借口而阻止一公司在另一成员国自由设立子公司。而且，欧共体条约第 48 条也强调，所有根据成员国法律建立在成员国国内的公司或企业应被同等地予以对待。

从本案的情况来看，Cadbury 在都柏林所设立的两个子公司，只要它们从事实际的金融服务活动，是符合机构设立自由原则的，而且没有对该原则形成滥用，③

---

① Mattias Dahlberg, *Direct Taxation in Relation to the Freedom of Establishment and the Free Movement of Capital*, Kluwer Law International, 2005, p. 77.

② Tom O'Shea, *The UK's CFC Rules and the Freedom of Establishment: Cadbury Schweppes Plc and Its IFSC Subsidiaries Tax Avoidance or Tax Mitigation?*, EC Tax Rev., No. 1, 2007, p. 17.

③ Christiana HJI Panayi, *Double Taxation, Tax Treaties, Treaty-Shopping and the European Community*, Kluwer Law International, 2007, pp. 182-184.

英国 CFC 税制不应适用。另外，从欧共体条约规定的例外条款来看，英国也难以为了公共利益、安全和健康为由限制 Cadbury 在都柏林设立子公司。因此，在该案中英国税务部门违反了机构设立自由原则。

2. 提供服务自由问题

欧共体条约第 49 条至第 55 条涵盖了提供服务自由的原则。与机构设立自由的稳定性和持续性相比，服务自由更多的是一种临时性活动。欧共体条约第 49 条规定：共同体内任何限制自由提供服务的规定都必须被废止，包括关于设立服务企业和个人接受服务等方面。同时，任何基于国籍的区别待遇也都是被禁止的。第 50 条规定，"服务"应当包括工业性质的活动、商业性质的活动、工匠活动及专业活动等。关于例外条款，第 51 条规定的内容和上述第 45 条相似。例如，在戈达案（Gouda）中，欧洲法院认为，一国可以公共利益为由对服务自由采取直接或间接限制。①

关于提供服务自由涉及的税收优惠问题，在 Eurowings 案中，欧洲法院认为，任何从低税区所享有的税收优势，并不能由此证明在德国建立的企业税收优惠的减少是不合理的，并认为应当得到补偿。其实，这种补偿安排的要求损害了欧洲单一市场的真正基础。② 因此，成员国之间的一定税收差异是允许的，符合合理原则（rule of reason）。③ 而且这不应成为提供服务自由的限制。

从 Cadbury 案来看，根据欧共体条约有关服务自由的规定，如果该公司仅为了税收筹划目的而享有爱尔兰的优惠税率，则英国不应限制其提供金融服务的自由。但是，英国 CFC 税制规定，如果一个公司在外国所实际缴纳的税负低于在同一个会计期间内同等情况下英国公司所缴纳的 75%，则需要向英国纳税；而且，特别例外规定，由于爱尔兰等国家实行协商税率（negotiable tax rates），不论其实际税负如何，一律适用英国 CFC 税制。④ 虽然当时爱尔兰税法规定的优惠税率是 10%，而英国的税率为 30%，明显超过了该限制，但由于爱尔兰对设立在 IFSC 的公司实行优惠税率符合本国税法要求和欧共体条约的规定，因此英国 CFC 税制不应对 Cadbury 适用。

3. 资本自由流动问题

欧共体条约第 56 条至第 60 条规定了资本和支付自由流动的原则。该条约第

---

① Mattias Dahlberg, *Direct Taxation in Relation to the Freedom of Establishment and the Free Movement of Capital*, Kluwer Law International, 2005, p. 81.

② Eurowings Case, C-294/97 [1999] ECR I-7447, paras. 44 -45.

③ Garner A. Bryan (ed.), *Black's Law Dictionary*, 7th ed., 1999, p. 1333.

④ Roy Rohatgi, *Basic International Taxation*, Kluwer Law International, 2002, p. 390.

56条规定，所有对成员国以及与第三国之间资本流动的限制都应当被禁止；同样，不得对成员国以及与第三国之间的支付进行限制。第57条至第60条则规定了一些限制和例外条款。特别是第58条还专门涉及了税法问题。根据该条规定，成员国有权适用相关的税法以区别来源国与东道国的纳税者，亦有权采取具体的措施阻止对国内法规的损害，尤其是在税法和金融机构审慎监管领域；或者基于公共政策或以安全为由而采取合理的措施。

关于资本自由流动性的问题，在巴比尔（Barbier）案中，欧洲法院承认，当成员国旨在限制资本自由流动时，只要母公司实施基本自由的目的并不在于避税或逃税，那么应当允许采取这种方式享有其自由的权利。① 对于Cadbury案而言，关键问题是该公司是否为了避税，抑或为了减轻税负的目的而在爱尔兰投资设立子公司。由于法院确认，成员国之间为了在设立机构方面存在不同的税率是允许的。如果该公司并非为了避税目的而在都柏林设立子公司，则不应限制资本流动的自由。但是，这需要Cadbury证明，位于IFSC的子公司并非是“完全人为安排”的。

（二）欧共体条约与英国受控外国立法关系问题

欧共体法律是自成一类的。各成员国法与共同体法的关系是共同体最为关心的。如同一般国际法与国内法一样，欧共体法与成员国法之间的关系主要涉及两方面的问题：欧共体法在各成员国的法律秩序中是否具有直接的效力；当欧共体法与成员国的国内法发生冲突时，何者处于优先地位。对此，欧共体条约并未对这两大问题作出一般的规定，而是把对欧共体法的统一解释权赋予了欧洲法院。

欧洲法院在司法实践中主张，欧共体法应当纳入各成员国国内法，并优于国内立法，甚至国内的宪法或宪法性法律。正是这一司法机关充分发挥了其权威的功能，从而在实践中确立了欧共体法的直接效力和优于成员国法的两大基本原则。② 换言之，共同体法的特殊性要求以一元论（monism）为前提。③ 共同体法律规范完整地植入各成员国的国内法意味着，实现共同体法的纳入不需要任何“中介活动”。因此，这也使得共同体规则既不能被视为国际法，也不能被视为外国法，因为它在所有成员国国内完全强制地有效并被直接地适用，而无须有关接受或采纳的

---

① Barbier Case, C-364/01 [2003] ECR I-15013, para. 71.

② 参见曾令良：《欧洲联盟法总论》，武汉大学出版社2007年版，第168页。

③ 一元论主张国际法与国内法属于同一法律体系，国际法通过采纳的方式获得国内法效力，而二元论（dualism）则认为，它们是两个不同的法律体系，国际法只有通过转化才能获得国内法效力。

专门立法。①

对于英国来说，欧共体法也高于国内法，因为根据英国议会1972年适用共同体法的一项法律，欧共体法为英国法的一部分。② 因此，当英国的受控外国税制与欧共体条约的规定发生冲突时，必须优先适用欧共体条约的规定。这也使得其CFC税制必须按照该条约的内在要求和欧洲法院在Cadbury案中的判决结果加以调整。

（三）例外条款问题

实际上，为了与欧共体条约有关条款相一致，英国CFC税制规定了一些例外条款，以避免违反机构设立自由和资本自由流动原则，其主要例外如下：

1. 比例豁免（proportion exemption）

比例豁免主要包括豁免活动标准（exempt activities test）、公开报价交易的要求（public quotation requirement）、限制税率豁免等。豁免活动标准是指某些特定的活动，如贸易活动等享受豁免。根据英国CFC税制规定，受控外国公司所得超过50%以上属于积极的营业活动所得，免予适用受控外国公司立法。③ 而公开报价交易的要求是指这个受控外国公司的股票在公认的证券交易所进行上市交易，公共投资者至少拥有公司35%的表决权，且拥有公司5%以上表决权的股东不应该持有超过85%的表决权股。关于限制税率豁免，如前文所述，如果一个公司在外国所实际缴纳的税负高于在同一个会计期间内同等情况下英国公司所缴纳的75%，则无须向英国纳税。

2. 动机标准测试（motive test）

这是英国CFC税制中最为重要的例外。因为该税制规定，如果英国居民公司能够证明其在国外设立的子公司所从事的营业活动无避税动机，则该税制对其豁免适用。而且，CFC税制还规定了不存在避税动机的标准。该标准包括两个方面：一方面，纳税人必须证明同外国子公司的交易造成了英国税收的减少，但是这种减少并非是这些交易的主要目的；另一方面，纳税人必须证明利润从英国转入外国的子公司并不是子公司存在的主要原因。④

---

① 参见［法］德尼·西蒙：《欧盟法律体系》，王玉芳等译，北京大学出版社2007年版，第340页。

② 参见［美］路易斯·亨金：《国际法政治与价值》，张乃根等译，中国政法大学出版社2005年版，第106页。

③ 参见朱炎生：《完善我国受控外国公司税制》，载《涉外税务》2008年第3期，第37页。

④ Tom O'Shea, *The UK's CFC Rules and the Freedom of Establishment: Cadbury Schweppes Plc and Its IFSC Subsidiaries Tax Avoidance or Tax Mitigation?*, EC Tax Rev., No. 1, 2007, pp. 14-15.

3. 微量条款（de minimis test）

英国 CFC 税制规定，如果受控外国公司可归属于英国股东的所有应税利润在 12 个月的会计期间不超过 5 万英镑，或可归属于英国股东的收入低于受控外国公司收入的 25%，则免于适用该税制。① 但是，为了获得这一例外，一个居民公司必须表明产生受控外国公司利润的交易的主要目的和其存在的原因并不是为了通过利润的转移而取得在英国的税收减免。

从以上例外条款来看，其大部分与欧共体条约的规定是一致的。但是，从 Cadbury 案的判决来看，例外条款主要在比例豁免和无避税动机等方面与欧共体条约的内在要求不符。一方面，英国 CFC 税制规定的 75% 税率限制违反了欧共体条约的规定；另一方面，关于无避税动机例外条款与欧洲法院在该案中的判决不符。为了使本国 CFC 税制与欧共体条约规定相一致，英国已经就此问题对其受控外国公司立法作了修正：即使一个母国公司在外国“完全人为安排”设立一家子公司，而且唯一目的是避税，但只要该子公司把利润的 90% 分配给母公司，那么其将得到豁免适用 CFC 税制。这体现了实质优于形式（substance over form）的原则。②

（四）CFC 税制新变革

Cadbury 案是欧盟第一个涉及 CFC 立法的案件，但是，法院对“完全人为安排”的构成要素并没有提供具体的指南。近年来，根据欧洲法院该案的结果，一些国家已经改变了其 CFC 税制，以便与欧共体条约相适应。③

1. 芬兰 CFC 税制变革

2008 年初，芬兰政府向议会提出了一项关于修正 CFC 规则的法案，其旨在使得该体制与欧共体条约相一致。其中，最重要的变化是，如果豁免的方法适用于常设机构和它的母国总部之间，那么作为外国实体的常设机构（permanent establishment）和 CFC 将受到同样的对待。换言之，按照该法案，即使常设机构的利润在没有被总部所在国征税的情况下，那么该机构也将被视为受控外国公司而予以征税。由于存在过渡期，该条款将只适用于 2007 年 12 月 31 日存在的常设机构，而且自 2015 年开始执行。这些经过修正的 CFC 体制开始在 2009 年 1 月 1 日生效

① Roy Rohatgi, *Basic International Taxation*, Kluwer Law International, 2002, p. 391.

② 1987 年 OECD 报告将其界定为“经济或社会现实超越法律法规的文义”。See OECD, *Committee on Fiscal Affairs: International Tax Avoidance and Evasion through the Use of Tax Havens*, 1987.

③ Johanna Andersson and Amela Vrana, *Article 43 EC-A Freedom with Limitations? What Constitutes a "Wholly Artificial Arrangement"?*, available at http://en.scientificcommons.org/22593861/, visited December 2, 2008.

实施。

根据新的 CFC 立法规定，如果受控外国公司在它们居住国实际从事经济活动，那么 CFC 税制将排除对该实体的适用，即“真实机构”(genuine establishment）例外。而且，规定了“真实机构”的三个客观界定标准：第一，外国实体必须在居住国有足够的资金和设备以便从事它的商业活动；第二，该实体必须具备足够的有素养的员工；第三，该实体的人员对于企业的日常经营活动拥有独立的决策权。对于为“真实机构”而提供适用 CFC 税制例外的范围，该法案规定，它既适用于位于欧洲经济区（EEA）国家内的外国实体，也适用于与芬兰缔结税收协定及彼此进行税收交换信息的非欧盟（EU）和 EEA 国家的实体，但不适用于和芬兰具有同等征税水平的缔结协定的国家。

此外，该法案还提高了芬兰居民参与子公司的份额，比例由原来的 10% 提高到 25%。不过，芬兰居民控制受控外国公司的总份额超过 50% 的标准并未改变。显然，个人份额门槛的提高无疑有利于机构设立自由和资本自由流动，也与欧共体条约的规定相一致。

2. 德国 CFC 税制变革

在 2008 年度的德国税收修正法案中，根据欧洲法院在 Cadbury 案审理的结果，德国也相应地调整了 CFC 制度。如果满足以下条件，德国 CFC 制度将不再适用：纳税人能够证明在 EU/EEA 区域内所设立的机构实际从事商业业务；或者在税收协定中存在欧盟互助指令（the EU Mutual Assistant Directive）和税收信息交换条款。然而，如果外来的欧盟公司收到来自管理地位于 EU/EEA 以外的较低层次的公司所得，那么 CFC 制度将会得到应用。同样，这也适用于所得产生于 EU 或 EEA 以外的合伙企业和分公司。

当然，最关键的问题在于：一旦消极所得在低税区获得，为了避免德国 CFC 制度的适用，则需要估算实际所从事的商业活动的程度。目前，营业管理地位于 EU/EEA 区域内的公司并不认为是导管公司。因而，德国的 CFC 制度并不适用，只要各自的纳税人提供证据表明公司实际上在 EU 或 EEA 成员国国内从事商业交易即可。

综上所述，Cadbury 案反映了 CFC 税制的本质问题，其存在不同功能和目的。第一，作为一种具体的反规避措施，这些条款旨在消除税收欺诈或滥用，且能有效抑制有害税收竞争，但不得妨碍机构设立自由、提供服务自由和资本自由流动。第二，CFC 规则作为一种反迟延纳税的工具，其适用能够确保 CFC 利润获得时被母国所征税。这种路径应避免给实际纳税人带来负面的效应，如该措施会产生潜在的现金流动的困难，以及如何在随后的来源征得预提税与关于 CFC 的未来损失方面的平衡提供救济。因此，一国应根据经济实质、实质优于形式原则和一般的反滥用规则等制定相应的例外条款。第三，CFC 规则被视为一种取得资本输出中性的手段，其反避税港措施有利于维护税收主权，从而为国内企业提供公平的竞争环境和税收待遇。然而，一国的优惠税制符合欧共体条约的有关规定，而且在欧盟范围内，只要企业合法行使基本自由，挑选优惠税制的规则是允许的，CFC 税制不得适用。第四，CFC 规则可以被视为一种在欧盟框架内关于实施附属设立权利取得的中立性，它通过延伸至子公司而使得税收待遇平等地适用于常设机构和合伙企业。

三、对我国的启示

Cadbury 案对于 CFC 税制而言，无疑具有里程碑式的意义。根据该案的审判结果，欧盟一些国家为了促进本国的 CFC 立法与欧共体条约的协调，尤其在避税与减税方面，对其税制进行了相应的完善。这无疑有利于促进机构设立自由和资本自由流动等，而且也是欧洲经济一体化的必然要求。同样，这对于我国完善 CFC 税制也具有一定的启示意义。

为了防止企业在低税率国家或地区建立受控外国公司，将利润保留在外国不分配或少量分配，逃避国内纳税义务，我国参照国际上一些国家的做法，引入了受控外国公司的反避税措施。这具体体现在《中华人民共和国企业所得税法》（以下简称企业所得税法）第 45 条和《中华人民共和国企业所得税法实施条例》（以下简称实施条例）第 116 ~118 条等规定。

概言之，上述条款从以下三个方面作了规定。一是取消了在低税区非合理经营企业的迟延纳税。企业所得税法第 45 条规定，由居民企业，或者由居民企业和中国居民控制的在低税区设立的企业，并非由于合理的经营需要而对利润不作分配或者减少分配的，上述利润应计入当期该居民企业进行纳税。二是明确了构成受控外国企业的控制关系。具体包括：居民企业或者中国居民直接或者间接单一持有外国企业 10% 以上有表决权的股份，且由其共同持有该外国企业 50% 以上的股份；居民企业，或者居民企业和中国居民持股比例没有达到第 117 条第 1 项规定的标准，但在股份、资金、经营、购销等方面对该外国企业构成实质控制。三是明确实际税负偏低的判定标准。即实际税负明显低于新企业所得税法第 4 条第 1 款规定税率水平，是指低于新企业所得税法第 4 条第 1 款规定税率的 50%。

由于我国企业所得税法引入了 CFC 税制，这对于保证税制公平和资本输出中性及保护国内税基免受侵蚀等方面具有重要的意义。但是，与英国等一些实行 CFC 税制的国家相比，我国 CFC 税制的规定仅具有原则性和框架性，因此应当借鉴包括欧盟在内的一些国家的先进立法经验，同时结合我国实际对其予以完善。

（一）受控外国公司的标准

关于受控外国公司的标准问题，我国企业所得税法采用了以权力标准为主、实质控制标准为辅的模式。而且，对于受控外国公司的范围采取了广义说，即不再限于公司，而是包括公司在内的企业和其他有收入的组织。该条款拓展了“CFC”的范围，避免了纳税人利用纳税实体策略进行避税。

不可否认，该模式既有利于税务机关集中力量对付重点避税问题，同时又在一定程度上防止了一些企业采用分散股权的方法规避我国所得税法的适用。但是，鉴于目前一些企业将股权分散于与股东有关联的其他股东，或者采取合资的方式进行避税，因此，我国还应借鉴美国法 F 部分第 958 节（b）规定的推定所有权（constructive ownership）条款。该条款将分散在股东与关联方的股权份额汇总计算，据以确定是否符合 CFC 的条件。显然，这种规定有利于避免股东通过分散股权避开 CFC 约束情况的产生。

（二）受控外国公司税制适用的地域范围

一般来说，一国根据对比国内外税负的差异，列出一份豁免适用 CFC 的“白名单”(white list)① 和视为避税港的“黑名单”(black list) 国家或地区，以及建立在国内法规定或根据双边税收协定而实行税收优惠“灰名单”(grey list) 的低税区。目前，大多数国家的 CFC 税制适用于避税港或低税区。不过，有的国家将受控外国公司规则适用于全球范围的受控外国公司，如加拿大、以色列等。同时，各国对避税港或低税区界定方法有名义税率考察法、实际税率考察法、实缴税额对比法和列举名单法等。

根据我国企业所得税法第 45 条和实施条例第 118 条的规定，我国的 CFC 税制适用于低于我国所得税率 50% 的低税区。但是，由于企业所得税法采用将受控外国公司实际税负与我国所得税的名义税率进行比较，而名义税率往往不能反映同类型的其他公司在我国的实际税负，显然这种方法在一定程度上不能真实地反映出受控外国公司是否有利用其在低税区避税的目的。因此，可以借鉴欧盟一些国家，如法国、英国、挪威等所采用的实缴税额对比法。该种方法将受控外国公司实际缴纳的外国税款与假定该公司为股东所在国居民企业应当缴纳的税款相比较，从而可以清楚地界定其是否有利用在低税区避税的目的。

① 由于这些国家所征公司所得税较高，或通过与其缔结税收协定处理该项税务，从而不适用 CFC 规则。

（三）受控外国公司税制适用的所得范围

对于界定哪些所得适用 CFC 税制，主要存在交易法（the transactional approach）和管辖法（the jurisdiction approach）两种形式。① 通常，CFC 法律制度的客体对象为瑕疵所得（tainted income）。②

一般来说，瑕疵所得主要包括消极所得、基地公司所得及其他不被认可的积极营业所得。交易法对瑕疵所得和积极所得予以区分，而且规定 CFC 税制只适用于瑕疵所得，对于那些通过真实性生产活动而产生的积极所得则免予适用。这种方法有利于保证 CFC 税制有效地防止纳税人的避税活动，且不妨碍受控外国公司的正常活动。德国和美国即采用了交易法。

但是，由于交易法需要逐一审查受控外国公司的活动，征纳成本往往较高。而建立在管辖法基础上的 CFC 税制，则仅适用于那些位于低税区或避税港的受控外国公司包括瑕疵所得和积极所得在内的全部所得。这种方法采取“或有或无”的方式，没有对积极所得和消极所得予以区分。虽然管辖法征税成本较低且操作容易，但这会使得“瑕疵所得”可能免予纳税，而积极所得可能被予以征税，而且一些公司可能在管辖区域外设立子公司，从而达到避税的目的。

鉴于以上原因，一些国家采取了折中的方式。例如，美国《国内收入法》第 954 节（b）（3）（B）规定，如果受控外国公司取得的瑕疵所得占该公司全部所得 70% 的比例，则该子公司适用“最高数额规则”，即其全部所得视为“瑕疵所得”而按比例归属美国股东。

根据企业所得税法第 45 条的规定，我国主要采用了管辖法，即 CFC 税制适用于低税区；同时，该条还规定了仅适用并非由于合理的经营需要而对利润不作分配或者减少分配的情况，但并没有对积极所得和瑕疵所得进行区分。而且，对于“并非由于合理的经营需要”的内涵也没有界定。换言之，如果一个企业在低税区由于合理经营的需要则可以避税或延期纳税。这一方面体现了我国并没有完全取消延期纳税，维护了税收中性原则，但一方面可能造成企业利用该规则进行避税。因此，鉴于此情况，我国可以采取实质优于形式的原则，同时厘清“并非由于合理的经营需要”的内涵，采取以管辖法为主、交易法为辅的折中的方式，一般规定 CFC 税制适用于低税区的瑕疵所得。这符合当前我国税收管理的现状，也节约了税

---

① Sara Andersson, *CFC Rules and Double Tax Treaties*, Jonkoping International Business School, Jonkoping University, 2006, p. 13.

② David Dunbar, *A Historical Revierv of the CFC & FIF Regimes*: Part One 1987 to December 2003, Working Paper Series No. 13, Victoria University of Wellington p. 37.

务部门的征管成本。

(四) 受控外国公司所得的计算和亏损处理

关于所得的归并计算，目前大多数国家不允许受控公司合并纳税，而且一般采用股息推定法（deemed dividend），即凡是受控外国公司的利润归属于本国居民股东的部分，即使当年没有实际分配，也不汇回，也要视为当年分配的股息，分别计入股东名下与其他所得一并纳税。此外，所得的计算方法还包括营业利润法(business profit)。① 这种方法在受控外国公司产生利润时，直接将其归属于股东，这显然忽视了受控外国公司在东道国的独立的法律地位，因此很少国家采用。对此，我国实施条例第 3 条第 2 款明确规定外国企业的独立法律地位，从而排除了采用营业利润法的可能性。因此，我国应借鉴股息推定法来确定所得分配，这也有利于节约征税成本。

关于受控外国公司亏损的处理，因各国采用交易法和管辖法而不同。在采用交易法的国家，在计算“瑕疵所得”时可以扣除旨在为取得该所得而产生的亏损。而采用管辖法的国家，如果受控外国公司出现亏损时，可以在计算受控外国公司全部所得时予以扣除。至于受控外国公司发生的亏损能否结转的问题，各国的规定也不尽相同，但大多数国家规定可以在特定期限或不确定期限内向前结转（carry-forward）。有些国家还允许将这些损失向后结转（carry-back）以抵消过去发生的应税利润，如智利等。甚至，美国、英国等国家还规定可以根据具体情况允许企业在一定程度上向前结转或向后结转。②

由于我国受控外国公司税制适用于低税区，对于受控外国公司发生亏损的处理办法，应主要借鉴管辖法国家的做法，考虑将其亏损在计算受控外国公司全部所得时予以扣除。但是，由于正常经营活动所得不属于可调整的利润范围，因此因正常经营活动而发生的亏损不得从可调整的利润中扣除。③

关于企业亏损结转问题，根据我国企业所得税法第 18 条的规定，企业纳税年度发生的亏损，准予向以后年度结转，用以后年度的所得弥补，但结转年限最长不得超过 5 年。但是，该规定只适用我国境内的企业，并未明确规定适用受控外国公司。因此，根据税负公平原则和无差别待遇原则，这一规定同样应适用于受控外国公司，允许其在亏损时予以结转。

---

① Michael Lang, *CFC Legislation, Tax Treaties and EC Law*, Kluwer Law International, 2004, p. 200.

② Roy Rohatgi, *Basic International Taxation*, Kluwer Law International, 2002, pp. 182-184.

③ 朱炎生：《完善我国受控外国公司税制》，载《涉外税务》2008 年第 3 期，第 36 页。

（五）重复征税的处理

一般来说，CFC 税制规定居民股东就其消极所得在其所在国纳税，但受控外国公司的利润在东道国也要被征税。因此，这就涉及经济性双重征税问题。但是，这并不是 CFC 税制所特有的问题。① 对此，通常有国内税法规定和国际税收协定两种解决的方法。目前，大多数国家的税法对于划归给本国纳税人的受控外国公司所得负担的外国税收都给予税收优惠或抵免待遇。例如，我国企业所得税法第 23 条第 1 款规定，企业取得的下列所得已在境外缴纳的所得税税额，可以从其当期应纳税额中抵免。

同时，还可以按照国际税收协定，通过订立相关条款或通过协商予以解决。② 例如，《中国和墨西哥避免双重征税协定》第 23 条第 2 款规定，从缔约国一方取得的所得是缔约国一方居民公司支付给缔约国另一方居民公司的股息，同时该缔约国另一方居民公司拥有支付股息公司不少于 10% 的股份，该项抵免应考虑支付该股息公司就该项所得缴纳的缔约国一方税收。

当然，如果出现税收协定与国内法兼容性的问题，“税收协定优于国内税法”是各国的普遍做法。但是，也不应绝对化。③ 对此，经济与合作发展组织（OECD）认为，一般来说，国内反避税法并不受税收协定的影响。但是，国家并没有被赋予通过制定国内法获得税收协定的利益，即行使国内法律及措施权利不得导致与协定相抵触。通常而言，实质优于形式原则、经济实质（economic substance）原则和一般反滥用原则构成了国内反避税法基本原则。而且，这些原则决定了纳税人逃避税收产生的税收责任，因此，作为国内反避税法之一的受控外国公司立法与税收协定是相容的。由于我国已经引入了 CFC 税制，以后在与他国重新谈判或签订新税收协定时，应考虑将该税制纳入协定条款，以使得两者具有兼容性。

（六）受控外国公司税制适用的例外

在我国企业所得税法中，并没有规定 CFC 税制的例外条款。因此，我国应当在衡平考虑反避税与保持机构设立自由的基础上，构建符合我国国情的 CFC 税制

① Michael Lang, *CFC Legislation*, *Tax Treaties and EC Law*, Kluwer Law International, 2004, p. 234.

② 参见周金荣：《关于新〈企业所得税法〉受控外国公司规制探讨》，载《税务研究》2008 年第 1 期，第 63 页。

③ 参见刘永伟：《国际条约在中国适用新论》，载《法学家》2007 年第 2 期，第 149 页。

例外条款。

1. 积极营业活动豁免

从 Cadbury 案来看，欧洲法院认为，经济活动的要求是欧共体条约所规定的机构设立自由原则的前提，只有受控外国公司在东道国从事实际的营业活动，才能避免 CFC 税制的适用。① 实际上，绝大多数国家，包括无论是采用“实体法”还是“管辖法”的国家，都在本国受控外国税制中规定了积极营业活动豁免条款。② 对此，我国除了在厘清所得税法第 45 条所规定的“并非由于合理的经营需要”这一概念外，还应当明确规定对于积极营业活动予以豁免。这不仅维护了税收中性原则，而且也不至于影响我国企业在国际市场上的竞争力。

2. 无避税动机豁免

各国 CFC 税制无避税动机条款一般规定，如果受控外国公司在所在国从事营业活动其主要目的不是为了避税或减税，那么该税制将对其免于适用。在 Cadbury 案以后，一些欧洲国家 CFC 税制出现一个新的发展趋势：只要企业在国外设立子公司并非完全人为安排，则仍可以适用例外条款。我国企业所得税法在制定避税动机豁免例外条款时，也可以适当考虑这种做法，不必拘泥于传统的模式。例如，除一般性规定以外，还可以特别规定，即使企业存在避税动机，但只要其大部分所得在一定会计期间内分配给国内股东，也适用该豁免条款。

3. 微量豁免

为了减少 CFC 税制适用的负面效应以及节约税收管理成本，一些国家规定了小额例外条款。根据此类例外条款，如果受控外国公司的利润额或者瑕疵所得未达到最低所得标准时，可以免于适用 CFC 税制。例如，根据美国《国内收入法》第 954 节（b）（3）（A）关于微量制度（de minimis rule）的规定，对于任何在国外基地公司所得或保险所得少于 CFC 总所得的 5% 的比例或者所得金额低于 100 万美元的公司免于适用受控外国公司税制。对此，我国在以后构建 CFC 税制例外条款时，可以借鉴美国等国家的做法，并根据我国外资政策和企业的实际经济情况，制定相应合理的微量豁免制度。

① Christiana HJI Panayi, *Double Taxation, Tax Treaties, Treaty-Shopping and the European Community*, Kluwer Law International, 2007, p. 184.

② David Dunbar, *A Historical Review of the CFC & FIF Regimes*, Part One 1987 to December 2003, Working Paper Series No. 13, Victoria University of Wellington, pp. 63-64.

EC Treaty and Perfection of the CFC Regime: Comments on the Cadbury Schweppes Plc

Abstract Controlled Foreign Company (CFC) taxation as an anti-deferral regime, which aims to protect the tax base and safeguard the principle of capital-exported neutrality, is to prevent accumulation of profits and income. However, whether the CFC regime is compatible with the Treaty Establishing the European Community is a heated issue in some EC countries. In the Cadbury Schweppes plcthe European Court of Justice found that the UK's CFC rules could be compatible with the Community law if they were specifically targeted at wholly artificial arrangements designed to circumvent national tax laws. The Judgement on the Cadbury Schweppes plc is a landmark decision for all EU/EEA states which have CFC rules. These will now begin to be re-examined to ensure compatibility with the Community law. At present, according to the Enterprise Income Tax Law of PRC, China has adopted the CFC regime to regulate the deferral or evasion of taxation. The CFC regime should be further perfected.

Key words treaty establishing the European Community; controlled foreign company; tax regime

（审稿：向　力）

五、武大国际法学人

韩德培先生的学术思想和学术精神

□ 肖永平*

目　次

一、韩德培先生的坎坷人生

韩德培先生是《中国大百科全书》专条介绍的中国当代著名法学家、教育家、中国国际私法学的一代宗师、中国环境法学的开拓者和奠基人、国务院学位委员会学科评议组第一届和第二届成员、中国国际私法学会（前身为中国国际私法研究会）首任会长、中国国际法学会名誉会长、中国法学会环境资源法学研究会首任会长、武汉大学人文社会科学资深教授。先生 1911 年 2 月 6 日出生于江苏省如皋县，自幼聪慧过人，六岁入私塾，广读四书五经。1925 年考入如皋县第二代用师

* 武汉大学国际法研究所教授、博士生导师。

范（即现在如皋师范的前身），1928年师范毕业后，韩先生来到江苏省南通中学高中部继续他的学业，于1930年考入浙江大学史政系，1年后因浙江大学史政系合并到中央大学而转学南京。

从浙江大学到中央大学，韩先生经历了人生的一次重大转折，这就是他因受到时任中央大学法律系主任谢冠华先生（后任国民政府行政院司法部部长）的影响而改学法律。在中央大学三年半的学习生活中，韩先生不仅广泛阅读了大量的法学著作，打下了坚实的法学基础，还努力提高外语水平，阅读了大量的外文原著，包括奥本海的《国际法》、戴赛的《英宪精义》、庞德的《法律哲学导论》、《法律与道德》等英文原著和狄骥的《公法的变迁》、《私法的变迁》等法文原著。良好的外语功底为他后来在法学领域，特别是国际法领域的研究奠定了坚实的语言基础。这个时期，他接触了马克思主义和共产党人，并积极投身于爱国民主运动和抗日救亡运动。1934年，韩先生从中央大学法律系毕业，获法学学士学位并留校担任学报和校刊编辑部编辑，同时从事教学工作。

1939年，韩先生考取中英庚款留英公费生，拟赴英国剑桥大学就读，后因第二次世界大战爆发，于1940年8月改赴加拿大多伦多大学留学。在多伦多大学，韩先生师从著名国际私法学者莫法特·汉考克（Moffatt Hancock）教授，主要学习和研究国际私法、英美普通法，于1942年完成了硕士学位论文《国际私法中的实质和程序问题》，顺利通过答辩，获得法学硕士学位。同年，韩先生以特别研究生的身份由加拿大转往美国哈佛大学法学院继续他的研究工作。在哈佛大学，他认为最重要的事情不是拿学位，而是学到能为国家的发展和民族的兴旺作出贡献的真本领。因此，他利用哈佛大学所拥有的世界上最好的法学图书馆，集中精力学习和研究国际公法、国际私法和法理学，并撰写和发表了《评美国庞德的五部著作》、《评凯尔森的“纯粹法学”》等论文。

1945年第二次世界大战结束，应我国著名国际法学家、武汉大学校长周鲠生先生之邀，韩先生于年底回到了阔别多年的祖国。带着满腔的热血，韩先生来到了美丽的珞珈山，担任法律系教授，讲授国际公法、国际私法、外国法律思想史等课程。1947年韩先生出任武汉大学法律系主任，并被推举为武汉大学教授会主席。1949年中华人民共和国成立后，韩先生留在武汉大学继续担任法律系教授兼系主任，后又兼任校务委员会副秘书长（当时不设校长，只设校务委员会主任、副主任和秘书长、副秘书长负责全校工作），协助管理全校的日常工作，1951年改任副教务长兼法律系主任，主管学校教务工作，直至1957年“反右斗争”被撤销一切职务，到湖北沙洋农场劳动改造。从1946年到1957年，韩先生的主要精力放在教学、校务和系务管理工作上，为武汉大学、特别是法律系的发展作出了巨大贡献。另一方面，他在法学研究方面也有新的进展。如他于1947年在《观察》杂志上发表《评中美商约中的移民规定》，揭露了中美商约在移民问题上对中国的不平等规定，并建议中方应要求美国就中国移民问题取消或修改不合理的限制，加强对在美国华侨利益的保护。他于1948年发表的《国际私法上的反致问题》，至今仍然是我国国际私法学界关于这个问题最权威的论述。

从1957年开始，在“反右斗争”和“文革”的动荡岁月里，和那个年代的许多中国知识分子的命运一样，韩先生遭遇了政治迫害和打击，历经两次劫难，整整蒙受了二十年的不白之冤，忍辱负重地消耗了人生中最珍贵的岁月。韩先生被免去一切职务，遣送劳改农场劳动教养，其间虽然被摘掉了“右派”帽子，并在学校领导的干预下回到了武汉大学，但没能回到他热爱的法学教学和研究工作上，直到“文化大革命”结束，他度过了整整20年的政治屈辱、学术沉寂时期。

“文化大革命”的结束犹如破晓的曙光，给中国人民带来了信心和希望。1978年，韩先生开始了他人生中最光辉的一段岁月。1979年7月，武汉大学决定恢复重建法律系。韩先生以无私的奉献精神承担起重建武汉大学法律系的艰难工作，并在此基础上组建了武汉大学国际法研究所和武汉大学环境法研究所。从20世纪80年代初至2009年，韩先生先后担任武汉大学法律系主任，武汉大学法学院名誉院长，武汉大学国际法研究所所长，武汉大学环境法研究所所长，中国法学会顾问，中国国际法学会副会长、名誉会长，中国国际私法学会会长，中国法学会环境资源法学研究会会长，中国国际经济贸易仲裁委员会顾问等职，并在国外兼任国际自然和自然资源保护同盟理事、国际环境法研究中心理事、世界城市与区域规划学会理事等职。作为法律系主任、国际法研究所所长、环境法研究所所长，他从事了大量的教学科研管理工作，投入了大量精力，使武汉大学的法学教育和研究得到了飞速的发展；作为研究生导师，他为我国培养了一大批优秀的国际私法、国际公法和环境法硕士与博士；作为一名杰出的法学教育家，他为武汉大学的法学教育事业乃至中国的法学教育事业作出了不朽的贡献；作为一名社会活动家，他从事了大量的社会工作，为政府有关部门提供咨询意见，协助解决重大的涉外纠纷，他积极参加国际学术会议，先后赴美国、日本、加拿大、荷兰、乌拉圭等国讲学，为中国国际法和环境法研究的国际化作出了巨大贡献；作为中国法学会顾问、中国国际法学会名誉会长、中国国际私法学会会长、中国法学会环境资源法学研究会会长，他领导和组织了中国国际法和环境法学界的专家学者开展法学研究，为社会主义法制的完善和发展作出了不可磨灭的贡献。最难能可贵的是，作为一个年逾古稀的学者，自20世纪80年代以来，韩先生仍然以顽强的意志、严谨的治学态度开展了大规模的法学研究工作。他先后主编和写作了十余部著作，内容涉及国际公法、国际私法、环境法等领域，发表了大量关于国际私法、国际公法、国际经济法、环境法以及法学教育的文章。

韩先生通晓英、法、俄等多种外语，治学勤奋严谨，思维敏捷，知识渊博，思想深邃，在国内外法学界享有盛誉。他一生的学术活动范围主要涉及国际私法、国际公法、环境法、法理学以及法学教育等领域。特别是在国际私法领域，他创造性地提出了“一机两翼”的大国际私法理论，建构了中国国际私法的理论体系和立法体系，堪称中国国际私法学的一代宗师。下面分五个方面介绍韩先生的主要学术思想。

二、韩德培先生的学术思想

（一）国际私法学研究

韩先生对国际私法学的研究始于20世纪40年代留学加拿大多伦多大学时期，在近70年的学术生涯中，韩先生不仅就国际私法的范围创造性地提出了“一机两翼”的大国际私法理论，而且构建了中国国际私法学的理论体系和立法体系，使中国的国际私法学逐渐走向成熟，为中国国际私法的理论与实践作出了不朽的贡献。他在国际私法领域的学术研究主要包括如下六个方面。

1. 创立中国国际私法的理论体系

对于国际私法学的范围和体系，国内外学者有很多不同的主张。韩先生在主编我国高等院校第一部《国际私法》统编教材时就主张要扩大国际私法学的研究范围。他力主国际私法应以涉外民事法律关系为调整对象，其研究不能仅局限于冲突法领域，应当扩大到涉外民事法律关系的实体法领域。后来，他又将这一主张进一步扩大到涉外商事领域，并提出了将涉外民商事法律关系作为国际私法调整对象的新主张。这种主张引起了国内众多学者的争论，在与不同学者的论战中，他倡导要用发展的眼光，结合国际民商事关系的现状和发展趋势来研究国际私法，并进一步确立了调整国际民商事关系的统一实体法是现代国际私法不可缺少的组成部分的主张。对此，韩先生曾有过一段形象生动的比喻，他说：“国际私法就好比是一架飞机，其内涵是飞机的机身，其外延则是飞机的两翼。具体在国际私法上，其内涵包括冲突法，也包括统一实体法，甚至还包括国家直接适用于涉外民商事关系的法律。而两翼之一则是国籍及外国人法律地位问题，这是处理涉外民事关系的前提；另一翼则是在发生纠纷时解决纠纷的国际民事诉讼及仲裁程序，这包括管辖权、司法协助、外国判决和仲裁裁决的承认与执行。”①

正是基于这种大国际私法理论，韩先生在后来的研究中构建了中国国际私法学

① 转引自刘卫翔等：《中国国际私法立法与实践》，武汉大学出版社1995年版，第40页。

的新体系。在他主编的普通高等教育"九五"国家级重点教材《国际私法新论》和面向21世纪课程教材《国际私法》中，他结合国内外国际私法研究的新问题、新理论，把整个国际私法学的研究内容分为总论（国际私法的基本问题）、冲突法、统一实体法、国际民事诉讼、国际商事仲裁五大部分，以严密的逻辑性和大胆的超前性科学、系统地构建了中国现代国际私法学的新体系。

2. 正确评价冲突法的作用和前途

在20世纪80年代初期，受20世纪30年代以后美国学者对传统冲突法的批判的影响，我国许多学者不仅低估了冲突法的作用，对冲突法的前途也持悲观态度，主张将国际私法的研究重心转向实体法的研究。但就国际私法的实质而言，没有冲突法，就无所谓国际私法了。更重要的是，各国（包括美国）对冲突法的研究已经有了新的态度和进展。针对我国法学界这种不重视冲突法研究的现状，韩先生与李双元先生在1983年合作发表了《应该重视对冲突法的研究》，阐明了冲突法的一些基本理论问题，回答了一国法院为什么要在一定条件下承认与适用外国法。他们还用法理辨析、实例证明、功用分析等多种方法论证了适用外国法既不会损害我国主权，也不一定损害我国当事人利益的观点。对于冲突法的发展前景，韩先生认为，尽管冲突规范并不直接规定当事人的权利义务关系，缺乏一般法律规范所具有的可预见性、明确性和稳定性，但不能据此否认它是一种法律规范。涉外民事法律关系的复杂性，要求国家既需要坚定地维护自己的正当权益，又需要在无损自己权益的前提下，发展平等互利的对外关系。因此，它需要一种比较精巧的法律制度，能够随着客观形势的变化而能同时实现上述两方面的任务。冲突法如果应用得当，有助于实现这样的任务。这是因为冲突法不像实体法那样明确、具体，而是保留一定的灵活性，这不但不是它的缺点，反而可以说正是它的优点之所在。因此，只要民族国家还存在，各国民事法律就不可能完全统一，冲突法就是一项必不可少的法律制度。中国冲突法近25年来的发展已经证明了韩先生这种观点的正确性。

3. 科学论述国际私法的发展趋势

针对国际私法学说和国际私法立法在20世纪80年代以后的新发展，韩先生先后于1988年和2000年发表《国际私法的晚近发展趋势》及《晚近国际私法立法的新发展》，对第二次世界大战以后国际私法学说和国际私法立法的现状进行了深入的理论探讨，并对其发展趋势作了科学的预测。

关于国际私法学说的现状和新发展，韩先生作了如下归纳：（1）传统的国际私法理论和方法，特别在法律选择、法律适用等问题上，遭到了猛烈的批评与攻击，这种状况最突出地反映在美国法学界。（2）批评和攻击导致了国际私法理论的重大改革和发展。这些改革和发展主要包括：第一，弹性连结原则被逐渐广泛地采用，这主要指最密切联系原则的采用、选择性连结因素的采用、补充性连结因素

等互利的原则。

最后，关于解决中国区际法律冲突的途径与步骤，综观各国实践，韩先生认为不外乎统一实体法和冲突法这两种方法。但中国目前的情况比较特殊，统一全国的实体法可以作为一种理想，但时机还不太成熟。因此，冲突法方法是唯一可行的解决方法。具体而言，可以有两种选择方案：（1）由国内最高立法机关制定统一适用于全国的区际冲突法，即区际私法。它通常包含三种做法：一是制定单行区际私法；二是在民法典中以专章规定解决区际法律冲突的区际私法规范；三是在各具体法律中规定解决各具体问题的法律冲突规范。（2）不制定全国统一的区际私法，而是由各地区在司法实践中适用与国际私法规范相同的规范来解决区际法律冲突。就中国今天的现状而言，可以分三步来进行：首先，各法域暂时参照适用或“准用”各自现有的国际私法规范来解决区际法律冲突；其次，条件成熟后制定适用于全国各地区的统一的区际冲突法来解决区际法律冲突；最后，在内地、香港、澳门、台湾各地区社会经济发展水平接近和相互之间更加理解的情况下，根据需要与可能，制定相应的统一实体法来避免区际法律冲突。

5. 首倡建立中国特色的国际私法立法体系

早在我国确立建立社会主义市场经济体制的初期，韩先生就提出应重构我国国际私法的立法体系。在 1993 年中国国际私法研究会（后更名为中国国际私法学会）年会上，他与肖永平博士合作发表了《市场经济的建立与中国国际私法立法的重构》，阐述了他对中国国际私法立法体系的基本观点。在韩先生看来，要实现中国国际私法立法体系的重构，必须做到：（1）我国国际私法的立法应当更新观念，实现立法观念的科学化，做到先规则后市场，并肯定超前立法和“宜细不宜粗”的立法理念；（2）针对我国立法机关在国际私法立法方面经验不足的现状，提出我国国际私法立法应当实现立法程序的民主化，广泛征求学者和专家、甚至全国人民的意见；(3) 增加人力物力的投入，加强立法的主动性和计划性，组织各方面的力量参加法律的起草工作，实现立法手段的现代化和立法人员的专业化；(4) 鉴于分散式立法已成为国际私法立法史的遗迹，单行法规则成为目前世界上国际私法立法的普遍趋势，我国国际私法的立法应当脱离民法，实现立法体例的法典化；（5）尊重市场经济的要求，大胆引进国外的先进立法，实现立法内容的现代化。

韩先生对中国国际私法立法的关注不仅体现在理论研究上，还体现在立法实践方面。在 1993 年中国国际私法研究会年会上，成立了以韩先生为组长的《国际私法示范法》起草小组，决定起草《中华人民共和国国际私法示范法》，以供国家立法机关的立法工作和教学科研机构的理论研究参考。这在中国法学界是破天荒的第一次。作为一项民间学术团体的科研成果，《中华人民共和国国际私法示范法》凝聚了中国国际私法学界的精英们的智慧与心血，在经过多次、反复的修改之后，于2000年8月以第6稿为定稿，由法律出版社出版，其英文版和日文版分别在荷兰和日本公开出版，在国内外法学界引起了巨大的反响，得到了学界同仁的首肯。作为起草小组的领头人，韩先生不仅呕心沥血，付出了艰辛的劳动，还以他深邃的学术思想，引领学界同仁共同为中国国际私法的立法体系进行了一次理论上的建构。

6. 倡导和实践比较国际私法的研究

在20世纪90年代初期，韩先生提出要组织力量对不同国家的国际私法进行系统、深入的研究，以便开展国际私法的比较研究，为我国国际私法理论的完善作充分的准备。基于这种认识，韩先生与武汉大学国际法研究所的其他老师一起，有意识地组织和指导了一批博士研究生作这方面的研究。在师生们的共同努力下，一批博士生相继以澳大利亚、瑞士、加拿大、荷兰、德国、英国等国的国际私法为题完成了博士学位论文的写作，通过了论文答辩，为我国比较国际私法研究增添了一批很有价值的成果。

与此同时，韩先生自己也对海牙国际私法会议、美国冲突法、欧盟国际私法等作了深入的比较研究。1993年，在海牙国际私法会议成立100周年之际，韩先生发表《海牙国际私法会议与中国》，简要回顾了海牙国际私法会议的历史发展和主要成就，并着重阐述了我国加入海牙国际私法会议的重要意义。1994年，他与韩健博士合作出版了《美国国际私法（冲突法）导论》，这是我国首次全面、系统介绍美国冲突法的专著。他们在大量引用和分析美国法院判例的基础上，对美国法院关于管辖权、法律选择、承认和执行外州（外国）判决等问题作了实证分析和归纳。另外，欧盟国际私法作为一种特殊的、区域国际法性质的国际私法也引起了韩先生的高度关注，在1999年《中国国际私法与比较法年刊》上，他与刘卫翔博士合作发表了《欧洲联盟国际私法的特征和发展前景》，在该文中，他指出欧盟国际私法是以统一国际私法为主体，以其他辅助立法为补充的庞大法律体系，其中统一实体法占有很大比重，但也有不少领域无法以统一实体法解决法律冲突问题。从统一实体法的手段来看，最有效的是共同体立法，通过国际条约达到国际私法的统一则困难重重。因此，随着欧洲联盟的扩大，统一国际私法必将扩大其范围，但最有效的形式还是共同体立法。欧盟近几年大量通过规则（regulation）取代原来的公约（convention）充分证明了他们结论的正确性。

从以上六个方面的介绍可以看出，作为中国国际私法学的一代宗师，韩先生不仅以其深厚的理论功底从全局的角度高屋建瓴，构建了中国国际私法学的完整理论体系和立法体系，还以他丰富的理论知识，在许多具体问题上丰富和充实了我国国际私法的理论内涵，为中国国际私法法制的发展作出了巨大贡献。对于国际私法，韩先生一生矢志不渝的学术方向就是通过提出完善的国际私法理论体系，引导中国立法机关建立完备的国际私法立法，实现中国国际私法实践（包括司法实践和仲裁实践）的合理化和规范化，为中国的对外开放事业创造良好的法制环境。

（二）环境法学研究

韩先生虽然主要从事国际私法研究，但在环境法方面也倾注了颇多心血。他既是中国环境法学理论的开拓者，又是我国环境法学教育和研究的倡导者和奠基人。

1. 中国环境法学理论的开拓者

韩先生在环境法方面的著作颇丰。他曾主编《中国环境法的理论与实践》，该书是国家社会科学基金“六五”法学重点项目的主要成果，对中国环境法的主要领域、基本原则和法律制度作了系统的论述，被全国社会科学基金规划与总结会议誉为“开拓性理论专著”。后来，他又主编了《环境保护法教程》，该书是我国环境法领域最早的、较为全面系统的教材，也是迄今为止唯一的全国高等院校通用的环境法教材，该书于1986年初版后，于1991年再版，共印刷5次。① 除了主编教材，韩先生还发表了许多论文，有代表性的论文主要包括：*The Environmental Problems and Legislation in China*,② *Case Study on Cooperation among National Organizations and between National and Local Governments for Environmental Management in China*,③《谈〈水污染防治法〉》,④《环境保护与经济建设应当统筹兼顾协调发展》,⑤ *Some Reflections on the Concept of "Common Concern of Mankind"*⑥ 等论文。

在他主编的教材及其他著述中，韩先生提出了自己对环境法的独特认识，提出了自己关于环境法的一些基本理念，主要包括：（1）环境问题即人与自然的关系

---

① 参见蔡守秋：《中国环境法学的倡导者和开拓者——韩德培先生开拓环境法学的理念与实践》，该文载韩铁：《风雨伴鸡鸣——我的父亲韩德培传记》，中国方正出版社2000年版，第125页。

② 本文是韩先生与肖隆安合著的，于1984年6月提交给在日本举行的亚太地区环境与发展相结合专家会议，并发表于该大会年刊。参见《韩德培文选》，武汉大学出版社1996年版，第281页。

③ 本文是韩先生提交给1984年6月在日本举行的亚太地区环境与发展相结合专家会议的论文，该文于1985年发表于联合国亚太地区经社理事会英文专刊。参见《韩德培文选》，武汉大学出版社1996年版，第323页。

④ 原载《武汉法制报》1984年10月2日。参见《韩德培文选》，武汉大学出版社1996年版，第375页。

⑤ 原载《咨询与决策》1990年第10期。参见《韩德培文选》，武汉大学出版社1996年版，第360页。

⑥ 本文是韩先生提交给1991年8月在北京举行的“发展中国家与国际环境法”国际学术研讨会的论文。参见《韩德培文选》，武汉大学出版社1996年版，第351页。

问题。科学技术对解决环境问题、保护和改善环境有重要作用，但光靠科学技术不行，要真正有效地解决环境问题、保护和改善环境，还要实行环境法治、依法管理环境和保护自然资源。目前，我国已经制定一些保护环境和自然资源的法律，但还不够，需要进一步改进和完善环境立法，并执行好环境法律，做到有法必依、执法必严、违法必究。(2) 要深刻认识环境问题的跨国性特点。环境问题不仅仅是国内问题，还是国际问题。国际社会已经制定了大量国际环境条约，我国也参加或签署了不少国际环境公约和协定，如何遵守、履行这些国际环境条约，就需要有人去研究国际环境法。(3) 要保护和改善环境，达到人与自然的和谐共处，还要大力提高人们、特别是领导干部和高级知识分子的环境意识和环境法治观念。因此，新闻媒体和舆论宣传在保护环境方面的作用特别重要，要大力宣传和传播环境保护知识、环境文化、环境道德和环境保护法，引起大家的重视，实现公众参与环境保护和环境管理。(4) 要重视和加强环境法学的国际合作。韩先生历来主张环境保护不是一国的问题，而是全人类共同的问题。在武汉大学环境法研究所于 1991 年 8 月与外交部、中国国际法学会在北京联合发起召开的“发展中国家和国际环境法”会议上，韩先生向大会提交了题为 *Some Reflections on the Concept of "Common Concern of Mankind"* 的论文，该文认为，诸如全球气候变化、臭氧层空洞等环境问题，具有跨越国界、涉及当代人和后代人利益的特点，是人类共同关心的问题，应该通过国际合作来共同解决。他深刻指出，环境法学是人类文明成果的一部分，是世界各国人民的共同财富；他主张中国的环境法学研究应该走向世界。地球环境的急剧恶化已成为我们面临的一个最严峻的挑战，为应对这个挑战，各国之间的合作和协调是绝对必要的。同样地，各国环境法专家之间的合作和协调也是绝对必要的。①

2. 环境法学研究和教育的奠基人

韩先生是我国最早关注环境法这一新兴学科的人之一。早在 20 世纪 70 年代末 80 年代初，他就决心花大力气组建环境法研究所。他果断地引进了几位既懂自然科学又懂社会科学的人才，于 1980 年成立了环境法研究室。1981 年 6 月，经国家科委、原国务院环境保护领导小组办公室和原教育部批准，在原环境法研究室的基础上，由中国环境科学院和武汉大学联合创办成立了中国环境科学研究院武汉大学环境法研究所。1985 年，为适应环境资源保护事业的发展，该所更名为“国家环境保护局武汉大学环境法研究所”，受国家环境保护局和武汉大学的双重领导。在韩先生的重视和支持下，武汉大学环境法研究所的在职人员一度达到 18 人，成为中国和亚洲地区最大的、专门从事环境法研究和教学的研究机构和学科点，并且跻

① 参见《韩德培文选》，武汉大学出版社 1996 年版，第 351 页。

身中国首批人文社会科学的重点研究基地之列。

韩先生认为，环境立法、执法和环境外交都需要大量专门人才，培养环境法人才是一项十分重要的工作。因此，环境法研究室刚刚成立不久，我国普通高等学校社会科学本科专业目录中还没有设立环境法这个专业时，韩先生就决定为法律系本科生开设环境保护法课程。后来，在韩先生与其他环境法专家的努力下，国家教委于1987年制定的《普通高等学校社会科学本科专业目录》开始将环境法学确定为法学的一个二级专业。

在研究生专业教育方面，韩先生力主将环境法作为法学研究生的一门专业，重视培养环境法研究生。武汉大学法律系于1981年11月获得国际法硕士授予权，韩先生立即决定在1982年招收国际法专业国际环境法研究方向的研究生。他作为国务院学科评议组人员，在有关会议上特别强调环境法学的重要性和发展前景，促成1983年国务院学位委员会修改制定的《授予博士和硕士学位的学科、专业目录（试行草案）》将环境法作为法学类研究生的一门专业。通过他的努力，1984年1月，武汉大学环境法研究所获环境法硕士授予权，成为我国经国务院学位委员会批准的、最早的、在1991年以前也是全国唯一的环境法硕士点，环境法研究所从这年起开始招收环境法专业的研究生。在韩先生的领导下，经过环境法研究所教师的共同努力，国务院学位委员会于1998年批准该所为环境资源法博士点。1999年，教育部批准该所为首批普通高等学校人文社会科学国家重点研究基地，中国法学会环境资源法学研究会第一次代表大会选举韩先生为会长，并将研究会会址和秘书处设在该所，韩先生在这一年还荣获了“地球奖”。武汉大学环境法研究所已经成为中国环境资源法研究生招生数量最多、师资力量最雄厚的硕士点、博士点，正在为将环境法研究所建设成为国家环境资源法学教学中心、科研中心、人才培养中心和学术信息交流中心而继续奋斗。

（三）法理学研究

韩先生不仅在国际私法学和环境法学领域形成了自己的思想和理论体系，在法理学领域也颇有建树，主要体现在他对法治、社会主义法制建设、法学学科体系的论述中。

1. 论法治

韩先生关于法治的主张早在20世纪40年代就已经提出，他在《我们所需要的“法治”》一文中主张法治的含义可以作形式的理解和实质的理解，不同的理解含义也不一致。他说：“所谓法治，可有两种意义。若从形式方面来说，法治就是在一个国家里面，由一个具有最高权威的机构，利用法律的强制力，来实行统治，以维持安宁秩序。所谓‘万事皆归于一，百度皆准于法’，就可拿来做它的注脚。若从实质方面亦即政治意识方面来说，法治是借法律的强制力来推行或实现政治上的一定主张的制度。因此政治上的主张不同，其所谓法治就具有不同内容。"① 这就是说形式上看法治，即用法来治理国家，而从实质上来看，它体现了政治上的一定"主张"，而这"主张"实质上就是民主的政治制度。在韩先生看来，要讨论法治，就不仅要注重法治的形式意义，还要特别注重法治的实质意义。这是因为，如果仅仅从形式意义上来看法治，则君主专制的国家也可称之为法治国家，因为它们也是用法律的强制力来实行其统治的。但从实质意义上看，在这样的国度里，人民是不可能有自由和民主的。从实质意义上来谈法治，就离不开民主政治，这是因为法治是民主政治的产物，法治若不建立在民主政治之上，就免不了要成为少数人弄权营私的工具。韩先生的这种主张在今天看来也许很平淡，但在国民党统治的专制年代，这却是十分难能可贵的，也是振聋发聩的。

2. 论社会主义法制建设

关于社会主义法制建设，韩先生的论述很多，具体涉及我国宪法、法律与经济管理、法律与我国对外开放国策等内容。

韩先生历来主张成文宪法更具有限制政府滥用权力、保护人民正当利益的优越性。② 我国1982年宪法通过后，他深受鼓舞，并于1983年发表了《充分发挥新宪法在社会主义现代化建设中的伟大作用》一文，阐述了他对宪法价值的思考，同时对新宪法的实施提出了自己的意见。韩先生认为新宪法的价值主要体现在两个方面：(1) 为我国实现社会主义现代化提供了可靠的保障。(2) 为社会主义民主和法制建设提供了强有力的依据。为保证宪法的实施，韩先生认为必须从四个方面入手：第一，必须广泛地进行宪法的宣传和教育工作，使之在全国范围内家喻户晓，人人皆知，让大家都能够自觉地遵守宪法、执行宪法。第二，宪法是根本法，是一种"母法"，但单有"母法"还不够，还必须有一系列的"子法"，对宪法的各项原则一一加以具体化。这就是说，必须以宪法的规定为准绳，加速制定各种法律、法规。第三，需要建立必要的机构以监督宪法的实施。这种机构必须具有很高的权威，最好是设在全国人大常委会内，而且应该是常设的而非临时的机构。第四，各级领导干部，应该带头作执行新宪法、维护新宪法的模范，通过广泛的宣传教育和领导同志的以身作则，在社会上形成一种以遵纪守法为荣，以以权代法为耻的社会舆论和社会风气。③

① 《韩德培文选》，武汉大学出版社1996年版，第494页。

② 参见韩德培：《我们所需要的"法治"》，载《韩德培文选》，武汉大学出版社1996年版，第496页。

③ 参见《韩德培文选》，武汉大学出版社1996年版，第536页。

关于法律与经济管理，韩先生在1985年发表了《运用法律手段管理经济》一文。在该文中，韩先生提出了自己关于经济法制化的主张，至今看来仍然是十分有见地的。首先，他比较了经济管理中的行政手段、经济手段和法律手段的性质、特点和作用，并阐明了作为一种“利用法律的规定和执行来调整国家的各种经济关系和经济活动的一种方式、方法和途径”。① 他认为，法律手段有着它自身的规范性、连续性、稳定性、强制性等特点，是一种明显优于行政手段的经济管理手段。其次，他还阐述了法律手段在经济管理中的重要意义，这包括：（1）是国家执行其经济管理职能的重要手段；（2）是保障和促进经济体制改革的重要手段；（3）是提高经济效益的重要手段。最后，韩先生还就如何运用法律手段来管理经济提出了几点意见，包括：（1）加快经济立法的步伐，实现经济管理活动的有法可依。这具体包括要进一步明确经济立法的指导思想、抓紧制定一些重要的、急需的基本经济法规，改革经济立法的制度和程序，对我国过去已有的经济法规进行清理和编纂等。（2）加强经济司法工作，作到经济管理活动的有法必依、执法必严、违法必究。这就要求做到：第一，要建立和健全各级人民法院的经济审判庭；第二，要及时打击经济犯罪，维护社会主义经济秩序；第三，要积极为经济建设提供法律服务，作好公证、律师、法律咨询、法律顾问等工作；第四，加强工商行政管理工作，实现行政、经济、法律手段管理经济的综合。（3）加强经济法规的宣传与教育工作，从源头和根本上保证法律和经济法规的切实遵守和执行。

关于法律与我国对外开放政策，韩先生先后于1989年、1992年、1993年发表了《对外开放法制环境的调查与研究》②、《扩大对外开放和加强法制建设》等文，阐明了他的基本观点。他指出，良好的法制环境对一国对外开放有着重要的作用，这主要表现在：“良好的法制环境能够保障对外开放政策的连续性、稳定性，并增强其透明度；良好的法制环境能够促进市场的发育和民主政治的发展；良好的法制环境能够保证依平等互利原则给外资、外商提供的各种优惠和保护措施的真正实现。一国对外的开放度，主要都是通过一定的法律体制与法律规定来体现的。”③ 在我国现有的对外开放法制环境中，既有积极的一面，也有消极的一面。从积极的方面看，我国已形成一个使外国投资者受到国内法和国际法双重保护的法制环境，这主要表现于：（1）国内立法有了长足进展，从宪法到涉外经济贸易法规，已初步形成一个多层次、多门类的立法体系；（2）国际条约与国际协定的签订也取得了可喜的成果。但从消极的方面看，存在的问题包括：（1）存在一些有法不依、

① 《韩德培文选》，武汉大学出版社1996年版，第545页。

② 该文是韩先生与姚梅镇、李双元、刘丰名三位教授合作发表的，笔者注。

③ 《韩德培文选》，武汉大学出版社1996年版，第571页。

执法不严的情况；(2) 内部规定多，办事效率较低；(3) 宏观管理体制和微观管理机制不很健全；(4) 涉外税收法规透明度不高、税收法规执行不严、税收管理和监督不力；(5) 外汇平衡与产品返销的规定容易挫伤外商的积极性；(6) 出口贸易的配额管制和许可证制度对对外开放法制环境的不利影响。针对以上对外开放法制环境中存在的消极因素，他进一步提出了优化对外开放法制环境的建设性意见，具体包括：(1) 增强对外开放、参与国际经济大循环的竞争意识，提高依法治国、依法办事、违法必究的法律意识，充分认识对外开放与富国强民的关系，充分认识法制环境对保障对外开放政策的重大意义。(2) 加强对外开放的立法修订工作，尽快制定外贸法、投资法、银行法、票据法、海商法、公司法、版权法、证券法、仲裁法等新法，修改和废除过时的法规，清理涉外经济贸易法规并分类汇编，以便查询适用，将有关外资外贸政策的内部文件法律化并公诸于众，以提高对外开放环境的透明度。(3) 充分发挥各级人大及其常委会监督涉外法律实施的作用。(4) 加强对外开放环境的综合治理。(5) 重视法制教育，重视法制人才的培养。

韩先生的这些思想不仅从法学的角度丰富了我国对外开放的理论，也为我国外贸立法和实践提供了极富价值的理论根据。

3. 论法学学科体系

合理、科学地划分法学体系，不仅是法律实践和法学教育的需要，对法学学科的发展也具有重要的意义。韩先生作为一名法学家，特别关心我国法学事业的发展，并对我国法学学科体系的划分提出了科学的构想。

国家"学位办"曾在1996年发出一个《通知》和关于《授予博士、硕士学位和培养研究生的学科、专业目录》及新旧专业目录对照表的《征求意见稿》，主要是对学科、专业要进行修订，特别是对二级学科要进行合并。针对《授予博士、硕士学位和培养研究生的学科、专业目录》和《征求意见稿》中的不合理之处，韩先生于1996年在《法学评论》第6期上发表了《谈合并学科和设立博士点问题》，阐明了自己关于学科体系建设的主张。

关于一级学科，韩先生主张将哲学、经济学、法学、教育学、文学、历史学、管理学归入两大门类，即人文科学类和社会科学类。人文科学类的一级学科包括哲学、文学、历史学、教育学、新闻学、图书馆学、管理学，社会科学类的一级学科则包括经济学、法学、政治学、社会学、民族学。之所以将法学与政治学、社会学、民族学并列于社会科学类之下，是因为法学与政治学、社会学、民族学具有完全不同的内容。

对于法学二级学科的划分，韩先生也提出了自己的主张。主要包括两个方面：

(1) 关于环境法学与经济法学、民法学的划分。针对学界部分学者主张经济法学除包括自身的内容外，还包括劳动法学、环境法学、社会保障法学的观点，韩先生指出，环境法学是一门新兴学科，它是从法律上研究如何保护和改善环境，如何防止各种环境污染和如何保护自然资源和生态平衡的。它与“劳动法”、“经济法”没有什么关系，因而不应该放在经济法内与劳动法等学科并列。韩先生对环境法的认识无疑是有分量的，因此，他的观点也受到人们的关注，并被国家有关部门所接受。至于经济法学与民法学，韩先生认为经济法学作为一门新兴学科，它的内容相当多又相当新，但不可能象有些经济法学者认为的那样比民法学还要重要，甚至可以取代民法学。这是因为不管经济法学如何重要，它还必须遵守民法学中的一些基本原则。经济法学本身是一门独立的学科，其内容已经够广泛了，根本没有必要再去“拓宽”。

（2）关于国际法学学科专业的划分。针对部分学者主张将“国际私法”与“国际经济法”合并成一个学科以及国务院学位办在《征求意见稿》中计划把“国际公法”、“国际私法”、“国际经济法”这3个学科合并成1个学科即“国际法”的主张，韩先生明确提出了反对意见。

首先，关于将“国际私法”与“国际经济法”合并成一个学科的主张，韩先生认为不仅在学理上没有根据，在实践上也没有价值。从学理上讲，一方面，国际私法在法学中是一门比较古老的学科，它主要解决“法律冲突”问题，有自己的科学体系，有自己的内涵和外延，它是既有悠久历史又在不断发展的一个独立的法律学科，是任何其他法律学科所不能代替的。另一方面，从国际经济法来讲，它是第二次世界大战以后逐渐形成的一个新兴法律学科，它究竟应该包括哪些内容，在国内外学者中间是有争论的。大致说来，有广义和狭义两种观点。按照广义的观点，国际经济法是关于国际经济关系及经济组织的法律规范的总和，其中包括国际贸易法、国际投资法、国际金融法、国际税法、国际经济组织法等。按照狭义的观点，国际经济法是调整国际公法主体之间，即国家之间、国际组织之间、国家与国际组织之间的经济关系的法律规范，是国际公法的一个分支。我国一些知名的国际经济法学者，大都主张采取广义的观点。已故“中国国际经济法研究会”会长姚梅镇教授生前曾主张国际经济法同国际私法既有联系、又有区别，但国际经济法同国际私法各有其学科本身的特点及科学的规定性，两者可以相互为用，但不能相互代替。

从实践方面来看，无论在一国国内还是在世界范围内，国际私法至今仍然是公认的一个独立的法律部门和法律学科。从立法方面讲，在国内立法方面，许多国家的民法典都含有国际私法的规定，不少国家还有单独的国际私法法典，如1979年奥地利制定的《奥地利联邦国际私法法规》、1989年瑞士开始实施的《瑞士联邦国际私法法规》。在国际立法方面，许多政府间国际组织和非政府间国际组织，对国际私法的统一都作了很多工作，如海牙国际私法会议先后举行过多次会议，对有关国际私法的问题，共通过了34个公约草案，其中22个公约已经生效。在中国，在国内立法方面，也制定有大量与国际私法相关的法律，在有关国际条约方面，我国也先后参加了许多与国际私法有密切关系的国际公约。但严格说来，我国现行的国际私法还不十分健全和完善，已制定的国际私法规定还比较零星分散，不够系统和全面，而且还有一些缺陷和空白。而参加或缔结的有关国际私法条约，也不能充分满足实际需要。综合国际国内实践，将国际私法作为一门单独的学科，不仅必要，而且势在必行。

其次，对将“国际公法”、“国际私法”、“国际经济法”这3个学科合并成1个学科，韩先生认为从科学体系上讲，是绝对不可能的，也是不必要的。从这3个学科都是研究从国际生活中产生的社会关系的法律的这一点看，从最广泛的意义上把这3个学科合称“国际法”是可以的。但这里所谓的“国际法”，是相对于那些调整从国内生活中产生的社会关系的法律而言的，后者包括宪法、民法、刑法、经济法等，统而言之，也可将后者统称为“国内法”，但不能因此就将后者包括的各个学科合并成一个学科称之为“国内法学”。从学科体系着眼，这3个学科都有各不相同的内容，各有自己的科学体系，是各自独立的、不相隶属的专门学科，决不能把它们混为一谈。

(3) 关于其他二级学科的划分。韩先生认为：①“法学理论”可改称为“法理学”，即英文 jurisprudence，它不但包括法学中的各种基本概念，还包括各种法律学说即法律思想。②“法律史”应改为“法制史”，包括中国法制史和外国法制史。如果称“法律史”，那就应包括各种法律的历史，这些应放在各门法律学科中去讲述。③“宪法与行政法”，这两个学科各有自己的内容，是分别研究国家政权的组织机构和行使行政权力的行政行为的，二者关系非常密切，是否可以合并为一个学科，应请这两个学科的专家发表意见。

基于以上论述，韩先生主张法学二级学科应该划分为：法理学、法制史、宪法与行政法学（或合称“国家法学”）、刑法学、民法学、经济法学、环境法学、诉讼法学、国际公法学、国际私法学、国际经济法学、军事法学。韩先生的这种主张尽管没有得到国务院学位办的全部采纳，但得到了中国法学领域绝大多数学者的支持。

(四) 国际公法研究

韩先生在国际公法领域也有相当深入的研究，他曾主编《现代国际法》一书，还陆续发表了不少相关学术论文。综观韩先生在国际公法领域的论著，范围虽然不广，论述却很精辟，这主要体现在他关于关贸总协定的论述之中。

1986年，中华人民共和国向关贸总协定正式提出了恢复缔约国地位的要求，对此，国内法学界开展了理论上的积极探讨。作为一名国际法学家，韩先生先后撰文，一方面对关贸总协定的历史、组织机构、基本原则与规则等进行了全面的介绍，另一方面还就关贸总协定的改革、中国的“复关”等问题进行了深入探讨。

1. 论关贸总协定的改革

韩先生认为，关贸总协定发展到20世纪80年代，已经到了必须改革的地步。这是因为：（1）总协定是为适应20世纪40年代的国际经济关系而制定的，虽经几次修订和补充，但仍然不能体现当今世界的经济关系和贸易结构，其决策权主要操纵在美国、日本、欧洲共同体等发达国家手中，有关事务的谈判主要也是在它们之间进行。（2）由于《关税及贸易总协定》主要是规定和处理发达国家间的事务，且发达国家甚至以牺牲中小国家的利益来维持自己的发展和繁荣，因而导致发展中国家在资金技术、生产、贸易等方面对发达国家的依附地位，而要改变发展中国家的命运，除了发展中国家应主动进行经济结构调整外，发达国家关于进出口的态度也很重要。（3）20世纪70年代末期以来，随着世界性贸易保护主义的抬头，非关税壁垒措施猖獗：如进口数量限制，征收反补贴税与反倾销税，技术、卫生、安全标准以及生态环境保护要求，海关估价及税目，政府采购和政府专营等。由于贸易保护主义的盛行，导致大部分国家都奖出限入，补贴出口，世界贸易的发展受到了严重打击。正是基于这些原因，导致关贸总协定倡导多边贸易体系面临两个方面的问题：一是世界贸易增长缓慢，对发达国家不利，对发展中国家更是灾难性的。二是世界贸易体系的开放性、秩序性受到严重侵害。这就使得关贸总协定的改革势在必行。①

那么关贸总协定应如何进行改革呢？韩先生认为其目标应当是改革多边贸易体系，提供开放的贸易机会，恪守共同接受的贸易规则，使普遍的经济增长充满希望，最终建立新的国际贸易组织和国际经济新秩序。就其具体措施而言，关贸总协定应从六个方面努力：（1）加强非歧视和最惠国待遇原则的效力，增加总协定及各国贸易政策的透明度和可预见性，建立有效的限制规则和保障、监督机制，从最大程度上抑制贸易保护主义；（2）制定农产品与纺织品贸易规则，以公平原则为基础进行贸易；（3）修订、补充或重订保障条款、出口补贴条款、数量限制条款等，改进东京回合非关税壁垒守则，增补“国营贸易企业条款”，以鼓励发展中国家签署加入；（4）注重对发展中国家的发展援助，执行优惠决议，并进一步向它们提供关税减让；（5）强化争端解决的程序与职能，改变总协定无专门职能机构

① 参见韩德培：《论改革与加强关税及贸易总协定多边贸易体系》，载《韩德培文选》，武汉大学出版社1996年版，第161～174页。

处理贸易纠纷和解决纠纷不力的缺陷；（6）健全组织机构，加强其国际贸易“法典”和论坛的地位和作用。

2. 论中国与关贸总协定

关于中国与关贸总协定，韩先生不仅阐述了中国与关贸总协定的历史关系和中国恢复关贸总协定地位的进程，而且还重点论述了重返关贸总协定对中国的机遇和挑战，并为中国迎接其带来的挑战提出了极富价值的建议。

韩先生认为中国重返关贸总协定，将获得八个方面的发展机遇：（1）有利于加强我国在世界经济生活中的作用，使总协定的普遍性原则得以进一步体现；（2）有利于扩大我国的对外经贸事业；（3）有利于我国享受多边、稳定和无条件的最惠国待遇；（4）有利于我国利用总协定的多边贸易体制解决国际贸易争端；（5）有利于实现我国的祖国统一大业；（6）使我国可以享受到总协定为发展中国家规定的一切特殊优惠待遇；（7）有助于我国更广泛地开展对外经济合作；（8）有助于我国深化经济体制改革和扩大对外开放。但另一方面，重返关贸总协定，使我国在获得利益、享受权利的同时，也将承担相应义务，这些义务包括：在享受最惠国待遇的同时也向其他成员国提供最惠国待遇；降低关税税率；不得任意实行进口限制或其他贸易限制措施；增加国家外贸政策和法规的统一性和透明性等。所有这些义务都将给我国带来巨大的挑战，这主要包括：（1）随着大量进口商品关税的降低和进口调节税的取消以及其他方面的关税减让，我国外贸体制，特别是进口贸易体制将面临巨大的冲击和不适应；（2）我国长期依赖高关税和许可证保护的国内产业和国内市场也将面临巨大的冲击；（3）国内社会经济的综合承受能力也将面临考验。①

面对这些机遇和挑战，中国应如何应对呢？韩先生提出了六点建议，这包括：（1）要加快外贸体制乃至整个经济体制的改革进程为民族工业的发展创造一个良好的环境；（2）有效地运用灵活关税制或差别关税保护民族工业；（3）推动企业在新的竞争环境中培育出自我生存和发展的能力；（4）建立、健全有助于保护国内工业发展的法规体系；（5）大力培养相关人才；（6）大力研究和宣传关贸总协定的制度与规则。

韩先生关于关贸总协定的论述可谓深入精辟，对中国法学界当时正确认识关贸总协定起了很好的作用。尽管关贸总协定已被后来的世界贸易组织所取代，但韩先生的主张对于我国现在实施 WTO 协议，也是非常有见地和参考价值的。

---

① 参见韩德培：《关贸总协定与中国》，载《韩德培文选》，武汉大学出版社 1996 年版，第 207～218 页。

（五）法学教育思想

自1946年来到珞珈山，韩先生已度过了60多个春秋的法学教育生涯。作为一名杰出的法学教育家，韩先生既是一位亲临教学第一线的资深教授，也是一名优秀的教学管理者。他不仅在实践工作中积累了丰富的教学和管理经验，还通过理论研究对教育理论进行了有益的探讨。

1. 注重教师队伍的建设和学术薪火的传递

韩先生历来重视教师队伍的建设。早在20世纪40年代，韩先生在担任武汉大学教授会主席和法律系主任时，就特别强调，“办好一所大学，从文科来讲，最重要的就是一要有人，二要有书”。① 中华人民共和国成立以后，韩先生先后出任武汉大学校务委员会副秘书长、武汉大学副教务长、法律系主任等职，作为一名教育行政工作人员，他非常注重优秀教师的引进工作，借高校院系调整之机，不遗余力地从各个高校“挖掘”人才。

“文化大革命”以后，韩先生再度担任武汉大学法律系主任，后来又担任法学院名誉院长、国际法研究所所长、环境法研究所所长等职，在他任职初期，他就通过各种途径将一大批优秀教师汇集在武汉大学法律系，包括姚梅镇、何华辉、马克昌、张泉林、黄炳坤、杨鸿年、梁西、李双元、余能斌等如今全国知名的法学教授。韩先生不仅重视优秀教师的引进，还特别注重优秀教师的培养和扶持工作，突出表现在他大胆起用年轻教师，并打破常规提拔青年教师。由于韩先生开明的用人方略，武汉大学法学院的许多青年教师都得以破格晋升为副教授、教授，如今已成为全国知名的学者和博士生导师。今天，武汉大学法学院人才济济，堪称全国一流，这与韩先生对教师队伍建设的注重是密不可分的。

韩先生特别注重学术薪火的传递工作。作为中国国际私法的一代宗师和中国国际私法学会的会长以及武汉大学的资深教授，他不仅以他广博深邃的思想理论影响了他周围的同行学者，还以他严谨的治学态度和宽厚仁慈的悉心关怀，培育了200多名国际私法学硕士、博士，使得他的学术思想得以传播、远扬。如今，谓韩先生是“桃李满天下”已经是名符其实的了。

2. 重视法学理论的研究和法学研究机构的组建

韩先生一向主张教学与科研必须齐头并进。因此，他十分重视法学理论的研究和研究机构的组建。1979年中国刚刚改革开放，韩先生敏锐地意识到国际法将在中国对外开放中发挥重要作用，他在主持重建法律系的同时，于1980年组建了中国高校第一个专门从事国际法研究的学术机构——武汉大学国际法研究所。早在

① 韩铁：《风雨伴鸡鸣——我的父亲韩德培传记》，中国方正出版社2000年版，第33页。

1981 年，韩先生就推动武汉大学与国家环保局合作组建了中国乃至亚洲第一个专门研究环境法的学术机构——武汉大学环境法研究所。这两个研究所自成立以来，培养了大批硕士和博士，为我国外交事业、对外开放事业、环保事业培养和输送了大批人才，主持完成了大量的科研课题，向国家有关部门提供了大量的咨询报告。如今，这两个研究所不仅都是教育部人文社会科学重点研究基地，其涵盖的学科都是国家级重点学科，在国内外产生了广泛影响。

3. 注重学生综合素质的培养和完美人格的养成

在学生培养方面，韩先生认为，一个合格的法学学生不仅要有全面的素质，还必须具备完美的人格。他以“旧瓶装新酒”的形式提出学生们要做四有新人，这就是：第一，要有远大的理想。他指出：“一个人有了崇高的理想，就象站在最高的地方，眼界就开阔了，就可以看得远，想得深，精神境界就大不一样，他的思想就不象没有理想的人那么猥琐，那么有局限性……有崇高理想的人，能够拒腐蚀，永不沾。”① 而在现实生活中，有理想就是要求我们将眼前的学习和当前的社会主义建设事业紧密结合起来。第二，要有高尚的道德。这就要求我们正确处理个人、集体和国家之间的关系，要求我们在这三者之间的利益发生冲突时牺牲个人利益，服从集体和国家利益。韩先生认为这一点对一个学习法学的人尤其重要。第三，要有文化。这就要求必须有广阔的社会科学知识和必要的自然科学知识以及深厚的专门业务知识。他还特别提出学习法学要懂得外语，并大量阅读外文资料。他说：“一个人懂一门外语，等于在面孔上多长了一只眼睛，如果连一门外语都不懂，那么知识的领域和范围就会受到很大的局限。”② 第四，要有纪律。这就要求大家必须正确认识社会主义民主和法制，作到在法律允许的范围内讲民主。对于高等学校的教师，他一贯要求全面发展。他经常说：“高等学校中真正的人才应该是不仅会搞科研，还会教学，同时善于管理工作。”他的这种教育思想对其学生的全面发展起了很大的作用。

4. 重视法学理论与司法实践的紧密结合

韩先生历来注重法学理论研究与法律实践的紧密结合。他自己就曾多次以专家的身份为国家有关部门的决策提供咨询意见，关注涉外案件的审判实践，为我国挽回了巨大的经济损失。作为教授，他对学生也提出了这样的要求。他特别强调学生要研究我国当前经济建设中出现的新情况、新问题，使法学研究工作更好地为建设

① 《做一个合格的环境法研究生》，载《韩德培文选》，武汉大学出版社 1999 年版，第 474 页。

② 《做一个合格的环境法研究生》，载《韩德培文选》，武汉大学出版社 1999 年版，第 480 页。

服务。基于这样的主张，他提出学生必须在学好理论知识的同时，努力做到：（1）进行必要的社会调查；（2）积极参加各种学术研讨会；（3）积极从学术的角度参与立法讨论；（4）积极参与司法实践。

5. 注重中外学术合作和交流

韩先生一直致力于推进中外学术合作和中外法律文化的交流。1980年9月，韩先生就率领我国法学代表团参加了在荷兰阿姆斯特丹举行的第二届国际法律科学大会，并作了《中华人民共和国正在加强社会主义法制建设》的学术报告。1982年3月，他又应美国埃德加·斯诺基金会的邀请，以埃德加·斯诺法学会客座教授和富布莱特基金会亚洲住留学者的身份，前往美国堪萨斯市密苏里大学讲学，并先后应邀赴11个州、19所大学的法学院和法学团体访问和讲学，受到热烈欢迎和高度评价，并被密苏里首府堪萨斯市市长授予"荣誉市民"称号。在此期间，韩先生还在纽约接触了负责联系与中国进行法学交流的福特基金会代表、哥伦比亚大学的爱德华教授，为后来福特基金会大量资助中国法学教研人员访美进修铺平了道路。如今，中国法学界许多知名的中青年法学家大都是这个项目的受益者。回国后，他又组织国际法研究所的老师到国外进修、访问、留学，先后达几十人次，同时邀请或接受了美国、瑞士、德国、加拿大、澳大利亚等国的学者来武汉大学法学院访问、讲学。此外，韩先生还于1984年在东京出席了亚太地区环境与发展专家会议，后又于1985年8月在中国、美国、加拿大三国关于国际贸易与投资问题学术讨论会上作总结发言。1990年9月参加了于加拿大蒙特利尔举行的第十三届国际比较法大会，并就中国的比较法研究状况进行了介绍。通过这些活动，韩先生不仅推动了中外法学学术研究的合作，也促进了中外法律文化的交流。

1987年，韩先生组织成立了我国全国性的学术团体——中国国际私法研究会（后更名为中国国际私法学会），连续担任4届16年的会长。他积极倡导民主、开放、自由的学术研究风气，每年组织1次以上的全国性学术研讨会，从1999年开始主编出版了《中国国际私法与比较法年刊》，极大地推动了我国国际私法的发展。中国国际私法学会成为我国法学领域中最活跃、最有影响的学术团体之一。他还担任了中国法学会环境法学研究会的首任会长，领导和组织了中国环境法学界的专家开展深入的学术交流，为我国环境法治的完善和发展作出了不可磨灭的贡献。1999年，他因此荣获国家环保总局颁发的最高奖项"地球奖"。

三、韩德培先生的学术精神

韩先生自1946年来到武汉大学，一直扎根在珞珈山上，如今已有60多个春秋。在这半个多世纪的岁月里，韩先生虽然蒙冤20余载，却一直没有放弃对人生和学术理想的追求。他一生赤胆忠心、爱国敬业，守志善道、穷究学理，严谨求实、勇于开拓，求真务实、学以致用，为武汉大学乃至中国的法学教育事业作出了巨大贡献。他以他完美的人格和无私的奉献，铸就了一个学者的崇高学术精神和一代宗师的学术典范。

1. 赤胆忠心、爱国敬业，守志善道、穷究学理

韩先生的一生是爱国的一生，也是“守志善道”的一生。1945 年，韩德培先生婉拒国外高校的聘用，毅然从美国哈佛大学回国，投身中国的法治建设。在国民党统治的专制年代，他不畏权势，在《观察》等杂志上发表《我们所需要的“法治”》等文章，揭露国民党统治的反动本质。在 1957 年被错划为“右派”，送往沙洋农场劳动教养期间，他在繁重的体力劳动之余坚持在沙洋培训中学任教，翻译联合国文件，精心组织英语专业本科的“听说领先”的教改实验。1980 年，他率领中国法学代表团参加了第二届国际法律科学大会，用流利的英文驳斥了一位台湾“部长级”代表有损我国主权的发言，赢得了全场的掌声，维护了中国的主权和尊严。尽管受到了 20 多年的不公正待遇，但先生始终没有放弃心中的信仰和希望。1984 年，他正式成为光荣的中国共产党党员。长期以来，他敢于伸张正义，不向邪恶低头，表现了刚正不阿的为人品格；他热心学理探究，敢于坚持真理，捍卫学术尊严，表现出追求法治的执著精神；他从不计较个人得失，一生献身法学教育事业，表现了热爱祖国的赤胆忠心。

2. 严谨求实、勇于开拓，求真务实、学以致用

韩先生历来关注社会现实，重视理论联系实际、讲求实效，主张学以致用。他曾针对我国的法律现状，撰写过许多实践性较强的文章：如关于涉外经济合同法、多边投资担保机构公约、海洋法公约、宪法、行政法等部门法的文章，关于法律与改革开放的文章，关于涉外审判实践的文章等。1981 年，我国因财政困难，决定终止“文化大革命”后期签订的几个重点工程项目，包括宝钢在内的涉外合同，日本、联邦德国公司提出赔偿数亿美元的经济损失，韩先生应国务院有关部门的邀请提供咨询报告，利用《联合国国际货物销售合同公约》、罗马法和德日两国民法典据理力争，将国家损失减少了 3/4。韩先生不仅治学严谨，而且敢于开拓，这既可以从他提出“一机两翼”的国际私法理论和创建中国国际私法立法体系中看出，也可以从他创建国际法研究所和环境法研究所的实践中得到说明。

2009 年 5 月 29 日 19 时，韩德培先生永远离开了我们。正如武汉大学校长顾海良教授在先生的遗体告别仪式上总结的那样：“韩德培教授是一位坚定的爱国主义者和忠诚的共产主义战士，是一位以学术为第一生命的学术大师，是一位具有深邃发展眼光和远见卓识的杰出教育家，是一名杰出的社会活动家。他一生献身武大，执教六十四载，奉献了毕生的心血，见证了武汉大学大半个世纪的发展历程。1946

年海外归来，他是武汉大学最年轻的教授；2009 年在他逝世之前，他已是武汉大学最年长的教授，一字之差，浓缩了 2 万 3000 多个在武大的日日夜夜。曾经剑客归来，珞珈山麓展宏志；曾经执掌教务，于无声处听惊雷；曾经折戟沉沙，本为圣明除弊政；曾经十年浩劫，乱云飞渡待明天；曾经春回大地，法律天平唱大风；曾经老骥伏枥，壮心不已启后生。”从风流才俊到一代大家，“求学美加，问道中华，九九载沧桑岁月，德泽政法；掌教珞珈，驰名天下，六十年纸笔人生，培成奇葩”。这就是韩德培先生的坎坷人生和学术精神。

（审稿：何其生）